ZETDZ

经开区（杨舍镇）年鉴

ECONOMIC AND TECHNOLOGICAL DEVELOPMENT ZONE(YANGSHE TOWN)

2024

张家港经济技术开发区管委会
杨　舍　镇　人　民　政　府　编

南京出版传媒集团
南京出版社

图书在版编目（CIP）数据

经开区（杨舍镇）年鉴. 2024 / 张家港经济技术开发区管理委员会，杨舍镇人民政府编. -- 南京：南京出版社，2025. 3. -- ISBN 978-7-5533-5131-5

Ⅰ. F127.753.4-54

中国国家版本馆CIP数据核字第2024ML4436号

书　　名	经开区（杨舍镇）年鉴（2024）
编　　者	张家港经济技术开发区管理委员会 杨　舍　镇　人　民　政　府
出版发行	南京出版传媒集团 南　京　出　版　社
社　　址	南京市太平门街53号
邮　　编	210016
联系电话	025-83283873、83283864（营销）　025-83112257（编务）

责任编辑	程　瑶
责任印制	杨福彬

排　　版	南京凯德印刷有限公司
印　　刷	南京凯德印刷有限公司
开　　本	787毫米×1092毫米　1/16
印　　张	28.75　　插页19
字　　数	572千字
版　　次	2025年3月第1版
印　　次	2025年3月第1次印刷
书　　号	ISBN 978-7-5533-5131-5
定　　价	180.00元

《经开区（杨舍镇）年鉴（2024）》编审人员

序

定格奋进足迹　记录时代华章

经开区（杨舍镇）是一片古老而年轻的土地！自西晋太康二年（281 年）杨舍镇建置开始，这里长期成为区域政治、经济、文化中心。勤劳智慧的杨舍人民创造了辉煌灿烂的历史。在改革开放的时代大潮中，这片土地上诞生了张家港经济技术开发区。经过30年拼搏奋进，取得了经济建设、改革开放和社会发展的巨大成就，成功探索并实践区镇合一、产城融合的全新发展模式，孕育了闻名全国的“张家港精神”。

以史为鉴可以知兴替。历史是一面镜子，重视历史、研究历史、借鉴历史是中华民族5000余年文明史的优良传统。党的十八大以来，以习近平同志为核心的党中央高度重视民族优秀文化传承工作，多次强调“传承中华民族优秀文化，建设中华民族现代文明”。我们在推进中国式现代化建设的征程中，需要经常性地回望来路、汲取过去成功的经验。经开区（杨舍镇）走过的不平凡历程、取得的巨大成就和经验，是一笔弥足珍贵的精神财富，对于激励当下、启迪未来具有重要的意义。因此，全面、客观、系统、规范地记录历史，是一项功在当代、利在长远的重要工作。根据上级统一部署，区镇决定从2023年开始，编辑出版《经开区（杨舍镇）年鉴》，以完整记录区镇广大人民群众的奋进足迹和时代华章。区镇第一部年鉴——《经开区（杨舍镇）年鉴（2024）》的编辑出版具有划时代的意义，不仅丰富了区镇史志工作的内涵，也标志着区镇年鉴编纂工作步入正规化、常态化、科学化的轨道。

2023年是经开区（杨舍镇）取得重大成就的一年。全年实现地区生产总值1001.37亿元，完成规模以上工业总产值952.86亿元，一般公共预算收入50.55亿元，比上年增24.6%；完成固定资产投资176.93亿元，比上年增8.7%，其中工业投资57.86亿元，比上年增10.1%。经开区跻身全省经济开发区科学发展综合考核评价前8位，杨舍镇位居全国综合实力千强镇第2位。

时代的年轮不停地转动，历史的画卷不断地延展。我们都是历史的创造者，每一天的努力与拼搏都将载于历史的画卷。2024年是中华人民共和国成立75周年，是实施“十四五”规划的关键一年。我们的使命尤为光荣、责任特别重大，只有砥砺前行、忠诚履职、勤勉工作，才能为明天的年鉴留下不负时代、不负韶华、不负人民的精彩华章。祝福经开区（杨舍镇）明天更美好，祝愿《经开区（杨舍镇）年鉴》越办越精彩！

中共张家港经济技术开发区工作委员会

张家港经济技术开发区管理委员会

2024年12月

党建领航

3月7日上午，廉洁工程建设“双保监督333工作法”在新晨产业园正式启动

6月27日，张家港市委常委、经开区党工委书记和管委会主任、杨舍镇党委书记张志明带队开展“七一”走访慰问

6 月 29 日，经开区（杨舍镇）庆祝中国共产党成立 102 周年座谈会举行

6 月 29 日，经开区党工委理论学习中心组扩大学习会举行

8月4日，“红链先锋·氢新海棠”氢能产业链党建服务启动

11月16日，学习贯彻习近平新时代中国特色社会主义思想主题教育专题党课举行

12 月 1 日，张家港市委常委、经开区党工委书记和管委会主任、杨舍镇党委书记张志明带队开展“千村万企、千家万户”大走访

九洲建材城组建“红立方”区域党建联盟，为流动党员安一个温暖的家

创新发展

1 月 31 日，盛虹控股集团储能电池超级工厂和新能源电池研究院项目签约仪式在苏州南园宾馆举行

3 月 2 日，“江海联动 · 相约张家港”2023 年张家港经开区产业招商合伙人大会在上海举行

5 月 15 日，中铁城建集团华东建设有限公司揭牌仪式在科技创业园举行

5 月 23 日，“‘芯’聚鹏城·‘光’耀港城”张家港经开区半导体和光学技术专题推介会在深圳举办

7月18日，苏州市重大产业项目现场推进会在盛虹储能电池超级工厂和新能源电池研究院项目现场举行

8月18日，苏州锴威特半导体股份有限公司在上交所科创板挂牌上市

8月28日，协鑫储能系统项目投产仪式在协鑫工厂举行

10月26日，国富氢能装备产业基地（三期）项目竣工仪式举行

美丽乡村

百家桥村

护河志愿行动开展

福前村俯瞰图

河北村胡巷廊来仪亭和曲桥　　（瞿良斌　摄）

黎明村俯瞰图

南新村俯瞰图　　（刘湘阳　摄）

善港村俯瞰图

文明薪火

经开区（杨舍镇）新时代文明实践所

1月18日，区镇在初心广场举行迎新春志愿服务市集暨全民健身志愿服务项目展示活动

2月3日，农鹿社区开展“竹舞飞扬·传承非遗”空竹学习活动

9月8日，经开区（杨舍镇）·乐余镇文明实践区域联动主题活动在乐余镇举行

9月14日，中央文明办专职副主任胡凯红一行至区镇调研

善港村“麦畑花舍”农家书屋位于江苏省特色田园乡村——船坞里，地处村落稻田花海，充盈着善港村“善文化”韵味

幸福生活

1月17日，张家港市委常委、经开区党工委书记和管委会主任、杨舍镇党委书记张志明带队开展春节走访慰问

在推进城市化进程中，一大批公园式住宅小区拔地而起，人民群众的居住环境得到显著提升。图为汤联社区塘市花苑小区

区镇努力打造天蓝、水清、地绿的生态宜居城市，不断提升人民群众幸福感。图为沙洲湖景区一角

6月17日，福新苑社区举办“‘香’约过端午，巧手做香囊”端午主题活动。居民们笑靥如花，满满的幸福感

8月7日晚，经开区（杨舍镇）2023年全民健身节启动仪式暨“幸福杨舍·悦享美好夜”项目发布在购物公园举行

8月31日下午，杨舍镇人大组织市镇两级人大代表视察2023年区镇民生实事项目

11 月 21 日，太极拳爱好者们聚集在横泾花园广场一展身手

晨南村太极拳健身队在油车埭健身广场晨练

庆祝经开区成立30周年

30年来，区镇城市建设日新月异。图为充满生机与活力的现代化城西新区

11 月 28 日，张家港经开区成立 30 周年主题活动在城南文体中心举行

优美的舞蹈表达对区镇美好未来的憧憬

深情的歌声唱出经开区（杨舍镇）30 年辉煌的发展历程

用艺术的形式颂扬广大产业工人对这座城市发展所作的贡献

走过 30 年激情燃烧的岁月，站在新起点上，引吭高歌礼赞火红的年代、祝福美好新时代

编辑说明

一、《经开区（杨舍镇）年鉴（2024）》以马克思列宁主义、毛泽东思想、邓小平理论、“三个代表”重要思想、科学发展观、习近平新时代中国特色社会主义思想为指导，坚持辩证唯物主义和历史唯物主义的立场、观点和方法，实事求是地记载2023年经开区（杨舍镇）经济建设、政治建设、文化建设、社会建设、生态文明建设等方面的基本面貌和发展情况，为各界人士了解、研究经开区（杨舍镇）提供基本信息资料，为编修地方综合志书积累资料。

二、经开区（杨舍镇）年鉴是由经开区（杨舍镇）党工委（党委）领导、经开区（杨舍镇）管委会（人民政府）主办、区镇党政办负责编纂的经开区（杨舍镇）地方综合性年鉴。《经开区（杨舍镇）年鉴（2024）》为第一卷，主体记述时限为2023年1月至12月，人物、宣传画页照片和部分条目等内容适当外延。

三、经开区（杨舍镇）年鉴采用条目式记事体，分类编纂。基本结构为类目、分目、条目3个层次。《经开区（杨舍镇）年鉴（2024）》设类目31个，下设分目231个、条目764个，另有表格41张。

四、《经开区（杨舍镇）年鉴（2024）》篇首宣传画页通过“党建领航”“创新发展”“美丽乡村”“文明薪火”“幸福生活”“庆祝经开区成立30周年”6个专题，生动展现2023年经开区（杨舍镇）在党的建设、经济创新发展、乡村振兴、精神文明建设、人民群众幸福生活等方面的重大活动、重大举措、重大成果。

五、经开区（杨舍镇）年鉴数字用法、标点符号用法分别采用国家标准《出版物上数字用法》（GB/T 15835-2011）、《标点符号用法》（GB/T 15834-2011），计量单位采用国家技术监督局 1993 年 12 月发布的《量和单位》系列国家标准。

六、《经开区（杨舍镇）年鉴（2024）》采用的稿件由区镇各办事处（街道）、各部门提供，并经相关单位领导审核。文中所列数据，原则上依据《张家港统计年鉴 2023》，统计年鉴中没有的以主管部门统计为准。有些数据因统计口径不同而有所差异，请读者在引用时加以注意。少数分项数据之和不等于总量数据的，是由于数值修约误差所致，未作机械调整。

七、《经开区（杨舍镇）年鉴（2024）》文中“年初”“年内”“年末”特指 2023 年年初、2023 年年内、2023 年年末，“上年”指 2022 年。

八、《经开区（杨舍镇）年鉴（2024）》文中照片均由区镇各办事处（街道）、各部门提供，如涉及版权问题，请与经开区（杨舍镇）年鉴编辑部联系。

九、《经开区（杨舍镇）年鉴（2024）》卷首有详细的中文目录，卷末有按汉语拼音顺序排列的主题分类索引，文中信息可由目录、索引、书眉获得。

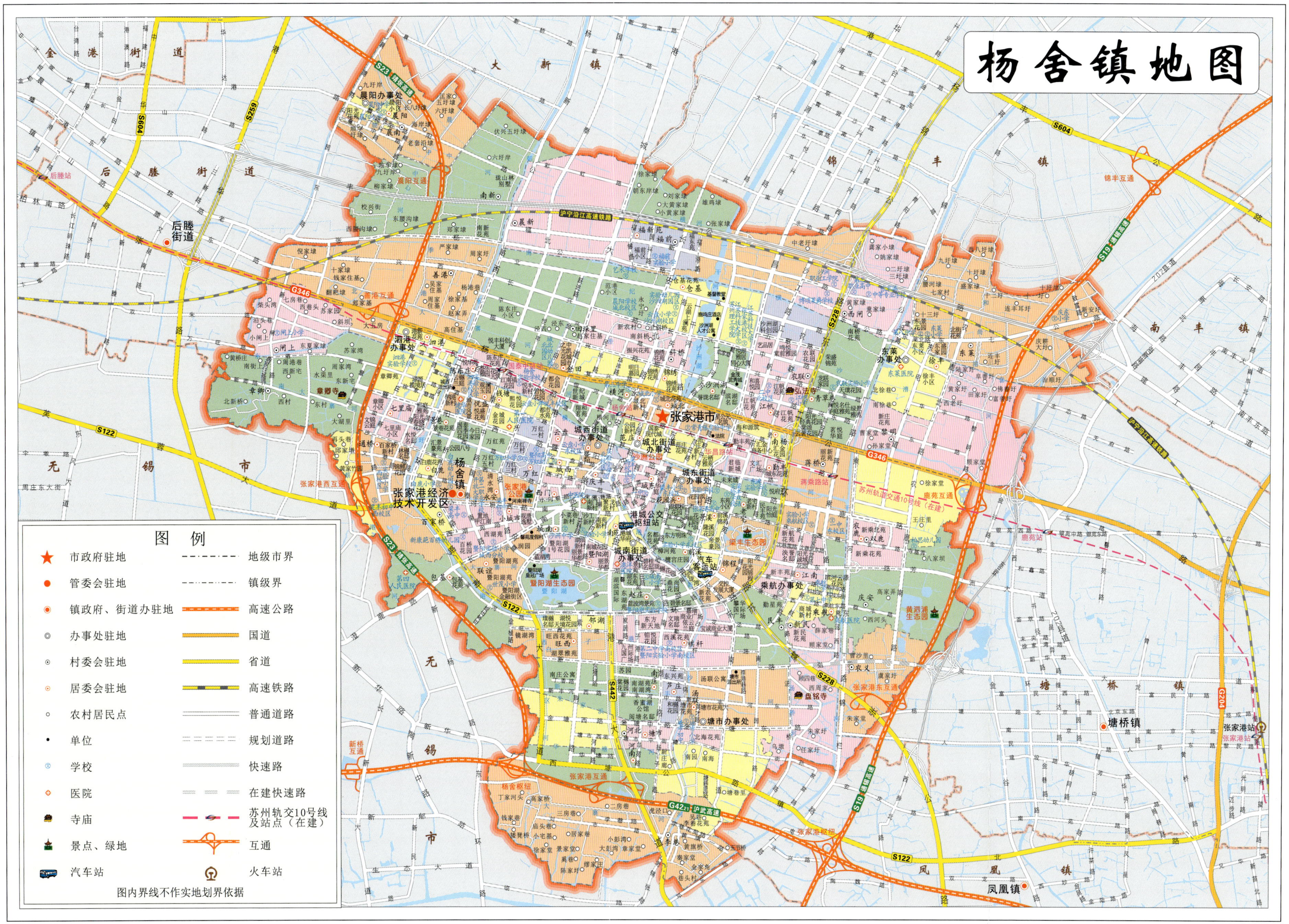

审图号：图苏E审（2024）052号

苏州吴文化地名研究所　江苏图博地理信息科技有限公司　编制

杨舍镇位置图

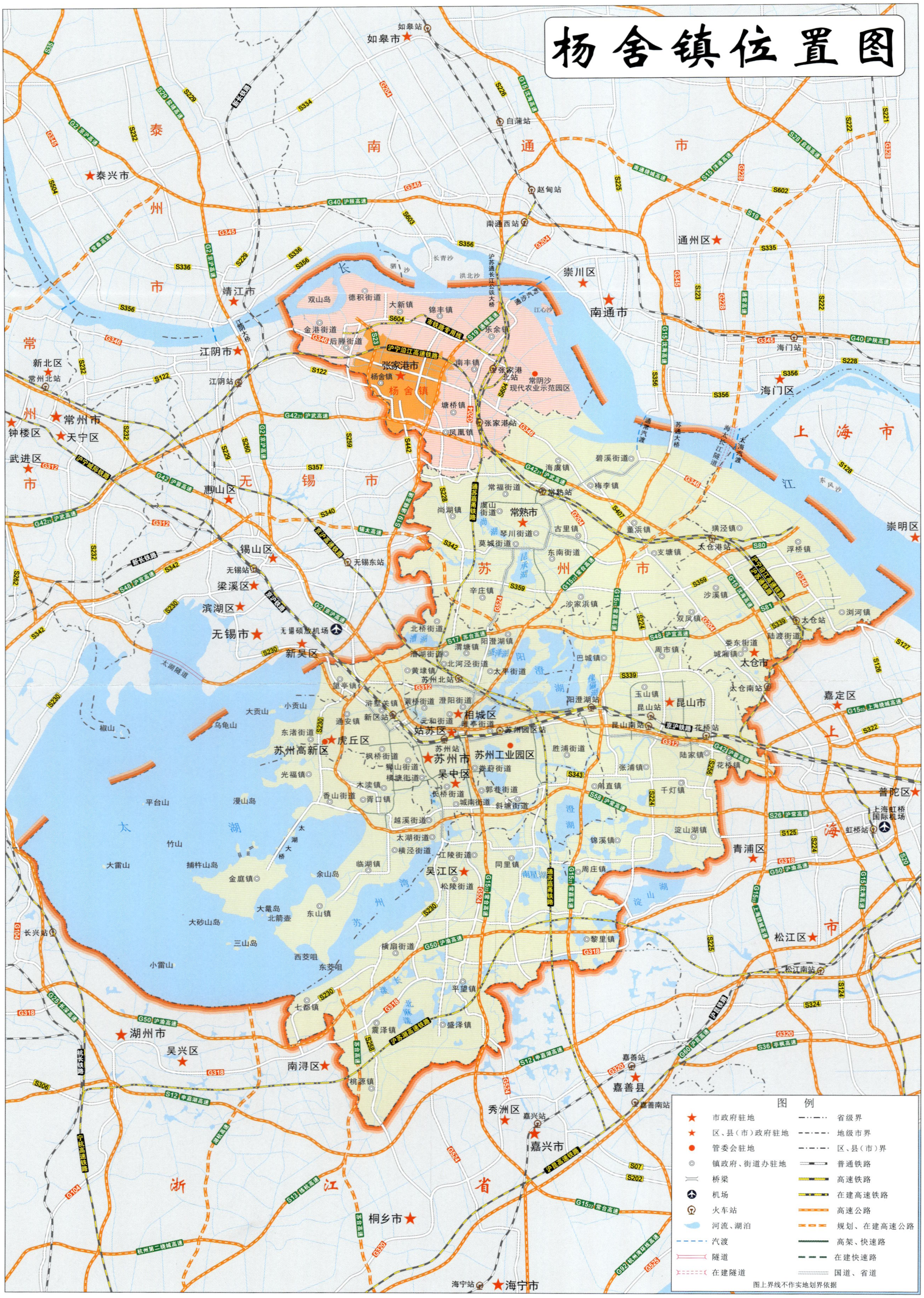

审图号：图苏E审（2024）052号

苏州吴文化地名研究所　江苏图博地理信息科技有限公司 编制

目 录

张家港经济技术开发区党工委(杨舍镇党委)

杨舍镇人大

张家港经济技术开发区管委会（杨舍镇人民政府）

政协杨舍镇工委

纪检监察

群众团体

法治 · 军事

精神文明建设

乡村振兴与协作帮扶

生态环境

区镇建设

交通·水务·通信

开放型经济

农　业

工业·建筑业

金融业

综合经济管理

科学技术

教　育

文化·体育

卫生健康

人力资源和社会保障

社会民生

办事处·街道(村·社区)

人物·荣誉

附　录

索　引

媒体聚焦

张家港经济技术开发区西区一角

张家港经济技术开发区（杨舍镇）奏响“四敢”强音：敢于争先，暨阳湖畔起春潮

徐瑞雅

这个春天，暨阳湖畔，张家港经济技术开发区（杨舍镇）铿锵奏响“四敢”强音。

2023年2月，2021年度江苏省经济开发区高质量发展综合考核评价结果出炉，张家港经开区名列第8位，较上年提升了4个位次，经济总量名列第5位，斩获历史最好成绩。

从全省119家经开区中脱颖而出，证明了张家港经开区雄厚实力的同时，也激发了张家港经开区奋勇向前的坚定信心。张家港市委常委、经开区党工委书记和管委会主任、杨舍镇党委书记张志明说，对照“跻身国家一流经开区”的长远目标，经开区将用好“张家港精神”传家宝，拿出“敢为、敢闯、敢干、敢首创”的担当作为，发扬“抢抓先机、快人一步”的争先之势，在中国式现代化国家新征程上交出高质量发展优异答卷。

“主阵地”亮出新追求

自1993年获批设立，到2008年与城关镇杨舍镇实行一体化管理、2011年升级为国家级开发区，再到位列全省经开区“第一方阵”，经开区（杨舍镇）以“不到张家港市六分之一的土地”，贡献了全市三分之一左右的地区生产总值，是张家港当之无愧的经济和社会发展“主力军”“主阵地”。

三十年风雨兼程，经开区（杨舍镇）始终扛起“张家港精神发源地”的使命担当，敢闯敢试、敢为善为，用饱满的精气神，拼来了天兵科技等大项目、好项目，打造出沙洲湖科创园、留学生创业园等优质科创载体，构建起富有区域特色的“3+4”现代产业体系，摘得了一项项颇具“含金量”的省级、国家级荣誉。

是靠着一个“敢”字，经开区（杨舍镇）取得的成绩有目共睹。尤其是刚刚过去的2022年，区镇完成地区生产总值995.5亿元，规模以上工业总产值958亿元，一般公共预算收入40.5亿元，主要经济指标稳步增长，经济总量再攀新高。

区镇还引进科技招商项目290项、潜力类项目100项；获评市级以上领军人才68人，其中国家级人才4人、省双创人才5人；91家企业被认定为高新技术企业，创历史新高；累计培育国家级专精特新“小巨人”企业全市第一、智能制造示范车间数占全市三分之一。

而立之年再出发！经开区（杨舍镇）又以一个崭新形象，屹立在大家面前。2月1日，区镇召开推进“敢为、敢闯、敢干、敢首创”动员暨作风建设会议，鼓励广大党员干部振奋“四敢”精神，锚定全市“现代化建设先锋年”工作主题和“123”年度目标任务，以“起步奔跑、开局争先”的奋斗姿态，

推进经开区现代化建设新实践。

张志明表示，绘好中国式现代化“新画卷”，经开区（杨舍镇）不仅将从“张家港精神”中领悟“四敢”的重要意义，更致力于把“四敢”落实到干事创业的具体行动中，迅速发力、持续发力、狠狠发力，一步一个脚印，建设更具韧性的现代经济体系、更具竞争力的特色产业集群、更具探索性的改革创新试点、更具引领性的文明典范窗口，把更高追求变成现实。

审时度势部署新动作

对经开区（杨舍镇）来说，明确了以什么样的状态开局，以什么样的劲头起跑，还要把准现阶段面临的形势任务，看清自身的问题不足，只有这样，前进的步子才能迈得又稳又准。

“在国家级综评不容乐观，高质量发展考核压力倍增的大背景下，跻身全国一流经开区任重道远；即便着眼当下，推进经开区现代化建设新实践，也是一项综合性系统工程。”张家港经开区党工委委员、管委会副主任赵志凯表示，区镇既坚持问题导向，又树立更高标准，特别是在一些关键领域、重点工作的谋划部署上，拿出“敢”的胆气，保持“敢”的作风，用更加务实创新的举措，力争在今年这个特殊历史节点，开辟发展新境界、跃上发展新台阶。

经开区的首要任务就是发展经济，只有牢牢抓住高质量发展主线，深耕经济建设主业，各项指标才能更加优化，排名位次才能更进一步。除了抓好“项目建设”这个“火车头”，在“招大引强、聚链成群”上下功夫，经开区（杨舍镇）还抢抓“产业在沿江转型、创新在城区集聚”的发展机遇，实施科创企业“攀峰计划”，释放改革红利，推动经济实现质的有效提升和量的快速增长。

地处主城区的经开区（杨舍镇），人口密度大、市场主体多，提高群众获得感、幸福感、安全感，同样要付出更多心思与精力。紧盯文明创建“大考”，区镇制定文明城市创建“八大工程”，从基础设施保障、城乡环境优化、文明实践提升、网络文明促进等方面精准发力，外提颜值、内修气质，用精细化管理赢得群众口碑。

“一个地方发展得好不好，关键看干部精神状态好不好。”在张家港经开区党群工作局局长陈海文看来，张家港精神发源地的干部，更应保持“敢于争先”的自觉。区镇发布激励干部担当作为八条措施，全力营造激励干事创业的良好环境，推动干部“能上能下、能进能出”，锻造一支进取型、研究型、实操型、服务型干部队伍，更好带领群众成事立业。

思路清晰、部署周密，可以相信，一向敢拼敢闯的经开区（杨舍镇）人，必将乘势而上开新局。

勇毅前行争当引领示范

春节后刚开工不久，经开区（杨舍镇）便喜迎一个大项目的落地——盛虹控股集团与区镇签约，在此建设储能电池超级工厂和新能源电池研究院，项目总投资306亿元，创下了张家港有史以来单体投资规模最大的纪录。“从接洽到签约，仅用3个多月。”展望未来，盛虹控股集团有限公司董事长缪汉根信心满满：张家港是创新创业的沃土，项目落在这里，定会产生“1+1>2”的化学反应。

当张家港全市上下都在为打造“物质文明和精神文明相协调的中国式现代化县域先行区”争做贡献时，经开区（杨舍镇）

更是拿出“主阵地”“主力军”的担当，振奋“敢为、敢闯、敢干、敢首创”的精神，沿着规划好的“路线图”，加快高质量发展、实施精细化管理，全力以赴争当引领示范。

紧盯大项目、大企业，经开区（杨舍镇）2023年排定22项重点招商活动。其中，境内与重点城市开展招商资源再配置和嵌入互补合作，境外高频度赴日韩、欧美国家或地区，以招商小分队的形式主动出击、敲门招商，“面对面”推动重大项目落地，全年力争引进超100亿元项目1个以上，超1亿美元或10亿元项目2个以上。

助力更高水平文明城市创建，经开区（杨舍镇）更是凝聚起推动创建的强大合力。2月18日，区镇召开建设更高水平文明城市工作推进会，明确重点攻坚硬件完善、市容管理、城乡环境、素养提升等突出问题。基层工作人员的积极性被调动起来。鉴于辖区建筑工地多，管理挑战大，巡查涉及渣土运输的工地及主要道路时，执法五中队执法队员、网格长钱航除了严格执法，更重普法，“双向发力”让工作更精细。

经开区（杨舍镇）还努力兑现“对有利于老百姓的事，多做‘加法和乘法’；对老百姓身边的‘急难愁盼’，多做‘减法和除法’”的“民生承诺”。在区镇举行的“春风行动”专场招聘会上，春节前丢了工作的山东人胡永曾闻讯赶来。经工作人员现场指导就业、推荐岗位，再通过面试等环节，胡永曾被富瑞新能源录取，成了一名操作工。“工作定了，心就定了。”

三十而立再出发，勇毅前行谋新篇。在“敢为、敢闯、敢干、敢首创”的生动实践中，昔日创造辉煌成就的经开区（杨舍镇），一定也能在新征程上闯出一片新天地。

（摘自2023年2月24日《新华日报》）

厚植“经济强”的基础优势

——产业迭代锻造核心竞争力

周成瑜

【编者按】 三十而立从头越！在全面贯彻落实党的二十大精神的开局之年，张家港经济技术开发区迎来了成立30周年。30年，在时间的长河里只是短短一瞬，却足以令这片曾经诞生张家港精神的土地发生深刻的变化。30年里，张家港经济技术开发区聚焦经济建设主责主业，抓项目、谋创新、促改革，在开发开放中锐意进取，在时代洪流中奋勇争先，发展成为一个地区生产总值、规模以上工业总产值双双迈向1000亿元的国家级开发区。三十正青春，更向潮头立。乘着新时代的浩荡东风，瞄准全国一流开发区的目标，张家港经济技术开发区铿锵再出发，努力成为高质量发展的开路先锋，在中国式现代化国家新征程上交出一份更加优异的答卷！新华日报·交汇点推出“勇立潮头——张家港经济技术开发区成立30周年”系列报道，跟随奋进脚步，见证巨大变化。

杨舍镇　（孙佳贤　摄）

11月28日，张家港经济技术开发区举办成立30周年主题活动，回顾创业之路，展望未来发展。

30年倾心砥砺，30年奋进图强。回顾这30年，张家港经济技术开发区与时俱进大力弘扬张家港精神，坚定当好改革开放的“探路先锋”，在“强富美高”新江苏现代化建设美好蓝图上留下了浓墨重彩的一笔！

知其所来，方知所往。回望30年走过的路，一条“产业兴区”的主线无比清晰。自成立起，张家港经济技术开发区便肩负起工业化、城市化、国际化的重要使命，心无旁骛谋产业竞争力，全力以赴强产业创造力，从传统产业转型升级到新兴产业积厚成势，产业内涵一路更新迭代，不断厚植“经济强”的基础优势，激活了张家港产业发展的“一江春水”。

三十而立再出发。面对当下复杂的经济形势，张家港经济技术开发区迎难而上，沿着“汽车及零部件、新能源、化合物半导体”等新赛道，掀起了一股火热的“项目潮”，全力建设现代化特色产业创新集群，从而为张家港稳居全国百强县三甲勇挑重担，无愧于“张家港精神发源地”这一荣耀！

产业升级保持“进行时”

翻开张家港经济技术开发区的产业版图，一批战略性新兴产业项目“异军突起”，成为推动产业结构优化升级的“新引擎”。

10月26日，国富氢能装备产业基地（三期）项目在张家港经济技术开发区竣工，成为中国第一条技术自主、规模最大的高压氢瓶产线，与前期项目共同组成全国最大的智能化氢能装备生产基地。

氢能产业被视为没有“天花板”的战略性新兴产业。成立不到8年，国富氢能的氢装备及供氢系统市场占有率跃居国内第一，成为江苏省新能源集群氢能产业链中的准“链主”企业。在国富氢能的“磁吸”之下，配套企业纷至沓来，张家港经济技术开发区的氢能产业版图快速扩张，“制氢、储氢、运氢、燃料电池”等全产业链加速形成。

循“新”出发，向“新”而行，张家港经

济技术开发区牢牢抓住“链主”项目“牛鼻子”，加速新兴产业强链、补链、延链。如今，这里已集聚光束汽车、盛虹储能、国富氢能、天兵科技等一批旗舰型、龙头型项目，涉及汽车、半导体、新能源、航空航天等领域，重点产业、未来产业“链主”企业占张家港全市的“半壁江山”。

一手抓战略性新兴产业发展壮大，一手抓传统产业转型升级。

来到江苏朗信电气有限公司3800平方米的无刷电机车间，一条条白色机械臂高效作业，绝大多数的二维码打标、组装、测试等工序均由设备自动完成，工作人员只需从事简单的上料。借助智能化改造和数字化转型，朗信电气整体自动化水平比肩国际同行，获得吉利、比亚迪、特斯拉、蔚来、小鹏等众多整车企业客户的认可，销售业绩持续增长，并荣获“江苏省级示范智能车间”“两化融合贯标认证企业”等诸多资质。

让传统优势产业“老树发新芽”，张家港经济技术开发区从“打造平台、树立标杆工厂、培育专业服务商”3个维度，推进智能化改造和数字化转型，构建工业互联网生态体系。目前，这里已获评省工业互联网平台1个、省级工业互联网标杆工厂（项目）4个、省“互联网+先进制造业”特色基地1个、省级智能制造示范工厂（项目）2个、省级示范智能车间29个，实现规模以上工业企业智能化改造和数字化转型全覆盖。

传统产业转型升级和新兴产业加速布局同频共振，改变着张家港经济技术开发区最初以机械和纺织为主的产业结构。新旧动能接续转换之间，张家港经济技术开发区一步一个脚印，塑造出区域产业特色。

创新驱动注入新活力

走进江苏东方四通科技股份有限公司生产车间，一排排组装好的“铁柜子”映入眼帘，外观看似平平无奇，“肚子”里装的却全是“高科技”。公司总工程师李国栋指着其中一台第三代半导体碳化硅晶体生长炉电源，细数它领跑行业的性能指标。工业控制电源是高端先进产能材料生产环节的核心设备，过去被外国垄断。而在创新驱动下，东方四通打破技术封锁，并瞄准产业趋势拓展应用场景，产品现已覆盖光伏、稀土材料、热处理、电子材料等新材料新能源行业。

过往经验证明：要想创造更高水平的发展优势、形成更高质量的产业集群，就要有更高的“创新浓度”。高质量发展新征程上，张家港经济技术开发区思路清晰、路径明确，就是要广泛汇聚各类高端科创资源要素，以“创新链”之强托举“产业链”之优，实现“新兴产业与创新发展比翼齐飞”，走好依靠创新驱动的内涵型增长道路。

10月29日，江苏天兵航天科技有限公司将其自主研制的天龙二号遥二全箭，运送至位于张家港经济技术开发区的智能制造基地进行总装。该基地完全投产后，可年产30发液体运载火箭和500台火箭发动机。天兵科技的创新能力有多强？半年前，由其研发的天龙二号液体运载火箭成功发射，开创民营航天企业液载火箭首发即胜的历史，一举刷新7项航天记录。

对张家港经济技术开发区而言，练就更加强大的创新实力，需要更多天兵科技这样的科技创新项目。借助科技招商“一号工程”，张家港经济技术开发区加快招引专精特新“小巨人”“独角兽”等潜力型项目，力争到2025年，引进科技招商项目超1500个，培育高企超400家，集聚苏州市级以上人才超600人。

招引创新项目之余，张家港经济技术开发区不忘创新载体建设，先后与中国科学院苏州纳米所、中国科学院上海微系统所等大院大所共建中科纳米所张家港化合物半导体研究所、张家港市集成电路产业促进中心等科研院所；建成沙洲湖科创园、华夏科技园、纳米产业园等超百万平方米科创载体，营造投资兴业的良好沃土。

深耕张家港经济技术开发区25年之久的国泰新点软件股份有限公司，是国内电子交易、数字政务、数字建筑3个领域的佼佼者。眼下，这位“科创板新秀”正在建设面积24万平方米的中央研究院，未来将打造研发总部及配套用房，匹配数字建筑互联网平台布局。新点软件相关负责人沈武深有感触地说：“没有好的创新创业环境，公司便不可能持续蹦出‘新点子’。”

营商环境催生项目潮

哪里营商环境好，人才就往哪里走，资金就往哪里流，项目就会在哪里生根。张家港经济技术开发区坚持把打造一流营商环境放在利发展、利全局、利长远的突出位置，以精细化服务提升企业归属感、获得感和满意度，构筑招商引资“强磁场”。

聚焦项目“极速投产”，让“投资最舒心”成为口碑形象。2023年7月，总投资306亿元的盛虹控股集团储能电池超级工厂和新能源电池研究院项目开工。如此“大手笔”项目，从签约到开工仅用了5个月，可谓进度“神速”。其背后，张家港市级部门、张家港经济技术开发区职能部门组成两级专班，把时间精确到天、责任明确到人，给予全流程服务，赢得了企业的点赞。

聚焦企业“极简办事”，让“服务最贴心”成为亮丽名片。得知中鑫汽配（张家港）有限公司现有厂房无法满足后续发展，亟需年内建设三期项目并竣工投产，张家港经济技术开发区主动安排人员，帮企业协调对接相关部门，促成项目一天内“五证两书齐发”，实现“拿地即开工”。有了这次经历，该公司总经理金珍郁十分坚定：“未来若有新的投资项目，我们将毫不犹豫选择这里。”

聚焦客商“极致体验”，让“发展最安心”成为鲜明标识。13年前，海归医学博士王小良回乡创立苏州良辰生物医药科技有限公司时，团队不足10人；13年后，员工人数翻了10倍，还评上了高新技术企业，服务全球300余家药企，营收超8000万元。“经开区一直把企业家当自家人，把企业事当自家事，让我们能够安心经营、放心投资、专心发展。”王小良说。2023年年初，在当地协调下，公司在沙洲湖科创园租下一幢独栋小楼，踏上科研新征程。

采埃孚、麦格纳、中鑫、富瑞、东方四通、弗莱明磁力、晋誉达等企业纷纷增资扩产，协鑫移动储能系统、深研半导体装备、德泰全钒液流电池、新能源汽车驱动系统核心部件、爱汽科技电驱系统核心部件、三爱思高端晶圆载具等优质项目加速落子布局……真心换来真情，实干赢得信赖，越来越多的企业用实际行动，为张家港经济技术开发区投下一张张“信任票”。

（摘自2023年12月1日《新华日报》）

放大“百姓富”的幸福含量

——城乡共享高品质生活

王俊杰

是经济技术开发区，也是现代宜居城！

毫无疑问，在张家港经济技术开发区创新创业是幸福的，因为这里有着一流的发展环境。同样，在张家港经济技术开发区生活居住也是幸福的，因为这里有着宜居的生活环境。

是开发区，也是主城区；是发展的主阵地，也是生活的好地方。30年间，由城关镇杨舍镇发展而来的张家港经济技术开发区，自觉而坚定扛起民生保障的责任，努力撑起一把巨大的“幸福伞”。而在其“护佑”之下，58万百姓共享高品质生活，幸福气息充盈在街巷深处、乡村人家，舒展在人民群众的眼角眉梢，“百姓富”有了现实模样。

踏上现代化建设新征程，张家港经济技术开发区一如既往把保障和改善民生作为重中之重，在百姓得实惠的事情上做“加法”，在百姓身边的“急难愁盼”上做“减法”，不断释放获得感、幸福感、安全感。

富民增收全省领先

在张家港经济技术开发区，开发区经济保持活力的同时，一批强村也逐渐兴起，两者交相辉映，为民生事业的发展提供了坚实基础。

时值初冬，张家港经济技术开发区农联科创产业园内机器轰鸣，一派热火朝天的施工景象。为了确保项目早投产、早达效，这段时间，农联村党委书记赵建军不管多忙，每天都要抽出时间跑来现场查看施工进度，叮嘱人员保质保量、安全施工。

“只有集体经济做大了，才能让老百姓过上好日子。”作为土生土长的农联村人，自1996年担任村书记以来，赵建军一路见证并带动了村子的发展。从一个经济薄弱村到如今的“亿元村”，赵建军带领农联人抓住时代机遇，推进乡镇企业发展、民营经济腾飞、城乡一体化建设。2017年，赵建军又和大伙推动村级经济转型，进军房地产项目跟投、创新股权金融投资，并推进文化产业投资、抱团发展等。这几年，瞄准半导体、新能源、生物医药等赛道，农联村投资了40余家企业，成功上市的已有6家。农联村去年实现村集体经营性收入破1亿元，农民人均收入超6.3万元。

像农联村这样的“强村”不在少数。来到位于国泰路与人民路交界处的金田广场，这个集商业、餐饮、酒店式公寓为一体的城市综合体，现已进入最后验收阶段，项目销售和招商都在同步推进中。

“综合体开出来后，村民购物、娱乐、休闲就更便利了！”在金田广场前，田垛里村党委书记郭建锋介绍起这座综合体的“来历”：此前，田垛里村联合城北街道其他4个村共同参股成立了张家港市北城村联综合开发有限公司，其中田垛里村占股60%。

2020年，该公司投资2.6亿元开发建设金田广场项目，不仅满足百姓更高水平的生活，还能通过收取租金提高村级收入。这些年，田垛里村逐渐形成了从“出租厂房”到“出租商场”为主的村级经济发展模式，村里建有8个工业集中区，各类标准型厂房达23万平方米。2022年年底，田垛里村实现村级经营性收入超7000万元，农民人均收入超5万元。

可以明显感受到，正是由于张家港经济技术开发区各村主动适应时代发展趋势，不断解放思想、抢抓机遇，以抱团、多元发展等创新“打法”探索发展有效路径，集体经济得以开出“致富花”，城乡收入得以均衡平等。据统计，张家港经济技术开发区41个村股份经济合作社历年分红福利累计总额达20亿元，2022年实现村均集体经营性收入2601万元。

2023年9月，2022年江苏百强股份经济合作社名单出炉，按照“集体资产总体实力、集体经济运营能力、集体经济服务能力、集体经济发展潜力”4个维度综合评定，张家港经济技术开发区共16家上榜，数量为全省第一。

公共服务优质均衡

作为一个主城区，张家港经济技术开发区服务群众多，各类需求复杂多样，如何为百姓提供优质均衡的公共服务，是摆在眼前的重要课题。

在医疗卫生服务上，张家港经济技术开发区的做法是：优化资源配置，提升医师技能水平，让百姓在家门口就能看上病。为此，当地一方面调整优化社区卫生服务站布点，新建、改扩建社区卫生服务站12家；另一方面有针对性地开展慢性病健康管理、门诊病历书写规范等医师技能培训，提升社区医生的服务能力。张家港经济技术开发区社会事业局局长邱晶嘉透露，正在推进的北城社区卫生服务中心，建成后将与张家港第一人民医院合作，更好地服务百姓，项目预计2024年年底前投入使用。

教育事无小事。这些年，张家港经济技术开发区还新建、改扩建学校19所，扩大教育供给，办好百姓满意的教育。以创办于1983年的暨阳实验小学为例，学校在守正中创新，2020年开办南校区，2022年投入使用城中校区新校舍，目前已形成三校区一体化管理的集团化办学规模。学校着力以内涵建设促进教育高质量发展，立足“日记长跑”特色和“多多”德育品牌，聚焦育人方式变革，形成让每个孩子都焕发自己光彩的“同光”文化，2023年该校入选江苏省义务教育课程与改革项目学校。

何以乐居？在张家港经济技术开发区，除了开发区层面给予的公共服务，各村也利用好村集体经济的优势，提高公共服务自给能力，进而让百姓生活更有质感。

这天一早，旺西花苑小区的退休居民陈慧祖孙两人照常来到旺西生活广场。孙子上绘画兴趣班后，她并没有着急回家，而是来到一楼的生鲜超市购买蔬菜和日常生活用品。“这里蔬菜种类多，菜品又新鲜，从家里过来十分钟都不到，真是很方便哩！”

陈慧口中的旺西生活广场，由张家港经济技术开发区旺西社区投资建设，主要解决周边小区住户买菜、购物、休闲、教育等日常生活所需。“社区富裕了，就能更好地惠及老百姓。”谈及为百姓提供优质的生活配套，旺西社区党委书记顾剑平思路清晰。作为一个涉农社区，旺西社区兼顾经济发展与民生保障，除了定期开展健康义诊、养老送餐服务等民生服务外，社区还新建工业区、收购厂房、建造商业综合体，吸引优质企业入驻，培育村级经济增长点。

社会保障兜底有力

幼儿园阶段保育管理费全额贴补、高中阶段学费全额补贴、“农联爱心基金会”制度……在农联村村史馆，一份包含15项内容的“福利清单”特别显眼，上面清晰展现了村子打造的全生命周期福利体系。其中，大病医疗补充救助制度以实打实的“真金白银”帮助村民们摆脱“因病返贫、因病致贫”的问题，备受村民称赞。

在这项制度中，农联村按照张家港市医保局核准名单，村民看病自付医疗费用扣除1万元后剩余部分按照90%进行救助，让村民看病没有“后顾之忧”。2023年5月，农联村村民蔡苏明领到了村里补助的40万元。说起这笔沉甸甸的补助金，他红了眼眶，“村里的一系列惠民政策成为我们坚实的后盾，让我们有信心战胜病魔”。

在张家港经济技术开发区，大病救助让重疾患者看得起病，全方位的福利待遇也让老年群体生活幸福。福前村每逢端午节、中秋节、重阳节等节日，都会向60周岁及以上的老年人发放慰问品，年终还对65周岁及以上的老人发放每人2000元的尊老金，大力提高老年人待遇。

在困难人群就业方面，张家港经济技术开发区也不遗余力。陈伟是晨阳社区居民，刚刚大学毕业的他，由于对就业市场信息把握不够及时准确，一时间找不到满意的工作，这让他心里直犯难。晨阳社区就业服务站专管员了解情况后，第一时间为他推荐技能培训，进行职业指导并推荐相关招聘公司。现在，陈伟已成为一家半导体公司的设备技术员。作为张家港首个基础型“家门口”就业服务站，晨阳社区就业服务站为群众提供“一对一”精准高效的就业创业服务。这种有温度有力度的保障服务，让村民的日子过得舒心又踏实。

精准帮扶低保、低边等困难人群，发放救助资金超2000万元；实施心理疏导、生活照护等群体帮扶慈善项目24个，智慧助残惠及30户；开展“‘就’在杨舍”专项行动，提供就业岗位超4000个；开展“民生小市集”活动，推进民生微实事（社区党组织为民服务）项目430个……2023年以来，张家港经济技术开发区在大病医疗、孤寡老人养老、困难人群就业等方面精准施策，一系列兜底有力的举措，让老有所依、弱有所扶不断成为现实。

（摘自2023年12月8日《新华日报》）

铺陈“环境美”的鲜明底色

——“绿色园区”处处皆风景

陆洁清

行走在张家港经济技术开发区，稍不留神，就会闯入一片绿色天地。

暨阳湖湿地公园内，水面波光潋滟，空中飞鸟掠过；一干河亲水走廊上，绿色连绵不绝，人文古迹散落；梁丰生态园里，步道靓丽别致，游乐设施完善。30年的沧桑巨变，并未褪去发展的理性，绿色早已成为这片土地的鲜明底色。作为经济发展主阵地的张家港经济技术开发区，唤醒了高度的生态自觉，坚定成为生态文明的推动者和践行者，不断打通生态保护“堵点”和“痛点”，高水平推动生态文明建设，徐徐铺展一幅美丽新画卷！

面对时代的呼唤，这座临近长江的经济技术开发区“逐绿而行”“向绿而兴”，不断刷新区域发展底色，将“国家级生态文明建设示范区（生态工业园区）”与“国家级绿色园区”两块沉甸甸的金字招牌收入囊中，让“环境美”成为核心竞争力的重要标志，向“长江大保护”做出最响亮的回答！

绿色发展有韧性

当生态与发展两者产生矛盾，应该如何选择？如今的张家港经济技术开发区会毫不犹豫给出答案：生态优先！

采埃孚汽车科技（张家港）有限公司是张家港经济技术开发区赫赫有名的龙头企业，他们的扩建项目却曾险些因为废水排放问题与这里“失之交臂”。2022年年底，德国采埃孚集团有意将外地工厂搬到张家港，面对这个世界五百强企业伸出的橄榄枝，当地在兴奋之余也犯起了难：采埃孚的生产工艺中涉及有表面处理工序，对应的生产废水因含一类污染物有严格的排放管理要求，2014年采埃孚的外地工厂审批时执行的相关排放标准已不符合现行的排放管理标准及当地的环境容量要求，秉持着绿色发展一着不让的理念，张家港经济技术开发区在积极争取项目落户的同时以坚定态度反复协商沟通，成功说服企业通过开展技术改造、增加预处理设施等措施确保废水达标排放，守住了生态红线，同时也真正实现了以高水平环境保护促进企业的高质量发展。

回顾发展历程，张家港经济技术开发区坚持实施项目准入评价机制和“环保一票否决制”，把好项目准入绿色关，近年来拒批170个不符合绿色发展导向的项目，其中超1亿元项目11项。“对我们来说，绿色是必须坚守的发展底线。”张家港经济技术开发区安全环保局副局长魏立坚定地说。

绿色发展，既要严格把关，也要因势利导。在生产方面，张家港经济技术开发区引导、鼓励、支持企业实施技术改造、设备升级、清洁生产，推动超三分之二规模以上工业企业通过技术改造实现大幅节能降耗，155家企业安装屋顶光伏发电设施，每年可节约发电燃煤2.19万吨，减少二氧化碳排放量5.46万吨；在排放方面，探索实施北区大气、废水“绿岛”项目，确保区域大气、水污染物统一收集、集中治理并稳定达标排放；在监管方面，探索实施环保非现场监管体系和“无废园区”建设，通过“互联网+”监管模式，实现对重点污染企业24小时全天候非现场监管，做到环境管理“无事不扰”……

在政府的全力引导下，企业推进绿色生产的积极性也越来越高，苏州海陆重工股份有限公司就是典型代表。2023年5月，由海陆重工与中国科学院力学研究所合作建设的首台套转炉煤气全干法新工艺工业装置试车成功。以100万吨钢的转炉为例，在这项技术的支持下，每吨钢产蒸汽增加60千克，相当于一年节约了标准煤5000吨，降低二氧化碳排放1.35吨，直接经济效益达到1200万元。从3年前起，海陆重工就坚持把科技创新作为节能降碳的“关键变量”，携手高校院所探索节能减排新技术，投入近1亿元研究余热回收课题，最终攻克相关技术难题。

录入想要的工艺，自动裁床就会依托排料软件按照最优剪裁方案进行裁切；设置好参数，只需把布料往机器上一铺，自动模板机就会化身“老师傅”进行缝纫；布料“搭乘”着全自动吊挂流水线，在工人师傅的一双双巧手中逐渐成形……通过设备和工艺改造提升生产效率、降低布料损耗，这一幕幕智慧生产场景正源自江苏东渡纺织集团智能示范车间。除了在生产环节动足脑筋，东渡集团还开展污水处理DCS中控升级、高效连续针织物废水回用等节能改造，坚持将清洁生产贯彻到底。

2022年10月，张家港经济技术开发区积极对接苏州市生态环境局，完成一般建设项目环境影响评价赋权协议书签订工作，取得建设项目自主审批权，标志着当地靠高度的“环保自觉”迎来了更多的“发展自由”。

生态治理有力度

坚决打好污染防治攻坚战，57项污防重点工程项目有序推进；第二轮中央、省环保督察20个反馈问题全部整改完成；开展17处关联断面常态化巡查，完成43个排污口整治及验收，省考断面达标率100%，空气优良天数等指标稳定向好；累计完成安全环保评审、许可70个，项目评审一次性通过率100%……盘点张家港经济技术开发区在生态治理领域的成绩单，不难感受到当地呵护生态环境的坚定决心。

要想根除生态环境之“疾”，就要先找出“症状”之“因”。张家港经济技术开发区将目光锁定在重点产业领域污染防治，“对症下药”攻坚深度治理。

——向蓝天而行，将供热范围内燃煤锅炉全部淘汰，50余台燃气锅炉超低排放改造全部完工，200余家工业涂装、印刷包装行业企业VOC深度治理全部完成，建成RTO、RCO高效净化设施60余套。

——向绿水而行，聚焦区域工业污水全收集、全处理，建成投资超1.5亿元的晨丰工业污水厂及配套生态湿地项目，近30家金属表面处理等重点行业企业投用高效处理设施，实现污水零排放。

——向净土而行，300余家产废单位全覆盖完成危险废物规范化管理，12家重点产废单位完成视频监控安装及联网，固废管理水平有效提升。

强有力的治理，擦亮了令人向往的生态底色，催生出“生态品质与群众幸福交相辉映”的美好景象。

漫步农联村恒大雅苑小区，映入眼帘的是一栋栋高层居民楼，错落有致的绿化带点缀其间，居民们正有说有笑地在健身区域里休闲娱乐，幸福感扑面而来。难以想象，这里曾是一个污水横流、引发周围居民抱怨不断的落后村级工业小区。变化的背后，得益于当地严把环境关，关停所有落后工业企业。

每到周末，就能看到二干河边聚集不少垂钓爱好者，稳稳安享亲水时光。曾几何时，这条骨干河流因为工业废水污染，一度成为当地有名的“黑臭河”。打击违建、整治坍塌、接管污水……为了将水清岸美的沿河风光再现百姓眼前，张家港经济技术开发区全力开展二干河沿线整治，推动水岸提升改造工程，让百姓近水更亲水。

生态治理非一日之功，无法一劳永逸。

眼下，张家港经济技术开发区正着力构建“智慧化”监管体系，推行“河长助手”App、24小时云电力监控，实现“资源上线、资源共享”智慧化监管；建成环保监管网格，形成问题“发现、交办、解决”全闭环机制，促进环境质量持续提升。

人居环境有亮点

在写好生态治理这篇大文章上，城市有城市的脉络，乡村也有乡村的笔触。在张家港经济技术开发区，各村因地制宜构思妙招，讲好人居环境整治故事，精心勾勒百姓“生活在这里很有福气”的现实图景。

在这里，人居环境整治“就地取材”，让废弃河道也能“变废为宝”。天色刚刚放明，位于百家桥村村口的法治文化园里，已有不少村民，有的在跳舞健身，有的沿河边步道快步而行，有的谈天说地，每个人都乐在其中。“这座受到村民青睐的法治文化园，其实是由村里两条废弃河道改造而来。”百家桥村党委书记徐平说。建这座文化园，不仅让河道重新焕发生机，在经过不断完善提升，植入百姓喜闻乐见的休闲设施后，也成为村民们心中的精神家园。

在这里，人居环境整治遵循乡村肌理，让乡村回归本真自由“生长”。站在善港村“麦畑花舍”农家书屋前，只见一条小河涓涓流淌，河边芳草萋萋，盛开着星星点点的野花，乡间野趣无穷。“特色田园乡村，特色在哪里？就是要以生态手法，还原乡村本来的面貌。”善港村纪委书记、团委书记王斌以这条小河举例说，起先这里是一条断头河，在特色田园乡村建设过程中被打通，村里没有用石头来修筑驳岸，而是在原生态的基础上雕琢提升，保持了河流本来的质感，让花草自由更新、生长，才有了如今的“四季风景皆不同”的独特景致。正是这些本真生态，让特色田园乡村变得更有质感。

在这里，人居环境整治融入乡风文明，使百姓主动担当起守护村庄环境的“主人翁”。在东莱村，党员带动村民从“要我做”向“我要做”转变。82岁的老兵秦玉林和78岁的老党员常美娣是东莱村模范老夫妻，利用空闲时间自发“巡村”，看到村里哪处垃圾多了，就拿着扫帚、簸箕赶去清理，哪户人家房前屋后不整洁，就上门委婉提醒，得空便沿着河道走走，看看有没有人破坏环境。在两人的带动下，村里已有20户人家加入农村人居环境整治中来。东莱村党委书记刘兵感慨地说，人居环境整治的关键是要提升村民的文明意识。

建成省级特色田园乡村3个、省级生态文明建设示范村5个、苏州市特色康居示范区2个，建成“美丽家园”省级示范点1个、苏州市特色康居乡村54个，特色宜居乡村实现全覆盖，获评江苏省生态文明建设示范镇、苏州农村人居环境整治示范镇……重塑水乡肌理，打造宜居秀带，张家港经济技术开发区在持续“生态美颜”中擦亮乡村振兴最美底色。

（摘自2023年12月15日《新华日报》）

擦亮“社会文明程度高”的显著标识

——汇聚现代化建设强大精神力量

宗志鹏

在全国众多开发区中,张家港经济技术开发区很特别。

说特别,是因为其不仅是产业重镇、宜居城区,更是精神文明的高地。作为张家港精神的发源地,以及张家港摘得全国文明城市“六连冠”的主阵地,它的文明程度有目共睹。

2014年全国县级文明城市创建工作现场会、2017年全国创建文明城市工作经验交流会、2020年全国文明实践志愿服务工作培训班在这里举办,经开区(杨舍镇)新时代文明实践所、花园浜社区新时代文明实践站、百家桥村新时代文明实践站等点位备受好评……

既拼经济,也看文明。在这里,文明早已化为必须坚持的发展理念,成为高质量发展的重要支撑。有了文明感召和精神引领,张家港经济技术开发区自信开启下一个辉煌30年。

凝聚奋进争先的力量

成立30年来,张家港经济技术开发区不断从张家港精神中汲取向上的力量,如今又以敢闯敢干、敢为善为的饱满劲头,在现代化建设新征程上展现新作为、续写新辉煌。

从没有农村工作经验的企业家,到一干就是27年的村书记,农联村党委书记赵建军初心不改、激情满怀,将曾经的贫困村打造成了如今的“亿元村”“全国文明村”。2023年,农联家园二期顺利交房,1792套安置房分给594户动迁安置村民;农联实验小学招生火爆,班级数较第一年直接翻倍;北城社区卫生服务中心也即将启动,设备、专家一应俱全,赵建军携手农联人持续做强集体经济,做优福利待遇,一起奔赴共同富裕的美好明天。2023年,赵建军被授予江苏“最美基层共产党员”称号。

带领村民过上好日子的,还有善港村党委书记葛剑锋。自2009年担任村书记后,葛剑锋一心扑在村子的发展和农民的致富上,不仅让善港甩掉穷帽子,还依托整村帮扶,带领陕西的方塔村、贵州的高峰村等6个村走上富裕路。当前,处于农业转型关键期的善港,正推进荷兰高科技农业合作智能温室示范项目,打造一个由温室、研究中心、体验中心等区域组成的精品农业生产基地,让村子成为国内智能温室领域技术高地、教育高地。

在张家港精神的感召下,张家港经济技术开发区涌现出一批赵建军、葛剑锋这样的先进典型,他们时时刻刻保持奋进之姿、争先之态,用实干担当惠及企业、造福百姓。不仅是他们,在此创新创业的各类人才也同样受到鼓舞,凝聚了改革求变、突破创新的勇气与信心。

苏州锴威特半导体股份有限公司董事长丁国华就是其中之一。2023年8月，锴威特在上海证券交易所科创板上市，未来将围绕高功率密度电源模块及电机驱动模块，加速相关芯片的国产化进程。丁国华感慨地说："从一家小微企业，成为上市公司，经开区昂扬向上的发展氛围，鼓励着我们勇敢搏击半导体产业浪潮。"

发展繁荣兴盛的文化

早上10点，经开区（杨舍镇）新时代文明实践所二楼，聚集着不少跳舞的市民，50岁的黄雅萍与舞团的队员们随着音乐的节奏，轻启脚步、翩翩起舞。以前，黄雅萍一直依靠在各处"借场地"或在公园练舞，总担心临时找不到场地，也担心刮风下雨影响排练，后来有了新时代文明实践所，不仅离家近，环境也好，她便把练舞的地点"搬"了过来，还作为文艺骨干带起了团队。

文化和体育服务中心实现镇、街道、村（社区）全覆盖，每个村（社区）都建有新时代文明实践站（点），来到张家港经济技术开发区，各类文化载体随处可见，成为百姓茶余饭后的好去处。

依托这些文化活动场所，张家港经济技术开发区"变着法"地端出戏曲大舞台、杨舍故事汇、非遗文化进校园等更多优质公共文化大餐，满足居民更高品质的文化需求，使他们的精神文化生活更加充实丰富。

其中，亲民专业的"艺起动起来"公益文体课堂"一座难求"。在这里，居民可以根据需求，从舞蹈、书法、合唱、戏曲、形体模特、太极拳、剪纸、创意手工等课程中选择一项报名学习，培养兴趣爱好。市民吴敏就非常喜爱形体模特课，在她看来，课程很是新潮时髦，每次学习都有新的收获，自己的业余生活也变得更精彩。

文化的持续浸润，让居民从中受益，也激发着他们的热情，承担起文化建设的重任。张家港经济技术开发区打造"幸福网格乐翻天"群众文艺团队PK赛活动，鼓励百姓以团体形式上台竞演，由此培育起一支支基层文艺团队，让更多人从文化活动的"观众"变成"主角"。目前，这里已拥有260余支基层文艺团队。

如何使这些民间文艺团队拥有更高格调和更旺盛的生命力，吸引更多居民加入？张家港经济技术开发区给出的答案是做好精品内容创作。每年，当地打造各类演出活动，将舞台交给百姓，鼓励他们整理创编讴歌先进典型、反映发展成就等富有地方特色的优秀文艺节目，同时链接外部资源，提供指导帮助。近几年，这里的文艺团队群星艺术团已获评苏州市"繁星奖"金奖4个、江苏省"五星工程"奖1个，代表江苏省参加第十四届全运会群众赛事活动获广场舞乡镇组二等奖与"最佳人气奖"，入围第十九届群众文化"群星奖"1个。

建设更高水平的文明

走进花园浜社区新时代文明实践站，挂着志愿服务V站、24小时图书驿站、心灵驿站等招牌的17间小木屋分列道路两旁：在图书驿站，享受阅读的乐趣；在心灵驿站，聆听一场心理讲座；找到"五老"之家，说说最近遇到的难事……这里俨然成为一座"民生超市"，社区居民根据需求推门而入，便能享受各类便民服务。

文明创建的过程，就是高效化解百姓急难愁盼，提升生活质量的过程。在建设更高水平文明城市的新征程上，张家港经济技术开发区将更高文明追求与百姓需求深度融合，推动了城乡环境面貌、社会秩序、公共服务水平再优化再提升，创造出一个更加舒适的生活环境。

更高水平文明创建，带来更加强烈的民生幸福感。全国文明村福前村结合美丽村庄工程，加强基础设施和公共服务设施建设，新建健身路径8套，标准型篮球场2个，多功能运动广场3处，健身步道总长6000米，率先建成全市首个“十分钟全民健身生态圈”。张家港市塘市小学开发实施“童年四味”“成长四仪”等有主题的活动课程，“快乐篮球”“经典诵读”等有选择的社团课程，让学生全面而有个性的发展，获评第一届全国文明校园、全国青少年校园篮球特色学校、全国流动人口健康促进示范学校等诸多荣誉。

更高水平文明创建，造就更加浓厚的互助氛围。10月中旬，城北街道“582”志愿服务队队员崔艳，带着张家港市儿童福利院的残疾孩子来到稻田，观察水稻收割的过程，了解水稻种植、收割、脱粒知识。“582”谐音为“我帮你”，就是希望大家都能向遇到困难的人伸出援手，共同创造有温度的社会。目前，张家港经济技术开发区共有134支新时代文明实践志愿服务队伍，2万名注册志愿者、7万余名热心群众，全年开展超500期志愿服务项目。

更高水平文明创建，形成更加有序的治理格局。万红二村东区居民楼道墙面上，绘制着“文明家风”“交通安全”“强国复兴有我”等特色图案，成为社区一道亮丽风景。万红社区下辖3个老旧小区，实施整体改造时，党员示范户浦根荣便将邻里街坊聚在楼道里，商量创建文明楼道的方式和办法。这次讨论，促成居民参与墙绘创作，也为居民议事会成立打下基础。居民议事制度的实施，培养起居民的主人翁意识，越来越多人愿意把社区事当作自家事，为基层治理想点子、出力气，形成共治共享的良好格局。

（摘自2023年12月22日《新华日报》）

塘市小学

大事记

8月10日，经开区（杨舍镇）经济高质量发展激励大会举行

1月

13日　区镇召开警示教育暨廉政谈话会议。

14日　区镇举行2022年度张家港市人才工作述职评议暨人才引育创新突破攻坚行动启动仪式。

17日　市委常委、经开区党工委书记和管委会主任、杨舍镇党委书记张志明带队进行春节走访慰问。

20日　区镇主要领导检查安全生产、市场保供，慰问窗口单位。

31日　盛虹控股集团储能电池超级工厂和新能源电池研究院项目签约仪式在苏州南园宾馆举行。

2月

1日　区镇召开推进“敢为、敢闯、敢干、敢首创”动员暨作风建设会议。

14日　市政协主席赵建明赴区镇调研。

15日　区镇开展“四敢”赋能高质量发展企业大走访活动。

17日　市政协书房·顾秉钧藏书室揭牌仪式在棋杆社区举行。

24日　市委常委，市政府常务副市长、党组副书记常征调研经开区（杨舍镇）重大项目情况。

3月

2—3日　“江海联动·相约张家港”2023年张家港经开区产业招商合伙人大会在上海举行。

8日　宝马集团高级副总裁傅耀一行访问经开区（杨舍镇）。

16日　区镇举行“暨阳菁英”专业研习社（攻坚组）成果报告会。

26日　张家港经开区半导体（智能装备）科技招商推介会在北京举行。

29日　市委常委、经开区党工委书记和管委会主任、杨舍镇党委书记张志明走访调研区镇部分上市企业（龙杰、锴威特）。

31日　华引芯量产基地启动仪式暨经开区光电半导体产业推介会在纳米产业园举行。

4月

3日　市委常委、经开区党工委书记和管委会主任、杨舍镇党委书记张志明接待纳芯微、名家汇企业人员，并洽谈爱特威收购事宜。

6日　区镇召开“敢为善为、攻坚克难”重点工作评估分析会。

7日　区镇召开农村工作会议。

5月

9日　市委常委、经开区党工委书记和管委会主任、杨舍镇党委书记张志明陪同市委主要领导走访调研挂钩企业（光束、盛虹）。

15日　中铁城建集团华东建设有限公司揭牌仪式在科技创业园举行。

18日　诺博汽车系统有限公司举行2023年合作伙伴峰会。

20日　区镇纪工委举行2023年“幸福杨舍、廉洁同行‘520（我爱廉）’”党风廉政教育系列活动启动仪式。

23日　“‘芯’聚鹏城·‘光’耀港城”张家港经开区半导体和光学技术专题推介会在深圳举办。

27日　市委常委，市政府常务副市长、党组副书记常征调研区镇经济运行情况。

29日　市委常委、经开区党工委书记和管委会主任、杨舍镇党委书记张志明陪同省政协原常委、苏州市人大常委会原副主任、张家港市委原书记秦振华视察张家港精神文明教育基地。

30日　区镇开展“六一”儿童节走访慰问并检查高考准备工作。

6月

1日　国家级经开区综评专题工作会议在区镇举行。

2日　区镇召开“杨舍榜样·每周之星”座谈会。

9日　张家港市铸牢中华民族共同体意识宣传月、民族宗教政策法规学习宣传月启动仪式在塘市小学举行。

19日　区镇举行经开区—乐余镇“区域带动”座谈交流会。

21日　市政协理论研究会全体理事、党员赴区镇学习调研。

25日　区镇消防安全、燃气安全专题会议召开。

27日　光束汽车第二届供应商大会在万豪酒店举行。

27日　区镇开展“七一”走访慰问。

29日　区镇举行庆祝中国共产党成立102周年座谈会。

7月

7日　区镇召开年轻干部座谈会。

12日　区镇召开领导干部会议。

13日　“贝尔杯”石油化工行业制氢、储氢、运氢、加氢技术交流会暨技术创新成果展示会在国贸酒店举行。

15日　盛虹储能电池超级工厂和新能源电池研究院项目开工。

18日　苏州市重大产业项目现场推进会在盛虹储能电池超级工厂和新能源电池研究院项目现场举行。

26日　市委常委、经开区党工委书记和管委会主任、杨舍镇党委书记张志明专题调研城西村。

28日　区镇举行“八一”建军节慰问。

28日　张家港市产业创新集群发展母基金签约仪式举行。

8月

4日　瑞士安迈集团张家港生产基地举行开业典礼。

7日　经开区（杨舍镇）2023年全民健身节启动仪式暨“幸福杨舍·悦享美好夜”项目发布在购物公园举行。

10日　经开区（杨舍镇）经济高质量发展激励大会在馨苑度假村会议中心举行。

11日　杨舍镇第十九届人民代表大会第四次会议在馨苑度假村会议中心举行。

18日　苏州锴威特半导体股份有限公司在上交所科创板挂牌上市。

28日　协鑫储能系统项目投产仪式在协鑫工厂举行。

9月

6日　区镇举行庆祝第39个教师节暨“杨舍教育榜样”表彰活动。

8日　经开区(杨舍镇)·乐余镇文明实践区域联动主题活动在乐余镇举行。

9日　2023年中国科技独角兽企业(张家港)大会暨留学人员产才发展交流会召开。

14日　区镇召开城镇燃气安全工作推进会议。

19日　沙洲职业工学院党委书记钱锦东一行赴区镇调研。

20日　区镇召开学习贯彻习近平新时代中国特色社会主义思想主题教育领导小组第一次会议。

21日　区镇召开2023年度民族宗教工作领导小组成员单位联席会议。

27日　区镇主要领导督察安全生产、消防安全工作。

10月

9日　区镇召开“决战四季度，决胜全年度”工作推进会。

13日　市委常委、经开区党工委书记和管委会主任、杨舍镇党委书记张志明接待采埃孚集团高级副总裁 Steffen Reichelt一行。

20日　2023年张家港经开区新型储能产业高质量发展论坛在万豪酒店举行。

26日　国富氢能装备产业基地(三期)项目竣工仪式在国富氢能基地举行。

30日　市委常委、经开区党工委书记和管委会主任、杨舍镇党委书记张志明接待省委常委、苏州市委书记刘小涛一行，并陪同参观光束汽车厂区。

11月

13日　市委副书记、市长蔡剑峰专题调研区镇相关工作。

16日　区镇举行学习贯彻习近平新时代中国特色社会主义思想主题教育专题党课。

16日　市委常委、经开区党工委书记和管委会主任、杨舍镇党委书记张志明接待苏州市委常委、组织部部长祁松一行，并陪同参观国富氢能厂区。

28日　“三十而立再出发、奋楫扬帆启新程”张家港经开区成立30周年主题活动在城南文体中心举行。

12月

18日　市委副书记、市长蔡剑峰在光束汽车厂区调研。

25日　区镇举行主题教育工作汇报会暨2023年度抓基层党建述职会。

26日　市委常委，市政府常务副市长、党组副书记常征调研区镇相关工作。

27日　区镇主要领导督察安全生产、消防安全工作。

29日　中共杨舍镇第十四届代表大会第四次会议在馨苑度假村会议中心举行。

29日　杨舍镇第十九届人民代表大会第五次会议在馨苑度假村会议中心举行。

区镇概览

一干河生态风光带

自然地理

【地理位置】 经开区（杨舍镇）位于张家港市域西南部，是张家港市委、市政府所在地，全市政治、经济、文化中心。东临南丰镇、塘桥镇，东南与凤凰镇接壤，南、西南与江阴市顾山、新桥、华士三镇交界，西与后塍街道毗连，北连锦丰镇和大新镇。经开区管委会（杨舍镇人民政府）驻城区国泰南路9号。区镇距周边大中城市较近，距上海98千米，距苏州58千米，距无锡38千米，距常州55千米，距南通33千米。区镇总面积153平方千米，其中城区面积48平方千米。

【交通】 区镇交通发达，运输便捷。公路方面，东西向有张杨公路、小河坝路（芙蓉大道）、澄鹿公路、南二环路、北二环路、晨丰公路等，南北向有港城大道、金港大道、东二环路、西二环路、杨锦公路、杨新公路和苏虞张一级公路等。境内有沪武高速、靖张高速、通锡高速出入口。2023年1月3日，张家港市东三环南段（张杨公路至苏虞张公路段）新建工程建成通车。铁路方面，区镇距离张家港站、江阴站均在半小时车程内，境内有沪宁沿江高铁穿过。水路方面，十一圩港北通长江、南连江阴市张家港河。

【地质地貌】 杨舍地区的地质，与江南古陆的莫干山地和太湖流域的地质活动密切相连。江南古陆具有很大的活动性，震旦纪以来经常表现有垂直升降运动。莫干山地为古陆轴带，作东北—西南方向延伸。杨舍地区在这一轴带的北部。境内无山，古长江岸线断续地横亘东西，高程7—8米（吴淞零点，下同），为境内地貌之脊。其南部地势较为高亢，高程5—8米。古代沙嘴的不连续性，形成了一系列低平田和碟形低洼地，高程4—5米。其间散布着许多不规则的池塘和弯曲的塘浦。北部为江中沙洲和边滩积涨而成，地势低平，高程3.5—5米。

【水系】 区镇境内地势平坦，河道纵横成网，属典型的江南水乡。外围水系主要是长江和太湖，境内水系主要有一干河—新市河—新沙河、南横套—永南河、二干河、盐铁塘、朝东圩港—环城河、东横河、三干河、华妙河、太字圩港、蔡港、谷渎港、范港、界泾河、弯背塘、华塘河、白子港、黄泗浦、漕沙塘、暨阳湖、晨中河等。杨舍境内通江河道有太字圩港、朝东圩港、一干河、二干河、三干河等，通太湖河道主要是二干河。

【行政区划】 2023年1月设立金田社区、沙洲湖社区、徐丰社区，撤销徐丰村、东莱社区。其中，徐丰社区由东莱社区部分区域和徐丰村合并而成，东莱社区其余部分区域划入东莱村、黎明村。至年末，区镇有办事处（街道）9个、行政村22个、社区53个。

表1　　2023年经开区（杨舍镇）所属村（社区）基本情况表

办事处（街道）名称	行政村名称	社区名称
塘市办事处	李巷村、河北村	棋杆社区、河南社区、南庄社区、汤联社区、塘市社区、芦庄社区

续表

办事处(街道)名称	行政村名称	社区名称
乘航办事处	蒋桥村、民丰村、庆安村、新民村、双鹿村、农义村	乘航社区、江南社区、农鹿社区
东莱办事处	农联村、福前村、东莱村、西闸村、黎明村	徐丰社区、江帆社区、福新苑社区、青草巷社区
泗港办事处	善港村、闸上村、章卿村、百家桥村	七里庙社区、通桥社区、泗港社区
晨阳办事处	晨新村、南新村、晨南村	晨阳社区
城东街道办事处	—	城东社区、前溪社区、花园浜社区、勤丰社区、老宅社区、景溪社区、锦程社区、南杨社区
城南街道办事处	—	城南社区、旺西社区、赵庄社区、小城市社区、包基社区、南苑社区、暨阳湖社区、永安社区、白鹿社区、联谊社区、邻湖社区
城西街道办事处	—	城西社区、万红社区、景巷社区、西门社区、暨阳社区、庆丰社区、钱塘社区、云盘社区、悦盛社区
城北街道办事处	田垛里村、斜桥村	横河社区、范庄社区、城北社区、仓基社区、锦绣社区、陈东庄社区、沙洲湖社区、金田社区
合计	22个	53个

气　候

【概况】 经开区(杨舍镇)地处东南沿海、北亚热带南部湿润气候区,季风环流是支配境内气候的主要因素。四季分明,雨水充沛,气候温和,无霜期长,是典型的海洋性气候。光照充足,宜农宜牧,适林适渔。

【光照】 2023年日照时数2235.6小时,比上年多3.3小时,比常年(1991—2020年平均,下同)平均日照1807.2小时偏多428.4小时;年日照百分率(相对日照)为51%。日照时数最多的月份是8月,为229.3小时,占月可照时数的56%;日照时数最少的月份是2月,为119.8小时,占月可照时数的39%。

【气温】 2023年平均气温17.6摄氏度,与上年持平,比常年16.5摄氏度高1.1摄氏度,气温偏高。年内仅12月气温较常年偏低外,其余月份气温均比常年偏高。7月是全年最热的月份,月平均气温为29.2摄氏度。年极端最高气温37.7摄氏度,出现在7月5日。全年达到35摄氏度的高温日数16天,在5月到8月出现,比常年15天偏多1天,比上年度少26天,其中7月11—14日出现连续高温。1月是全年最冷的月份,月

张家港国家基本气象站观测场

平均气温为5.3摄氏度。年极端最低气温零下7.6摄氏度，出现在1月25日。全年日最低气温低于0摄氏度的低温日数27天，比上年多7天。

【降水】 2023年降水量1295.3毫米，比上年多149.6毫米，与常年1192毫米相比多103.3毫米，年降水量略偏多。全年降水分布不均，10月降水量最少，月降水量16.4毫米；6月降水量最多，月降水量364.9毫米。与常年同期相比，9月降水量205.1毫米，异常偏多；6月降水量364.9毫米，明显偏多；10月降水量16.4毫米，明显偏少。4—9月汛期降水量1041.4毫米，与常年同期842.2毫米相比偏多199.2毫米。全年有3个暴雨日。其中6月18日（140.5毫米）和6月19日（105.4毫米）连续大暴雨天气，7月21日（52.6毫米）。梅雨期自6月17日—7月10日，入梅、出梅接近常年，梅长24天，总梅雨量463.8毫米，比常年276.2毫米偏多。入梅后18日到19日连续2天出现区域性大暴雨天气。梅雨期呈现过程强度偏强、区域分布不均的特征，降雨间隙有短暂高温天气。

【霜、雪、风、霾、雾及台风等灾害性天气】 2023年度初霜日为2022年11月16日，终霜日为3月4日，霜期109天，全年无霜期254天，与常年232天相比多22天。全年降雪日数5天，比上年少3天。年平均风速每秒1.9米，与上年相同。张家港国家基本气象站监测到8级以上大风1次。6月10日强对流天气造成区镇最大风力8级及以上，区镇部分地区出现3毫米小冰雹，小面积未成熟的葡萄和梨、蔬菜大棚受损。全年共有35个霾天气，与上年相比增加6天。全年出现2次连续多日霾天气过程，分别为1月5日到9日、12月4日到7日。全年出现大雾12天，比上年多1天，其中12月28日出现最小能见度42米的特强浓雾，为全年最低。年内，受第5号台风“杜苏芮”（强台风级）外围影响。冬季受冷空气持续影响，气温明显下降，12月20日到26日最低气温均在零度以下，其中22日最低气温达零下6.3摄氏度，有严重冰冻。

历史沿革

【镇史溯源】 夏朝时全国分九州，杨舍属江南扬州管辖。西晋时属暨阳县，县治称杨舍。杨舍建置于西晋太康二年（281年），与周边县市（区）的建置城关镇相比，比常熟市虞山镇早2年，比江阴市澄江镇早274年，比昆山市玉山镇早470年，比吴江区松陵镇早718年，比太仓市城厢镇早1216年。清康熙三年（1664年），全国清丈土地后，撤乡设镇，于是杨舍遂以镇定名，隶属常州府江阴县。这是杨舍镇历史上建置之始，亦为杨舍镇之滥觞。

【建置沿革】1927年，杨舍区建立，下设保、甲。1934年，设立杨舍镇，属江阴县第四区管辖。1949年4月22日，杨舍地区解放，东部属常熟县，西部属江阴县。1949年10月，境内废除保甲制，县以下建立区、乡（镇）、村、组。江阴全县划分成7个区，杨舍1镇3乡改为1镇4乡，改属华杨区管辖。1958年，实行以乡建社、镇社合一，杨舍人民公社成立（简称杨舍公社）。1962年1月，沙洲县成立；3月，杨舍镇成为沙洲县直属镇。1983年，政社分开，恢复乡（镇）建制。1986年9月16日，国务院发文批准撤销沙洲县，设立张家港市（县级），市人民政府驻杨舍镇。12月，杨舍乡并入杨舍镇。2000年7月，杨舍、泗港、塘市、乘航4镇合并，成立新的杨舍镇。1993年6月13日，张家港市政府向苏州市政府及江苏省政府申请设立张家港经济开发区。11月11日，省政府批复同意设立江苏省张家港经济开发区。1993年12月26日，经省委、省政府批准，中共张家港经济开发区工作委员会和张家港经济开发区管理委员会成立。2003年3月，张家港市委、市政府决定将位于杨舍镇塘市的欧洲工业园并入开发区，实行开发区和杨舍镇区镇联动、协调发展、优势互补、资源共享模式。2008年9月，张家港经济开发区与杨舍镇实行“区镇合一”管理体制，实行“一套班子，两块牌子”。2011年9月25日，江苏省张家港经济开发区经国务院批准，升格为国家级经济技术开发区，并更名为张家港经济技术开发区。2017年，经省政府批准，张家港高新技术产业开发区成立，形成包括张家港经济技术开发区、张家港高新技术产业开发区、杨舍镇的“两区一镇”新格局。2020年，张家港高新技术产业开发区划离张家港经济技术开发区（杨舍镇），恢复“一区一镇”格局。

【历史事件】相传汉高祖十二年（前195年），吴王刘濞为开发经济开凿盐铁塘。盐铁塘西起谷渎港（今杨舍镇），沿天然堤向东与黄浦港相接。西晋太康二年（281年），以暨阳乡、南沙乡（今乘航至常熟市福山一带）和无锡北部，置暨阳县，县治设于杨舍。梁太平元年（556年），废暨阳县，创梁丰县于暨阳故地，县治仍设于杨舍。明嘉靖三十七年（1558年），杨舍建堡城，城墙高2丈3尺、宽1丈7尺、周长600余丈，上砖下石结构，并设杨舍营。清咸丰十年（1860年）农历七月初五日，太平军攻克杨舍堡城。清同治二年（1863年）春，江苏巡抚李鸿章派遣将领李鹤章率军进攻驻守杨舍的太平军。农历四月二十二日，杨舍被清军攻陷。1934年，设杨舍镇，属江阴县第四区管辖。1937年，日军入侵杨舍镇，并进行“扫荡”。1941年2月，中共杨舍区委员会在杨舍镇成立，抗日民主政府虞西县杨舍区杨舍镇民主政府成立。1945年11月，国民党别动军京华卫戍总队第十三纵队1300余人进驻杨舍等地。1949年4月，杨舍地区各界千余人在泗港东村集会，庆祝中国人民解放军渡江胜利、杨舍获得解放，杨舍镇人民政府成立。1951年6月，杨舍镇各界人士开展为抗美援朝捐献“飞机大炮”活动。1954年1月12日，杨舍镇第一届人民代表大会（简称人代会）召开。1957年8月，杨舍乡（大乡）人民政府成立。1958年9月，撤杨舍乡，建立杨舍公社，杨舍镇并入杨舍公社。1962年1月1日，沙洲县第一届人代会第一次会议在杨舍镇召开，宣布沙洲县成立。1989年1月15日，苏州市委书记高德正在全市会议上将时任杨舍镇党委书记秦振华提出的6个方面的精神称为“振华精神”，后演变为“杨舍精神”，并发展成为“张家港精神”。1992年5月，连接张家港港和杨舍镇的张杨公路建设工程动工。1994年8月，沙洲中路步行街建成。1995年8月，馨苑度假村被国家旅游局评定为全国乡镇第一家四星级旅游涉外饭店。2012年，区镇深化机构改革，调整设立“十局三室一中心”，行政村从49个撤并为39个。2018年，总投资200亿元的长城宝马光束汽车项目签约落户，成为区镇乃至全市高质量发展的引擎。2021年，杨舍镇跃居全国千强镇第二位。2023年7月18日，盛虹控股集团储能电池超级工厂和新能源电池研究院项目开工，标志着张家港招商引资以来单体投资最大的龙头型、旗舰型项目启动建设。

【物质文化遗产】 杨舍镇历史悠久，辖区内文物众多。近年，区镇文化部门根据上级要求，加强对文物的保护利用，一批历史文物得以较好地保存下来。年内，区镇扎实推进黄泗浦遗址保护利用，提升遗址展示与保护利用水平。

表2　2023年经开区（杨舍镇）文物保护单位和控保建筑一览表

名称	时代	地点	保护类别
太平桥	清	百家桥村	市保
焦家老宅	民国	向阳弄	市保
北新桥	明	西新村	市保
塘市长春堂	民国	河北村	市保
沧江书舍	清	沙洲公园	市保
黄旂桥	清	李巷村	市保
“八不准”碑	清	谷渎港	市保
东风桥	现代	双鹿村	市保
黄泗浦遗址	南朝至宋	庆安村、双鹿村	国保

【非物质文化遗产】 至2023年年末，区镇有非物质文化遗产名录项目6项，其中省级1项、苏州市级1项、张家港市级4项。2023年9月，经过组织申报及推荐，幸运金属工艺品非遗工坊首批入选苏州市级非遗工坊。12月，幸运金属工艺品非遗工坊首批入选江苏省非遗工坊。金属抬凿錾刻这门古老的手艺，距今已有2000余年的历

史。幸运金属工艺品非遗工坊依托苏州市非物质文化遗产代表性项目——金属抬凿錾刻，利用金属抬凿錾刻技艺设计、生产的"幸运""LUCKY"品牌餐具，不仅出现在北京人民大会堂宴会厅、北京钓鱼台国宾馆、北京APEC会议、杭州G20峰会上，还出现在迪拜皇室、沙迦皇室、沙特皇室、外蒙古皇室等国宴上，得到世界认可，为中国金属工艺赢得了荣誉。

金属抬凿錾刻作品《福寿绵长》

表3　经开区（杨舍镇）非物质文化遗产代表性项目一览表

名称	级别	类别	传承人	简介
吴派古琴艺术	江苏省级	传统音乐	孙海滨 马先龙 张品忠 李　湘	吴派古琴艺术在张家港有着近百年的传承历史。古琴大师吴景略先生是今张家港杨舍镇塘市人，吴先生在古琴演奏、教学、打谱各个方面，对现代古琴艺术作出了卓越贡献。吴先生早年在家乡传艺授徒，影响深广，其弟子赵家珍、戴晓莲、李祥霆等都是当代国内一流的古琴名家，深得吴派古琴自然之趣。传承推广吴派古琴艺术，对于保护古琴文化遗产、提升城市文化品位具有重要意义。2020年入选苏州市非物质文化遗产代表作名录。
金属抬凿錾刻工艺	苏州市级	传统技艺	黄建良 蔡玉娟 赵龙英	金属錾刻是利用金、银、铜等金属材料的延展性兴起的一门传统工艺，至今已有数千年的发展历史。金属抬凿錾刻工艺集绘画、雕塑等传统美术技法于一身，錾刻工艺精湛，器型与色彩美观，具有较高的工艺美学价值与经济价值。
沙洲古文吟诵	张家港市级	传统音乐	周锦飞	沙洲古文吟诵为张家港本地私塾传承的古文吟诵调，本是历代私塾先生口口相传、在民间有着广泛影响力的一种传统读书方式。后来逐渐消失，由邢烈先生一脉单传，已经成为极为罕有的宝贵文化遗产。沙洲古文吟诵调属"文读"的传统读书法，讲究"人文合一"，即在吟诵时身心完全投入到文中，以语音、声调结合表情及姿势来表现文中之离合之情、兴亡之慨，使人感同身受，具有极强的感染力。其声调宛转悠扬、缠绵悱恻；其音色清越轻灵、圆润醇厚；其情感发之于心、形之于容；其气格巍然高古、汪洋恣肆。熔张家港传统读书音之"糯"与古文之"拙"于一炉，独树一帜，为不可多得之宝贵文化遗产。

续表

名称	级别	类别	传承人	简介
缪氏中医内科（肝胆脾胃）	张家港市级	传统医药	缪志伟	缪氏中医内科是现存于张家港市的一支医学流派。它起源于清代名医柳宝诒，经过了金兰升，以及缪氏三代世医传承，已形成特色鲜明的中医学术思想和诊疗技法。缪氏中医一直在张家港市各级医院为广大百姓提供中医服务，护佑百姓健康。缪氏中医内科以内科杂病的中医药诊治为主，尤其擅长肝胆病、脾胃病的治疗。在学术上，缪志伟祖父缪心龙继承吴门医派之长，善用温病理论治疗内科杂病，治疗黄疸、鼓胀等肝胆病，善用攻逐疏利，注重救阴护阴。遣方用药常应用经络理论，对乌梅、全蝎、桂枝等药物有独到见解；对疑难杂症的治疗，思路广博，每见奇效。“和络舒肝片”是缪氏治疗慢性肝炎的经验方，该药获张家港科技成果一等奖，并于1985年在苏州雷允上制药厂投入生产，至今仍广泛应用于慢性乙型肝炎、肝硬化的治疗，疗效卓越。
沙洲对称剪纸	张家港市级	传统技艺	龚宝文 张国珍	沙洲对称剪纸是沙洲地区民间剪纸中最具特色的技艺，它具有江南水乡苏绣的韵味，以“剪、刻、贴、裱、糊、描、画、誊”为八字要诀，在单色、双色、彩色的纸品上以手工的方法，通过折叠的形式，剪出或刻出各种图案。
杨舍拖炉饼制作技艺	张家港市级	传统技艺	唐培龙	杨舍拖炉饼，又称提路饼、提炉饼，相传是太平军在杨舍堡与清军洋枪队征战时杨舍地区的人民专门为太平军制作的一种食品，至今已有一百余年历史。拖炉饼油而不腻、甜而不黏、酥甜松脆，是杨舍地区家喻户晓的传统特色食品。2013年入选张家港市第一批非物质文化遗产代表作名录。

人口家庭

【人口】 至2023年年末，经开区（杨舍镇）总人口577304人，户籍97477户，户籍人口285244人，平均家庭人数3人；户籍人口中，男性139274人、女性145970人，男女性别比为0.95∶1；0—17周岁44641人，占比15.65%；18—59周岁168636人，占比59.12%；60周岁及以上71967人，占比25.23%。

【人口变化】 2023年，区镇新出生人口1285人，出生率4.50‰；新出生人口中，男性691人，占比53.77%；女性594人，占比46.23%。死亡人口2386人，其中男性1317人、女性1069人，死亡率8.36‰；人口自然增长率-3.86‰。

【民族】 至2023年年末，区镇有少数民族人口4966人，比上年增加93人。少数民族主要有蒙古族、回族、壮族、土家族、布依族、朝鲜族、水族、白族、侗族、哈尼族、满族、苗族、俄罗斯族、羌族、瑶族、彝族、藏族等42个，与上年持平。

资源物产

【土地资源】 2023年，经开区（杨舍镇）区域面积153平方千米，其中耕地2627.4公顷、园地445.9公顷、林地531.9公顷、草地116.7公顷、设施农用地25.4公顷，占全镇总面积24.5%；交通运输用地728.4公顷、城镇村及工矿用地10018.3公顷，占全镇总面积70.2%；水域及水利设施用地814.5公顷，占全镇总面积5.3%。

【水资源】 2023年，地表水方面，区镇境内有大小河道950余条，总计水面面积1360公顷，占镇域面积的8.9%。境内有通江河道5条，长江潮水是境内地表水资源的重要组成部分。地下水方面，据《江苏省地下水资源》记载：潜水含水层为潟湖相亚黏土夹粉砂，水质被地表水淡化。第一承压含水层为微咸水；第二、三含水层埋深在80—120米以下，为淡水。地下水位为埋深2.59米。

【矿产资源】 区镇境内杨舍、泗港、塘市、乘航有储量丰富的砖瓦黏土，泗港有矿泉水矿点，系偏硅酸锶重碳酸钙型、含锶重碳酸——钙钠型天然饮用矿泉水资源。沼气、泥炭、石油、煤炭等地下资源分布很广。

【野生动物资源】 区镇境内拥有野生植物100余科近500个品种，分布面广。历史上人们重视利用野生植物资源发展农、牧、渔业生产和手工编织。至2023年年末，区镇常见的野生植物有30科80余种；脊椎动物包括鱼纲、两栖纲、爬行纲、鸟纲、哺乳纲80余种，无脊椎动物包括环节动物门、软体动物门、节肢动物门40余种。

【特产】 长期以来，杨舍人民在利用当地资源发展生产过程中，逐步形成具有浓郁乡土风味的特产名产。其中拖炉饼、神园葡萄、周家桥羊肉、汤联芹菜、梁丰牛奶和“金莎”巧克力等最负盛名。

拖炉饼 杨舍、塘桥、凤凰等地的著名传统风味小吃，已有200余年历史。其制作工艺独特，烘烤时需用两口炉，下面为底炉（平底），上面为顶炉（尖顶，呈锥状），烘烤时两口炉同时加热吻合，并以顶炉的热量将饼吊熟，大有顶炉拖底炉之势，故称拖炉饼。拖炉饼采用上等面粉、白糖、净板油（加工过的生猪油）、荠菜、芝麻、桂花等为原辅料。口味油而不腻，甜而不黏，清香可口，集酥、甜、松、脆、香于一体，外形饱满，色泽金黄，酥层清晰。

神园葡萄 种植起源于1987年，由杨舍镇农民徐卫东种植发展而成，时种植面积0.13公顷，有品种3种。1993年，葡萄园引进美国、日本等国家十余个葡萄新品种。1998年，成立市神园葡萄科技有限公司，种植面积扩大到3.3公顷，有葡萄品种80余种，被江苏省农林厅确认为省葡萄育种中心。1999年4月，葡萄注册“神园”商标。是年，神园葡萄以色艳、果大、皮薄、汁多、味甜获省优质水果评比金奖，并代表江苏省参加1999年昆明世博会和国庆50周年农业成果展，得到专家好评。2000年至2002年，神园葡萄连续三年获省优质水果称号。2002年10月和2003年12月，公司基地先后通过江苏省无公害葡萄生产基地、无公害产地和农业部无公害产品认证。2003年，获第三届江苏省园艺博览会二等奖。

周家桥羊肉　杨舍镇晨新村特产，在周边县市小有名气。烹制手艺独特，除去羊肉膻味的同时，保留羊肉本身鲜美的味道。红烧羊肉色泽红润、香气浓郁；白切羊肉味道鲜美、清淡爽口。20世纪90年代初，五六个个体户把周家桥羊肉做出了名气。1996年，晨新村干部带领羊肉店店主赴苏州藏书镇学习“藏书羊肉”的烹制工艺。是年，晨新村在国家工商行政管理总局注册“周家桥羊肉”商标，免费提供给当地的羊肉经营户共同使用。21世纪，周家桥羊肉四季飘香，打破了20世纪只有冬季才经营羊肉的常规，出现淡季不淡、旺季更旺的势头。

汤联芹菜　境内汤联村特产，具有白头长、叶柄青、质地脆、香味浓等特点。芹菜可清炒，与豆制品素炒，与肉类混炒，也可经沸水稍作烫煮后凉拌，其味更是鲜美爽口，并能去腻、舒胃。

梁丰乳制品　系江苏梁丰食品集团公司系列产品中的主导产品。“梁丰”商标为江苏省著名商标。公司实施“以质量促品牌，向质量要效益”的管理方针，通过“ISO9001”“HACCP”“QS”等质量认证体系，梁丰牌乳制品先后获首届中国食品博览会银奖、首届北京国际博览会铜奖、江苏省第六届轻工业优秀新产品金奖、首届全国部分市场食品卫生质量监评“年年香”金杯奖，获苏州市优良产品、轻工部优质产品、江苏省名牌产品、中国名牌产品、中国绿色食品、国际名牌食品、全国大商场推荐市场名优商品等称号。其中，“梁丰”牛奶产品包括高钙牛奶、草莓牛奶、核桃花生牛奶等，创新推出特浓鲜牛奶、浓缩酸奶、高钙酸奶以及国内首款饮用型清爽酸奶，采用新鲜优质奶源，通过严格工艺控制，产品口感地道；“金莎”“太阳花”果仁夹心巧克力曾作为国家领导人出访时的国宾礼品走出国门，出口日本、韩国、美国和欧洲等20余个国家和地区。

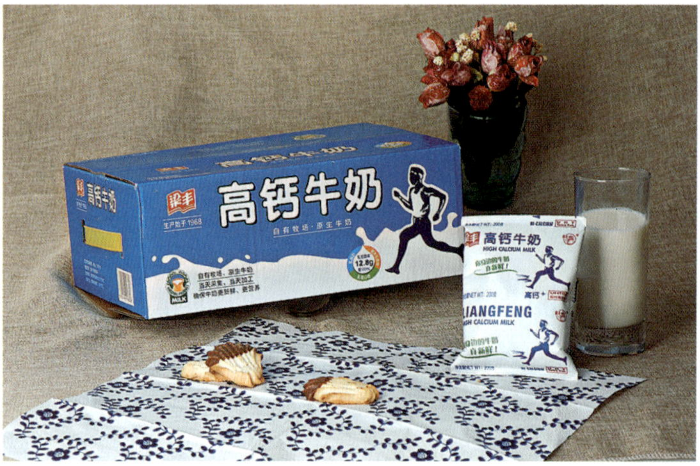

梁丰乳制品

人文风情

【方言】　因经开区（杨舍镇）境内人口来自“五湖四海”，各地百姓汇集此地定居生活，方言多种，但归结起来主要有虞西话、澄东话、老沙话和苏北话4种。这些语种在词汇、谚语、歇后语等诸多方面均各有千秋，内容丰富，形象生动，有的还富有哲理。

【礼仪习俗】　婚俗，结婚前1天（或当天），女方把全部嫁妆送到男家，当晚新房铺床，并请父母在堂。膝下多子者先在新床上睡一夜，称“暖床”。婚日，男方发花轿，新郎随轿往女家迎娶，女方以莲心羹、粉团子款待新郎，称“三道茶”；后即告别回家，等

泗港北新桥

候新娘"于归"。婚后，新婚夫妻择双日，到女家去拜见父母，称"回门"，当天回家。女方结婚后满1个月，由女方亲人来喊新娘回家，称"做满月"。至此，婚礼节完成。中华人民共和国成立后，婚嫁中破除带有迷信色彩的仪式，简化了烦琐的礼节。丧葬习俗，中华人民共和国成立后，殡葬仪式逐渐改革，破除封建迷信和陈规陋习，提倡移风易俗、简朴节约办丧事，推行殡葬改革。人死后先报丧，亲友吊唁送花圈、挽联、挽幛、吊仪（现金）等，丧家给吊唁者黑袖套、白束腰（白布条）各一。一般到第3天将遗体送往火葬场火化，取回骨灰盒，择日（或当天）将骨灰盒葬入墓地。喜庆方面，历史上有催生、分娩、过三朝、满期、祝寿、待匠等旧俗。

【景点】 20世纪90年代以后，区镇响应张家港市委、市政府号召，创成全国卫生城市、国家园林城市、国家生态城市、全国绿化模范城市、国际花园城市、中国优秀旅游城市、全国文明城市，相继建成许多景区，主要有沙洲公园、张家港公园、暨阳湖生态园、梁丰生态园、购物公园、沙洲湖风景区、世纪广场、沙洲路步行街、杨舍老街、善见花海、幸运艺术馆等。其中暨阳湖生态旅游区利用建设沿江高速公路取土建成，包括暨阳湖生态园、暨阳湖欢乐世界、暨阳湖金融街三大主题板块，总面积为441公顷。

【古迹】 区镇境内古迹众多，古遗址有戴巷村战国时期的冶铁遗址、西新村新石器时代文化遗址、尊胜禅院遗址、庆安古黄泗浦遗址，古镇有杨舍集镇、塘市集镇、乘航集镇、庆安古镇、斜桥小镇、闸上小镇，古村有东横泾、东村、西村、漕舍、邵巷、棋杆下、惠家老宅基、北新桥，古建筑有杨舍堡城、同善堂、静观楼、文星楼、沧江别墅、许氏前园、姜园、息园、焦家老宅、长春堂、青龙桥、北新桥、太平桥、洗马桥、黄旃桥、滋生桥、古稀桥、松坟桥、斜桥、河南禅院。古墓葬有王氏墓（宋代）、杨舍人之墓（宋代）、许政德墓（宋代）、杨舍宋墓（宋代）、黄昭父母合葬墓（明代）、黄昭墓（明代）、旺西明墓（明代）、章卿村古墓葬、博物馆建筑工地古墓葬。

【名人】 缪昌期（1562—1626），字当时，号西溪，出生地在今杨舍镇塘市棋杆村（古称东兴里）。他天资聪颖，工诗擅文，史称"行卷不胫走四方，为诸生已名震天下"（明崇祯《江阴县志》卷四·人物）。然而他的前半生举业坎坷，屡试不第，至明万历四十一年（1613年）51岁时始中进士。天启年间（1621—1627年），东厂太监魏忠贤勾结皇帝乳母客氏，从内阁六部到四方督抚安插私党，排斥异己，把持实权，为非作歹，国人为之切齿，敢怒不敢言。一次，魏忠贤在玉泉山为自己预先建造墓穴，请缪昌期作碑文。缪昌期严词拒绝，说："生平耻谀墓，况肯为刑余（即宦官）辱吾笔耶!"魏由此怀恨在心。天启六年二月，魏忠贤矫旨令东厂缇骑逮捕缪昌期。三月初三，缪昌期闻讯，自知此行必死，遂拜别家庙，至江阴城内宅第从野堂以待，并作自述千言，以表心迹。末尾写道："就逮须臾，诸子皆疏劣，不知吾之本末，随笔漫记，都无文字，粗具公私之概而已。须日久事定，方出示人，毋徒取灭门也。祸至于此，岂非往因。闻报之后，了无怖恋，但义不屑以三朝作养之躯，辱于狗奴犴贼之手，忍自引决，浩然往矣。"初五日，江阴县令岑之豹派衙役至从野堂逮捕缪昌期。四月初十，缪昌期被押解至京，翌日下北镇抚司狱。由于阉党密嘱狱吏对缪昌期严施酷刑，备加折磨，几经酷刑，缪昌期即体无完肤，十指全脱，然大义凛然。狱中，缪昌期托狱吏暗中传出几张字条，转达最后心声。其中一首《示儿》诗写道："诸儿初了了，长大竟无成。世事浑如梦，遗经累后生。覆巢宁有卵，刈草岂留萌？幸得收吾骨，还须隐姓名。"四月二十九日，缪昌期惨死狱中。崇祯皇帝即位后，惩处阉党，缪昌期得以平反昭雪，被赠为詹事府詹事兼翰林院侍读学士，追谥文贞。缪昌期生有五子七女，后长子虚白迁居江阴顾山，次子纯白、四子太白、五子坚白迁居江阴长泾，唯有三子贞白留居老宅东兴里。缪昌期有著作《从野堂存稿》八卷、《周易九鼎》十六卷、《四书九鼎》十四卷等传世。

钱人元（1917—2003），出生于今杨舍镇乘航新民村汤家桥。中国科学院化学研究所原所长，高分子物理、有机固体电导学家，中国科学院院士。1939年毕业于浙江大学化学系，后赴美国留学，先后在加州理工大学、威斯康星大学和阿华州立大学化学系进修，兼学物理学和数学。回国后，他曾任西南联大教员、厦门大学教授级讲席、浙江大学副教授、中国科学院物理化学研究所研究员、中国科学院有机化学研究所研究员、中国科学院化学研究所研究员和所长，以及IUPAC高分子部第二委员会委员、太平洋高分子联合会理事、IUPACWPIV2—1—1东亚会议主席。1980年当选中国科学院院士，1999年当选亚太材料科学院院士，后任中国科学院高分子物理开放实验室名誉学术委员。钱人元是中国高分子物理、有机固体电导研究的开创人，曾任王淦昌教授的助教并随张青莲教授进行重水密度研究，长期从事高分子物理化学的研究，为中国聚丙烯纤维的开发奠定了基础。20世纪70年代对有机固体的电导和光导进行研究，成为中国高分子物理学和有机固体的电子性质两个领域的开拓者。20世纪90年代致力于高分子凝聚态的几个基本物理问题的研究，被国家任命为该攀登项目的首席科学家。曾获中国科学院科学奖金三等奖、国家自然科学二等奖、中国科学院自然科学一等奖和二等奖、国家发明三等奖、中国石油化工总公司科技进步一等奖、求是基金会求是奖、日本高分子学会国际奖。2003年12月病逝。

童秉纲（1927—2020），杨舍镇人，中国科技大学研究生院教授，著名教育家、力学家，中国科学院院士。1950年毕业于南京大学机械工程系，后攻读哈尔滨工业大学力学专业研究生，1953年毕业后留校任教，先后任讲师及理论力学教研室主任。1961年在中国科技大学力学系任教，先后担任流体力学教研室主任，近代力学系副主任、主任。1979年起，先后任中国空气动力学会副会长、常务理事、副理事长。1981年任教授，受聘为首批博士生导师。1984年5月至1985年10月在加拿大Waterloo大学和美国加州理工学院等院校任访问教授。1986年起在中国科技学院研究生院（北京）任教。1997年10月当选中国科学院院士。后历任中国空气动力学会副会长、副理事长，原国家教委工程力学专业教材委员会委员、教学指导委员会委员，香港理工大学机械工程系顾问委员会委员，以及若干国家重点实验室和中国科学院开放实验室学术委员等职。童秉纲多年来在流体力学中的非定常流、生物运动流体力学、涡运动、航天器气动、热力学等方面成果卓著，获2002年“何梁何利基金”数学力学奖，是国内外非定常流和涡运动研究的主要倡导者、该领域公认的学术带头人。主持编写的《气体动力学》（1990年出版）获1995年国家教委优秀教材一等奖和1998年教育部科技进步二等奖，《涡运动理论》（1994年出版）销售到台湾，受到台湾同仁和学生的欢迎。他培养了10名博士，其学术成就曾获国防科委、中国科学院、国家教委多项科技成果奖。2020年7月9日在北京逝世。

高质量发展

【党建工作】 年内，经开区（杨舍镇）深入学习贯彻党的二十大精神，扎实开展学习贯彻习近平新时代中国特色社会主义思想主题教育。积极探索“暨阳红满格”基层党建治理实践，打造“商会引雁，海棠暖流”等党建品牌，创成“党建引领物业管理服务工作”等省级示范阵地。坚定不移推进全面从严治党，实施“廉洁杨舍”建设十大项目，开展“520”廉政教育活动、“清风行动”、专项监督行动，深化正风肃纪反腐，持续营造风清气正的政治生态。

【经济建设】 至2023年年末，区镇制造业方面形成六大主导产业，分别是汽车及零部件、光电显示和化合物半导体、高端装备、高端纺织服装、新能源、生物医药及高端医疗器械产业。至年末，区镇有规模以上工业企业382家、上市公司11家、世界500强投资的企业28家、国家级高新技术企业296家。2023年，区镇推动“综合实力大攀升、园区形象大焕新、民生福祉大提升”，引进港城有史以来单体投资规模最大的盛虹储能电池超级工厂和新能源电池研究院项目。全年完成地区生产总值1001.37亿元，规模以上工业总产值952.86亿元，一般公共预算收入50.55亿元。

【文明创建】 年内，区镇担当建设更高水平全国文明城市主阵地、主力军，实施区镇文明城市建设“八大工程”，围绕主次干道、背街小巷、农贸市场等老百姓聚集区域，下大力气做好整治提升。打造“幸福杨舍·悦享美好夜”新时代文明实践品牌，建成苏州市美丽街区2个、垃圾分类四星级以上小区8个，完成2022年度全国文明城市年度测评。区镇新时代文明实践所、花园浜社区新时代文明实践站首批入选“苏州市文明实践示范所、站”。以“人人微文明，区镇大文明”为主线，把文明村（社区）创建放到突出位置，5个村获评张家港市文明村标兵，

15个村获评张家港市文明村，16个社区获评张家港市文明社区标兵，32个社区获评张家港市文明社区。

旺西社区“睦邻长廊”建设项目（民生微实事项目）

【生态建设】 2023年，区镇制订《经开区（杨舍镇）生态文明建设三年（2023—2025）行动规划》，阶段性完成包装印刷、铝制品、化纤行业环保专项提升和华兴电力超低排放改造等31个治气工程，南新村大气站点实施微环境改善工程，完成年度重污染天气重点行业绩效分级、应急减排清单修订，42个排污口分类整治完成验收，十一圩港晨丰公路桥等2个河长制断面进入苏州生态环境质量“红榜”，2400余家“散乱污”企业“回头看”覆盖率100%，无一般及一般以上突发环境事件发生。全年累计完成建设项目环评审批81项，其中承诺制审批27项，初步建成园区污染物总量储备库。南新村、晨南村获评第五批省级生态文明建设示范村，华兴电力、南新村千亩丰产示范方纳入市生态环保科普研学点位。

【社会治理】 年内，区镇加强和创新基层治理，完善社区治理“一居多站”杨舍模式，探索城乡社区微自治。强化社区议事协商体系建设，推进民生微实事（党组织为民服务）项目品牌化，开展“民生小市集”便民服务活动。加强社区工作者队伍建设，组织杨舍镇“全员全科社工”上岗考试。实施新能源汽车充电桩建设、老旧小区“空中飞线”整治。做好安全生产、消防安全工作，推进餐饮场所“瓶改管”“瓶改电”，各类安全生产责任事故实现“双下降”。强化风险防控，建成三级社会矛盾纠纷调处化解中心、一站式运营公共法律服务中心和非诉讼服务中心。加快推进老旧小区物业管理，并实现老旧小区物业管理全覆盖。

（曹峰）

张家港经济技术开发区党工委（杨舍镇党委）

12月29日，中共杨舍镇第十四届代表大会第四次会议召开

综　述

【概况】 2023年，经开区（杨舍镇）召开党工委会议28次、领导干部会议1次。党工委发文14份、管委会发文7份。重要决策涉及区镇工作要点、学习贯彻习近平新时代中国特色社会主义思想主题教育等方面。

【张家港经济技术开发区（杨舍镇）2023年工作要点出台】 经开区党工委第七次会议审议通过。3月28日，经开区党工委印发《张家港经济技术开发区（杨舍镇）2023年工作要点》，提出总的工作要求：以习近平新时代中国特色社会主义思想为指导，深入学习宣传贯彻党的二十大精神，牢牢把握高质量发展这个首要任务，全面落实中央、省委、苏州市委、张家港市委决策部署，坚持稳字当头、稳中求进，聚焦全市"现代化建设先锋年"工作部署，紧扣开发区"跻身国家一流经开区"目标愿景，践行"干部敢为、地方敢闯、企业敢干、群众敢首创"要求，与时俱进大力弘扬张家港精神，突出主责主业，积极探索开发区改革，加快高质量发展、实施精细化管理，着力建设老百姓满意的幸福杨舍，在中国式现代化国家新征程中推进经开区发展新实践。要点共分7部分、20条，具体包括：全面贯彻落实党的二十大精神，深入学习宣传贯彻党的二十大精神；加快打造特色产业集群，加速构筑现代化园区，狠抓招商引资"一号工程"，加快推动重大项目建设，深挖第三产业发展潜力；着力打造创新高地，加速汇聚高端科创要素，实施优质企业"攀峰计划"，提升园区专业运营水平；深化重点领域改革，加快探索招商体制改革，持续推进国资国企改革，全面优化一流营商环境；努力建设群众满意的幸福杨舍，打造文明典范窗口，全面推进乡村振兴，高质量办好民生实事，提升基层治理成效；深入推进全面从严治党，强化党的全面领导，加强党的基层组织建设，打造"敢为善为"的干部队伍，营造风清气正的政治生态；加强领导班子自身建设，建设坚强有力的领导集体。

【深入开展学习贯彻习近平新时代中国特色社会主义思想主题教育的实施方案出台】 经开区党工委第21次会议审议通过。9月28日，经开区党工委印发《经开区（杨舍镇）关于深入开展学习贯彻习近平新时代中国特色社会主义思想主题教育的实施方案》。根据上级决策部署，区镇深入开展学习贯彻习近平新时代中国特色社会主义思想主题教育，出台具体实施方案。从总体要求、党工委领导班子和领导干部主题教育具体安排、基层党组织主题教育具体安排和组织领导4个方面进行部署。在总体要求部分，强调以学铸魂，紧跟核心强忠诚；以学增智，理论武装强本领；以学正风，廉洁奉公强宗旨；以学促干，推动发展强担当。在党工委领导班子和领导干部主题教育具体安排部分，要求强化理论学习、深入调查研究、推动高质量发展、抓好检视整改和推动建章立制。在基层党组织主题教育具体安排部分，要求开展理论学习、推动干事创业和认真检视整改。在组织领导部分，强调压紧压实责任、强化督促落实、注重分类施策、坚决反对形式主义、官僚主义、加强宣传引导和坚持统筹兼顾。

重要会议

【"敢为、敢闯、敢干、敢首创" 动员暨作风建设会议】 2月1日，经开区(杨舍镇)推进"敢为、敢闯、敢干、敢首创" 动员暨作风建设会议在机关西辅楼401会议室举行。市委常委、经开区党工委书记和管委会主任、杨舍镇党委书记张志明出席会议并讲话，经开区党工委委员、管委会副主任赵志凯主持会议，经开区党工委、管委会班子全体领导、杨舍镇镇长，各局、室、经开国投主要负责人，各办事处、街道主要负责人，各行政村、社区党组织书记，受表彰的先进代表，重点骨干企业代表，各市镇单位、中小学校、幼儿园主要负责人参加会议。会上公布2022年度精神文明建设考核结果，为"高质量发展先进企业" 代表、精神文明建设考核标兵单位代表和精神文明建设考核先进集体代表颁奖。会上发布区镇首批"攀峰计划" 培育企业名单、文明城市创建"八大工程"、激励干部担当作为"八条措施" 和"廉洁杨舍" 建设十大项目。会议强调区镇上下要紧密团结在以习近平同志为核心的党中央周围，紧盯市委"现代化建设先锋年" 部署要求，与时俱进大力弘扬张家港精神，振奋精神、敢闯敢干，加快高质量发展、实施精细化管理，以"四敢" 精神在中国式现代化国家新征程上交出经开区高质量发展的优异答卷。

【区镇领导干部会议】 7月12日，区镇召开领导干部会议，传达学习习近平总书记考察江苏重要讲话精神，落实全省领导干部会议、苏州市领导干部会议及张家港市领导干部会议要求，对区镇学习宣传贯彻工作进行全面动员部署。市委常委、经开区党工委书记和管委会主任、杨舍镇党委书记张志明出席会议并讲话，经开区党工委委员、管委会副主任赵志凯主持会议。经开区党工委、管委会班子领导，杨舍镇镇长，各局、室、中心及经开国投正、副负责人，各办事处、街道主要负责人，各村、社区党组织书记参加会议。会议强调，经开区上下要把学习宣传贯彻习近平总书记考察江苏重要讲话精神作为当前和今后一个时期的头等大事和首要政治任务，迅速抓好传达学习、深入开展宣传宣讲、全面推动落实落细，进一步把思想和行动统一到习近平总书记重要讲话精神上来，振奋精神、敢为善为、攻坚克难，努力实现"招商引资大突破、园区形象大焕新、民生福祉大提升"，奋力推动经开区高质量发展走在前列。

【经济高质量发展激励大会】 8月10日，区镇经济高质量发展激励大会在馨苑度假村会议中心举行，市委常委、经开区党工委书记和管委会主任、杨舍镇党委书记张志明出席会议并讲话，经开区党工委委员、管委会副主任赵志凯主持会议，经开区党工委、管委会班子全体领导，杨舍镇镇长，区镇各局、室、中心、经开国投主要负责人，各办事处(街道)主要负责人、分管负责人，各行政村、涉农社区党组织书记，亿元以上重点企业、科技人才企业代表参加会议。会议强调，经开区始终是企业发展的坚强后盾，区镇将持续打造一流营商环境，为企业发展保驾护航。要聚焦项目"极速投产"，让"投资最舒心" 成为经开区的口碑形象；要聚焦企业"极简办事"，让"服务最贴心" 成为经开区的亮丽名片；要聚焦客商"极致体验"，让

"发展最安心"成为经开区的鲜明标识。在未来，让经开区与企业一道政企同心、并肩前行、奋勇争先，共同创造崭新业绩，携手开创经开区现代化建设的美好未来。

【中共杨舍镇第十四届代表大会第四次会议】 12月29日，中共杨舍镇第十四届代表大会第四次会议在馨苑度假村会议中心举行。市委常委、经开区党工委书记和管委会主任、杨舍镇党委书记张志明代表中国共产党杨舍镇第十四届委员会以《扛起经济大镇担当、增强中心城区功能，为谱写幸福杨舍现代化建设新篇章而团结奋斗》为题作报告，经开区党工委委员、管委会副主任赵志凯主持会议。会议以习近平新时代中国特色社会主义思想为指导，深入学习宣传贯彻党的二十大精神和习近平总书记考察江苏重要讲话精神，认真贯彻中央经济工作会议精神，全面落实江苏省委十四届五次全会、苏州市委十三届六次全会和张家港市委十二届六次全会精神，回顾总结2023年工作，研究部署2024年工作任务，动员区镇各级党组织、广大党员和干部群众，与时俱进大力弘扬张家港精神，进一步振奋精神、敢为善为，大干快上、奋勇争先，扛起经济大镇担当，增强中心城区功能，加快谱写幸福杨舍现代化建设新篇章。

重要活动

【产业招商合伙人大会】 近年，经开区先后集聚国家重大外资长城宝马光束汽车、全球灯塔工厂采埃孚、商业火箭头部企业天兵科技等一批旗舰型项目。1月底，经开区签约世界500强盛虹集团，建设总投资306亿元的储能电池超级工厂，进一步加快经开区成为"高端制造能力强劲、创新创业人才汇聚"的产业创新高地。3月2日，"江海联动·相约张家港"——2023张家港经开区产业招商合伙人大会在沪举行。来自金融、咨询、建筑、法律等领域的行业精英，为经开区高质量发展建言献策、蓄势聚能。市委常委、经开区党工委书记和管委会主任、杨舍镇党委书记张志明出席活动并讲话。会上，杨舍镇党委副书记、镇长卞春生发布经开区产业投资热力图及招商中介政策。会议邀请世界著名专业服务机构毕马威作张家港经开区产业及规划推介。会议现场进行招商合伙人授牌仪式，仲量联行、世邦魏理仕、普华永道、毕马威等6家专业机构成为张家港经开区首批全球招商合伙人。

【张家港经开区成立30周年主题活动】 11月28日，"三十而立再出发，奋楫扬帆启新程"张家港经开区成立30周年主题活动在市城南文体中心举行。活动现场，举行张家港经开区2023年度三级重大项目竣工投产仪式，对东方四通、光束汽车、骏马集团等39家企业进行表彰，张家港经开区创投合伙人联盟成立，采埃孚、那智不二越、澳洋集团等总投资106.6亿元的43个项目集中签约。经贸活动结束后，举行文艺报告会"火炬之光"，分为"火红年代""最美这方""奋楫远航"3个篇章，展现经开区砥砺奋进、蓬勃向上的发展局面。1993年张家港经开区获批设立，2011年升格为国家级经开区，累计引进培育世界500强企业28家、上市企业11家、规模以上工业企业382家，地区生产总值和规模以上工业总产值均在1000亿元上下，跻身全省经济开发区

11月28日，张家港经济技术开发区成立30周年主题活动举行

科学发展综合考核评价前8位，杨舍镇位居全国综合实力千强镇第2位，居民人均收入增长超20倍，获评各类"国字号"荣誉20余项。

组织工作

【概况】 至2023年年末，经开区（杨舍镇）有基层党组织706个，其中办事处（街道）党工委9个、村党委16个、社区党委13个、企业党委9个、机关党委1个，村党总支6个、社区党总支28个、企业党总支4个、机关党总支5个，基层党支部615个。"两新"经济组织单独组建党支部242个，联合组建党支部175个。区镇有党员16447人，其中女性5378人，占33%；大专及以上学历8191人，占50%；40周岁及以下5000人，占31%；60周岁及以上7188人，占44%。年内，新发展党员116人，转入685人。区镇党群工作局加强组织条线信息工作，全年向上级组织部门报送组工信息22条，累计在人民网等国家级平台发布信息189篇，被《党的生活》《新华日报》和交汇点、紫牛新闻等省级平台录用206篇，被《苏州日报》等苏州市级平台录用1018篇，被江苏省委组织部录用网评文章7篇。持续推进"抓党建促乡村振兴"专项活动，做好善港村、南新村所在"农旅融合连片示范带"的建设工作。党建引领强村富民相关经验做法获上级肯定，李巷村、福前村、田垛里村、城西社区4位村（社区）书记在4月的全国村党组织书记和村委会主任视频培训班上交流发言。8月3日，区镇会同"农旅融合连片示范带"其他成员单位联合召开第二批市派驻村第一书记报到会。年内，福前村"推动产业兴旺发展，高质量建设'强富美'新福地"获评国家级乡村振兴赋能计划组织振兴典型案例，善港村获评江苏省乡村振兴示范村。善港村省派第一书记胡声敏参与摄制的《第一书记喊你来打卡102——解锁和美乡村的共富密码》被《中国组织人事报》转载。

【领导班子和干部队伍建设】 2023年，区镇调整干部162人次，其中提拔中层正职7人、村（社区）党组织书记6人、中层副职12人，职级（职员等级）晋升4人。推进"双招双引"体制机制改革，探索"专业化、市场化"的招商引资、招才引智新模式，激发大招商热情。推动专业队伍常态化交流，综合行政执法队伍启动5年期全域换防，18名安全环保网格员轮岗交流。培养选树"杨舍榜样·每周一星"16人，发挥先进典型示范、激励、带动和辐射作用。

【基层党组织和党员队伍建设】 一季度，区镇开展学习贯彻党的二十大精神轮训，实现区镇全域覆盖。9月，区镇各级党组织严格按照上级要求，开展第二批学习贯彻习近平新时代中国特色社会主义思想主题教育，紧扣“高质量发展和精细化管理”工作主线，从严从实从细抓好基层党的建设工作。5月8日，制定《2023年经开区（杨舍镇）组织工作要点》12条，发布组织工作十大项目，明确基层党建规范要求。7月，分板块分批次进行“七问党建”组织力体检，开展“先锋应考·党建七问”组织力再提升主题活动。12月12日，召开“暨阳海棠·承启未来”基层党建工作分享会，发布“暨阳‘锋’巢”基层党建先锋提质计划，促进各办事处（街道）、各村（社区）、“两新”党组织之间互学互鉴、经验共享，营造争先创优良性互动氛围。按季度开展贯穿全年的党务干部能力提升系列培训班，围绕党务知识、组工宣传、发展党员、创新工作等方面提供全面辅导，参训学员425人次。开展“三会一课”、主题党日等组织生活，南杨社区党支部、晨南村党总支、暨阳湖社区南城党支部、塘市办事处党工委、黎明村党总支、范庄社区党总支先后被纳入全市组织生活开放日观摩点位。以数字化、科学化、规范化手段持续提升党员管理水平。2月底前，完成736个基层党组织、1.6万余名党员的全国党员信息平台数据迁移工作，提升党员信息的精准性和跨省转接的便捷性。践行党建引领基层治理“双引双融”特色路径，注重在基层治理关键环节释放党建引领优势。6月26日，举行经开区（杨舍镇）党建引领基层治理现场会暨“暨阳红满格”创牌行动推介会，推动“海棠网格”在基层治理中与政法、综治、安环等条线相融相生、相互促进。8月25日，市委组织部“双引双融”互访互鉴活动第三场在李巷村举办，善港村、南苑社区、南杨社区进行工作交流并得到上级认可。南苑社区“三治曹口”治理模式被选作党建引领城中村治理典型案例，在11月16日“中组部红色美丽村庄试点一期落成暨张家港市党建引领振兴善治落实提升行动发布仪式”活动中路演展示。优化“四方协同”机制，凝聚基层治理合力，勤丰社区君临新城小区获评党建引领物业管理服务工作省级示范点。

【流动党员教育管理】 2023年，区镇纳管流动党员328人，其中跨省流动占比43.9%，省内跨市流动占比54.6%，市内跨县流动占比1.5%。创新探索流动党员教育管理模式，9月，实施“商会引雁、海棠暖流”流动党员商会赋能行动，引入商会作为第三方力量重要补充，扩大同地同乡流动党员“以一带十、以十带百”的辐射效应，发挥商会在流入地与流出地之间的纽带作用，帮助链接更广泛的“三新”群体资源，使商会成员的组织资源、人脉资源、行业资源等共享资源在吸纳、管理、服务流动党员的过程中发挥重要作用。针对流动党员“动态掌握难、党员管理难、活动开展难、作用发挥难”四大管理难点，镇党委开展“红雁栖舍”流动党员邀约行动，10月23日，杨舍镇党委发布《致区镇流动党员的倡议书》，希望流动党员尽快向工作单位或居住地所在党组织报到。区镇各级党群服务中心均提供流动党员一站式服务，配备专人指导参加各项学习活动。各级党组织也定期开展送学上门、政策解读、职业培训等。10月，发布“红雁五部曲”流动党员服务礼包，依托政治理论联学礼包、属地资源联享礼包、实践活动联办礼包、人才队伍联建礼包、中心工作联促礼包，推动思政赋能、融合提质、互通互动、先锋共育、协同发展，相关做法获《新华日报》报道。

【后备干部队伍建设】 年内，杨舍镇强化“头雁”效应，培育后备队伍，提升基层干部队伍服务群众的能力水平，以长远眼光适应新发展趋势。先后制定《经开区（杨舍镇）村、社区干部队伍建设规划》《经开区（杨舍镇）村、社区党组织书记后备干部库建设方案》《经开区（杨舍镇）村、社区后备干部轮训计划实施方案》。年内，区镇启动“暨阳菁英”专业研习社（攻坚组），由区镇50余名年轻干部组建攻坚小组，围绕“科创园提档升级”“村级工业小区提档升级”“农村规范化管理”和“安置房建设”4个课题，开展调研走访，在摸清问题症结、找准应对之策、攻克难题的同时，拿出一份含金量较高的调研报告。聚焦乡村振兴战略，高标准储备标杆书记“种子库”26人、后备书记“人才库”162人，确保基层发展后继有人。

3月16日，“暨阳菁英”专业研习社（攻坚组）成果汇报会举行

【产业链党建共建】 5月25日，区镇开展“凝‘新’聚力谋发展，同心共建谱新篇”活动，共同启动“红心铸塘”智能装备产业链党建共建，发布含5个大类18条内容的服务清单，实现“党建链”和“产业链”的双向奔赴。8月4日，区镇召开“智汇红链·氢心同行”氢能产业链主题党日活动，通过成立氢能企业联合党支部、发布共建活动、惠企服务清单，助推链上企业聚合力、共发展，相关经验做法——《“红链先锋”工程赋能产业“氢”装上阵》先后在《中国组织人事报》《江苏先锋》《党的生活》等媒体上报道。

【干部双向交流】 为认真落实市委、市政府关于“市域一体化”发展战略部署，开展干部双向交流。6月30日，区镇携手乐余镇共同启动第二批“干部双向交流”活动，此次活动为期一个月，通过双方干部互访互学互促，深化区域联动、优势互补、合作共赢，为全市打造中国式现代化县域先行区贡献力量。区镇还选派136名干部参加巡查、挂职、跟班学习、岗位交流等，让年轻干部在对标找差中开拓眼界，增长才干。

【新进干部能力素质提升培训】 为进一步强化区镇干部队伍能力建设，促使新进人员尽快完成身份转变和角色定位，增强新岗位适应能力和履职本领，5月，经开区（杨舍镇）2022—2023年度新进干部能力素质提升培训班在苏州村政学院举行。为利于新进人员迅速转换角色、掌握业务知识、加强互动交流，此次培训设置公文写作、基层治理业务实训、情绪管理心理学等课程，并开展分组研讨和主题演讲活动，参训学员183人。

（张凤　赵瑞芹）

宣传网信工作

【概况】 2023年，经开区（杨舍镇）宣传思想文化战线围绕“用新时代党的创新理论武装全党、教育人民、指导实践”根本任务，聚焦举旗帜、聚民心、育新人、兴文化、展形象，持续巩固壮大区镇上下团结奋斗的共同思想基础，为在中国式现代化国家新征程中推进区镇发展新实践提供坚强思想保证和强大精神力量。全年开展各类基层理论宣讲活动182场，强化网络管理，开展网络安全宣传活动76次。善港村“麦畑花舍”农家书屋入选全国最美农家书屋；农联村党委书记、村主任赵建军获评“江苏最美人物”、苏州精神文明建设“十佳新人”暨苏州市道德模范，磐石卡通获评江苏省版权示范单位；区镇新时代文明实践所讲解员黄佳怡获社科普及基地讲解员大赛全国优秀奖、江苏省第一名、苏州市第一名，区镇新时代文明实践所、花园浜小木屋新时代文明实践站获评2023年度苏州市新时代文明实践示范所、站，艺术广场舞《锦绣江南》、小品《呼吸》、合唱《看山看水看中国》3个群众文艺精品分别获评苏州市第五届“繁星奖”金奖、银奖与铜奖，张家港市易华润东新材料有限公司董事长孙永华获评“苏州时代新人”，区镇新时代文明实践所、暨阳高中汪集暘地热科普工作站获评张家港市社科普及示范基地。

【理论武装】 年内，区镇组织学好用好《习近平著作选读》《习近平新时代中国特色社会主义思想学习纲要（2023年版）》等权威著作和辅导读本，服务党（工）委理论学习中心组开展集体学习10次。创新开展基层党员冬训工作，杨舍镇党校获评2022—2023年度全市基层党员冬训工作先进单位。区镇把推动党史学习教育常态化长效化与党的创新理论宣传普及结合，以全面强化理论学习、全面深化基层宣讲为目标，全力开展“学习贯彻党的二十大精神”基层理论宣讲活动。抽调领导干部、专家学者、先锋劳模、学校教师等54名理论骨干专门成立“学习贯彻党的二十大精神”基层理论宣讲志愿队，形成宣讲课题58个，开展对象化、分众化、互动化理论宣讲，累计开展宣讲182场。

【舆论宣传】 区镇宣传条线严守宣传工作纪律，围绕全市及区镇中心工作、重点工作，开展网上、网下主题宣传，每月向市委宣传部报送新闻线索、宣传思想文化工作相关信息及调研报告；做强主流舆论，在《苏州日报》发稿67篇，其中头版9篇、头版导读5篇，《获评“国字号”荣誉20余项——张家港经开区成立30周年主题活动举行》《“张家港号”火箭一季度择机发射》《构筑储能产业新高地——协鑫张家港20GWh储能项目投产》《“内外兼修”点亮村民幸福生活》等报道，展示区镇经济社会发展全景；在《新华日报》发稿12篇，推出“勇立潮头——张家港经济技术开发区成立30周年”系列报道等。在学习强国等各级平台发稿超100篇；开展“经开区成立30周年”等新闻发布会；在主流媒体刊发“盛虹储能项目开工”“天龙二号火箭发射”“三十而立再出发”等主题报道。与市融媒体联动，在区镇“幸福杨舍”微信公众号平台做好涉及就医就学、生态环保、食品卫生、道路安全等民生问题的舆论引导。

【社科工作】2023年，区镇申报《深耕网格，激活基层治理新动能》《关于就业工作职能创新的探索与实践》《“小网格”助推民宗工作常态长效民宗事务网格化管理工作研究》年度市级社科课题3项。向市社科联《决策参考》报送《“小网格”助推民宗工作常态长效——经开区（杨舍镇）民宗事务网格化管理工作调研报告》《在推进基层治理现代化中的人大视角与思考》调研报告2篇。向《暨阳论丛》报送《广场舞——让“江南文化”活起来的生动实践》《在新时期下精神文明建设与党建的有效结合》理论文章2篇。开展社科普及宣传活动，报送年度市级社会科学普及重点活动15项，申报市级社科普及创新引导扶持项目7项，其中《青“翼”助飞——青少年科技成长赋能计划》入选。推荐、选送黄佳怡、汪明珠参加社科普及基地讲解员大赛，黄佳怡获全国优秀奖、江苏省第一名、苏州市第一名。开展“人文社科之光”首届社科普及短视频大赛征集活动，区镇新时代文明实践所点位申报全市“社科之家”。

【网络管理】年内，区镇召开网络文明（安全）工作联席会议、网络安全工作推进会议、党务政务新媒体规范化建设专题会议；落实网络安全各项工作部署，加强组织领导，明确工作责任体系，筑牢网络安全工作“最后一米”，参与全市网络安全宣传周活动。各村、社区开展网络安全宣传活动76次，通过在“杨舍之声”抖音号开展《筑牢网络安全屏障，人人皆是践行者》《人人参与网络举报，营造清朗网络空间》等网络安全直播，宣传普及网络安全常识，倡导依法文明上网理念，引导大家树立“网络安全人人有责”意识，争做“四有”好网民；举行“杨舍之声”街头采访——《我眼中的“网络安全”》等各类活动，以“国家网络安全宣传周”为契机，通过街头采访的形式开展网络安全知识宣传活动。同步制作小视频，通过线上线下多个渠道展播，增强群众网络安全意识，提升防护技能，营造全社会共筑网络安全防线的氛围。

【上级媒体集中采访赵建军】7月11日，江苏“最美人物”赵建军发布活动和先进事迹采访活动在张家港市举行，《新华日报》、江苏省电视台、《扬子晚报》等多家省级、苏州市级新闻媒体集中采访赵建军。苏州市委宣传部副部长、市文明办主任杨芳，张家港市委常委、宣传部部长陈卫兵出席活动。在《江苏最美人物》节目录制现场，通过专访赵建军、采访村民代表、视频介绍等环节，回顾赵建军27年中带领村民大力推进城乡一体化建设和创新绿色发展、探索农联村高质量发展之路的艰辛历程和感人事迹。

（袁圆）

统战工作

【概况】2023年，经开区（杨舍镇）聚焦解决统战工作重点难点问题和防范化解统战领域风险隐患，巩固和发展最广泛的爱国统一战线，为在张家港打造中国式现代化县域先行军新征程中推进区镇发展新实践贡献更大力量。5月，邀请杨舍籍名人严浩参加江苏省发展大会、苏州发展大会，严浩在苏州发展大会作主旨演讲。9月，慰问亚运会冠军盛李豪家属。11月，举办张家港市民族团结进步示范创建联盟成立暨民族团结进步协会经开区（杨舍镇）分会成立大会。12月，承办“同心悦读、书香统战”第五期“同心读书荟”——“像萤火，也像月光”主题活动；举办主题公益市集，省委统战部副部长徐东海，苏州市委常委、市委统战部部长、市委秘书长王飏，张家港市委书记韩卫等出席活动。年内，塘市小学获评省“红石榴家园”精品单位，旺西社区获评2023年度苏州市民族团结进步创建示范基地，区镇侨联获评张家港市“双五有”侨联组织，张家港清控科创科技服务有限公司获评张家港市新侨创新创业基地，区镇获评“港城‘新’美在身边”网络人士寻美创意活动优秀组织奖。

【民族事务】 至2023年年末，区镇有蒙古族、回族、壮族、土家族、布依族、朝鲜族、白族等少数民族42个，少数民族人口4966人，比上年增加93人。辖区内有牛肉拉面馆、新疆烤肉店、烤馕店等56家少数民族餐馆。1月，开展“春风送岗——‘红石榴’就业服务”系列活动，提供政策咨询、职业培训、就业推荐、劳动维权等就业指导服务；3月，举办以“中华民族一家亲、同心共筑中国梦”为主题的铸牢中华民族共同体意识进集市等宣教活动；4月，组织辖区内民宗网格员、少数民族群众代表等千余人，参加网上民族宗教知识有奖竞答和测评；5月，与城北社区共同举办“党建引领‘微’治理，一网兜起大小事”暨民族团结进步、宗教政策法规宣传月活动；6月，承办张家港市铸牢中华民族共同体意识宣传月、民族宗教政策法规学习宣传月启动仪式暨全市第十届民族文艺会演活动；7月，与西门社区共同举办“汇童心·潮传统”传统文化进社区项目启动会暨“忆·我们的沙洲县”主题展览活动；8月，开展“石榴籽·童心逐梦”主题夏令营，举办“石榴籽·张巩一家亲”最美家庭交往交流交融活动；10月，承办张家港市民族团结进步示范创建互看互鉴交流活动；11月，拍摄区镇民族团结进步工作形象片《暨阳·石榴花开好》，成立首个张家港市民族团结进步协会杨舍分会，成立区镇首个“红石榴”志愿服务团；12月，带领区镇群星艺术团赴苏州参加“海峡两岸少数民族合作与交流基地”授牌仪式暨铸牢中华民族共同体意识成果展演出。

【宗教事务】 至2023年年末，区镇有宗教活动场所6个，其中佛教活动场所4个，分别为市区河南禅寺、泗港章卿寺、乘航盘铭寺、东莱弘法寺，天主教活动场所1个，基督教活动场所1个；有宗教教职人员29人，备案29人，新增备案3人；有民间信仰活动场所16个。1月，区镇召开宗教活动场所、民间信仰场所春节期间安全工作协调会；2月，开展宗教领域冬春安全专项治理；3月，开展宗教领域互联网宗教信息服务清理整顿；4月，开展推进积分入学工作，开展区镇文旅单位、宗教场所“生命至上，隐患必除”消防安全大排查大整治专项行动消防安全知识培训；5月，邀请安全第三方专业公司对16座民间信仰场所既有建筑进行排查鉴定并出具报告，跟踪督办排查出的安全隐患整改工作；7月，对辖区56家拉面店、新疆烤肉、烤馕店等清真饮食店，加强门头文字规范使用管理；8月，完成宗教场所食堂“瓶改电”工作；9月，联合相关办事处及有关部门对宗教活动场所开展节前联合检查，发现隐患问题当场通报；10月，对宗教活动场所开展管道燃气专项执法检查。年内，联合相关街道、部门，开展春节、中秋、国庆、元旦等节前安全检查，全年累计检查宗教活动场所76家次，发现安全隐患36处，100%完成整改，形成闭环。

【民族共同体意识宣传月、民族宗教政策法规学习宣传月活动】 6月8日下午，由张家港市委统战部（民宗局）、张家港经开区（杨舍镇）联合主办的“2023年张家港市铸牢中华民族共同体意识宣传月、民族宗教政策法规学习宣传月启动仪式暨张家港市第十届民族文艺会演”活动举行。张家港市委常委、组织部部长、统战部部长朱艳，苏州市民宗局三级调研员周万青等领导出席活动。周万青为“全省民族团结进步示范单位”“红石榴家园”“苏州市民族团结进步创建示范基地”授牌。举行“融”文化展示活动，设置校园“红石榴家园”文化、杨舍味道、民族风味、非遗工艺、民族工艺品等展示摊位，现场开展中华民族共同体意识主题宣传和宗教政策法规宣传互动等活动，吸引各民族师生参与。

【市民族团结进步协会杨舍分会成立】 11月3日下午，张家港市民族团结进步示范创建联盟成立暨民族团结进步协会杨舍分会成立大会召开。张家港市委常委、组织部部长、统战部部长朱艳，苏州市民宗局副局长张莉等领导出席会议。会上，市民族团结进步协会、永卓控股有限公司（江苏永钢集团有限公司）、张家港市青少年社会实践基地、沙洲职业工学院、塘市小学、高新区（塘桥镇）胡同社区6个单位结为张家港市民族团结进步示范创建联盟。张家港市民族团结进步协会杨舍分会第一届理事会选举严丽华、李彤（达斡尔族）、吴真珍（朝鲜族）、冶木亥买（回族）、张夙、陈亮、洪松花（朝鲜族）、倪芬琴、黄琴、黄碧、龚文海（土家族）、常新霞为理事；选举倪芬琴为会长，洪松花、黄碧、常新霞为副会长，张夙为秘书长。新当选的张家港市民族团结进步协会杨舍分会会长倪芬琴发表就职演讲。

【侨务工作】 年内，区镇坚持围绕中心工作和服务大局，创新打造“四海·同心桥”为侨服务品牌，做好稳人心、暖人心、树信心工作，不断引领侨务干部和侨界人士争当排头兵、共画同心圆，汇聚海内外侨界力量，为经济高质量发展贡献侨界智慧和力量。推进侨情排摸及走访调研，对区镇11名侨界人士代表全面落实联络服务机制，与海外侨胞、留学生及国内家属联系，打好“法律、文艺、医疗、志愿、宣传”5张服务牌，提供“多对一”个性化服务。辖区内张家港市高新技术创业服务中心获评江苏省侨联创新创业基地，张家港幸运金属工艺品有限公司获评江苏省华侨文化交流基地，吴派古琴艺术馆等4个单位获评苏州市华侨文化交流基地，区镇侨联获评张家港市“双五有”侨联组织，张家港清控科创科技服务有限公司获评张家港市新侨创新创业基地。

【归国留学人员统战工作】 2023年，区镇围绕“汽车及零部件、新能源、化合物半导体”等主导产业，为留学回国人员提供全方位扶持体系和全周期贴心服务，建立“创业导师+专业孵化+菜单式服务”的培育孵化模式，集聚资深创业导师20余人，先后出台各级各类留学人才引育政策55项，全力扶持海外人才企业做大做强。

【新联会工作】 至2023年年末，区镇新的社会阶层人士联谊会有会员37人。11月10日，区镇新联会主席孙琼当选张家港市新联会副会长。1月，区镇新联会联合相关部门，在初心广场举行迎新春惠民文化志愿服务市集；9月，组织新联会成员开展“携手新时代、共画同心圆”中秋联谊会，组织新联会成员赴苏州开展“走、看、聚”沉浸式主题实践活动；12月，组织新联会成员开展“‘经’彩有为、同心悦享”主题微市集活动。年内，区镇获评“港城‘新’美在身边”网络人士寻美创意活动优秀组织奖。

（肖湘　严丽华）

绩效管理

【概况】 2023年，经开区发展改革局发挥高质量发展考核综合协调作用，将53项高质量发展考核量化指标、9项定性任务、12个大项（53个小项）加扣分项目、11项扣分项目分解落实至各相关局室，明确责任。邀请市绩效办就考核办法对区镇各相关局室进行培训。对绩效考核相关指标，进行月度监测、月度分析、月度预警。年末，区镇在全市板块绩效考核中获第一等次第一名。

【绩效工作会议】 6月6日，区镇召开绩效工作会议，查找问题不足、压实工作举措，确保半年度各项目标任务有序推进、高效落实。市委常委、经开区党工委书记和管委会主任、杨舍镇党委书记张志明出席会议并讲话。会上，区镇发展改革局汇报2023年绩效考核方案变动情况及1—4月绩效指标完成情况，提出下一步工作建议。会议要求，各责任部门要在总结去年工作的基础上，高度重视各项考核指标，抓住工作重心、系统谋划考量、加快工作节奏，合理制定下一步工作目标和举措，科学调度、积极争取，加快推动各项指标实现质的有效提升和量的合理增长。9月28日，区镇召开三季度绩效工作会议，分析研判各考核指标推进及完成情况，明确下阶段工作目标任务。会议强调，区镇上下要进一步明确目标、加倍努力，以更高站位、更大决心推动绩效考核工作，要紧盯各项考评指标，聚焦高质量发展，抓好分析研判和统筹协调，突出工作重点、掌握考评规则，关注权重大、难度高的考核项，加强监测，跟进落实，强化协同推进和沟通争取，全力以赴推动绩效考评各项指标任务圆满完成。

（赵亨）

老干部工作

【概况】 至2023年年末，经开区（杨舍镇）有离退休干部党支部6个，离退休干部700余人。乘航办事处老干部支部获评苏州市“六好”离退休干部示范党支部，花园浜社区老干部支部书记周振中获评苏州市“四强”型离退休干部党组织书记。年内，培育苏州市级老党员工作室、张家港市级银发人才工作室各2个。

【离退休干部党建工作】 2023年，区镇离退休干部党组织开展“学思践悟二十大、银发先锋在行动”主题党日活动，依托各类党建共享阵地，开展“初心印党旗、银发看港城”实境教育4次；利用“云”上教育资源，组织“线上+线下”学习领会党的二十大精神20余次；拍摄“我学我讲二十大”银发书记微党课视频3条，其中《如何理解坚持不敢腐、不能腐、不想腐一体推进》获得市级策划奖。

【老干部服务】 2023年，区镇为离退休干部订阅《银潮》《老年周报》《老年文摘》和《张家港日报》，免费赠阅、发放学习材料，落实文件阅读、参加重要会议和重大活动制度。在春节、夏季高温时段、中秋节和重阳节，走访慰问区镇离退休干部及遗属，全年慰问1500余人次。分批组织离退休干部健康检查，开展健康咨询、健康知识讲座3场。

【老干部余热发挥】 2023年，区镇有离退休干部志愿服务队5支，注册登记在册志愿者60余人，举办“学习二十大，助力现代化，银龄再出发”系列活动，开展政策普及、纠纷调解、社区治理等志愿服务，志愿服务累计时长530余小时。 （顾剑鹏）

史志·档案

【概况】 2023年，经开区（杨舍镇）有专职史志工作人员2人、专职档案员6人。区镇史志工作落实上级关于党史和地方志的工作部署，围绕区镇中心工作，调查、征集、编写区镇史志和年鉴资料，达到“以史鉴今、资政育人”的目的。全年为《张家港年鉴》《苏州党史纪事》《苏州年鉴》《江苏开发区年鉴》《中国开发区年鉴》供稿1.8万字。以打造“精品年鉴”为目标，推进首部年鉴编纂工作。2023年区镇档案室馆藏档案7.33万卷、34.37万件。区镇全年归档各类文件7239卷、24354件，接待查档1300余人次，提供档案2250余卷（件）。根据市档案馆要求，率先完成1992—1998年度档案的开放审核工作。档案馆总面积752平方米，其中库房面积602平方米（含新增库房150平方米），实现办公用房、阅览用房、整理用房和档案库房“四分开”，配备空调、除湿机、档案柜、温湿度器、二氧化碳灭火器等档案“九防”设施设备。区镇全年有64名档案员通过上岗培训，81名档案员完成网上继续教育培训，累计学习7048学时。区镇档案室先后获评江苏省五星级档案室、省5A级数字档案室。

【史志阵地】 2023年，区镇史志档案办加大保护力度，深挖红色资源，统筹做好乡村名人、党史村史和文物的保护、管理、运用等各项工作，辖区范围内有6处相关史志展馆，面向大众开放。健全完善志书编纂体系，根据各村（社区）志编纂进度，对未启动、在编和续编实行分类指导。至年末，全镇累计编纂出版村（社区）志书16部、在编1部。

【档案监督指导】 区镇史志档案办组织辖区内办事处、行政村（社区）、镇属学校等117个单位档案工作提档升级，根据五年内必须接受第一轮档案检查评价要求，2023年按30%的比例，有泗港办事处、南庄社区、农联村、老宅社区、暨阳湖幼儿园等41个单位申报省档案工作检查评价，科室人员对照档案工作检查评价办法，指导基层单位开展检查评价，对标找差，查漏补缺，发现问题，落实整改，其中13个单位申报规范档案室。根据年度考核要求，监督、指导基层单位开展档案年度检查评价工作。至年末，各村、社区、镇属学校已基本完成上年度各门类档案的收集、整理、归档工作，并完成为期10天的基层单位年度检查评价。

【家庭家风档案研学点位创建】 区镇依托基层新时代文明实践站、点，围绕“档案传家、文明新风”“优良家风代代传”主题，摸排区镇家庭家风档案研学点位，确定花园浜小木屋家庭能量屋、棋杆社区暨阳清风文化馆、农联村农联记忆馆等家庭家风档案研学路线，发动各村、社区举办家庭家风研学活动，在微信公众号上推文发布，利用国际档案日宣传契机，“线上线下”多形式开展相关宣传活动，结合辖区资源，融入本土文化元素，展示名人事迹、家风家训等。全年举行4次主题活动，其中花园浜社区家庭能量屋“优良家风代代传”主题活动，由江苏最美家庭档案建档代表张祖功老师讲述自己的家庭档案故事，“为子弟择师课读是不可俭者”的家训成就了书香世家；赵庄社区的“传承家风家训、优化家庭档案”主题宣讲活动，通过“自我反省”环节、学唱《公民道德歌》、学习经典，鼓励青少年从身边小事做起，诚信做人、诚信学习；棋杆社区的“档案传家、文明的风”家庭家风研学活动，通过场景再现、动画短片、文物史料展示、档案阅览等研学形式，向辖区青少年展示历史文化名人缪昌期及其代表的深厚历史文化底蕴，感受“第一做好人，第二勤读书”的千古家风，了解区镇廉政文化品牌由来，通过“暨阳清风、百年传承，档案研学助力成长”活动，塑造暨阳风骨、传承缪氏家风；西门社区和暨阳小学联合开展“致敬最可爱的人、做新时代好队员”建军节系列活动，通过抗美援朝老兵曹志才讲述他的军旅生涯，翻看曹志才的老兵档案（勋章、荣誉证书、老照片等），把爱党爱国爱军的红色基因融入少年队员们的血脉，坚定“听党话、跟党走”的信念，激励新时代好少年沿着革命先辈们开辟的道路勇毅前行。

【档案“三合一”制度】 按照数字化档案发展趋势，区镇档案馆在全市范围内率先开展档案“三合一”（档案分类方案、档号结构编号规范、归档范围与保管期限表三者合一）制度编制并报市档案馆审批，推进“三合一”制度贯标工作，修订区镇档案分类方案、档号结构、编号规范、文件材料归档范围与保管期限表，完成档案软件中各门类档案的设置。按照光学字符识别（OCR）工作规范，调整高速扫描仪生成图片设置，档案数字化实现双层可携带文件（PDF）。落实档案库房“九防”措施，备份系统每天定时

6月25日，“优良家风代代传”主题活动在花园浜“小木屋”举行

开展数据库备份。与档案服务外包中标公司签订保密协议，确保档案实体和信息安全。关注重点业务，全方位跟进做好档案收集整理。指导各办事处、行政村（社区）、镇属学校共计117个单位完成“三合一”制度的修订审核、数字档案室开通申请的上报。深入区镇国有企业开展建档宣传指导工作，指导经开区国有资产投资公司制订“三合一制度”，由史志档案办在区镇光典软件中构建国投公司全宗框架，推动经开国投公司完成初步建档和上年度归档工作。

（沈惠淑　凌雨希）

党　校

【概况】 2023年，杨舍镇党校开展理论宣讲616场、党的二十大精神宣讲186场，主要打造“理润暨阳——杨舍有理、少年说理、基地悟理、为民行理”4个理论学习品牌。开展2022—2023年度基层党员冬训，杨舍镇党校获评2022—2023年度全市基层党员冬训工作先进单位。组织开办2023年党务干部能力提升培训班，机关、办事处、村（社区）、企业党务干部等130人参加培训。承办苏州市“贯彻二十大·奋进新征程”主题宣讲活动启动仪式，重点推出“政少年·红领巾”特色理论宣讲品牌，接待江苏省委干部理论教育讲师团团长汪桥红，苏州市委宣传部常务副部长、市新闻出版局局长黄锡明一行。

【理论宣讲】 2023年，杨舍镇党校整合资源，全新打造“理润暨阳·杨舍有理”宣教品牌，围绕学习贯彻党的二十大精神，组织区镇58名领导干部、专家学者、先锋模范成立宣讲志愿队，形成精品课程百节，推动理论“大咖”走到党员身边。组织23名中小学生成立区镇“政少年·红领巾”宣讲队，开展中小学生思想政治教育。整合“杨舍先锋”“杨小青”“杨舍芬芳”等16支宣讲队伍，发挥“杨舍故事汇”“暨阳大讲堂”“百姓名嘴”“理论氧吧”等品牌优势，依托新时代文明实践所（站）、道德讲堂等阵地，推动党的创新理论“飞入寻常百姓家”。通过“观”现场、“讲”历史、“听”事迹等形式，带领党员干部回望区镇30年奋斗历程，总结发展成就，凝聚奋进力量。全年杨舍镇党校承办区镇各村、社区理论宣讲600余场，受众2万余人次。

【党员冬训】 2023年冬训期间，区镇703个党组织开展共建联学活动156场，形成论文251篇、先进经验报道281篇。围绕学习宣传贯彻党的二十大精神，推出“先锋课堂”“喇叭课堂”“竞答课堂”等学习平台，开展各类理论宣讲300余场。在“幸福杨舍”微信公众号开设“声入人心·二十大宣讲进行时”专栏，及时总结报道学习动态。针对老年群体，与江苏有线合作，开发云媒体电视社区，设置“学习宣传贯彻党的二十大精神”板块，将录制的宣讲视频、开展的宣教活动、活动通讯稿等定期上传，推动党的创新理论在线上传播。先后打造“研学悟行——行走的思政课堂”实践样板，“沙洲湖·云帆空间”“理润暨阳·古韵庆安”“乘航乘园”等一批学习样板，形成典型引领、示范带动的良好局面。

【“政少年·红领巾”宣讲员选拔赛暨巡回宣讲】 11月，杨舍镇党校开展“政少年·红领巾”宣讲员选拔赛暨巡回宣讲活动。“政

11月20日，“理润暨阳·少年说理”暨“政少年·红领巾”巡回宣讲启动仪式举行

少年·红领巾”宣讲团以学习贯彻党的二十大精神为主题，以“培根、铸魂、启智、润心”为理念，选拔构建“10+N”（10指首批10名王牌宣讲员，N指后续每年增补宣讲成员）模式的宣讲队伍，以区镇新时代文明实践所为中心，辐射17所镇管中小学校、75个村（社区），借势网络媒体，开展“定期实践所讲、学期学校讲、假期村（社区）讲”的宣讲活动，让党的创新理论传遍千家万户。全年开展“政少年·红领巾”理论宣讲活动100余场，受众1000余人次。

（陈丽娟）

保密工作

【概况】 经开区（杨舍镇）落实《中共张家港市委保密委员会2023年工作要点》文件精神，重视保密工作，抓好机关人员保密工作教育管理，筑牢保密工作防线。在日常工作中，加强对保密员的教育和管理，按规定要求派专职保密员领取涉密载体，严格按照保密级别处理纸质材料，未发生失泄密事件。

【保密检查】 区镇党政办公室负责保密制度的具体落实和执行工作，细化分工、责任到人，由专人负责涉密文件的传阅、保管、归档、移交和销毁等日常事务工作。重点增强全员保密意识、提升保密水平，参加保密教育活动，将保密教育纳入党工委中心组学习内容，组织机关工作人员学习保密法律法规、上级有关保密工作的相关规定以及保密防护技能等保密安全知识，组织保密主官参加市保密局保密工作培训，对重点涉密人员进行经常性保密宣传教育。做好QQ、微信工作群管理，加强常态化监管，严格纪律要求，整治相关工作群过多过滥、使用不规范问题。2023年，区镇进一步优化保密工作程序，做到流程规范、保密有效。在日常文件管理工作中，按照规定范围和程序传阅涉密文件，传阅文件采取直传方式，对呈送的文件进行登记，负责传阅文件人员逐件签字阅办，阅后退回，并清点份数，退还交回办公室锁入铁皮柜，确保涉密文件流转全过程专人监管不失管。严格信息设备管理，指定懂业务、会管理的工作人员专门负责加密计算机的管理工作，严格涉密网络载体管理，深化涉密领域安可替代，开展办公自动化设备安全保密风险专项排查，双管齐下，防止失泄密发生。

（凌雨希）

杨舍镇人大

12月29日，杨舍镇第十九届人民代表大会第五次会议召开

综　述

【概况】 至2023年年末，杨舍镇有各级人大代表249人，其中江苏省人大代表1人、苏州市人大代表5人、张家港市人大代表88人、杨舍镇人大代表155人。杨舍镇人大设置主席1人、副主席1人、人大办主任1人。杨舍镇人大主席团成员15人、秘书长1人，有人大代表小组9个。

【人大培训交流】 6月14—16日，杨舍镇第十九届人大代表履职培训班在苏州村政学院举行。100余名镇人大代表参加培训。培训班采取“专题讲座+现场教学”的形式，专门邀请苏州大学马克思主义学院博士后、副教授祁文博作题为《发展全过程人民民主的理论与实践研究》专题辅导，开设《代表说给代表听》《全国村级集体经济典型案例解读》等课程；实地参观全国人大代表创办企业波司登国际控股有限公司、全国乡村治理示范村昆山市周市镇市北村“人大代表之家”、全国首家智慧农业国家改革试点昆山陆家镇陆家未来智慧田园等现场教育点位。

【镇十九届人大四次会议】 8月11日，杨舍镇第十九届人民代表大会第四次会议召开。155名杨舍镇第十九届人大代表出席会议，经开区党工委领导，各局、室、中心、经开国投，各办事处、街道主要负责人等列席会议。大会听取并审议通过《2023年上半年杨舍镇经济和社会发展情况报告》，审查和批准《关于杨舍镇2022年度财政决算的报告》和《关于杨舍镇2023年财政预算调整（草案）的报告》，会议选举卢丹清为杨舍镇人大副主席。

【镇十九届人大五次会议】 12月29日，杨舍镇第十九届人民代表大会第五次会议召开。155名杨舍镇第十九届人大代表出席会议，经开区党工委领导，各局、室、中心、经开国投，各办事处、街道主要负责人等列席会议。会议听取和审议杨舍镇《政府工作报告》《人大主席团工作报告》《2023年财政预算执行情况和2024年财政预算（草案）的报告》，审查和批准2023年财政预算执行情况和2024年财政预算。会议选举周小超为杨舍镇人民政府副镇长。大会全体代表对民生实事项目进行投票表决，确定2024年区镇十大民生实事项目，分别为校园扩容提质建设项目、基层医疗卫生建设项目、民生微实事项目、居家社区养老服务能力提升项目、南区静憩园扩建项目、消防设施维修改造项目、平安建设项目、农村水利设施建设项目、塘市生活广场项目、美丽乡村建设项目。会上收到代表批评、意见和建议27件。

视察调研

【高标准农田提升项目专题视察】 5月5日，杨舍镇人大组织市、镇两级人大代表对区镇高标准农田提升项目推进情况开展专题视察。人大代表们视察章卿低压管道灌溉区、善港一闸上“三优三保”区、南新有机水稻种植区、黎明村生态退水区、双鹿村丰产方等点位，听取经开区农业农村局关于区镇高标准农田提升项目建设推进情况的汇报，提出相关意见、建议，主要是坚持久久为功，通力协作，加大项目建设提升力度。提高政治站位，充分认识加强高标准农田建设的重要性，全面落实“藏粮于地、藏粮于技”战略，不断提升农田综合治理水平，为乡村振兴蓄势赋能。统筹推进高标准农田建设的“建、管、用”，紧盯时间节点，加强工程监管，确保如期保质保量完成年度建设目标。

【防汛排涝工作专题视察】 5月23日，杨舍镇人大组织部分市、镇人大代表对区镇防汛排涝工作情况进行视察，先后实地察看新能源产业基地水系调整（互尊桥）、南沿江城际铁路水系调整（川港）、小农水工程管理提标行动（东莱南排涝站）、农村水系连片整治（东莱学生桥）4个点位，听取关于区镇2023年汛前检查和防汛工作准备情况汇报。代表们就如何做好防汛排涝工作提出意见和建议，主要是提高思想认识，充分认识防汛排涝工作的极端重要性和紧迫性，压紧压实防汛工作责任制，绷紧思想之弦，扎实做好防汛排涝各项准备工作。强化工作措施，高度重视薄弱环节，切实做好汛前隐患排查与整改。强化组织网络建设，备足保障物资，完善应急预案，全面提升防汛排涝应急处置水平。加强防汛宣传，提升人民群众防汛减灾意识，全力保障人民群众生命财产安全。

【区镇教育工作专题调研】 6月29日，杨舍镇人大组织市、镇两级人大代表对区镇教育工作开展调研。代表们到市六中、市二中城中校区、乘航小学、市七中等地，通过实地察看、现场询问、观看特色展示等方式，详细了解泗港片区、乘航片区、城区的教育布局、教育基础设施、教师专业提升、学生素养提高、学校内涵发展等情况，听取区镇教育工作情况、义务教育“双减”工作落实情况的汇报。人大代表、家长代表、教师代表分别就区镇范围内优化学校布局规划、推进城乡教育优质均衡发展等问题提出意见和建议，主要是坚持问题导向，全力推动学校内涵发展，进一步缩小城乡教育差距。优化教育资源配置，尤其是在经济转型发展的当下，教育规划要及时跟上，促进区镇教育优质均衡发展。在全社会营造人人关心教育、教育服务人人的良好氛围，把优质教育服务作为优质营商环境的重要抓手。完善基层宣传机制与平台，把教育政策传递到千家万户，办好人民满意的教育。

【生态环境保护工作专题视察】 7月14日，杨舍镇人大组织市、镇两级人大代表对区镇生态环境保护工作开展专题视察，先后实地察看晨丰污水处理厂及尾水湿地项目、弘鑫

7月14日，人大代表视察生态环境保护工作

盛再生资源生活垃圾分拣项目、华兴电力超低排放改造工程、骏马集团一污厂尾水再利用工程等点位。视察组听取安全环保局、综合行政执法局、农业农村局关于污染防治攻坚、“无废城市”建设、河道水质改善的工作情况汇报。代表们就如何做好区镇生态环境保护工作提出意见和建议，主要是落实生态文明建设和环境保护主体责任，发现问题及时整改。积极回应群众诉求，高度重视群众身边的生态环境问题及整改，有效强化工作监督。处理好经济高质量发展和生态环境高水平保护的关系，不断提高工作标准和治理水平，确保生态环境治理取得扎实成效。

【民生实事项目专题视察】 8月31日，杨舍镇人大组织部分市、镇两级人大代表对2023年区镇民生实事项目实施进展情况进行视察。代表们先后视察基层医疗卫生建设（杨舍预防接种门诊）、校园扩容提质（晨阳学校）、儿童友好社区建设（西门社区）、消防安全提升（西庄花苑）等项目。通过实地察看、听取介绍等方式深入了解民生实事项目实施及进展情况。听取经开区建设局、党群工作局、社会事业局、农业农村局、政法和社会管理办公室等职能部门的情况汇报。会上，相关职能部门就工程进展、质量工期、项目运行等方面详细回答人大代表的询问，记录代表们提出的意见和建议，主要是以高度的政治责任感抓好民生实事项目落地见效，对照年度目标任务，优化工作方案，细化工作措施，确保民生实事项目按期保质完成。压实主体责任，严把工程质量关，高标准严要求推进民生实事项目建设，切实把民生实事项目办成老百姓满意的优质工程、精品工程和放心工程。

8月31日，人大代表视察民生实事项目推进情况

人大监督

【“人大+纪工委（监委）”村级工程建设联合督察】 4月7日，杨舍镇人大、纪工委（监委）启动协同监督新模式，对村级工程建设领域廉政风险防控工作开展联动督察。督察组重点督察2023年经开区（杨舍镇）重点村级工程项目——晨阳办事处新晨产业园，听取项目建设进度的情况报告，并提出意见建议。代表们建议要通过“施工方日日查、专业人员周周查、职能部门月月查”的全过程监督，持续提升工程综合管理水平，合力将新晨产业园打造成为廉洁工程新标杆。

【代表建议办理情况督察】 9月21日下午，杨舍镇人大组织人大代表对镇十九届人大三次会议代表建议、意见和批评办理情况开展督察。督察组实地查看福前小区电动汽车充电桩安装、文华家庭农场粮食收购烘干、河南社区工业区货车乱停放整治、范庄社区卫生服务站新建等代表建议办理点位，听取建设局、社会事业局、农业农村局等局室关于对代表建议、意见和批评办理情况的汇报。督察组表示，做好代表建议办理工作，是回应群众关切、凝聚代表智慧、切实改进工作的重要途径。政府各职能部门要高度重视代表建议办理工作，强化协作联动，抓好跟踪问效，做到“民有所呼、我有所应”，用高质量代表建议办理践行全过程人民民主，助力区镇经济社会高质量发展。

代表工作

【建言献策】 年内，1个镇人大代表履职中心、15个代表联络站（点）实现常态化运行。全年代表联系接待选民超550人次，收集并答复意见建议125件。打造杨舍镇新兴产业人大代表联系点、代表来解忧连心站、紫藤议事廊等一批各具特色的人大代表主题“会客厅”、社情民意“直通车”。提档升级“代表云履职”平台，完善事件上报、民情走访、跟踪问效等模块功能，以数字赋能助力代表联系、服务群众“更智慧”。

表4　　杨舍镇第十九届人民代表大会第三次会议代表建议一览表

代表姓名	建议名称	建议类型
陆　豪 赵海萍 陈佳怡	关于动迁安置小区设置电动汽车充电桩的建议	城市建设
陈　亮	关于国泰路与福新路、晨丰路等富瑞特装厂区周边路段市政工程施工后加快恢复的建议	城市建设
王晓英	关于动迁小区楼幢前后路面砖地硬化的建议	城市建设
侯晓红	关于老旧小区楼道亮化工程改造的建议	城市建设
王婷婷 陈中慧	关于对城北幼儿园部分教室厕所持续改造的建议	科教文卫
卢宇凯	关于拓宽周家桥的建议	交通建设
刘　华 陆建东 卢宇凯	关于加快晨德路改建的建议	交通建设
赵晴怡	关于修补河东路部分路段坑洼的建议	交通建设
吴国洪	关于改善河南社区工业区华塘路及河南路货车乱停放问题的建议	交通建设
吴　香	关于优化泗闸路交通状况的建议	交通建设
钱凯峰	关于优化解决蒋锦公路和东福公路十字路口交通拥堵问题的建议	交通建设
孙跃忠	关于进一步对中小微企业扶持和救助的建议	企业发展

续表

代表姓名	建议名称	建议类型
张晓华	关于破解小企业“招工难，留工难”问题的建议	企业发展
李　静	关于扶持民营医院、民营养老护理机构发展的建议	企业发展
蒋　燕	关于无物业小区占道经营整治的建议	文明创建
孙帅帅	关于动迁小区“祭祀香火纸灰”处理的建议	文明创建
徐　益	关于粮食收购、烘干等问题的意见建议	农村工作
赵建军	关于优化调整社区规划的提议	社区建设管理
季立英	关于江帆社区会所改造事宜的建议	社区建设管理
许春芳	关于在范庄花苑5号楼新建卫生服务站的建议	社区建设管理
陈　霞	关于新建棋杆社区卫生服务站的建议	社区建设管理
徐　渝	关于社区减负增效的建议	社区建设管理

【人大代表联系企业】 4月19日，镇人大开展“先锋代表·赋能发展”代表联企在行动第二季活动，通过走访参观智能制造示范企业、智能化改造数字化转型优秀案例分享、座谈交流研讨等多种形式，组织企业家人大代表“互学、互访、互议、互讲、互引”。聘请一批人大代表营商环境观察员，搭建企业家、人大代表、职能部门“三位一体”沟通平台，及时反馈企业发展过程中的难点、堵点、痛点，拓宽优化营商环境工作监督渠道，受到市场主体的一致好评。该经验做法在全省开发区人大工作推进会上交流。

【援法议事】 年内，镇人大做好全市唯一省人大常委会基层立法联系点的各项工作，放大“援法议事”品牌效应，将立法意见征询融入民情恳谈会、居民议事会、道德评议会等“援法议事”平台，组建一个由75名法律顾问、22名联络员组成的“智囊团”。先后参与《江苏省集体协商条例》《江苏省食品安全条例（草案修改稿）》等法规草案的意见征询工作，累计向省人大立法委报送立法建议23条。

【人大代表法院联络站】 年内，经济技术开发区人民法庭设立张家港市人民法院首家人大代表联络站，主要职责为基层纠纷调解、旁听庭审、协助调研等，以联络站为平台，开展人大代表的联络工作，以增进人大代表对法院工作的了解和支持，“人大代表+法官”的调解模式让基层纠纷化解更加高效，相关做法被《人民代表报》刊登和报道。

（吴香芸　曹峰）

张家港经济技术开发区管委会
（杨舍镇人民政府）

2月1日，经开区（杨舍镇）推进“敢为、敢闯、敢干、敢首创”动员暨作风建设会议召开

政府施政

【概况】 2023年,经开区(杨舍镇)紧扣全市“现代化建设先锋年”工作主题和“123”年度目标任务,深度聚焦汽车及零部件、新能源、化合物半导体等新兴产业,引进盛虹储能电池超级工厂和新能源电池研究院、协鑫储能、爱汽新能源汽车电驱系统核心零部件、东久国际产业园等16个超亿元项目。全年实现地区生产总值1001.37亿元。第一、二、三产业增加值分别为3.99亿元、322.55亿元和674.82亿元。一般公共预算收入50.55亿元,完成全口径财政收入96.91亿元,入库税收94.39亿元。完成全社会固定资产投资176.93亿元,其中工业投资57.86亿元、服务业投资119.06亿元、新兴产业投资59.6亿元。社会消费品零售总额530.38亿元。杨舍镇连续3年蝉联全国千强镇第2位。农、林、牧、渔业总产值5.53亿元。竣工投运7个村联项目,村均经营性收入2675万元,杨舍镇持续位列苏州市高水平率先基本实现农业农村现代化第一方阵。全年教育经费总投入9.16亿元。打造“轻骑文艺益演”“杨舍故事汇”“戏曲大舞台”等持久性特色文化品牌,年人均接受公共文化服务20次,连续多年被评为张家港市文化工作先进镇。广场舞《锦绣江南》、小品《呼吸》分别获苏州市第五届“繁星奖”金奖、银奖,杨舍镇群星艺术团参加苏州市第十三届广场舞大赛总决赛获得金奖,获评江苏省优秀群众文艺团队。善港村“麦畑花舍”农家书屋成为苏州市唯一入选的第二届全民阅读大会“全国最美”农家书屋。区镇有医院18所、社区卫生服务中心2个、社区卫生服务站50个。开展“‘就’在杨舍”专项行动,举办招聘会13场,优化企业用工服务。开展高校毕业生就业帮扶,应届高校毕业生就业率99.91%。建成全市首个基础型“家门口”就业服务站(晨阳社区就业服务站)。全年亲情(虚拟)养老院服务52.63万人次,涉及服务资金635.47万元,综合满意度99.95%。向65周岁及以上老年人发放尊老金3685.92万元,惠及54292人。全年发放各类救助金3112万元,实施群体帮扶慈善项目24项,年内募集慈善捐款927万元。经开区(杨舍镇)康复驿站获评省级精神障碍社区康复服务示范点。建成园区污染物总量储备库,中央、省环保督察交办件全部销号清零,全年优良天数比例有所提升。完成16条幸福河湖创建,省考断面优Ⅲ比率100%。处办市大联动平台工单12万余件、“12345”政务服务热线工单1.3万余件,群众满意率99%。持续推动“八大工程”,打造“幸福杨舍·悦享美好夜”新时代文明实践工作品牌,建成苏州市“美丽街区”2个、“净美街巷”4条、“席地而坐”城市客厅示范点5个。接受人大监督、舆论监督和社会监督,办理人大代表意见建议22件,办结满意率100%。

【经济活动】 1月31日,区镇举行盛虹控股集团储能电池超级工厂和新能源电池研究院项目签约仪式。实施的首期24吉瓦时项目和独立主体的新能源电池研究院,总投资140亿元。3月31日,华引芯量产基地启动仪式暨经开区光电半导体产业推介会在纳米产业园举行。4月2日,天兵科技天龙二号运载火箭成功发射,成为中国商业航天首款成功入轨的液体运载火箭。5月15日,中铁城建集团华东建设有限公司在张家港经开区成立，是张家港市首家建筑类央企子公司总部。8月4日，安迈张家港生产基地举行开业典礼，安迈工程设备张家港生产基地项目总投资7500万美元，占地面积5.33公顷，项目达产后，可年产80—100台(套)具有世界领先技术的沥青搅拌站。8月18日，苏州锴威特半导体股份有限公司在上交所科创板挂牌上市，实现经开区领军人才企业上市“零的突破”。8月28日，协鑫储能系统项目投产仪式在协鑫工厂举行，项目定位于液冷PACK标准化单元、储能液冷一体机等高端储能产品的研发制造，适用于电源侧、电网侧和大基地、工商业分布式等多元化场景。该项目从立项到投产用时不到70天，体现了“张家港速度”和“协鑫速度”，是张家港绿色发展和协鑫产业转型升级的又一里程碑。10月26日，国富氢能装备产业基地(三期)项目竣工仪式在国富氢能厂区举行，该项目总投资15亿元，新增用地7.75公顷，建筑面积10.5万平方米，建设年产高压氢气III型瓶8万只、500套水电解制氢设备的智能化产线；同时建设氢能装备研发中心，开展氢能装备相关产品与材料工艺的研发与实验。

【文化活动】 1月18日，区镇举行“红红火火过大年”迎新春志愿服务集市暨全民健身志愿服务项目展示。2月17日，张家港市政协书房·顾秉钧藏书室暨政协杨舍镇工委委员书房揭牌仪式在棋杆社区举行。6月9日，张家港市铸牢中华民族共同体意识宣传月、民族宗教政策法规学习宣传月启动仪式在塘市小学举行。8月7日，经开区(杨舍镇)2023年全民健身节启动仪式暨“幸福杨舍·悦享美好夜”项目发布在购物公园举行，活动现场设置主题志愿服务市集，包

6月9日，“2023年张家港市铸牢中华民族共同体意识宣传月、民族宗教政策法规学习宣传月启动仪式暨张家港市第十届民族文艺会演”活动举办

括文明倡导、非遗文化体验、全民阅读、体育运动、互动科普、应急救护现场教学等内容。9月6日，区镇举行庆祝第39个教师节暨“杨舍教育榜样”表彰活动。9月8日，经开区（杨舍镇）·乐余镇文明实践区域联动主题活动在乐余镇举行。11月3日，张家港市民族团结进步示范创建联盟成立暨民族团结进步协会经开区（杨舍镇）分会成立大会在实践所举行。11月28日，“三十而立再出发·奋楫扬帆启新程”张家港经开区成立30周年主题活动在城南文体中心举行。

【招商活动】 3月2日，“江海联动·相约张家港”2023年张家港经开区产业招商合伙人大会在上海举行。3月26日，经开区半导体（智能制造）科技招商推介会在北京举行。5月23日，“‘芯’聚鹏城·‘光’耀港城”张家港经开区半导体和光学技术专题推介会在深圳举办。6月27日，光束汽车第二届供应商大会在万豪酒店举行，中德双方管理人员和国内外400余名汽车零部件供应商代表齐聚一堂，共叙友谊、共话合作、共议未来。7月13日，“贝尔杯”石油化工行业制氢、储氢、运氢、加氢技术交流会暨技术创新成果展示会在国贸酒店举行。

【政府信息公开】 2023年，杨舍镇收到政府信息公开申请42件，上年度结转1件。政府门户网站累计上报信息870条，录用信息729条；主动公开各类发文19件；发布工程招投标公告87个、政府采购公告102个、农村产权交易公告830个。

【民生实事工程实施】 2023年，区镇总投资4.92亿元，实施政府民生实事工程项目10项，分别为校园扩容提质项目、儿童友好社区建设项目、基层医疗卫生建设项目、民生微实事项目、公共充电桩项目、城西垃圾处理站建设项目、老旧小区公用设施维养项目、高标准农田提升项目、农村水利设施建设项目、消防安全提升项目。年内完成民生实事项目7项、上年度结转项目2项，其余3个项目结转至2024年。

西门社区儿童友好社区建设项目

表5　　2023年经开区(杨舍镇)政府民生实事工程项目一览表

序号	项目名称	项目内容及完成情况	备注
1	校园扩容提质项目(新扩建、装修学校)	晨阳学校中学教学楼拆除重建工程、市七中行政楼拆除重建工程、东莱小学扩建二期工程、农联幼儿园南园区装修及弱电工程等项目。晨阳学校教学楼重建工程10月初竣工验收,年内投入使用;市七中行政楼重建工程12月中旬竣工验收,配套内部设施设备12月下旬全部到位;东莱小学扩建二期11月底竣工验收,12月投入使用;农联幼儿园南园区年内完成消防验收	
2	儿童友好社区建设项目(增添设施进行适儿化改造)	为满足儿童友好社区需求,推进张家港市创建第一批县级儿童友好城市,选取区镇西门社区、悦盛社区、棋杆社区、沙洲湖社区4个社区增添有关设施进行适儿化改造,配置特色趣味的室内外儿童活动空间,开展分龄化儿童服务项目,营造儿童友好社区建设氛围。年末,4个社区全部完成建设,并投入使用	
3	基层医疗卫生建设项目(新建、改建基层医疗卫生机构)	改扩建杨舍镇社区卫生服务中心预防接种门诊、新建棋杆社区卫生服务站。年内,杨舍预防接种门诊改扩建工程、棋杆社区卫生服务站新建工程完工并投入使用	
4	民生微实事项目(实施150个民生微实事项目)	在区镇城市社区开展社区治理营造、消除安全隐患、整治社区环境、文化体育特色和关爱居民公益等民生微实事项目。年内原计划实施150个民生微实事项目,实际组织实施461个民生微实事(社区党组织为民服务)项目	
5	公共充电桩项目(建设车棚、智能充电桩等)	建成充电棚50个,充电桩333套(含充电插头3336个)	
6	城西垃圾处理站建设项目(建设400T/D规模中转站)	原列入市级PPP项目,因政策调整,项目暂缓,待重新选址后加快推进	结转至2024年
7	老旧小区公用设施维养项目(公用设施维养、管线整治)	开展市区开放式老旧小区公用设施维养、集镇区街巷设施维修及城中村私房区域管线整治工程。年内,开展老旧小区公用设施维养项目,接报即修,确保设施完好畅通;完成城中村管线整治任务	

续表

序号	项目名称	项目内容及完成情况	备注
8	高标准农田提升项目（对农田基础设施进行改造提升）	对章卿、闸上、善港、南新、黎明、双鹿、东莱、李巷等村约520公顷农田的低压管道、灌排沟渠、机耕路、电灌站、土地平整、生态退水、信息自动化控制等进行改造提升。分两期进行，年内完成第一期218.47公顷高标准农田改造提升项目，并通过镇级验收	结转至2024年
9	农村水利设施建设项目（新建排涝站、闸口提标改造）	新建跃进河、改造川港排涝站，新增晨中河东圩口闸，20座排涝站和13座圩口闸提标改造，拆坝建桥5座。年内完成拆坝建桥工程、晨中河东圩口闸、川港排涝站改造及圩区设施提标改造工程；跃进河（国康河）排涝站办理征地手续	结转至2024年
10	消防安全提升项目（增设消防设施、设备维修改造）	在部分村、社区主干道增设消防管道、消防栓；对部分动迁小区老旧消防设施进行维修改造。对西庄花苑、景巷花苑、新农花苑、农联幼儿园南园区消防设施系统进行维修改造，于12月底全部完工	

（凌雨希）

政务服务

【概况】 年内，经开区（杨舍镇）政务服务中心落实政务服务窗口行业规范，将执行首问负责制、一次性告知制、限时办结制、“十要十严禁”等服务要求作为基本职业操守和工作习惯；设置政务先锋会客厅、政务公开会客厅、政务服务e站等区域；打造“跨省通办”“一件事”等专窗；开展“红旗窗口”“服务之星”评选，塑造窗口新形象。全年民生类政务服务办件量约4万件，人社、医保、公安、不动产等“跨省通办”服务事项办件量约2000件；探索街区繁荣“一件事”改革，为商业体入驻商户提供从市场准入到准营的一站式服务；完成75个村（社区）医保公共服务点建设工作，医保报销业务由10个工作日承诺办结时限压缩至3个工作日；为老弱病残等特殊群体提供1500余件全程“帮代办”服务；梳理出40余件高频事项延伸至网格一线办理。

【行政审批】 2019年1月，区镇召开集成改革中心进驻人员会议，明确设立并启用经开区（杨舍镇）政务服务中心（临时大厅），主要承担辖区内行政审批、便民服务工作。临时大厅位于长安南路318号，设有35个服务窗口，工作人员43人，可办理人社、民政、建设、发改、市监等各类行政审批和公共服务类业务92项；10月，经开区行政审批局成立后，政务服务中心归口行政审批局管理。2019年8月，区镇建政务服务中心新大楼（市民广场），项目总投资约1.25亿元，规划占地面积0.67公顷，总建筑面积约2.5万平方米（地上6层、地下2层），其中政务服务中心1—4层建筑面积为8968.71平方米。2022年3月28日，行政审批局、政务服

经开区（杨舍镇）市民广场

务中心迁入新址办公，进驻11个部门（经开区行政审批局、建设局、杨舍镇综合行政执法局；市行政审批局、市监局、市人社局、市不动产中心、市公积金中心、市税务局、市公安局、工商银行），开设45个服务窗口，可办理事项248项。

【政府采购和招投标】 年内，区镇全周期保障公共资源交易活动，针对由市级平台招标的项目，提前发布招标预计划，同步进行清单与控制价编制，将工作由串联变并联，加速推进，提高效率；提前发布限额以上政府采购项目意向公开，为项目进入招标阶段后快速完成采购任务提供强力保障。全年完成工程招标项目113笔，中标金额5.08亿元，节约资金3706万元；完成采购项目1196笔，中标金额3.19亿元，节约资金4660万元。

【公共资源电子交易系统】 张家港经济技术开发区公共资源电子交易系统是经开区（杨舍镇）上线的张家港市首个限额以下全流程电子招标采购平台。区镇依托党政通系统实施网上签批流程、电子签章，通过经开区公共资源电子交易系统实施网上招投标、不见面开标，利用各系统的互联互通，让交易主体实现无纸化、无跑腿，让全过程简洁化、透明化。系统包括“网上开标智能化”“合同管理智能化”“数据共享智能化”三大智能化服务模块，大量精简交易流程，使交易“云上走”成为新常态，让“数据跑路”代替“企业跑腿”。招标项目从公告发布、招标文件获取、投标文件编制到开评标全程通过电子平台完成。该系统能够对接银行保证金、第三方公告网站、党政通等平台，实现业务办理、流转、签批“掌上办”“网上办”，提升服务质量、规范交易行为，实现公共资源交易标准化、规范化、智能化。全年完成采购及工程招标项目1309笔，中标金额8.27亿元，节约资金8366万元。

（陆恬恬）

应急管理

【概况】 年内，经开区（杨舍镇）按照“健全机构、充足队伍、保障投入、提升素质”原则，从机构设置、人员配备、队伍建设、监管执法、安全投入5个方面开展基层机构能力建设。经开区安全环保局为区镇安全生产综合监管机构，承担安全监管、应急管理等职能，有安全生产监管人员14人。9个办事处（街道）按照“每60家企业配备1名安全专职网格员”标准，将1800余家企业，划分成38个村（社区）监管网格，配备有专职安全网格员38人，实施日常安全网格监管工作；各涉企村（社区）共配备兼职安全网格员43人，负责辖区企业的日常管理工作。区镇安监机构办公用房170平方米，业务用房164平方米，配备5辆执法车。根据配备要求，购置防爆探照灯、红外线测距仪、气体检测报警仪等生产检查类装备和防噪声耳塞、防护手套、简易急救包、防尘口罩、安全头盔、防护鞋等个人防护类装备，以及现场执法记录仪、移动执法终端等执法过程类装备。安监执法人员统一配备安全生产执法标识和制式服装。

【应急管理教育培训】 区镇安全环保局全年督促企业“三类人员”1300余人参加取证培训，强化法定安全教育和技能培训。推动1800余家企业开展“开工第一课”“班前班后五分钟”，参与人数约8万人次。全覆盖开展“一季一课”，指导压实企业第一责任人责任，形成常态化宣讲机制。推动不二制油安全学校、华灿光电安全警示馆、花园浜安全文化阵地建设，激发安全文化辐射效能。开展安全生产、消防安全等各类主题活动、演练300余场，张贴安全标语、悬挂宣传横幅2000余条，发放告知书、宣传资料7万余份，在电子屏滚动播放宣传标语5万余次，提升全民安全防范意识和能力。

【安全生产责任制】 4月，区镇安全生产委员会印发安全生产工作要点及重点工作任务清单，建立健全分级监管、警示约谈等工作机制，优化专委会设置（现有10个专委会），用好安全生产指导清单和负面清单，“一企一档”强化重点企业监管，完善安全体制、明晰安全职责、凝聚安监合力。针对局（室）、办事处（街道）、村（社区）、企业4个层面，逐级签订安全责任书2100余份，督促企业层层分解落实全员安全责任制，推动150余家企业参保安责险。

【安全生产大检查行动】 年内，围绕“查大问题、除大隐患、防大事故”，区镇开展年度重大事故隐患专项排查整治专项行动，紧抓风险管控和隐患整治。围绕“隐患即事故”，报送并推动7个动态挂牌重大隐患整改闭环，解决一批“老大难”问题。围绕“小切口、抓关键”，办事处（街道）逐个开展区域消防、安全、环保专项提升行动，紧盯重点任务和薄弱环节，提升整治合力和工作质效，查改隐患3000余条，拆除违建2000平方米，完成企业电气线路整改500余家。

（蔡婷）

【消防安全】 年内，区镇全力开展“生命至上、隐患必除”消防安全大排查大整治专项行动，对区镇范围内275家人员密集场所、61家劳动密集型企业、170家中小旅馆、1万余家“九小场所”开展全覆盖排查整治。对排查发现的火灾隐患，建立整改责任清单，明确责任人负责督改，落实闭环管理。全年开展各类宣传培训演练活动420场，推送宣传信息350余篇，发放消防安全知识宣传手册6万余份，张贴消防宣传告知书1.5万张。结合“乡村振兴、消防伴行”主题行动，签订村（居）民防火公约8万余份，农村自建房开展消防安全宣传教育300余次。区镇全年消防安全接警1265起，其中火灾报警594起、抢险救援324起、社会救助204起、虚假报警107起、公务执勤36起，出动车辆3723车次、警力18615人次，抢救疏散各类遇险人员73人。

区镇在索尔维—恒昌（张家港）精细化工有限公司开展专项应急演练

【消防、安全、环保专项提升行动】 7月起，区镇逐板块开展区域消防、安全、环保专项提升行动，围绕消防安全“三项工程”、生产安全“三化管理”、生态环境“五再行动”等重点任务，针对工业小区、中小微企业及周边“九小场所”等消防、安全、环保基础相对薄弱、安全风险较大、事故隐患偏多的生产经营单位实施整治提升，累计排查生产经营单位近4000个，查治各类安全、消防、环保隐患问题3000余处，培训电工200人，完成企业电气线路整改500余家。

【电动自行车消防安全专项行动】 2023年，为进一步规范电动自行车充电、停放，消除电动自行车消防安全隐患，巩固前期整治成果，区镇开展电动自行车消防安全隐患专项整治工作。重点整治电动自行车及其蓄电池在室内公共区域、疏散走道、楼梯间、电梯间、安全出口或房间内停放、充电；私拉乱接电线“飞线充电”；物业服务企业不履行管理职责，放任电动自行车违规停放充电；电动自行车停放、充电场所设置在不合规地下室、半地下室；室内停放充电场所和其他场所混用未形成有效防火分隔；室外集中停放充电区域及其设置的顶棚与建筑外窗、安全出口直接相邻；停车场单组长度超25米，组与组之间未设置2米隔离带；电动自行车停放充电场所消防设施器材未配备或配备不足的；电动自行车充电设施缺乏自动断电保护功能。整治行动中，累计发放宣传资料40944份，张贴宣传海报26108张，使用LED屏、宣传栏播放电动自行车整治宣传视频1477次，排查整改隐患8762处。

信访工作

【概况】 2023年，经开区（杨舍镇）推进“信访问题源头治理三年攻坚行动”、“信访突出问题攻坚化解巩固提升年”、信访突出问题“双月攻坚”等专项行动，聚焦源头治理、积案攻坚、规范秩序等任务目标，推进高质量平安杨舍建设，全面分析、全力防范化解影响政治安全和社会稳定的突出风险，完成一系列信访保障工作。全年处置群体性事件17起，快速处理市专班交办指令37条。

【接访工作】 2023年，区镇受理信访1291批984人（信件638件，其中市委办、市府办等交办197件，阳光系统208件、市长信箱233件；到访653批984人，其中到镇走访288批444人、到市走访365批540人），比上年下降10.2%，刑事打击违法信访6人。围绕“控增量、减存量、防变量”目标，区镇采用快速处置法、分步实施法、抓住契机法，实体性化解信访事件12起。

（朱永辉）

机关事务管理

【概况】 2023年，经开区党政办公室机关服务中心主要负责区镇机关大楼、市民广场、社区卫生服务中心的食堂用餐服务保障，各类活动、会议的会务保障，机关用车服务保障，办公区设备设施维养、各局室报刊分发、机关大院管理服务、绿化工程等工作。全年保障会议活动2500余场、接待服务500余次。保障机关电脑、网络、通信、监控、微信订餐平台、会务音响设备设施安全高效运行，做好网络安全相关技术工作。严格采购和内部管理，落实食堂采购制度，食堂运营成本合理可控、稳中有降，每月召开食堂管理例会，厉行勤俭节约、反对浪费。完善垃圾分类设施，落实节电节水和垃圾分类举措，不定期查检机关、办事处、街道节能及垃圾分类工作。根据《江苏省党政机关商务车配备使用管理规定（暂行）》《张家港市党政机关公务用车管理工作细则（试行）》要求，明确公车管理负责人和职能科室，对单位公务用车实行统一管理、规范使用，并履行审批程序，加强对公务车更新、使用、处置等情况的监督检查。有公务用车12辆，累计出车1261车次。

【机关节能工作】 2023年，区镇围绕建设“绿色大楼、低碳大楼、舒适大楼”的目标，紧贴公共机构节能主题，通过制度约束、宣传教育、管理监督、技术改造等一系列手段，实现用能的系统、科学、有效管理，较好发挥公共机构对社会节能减排工作的示范带头作用。区镇单位面积能耗每平方米16.99千克标煤，比上年降4%；人均能耗604.89千克标煤，比上年降8.2%。区镇机关获评2015年国家级节约型公共机构示范单位、2021年国家级公共机构水效领跑者。

政协杨舍镇工委

2月17日，张家港市政协书房·顾秉钧藏书室暨政协杨舍镇工委委员书房揭牌仪式举行

综　述

【概况】 至2023年年末，张家港市政协委员划归政协杨舍镇工委属地管理59人、特聘委员30人。政协杨舍镇工委设主任、副主任各1人。年内，工委紧扣“四个政协”（书香政协、有为政协、智慧政协、活力政协）建设，开展各类专题协商活动10场，上报集体提案3件，立案并交办集体提案3件；接待江苏省政协党组副书记、副主席杨岳，党组成员、副主席姚晓东，苏州市政协主席朱民等省内外各级政协领导参观调研65批次。赵建民委员工作室获评苏州市政协优秀委员工作室。《破解油烟扰民问题，助力高水平文明城市创建》获评省优秀协商议事案例，《破解农房翻建难题，助力美丽乡村建设》获评苏州市级优秀协商案例，《破解城中村改造难题，助力高水平文明创建》获评张家港市级优秀协商案例。全年上报社情民意信息186篇，其中全国政协录用1篇、省政协录用6篇、苏州市政协录用34篇。政协杨舍镇工委获评2023年度市政协反映社情民意信息工作先进单位。

【江苏省政协领导调研】 10月12—13日，江苏省政协党组副书记、副主席杨岳一行，赴张家港开展“高质量建设委员工作阵地”专题调研活动，实地调研秦建忠委员工作室，了解委员工作阵地的组织架构、运行机制、特色品牌等情况。杨岳强调，要强化认识提升，提升责任感、增强主动性，推动委员工作室包括委员界别、委员之家等工作阵地建设，促进委员更好履职尽责；要强化作用发挥，更好发挥委员工作阵地凝聚共识、协商议事的作用，把加强思想政治引领、广泛凝聚共识贯穿委员工作室工作全过程，特别是要充分调动委员、群众参与协商的积极性，推动政协协商与基层协商有效衔接；要强化常态长效，着眼于服务为民、促进发展的作用，发挥委员的主体作用，加强规范管理，完善阵地建设的激励机制，探索更多、更好的经验做法。

【苏州市政协领导赴区镇开展主题党日活动】 3月1日，苏州市政协党组书记、主席朱民率苏州市政协机关全体党员干部、全市政协系统机关党建联盟成员单位党员代表，在区镇开展主题党日活动。党员干部们集中参观有关“张家港精神”的宣传教育展示，全面了解“张家港精神”孕育、塑造、弘扬和践行的全过程，深刻感悟张家港人在改革开放和现代化建设实践中抢抓机遇、敢闯敢试、率先发展的光辉历程。

【政协阵地建设】 年内，区镇新挂牌钱惠彪、洪松花委员工作室。至年末，累计有6家委员工作室，占全市委员工作室的37%。年内，赵建民委员工作室获评苏州市政协优秀委员工作室。

赵建民委员工作室　赵建民委员工作室以张家港市政协委员、张家港市建筑行业协会副会长、民建张家港市基层委员会一支部委员、张家港市建业建筑安装有限公司董事长兼总经理赵建民的姓名命名，有“政协杨舍镇工委经济组沙龙成员”、市政协“联村联企联社区”杨舍镇第6组成员、民建一支部委员成员等4支团队、16名委员。年内，主办城中村改造议事活动，破解城中村改造难题。

洪松花委员工作室　洪松花委员工作

室以张家港市政协第十三届委员、江苏宏远控股有限公司董事长洪松花的姓名命名，设在张家港经开区中兴路180号的江苏宏远控股有限公司内，面积250平方米。工作室建有社情民意联系点、委员之家、石榴籽家园，是政协少数民族界别委员参政议政、市民族团结进步协会会员交流交往交融、开展公益活动的平台。工作室团队带头人洪松花委员在联系群众、服务企业、公益事业、乡村振兴、提案撰写等方面做出贡献。5月21日，洪松花工作室承办政协杨舍镇工委第二季度“委员之家暨助力村级工业园提档升级”协商议事活动。

【市政协书房·顾秉钧藏书室揭牌】 2月17日，“张家港市政协书房·顾秉钧藏书室暨政协杨舍镇工委委员书房”揭牌仪式举行。市政协主席赵建明，市委常委、经开区党工委书记和管委会主任、杨舍镇党委书记张志明，市政协原主席顾秉钧等出席活动。赵建明、张志明为顾秉钧颁发捐赠证书，并为“张家港市政协书房·顾秉钧藏书室”“杨舍书房”揭牌。“张家港市政协书房·顾秉钧藏书室”设于经开区（杨舍镇）棋杆社区新时代文明实践站内。顾秉钧爱书善读、藏书多年，总计有3500余册，特别是政治类、历史类和文化类图书等形成体系，价值不菲。2022年8月，顾秉钧决定将家中全部藏书和部分手稿、物品捐赠给张家港市政协。建成后的“张家港市政协书房·顾秉钧藏书室”既是建设书香政协、开展委员读书活动的特色亮点载体，又是宣传政协工作、加强社会教育的重要阵地。

协商议政

【“城中村”改造专题协商】 10月11日，市政协提案委联合政协杨舍镇工委、赵建民委员工作室，在经开区（杨舍镇）城南街道南苑社区曹口1号，举办“有事好商量·暨时议”专题协商会议，围绕城中村缺少统一规划设计、公共基础道路缺少维护、村民出租屋用途不统一、缺少停车位、改造资金有缺口等问题进行讨论。在推动城中村改造工作上，委员们建议：由市政协界别推荐专业人员参与到城中村的规划和民房改造的设计，提高村容档次；将城中村基础道路的改造纳入到建设部门的年度计划，安排专项资金进行改造；由村经济合作社出资，对村民自留地进行车位统一建造；与市金城公司协商，将旁边的商用停车场优惠出租给村民；由张家港农商银行设立专项贷款，以优

10月11日，“破解城中村改造难题，助力高水平文明创建”专题协商活动举行

10月20日，"破解农房翻建难题，助力美丽乡村建设"专题协商活动举行

惠利率定向用于城中村改造，每户给予30万元定向贷款等。年内，《破解城中村改造难题，助力高水平文明创建》获张家港市级优秀协商案例。

【农房翻建专题协商】 10月20日，由李巷村"有事好商量"协商议事室牵头，以"破解农房翻建难题，助力美丽乡村建设"为主题，通过苏州市政协、张家港市政协、区镇相关职能部门（经开区建设局、自然资源所）、村四方联动协商方式，开展"有事好商量·暨时议"专题协商议事活动，苏州市政协副主席程华国观摩会议，张家港市政协副主席徐平观出席会议。围绕农房翻建"改造单打独斗，规划不够统一""申办手续烦琐，缺少协同集成""建设缺少相应指导，存有安全隐患"等议题，通过协商最终达成共识，由相关部门加强对农房翻建工作指导，金融部门加强对村民信贷支持服务，职能部门、社会力量与村委形成合力进行具体实施。12月，《破解农房翻建难题，助力美丽乡村建设》获评苏州市协商议事优秀典型案例。

建言献策

【助力民营企业高质量发展建议】 年内，针对民营企业发展的韧性和活力不强、发展信心不足、转型动能不强、人才支撑不够、环境政策不优等问题，政协委员们提出许多意见和建议。这些意见和建议主要包括：帮助民营企业消除心理疑虑、提振发展信心；应用新工艺、新技术，推动生产创新、技术创新；以技术创新为引领，支持民营企业立足"机器换人"，加快数字化、智能化转型发展；推进产学研深度融合，开发、储备一批拥有自主知识产权、具有核心竞争力和附加值高的产品等。

【农房翻建助力和美乡村建设建议】 年内，针对农房组团翻建普遍存在部分翻建用地"涉耕风险"（占用部分"边角料"耕地）、农户自有资金不足、配套设施建设不到位等问题，政协委员们提出如下建议：成立市、镇、村三级联动专项工作小组，加速办理相关流程、手续，提升农房翻建审批效率；鼓励吸引优秀建设单位和优质资本参与和承接农房翻建工作，缓解行政村经济负担，提高农房翻建质量和安全性。提供金融信贷政策支持，对翻建资金确实存在困难的农户，相关金融部门可按照"一户一策"的原则提供30万元免息贷款，一般农户提供50万元低息贷款，由村经济合作社进行担保。针对所在村配套设施建设资金缺口情况，按照"一村一策"原则，向行政村提供低息或免息贷款，确保农房翻建配套设施建成建好。

表6　　2023年经开区（杨舍镇）政协委员提案一览表

提案人	提案名称
施　律 王文华 秦建忠	《关于进一步推进我市乡村振兴工作的建议》
詹亚军	《关于建设学习型城市的相关建议》
李　倩	《关于在市镇重点区域安装触摸式红绿灯的建议》
秦建忠	《加快推进老旧小区改造，助推更高水平文明城市创建》
支　勇	《关于加快智慧教育数字基座建设助力“双减”提质增效的建议》
钱惠彪	《关于加强沙洲湖（一干河）应急水源地保护工作的建议》
朱亚军	《关于发挥乡贤资源作用助力张家港高质量发展的建议》
张建华	《关于提升我市重点民生物资保供能力的建议》
陈　宇	《关于建立历代乡贤文稿、作品档案的建议》
黄海滨	《关于医疗废物垃圾规范收集存放无公害处理的建议》
王　璐	《关于打造我市特色“网红经济”产业集群的建议》
秦建忠	《关于支持和促进互联网数字医疗事业健康发展的建议》
许曦匀	《关于对民营园区给予一定指导的建议》
张佐铭	《关于加强应急救援队伍建设，强化支持基层救援组织应急处置突发事件重要力量的建议》
王　璐	《关于进一步提升我市新型研发机构产业支撑能力的建议》
李　倩	《关于着力推进我市科技招商工作再上新台阶的建议》
孟光贤	《关于推进我市“安全城市+智慧消防”建设的建议》
黄海滨	《关于进一步防控外来入侵物种的建议》
徐　玲	《关于进一步规范四轮低速电动车管理的建议》
孙　琼	《为拓宽企业人才培养及引入途径，解决企业发展人才紧缺问题进行提案的建议》
王　璐	《关于应用新技术规范电梯信息发布，打造文明典范城市新模式的建议》
张圣胄	《关于进一步完善垃圾分类措施的建议》
徐建祥	《关于“外地职工社保续交，稳定企业发展”的建议》
徐　刚	《关于多措并举、多点发力，推动我市服务业高质量发展的建议》
张佐铭	《关于加强青少年近视预防的建议》
徐建祥	《关于慢性病药物简易包装、减少资源浪费和环境污染的建议》
詹亚军	《关于餐饮行业发展及支持的相关建议》
孟光贤	《关于落实多层住宅改造加装电梯的建议》

续表

提案人	提案名称
葛　鸽	《关于加快零售电商等新业态新模式发展的建议》
支　勇	《加快建设天眼监控系统，打造全国领先卫星应用典范城市》
支　勇	《关于提请将204国道与五棵松路交界路口打开的建议》
周　铁	《关于进一步优化我市民生实事项目后期运营的建议》

民主监督

【委员联村联企工作】 年内，聚焦基层群众“急难愁盼”，政协杨舍镇工委组织政协委员连片组团走访76次，收集民情民意81条、相关问题17个，经转交相关部门落实解决14个。围绕“美丽乡村建设、村级工业园区提档升级、动迁社区后期维护、三资管理保值升值、共同富裕”等工作中有关保障改善民生的决策部署和事关群众切身利益的重大问题，开展专题协商3次，收集相关问题11个，经转交相关部门落实解决6个。开展民营企业大走访，政协杨舍镇工委按照苏州和张家港市政协关于开展民营企业大走访要求，累计走访企业30家，举行座谈会3次，策划举行“书记与企业家”面对面活动1场，深入了解民营企业的生产经营现状、科技创新、政策落实、人才队伍建设及当前面临的困难问题，围绕民营经济高质量发展开展座谈交流。在政协杨舍镇工委策划协调下，《江苏工人报》头版头条刊登新美星能级工资集体协商做法经验。

【项目督办】 年内，政协杨舍镇工委紧盯老旧小区改造进度，多次组织政协委员察看前溪花园改造施工情况，听取施工方、小区居民的意见建议，与建设单位开展议事协商，合理优化施工方案，前溪花园小区改造项目于年内完成交付。聚焦餐饮行业等重点场所，召开协商议事会2场，助力“瓶改管”“瓶改电”集中改造工作，守护群众平安。

【视察活动】 年内，政协杨舍镇工委配合市政协开展民主评议工作和各项视察活动，聚焦氢能产业深度创新工作，开展专题调研活动，助力氢能产业链打造。围绕“高水平文明创建、物质文明和精神文明相协调的中国式现代化县域先行区建设、村级工业园区改造提升和主题产业园打造、共同富裕”等主题，开展专题视察和调研活动，召开专题讨论会提升调研课题质量，向市政协十三届三次会议提交《关于强化服务能级提升助力民营企业高质量发展的建议》《关于推动农房翻建助力和美乡村建设的建议》2篇大会发言。

纪检监察

暨阳清风文化馆

党风廉政建设

【概况】 2023年，经开区纪工委（监察工委）发挥监督保障执行、促进完善发展作用，贯彻落实全面从严治党各项工作，聚焦“国之大者”，强化政治监督，确保党中央以及上级各项重大决策部署在区镇贯彻落实到位。依托“两个责任”平台，制订纪工委监督责任清单、纪工委领导班子个人清单，启动“廉洁杨舍”建设十大项目，完善落实全面从严治党主体责任“八查”考核细则，压紧压实各级党组织及班子成员尤其是“一把手”落实全面从严治党政治责任。做好巡视巡察反馈问题的整改工作，制订问题清单、任务清单、责任清单，持续推进巡视整改“后半篇文章”。坚持问题导向，常态化开展日常监督，通过“走基层、看变化、话清廉”调研式监督，推动党风廉政建设各项工作在基层落细落实。完善基层廉勤监督，持续用好“监督一点通”平台、基层廉勤监督平台、营商环境监督平台投诉举报端口，拓宽群众监督举报渠道，处置解决问题1380个。

【警示教育】 1月13日，区镇召开警示教育暨廉政谈话会议，采取以案为警的形式，开展廉政谈话，进一步压紧压实全面从严治党的主体责任。市委常委、经开区党工委书记和管委会主任、杨舍镇党委书记张志明在讲话中指出，区镇党员干部要严守纪律讲规矩，牢记“警钟长鸣”政治要求。要扛起责任勇担当，锤炼“绝对忠诚”政治品格。要廉洁自律守底线，涵养“风清气正”政治生态。会议通报了2022年区镇发生的数起违

9月26日，万红社区开展廉政宣传

纪违法典型案件，与会人员观看了苏州市纪委（监委）警示教育片《权杖挥舞下的不归路》。

【廉洁工程】 3月7日，经开区纪工委（监察工委）廉洁工程建设“双保监督333工作法”项目正式启动，经开区党工委、纪工委相关领导出席活动。“双保监督333工作法”以经开区重大项目“新晨产业园建设项目”为试点，以“保证质量进度、保障安全廉洁”为核心，通过建立“三个制”（承诺制、责任制、考评制），落实“三个查”（日日查、周周查、月月查），严把“三个关”（质量进度关、安全管理关、节俭廉洁关），将监督“探头”延伸至工程建设一线，不断强化各参建方质量安全意识和高效廉洁意识，筑牢工程建设相关人员底线、防线。

【上级巡察】 2月，由经开区纪工委（监察工委）牵头，对被巡察局（室）存在的5个方面、16个问题、41种具体现象整改情况开展监督检查，推动出台制度30余项，避免企业项目补贴资金损失1亿元，将为期1年的苏州开发区高质量发展专项巡察整改任务全部完成，巡察问题整改率100%。6月，经开区纪工委（监察工委）开展“田野巡察”，召开工作推进会，张贴海报80余份，提升“田野巡察”质效，提高群众对巡察工作的知晓度和满意度。

【监督体系】 年内，经开区纪工委（监察工委）在区镇、9个办事处（街道）、75个村（社区）建立三级基层监督体系，实现监督体系全覆盖，任命基层廉勤监督员215人、廉勤信息员289人。通过常态化开展列席会议、查阅账目、走访督查等工作，认真处理社会群众监督重点、热点问题480余个，上报廉勤监督经典案例材料十余篇。运用“监督一点通”、基层廉勤监督服务平台，全年报录问题1380个，处置率100%、满意率98.85%，实现小微权力“码上督”。

反腐倡廉

【概况】 年内，经开区纪工委（监察工委）严肃执纪问责，提升案件办理质效，实现查处一案、警示一片、治理一域的效果，一体推进不敢腐、不能腐、不想腐。全年办理党纪、政务案件立案50件，给予党纪、政务处分50人，追损金额70余万元。加大重点领域问题查办力度，重点查处安环、环卫、动迁等领域一批串案、窝案，环卫领域案件查办经验被市纪委（监委）形成工作指引在全市推广。科学运用“第一种形态谈话”104

闸上村廉心文化园

人次，其中提醒谈话78人次、批评教育6人次、诫勉谈话20人次。全年接到信访举报13件，比上年降48%。在元旦、春节、“五一”、端午、中秋、国庆等重要时间节点，开展“清风行动”，发送廉政短信1万余条。开展廉政档案更新1000余人次，对2000余名党员干部开展廉政风险大排查。

5月20日，“幸福杨舍·廉洁同行”520（我爱廉）党风廉政教育系列活动启动仪式举行

【以案促改】 年内，经开区纪工委（监察工委）坚持把严惩腐败和完善制度结合起来，把查办案件和堵塞漏洞贯通起来，运用帮教治本“六步工作法”，查找现象背后的规律、问题发生的原因，制发监察建议1份，推动制度机制完善，督促落实整改。推动安全环保领域出台制度4项，促进安全生产主体责任落实。抓好受处分党员干部帮教治本工作，召开专题组织生活会30余次，对20名党员干部开展帮教，激励党员干部重振信心、重拾干劲。

【廉政教育】 5月20日，经开区纪工委（监察工委）举行“幸福杨舍·廉洁同行‘520（我爱廉）’”党风廉政教育系列活动启动仪式，实施“头雁领航倡廉、警示教育思廉、家庭成员助廉、执纪铁军督廉、社会各界护廉”行动。年内开展“明界线、守底线、筑防线”警示教育活动3次，组织各单位观看市纪委（监委）摄制的警示教育片《失守》20余场，推动各办事处（街道）、村（社区）开展各类特色廉洁文化活动70余场，受教育党员干部1500余人次。全面打造“清风馆的清官”“田园里的廉园”廉洁阵地2个，巩固提升原有9个廉洁口袋公园阵地建设，不断扩大廉洁文化宣教覆盖面。上报纪检监察信息120余条，省级媒体录用16条，苏州市级媒体录用16条。

正风肃纪

【概况】 年内，经开区纪工委（监察工委）认真落实上级相关部署，全面践行“三个区分开来”要求，主动开展容错纠错和风险报备，对涵盖工程建设、招投标、行政执法、惠民富民等多个领域重大项目进行风险报备，为担当者担当，营造敢为先锋的氛围。

【激励干事担当】 年内，经开区纪工委（监察工委）围绕发扬“敢为、敢闯、敢干、敢首创”精神，坚持“惩前毖后，治病救人”原则，激励干部干事担当，容错纠错1人，帮助干部减轻思想包袱。实施廉洁风险报备制度，为盛虹控股集团储能电池超级工厂和新能源电池研究院项目地块文物考古调查、收购北汽常州公司、振兴花苑三期动迁安置小区物业公司招投标、前溪资产处置

9月1日，杨舍镇人大和纪委对民生实事项目“民生长廊”建设情况进行联合督察

等14个重大项目进行廉洁风险报备，为干部大胆探索、敢为善为提供充分“试错”机会。采取书面澄清的方式，对3名受到失实检举控告的干部公开澄清、消除影响、撑腰壮胆。

【营商环境监督】 年内，经开区纪工委（监察工委）运用营商环境监督平台，探索建立1名纪检监察干部联系5名涉企廉勤监督员、挂钩100家市场主体的“一五百”廉通机制，收集建议8条、推动解决问题5个。督促落实“123”工作法（确定“企业办事不求人、群众办事不费劲”1个目标，答好“审批最高效、服务最暖心”2篇文章，实施“问题大排查、作风大优化、服务大提升”3项行动），打造营商环境监测站2个，与130余家企业签订廉洁协议。通过专项督查、实地走访调研、廉洁风险报备、健全制度机制，持续优化营商环境。

专项督察

【概况】 2023年，经开区纪工委（监察工委）开展城郊环卫领域、安全生产第三方托管服务、动迁安置领域专项治理。配合市纪委（监委）开展招投标、基层综合行政执法领域、公款旅游及隐形变异、污染土壤治理修复、基层廉勤监督专项调研、区镇“三优三保”土地复垦调研、产业集群营商环境等15项专项监督工作，持续扩大基层纪检监督覆盖面。

【城郊环卫领域专项督察】 年内，经开区纪工委（监察工委）紧盯城郊环卫领域人员招聘、业务运营、车辆使用、财务报支等存在

10月27日，晨新村纪委书记带队走访企业，了解安全网格员工作落实情况

廉洁风险的环节开展专项督察。通过查阅账目、大数据查询等方式深挖问题线索，并立案查处，挽回直接损失28万元。完成1例工作指引，并在全市范围推广。组织城郊环卫所单独开展单位和个人廉政风险防控排查，梳理制作风险清单25份、排查风险点37个，制定防控措施37条。开展城郊环卫领域党性纪法教育，引导环卫所党员干部、工作人员知敬畏、存戒惧、守底线。督促相关部门完善城郊环卫所运营管理制度，由“公建民营”改为“公建公营”，进一步建立统一规范的环卫所运营机制。

【安全生产第三方托管服务专项督察】 年内，经开区纪工委（监察工委）聚焦区镇安全生产权力运行、队伍管理、风险防控、安全生产第三方服务监管等方面开展专项督察，发现违反中央八项规定精神、国家法律法规、廉洁要求等问题线索3条，给予党纪或政务处分5人，诫勉谈话9人。制发《关于加强安全生产第三方托管服务领域问题整治的监察建议》，推动建立《经开区（杨舍镇）安全、消防联合行动机制》《区镇安全环保网格员优化调整方案》等管理制度，完善《企业安全生产指导清单》《企业安全生产负面清单》等工作制度。

【动迁安置领域专项督察】 年内，经开区纪工委（监察工委）推进监督检查、信访处置、案件查办融合，通过分析研判信访举报内容，对动迁安置领域文件签署、资金拨付、动迁款去向等开展监督检查，查实该领域存在违规套取资金设立“小金库”、违反工作纪律等问题，对涉案人员进行立案查办，给予1人提醒谈话、2人诫勉谈话，收缴涉案款物44万余元。（张莉）

群众团体

6月10日，经开区（杨舍镇）“幸福益家”职工家庭教育进企业活动举办

经开区（杨舍镇）总工会

【概况】 2023年年末，经开区（杨舍镇）总工会下设9个办事处（街道）工会、41个村（社区）工会、8个行业工会。区镇单独建会企业441家，工会会员7.5万人。年内，区镇总工会规范推进工会组织基础工作，加强百人以上企业、“三新”（新技术、新业态、新模式下的从业人员）领域、社会组织、小微企业建会工作，拓展网上入会渠道，强化会员实名制数据库管理，新建基层工会22家，新增会员2000余人。

【职工宣教工作】 年内，区镇总工会举办学习《习近平关于工人阶级和工会工作论述摘编》《党的二十大精神职工学习问答》等思政课堂10场。以“‘练成高技能，就能享受高待遇’，能级工资集体协商显成效”为代表的14条工会信息，在学习强国江苏平台、《扬子晚报》、《江苏工人报》等新闻宣传媒体平台发表。推选张家港市“最美班组长”1人、“最美快递员”3人、“张家港好网民”1人。推进“职工书屋”建设，澳洋集团获评全国工会职工书屋示范点，农鹿社区职工书屋获评第十四批苏州市职工书屋示范点。

【职工权益维护】 年内，区镇总工会加强企事业单位民主管理制度体系化和规范化建设，组织民主管理自检工作，对发现的问题及时督促整改落实。区镇总工会获评江苏省推动厂务公开民主管理工作先进单位。推行“法律体检”，开展阳光预警和风险隐患排查，为部分企业摸排和解读法律问题，发现和化解矛盾纠纷。以劳动关系稳定、产业工人薪酬激励、新业态劳动者权益保障等为重点，集中开展集体协商，承办全市“能级工资”集体协商现场推进会暨新就业形态领域集体合同集中签订仪式，交流推广“新美星能级工资经验”，推进企业建立技术工人薪酬激励机制，先后组织近20家企业进行能级工资集体协商，提高8000余名技术工人和低收入职工工资水平。《新美星能级工资——岗位称重法》《行业集体协商——用心当好货车司机“娘家人”》获评苏州市集体协商优秀案例。深化“法工同行”活动，以“尊法守法·携手筑梦”为主题，开展“云普法”、普法集市等活动十余场。开展“普法暖‘新’、‘杨’帆护航”行动，提升新就业形态劳动者法治素养。完善职工法律援助中心站相关工作，打造苏州市首家职工普法教育公园。

【职工帮扶慰问】 2023年，区镇总工会慰问困难职工、劳模、工会干部以及新业态劳动者等群体473人次，发放慰问款物11.6万元，为新业态劳动者办理互助互济保险110人次。1月16日，市人大常委会党组成员、市总工会主席夏立新看望慰问骏马集团困难职工，送上新春福袋和慰问物资。1月17日，经开区党工委委员、管委会副主任陆忠理，经开区党群工作局局长陈海文带队走访慰问区镇部分困难劳模、困难职工、环卫工人和外卖配送员。年内，区镇总工会开展“春风送岗”系列活动，累计举办线上线下招聘会6场，参与企业300余家，提供岗位3500余个。举办普惠“月月礼”活动，参与群众1.7万人次。开展“夏送清凉”慰问，发放物资价值15余万元。实施“关爱·圆梦”职工家庭扶贫帮困项目，开展困难职工家庭申报、金秋助学、女性“两癌”筛查、“送健康暖人心”义诊等主题项目，加大对弱势群体的帮扶和关爱力度。组织一线职工开展疗养、休养活动，推进16家企业参加互助互济保障项目，提高工会保障会员健康能力。

【职工文化建设】 年内，区镇总工会举办“奋进新征程、践行劳动美”经开区（杨舍镇）“红五月”系列主题活动暨第五届职工文化体育艺术节，推出“文体艺术、技能素养、志愿服务”3个大类、18项子活动，项目涵盖职工拔河大赛、掼蛋大赛、职工亲子跑、职工文创展、“暨阳工社”工会干部研习社等，200余家企业、5000余名职工参与。承办全市职工读书月启动暨经开区（杨舍镇）“书香工会·朗读经典”职工朗读者分享会第五季活动。

【职工技能比武】 年内，区镇总工会承办全市塔式起重机操作工职业技能竞赛，举办区镇企业安全员、货运司机、网格员技能竞赛，累计参赛职工521人次。与安监部门联合开展“2023年经开区（杨舍镇）安全生产技能比武暨安全生产月”活动，共7支队伍同场竞技。开展安全隐患随手拍竞赛，收到作品95件。打造“六型”班组现场教学点等一批职工学习教育阵地。恩斯克安全道场获评张家港市工会劳动保护实训基地。

【劳模精神传承】 年内，区镇总工会开展思政教师进企业、劳模精神“四进”［“进机关、进学校、进村（社区）、进企业”］主题活动19场，邀请党的二十大代表、全国劳动模范黄强作《匠心铸就梦想、勇当时代先锋》先进事迹宣讲。开展“跟着劳模做志愿”等主题活动10场，打造“马小强劳模创新工作室”。向上推荐各类先进典型，获苏州市五一劳动奖章3人、五一劳动奖状1人、五一劳动荣誉奖章1人；获张家港市五一劳动奖章6人、五一劳动奖状2人；3个单位分别获苏州和张家港市“工人先锋号”。发布“产业工人群星谱”，完成劳模“师带徒”结对，激活产业工人干事创业主动性。

5月13日，经开区（杨舍镇）“红五月”系列主题活动暨第五届职工文化体育艺术节开幕式举行

【澳洋集团工会职工书屋】 澳洋集团有限公司工会重视职工综合素质培养，把阅读作为培根铸魂、启智增慧的重要途径，在集团内部推出“书香员工推荐计划”，建立员工荐书平台，开展“香书漂流”系列活动。通过成立职工读书俱乐部，澳洋集团有限公司工会推进“阅读+”多元延伸，开展“有声图书馆”“你读书我送咖啡”“书香午餐会”“读书分享沙龙”“书香

奖励计划”“读书驿站”“读书挑战赛”“阅读推荐墙”等各类活动，将阅读与职工思想建设相融合，把职工书屋建成职工成长的“加油站”、快乐工作的“幸福港”。至2023年年末，职工书屋藏书3万余册，累计投入20余万元，5000余名职工参与。2023年，澳洋集团工会职工书屋被全国总工会授予全国工会职工书屋示范点称号。

中国共产主义青年团经开区（杨舍镇）委员会

【概况】 至2023年年末，经开区（杨舍镇）有团组织1072个，其中团（工）委52个、团总支78个、团支部942个，有团员11478人。全年发展社会领域团员24人，新增社会领域团组织75个。7月，区镇团委召开团的代表会议，增补团委委员5人，兼职副书记3人。新建青年突击队6支，引导和动员广大团员青年主动作为、攻坚克难。在2022年度共青团工作考核结果中，保持全市领先，获评市共青团工作先进单位标兵、共青团宣传思想文化工作先进集体。

【青年思想引领】 年内，区镇团委举办“学习贯彻党的二十大精神”专题宣讲报告会，发动青年讲师团、青年典型开展线上线下专题宣讲活动，“青年大学习”覆盖青年6.16万余人次。7月，召开“传达学习习近平总书记考察江苏重要讲话精神”专题学习会。8月，举办基层团干部培训班，覆盖各级团干部70余人。10月，发布“港城青年大学习，青说港城新时代”原创短视频。2023年区镇团组织及个人获评省级荣誉7项、苏州市级荣誉7项、张家港市级荣誉近20项。

【共青团活动】 1月，区镇团委开展2023年“暖冬行动”系列活动。2月，举办“青春领跑、四敢为先”学习交流主题活动。3月，开展“走基层、访青年、献一策”主题活动。4月，开展“青春同行、有礼有我”青春微聚会活动。联合团市委、金茂览秀城举办“百日向兴、茂动港城”环沙洲湖欢乐跑活动。4—5月，开展“五四”主题团日活动。5月，接待省青年发展型县域试点中期评估组，调研“YOUNG舍活力区”；组织暨阳新锐成长营开展“守护待放花朵，倡导绿色生活”志愿服务活动。6月，开展“走进青年文明号、青年安全生产示范岗”活动。8月，联合区镇工会、妇联举办“情定暨阳、爱在杨舍”杨舍人才交友文化节主题活动。9月，开展“暨阳青年

3月，区镇团委组织开展“走基层、访青年、献一策”主题活动

身边说”活动。11月，开展“牢记嘱托、感恩奋进、走在前列”青年职工履职大比拼、“青春心向党、奋进新征程”青年风采展示等活动。

【青年志愿服务】 年内，区镇团委实施“大学生志愿服务乡村振兴”计划，招募7名大学生志愿者。1月，开展“躬耕计划”大学生志愿者新春团建活动。3月，开展“蒲公英计划”志愿服务活动。7月，开展青少年暑托班青年志愿者培训。9月，在西门社区开展爱心“义”起来公益集市活动。12月，承办“强国复兴有我、青春志愿有为”2023年度张家港市青年志愿服务主题活动，有250余人参加。年内，依托“青志有我、社区同行”志愿服务项目，招募751名青年志愿者走进区镇75个村、社区，开展社会实践1315次、环境整治912次、关爱服务215次、主题活动85次，累计服务时长2万余小时。

【少先队工作】 年内，区镇新成立村、社区少工委15家，实现辖区内有中小学的村、社区100%建立校外少工委。开展“学习二十大、争做好队员”“红领巾感受伟大成就”“红领巾讲解员”等实践活动45场。6月，于农联实验小学报告厅举行“红领巾进社区”项目启动仪式，有50人参与。8月，区镇少工委在新时代文明实践所开展“书相伴、悦成长”好书分享活动。

1月，区镇团委开展“躬耕计划”大学生志愿者新春团建活动

【助学工程】 年内，区镇团委开展助学活动。1月，开展“希望之光”春节慰问活动，走访慰问困境青少年13人。2月，开展点亮微心愿活动，收集并帮助青少年实现“微心愿”13个。实施“蒲公英”计划，团干部结对帮扶外来务工人员子女5人。4月，承办2023年苏州市“梦想改造+”关爱计划推进会暨经验分享会，开展“我与港城共成长”爱心义卖集市活动。7月，帮助困难学子申请到“圆梦行动”助学金。年内，实施“梦想改造+”关爱计划，改造完成“梦想小屋”6户。

【区镇“梦想小屋”获苏州市表彰】 年内，苏州团市委开展2022年度“梦想小屋”优秀案例和先进个人认定工作。经开区（杨舍镇）《粉色小屋守护青春“少女梦”》获评优秀案例，是张家港市唯一。案例中的帮扶对象小刘是一名高中生，家在善港村，家庭困难，居住环境简陋，但她十分乐观坚强。因为家庭的缘故，她很早就承担起了照顾祖父的责任。经过多次摸排走访，区镇团委把她列为2022年“梦想改造+”的服务对象。 （张崇郁）

经开区（杨舍镇）妇女联合会

【概况】 至2023年年末，经开区（杨舍镇）有村（社区）妇联75个、办事处（街道）妇工委9个、“三新”领域妇女组织17个、“妇女微家”5个。年内，在全市创新推出并实施《经开区（杨舍镇）支持女性科技人才发展十项举措》。全年获得省级荣誉7项、苏州荣誉13项、张家港市级荣誉20项、各级家庭荣誉51项，获荣誉数量在全市板块中处于领先位置。

【女性思想引领】 年内，区镇妇联开展“学习二十大、奋进新征程”系列群众性主题宣教活动，举办“张家港她说”宣讲26场。3月，举办“巾帼心向党、奋进新征程”纪念“三八”国际劳动妇女节113周年活动暨“执委领跑项目”启动仪式，发布、实施一批2023年度区镇妇联执委领跑项目。年内，实施执委履职项目75项，惠及妇女儿童1万余人。5—12月，发挥网络新媒体矩阵作用，通过“杨舍之声V+”工作室，创作拍摄的微电影《小周“成长”记》获评省“十佳巾帼志愿服务微电影”、省女性融媒体大赛二等奖、苏州市女性融媒体大赛一等奖。全年在苏州市以上媒体平台发布信息322条、专题报道3篇，培育苏州市“三八红旗手”2人、省“十大妇女议事能手”1人、其他市级以上女性典型26人。

【妇女创业创新】 年内，区镇妇联依托沙洲湖科创园搭建六大公共服务平台，发布《经开区（杨舍镇）支持女性科技人才发展十项举措》，建立市级首批“S·H·E空间站”——沙洲湖科创园科技创新S·H·E空间站，建造“暨阳·家”女性人才公寓。6—11月，挖掘并指导区镇女性科技人才项目参与苏州女性创业创新大赛，获评二等奖和优秀奖各1人。承办张家港市首届女性创业创新大赛，为12名女性科技人才提供展示平台。9—11月，组建市首个氢能产业创新集群妇联，成立九洲家装行业妇联、优姆安月子中心妇联、杨舍女性人才商圈联盟，在帷幄网络科技建立区镇首个女性科技人才工作室。聚焦女性残疾人再就业、女大学生返乡创业等热点，助力花美兰园艺何书鹤、文华家庭农场瞿玉艳创建省巾帼新业态助农创新基地、省巾帼家庭示范农场。

【家庭文明建设】 年内，区镇妇联开展2023年度经开区（杨舍镇）“和美益家、德润暨阳”家庭文明建设系列活动，承办儿童友好日主题活动，开展“文明家庭”选树、“家风故事”分享、“最美阳台”评选、“幸福益家”讲座等

7月27日，张家港市首个科技创新巾帼行动示范园区揭牌仪式在馨苑度假村举行

子活动25场，推进“和美益家、德润暨阳”家校社协同共育项目，推选并获评省“最美家庭”2户、苏州市“最美家庭”1户、张家港市“文明家庭”4户，打造苏州“三全”家庭教育指导服务示范社区3个。开展“美丽庭院”“美丽菜园”创建活动，6—11月，举办“巾帼筑梦”花开正“农”巾帼新农人一日研学活动，打造苏州“美丽庭院”26个、市级“最美阳台”12个、市级“美丽庭院”12个。

【妇儿权益保护】 年内，区镇妇联联合城中派出所成立“联心+”反家暴联调工作室，参与家事调解、反家暴调查25次，帮助1名困境女性成功申报“两癌”救助服务，创新“社会妈妈”帮困助学主题活动形式，“走进兴化”活动被江苏公共新闻频道、兴化新闻报道。4月，承办“我助妇儿康·妇儿权益维护与安全守护课堂”公益项目启动仪式，“一户一策”微关爱项目在紫牛新闻报道，建成市级“标准化家事调解社区”5个。3—11月，举办2023年“暨阳玫瑰、法安万家”志愿服务系列活动3场，发放宣传手册500余册。7月，参与省、苏州市妇儿公益项目创投和99公益活动，撬动公益资金9.2万元，获评市“文明实践志愿阳光站”2个、“十大优秀社区”2个、“十大优秀项目”1项、“十佳组织”1个、“儿童友好社区”4个。

（张丽钰）

8月，区镇妇联干部入户指导家庭文明建设

经开区（杨舍镇）商会

【概况】 至2023年年末，经开区（杨舍镇）商会有会员企业69家，会长1人、副会长13人、秘书长1人、理事14人。会长孙永华，现任市工商联副主席、易华润东新材料有限公司董事长。区镇商会下设杨舍、塘市、晨阳、乘航、东莱、泗港6个分会。区镇商会汇聚了骏马集团股份有限公司、张家港市易华润东新材料有限公司、江苏澳洋纺织实业有限公司、江苏东渡集团有限公司、张家港市富瑞特种装备有限公司、金新城集团等一批颇具影响力的优秀企业。年内，区镇商会获评江苏省“四好”商会、张家港市光彩事业先进商会，会长孙永华获评张家港市总商会优秀会长。11月15日，四川省工商联党组成员、副主席郑宗强，江苏省工商联党组成员、副主席吴卫东，张家港市委统战部副部长、市工商联党组书记丁峰一行，在区镇专题调研“四好”商会工作。

【区镇商会换届选举暨八届一次会员大会】 3月17日，区镇商会换届选举暨八届一次会员大会在骏马宾馆会议室召开，到会理事29人、会员企业62家。会议听取和审议商会第七届理事会工作报告，通过区镇商会章程、选举办法、会费收缴管理规定。会议选举产生了商会新一届领导机构，孙永华任会长兼法定代表人，朱建江、黄锋、蔡健等14人任副会长，朱建江任秘书长。理事会由孙永华、黄锋、蔡健、蒋彬、黄建良、徐建祥等29人组成。会议一致同意周雄伟、吴益明、徐卫红任商会监事。

【商会交流】 4月7—9日，区镇商会赴贵州遵义开展党建暨考察交流活动，副会长兼秘书长朱建江等11人参加。5月9日，商会会长孙永华携副会长及理事一行17人，赴大新商会开展友好交流活动。7月1—5日，区镇商会一行18人在会长孙永华带领下，赴河北雄安新区、承德考察学习。9月7日，由市市场监督管理局牵头，区镇商会组织部分企业在秘书长朱建江带领下，赴凤凰和塘桥优秀企业——苏州矩阵光电、弗朗茨智能电梯、苏高新科技、联宏科技等参观学习，主要考察学习企业商业秘密（知识产权）保护相关工作经验。学习结束后，参观高新区（塘桥）商会会长单位联宏科技，学习云上智能管理、直播平台培育相关经验和做法，并与高新区（塘桥）商会开展互动交流。11月16日，苏州吴江商会考察团到区镇商会开展交流活动，参观新美星包装机械公司等企业。

【公益事业】 年内，区镇商会开展“发展企业、回馈社会”慈善公益活动。至年末，各会员企业在张家港市“爱满港城”慈善募捐活动中，纷纷捐款捐物。其中骏马集团捐款30万元，澳洋集团捐款59.8万元，易华润东、新美星各捐款10万元，梁丰集团捐款（物）48万元，东渡集团捐款20万元，金新城捐款21.44万元，富瑞集团、港鹰集团、爱康集团各捐款5万元，荣昌涤纶捐款2万元，恒辰印刷捐款1.5万元，幸运金属、玉蕙口腔医院分别向慈善总会捐款10.8万元，玉蕙口腔医院向城东街道捐款2万余元，宏远纺织向民族进步协会和区镇商会捐物价值2.12万元、向贵州贫困学生捐款7500元。金帆集团在乡村振兴活动中向浙江长兴新川村捐款20万元，众士达贸易公司向贵州茅台公益基金捐款1.7万元。会员企业累计捐款（物）265.91万元。

【商会服务会员】 年内，区镇商会致力于打造服务商会、贴心商会，为会员单位排忧解难。3月，商会副会长兼秘书长朱建江代表商会班子走访恒嘉晶体、海星集装箱、申港锅炉等8家会员企业，了解生产经营情况。6月12日，区镇商会组织会员企业开展安全生产月专题活动，并就筹备商业秘密保护站开展培训指导。市场监督管理局相关科室负责人对商业秘密保护工作进行讲解，让大家了解商业秘密保护的重要性和必要性。

3月17日，区镇商会换届选举暨八届一次会员大会在骏马宾馆会议室举行

法治·军事

12月3日，杨舍镇民兵执行马拉松比赛安保任务

法治综述

【概况】 2023年，经开区（杨舍镇）坚持以习近平法治思想为指导，完善依法行政制度体系，增强政府依法履职效能，规范公正文明执法，强化行政权力制约监督，培育全社会法治信仰，推进社会治理法治化，法治政府、法治社会建设水平持续提升。3月9日，杨舍镇人民调解委员会获评2022年度苏州市人民调解工作先进集体。12月29日，百家桥村法治文化园获评第十批省级法治文化建设示范点。

【法治政府建设】 年内，区镇根据工作实际制定《领导干部应知应会党内法规和国家法律清单》。结合学习贯彻习近平新时代中国特色社会主义思想主题教育，区镇领导班子带头学习习近平法治思想、党内法规和国家法律，督促全体党员干部通过个人自学、专题培训、任前考法以及参与“学宪法学党章考法律”等主题活动，提高运用法治思维和法治方式解决问题的能力。区镇党政主要负责人履行推进法治建设第一责任人职责，印发区镇《党政主要负责人履行推进法治建设第一责任人职责清单》，健全依法治区镇的工作机制和责任分工。将法治政府建设纳入经济社会发展规划和党政领导班子年度工作计划，明确工作目标、主要任务和具体举措。落实中央依法治国办公室市县法治督察反馈问题整改工作，系统谋划和研究解决法治领域群众反映强烈的突出问题。经开区政法办为村（社区）聘请75名法律顾问，实行一村（社区）一法律顾问，聘请江苏国瑞律师事务所景炜律师、江苏和嘉律师事务所韩亚军律师担任杨舍镇人民政府和辖区内公办学校的常年法律顾问，负责调处相关行政、民事争议案件，出具针对政府合同及相关决策的法律意见，并提供法律咨询、法治宣教等服务。至2023年年末，区镇有公职律师3人，与上年度保持一致。

【依法行政】 区镇全面梳理现有执法事项、权限依据、责任部门，加强执法规范化建设，推动落实行政执法责任制。落实行政执法“三项制度”，聚焦执法源头、过程、结果三个关键环节，避免执法瑕疵乃至违法行为。坚持包容审慎监管，规范行使行政执法自由裁量权，落实苏州市涉企免罚轻罚清单，防止执法违法、越权执法、简单粗暴、畸轻畸重等问题。2023年，区镇办理行政处罚案件3.68万件（不含违停贴单），其中适用简易程序的3.35万件（不含违停贴单），涉及金额85.6万元；适用一般程序的3357件，涉及金额1752万元。作出行政确认363件，办理行政给付58036次，给付总额6568.16万元。为提升行政执法队伍能力素质，区镇抓牢现有138名行政执法人员的资格清理、集中培训、信息审核、资格考试和证件核发关卡，重视执法辅助人员队伍的使用管理；进行人员换防、网格比拼和纪律作风整顿，增强执法人员的大局意识、责任意识和服务意识；开展行政执法人员法治素养提升行动，通过专题学习、技能比拼、经验交流、案卷评查等形式，提升队伍法律知识素养和专业能力水平。落实“谁执法谁普法”责任制，制定年度“谁执法谁普法”责任清单，各执法部门立足自身职责，将普法工作融入执法办案全过程。开展“法润江苏”长江禁捕整治、“世界水日”“中国水周”主题教育、“‘就’在杨舍——构建和谐劳动关系”企业沙龙以及安全生产、环境保护、城乡建设等多领域法治宣传活动，从源头上预防和减少违法行为发生。

【行政执法监督】 区镇重视法制审核机构、法律顾问和公职律师作用，加强对行政规范性文件、重大行政决策、重大行政执法决定以及行政协议的合法性审查，落实司法所长列席党政工作会议制度。探索建立“重大案件提前报备—关键环节法制提醒—特殊案件联席协调”机制，统筹行政执法事前、事中、事后全流程管理。认真对待并妥善处置经“12345”平台、“一案一卡”监督卡等渠道反映的执法问题投诉，在维护经济社会秩序的同时保障相对人合法权益。

【行政复议诉讼应对】 区镇司法所系统分析案件数量、案由、败诉或被纠错的原因及责任归属，优化应对流程、加强部门协同，更加关注案情分析研判、败诉风险预警、行政负责人出庭发声、案件承办人旁听庭审、自我纠错和协商化解、过错责任追究等环节，全力压降败诉风险，妥善化解矛盾纠纷。2023年有5件行政复议案件，比上年增25%。行政复议案件主要涉及政府信息公开、行政处罚、强制措施、确认未履行职责违法等方面。新增一审行政诉讼案件21件，行政负责人出庭21人次，出庭率100%。

【扫黑除恶】 区镇党（工）委、管委会（政府）落实市委、市政府关于扫黑除恶的工作部署和相关会议文件精神，以实施《中华人民共和国反有组织犯罪法》为主线，打好常态化扫黑除恶斗争持久战。根据人事变动和岗位调整等实际情况，区镇及时调整扫

社区开展反诈骗宣传

黑除恶领导小组组长、成员，确保工作衔接不断档、责任落实不缺位。强化学习宣传，将学习、宣传、贯彻实施《反有组织犯罪法》作为常态化推进扫黑除恶斗争的重要抓手。经开区党工委以扩大会议的形式，对《中华人民共和国反有组织犯罪法》进行集体学习。强化线索核查，区镇在保持市级举报电话、电子邮箱等渠道畅通的基础上，加强推广苏州市扫黑除恶举报微信小程序，要求各局室、办事处（街道）结合网格巡查、行业监管、执法检查过程，加强常态排查，对发现的涉黑涉恶问题线索及时通报相关部门依法查处。年内，区镇扫黑办对1起“12345”电话举报件进行核查，后查明为普通经济纠纷案件，未发现暴力讨债行为，无涉黑涉恶情况。深化信息网络、自然资源、交通运输、工程建设四大行业领域整治，启动教育、医疗、金融放贷、市场流通等新的四大行业领域整治，严厉打击利用在校学生实施黑恶犯罪、医疗骗保、扰乱金融市场秩序、套路贷、垄断经营、欺行霸市等违法犯罪行为，建立健全行业整治回访、重点行业领域社会监督、黑恶势力容易染指的行业从业人员备案管理制度，堵塞监管漏洞。通过加大与辖区公安、司法等部门协调联动，共同开展常态化扫黑除恶工作，坚持扫黑务净、除恶务尽。全年区镇各派出所共破获涉黑恶案件49起，刑事拘留91人、直保37人、监视居住3人、打击团伙11个。

（周春梅　徐立峰）

公　安

【概况】 至2023年年末，杨舍警署辖区有8个派出所、3个交警中队、1个防暴处突中队，有民警392人、辅警1069人、新市民网格员271人、消防协管员15人。全年接报警情66466起，其中违法犯罪类6069起、纠纷类18893起、交通类15080起、求助类15789起、火灾事故类507起、其他10128起。践行“四敢”精神，在护航“企业敢干”上主动作为，结合上级利企措施，从破解“企业需要什么、派出所能干什么、工作中防止什么”3个问题入手，组织实施安商护企行动，通过警企联动、联调等举措（塘市所开展“亲清”行动，城北所打造“快速联调”机制2.0版本），助力打造舒心放心营商环境，精准服务保障区镇经济健康有序发展。城中派出所推行安全监督专业化、集中化、全过程监管的工作模式，在苏州大市范围内首创设立安全监管办公室，调集消防民警、消防协管、社区辅警等多个岗位力量，统筹做好辖区出租房管理、“九小场所”安全管理。

【治安管理】 2023年，区镇社会治安良好，未发生有影响重大案（事）件。全年违法犯罪警情、刑事、电诈发案比上年分别下降15.39%、10.32%、11.31%。年内，开展黄赌违法犯罪“双月攻坚”专项整治，辖区接报黄、赌警情分别为136起、905起，比上年（227起、1706起）分别降40.09%、46.95%，采取强制措施163人，行政处罚1383人。

【打击和预防犯罪】 年内，区镇政法机关以“夏季治安打击整治”为牵引，严厉打击侵害群众切身利益的“盗抢骗”、电信网络诈骗等违法犯罪活动。全年立刑事案件2243起，比上年降10.32%；刑事拘留390人，逮捕153人。

【城北派出所创新反诈骗工作举措】 2023年，城北派出所创新制作反诈骗预警“一·二·三·四·五”工作落地清单及回执，对劝阻中“一通报”“双劝阻”“三询问”“四查看”“五止付”等具体工作步骤、要求绘制成清单，督促民警工作中对照清单一一落实，逐项打钩，填写回执，抓好预警劝阻工作，后该清单在全局推广使用。全年该所预警1220起涉嫌诈骗案件，对643名群众实施劝阻，为群众挽回损失约150万元。

（李少燕）

法 庭

【概况】 张家港市人民法院经济技术开发区人民法庭位于张家港市新丰路与老沙锡路交会处，占地面积0.35公顷。法庭内配备5间庭审室、2间网络庭审室，立案大厅、办公用房、审判工作所需办公设施、通信设备及交通工具等设施设备。经开区法庭受理张家港市杨舍镇二环外非涉及家事的民事案件。至2023年年末，法庭有工作人员25人，包括员额法官5人、法官助理1人、法警1人、速录员6人、调解员3人、杨舍镇派驻人员2人、司机2人、扫描人员1人、后勤保障人员4人，其中编制人员7人。全年经开区法庭新收、审结案件均为2304件，员额法官人均办结案件460.8件。年内经开区法庭获得“2022年度优秀司法建议”“2022年度张家港市人民法院宣传、调研先进集体”两项荣誉。

【典型案例入编《姑诉审判》】 年内，经开区法庭办理的张某某诉黄某某委托购买彩票案作为典型案例被编入《姑诉审判》，并被《人民法院报》、《法治日报》、中国普法网等多家媒体报道。经开区法庭审理的遛狗未拴绳引起他人惊吓摔倒赔偿案，获评苏州市法宣办“以案释法”微视频案例优秀奖，并被江苏城市频道、苏州普法网转载和报道。

【“3+3”模式助推物业纠纷诉源治理】 2023年，经开区法庭针对近年来物业治理引发纠纷大量涌入法庭的状况，延伸审判职能，打造物业纠纷化解新模式，探索多元解决纠纷机制，以“人大+政府+法院”全参与、“诉前调+诉中裁+诉后督”全流程的“3+3”新模式助推物业纠纷源头治理。经开区法庭会同市、镇两级住建部门、司法行政部门以及75个村（社区），发挥人民调解委员会、矛盾纠纷调处中心作用，完善人民调解、行政调解、司法调解之间相互衔接的联动工作体系。各部门明确联络人，实现信息互通、信息共享，遇有群体性纠纷提前介入，共治突出问题、共调重大纠纷，形成预防和化解物业矛盾纠纷的整体合力。发挥业主委员会在小区物业管理和物业纠纷协调处理中的职能作用，明确提出对于物业纠纷均需经内部协商、人民调解委员会调解前置，防止滥诉。加强镇政府对业主委员会的指导、服务和监督作用，引导社会力量参与物业纠纷化解工作。4月，经开区法庭人大代表联络站揭牌，建立“代表+调解员”“代表+法官”的调解模式。涉及某个村或者社区的物业调解，人大均会选派该村或该社区的人大代表参与调解，实现人大、政府、法院共治的新模式。在工作流程上，建立以“诉前调解+诉中裁判+延伸服务”全流程模式强化诉源治理，实施“调解前置+即时履行+司法确认”的诉前调解机制。经开区法庭针对物业费纠纷一律启动诉前调解程序，由驻庭调解员在法官指导下详细询问了解业主不缴纳物业费的原因，听取当事人的陈述和辩解，联合人大代表开展调解工作。对于调解成功的，业主即时履行后由物业服务人撤诉，限期履行的由法庭进行司法确认。5月，法庭通过调解促成某小区460余户业主与物业公司达成庭外和解。通过法治讲座、典型案例剖析、司法建议、配合住建部门建立物业企业红黑榜、主动探索“无讼小区”“无讼物业”创建等方式，延伸服务，融入行业治理，将诉前调解再向前移，实现“抓前端、治未病”，助力构建和谐小区。

（沈坚）

司法行政

【概况】 2023年，杨舍镇司法所指导和参与调解工作，协调推进基层法治建设，参与基层普法依法治理，组织提供基层公共法律服务，开展社区矫正、安置帮教和后续照管工作，抓好制度化、规范化、系统化建设，确保各项任务落到实处、取得实效。依托“司·法·所”法律职业共同体党建联盟和“村官法官双向交流”平台，系统开展针对领导干部的“头雁工程”、针对行政执法人员的“中坚工程”和针对村（社区）干部及“法律明白人”的“强基工程”，提升队伍法治素养和履职能力。

【普法宣传】 年内，区镇深入实施“八五”普法规划，突出“四个宣传重点”“五类重点人群”，制定和实施年度普法工作计划，举办“春风行动、法企同行”“玫瑰之约、普法沙龙”“美好生活、法典相伴”“法润童心、伴我成长”及庆“六一”法治文化主题活动、“宪法日”法治文化集市等活动，指导下辖村（社区）“送法下乡”“送法入户”。围绕群众普遍关心的安全生产、反诈防骗、婚姻家庭等主题，举办各类普法活动400余场。挖掘地域特色，整合可用资源，优化现有法治文化阵地布局，百家桥村法治文化园获评江苏省法治文化建设示范点。通过“幸福杨舍”微信公众号、“法润民生”微信群、“春风行动”普法直播间开展线上法治宣传，举办书画展览、图书阅读、微电影联播活动，提升居民学法用法的意识与能力。

【法律服务】 2023年，区镇构建一站式运营公共法律服务中心和非诉讼服务中心，建成百家桥村、棋杆社区两处法律援助工作站。在全市范围内率先打造镇、村两级互联网“融诉驿站”，提供在线调解、智慧诉讼、普法宣传等服务，推动诉与非诉有效衔接。

法律顾问走进社区开展普法宣传

实施“关爱民生法治行”项目，打造“司享家”公共法律服务品牌，为企业发展提供法治助力。区镇全年完成法律援助有效引导案件86件，依托“一村（社区）一法律顾问”开展法治讲座300场，通过人民调解途径调处纠纷14737起。

【全省首家互联网司法“融诉驿站”建成】 2023年，七里庙社区公共法律服务室在全省率先建成互联网司法“融诉驿站”，开展在线开庭、在线调解、在线诉讼等司法服务。设置调解服务区、律师办公区、在线庭审区3个功能区，配备电脑、摄像头、麦克风等互联网庭审系统设施。站外对接法律援助、法治宣传等司法行政部门，每月收集群众法律需求，开展法治宣传活动，为到访群众现场解答法律问题。引入“智慧法律服务”理念，将互联网与法律服务相结合，集诉前调解、网上立案、材料提交、电子送达、预约查询等司法服务功能于一体，实现法院、法庭与人民调解组织线上线下深度融合。对涉及多个部门的复杂诉讼案件，选派专业团队集中办理，减少群众应诉的时间成本和经济负担。制定“融诉驿站”人员运行方案，确定1名协助员，由社区法律顾问担任，并通过“1+N”模式，联合“法律明白人”、人民调解员等组建专业服务团队，确定1名指导法官，提供诉讼咨询、诉前引导等服务，现场办理在线诉讼服务事项。全年通过“融诉驿站”，服务群众34人，调解矛盾纠纷9起，解决司法争议1个。

（许健）

【人民调解】 年内，区镇构建矛盾纠纷多元化解体系。坚持和发展新时代“枫桥经验”，加强矛盾纠纷源头预防、前端化解和关口把控。建成和运营“一站式”矛盾纠纷调处中心，统筹信访、综治、司法、网格服务等力量，实现群众反映诉求和解决问题“只跑一地”“只进一门”。发挥杨舍镇人民调解委员会的桥梁纽带作用，链接办事处（街道）、村（社区）调解委员会、派驻辖区派出所、交巡警中队、经开区法庭人民调解组织、家事调解工作室和骏马集团企业调解委员会，织牢人民调解基层组织网络。全年调处纠纷14737起。发挥廉洁监督员作用，宣传“基层廉勤监督平台”社会群众监督模块，畅通信访举报渠道，提升信访举报工作质效。

【“锦玉良言”家事调解室获评市标杆家事调解室】 5月，锦绣社区成立人民调解委员会“锦玉良言”家事调解工作室，邀请法律、心理咨询专家，围绕婚约财产、离婚、同居关系、抚养、赡养以及继承等家事纠纷开展调解。5月22日，工作室联合城北派出所对新市民青少年开展亲子关系调解；7月3日，对网瘾少年开展家庭亲子关系调解。全年调解家事纠纷7起。10月，锦绣社区人民调解委员会“锦玉良言”家事调解工作室获评张家港市第三批标杆家事调解社区工作室。

（蔡洁）

【矫正安置】 至2023年年末，杨舍镇在册社区矫正对象184人（严管79人、普管104人、宽管1人）、安置帮教对象460人、后续照管对象35人。年内，完成适用社区矫正审前社会调查报告216份。

【职工普法教育公园揭牌】 6月15日，经开区（杨舍镇）职工普法教育公园揭牌仪式暨“普法集市”法律宣传活动在百家桥村职工

百家桥村法治文化园

普法教育公园举行。市人大常委会党组成员，市总工会党组书记、主席夏立新，经开区党工委委员、管委会副主任袁政国等出席活动。活动现场，区镇工青妇、“两新”办等十部门联动开展“普法集市”活动，提高群众学法用法守法意识。百家桥村普法教育公园以百家桥村现有的法治文化园为基础，增加“法治、德治、和谐”方面的内容，使其成为集法治宣传、休闲娱乐、锻炼健身于一体的普法阵地。该园占地面积约2公顷、总投资200万元，主题为“法治、德治、和谐”，集法治教育与道德教育于一体。园内设置法治雕塑、法律之树、古今律典、德法桥、宪法园地、民法典区、法治名言、百家说法等主题区域，通过法治漫画、法治名言、法治故事、法律常识等内容将法治文化、法治思想、法治精神送到群众身边。村委会依托该阵地并结合重要时间节点，开展“法治迎新春”“美好生活，《民法典》相伴”“农民丰收，普法同行”“与宪同行”等法律宣传活动。（周春梅）

人民武装

【概况】2023年，镇人武部贯彻落实上级指示，严密组织战备演练，加强民兵干部军事理论学习、业务技能学习，强化民兵军事训练，持续做好国防动员。以上级民兵组织整顿任务为指导调整民兵营长。全年召开民兵干部例会12次，开展民兵政治教育16课时，组织民兵无偿献血、植树造林，整组工作稳步向前。

【征兵工作】年内，杨舍镇人武部以上级任务为指引，把更多优秀兵员输送到部队，通过电话联系、上门走访、国防讲座等形式开展征兵工作。为适应体检新要求，率先启用

"上一季出兵下一季启动"的工作模式，超前开展征兵工作，圆满完成各项任务，提高兵员合格率。大范围开展宣传工作，联合万达广场、吾悦广场、购物公园等进行征兵宣传，各办事处（街道）、村（社区）均在各自微信公众号上进行征兵宣传内容推送，在辖区各主干道、繁华场所悬挂征兵宣传海报，电子屏全天候滚动播放征兵公益广告和宣传标语。开展征兵工作业务培训，提高基层征兵工作人员业务水平。

【国防教育】 镇人武部开展国防教育，全年累计开展国防教育进学校、进村、进社区活动15次，系列做法被省级媒体报道3次、苏州媒体报道1次、张家港媒体报道3次。8—9月，开展学生军训，承担江苏省梁丰高级中学和张家港市暨阳高级中学学生军训工作，在江苏省梁丰高级中学军训中，创新增加军训科目擒敌拳、女子匕首操、应急棍表演，被央视媒体报道。号召办事处（街道）、村（社区）利用民生小市集和便民活动开展国防教育。在城南社区打造国防教育阵地，组织学生参观。结合烈士纪念日组织民兵参加国防活动。组建国旗护卫班进校园开展升旗仪式，宣传国防知识。国防教育较往年取得突破性进展。（杨冰韵）

退役军人事务

【概况】 年内，经开区（杨舍镇）各级退役军人服务站通过搭建社会化"双拥"新平台，构建"党建+退役军人服务站"机制、"生活保障"机制、"动态跟踪"机制、"关爱帮扶"机制，发放抚恤补助金、水电费补助金、自主就业退役士兵一次性经济补助金、

区镇退役军人服务站组织退役军人到学校开展国防教育活动

义务兵优待金，为退役军人及烈士家属解难题、办实事。杨舍镇退役军人服务站按照“五有”建设标准，打造融服务接待、老兵调解、人武融合、宣传教育于一体的综合性服务保障场所。区镇退役军人服务站依托慈善会和社会组织，开展“关爱老功臣”重点优抚对象生日慰问和临终关怀、“分担风雨”优抚对象病困救助等慈善项目。服务站与澳洋医院合作，根据优抚对象体检意向和健康状况，为优抚对象量身定制3种体检套餐（基础套餐、专项套餐、上门套餐），最大限度方便优抚对象体检。为退役士兵提供“一站式”服务，做好退役士兵报到登记、信息采集、优待证办理等工作，并召开返乡座谈会、退役军人专场招聘会等。2023年退役军人除复学外，均完成就业安置。

美邻“双拥广场”

【双拥工作】 杨舍镇退役军人服务站联合区镇中小学，开展“强国有我，做新时代好少年”主题系列活动（倾听一次红色故事、绘制一枚国防邮票、撰写一封慰问边防战士书信、体验一次军事训练）。联合市退役军人事务局，在美邻广场首创“双拥一条街”，探索社会化拥军新模式。成立“幸福杨舍、老兵在身边”退役军人志愿者服务队，组建“红色故事”宣讲团、“红旗飘扬”国旗护卫、“戎耀沙洲”退役军人合唱团等。走进村（社区）、机关、学校开展活动36场。5月，为进一步加强新时代烈士褒扬工作，由每位烈属提出一个微心愿，杨舍镇发动全社会力量，鼓励各级党组织、民主党派、企业、“最美退役军人”和兵支书等与烈士遗属家庭结对，帮助烈属完成微心愿。

【美邻“双拥广场”】 2023年，由市退役军人事务局联合区镇在美邻广场打造美邻“双拥广场”，该广场位于华昌路与城北路交会处。8月1日前夕，张家港市美邻“双拥广场”揭牌亮相，向现役军人、军属和退役军人及其他优抚对象开展优先优惠服务。广场揭牌当天，首批22家沿街门店、商铺自愿加入“拥军方阵”，涵盖餐饮、超市、医疗保健等，推出一系列惠军措施。所有门店、商铺加盟“戎耀沙洲惠军平台”，实现“优惠优待”信息一站式查询。在“美邻双拥小市集”上，拥军单位和商家向市民发放解暑饮品、厨房“小四件”，提供牙科免费检查、家电维修等服务；经开区社会事业局现场提供征兵、社会保障、住房公积金、未成年人保护等政策咨询；“翰墨颂双拥”摊位前，古风书院老师现场挥毫泼墨，在扇面上创作“双拥”主题作品，民盟张家港市委向市民赠送书法工艺扇。

（朱靖雯　周子卓）

精神文明建设

5月31日,"幸福杨舍·和谐城西"邻里文化节暨"伙伴计划"发布仪式举行

文明培育

【概况】 2023年，经开区（杨舍镇）以“人人微文明、区镇大文明”为宣传主线，着力提升区镇文明程度、提高群众综合素养。年内，新增江苏最美人物1人、苏州市精神文明建设“十佳新人”暨苏州市道德模范1人、苏州时代新人1人、张家港市道德模范提名和“身边好人”8人，好人上榜数在全市领先。围绕“文明润万家、生活更美好”主题，开展邻里节、村风民俗建设、青少年心理健康教育等活动。开设“微文明”公益课堂，链接5家爱心企业，在17个新时代文明实践站开设“快乐童年”“乐活青年”“幸福晚年”等分众化公益课堂。打造“文明楼道”“文明菜场”，2个楼道首批入选苏州市文明示范楼道，第二集贸市场首批入选苏州市文明菜场。

【思想道德教育】 区镇链接社会资源，在17个社区新时代文明实践站开设“微文明”公益课堂，根据参与群众的年龄层次开设“快乐童年”“乐活青年”“幸福晚年”3种不同类型的公益课。其中“快乐童年”公益课推出小画家、少儿编程、快乐阅读等课程，参加的少年儿童可以一次性体验6个不同类型的兴趣课程；“乐活青年”公益课针对青年推出普拉提、手机摄影、茶艺等7类15门课程；“幸福晚年”公益课则根据老年群体的实际需要推出肩颈理疗、太极拳、中老年急救等15门实用课程。参与公益课堂市民8000余人。

【道德模范培育】 年内，区镇注重培育道德模范典型。陆亚芳获张家港市第八届道德模范提名，小城市社区汤国强、晨南村张秀英、晨阳社区施美琴、景巷社区惠静、七里庙社区秦玮、景溪社区钱戟、杨舍镇文化体育服务中心周娉婷7人获评“张家港市身边好人”。8月，张家港市易华润东新材料有限公司董事长孙永华获评苏州时代新人，赵建军获评2022年度苏州市精神文明建设“十佳新人”暨苏州市道德模范。年内，区镇宣传道德模范先进事迹，在区镇新时代文明实践所、各村（社区）新时代文明实践站展示区镇“中国好人”“江苏好人”“苏州时代新人”先进事迹。各村（社区）在居民小区主要出入口、宣传栏等阵地，按季度更新身边好人、凡人善举事迹。

【2楼道获评首批苏州市级文明示范楼道】 区镇聚焦居民公共生活的“最小单元”，打造和谐宜居生活环境，提升居民群众生活品质，抓好小区楼道设施改造、卫生保洁、秩序管理和公益宣传等工作，提升社区文明程度和居民幸福指数。杨舍镇碧桂名邸1幢2单元、朗诗国泰城5幢先锋楼获评首批苏州市文明示范楼道。碧桂名邸1幢2单元在楼道内打造图书漂流角，引导大家养成良好的阅读习惯。通过楼道公约、“我的楼道我的家”绘画等文明实践活动，宣传营造邻里和谐、楼道整洁、文明行为、有序停车、水电安全等文明氛围，发挥楼道的文明实践阵地作用。楼道居民自发成为美化楼道志愿者，开展“大手牵小手、文明一起走”清洁家园活动，传递文明新风尚。朗诗国泰城5幢先锋楼完善公共设施，物业定期对设施排查，消除安全隐患，在架空层合理设置停车、充电区域，规范设置便民信息栏和公益宣传栏，长期保持卫生整洁、环境优美。楼内业主以身边先锋人物为榜样，打造楼道文明实践文

化墙（琴韵书香特色楼）、“廉政书吧”，开设习声回响、红色足迹、中国道路、红星闪闪、国学经典、经典文学6个板块，构建廉政文化前沿阵地，业主直接微信扫描墙上二维码就可学习新的思想理论知识。

【“麦畑花舍”入选全国最美农家书屋】 年内，善港村“麦畑花舍”农家书屋成为苏州唯一入选的“第二届全民阅读大会·最美农家书屋”。该书屋位于江苏省特色田园乡村——善港村船坞里。书屋由民房改造而成，地处村落稻田花海，充盈着善港村“善文化”韵味。书屋建筑面积250平方米、院落面积100平方米。整个书屋为清新田园风格，内部设置有书籍阅读、电子阅读、儿童绘本阅读、文化工坊、健康体检、影视观赏等9个功能室，配备图书5000余册、电脑8台，有电子听书、录音影像及自助借还系统设备等。书屋服务人群涵盖党员、儿童、青年、妇女、老人5类群体，常态化开展“朗读者”“妈妈读书会”等阅读项目。

【全民阅读年度先进榜单】 2023年，区镇“三味书屋、暖心相伴”读书会获评2022年度张家港市优秀民间阅读组织，赵海蓉获评2022年度张家港市优秀阅读推广人，江苏爱康企业管理集团有限公司、江苏新美星包装机械股份有限公司获评2022年度张家港市优秀书香企业，塘市小学获评2022年度张家港市优秀书香校园，善港村、景溪社区获评2022年度张家港市优秀书香社区，陆福兴、余献琴家庭获评2022年张家港市优秀书香之家，晨阳社区24小时图书馆驿站获评张家港市优秀图书馆驿站，善港村农家书屋、晨阳社区阅读站分别获评张家港市五星级示范农家书屋（社区阅读站），花园浜社区阅读站、景溪社区阅读站、农联村农家书屋获评2022年度张家港市四星示范农家书屋（社区阅读站），仓基社区阅读站获评2022年度张家港市三星示范农家书屋（社区阅读站），杨舍镇被评为2022年度张家港市书香之镇，肖敏获评2022年度苏州市全民阅读先进个人。

【“杨舍之声V+工作室”】 年内，经开区（杨舍镇）“杨舍之声V+工作室”工作人员走进课堂和田野，以非遗技艺金属抬凿錾刻和江南农耕文化为创作主题，拍摄制作2部宣教短视频作品，传播传统文化。区镇以优化工作机制为切入点、以创新阵地载体为着力点、以弘扬新风正气为关键点，画好网上网下最大“同心圆”，全社会共建共享网上美好精神家园。至年末，区镇有“杨舍之声”“德润暨阳”“红XIN铸塘”“绿手指”等多个网络文明工作品牌。其中“杨舍之声V+e联盟”下设“e清朗工宣队”“e志愿服务队”“e文明新风队”3个工作小组，开展网络舆论引导、网络文明宣教、新媒体作品生产等工作，加强业务交流，在互学互动中提升专业素养。（袁圆）

文明实践

【概况】 2023年，经开区（杨舍镇）新时代文明实践所发挥凝聚群众、引导群众的作用，组织开设“童趣一夏，‘暑’我精彩”暑托班，开展“幸福杨舍·悦享美好夜”“文明实践、温暖秋冬”等主题系列活动，通过延长新时代文明实践所、站服务时间和开设公益课程等形式，围绕6个大类主题开展活动1000余场。至年末，区镇开展新时代文明实践活动4.3万余次、服务时长200万个小时，文明实践积分及信息录用均居全市前列。区镇有“全国4个100”优秀志愿服务社区1个、全国岗位学雷锋标兵1人、江苏省优秀志愿服务社区1个、中国好人9人、江苏省道德模范2人、江苏省最美人物2人、张家港市“身边好人”560余人。区镇新时代文明实践所、花园浜社区新时代文明实践站、百家桥村新时代文明实践站的工作经验在《人民日报》、中央电视台等央媒宣传，实践所、站多次入选全国、全省文明创建、文明实践工作现场会参观点位。

6月21日，花园浜社区组织居民包粽子

【经开区（杨舍镇）新时代文明实践所】 经开区（杨舍镇）新时代文明实践所是依托原有的闲置训练场馆、投入1800万元打造而成的群众家门口的新时代文明实践阵地，位于初心广场东北侧，建筑面积3200平方米，设有理论学习、展示展览、互动体验、洽谈交流、志愿培训等18个功能性服务空间，为广大群众参与新时代文明实践活动提供平台。实践所下辖134支新时代文明实践志愿服务队伍，有志愿者7万余人，围绕“学起来、慧起来、艺起来、趣起来、动起来”五大平台，开展思想引领、文明创建、文化文艺等文明实践志愿服务项目90余项，全年开展活动500余次。

【花园浜社区新时代文明实践站】 花园浜社区新时代文明实践站始建于2010年8月，基于居民需求多元化的实际，利用老城区改造中高压线落地下埋的契机，打造17间错落有致的小木屋，总面积600余平方米。2023年，花园浜社区对实践站进行软硬件提升。依托改造后的实践站，社区推出先锋志愿服务V站、24小时自助图书馆驿站、党员之家、“五老”之家、侨之家、家庭能量屋、家风馆、安康爱心驿站、城市e管家等17个具有特色与个性的服务项目。年内，实践站开展“便民服务系邻里”“先锋传承立标杆”“口口相传扬家风”“爱心储蓄扬志愿”四大主题活动、志愿服务2000余次，服务居民2.5万余人次。

【百家桥村新时代文明实践站】 百家桥村新时代文明实践站位于苏州市三星级康居乡村黄家竹园，集思想引领、培育风尚、文化传承、便民服务等功能于一体，是百家桥村的文化地标。按照“有内涵、有温度、聚人气、可持续”工作理念，推动实践活动进百家、实践新风吹千户、实践成果惠万民。2023年，实践站打造新时代文明实践“百家桥样板”，推动百家桥村宣传思想文化工作和精神文明建设创新发展，实现“强百家、慧百家、乐百家、富百家、安百家”，夯实文明实践基础。实践站以党员志愿者为基础组建“百雀临”志愿服务队，创新激活文明实践的源头活水。年内，开展“我们的节日”“扣好人生第一粒扣子”“感悟思想伟力·汲取奋进力量”“百味书屋”等主题活动120余次，参与群众5000余人次。

【李巷村“民情小店”】 2021年，李巷村在辖区虎泾口、刘市口、河头口设立3家“民情小店”，每个“民情小店”均由集装箱改造而成，面积约25平方米，设置党建宣传文化墙、先锋党员阅读区，安装电子宣传屏、民情民意收集箱等，周一至周六上午7:00—8:30轮流安排1名村“两委”成员与1名工作人员值班值守，收集民情民意。2022年7月，李巷村以虎泾口“民情小店”为试点，升级改造为“三站一园”式“民情小市”（“民情气象站”“红色加油站”“便民服务站”“廉心口袋公园”），配置“民情圆桌”、“民意邮箱”、休闲卡座、冰箱、蒸锅等便民设施，为村民和新就业群体提供“累可歇脚、闲可解闷、冷可取暖、热可纳凉、渴可喝水、饥可热饭”的家门口“便民服务站”。2023年，李巷村依托虎泾口“民情小市”，开展“心‘巷’新时代、喜庆进万家”“巷课堂——颂邻里好家风家训”等文明实践活动12场；3个“民情小店”收集涉及宅基地破损道路修缮、化解邻里矛盾纠纷、业务办理咨询等问题180余个，年内化解160余个。

【“幸福杨舍·悦享美好夜”文明实践项目】 2023年，区镇推出“幸福杨舍·悦享美好夜”文明实践项目，在购物公园、杨舍老街、览秀城3个商业综合体举办“杨舍之音”惠民音乐汇10场，累计吸引观赏群众2万余人次，推动杨舍“夜经济”与非遗文化、节庆展、农文旅等深度融合；在35个新时代文明实践所、站提供延时服务，开展“政少年·红领巾”理论宣讲、“书香杨舍”经典阅读、优秀公益影片展播等夜间公共文化服务近1000次。

【文明实践优秀典型】 年内，经开区（杨舍镇）3个单位获评2022年张家港市文明实践志愿服务优秀典型。这3个单位分别是杨舍镇新时代文明实践志愿服务支队（幸福杨舍志愿者协会）、大爱农联志愿服务队、景溪社区。杨舍镇新时代文明实践志愿服务支队（幸福杨舍志愿者协会）自2016年成立以来，始终践行“奉献、友爱、互助、进步”的志愿者精神，争当志愿服务精神的倡导者、弘扬者、践行者，大力开展理论政策宣讲、文化文艺、科普宣传、心理关爱、文明倡导、环保公益等志愿服务工作。大爱农联志愿服务队创办“红色驿站、助力未来”项目，通过校、村志愿者联动，为辖区青少年提供“中国梦”“四史”学习及机械科普等主题实践活动，提升青少年各项技能，引导青少年树立和践行社会主义核心价值观。景溪社区围绕“党建聚力、文明引领、服务群众”工作思路，培育特色服务团队，打造特色服务项目，做优做实“邻里党建”。

【微文明公益课堂】 为提升群众文明实践参与率、获得感，经开区（杨舍镇）开设“微文明公益课堂”。7月12日，“人人都是张闻明·文明润万家、生活更美好”主题实践活动暨经开区（杨舍镇）“微文明公益课堂”发布仪式举行，市委常委、宣传部部长陈卫兵出席活动。从7月开始，“微文明公益课

区镇“微文明公益课堂”吸引许多老年人参与

堂”在区镇新时代文明实践所、17个新时代文明实践站试点开设，实行每周定时开课，面向广大群众免费开放。至年末，“微文明公益课堂”开展活动255场，参加群众1.2万人次。

【家校社共育系列活动】 为弘扬社会主义家庭文明新风尚，5—9月，区镇开展“和美益家·德润暨阳”家庭文明建设系列家庭教育周活动。发挥文明家庭、五好家庭、最美家庭等示范带动作用，联合塘市办事处、李巷村开展赠书、研讨、宣讲、展示等活动，引领更多家庭建设好家庭、传承好家教、弘扬好家风。联合“心树林”家庭教育讲师团，扩充组建第二批“和美益家·德润暨阳”专家讲师队伍，开展家庭教育服务指导进社区、进企业活动。实施“以游会友·友你童行”儿童融合项目，让儿童走出家门，与家长共同融入社区、融入公益，助力儿童培养良好品德和文明行为。在“5·15”国际家庭日举办“拒绝暴力·让爱回家”反家暴宣传、“文明家庭”选树、“最美阳台”改造、“情定暨阳”交流等活动。

【新时代文明实践公益课堂】 10月起，区镇新时代文明实践所、站周一至周五白天开设公益文体课堂，夜晚创新推出新时代文明实践“夜模式”课堂，为群众免费开设“瑜悦身心、伽倍美丽”“拍出美好、剪出精彩”“墨色生辉”等夜文化项目。将“移风易俗”“文明养宠”等8个主题的“杨文明”系列公益短片“植入”村（社区）各类主题活动、广场舞中，通过两三分钟“短而精”的情景短片，推动文明风尚入脑入心。至年末，累计开设公益课堂324节，听课市民18260人次。

【“幸福杨舍·和谐城西”第二十届邻里文化节活动暨“伙伴计划”发布】 5月31日，城西街道党工委与市文明办、经开区（杨舍镇）精神文明建设委员会办公室联合主办的“人人都是张闻明·文明润万家·港城更美丽”主题实践活动——“幸福杨舍·和谐城西”第二十届邻里文化节活动暨“伙伴计划”发布仪式在万红广场举行。城西街道办事处所辖9个社区分别与共建单位共同发布“伙伴计划·文明一起来”“党建引领志愿同行、凝心聚力共创文明”“红色邻聚力、小区焕新颜”“党建引领楼道微自治”等9个项目，旨在关注城市环境、志愿服务等方面的问题，回应群众关切，破解群众“急难愁盼”问题。活动现场，15名志愿者开展诊疗咨询、电动车检修、反诈骗知识宣传、垃圾分类讲解和“非遗文化——剪纸工艺”展示等服务。

（陈琳）

文明创建

【概况】 2023年，区镇担当创建更高水平全国文明城市主阵地、主力军，发布《经开区（杨舍镇）建设更高水平文明城市“八大工程”实施方案》，开展联席会议、领导督查等工作，推进文明创建各项软硬件提升，推动市容精细化管理提质增效，建成苏州市“美丽街区”2个、“净美街巷”4条、“席地而坐”城市客厅示范点5个。开展满意度提升工作，发放宣传折页和文创类礼品等8万余份，做好问卷调查、手机端推广工作。在居民小区、公共广场等人群集聚处增设文明创建宣传栏29个，常态化更新文明创建宣传内容。提升区镇新时代文明实践所、花园浜社区新时代文明实践站、万红二村老小区等点位标准，区镇新时代文明实践所、花园浜社区新时代文明实践站首批入选苏州市文明实践示范所、站。完成2022年度全国文明城市年度测评，做好中央文明办专题调研组、江苏省全国文明城市提名城市文明创建和文明实践工作现场推进会等接待服务工作。

【文明镇创建】 年内，区镇多次召开文明创建工作相关会议。2月3日，综合行政执法局召开学习贯彻经开区（杨舍镇）推进“敢为、敢闯、敢干、敢首创”动员暨作风建设会议。2月18日，区镇召开工作推进会。3月16日，区镇召开争创“更高水平文明城市”暨新时代文明实践工作联席会议。8月5日，区镇召开建设更高水平全国文明城市工作

9月16日，南杨社区举办“无‘陷’未来·让爱无‘缺’”党员志愿服务集市

联席会议。11月11日，区镇召开建设更高水平全国文明城市工作推进会。深化“理润暨阳 · 杨舍有理”宣教活动，统筹“杨舍先锋”“政少年”等16支特色宣讲志愿队力量，借助“杨舍故事汇”品牌优势，推进理论宣讲，全年开展各类宣讲1000余场，受众约25万人次。“理论微宣讲进基层”“多维课堂助推党员冬训理论宣讲走深走实”等宣讲工作获人民网点赞，“杨舍故事汇”在江苏省第七届志愿服务展示交流会现场展示，“政少年”宣讲志愿队亮相苏州市“贯彻二十大·奋进新征程”主题宣讲活动。制定实施文明创建“八大工程”，出台《杨舍道德模范及志愿者礼遇办法》，践行移风易俗“杨八条”，打造“杨舍之声”网络文明品牌，推进“和美益家 · 德润暨阳”家庭文化活动等。开展文明创建专项督查，实地察看白鹿花苑、悦盛花苑、民丰苑等多个小区。

【文明村（社区）创建】 2023年，区镇在建设更高水平文明城市中，以“人人微文明，区镇大文明”建设为主线，把文明村（社区）创建放到突出位置，提出“没有村（社区）的文明，更高水平的文明城市就没有坚实的根基”。年内，区镇有5个村获评张家港市文明村标兵、15个村获评张家港市文明村、16个社区获评张家港市文明社区标兵、32个社区获评张家港市文明社区。

表7　经开区（杨舍镇）获评2022年度市文明村、文明社区（含标兵）一览表

类别	村（社区）名称				
文明村标兵	农联村	福前村	李巷村	蒋桥村	善港村
文明村	晨新村	东莱村	田垛里村	闸上村	庆安村
	斜桥村	晨南村	民丰村	徐丰村	双鹿村
	河北村	南新村	西闸村	新民村	农义村
文明社区标兵	花园浜社区	万红社区	联谊社区	城北社区	河南社区
	南杨社区	锦绣社区	景巷社区	七里庙社区	棋杆社区
	晨阳社区	旺西社区	悦盛社区	福新苑社区	景溪社区
	乘航社区				
文明社区	邻湖社区	钱塘社区	勤丰社区	城东社区	永安社区
	暨阳湖社区	赵庄社区	西门社区	庆丰社区	云盘社区
	通桥社区	江帆社区	汤联社区	泗港社区	南庄社区
	南苑社区	横河社区	陈东庄社区	暨阳社区	仓基社区
	江南社区	城南社区	老宅社区	城西社区	青草巷社区
	锦程社区	塘市社区	白鹿社区	芦庄社区	前溪社区
	范庄社区	小城市社区			

乡村振兴与协作帮扶

百家桥村特色田园乡村鸟瞰图　　（钱科　摄）

乡村振兴综述

【概况】 2023年，经开区（杨舍镇）完成小麦夏收964公顷，水稻秋收1179.8公顷，改造提升高标准农田218.47公顷。创成省级全程机械化示范场2家（梁丰、神园）。善港生态牧场创建苏州市“美丽牧园”，梁丰机械化奶牛场创成省级疫病（结核病）净化场。推进绿色优质农产品培育，全镇有绿色、有机认证农产品54个，绿色优质比重87.11%。新增农产品电商经营主体2家，全年农业电商销售额3.1亿元。善港生态农业科技有限公司入选省级数字农业农村基地。认定2023年苏州市智慧农村示范村3家（百家桥、章卿、黎明），智慧农业示范生产场景2个（章卿、神园）。百雀临农业科技发展有限公司获评省级种植业数字农场。年末，全镇村级集体总资产98亿元，净资产69亿元；村均经营性收入2675万元，比上年增6%。农民人均纯收入达到5.3万元，比上年增6%。新增经营性项目10个，规划总投资9.82亿元，新建（收购）标准型厂房和三产用房21万平方米，有8个抱团联合发展项目竣工投运。农联、城西等16个村股份经济合作社获评2022年江苏百强股份经济合作社；善港农民专业合作社被评为国家农民合作社示范社。新认定新型职业农民30人，累计培育253人；开展各类农民培训11次，累计培训177人次。实施农村人居环境整治提升行动，福前村、闸上村、百家桥村、东莱村、黎明村获评2023年度张家港市季度“晴榜村”。百家桥村创成省级特色田园乡村。完成东莱村（九圩埭、十圩埭）、章卿村（大湖里）苏州市特色康居乡村建设任务。编制“江南富庶地，环上新暨阳”片区化发展规划，城镇开发边界外行政村覆盖率100%。

【农文旅融合发展】 2023年，区镇在百家桥村、善港村、福前村等开展农产品展示展销会、农民丰收节、菊花展、葡萄采摘节、稻田风物节等多场大型农事节庆活动，以群众喜闻乐见的形式，激发创造美好生活的干劲，营造全面推进乡村振兴的氛围。全年接待休闲观光游客285万余人次，总收入14093万元。

善港村船坞里特色田园“善见花海” （赵惠 摄）

【特色田园】 福前村特色田园 福前村特色田园东至一干河，南至晨丰公路，西至老一干河，北至锦丰交界，涉及张家埭、张家小埭、雄鸡埭3个自然埭，区域面积0.8平方千米，共有172户456人，于2020年建成。福前村特色田园乡村建设以“生态立村、文化强村、旅游兴村”为目标，打造以关注民生的“村民、村居、村风”为切入点，以绿色和谐的“生产、生活、生态”为落脚点，以传承与创新并行的“文明、文化、文学”为内动力，“三村、三生、三文”互为支撑、互为发力并相互交融的特色田园品牌。

善港村特色田园 善港村船坞里特色田园乡村位于善港村西区，是江苏省特色田园乡村、苏州市精品特色乡村（特色田园乡村）。项目点位毗邻苏州市（善港）农业产业示范园区，总面积65公顷，总投资5109万元，范围为东至善港河，南至北大寨河，西至渡港河，北至南横套河，范围内涉及农户246户、常住人口686人，于2021年建成。船坞里特色田园乡村从“乐植有机、知善乡村”出发，坚持创新、协调、绿色、开放、共享的发展理念，在建设过程中加强特色创新，升级整合现有农村建设发展项目，依托“水、林、田、村”等自然景观资源，在水系、田园、村落等具体的空间要素建设中“彰显苏州底蕴、装扮港城靓色、展现杨舍美景、形成善港品牌”，展现“上善若水、临港而居、赏花品果”的诗意田园生活，实施高起点、全方位规划和建设。善港花海占地面积16公顷，全年种植花卉品种约120个。在观赏休闲功能基础上，充分考虑花卉的药用、食用、艺术功能，既满足花卉观赏性、经济性，又满足游客的体验性、趣味性。

【百家桥村再头巷获评特色田园乡村】 百家桥村特色田园涉及再头巷8—9组、邱家墩、黄家竹园3个自然村，共有152户、521人，规划面积38.2公顷，于2023年建成。百家桥村以创建江苏省特色田园乡村为契机，以白鹿文化为主基调，以特色、田园、乡村三要素为重点，通过完善村庄规划、串联村庄产业、改善人居环境、提升村民收入，打造承载田园乡愁、富有乡村特色的田园乡村综合体。7月17日，百家桥村再头巷获评第十一批次江苏省特色田园乡村，11月1日被命名为2023年度苏州市特色田园乡村（特色精品乡村）。

【章卿村位居苏州市“智慧农村”示范村榜首】 12月25日，苏州市农业农村局公布“2023年度苏州市智慧农村示范村、智慧农业示范生产场景”名单，章卿村、百家桥村、黎明村、章卿村股份经济合作社、神园葡萄5个单位榜上有名，章卿村位列苏州市“智慧农村”示范村榜首，章卿村股份经济合作社获评智慧农业示范生产场景。章卿村“智慧农村”建设项目——“智慧章卿”综合管理服务平台由章卿村经济股份合作出资，苏州智慧乡村信息科技公司提供技术支持，总投资55万元，构建生产、生活、生态“三生融合”的信息化乡村新空间，用数字赋能乡村新生活。平台集合基层党建、乡村产业、乡村治理、公共服务四大模块和近30个功能板块，村民通过小程序端了解村情村貌，参与乡村治理，享受数字化公共服务，与村委会进行线上互动。村委可通过居家智能终端（小度）“云广播”功能，以语音、视频等方式发布村务通知，村民也可通过居家智能终端一键呼叫村委会，以视频方式面对面处理问题，快速便捷地实现村务办理。至年末，杨舍镇累计获评苏州市智慧农村示范村7家、智慧农业示范生产场景5家，获评类别及总数均在全市领先。（冯筱筱　孙晓焱　王晶晶）

农业产业化

【概况】 年内，张家港市华茂市场管理有限公司晋升为苏州市级农业龙头企业；江苏梁丰食品集团有限公司通过国家重点龙头企业第十次监测；江苏东渡纺织集团有限公司、江苏善港生态农业科技有限公司、张家港市粮食产业发展有限公司（原张家港市粮食购销总公司）3家企业通过省级龙头企业抽样检测。江苏梁丰食品集团有限公司获评2022年度经开区（杨舍镇）经济高质量发展先进企业（突出贡献奖）。江苏善港生态农业科技有限公司（善港粮油）获评江苏农业品牌精品培育产品品牌；善港生态农业科技公司获评2023年度省级数字农业农村基地、苏州市级农机农艺融合示范点。张家港市神园葡萄科技有限公司获评第二批省农业生产全程机械化智能化示范基地（园区）（果茶桑全程机械化示范园区）、2023年全省高素质农民培育共享实训基地（农民田间学校）。至年末，区镇有张家港市级以上农业龙头企业18家。其中国家级龙头企业1家，即江苏梁丰食品集团有限公司；苏州市级龙头企业7家，分别是苏州金麦穗食品有限公司、张家港市神园葡萄科技有限公司、张家港金仓粮油经贸有限公司、苏州菜园子网络科技有限公司、张家港市科力贸易有限公司、不二制油（张家港）有限公司、张家港市华茂市场管理有限公司；张家港市级龙头企业7家，分别是张家港市新供鲜生鲜配送有限公司、张家港市樱尚农业发展有限公司、苏州花美兰现代农业有限公司、张家港市家佳康食品有限公司、张家港市永乐食品有限公司、张家港市苏味鲜食品有限公司、张家港市百信农产品配送有限责任公司。

【家庭农场】 年内，区镇新增苏州市级示范家庭农场1个、苏州市“十佳”家庭农场1个。至年末，区镇累计获评省级家庭农场4个、苏州市级示范家庭农场5个、张家港市级示范家庭农场45个。盛跃文家庭农场位于东莱村7组，成立于2017年10月，于2023年4月工商注册。农场种植面积7.7公顷，主要种植草莓、莲藕及稻麦。农场大棚种植草莓近1.3公顷，有红颜、隋株、粉玉、章姬等品种。盛跃文家庭农场掌握成熟的草莓种植技术，秉持科学绿色的种植理念，种出的草莓口感独特，深受消费者欢迎。产出草莓部分配送至超市、水果店，部分用于园内游客采摘和零售，实现自育自产和自销。农场种植三五莲藕5.3公顷，采收莲藕全部配送至江苏省吉麦隆超市。凭借科学的种植技术和丰富的种植经验，农场取得较好的经济效益，于2022年被评为张家港市示范家庭农场。文华家庭农场位于东莱村，注册于2017年8月1日，农场流转土地106.07公顷，用于种植优良食味品质品种南粳5055、南粳46、太湖糯及优质小麦等。农场加工中心占地面积0.67公顷，承包东莱村粮食烘干机14台、仓库6间、80吨湿粮仓4座，从事小麦与水稻烘干。农场每天烘干原粮240—300吨，年烘干1.7万吨。2018年，农场又引进一条全自动化大米加工流水线。2023年，大米年销量突破7000吨。农场集优质粮食种植、烘干、加工、销售为一体，先后获评江苏省示范家庭农场、苏州市“十佳”家庭农场、国家绿色食品认证等。农场负责人瞿玉艳，毕业于安徽大学生态学专业，为文华家庭农场法人代表，苏州市第十七届人大代表，曾获江苏省乡村振兴青年先锋、苏州市创业创新优胜奖、张家港市巾帼建功标兵等称号。2022年，瞿玉艳牵头成立苏州市首家粮食类家庭农场服务中心——张家港市江南香家庭农场联合发展服务中心。（丁云龙　陈洁）

农村资产管理

【概况】 至2023年年末，经开区（杨舍镇）41个行政村、涉农社区集体资产总额98.54亿元，负债29.41亿元，净资产69.13亿元。村级集体经营性收入10.97亿元，村均2675万元。

【村级集体企业监管】 2023年，区镇34个村级集体企业进入农村集体“三资”智慧监管平台运行。运用集体企业资金收付、财务管理和风险预警三大功能，实时关注集体企业经营状况，对企业进行跟踪管理，防范资金风险，实现对村级集体企业事后监管向实时监管转变，每季度进行财务检查，对发现的问题即查即改，完善村级集体资产精细化分类化管理。

【土地承包管理】 2023年，区镇做好农村承包地所有权、承包权、经营权“三权”分置改革、规范土地承包经营权流转、理顺农村承包土地收益分配等工作，督促指导土地通过农村产权交易平台进行流转。至年末，区镇农村产权交易中心成交土地承包经营权流转504起，流转土地面积1459.49公顷，成交金额4174.06万元。

【农村集体“三资”智慧监管平台】 区镇在全国率先探索开展“四网融通”，运用现代化信息技术，对原有资产管理系统、资金管理系统、财务管理系统、农村产权交易系统4个独立运行的系统进行整合，自主开发统一的农村集体“三资”智慧监管平台。该平台系统以财务记账系统为基础，以资金支付系统为业务发起，以资产管理系统为展示和监督，实现一个平台具备录入、监管、预警、整改四大功能，农村集体“三资”制度化、信息化、可视化和精准化管理得以实现，村级集体人财物实现实时监管、同步监管，形成完整监管闭环。年内，区镇开展村级集体资产清查，厘清村级集体资产“家底”，夯实农村集体“三资”监管平台和产权交易工作基础，提高村级集体资产的利用效率和效益；对农村集体“三资”智慧监管平台内资产卡片设置进行完善，更正录入错误内容，夯实综合财务分析数据基础，提升资产精细化管理水平。年内，开展村级集体资产监管提质增效行动，紧盯资产资源管理、经济合同管理、债权债务管控、工程项目管理、集体经济审计5个关键环节，精准识别管理漏洞和廉洁风险，通过排查清理一批、严肃查处一批、规范指导一批、示范引领一批，整治农村集体资产流失行为，健全农村集体资产监管长效机制，推动农村集体经济健康发展。开展2023年度农村集体“三资”评级监管，根据“三资”管理具体工作内容和评级标准进行综合评估，发布星级排行榜，落实分级监管措施，评出五星级村26个、三星级村15个。

（季敏新　陈丽萍　徐仲花）

农村经营管理

【村级经济】 2023年，经开区（杨舍镇）新增村级经营性项目10项，规划总投资9.82亿元，新增标准型厂房和三产用房21万平方米。鼓励有条件的村探索股权投资等发展新路径，放大强村集群优势，实行强村带动、村村联合模式，区镇9个办事处（街道）片区抱团成立11家村联公司，注册资金3.17亿元，竣工发展项目8项，陆续建成投产运营，进一步增强村级经济造血功能。2023年，区镇16家股份经济合作社入选2022年江苏百强股份经济合作社。 （陈丽萍）

【农村集体资产产权交易】 2017年9月，张家港市农村产权交易中心杨舍镇分中心成立。至2023年年末，杨舍镇分中心审核处理项目18400项、成交金额20.83亿元，其中2023年审核处理2992个项目、成交金额4.04亿元。杨舍镇分中心分别受到省农业农村厅、苏州市农业农村局通报表扬。在全省农村产权交易镇级月度之星排行榜中，杨舍中心以历年累计完成5172个成交项目和6.32亿元的成交金额，分别升至全省第三和第五，2023年下半年项目成交数总量位居全省第一，开创该中心自2022年省级平台运行以来，项目数和成交金额双双实现“当年进百强、次年前五强”的纪录，成为张家港市唯一一家获此殊荣的镇级农村产权交易分中心。在苏州市农业农村局发布的《关于公布2023年度苏州市农村产权交易市场监测评价结果的通知》中，杨舍镇分中心上榜，成为张家港市唯一一家连续6年上榜的镇级农村产权交易中心。

【农民合作社】 年末，区镇有工商登记的各类农民合作社44个，其中土地股份合作社8个、其他农民专业合作社36个。区镇累计获评国家级农民合作示范社1个、省级农民合作社示范社3个、张家港市级以上示范农民合作社13个。 （陈洁）

【金田广场商业综合体项目进入运营阶段】 10月26日，由田垛里、斜桥、横河、城北、仓基5个村（社区）参与开发的金田广场商业综合体项目通过竣工验收。该商业综合体位于人民西路与国泰中路交界处西北角，集商业、餐饮、娱乐、休闲、酒店式公寓为一体，总投资2.6亿元，占地面积1公顷，建筑面积3.7万平方米，建筑总高度40米，地上10层、地下2层，于2021年7月开工建设，2023年11月18日举行交房仪式，销售和招

金田广场俯拍图 （王洪尧 摄）

新晨产业园综合楼

商同步推进，前期投入资金陆续回笼。

（汤雯洁）

【新晨产业园项目开工建设】 2月15日，晨新村重大工程项目——新晨产业园项目开工建设。该项目为村联公司“抱团发展”项目，位于晨丰公路南侧、杨新公路东侧，规划用地面积4.19公顷，建筑总面积8.63万平方米，项目总投资约2亿元。年末，该项目5栋车间、1栋综合楼完成封顶。综合楼具有企业展示、食堂、会议室、农产品生鲜超市等配套功能，整体施工按计划推进，累计投入资金1.17亿元。项目落成后，可新增就业岗位1000余个，为村集体每年增收约1500万元。（张心怡）

【经开区（杨舍镇）16家股份经济合作社入选2022年江苏百强股份经济合作社】 9月，“2022年江苏百强股份经济合作社”名单公布，苏州市共有70家入选，张家港市有29家上榜，区镇有16家上榜，占比均为全省第一。区镇的农联村股份经济合作社、城西村股份经济合作社位居全省第一、第二名。本次百强股份经济合作社评选，主要从集体资产总体实力、集体经济运营能力、集体经济服务能力、集体经济发展潜力4个维度，在全省完成农村集体产权制度改革的股份经济合作社综合评定中产生。近年来，区镇各村聚焦富民增收，以抱团、多元发展等方式推动村级经济发展，千方百计拓宽增收渠道，促进农民持续增收，41个村股份经济合作社历年分红福利累计总额达到20亿元，2023年村均集体经营性收入2675万元。

【善港生态农业公司获评省级数字农业农村基地】 年末，江苏善港生态农业科技有限公司入选2023年度省级数字农业农村基地名单。江苏善港生态农业科技有限公司围绕数字技术与农业农村现代化深度融合，投资300万元，开发应用数字智慧农业智慧平台，升级硬件设施。数字农业应用面积46公顷，配备农业物联网基础设施与生产智能装备208套，包括各类环境传感器、摄像头、智能控制柜、水肥一体化机、无人植保机等设备，形成设施环境监控、视频监控及无人植保系统。研发农业物联网“超级大脑”——善港智慧农业云平台，通过温室远程监控系统，实时获取温室大棚内部环境参数和视频图像，用户可根据作物生长需要，远程实施遮光、卷膜、灌溉等操作，实现温室大棚信息化、智能化管理。基地与江苏省农科院、南京农业大学、镇江农科所以及日本农文协等国内外知名科研单位建立长期稳定的合作关系，并聘请农业专家赵亚夫为技术顾问，南京农业大学教授陈劲枫、侯喜林和江苏省农科院蔬菜研究所研究员苏小俊、赵统敏等为农业专家库专家，建立蔬菜、草莓生长模型，提升基地数字农业创新应用水平。公司先后获评国家级生态农场（全市首家）、国家级两化融合体系认证单位、江苏省农业龙头企业、江苏（张家港）现代农业（蔬菜）科技综合示范基地、江苏省农业标准化试点、苏州市“智慧农业”示范基地、苏州市农产品追溯示范单位等。

对口帮扶

【概况】 经开区（杨舍镇）长期与新疆、宿迁结对帮扶。2023年，区镇有在外挂职帮扶干部5人，其中新疆巩留县1人、宿迁市宿豫区3人、泰州市兴化市1人；有外省市挂职人员12人，其中新疆2批次8人（3个月）、湖南省常德市1人（6个月）、宿迁市3人（1年）。全年资金帮扶新疆56万元、宿迁50万元，在“823帮扶平台”购买物资52万余元，向新疆、宿迁等地购买工会物资172万余元。

【苏州村政学院创业帮扶】 苏州村政学院前身为善港农村干部学院，创办于2018年5月。2018年9月，国务院扶贫办正式批准在学院设立全国贫困村创业致富带头人（善港）培训基地，2019年7月，挂牌江苏省党支部书记学院农村分院。2022年7月，学院被认定为首批江苏省乡村振兴培训基地，成为苏州市新型职业农民教育培训中心；11月，经苏州市委组织部批准，正式设立苏州村政学院。学院建筑面积近1万平方米，拥有教学楼、学员公寓及会议、食宿、休闲等设施，可同时容纳450余名学员同时学习培训。设置“理念革新、模式推广、党建引领、项目扶持、专技讲堂”等五大模块80余个专题，针对不同培训对象量身定制培训“套餐”。由全国劳动模范、全国脱贫攻坚奖创新奖等称号获得者，善港村党委书记、村委会主任葛剑锋任院长，聘请全国脱贫攻坚楷模、著名“三农”专家、时代楷模赵亚夫任名誉院长。建成以赵亚夫团队、赵亚夫农业农村研究院专家为主体，全国各类科研院校专家为补充的专家库；以全国脱贫攻坚奖获得者为主体，以国内外优秀创业致富带头人为补充的创业导师库，入库专家和导师500余人。整合长三角地区丰富的教育资源、改革开放与现代化建设实践资源，开发形成800余个“一点多题”和“一题多点”、点面结合、模块组合的现场教学点。2023年，苏州村政学院围绕持续推动巩固拓展脱贫攻坚成果与乡村振兴有效衔接的要求，推进“创业致富带头人和基层党建带头人”的“双带”人才培训。全年完成培训158期9034人次，其中创业致富带头人培训班18期1177人、基层党建带头人培训班76期4637人、研学35期1685人、合作班29期1535人。 （黄春瑜）

苏州村政学院

生态环境

善港村

环境质量

【概况】 2023年，经开区（杨舍镇）阶段性完成包装印刷、铝制品、化纤行业环保专项提升和华兴电力超低排放改造等31个治气工程，南新村大气站点实施微环境改善工程。完成年度重污染天气重点行业绩效分级、应急减排清单修订，42个排污口分类整治完成验收，十一圩港晨丰公路桥等2个河长制断面进入苏州生态环境质量“红榜”，2400余家“散乱污”企业“回头看”覆盖率100%。全年累计完成建设项目环评审批81项，其中承诺制审批27项，初步建成园区污染物总量储备库。光束汽车生产基地项目实现厅市合作首个省厅环评与地市排污许可同步许可。制订《区镇生态文明建设三年（2023—2025）行动规划》。南新村、晨南村获评第五批省级生态文明建设示范村，华兴电力、南新村千亩丰产示范方纳入市生态环保科普研学点位。年内，经开区安全环保局获评2022年度苏州市生态环境保护工作先进集体。

【大气环境质量】 年内，区镇空气细颗粒物浓度为每立方米31.7微克，达到国家二级标准。空气质量优天数115天、良天数186天，优良天数共计301天，优良比率82.5%。环境空气质量综合指数为4.18，较上年上升8.0%，其中臭氧较上年下降2.8%，二氧化氮、可吸入颗粒物、细颗粒物单项质量指数分别较上年上升12.3%、14.9%和13.8%。可吸入颗粒物年均浓度为每立方米54微克，二氧化氮年均浓度为每立方米32微克，二氧化硫年均浓度为每立方米10微克，臭氧特定百分位数浓度为每立方米166微克，一氧化碳特定百分位数浓度为每立方米1.2微克；酸雨发生率为18.3%，降水酸碱度年均值为5.5；降尘均值为每平方千米每月2吨，与上年持平。

【水、土壤环境质量】 2023年，区镇地表水环境质量达标率实现“三个百分百”。六渡桥省考断面及南横套桥苏州市考断面优Ⅲ比例均达到100%；15个乡镇高质量发展绩效考核断面月均值达标率100%；区域内无受污染耕地、污染地块开发利用，建设用地安全利用率100%，土壤环境质量总体保持稳定。

南新村对千亩丰产方秸秆进行回收综合利用

【声环境质量】 年内，区镇区域昼间声环境质量较好，平均等效声级为54.5分贝，处于区域环境噪声二级水平。影响区域昼间声环境的主要声源是社会噪声，所占比例82.9%；其余依次为交通噪声、工业噪声和施工噪声，所占比例分别为10.4%、5.5%和1.2%。道路交通噪声昼间平均等效声级为65.1分贝，交通噪声强度为一级。

【南新村、晨南村获评江苏省生态文明建设示范村】 年内，江苏省生态环境厅发布"第五批江苏省生态文明建设示范乡镇（街道）、村（社区）"名单，杨舍镇南新村、晨南村名列其中。南新村坚持"绿色引领"的发展理念，三次产业齐头并进，改变传统种植模式，由农业公司对种植大户统一管理，以"八个统一"统领各个环节，绿色种植面积188公顷，实现绿色有机全覆盖。以"村容干净整洁、生态宜居优美、生活和谐幸福"为目标，在张家港市范围内首创"工分宝"智慧乡村治理模式，10工分抵1元，村民赚取的工分可以到积分兑换超市通过扫描工分卡二维码兑换实物。发挥志愿者引领示范作用，年内累计开展各项人居环境整治志愿服务活动7次、参加人员150余人次，志愿者服务时长约300小时。晨南村树立"绿水青山就是金山银山"的绿色发展理念，以大力实施乡村振兴战略为契机，坚持走生产发展、生活富裕、生态良好的文明发展道路，对200余公顷农田所涉及的机耕路、沟渠、电灌站、排涝站、U型渠道、过路涵洞等设施进行改造建设，完成5.7公顷蔬菜大棚污染整治，对全村36条河道开展综合治理，提高耕地质量和综合效益。对近6.7公顷鱼塘进行生态升级改造，引入尾水净化和智慧养殖系统，改善水产养殖状况，统筹水生态环境治理和现代渔业转型升级。依托高标准农田种植和池塘养殖，将生态环境保护与乡村振兴有机结合，走绿色发展之路。

自然资源保护

【概况】 年内，经开区自然资源所发挥"守红线、护资源、拓空间、保发展"作用，加强创新突破：中鑫汽配"五证两书"齐发；一干河西侧地块批次用地实施土地所有权调整，失地农民利益得到保障；工业用地转让预登记成功办理。全年申报征地获批27宗、69.22公顷；完成供地56宗、121.33公顷，其中出让18宗、104.71公顷，划拨36宗、16.35公顷，集体土地入市2宗、0.27公顷，保障采埃孚、中鑫汽配、盛虹等年度重大项目新增用地和中医院等市级项目用地。

【集约用地】 2023年，经开区鼓励企业利用自有土地通过技改、增资扩建等方式提高容积率及土地产出效益；全年盘活存量建设用地74.03公顷，其中产业用地原地更新28.2公顷，有效盘活张家港康特汽车部件有限公司、张家港扬子精梳毛条有限公司等一批供而未用土地。针对辖区一企业厂区内存有2公顷未开发利用的建设用地，通过工业用地预告登记转让的方式协助企业进行土地转让，颁发张家港市首张工业国有建设用地使用权转让预告登记电子证明。全年完成2宗5.2公顷工业用地转让预告登记。

【耕地资源保护】 2023年年底，经开区批而未供土地74.87公顷，完成供地5.74公顷；供而未用土地33.1公顷。对下发的省、部自然资源卫片监测图斑252个、299.56公顷现场核查、拍照举证。实施城乡建设用地增减挂钩，土地整治项目拆旧复垦后，提请市农业农村局、市自然资源和规划局联合开展耕地质量评定工作。

【饮用水源地保护】 经开区（杨舍镇）涉及的饮用水源地保护区为一干河新港桥应急水源地保护区，主要范围为区镇境内的一干河段，北至一干河杨舍、锦丰交界，南至一干河新港桥水源地南侧边界的水域部分以及向背水坡外延100米的陆域部分。年内，由张家港生态环境局牵头，区镇参与修编《张家港市集中式地表水饮用水水源地突发环境事件应急预案》《张家港市突发水污染事件应急预案》。市集中式饮用水源地管理中心（张家港市长江防洪工程管理处）严格按照《集中式饮用水水源地管理与保护规范》（DB32/T 4030—2021），对水源地开展规范管理，全年巡查92次，劝离钓鱼、捕鱼、游泳等96人次，补充和更新各类标志牌8块。

环境整治

【概况】 年内，经开区安全环保局开展新一轮深化“散乱污”“两治一提升”等专项行动，开展第二轮中央、省环保督察交办问题和省人居环境暗访交办问题整改，督促落实各级督办、曝光、举报问题整改销号。区镇全年排查企业2400余家，“回头看”覆盖率100%；查治各类噪声异味污染16000余处；市级督办曝光整改销号率100%；第二轮中央、省督察交办及省人居环境交办问题全部办结。

【“散乱污”动态清零】 年内，区镇安全环保局开展新一轮“散乱污”深化整治行动。下发《关于进一步深化“散乱污”企业（作坊）专项整治的通知》，涵盖全面排查、集中整治、督查考核3个阶段。与张家港生态环境局联动，每周利用大气走航车监测区镇挥发性有机物和积尘问题突出的重点区域，发现高值点位立刻现场排查，对发现的问题由网格员及时跟踪处理。制定环保网格化检查记录表，通过网格员对企业（作坊）日常监管，严防其转变为“散乱污”企业（作坊）。2023年，累计对2017年以来完成整治的2429家“散乱污”企业（作坊）“回头看”，覆盖率100%，发现反弹7家、新增16家，责令并监督其全部完成整改。

【“两治一提升”专项行动】 年内，区镇印发《经开区（杨舍镇）2023年度治理噪声异味污染，进一步提升人民群众获得感专项行动工作方案》，通过部门指导、网格联动，推动噪声异味污染排查整治。全年检查社会生活噪声7247家（次）、建筑施工噪声125家（次）、工业企业噪声805家（次）、餐饮油烟异味问题5663家（次）、露天焚烧异味问题262家（次）、企业异味问题788家（次）、涉水异味问题242家（次）、垃圾异味问题452家（次）、商业区居住区异味问题729家（次），化解噪声、异味等扰民问题。年度噪声投诉量降低率29%（年度任务20%），年度异味投诉量降低率20%（年度任务20%）。

污染防治

【概况】 2023年，经开区（杨舍镇）突出资源节约集约利用，对全域范围内高污染燃料锅炉全部淘汰，燃气锅炉全部完成低氮燃烧改造。辖区唯一的天然气发电厂持续进行深度减排及提标改造，华兴电力（含华兴金城）4台天然气机组完成脱硝超低排放改造并投入运行。优化产业布局，开展工业小区、产业集群“回头看”，以重点行业环保再提升专项治理为抓手，督促企业优化环保管理，走绿色低碳可持续发展之路，逐一排查、摸底，精准定制、分别出台包装印刷、铝制品、化纤行业、涉水工业企业等几个大类的专项提升方案，通过现场问题排查、集中组织业务辅导、分片区现场帮扶、定期调度整改进度，督促相关重点行业、企业优化改进环保管理。据现场反馈，纳入整治的200余家企业在环保日常管理等方面较原来有明显提升。

【大气污染防治】 2023年，区镇持续深入打好“蓝天保卫战”，推进挥发性有机物综合治理，实施涉气产业集群排查及分类治理，完成7个企业集群“回头看”。实施清洁原料替代，4家涉挥发性有机物企业完成清洁原料替代，5家钢结构企业、54家包装印刷企业完成源头替代情况再核查，跟进贝隆鞋业等12家企业挥发性有机物清洁原料替代情况。深化扬尘污染综合治理，强化建筑工地、交通建设工程、水利工程及道路扬尘管控，降尘量年均值每平方千米每月2吨。强化运输管理，全年查处非法运输、抛撒滴漏、带泥上路等违法行为259起，处罚金额19.97万元。推进固定源深度治理，突出资源节约集约利用，加快燃气电厂提标改造，华兴电力及华兴金城2家燃气电厂4台天然气机组完成脱硝改造并投运；全域范围实施锅炉燃料清洁化替代及低氮燃烧改造。着力消除重污染天气，开展夏秋两季秸秆及垃圾禁烧专项巡查，加强秸秆综合利用；开展重点企业治理，完成6个挥发性有机物治理项目，完成36家挥发性有机物重点监管企业“一企一策”整治方案和深度治理情况评估；开展清洁空气示范区建设，以城北小学、市环境监测站2个省控站周边锦绣、城北、锦程、景溪社区为主开展示范区建设。

【土壤污染防治】 2023年，区镇持续深入打好“净土保卫战”，配合做好新污染物治理相关工作，完成500余家企业的化学物质环境信息调查系统填报；指导危险废物产生单位定期开展自查自纠，完成15家土壤重点监管单位隐患排查“回头看”、25家危废规范化管理建设第三方现场核查；推进土壤污染防治和安全利用，完成4个高风险遗留地块土壤调查工作；加快推动

朗信电气有限公司走绿色制造发展之路，利用屋顶开展光伏发电

有机废弃物收集、处理和全利用，园林绿化垃圾资源化利用率95%，农作物秸秆综合利用率100%，畜禽粪污资源化利用计划备案率100%，畜禽粪污综合利用率97%，生活垃圾分类收集与处理设施覆盖率90%。

【水污染防治】 2023年，区镇持续深入打好“碧水保卫战”，加强太湖流域水污染防治，完成43个长江、太湖流域入河（湖）排污口深化整治工作，完成4条劣V类水体整治任务，创建幸福河湖9条。新建的北区工业污水处理厂（张家港市晨丰污水有限公司）投入试运行，接纳大造气雾剂等3家企业生产废水，年处理废水9.6万吨。完善南区工业污水管网，新建南城污水配套工业污水管网约9千米，同步启动南城污水扩建工程，年内完成排污口变更审批等前期工作。

【工业固废污染防治】 2023年，为进一步做好《危险废物贮存污染控制标准》等标准规范实施后标识标志变更等危险废物环境管理衔接工作，区镇以分片区安全、消防、环保专项提升行动为契机，做好辖区内工业固废尤其是危险废物污染防治工作。7—10月，区管委会召开6场专题会议，逐板块部署整治提升工作，推动各办事处、街道根据当前重点工作及各片区实际，分别制定区域专项提升行动方案。通过专题会议研讨、现场实地走访、定制整治方案、逐一部署推动等，开展“危废贮存场所再规范行动”，累计排查工业小区（集聚区）64个、生产企业1735家，排查及整改危废标识牌更换等问题277个，工业企业全流程规范处置危险废物66840吨。

【奶牛场粪污资源化利用】 市宏昌生态有机肥有限公司地处东沙长江之畔，毗邻江苏梁丰食品集团机械化奶牛场，隶属于国家农业龙头企业——江苏梁丰食品集团。2023年，公司投入2000余万元，建成奶牛场粪污资源化利用项目。项目拥有发酵车间1800平方米、辅助用房及原料堆场1500平方米、成品车间200平方米、有机试验田120余公顷，采用移动式翻抛机、条式发酵槽、集中好氧曝气系统、纳米发酵膜等先进生产设备及工艺，配备大型翻抛机、行车、铲车、进口拖曳式撒肥车、履带式撒肥车、沼液喷洒车等设备及车辆，拥有粉剂、颗粒有机肥料生产线及专业实验室。通过全环节机械化操作，将梁丰奶牛场畜禽养殖粪污进行资源化转化，日处理奶牛粪污100余吨，年产有机肥3万吨、沼液8万吨。公司先后被评为农业农村部绿色种养循环农业项目定点实施单位、江苏省农业废弃物资源化利用项目实施单位、江苏省测土配方协会会员单位、江苏省商品有机肥定点生产企业。

【制造业绿色化转型】 2023年，区镇通过淘汰落后产能、重点工程削减等途径，全力释放区域环境容量，累计关停淘汰印染企业3家、铸造企业1家，通过第三污水厂扩建等重点工程，累计形成化学需氧量3850吨、挥发性有机物58吨等水、气污染物减排量，并通过建立经开区园区总量库完成储备入库，用于后续新改扩建项目审批的污染物总量平衡。区镇实施项目准入评价机制和“环保一票否决制”，按照“一个优先、双重控制、六类不批”原则，严把项目准入“绿色关”，对不符合绿色发展要求的项目坚决拒批，同时打造“清洁化”生产模式，引导、鼓励、支持企业实施技术改造、设备升级、清洁生产，完成总投资2000余万元的索尔维—恒昌“MVR机械蒸汽压缩蒸发器节能技术改造”等节能项目3项，有40余家企业安装屋顶光伏发电设施，每年可提供绿色电能约4800万千瓦小时。

【东渡纺织集团入围国家级绿色制造项目】 11月8日，工信部公示“2023年度国家级绿色制造”名单，江苏东渡纺织集团有限公司入围“绿色供应链管理企业”。东渡集团以绿色制造理念和供应链管理技术为基础，在全环节推动绿色材料、绿色采购、绿色生产、绿色销售、绿色运输、绿色包装等，实现物料采购、加工、包装、仓储、运输、使用、回收过程中最大程度的资源利用和最低程度的消耗及环境影响。利用公司在供应链的影响力，引导上下游企业深度协作，减少对环境的影响，减少有害物质使用和排放，实现供应链全方位绿色低碳。

生态环境监管

【建设项目环评】 年内，经开区（杨舍镇）持续推进国家级开发区全链审批赋权精神落实，开展“一般建设项目环境影响评价”自行审批工作，全年累计完成环评审批81项，项目评审一次性通过率100%。落实“苏州首批产业园区规划环评与项目环评联动改革首批试点”相关工作，全年完成承诺制环评审批27项；落实区域评估成果运用，开展园区环境质量监测，监测结果与区内企业建设项目环评共享，累计节约相关企业建设项目环评报告编制涉及的检测等费用300余万元。

【全省首个“环评省级审批与地市排污许可”同步办结】 年内，光束汽车成功试点“环评省级审批与地市排污许可”同步办结。光束汽车是由长城汽车、宝马集团合资成立的新能源车制造企业，为国务院审批的重大外资项目。企业在建设中配套建设环保深度处理工艺，采用绿电清洁能源。公司新建项目按审批权限由省生态环境厅审批。经开区安环局在项目环评评审阶段提前介入，与上级环保部门对接，“一对一”全程跟踪指导企业规范开展排污许可申请填写，按照相关技术规范，对企业填报内容提前进行审核，指导企业修改填报，做好该项目排污许可证同步许可准备工作。5月，企业获得省生态环境厅项目环评批复后，立即完成排污许可证申领，即同步获得排污许可证。通过经开区安环局的精细化服务、精准向上对接，该项目也成为全省环评审批与地市排污许可同步许可的首次尝试，让企业感受到地方生态环境部门“敢为、善为”作风和服务企业的温度与效率。

【环境风险防控】 年内，区镇强化工业企业环境应急能力建设，督促辖区内环境风险企业尤其是较大以上风险企业根据《工业企业及园区突发环境事件隐患分级判定方法（试行）》开展自查自纠工作，全年完成92家工业企业环境应急预案编制，会同张家港生态环境综合行政执法局等部门，组织骏马钢帘线公司、索尔维—恒昌公司等联合演练3次，做好华林热镀锌公司、沪武高速集卡火灾事故后续环境应急处置，协调好塘市贝林达加油站泄漏事故环境应急处置、周边河道油污清理、土壤污染状况调查等。

【环保督察整改】 2023年，区镇迎接省人居环境暗访组检查，研究检查交办内容，统筹推进问题整改，做到“第一时间赶到现场、第一时间研判问题、第一时间查明责任、第一时间处理到位”，交办问题均在一周内完成整治，第二轮中央、省环保督察交办问题全部上报待销号。采取跟踪督查、随机抽查、定期巡查等方式，加大对上级曝光和转办问题、群众举报投诉线索、辖区大环境等的检查力度，对发现各类环境问题形成督办单下发相关单位，限期进行整改，并持续对问题整改情况进行跟踪督办，举一反三消除环境隐患。年内，市污防办累计向区镇派发督办、曝光、举报问题22个、移交污染防治监管平台举报线索127个，区镇污防办累计向相关局室、办事处、街道派发督办、曝光、举报问题22个，并全部办结。

（蔡婷）

绿化造林

【概况】 经开区（杨舍镇）涉及林保林地面积约1398.46公顷，林地主要分布于道路绿化带、河道两侧。2023年，市下达区镇农村绿化任务为新增造林面积7公顷，年内完成7.13公顷，超额完成市定目标任务。

【绿化管养】 年内，区镇范围涉及道路绿化养护约550万平方米、82个开放式小区绿化管护约52万平方米，完成道路及开放式小区绿化管养工作。处理平台工单973条，开展养护培训，做好安置小区的管护考核及指导。督促养护单位做好日常养护、修剪、落叶清理；根据季节和害虫特点，提前预防、及时处置；做好夏季抗台保苗和各类应急事件的处理，确保绿植生长和群众生活生产正常进行；抓好登高车作业、占道作业、电力线修剪等安全工作。

【绿化工程】 年内，完成东莱、乘航片区河道和海关路、新丰路、凤凰台东侧道路等绿化工程，乘航二干河绿化工程有序推进。区镇绿化部门对沿线环境及绿化进行一系列改造，配合招商、商贸等部门完成场地内外涉及树木迁移的配套工程，总投资约450万元。

【林长制】 区镇根据张家港市《关于建立林长制工作季度调度机制的通知》，建立林长制，设镇级林长1名、副林长1名，林长办公室挂牌设在经开区建设局，承担区镇林长制日常工作事务。大力支持林地保护，落实林长制考核要求。年内，林长办公室先后组织召开4次林长会议，针对塘市、乘航片区林长制及林地工作落实情况进行讨论；组织3次巡林调研活动，考察东莱片区林长制落实情况，参观南横套绿化工程、福前片区林地，调研绿美村庄建设情况。对所有项目依法合规办理林地手续，全年完成涉及林地项目手续12件。定期对管护单位进行培训，加深管护单位对古树名木、野生动植物保护及病虫害防治的认识，及时掌握并巡查辖区林地情况。

区镇建设

北街花苑

区镇规划

【概况】 2023年，经开区(杨舍镇)编制完成《张家港市杨舍城区城北7–3号地块控制性详细规划调整》《张家港城北科教生态城(YSCB—03—03基本单元)控制性详细规划调整》《张家港城北科教生态城控制性详细规划(YSCB—01—01、YSCB—01—03基本控制单元)调整》《张家港市新能源产业基地及杨舍城北YSCB—08—01基本控制单元控制性详细规划调整》《张家港市杨舍镇YSCX—08—01地块控制性详细规划》《张家港市杨舍核心区(YSHX—01—04基本控制单元)控制性详细规划调整》《张家港市杨舍镇YSCX—08—01地块控制性详细规划》7项重点地块控规调整，服务项目落地。推进《镇村布局规划》，开展村庄规划建设，实现村庄规划全覆盖，基本完成《张家港市杨舍镇百家桥村村庄规划(2021—2035年)》《张家港市杨舍镇庆安村村庄规划(2023—2035年)》《张家港市杨舍镇章卿村村庄规划(2022—2035年)》3个村庄规划。

【规划管理】 年内，经开区(杨舍镇)贯彻执行《中华人民共和国城乡规划法》和《江苏省城乡规划条例》要求，从编制到管理实现全周期服务。在产业用地提质增效方面，开辟绿色通道，牵头多部门协同，现场指导服务存量产业更新。在商品房小区承接方面，牵头多部门现场一次性查验。全年完成方案审批27项，开具规划证面积近100万平方米，完成规划核实42项，重点服务盛虹储能超级工厂、骏马高性能聚酯纤维、采埃孚汽车、泗港花苑等项目，多个项目实现拿地即发证。

开发区建设

【概况】 年内，经开区(杨舍镇)街道、集镇有自建工程项目15项，其中竣工9项；完成总产值约22.6亿元，竣工产值约15亿元；总建筑面积96.26万平方米，其中新开工项目建筑面积10.87万平方米。区镇完成5个安置房项目交付，分别是南新花苑三期、北街花苑、李巷花苑二期、勤星苑二期、振兴花苑三期。5个安置房项目总投资16.52亿元，总建筑面积47.63万平方米，共计2944套。投资8000万元建设东莱小学二期、投资1850万元建设第七中学综合楼、投资1850万元建设晨阳中学教学楼，全部竣工投入使用；投资6.7亿元建设3幢标准型厂房，其中1幢竣工交付使用、2幢处于收尾阶段。

表8　　2023年经开区(杨舍镇)办事处(街道)自建重点工程一览表

办事处(街道)	项目	规模	开工、竣工时间
城北	振兴花苑三期	占地4.71公顷、建筑面积13.38万平方米，836套	2020年12月开工 2023年11月竣工
	范泾路	新建道路长550米、宽15米	2023年9月开工 计划2024年6月竣工

续表

办事处（街道）	项目	规模	开工、竣工时间
城北	荟乐雅园南侧新建道路工程	新建道路长200米、宽10米	2023年11月开工 计划2024年5月竣工
塘市	李巷花苑二期	占地1.13公顷、建筑面积2.5万平方米，150套	2021年6月开工 2023年9月竣工
	紫荆路西侧标准型厂房新建工程	占地5.33公顷、建筑面积2.6万平方米	2022年3月开工 2023年4月竣工
	李巷花苑三期	占地2.79公顷、建筑面积7万平方米，447套	2021年6月开工 计划2024年3月竣工
	李巷花苑四期	占地2.63公顷、建筑面积7.3万平方米，467套	2022年10月开工 计划2025年4月竣工
	新丰西路（澳洋呢绒厂道口—紫荆路）工程	拓宽道路长470米，老路宽5米，拓宽为10米	2023年3月开工 2023年6月竣工
	凤凰台东侧道路	新建道路长320米、宽9米	2023年8月开工 2023年12月竣工
塘市、乘航	南城工业污水处理厂9千米配套工业污水收集管网建设	新建工业污水压力输送管道9千米	2023年2月开工 2023年10月竣工
乘航	勤星苑二期	占地4.26公顷、建筑面积10.1万平方米，616套	2021年1月开工 2023年11月竣工
	南园路东侧标准型厂房新建工程	占地4.98公顷、建筑面积3.5万平方米	2022年10月开工 计划2024年1月竣工
	第七中学综合楼新建工程	占地0.31公顷、建筑面积0.3万平方米	2022年7月开工 2023年12月竣工
	乘河西路延伸（新丰河-新丰路）	新建道路长160米、宽8米	2023年3月开工 2023年8月竣工
	棋杆路东延及其连接工程（南园路—村道）	新建道路长550米、宽8—12米	2023年9月开工 计划2024年3月竣工
	采孚北路（200米）	新建道路长215米、宽8米	2023年10月开工 计划2024年3月竣工
泗港	泗港花苑一期	占地4.33公顷、建筑面积10.87万平方米，598套	2023年8月开工 计划2025年12月竣工
东莱	北街花苑（EPC项目）	占地5.47公顷、建筑面积12.65万平方米，776套	2020年12月开工 2023年12月竣工

续表

办事处（街道）	项目	规模	开工、竣工时间
东莱	东莱小学二期改扩建工程	占地1.67公顷、建筑面积1.26万平方米	2021年11月开工 2023年11月竣工
	新庄花苑二期	占地4.08公顷、建筑面积9.2万平方米，532套	2022年10月开工 计划2025年4月竣工
	长安北路等五处铁路下穿道口	新建5处铁路下穿道口，每处道口长约80米，5处道口总长400米，道口宽20—42.5米	2022年6月开工 2023年6月竣工
	老张杨公路大中修	黑色化加铺沥青维修路面长300米、宽14米	2023年5月开工 2023年11月竣工
	高职园南侧临时道路及污水设施	新建临时道路长550米、宽6米	2023年4月开工 计划2024年8月竣工
晨阳	南新花苑三期	占地3.26公顷、建筑面积9万平方米，566套	2021年1月开工 2023年9月竣工
	福新路南侧、国泰路西侧标准型厂房新建工程	占地6.66公顷、建筑面积6.2万平方米	2022年4月开工 计划2024年3月竣工
	晨阳学校中学部教学楼新建工程	占地0.5公顷、建筑面积0.4万平方米	2022年3月开工 计划2024年10月竣工
	晨丰公路北侧厂区出行道路	代建段道路长240米、宽7米	2022年10月开工 2023年10月竣工

【开发区路网建设】 年内，开发区北区完成晨丰公路北侧厂区出行道路（240米）新建、5处铁路下穿道口新建、老张杨公路（300米）大中修，启动范泾路（550米）、高职园南侧临时道路（500米）、朗诗乐府南侧道路（200米）3条道路建设。长安北路铁路下穿段建成通车，实现了长安北路与晨丰公路贯通。开发区南区完成新丰西路拓宽（500米）、凤凰台东侧道路（320米）、乘河西路（160米）、棋杆路东延（550米）4条道路建设，建成道路1.52千米。启动采孚北路（200米）建设。

【晨丰污水厂投运】 张家港市晨丰污水处理厂位于经开区北区福新路1209号，项目占地约3.9公顷，规划总规模每天2万吨，一期建设规模为每天1万吨，采用“两级硝化”工艺，配套外部进出水管网及人工湿地，主要为再制造示范基地、纳米产业园、华夏科技园、华灿光电、光束汽车、长城零部件、大造气雾剂等经开区北区企业提供废水处理服务。项目总投资约1.5亿元，由南京市市政设计研究院有限责任公司与江苏永联精筑建设集团有限公司联合中标承建，新建近期规模为每天1万吨工业污水处理工程，含新建污水处理构建筑物、污泥处理构建筑物、附属建筑物等，总建筑面积约5000平方米。项目于2020年9月开始实施，2021年1月正式动工，2022年年底通过竣工验收。南京市市政设计研究院有限责任公司半年运维到期后，于2023年8月15日，由晨丰污水处理项目新中标运维单位——江苏澳洋弘毅环境科技有限公司正式接管运维工作。2023年污水厂水质稳定达标排放。

勤星苑安置小区

农民住宅建设

【农房改善】 5月，《张家港市农村住房条件改善五年实施方案》发布。9月，《关于进一步加强张家港市农村住房建设管理工作的实施意见（试行）》《关于推进张家港市农房翻建的若干激励措施（试行）》发布。围绕“农民主体、自主更新”总原则，经开区（杨舍镇）在3个“转变”上下功夫，即农房改善由动迁安置为主转变为非必要不动迁、由满足基本居住功能转变为提升农房居住品质、由单一的房屋更新转变为以点带面、组团集中翻建等业态来提升乡村整体形态和特色风貌。区镇存量农房主要涉及6个办事处（街道）、21个行政村（社区）、9693户。年内，市住建局下达区镇农房改善任务为470户，区镇完成533户农房改善，其中动迁安置513户、农房翻建20户。

【动迁安置】 年内，区镇有万诚项目、港通电缆新能源项目、零部件产业园、西二环快速化改造工程等6个动迁项目，投入动迁资金7546万元，其中企业搬迁补偿款3611万元。完成企业搬迁协议签订9家，拆除厂房面积0.91万平方米；完成农户动迁协议签订22户，拆除农房面积4900平方米；安置动迁户551户、分房610套，主要安置在李巷花苑三期、旺西花苑、金福家园等小区。

公用事业

【概况】 2023年，经开区（杨舍镇）坚持以人民福祉为导向，大力发展各项公用事业，做好农村公路及桥梁的维修养护，完成91座农村桥梁的定期检测、苏州市路长制推出的农村公路管养一网一平台的综合信息管理系统工作、城中村6个住宅小区雨污分流改造，做好市政道路、雨污水管网、泵站及路灯的维养，投资300万元完成区镇缺陷管网的非开挖修复。改造、新增西塘公路西延路灯，完成晨阳小学污水管网维修，做好市区开放式小区及城郊街巷设施维修养护工作，投入100万元完成14个城中村区域凌乱管线整治工作，投入2200万元完成市区5个菜场周边环境综合整治提升工作，对区镇动迁安置小区进行设施提升改造。

【供电】 2023年度主要供电指标完成情况：线损率1.3%，比上年降0.59%；农网电压合格率99.9%，城市、农村供电可靠率均为100%；区镇平均电价为0.76元，比上年增0.01元，回收各类电费13.92亿元；全年完成业扩报装户数3306户，完成容量5.16万千伏安。至年末，区镇有220千伏变电站3座、主变7台、容量138万千伏安，110千伏变电站18座、主变37台、容量210.1万千伏安。区镇有35千伏及以上线路72条，共计579.03千米；其中，220千伏线路23条，长度291.32千米，架空长度288.78千米、电缆长度2.54千米；110千伏线路34条、长度234.67千米，架空长度196.01千米、电缆长度38.66千米；35千伏线路15条，长度53.04千米，架空长度42.25千米、电缆长度10.79千米。10千伏变压器4752台、容量293.41万千伏安、线路382条、总长度2223.05千米，其中电缆长度1640.88千米；380伏线路2836.05千米，其中电缆长度2320.57千米；220伏线路20812千米，其中电缆长度925千米。

【供水】 年末，区镇有自来水用户31.4万户；地面水厂1座（第三水厂），日供水能力20万立方米；应急备用水源厂1座，日取水能力30万立方米。年内，加强供水能力建设，推进老旧供水管网改造，新建供水管道136.43千米，改造供水管道4.91千米。区镇内径75毫米以上供水管道总长度1932.65千米，水质综合合格率100%，管网漏损率9.25%。

【供气】 年末，区镇有管道燃气公司1家、民用液化石油气储罐场1家、汽车液化石油气加气站1家、LNG汽车加气站1家、瓶装液化石油气供应站点5家。全年新增天然气管道107.8千米，新增投资17960万元，累计天然气管网长度2341.2千米；新增工商用户332户，累计签约2989户；新增居民配套用户28494户，累计配套用户380271户。全年天然气供应总量5.41亿立方米，比上年减少0.25亿立方米。区镇天然气日均用量19万立方米，日高峰用气量23万立方米。

【污水处理】 年末，区镇有城镇生活污水处理厂4座，分别是市第一污水处理厂、市第二污水处理厂、市第三污水处理厂、市城南污水处理厂；污水日处理能力17.5万立方米。全年处理城乡生活污水5123万立方米，平均进水化学需氧量浓度每升252毫克，尾水排放合格率100%；处置污泥43029吨，污泥无害化处理率100%。

【全市首条“多杆合一”智慧路灯道路】 年内，白鹿路完成升级改造，建成为全市第一条“多杆合一”智慧路灯道路。白鹿路位于经开区（杨舍镇），横跨西二环路、百桥路及国泰南路等，形成4个交会路口。改造前，路灯光源为高压钠灯，显色指数低；路灯灯具年久老化，道路照明效果欠佳；路口各种杆体林立，影响美观。此次改造，白鹿路共更换LED灯具79盏，改造普通路灯杆33杆、中杆灯2杆，新增庭院灯2杆、中杆灯2杆，白鹿路全路段路面平均照度得到提升，夜间行车环境及行车安全得到有力保障。改造完成后，整个路段的路灯、信号灯、监控、指示牌杆件集成为14杆智慧综合杆，集视频监控、环境监测、信息播放、绿色充电、交通指示、环保除尘、基站覆盖等功能于一体，白鹿路总立杆数从90杆减少至80杆。此外，改造后的智慧照明系统可以通过系统平台控制终端节点，实现白鹿路路灯的开、关、调光、故障告警以及视频监控、充电桩充电等功能“无缝”接入智慧城管大平台。

【市政养护】 2023年，区镇投入3000万元，对市区开放式小区公用设施及城郊街巷设施维修养护，维修、更换落水管900余米，维修道路7000余平方米，疏通管道6000余米，维修更换井盖井座500余座等；投入2200万元，对市区5个集贸市场（花园浜菜场、东菜场、南苑菜场、第一集贸市场和暨阳菜场）、3个重点区域（中医院、曼巴特、城北）周边18个小区的430余幢房屋外立面进行整修及其周边环境综合改造提升。结合市水务一体化要求，投入310万元，将城区二环路以内的开放式小区、城中村及区镇建设的安置小区等79个小区的雨污管网设施，委托市水务集团进行一体化运维，确保管网畅通。开展市政道路（桥梁）、农村公路（桥梁）的日常维养工作，对91座农村桥梁、54座市政桥梁进行常规定期检测，完成1座危桥解危，修复栏杆12处。对李港巷路部分地段进行拓宽改造，对晨德路、蒋莱线等道路破损处进行修复。对区镇约1000千米的雨污管网进行日常维养，保障管网运行畅通。防汛期间及时调配人员加强巡查，应急处置易涝点位22处。投入300余万元，对1700米的缺陷管网进行非开挖修复，其中紫外线固化1020米、碎管置换336米、点位修复172处、不锈钢维修7处。

【农村桥梁检测】 为确保桥梁安全，及时消除桥梁隐患，区镇每两年对农村桥梁进行一次检测，每年对市政桥梁检测一次。2023年投入285万元，对区镇91座农村桥梁、54座市政桥梁进行检测，对检测出存在问题的27座二类、三类桥梁进行加固维修；对存在重大安全隐患的庆丰桥，制定翔实可行方案，采用基础不动，更换梁板、护栏，桥面铺装等措施，及时进行解危修复。

【雨污分流改造项目】 2022年11月，经开区（杨舍镇）启动2022年城区城中村、住宅小区生活污水治理工程（前溪巷二村、前溪巷三村、小闸上），工程位于经开区（杨舍镇）城东街道、城南街道，涉及改造前溪巷二村（72户）、前溪巷三村（65户）、小闸上（115户），共计3个城中村。新建污水管道32千米，管材为U-PVC管、PE实壁管；新建雨水管道49千米，管材为U-PVC管、钢筋混凝土管。项目投资约1100万元，于2023年11月竣工。2022年城区城中村、住宅小区生活污水治理工程（锦绣花苑二期、三期、四期），涉及锦绣花苑二期17幢小高层、28幢多层，三期32幢小高层、8幢多层，四期5幢小高层。新建污水管网约1.8千米，管材为U-PVC管、PE实壁管；新建雨水管网约19千米，管材为U-PVC管、钢筋混凝土管。工程投资约300万元，至2023年年末，项目在施工中。

【生活污水治理】 年内，区镇实施塘市片区污水处理提质增效排水达标区（25号、

26号、27号）建设工程，整治范围7.38平方千米，包括污水管道的检测、疏通、维修，“小散乱”、公共建设单位、住宅小区雨污分流改造及车库、阳台污水治理等，推进城中村与小区雨污分流改造，完成前溪二区、三区、锦绣花苑等6个城中村与小区雨污分流改造（含车库水及阳台水）。

【管线整治】 根据经开区党工委《关于加快推进城区重点区域架空管线整治的相关事项请示》批示精神，经开区（杨舍镇）自2023年开始有序推进市区24个城中村自然宅基区域零乱管线整治工作。年内投资约100万元，完成前溪一区、扁泾新村、铜盆新村、赵家村曹口等14个城中村自然宅基区域内零乱管线的梳理规整，涉及住户1051户，梳理规整管线26千米。

【房屋安全隐患排查】 年内，经开区建设局采取工程措施解危和空关围挡管控措施，防范和消除建筑安全隐患。协调开展区镇幕墙隐患排查工作，依托“苏州市房屋使用安全信息管理平台”，排查幕墙类建筑121栋并完成平台录入。协调区镇各行业主管局（室），开展学校、医院、体育健身场所等公共建筑房屋安全再排查再整治工作，依托“江苏省既有建筑安全隐患排查整治信息系统”排查公共类建筑760栋并完成平台录入工作。根据2021—2022年度各房屋安全平台排查录入的隐患建筑清单，协调属地办事处（街道）、村（社区），督促房屋产权人开展危房整治销号工作。至2023年年末，完成农村隐患房屋整治15栋，隐患整治率100%（11栋采取工程措施解危，4栋采取空关围挡管控措施）；完成城镇隐患房屋整治95栋，隐患整治率100%（31栋采取工程措施解危或经鉴定已达安全等级，64栋采取空关围挡管控措施或安装安全监测装置）。

城市管理

【概况】 2023年，杨舍镇综合行政执法局立足“精准执法、精细管理、精致市容”三大要求，以垃圾分类“小切口”撬动民生大文章，实现“城市管理提档提质”八大工程，“由表及里、形神兼备”全面提升，取得良好成效。开展网格比拼，将区镇管辖区域划分为36个网格（一类网格、二类网格各18个），通过“比拼晒绩”提升网格治理成效；实施执法公示、执法全过程记录、重大执法审核等制度，年内开出罚单4万余份。开展常态纠察，围绕队容队貌、依法行政、执法规范等13个方面展开定期和不定期纠察，纠处问题60余个，整改率100%。打造“执法沙龙”平台，邀请条线专家、业务骨干、一线执法队员、优秀辅助执法人员授课交流十余次，举办法律知识竞赛1次。

【市容管理】 年内，杨舍镇综合行政执法局坚持市容精细化管理，推动“网格化管理”与“门前三包”“三色管理”相互融合、相互促进。全年整改红牌商户240余家，拆除楼顶、高炮、封窗广告牌123块，规范各类户外广告500余处。支持新消费业态发展，适当放宽临时外摆限制，打造各具特色的街区、夜市品牌，杨舍老街创成江苏省户外广告和店招标牌设施设置“特色街区”，暨阳湖生态金融街等2个街区创建成为苏州市“美丽街区”。开展违法建设整治，治理违建面积25.24万平方米，违建治理平台涉安点位全部清零。

保洁人员在步行街进行日常保洁

【日常保洁】 年内，区镇不断提升日常保洁标准，开展“五位一体”督查考核12次，清理卫生死角960余处、垃圾184.8吨。推进“净美苏州”建设行动，新增环卫“席地而坐”城市客厅5个，建成苏州市消极区域（动迁地块、毗邻区等管理盲区的卫生死角）综合治理示范点位3个、无烟头示范道路6条、净美街巷4条、“环卫+执法联动”示范路3条、落叶景观示范路5条，在城区重点区域设置吸烟亭9个、灭烟柱69个。开展“主次干道烟头清理、市级道路保洁提升、车位死角清零”等各类专项整治十余次。“街道宣传+环卫保洁+执法保障”联动工作机制初步建立。

【车位扩容】 3月起，区镇围绕全市“停车位增供给”民生实事项目，深挖停车资源，通过加快改造，推进老旧小区车位扩容。在充分摸排、科学规划基础上，推进路面维修、绿化改造，在万红一村、东苑小区等老旧小区有序实施停车位改造工程，着力缓解居民停车难题。针对复兴路、人民西路机动车、非机动车停车泊位数量不足、标线不清等问题，安排专门力量对车位进行扩容改造，市民停车需求、市容秩序得以双向提升。盘活资源，持续挖潜共享车位，借力“港城夜泊”共享服务品牌，动员辖区内杨舍老街、万达广场等商业综合体、城北街道南侧停车场向周边居民、商户错时开放，加大停车泊位供给力度。全年累计投资约70余万元，新增机动车停车位470余个、非机动车停车位1039个，错时开放机动车位6000余个，划线1914米。

【市长信箱、“12345”便民服务平台案件接办】 年内，杨舍镇综合行政执法局承办市长信箱等各类民生问题150余件，处置率为98%以上。信访处置事项主要集中在违章搭建投诉、违章停车管理、占道经营投诉等方面，办结率98%以上。接办市、镇两级城市管理类平台工单，全年处办各类平台案件162277起、办结161584起，办结率99.6%。从案件来源看，市社会治理现代化指挥平台39467起、市便民服务中心综合管理系统1640起、智慧城管平台22746起、智慧城管监控平台98424起。从案件类型看，涉及违章停车、门前“三包”、流动摊贩、户外广告、私搭乱建等方面。自平台投入运行，简易案件平均办理时效为2个小时，处办时间大为缩短。

【智慧城管】 2023年，区镇城市管理信息化、智慧化水平持续提升，构建起感知、分析、指挥、监督、服务“五位一体”的城市

"智"理体系，不断赋能城市精细化管理。视频监控方面，在原有500路视频监控基础上，新增500路智能高清监控，拓展城市管理监控区域，提升城区主次干道、重点区域实时监控的精准度，实现城区重点路段市容市貌全时段、全方位可视化监控管理。创新"三次必罚"结案制度，对同一个单位违反市容管理规定的行为，第一次结案标准为现场劝导纠处，第二次结案标准为现场纠处并开具整改通知单，第三次结案标准为开具处罚单，完成处罚。引入核查机制，通过终端核查把关问题整改，确保问题整改到位无复发。

【垃圾分类】 至年末，区镇在323个居民小区及零散居民区建成四分类投放点位950个，其中人工分类亭房664个、智能分类亭房262个，投入流动回收车24辆。8000余家沿街商铺及企事业单位实现上门收运。通过优化投放时段、规范收运处置、强化源头督导及提升宣教实效等举措，引导居民主动参与、主动分享，营造全民参与垃圾分类的良好氛围。为持续推进垃圾分类工作，区镇全年投入5400万元，完成生活垃圾"三定一督"流动回收车服务、有害垃圾收运处置服务、城南环卫所有害垃圾标准化仓库改扩建项目、小区垃圾投放点半智能升级改造运维服务、12个小区星级亭房改造、生活垃圾分类投放点改造及迁移、亭房采购和基础建设等工作。年内，江苏省城乡生活垃圾分类联席会议办公室公布垃圾分类"红黑榜"居民小区名单，经开区（杨舍镇）七里庙社区的章卿小区登上"红榜"。

【再生资源回收便民小屋】 年内，西湖苑、旺西花苑、大莱巷先后设立再生资源回收便民小屋，将可回收物的交易回收服务送至小区居民"家门口"。再生资源回收便民小屋将收运主体和终端处置有机融合，实现从交投到收集、分拣、运输，再到终端的全流程闭环管理。至年末，西湖苑每日交投回收量约1.2吨，满足周边6个小区约5000户居民分类需求；旺西花苑每日交投回收量约1.05吨，满足周边近3000户居民的可回收物投放需求；大莱巷每日交投回收量约0.5吨，辐射周边近4000户居民。

【垃圾误时投放】 根据市城管局《关于进一步加强居民小区垃圾分类误时投放治理的通知》和《2023年张家港市生活垃圾分类"误时投放"精细化治理专项行动方案》要求，区镇以整治零散垃圾包为重点，6月起通过建立垃圾分类新"三定一督"模式管理工作机制，面向杨舍镇范围内321个居民小区，开启垃圾误时投放服务。在摸准居民小区及沿街商铺垃圾投放需求和时间坐标基础上，通过延长垃圾分类亭开放时间、安排专人不定时巡查、试行24小时无人督导及开展专项执法督查等方式，解决早出晚归人群误时投放难题，确保居民"分"得方便、"分"得舒心、"分"得到位，力求从源头破解垃圾包随地乱扔现象。 （顾媛媛）

【"瓶改管""瓶改电"】 2023年，区镇全面进入餐饮场所"瓶改管""瓶改电"集中攻坚阶段。至年末，正在改管改电115家（改管46家、改电69家），占总量（1962户）的5.86%；完成改管改电1639家（改管91家、改电1548家），占总量的83.54%；采取停气、停业或其他措施188家，占总量的9.58%；仍未达成"瓶改"意愿20家，占总量1.02%。实际完成占比93.1%。

交通·水务·通信

东莱村团结河（2020年省级农村生态河道）

交通设施及运输

【概况】 经开区（杨舍镇）有城区市政道路125条172.8千米，有国道、省道3条（G346张杨公路、S228苏虞张公路、S280金港大道）22.49千米，2023年新建公路1条（东三环）6.082千米，农村公路83条180千米，航道7条58.42千米。境内设有沪武高速、靖张高速、通锡高速出入口，有沪宁沿江高铁穿过，距离张家港站、江阴站均在半小时车程内。开通市、镇、村一级公交线路8条。有内河码头8个，泊位12个。有市交通运输综合行政执法大队城区中队、港政中队。至年末，全镇有规模以上（10辆车以上）运输企业70家，有各类货运车辆1374辆。全镇有一类维修企业30家、二类维修企业70家、三类维修企业192家，完成机动车维修企业备案管理292家。

【陆路运输管理】 年末，区镇拥有专业运输企业411家，有货车1988辆，核定载重2.8万吨，个体运输户849户，核定载重约9000吨。年内，开展各类交通专项整治13次，清除非标悬挂物17块，清理桥下占用空间3处，清理堆积物16立方米，受理埋设管线申请17起。

【水上运输管理】 年末，市交通运输部门有负责杨舍镇水上运输管理执法人员9人，配备海巡艇3艘、海事执法车2辆。辖区有锡十一圩线（五级）、老锡十一圩线（等外级）、澄杨线（六级）、一干河（等外级）、新

交警日常执勤

泗港河（等外级）等通航水域，通航里程约33.29千米，码头8个，封闭水域非通航游览活动场所3个（暨阳湖、梁丰生态园、张家港公园）。全年实施行政处罚51起。实施现场巡航（视）里程6002千米，巡航时间900小时，出动海巡艇（车）305次、1242人次，接处警1起，有效保障辖区水上交通安全。

【车辆检测】 区镇有昊蓝机动车检测有限公司、腾龙机动车检测有限公司2家机动车综合性能检测服务机构，机动车检测线4条，由交通部门管理且有检测运营性质大型车辆资质。全年检测各类车辆13616辆次，其中检测营运车辆4045辆次。

交通管理

【概况】 2023年，经开区（杨舍镇）辖区内各交警中队深化道路交通安全专项整治，推进道路交通事故预防“减量控大”重点工作，开展夏季整治“百日”行动、冬季“攻坚”行动、酒驾醉驾集中整治、电动自行车违法整治、行人违法整治、道路交通秩序大整治大提升等专项行动。完成各类交通安保警卫，包括春运、清明节、中考、高考、国庆、诺博汽车峰会、张家港市第八届体育运动会“金陵体育杯”三人篮球赛、沙洲湖万人健步行、“张家港行”2023张家港东渡半程马拉松等安保交通管理工作。年内，全面开展道路交通秩序整治工作，确保辖区道路交通稳定有序，未发生有影响的重大交通事故。全年查处各类交通违法行为257244起，查处酒驾857起（其中醉驾301起），非机动车交通违法行为154919起，查处非法改装车393辆，处置各类交通事故43376起，排查整改交通隐患1115处，检查交通运输企业215次，约谈87家交通违法率较高的企业负责人，下发整改通知书97份。结合“八进”宣传工作深入企业、学校，采取宣传栏摆放展板、上门发宣传资料及举办讲座等形式，广泛宣传交通安全法规。围绕“农村道路交通安全”主题，走进村、社区开展专题宣传活动88场，发放宣传资料2400余份，依托各类媒体发布宣传信息774条。

【交通隐患治理】 2023年，区镇开展交通隐患治理，实施交通安全设施维护。全年对20个路口的交通道路信号灯进行智能化联网改造，投资300万元对交通警示标

交通“护学岗”

志缺损、道路标线不清、隔离护栏损坏及重点临河路段防护缺失等600余处交通安全隐患进行整改，进一步优化辖区道路安全秩序。（徐立峰）

水利建设

【概况】 2023年，经开区（杨舍镇）有序推进水利工程建设，水利投资900万元，实施1个项目区水系连片整治，建设幸福河湖、县乡生态河道23条，疏浚镇村河道19条，拆坝建桥5处，完成晨中河东圩口闸新建、川港排涝站改造工程，开展20座排涝站和13座圩口闸提标改造，治理劣V类河道4条。

【河道疏浚】 2023年，区镇疏浚镇村河道19条、长度9.84千米、土方9.97万立方米。实施南新村1个项目区水系连片整治，建设幸福河湖16条。完成县乡生态河道建设7条，长度9.61千米，分别为水涝圩河、蔡港河、木排港、南大寨河、罗长浜、潮泾河、丰千泾，生态河道覆盖率68%。全年完成劣V类河道治理4条，累计治理劣V类河道20条并通过销号，销号率87%。

【排涝站建设】 全镇有16个圩区，涉及18个行政村及城西村大寨圩，排涝站53座，排涝动力每秒98立方米，圩口闸59座。年内，区镇拆坝建桥5处，新建晨中河东圩口闸1座，改造川港排涝站1座。开展圩区水闸、泵站提标改造，全年完成20座排涝站和13座圩口闸提标改造。

水务管理

【概况】 2023年，经开区（杨舍镇）推进水务管理由“重建轻管”向“建管并重”“以管促建”转变，筑牢防汛安全之坝，提升小农水管护水平，落实水资源管理，深化河长制工作，提高水务管理水平，提升水利工程效益。做好水利工程在建工地以及泵站、水闸运行、办公场所既有建筑安全生产工作等。（蒋昌晶）

福前村黄埭后河

【防汛防旱】 5月27日，全镇防汛工作会议召开，镇政府与9个办事处（街道）签订防汛工作目标责任状。区镇成立群众抢险队伍99支、1182人，落实专业防汛队伍1支、抢险人员14人。区镇进一步完善防汛防旱指挥部成员单位职责，落实中心河流和圩区堤防、建筑物行政、管理、技术责任人。针对汛期各种情况，区镇从严从紧从实抓好防汛各项工作，实现“有灾无害无伤亡”的抗洪目标和“有灾少害无亡人”的抗台风目标。

（王瑞旺）

【水资源利用和管理】 围绕第三十一届世界水日、第三十六届中国水周主题，区镇开展水资源保护进学校、水法宣传进企业等系列宣传活动。推动扬子纺纱、扬子染整、扬子精梳、诚信印染、骏马涤纶5家企业开展节水型载体创建工作。完成区域水土保持监测工作和水资源论证区域评估工作。区镇全年地表水用量为716万吨，浅层水用量为3.7万吨，公共供水2243万吨，征收水资源费173.13万元、工程水费64.52万元。

（魏佳）

【河道长效管理】 2023年，区镇常态化推进河湖“四清”专项整治。完成2023年度疑似违法水域图斑复核；开展绿萍、水葫芦等水生植物专项打捞行动，累计清理河道1178条，打捞绿萍、水葫芦、蓝藻等水生植物781吨；围绕国省市考断面所在河道上下游开展住家船、断头浜排查工作，全年排查2次。

【“河长制”工作】 7月6日，区镇河长办公室印发《2023年经开区（杨舍镇）河长制工作要点》，全面部署区镇2023年度河长制重点工作。8月29日，召开总河长会议，传达市总河长会议精神，阶段性总结分析年度治水成效和存在问题，加快推进落实年度重点工作。设立镇、村二级河长体系，区镇72名河长全年累计巡河3500余次，发现并交办整改问题450余个，办结苏州市级交办单2份、张家港市级交办单6份、

8月29日，经开区（杨舍镇）召开农村工作会议暨人居环境整治、河长制工作推进会

市巡检网下发问题507个。完成市级重要河湖“一事一办”任务清单16项、镇级河道“一事一办”任务清单9项。深化联合河长制，与江阴市华士镇、张家港市金港街道河长办开展蔡港、木排港等交界河道联合治理，破除“界河无人管”问题，打造交界河道治理成功范例。开展线上线下宣传，推动全民共管共治，全年发布河长制工作信息15条。东莱村连片幸福河湖创建入选苏州市“消劣争优”行动典型案例。开展最美河长评比，评选最美河长2人，其中基层河长1人、民间河长1人。

（卢峰）

通　信

【江苏有线】 江苏有线张家港分公司是省属国有大型文化企业江苏有线（上市公司）的下属分公司，有员工360人，主要负责张家港市辖区内有线数字电视网络的建设和电视传输、广电5G等业务运营，网内有高清互动数字电视、广电宽带、5G移动通信、安防监控及智慧广电等各类智能化业务。2023年，杨舍广电站有员工69人，在经开区（杨舍镇）光缆建设长度71002.9芯千米，广电双向网覆盖率100%，光纤通达率近100%，5G信号覆盖率近100%。在网数字电视用户5.65万户、宽带在线用户1.6万户、移动电话用户1.51万户。

【中国联通】 中国联通张家港市分公司经开区分局位于人民东路708号，在张家港联通通信综合楼统一办公，有员工24人、营业网点25个。2023年完成业务收入6500万元，有移动通信用户6万户、宽带用户1.5万户。全年新开通4G站点25个，累计696个；建设开通5G站点85个，累计723个；新建光缆719皮长千米，累计10918皮长千米。光纤网络覆盖到所有行政村，覆盖率100%。

（陈莹）

【中国电信】 中国电信张家港分公司下设2个行客支局、2个商客支局、4个公众支局、64个营业网点（营业厅、社区店等），辐射区镇范围内电信业务。至2023年年末，杨舍镇内拥有固定电话用户约8万户、移动电话用户约34万户、宽带用户约19万户、天翼高清用户约10万户。

（顾玥）

【中国移动】 中国移动张家港分公司在经开区（杨舍镇）设城东、城南、城西、城北4个分局，有员工60人、营业网点75个，提供就业岗位180个。2023年完成业务收入50370万元，移动通信用户44.1万户、宽带用户15万户。中国移动张家港分公司在区镇全年新开通4G站点49个，累计1070个；建设开通5G站点41个，累计897个；新建光缆1500皮长千米，累计70517皮长千米，总计投资2000万元。光纤网络覆盖到所有行政村，覆盖率100%。

（祁静娜）

开放型经济

采埃孚工厂外景

招商引资

【概况】 2023年，经开区累计签约超1亿元项目16项，总投资额367.82亿元。其中外资及中国港澳台资项目5项，总投资额1.7亿美元。全年完成注册外资及中国港澳台资1.59亿美元，实际利用外资及中国港澳台资1.03亿美元。新设储能电池超级工厂和新能源电池研究院、全钒液流电池产业化等项目，采埃孚、扬子纺纱等企业增资扩股。

表9　　2023年经开区（杨舍镇）投资1亿元以上项目一览表

单位名称	项目名称	总投资额（万元）
盛虹控股集团	储能电池超级工厂和新能源电池研究院项目	3060000
张家港协鑫超能云动科技有限公司	移动储能系统项目	150000
张家港奥莱德实业发展有限公司	东久（张家港）国际产业园项目	105000
江苏东方四通科技股份有限公司	高精度控制电源生产基地项目	80000
爱汽科技（苏州）有限公司	新能源汽车驱动系统核心部件项目	35000
张家港市超声电气有限公司	泛半导体湿法清洗设备项目	31200
张家港德泰储能装备有限公司	全钒液流电池产业化项目	30000
江苏晋誉达半导体股份有限公司	半导体高端设备研发及生产基地项目	30000
德裕（苏州）纳米科技有限公司	纳米纤维膜以及纳米纤维过滤材料项目	30000
科莱沃洁净容器（张家港）有限公司	光刻胶洁净容器项目	30000
康明斯传动科技（苏州）有限公司	半导体导轨组件及轴承项目	20000
苏州深研科技有限公司	先进智能切割装备及第四代半导体设备项目	20000
苏州黑冕光电科技有限公司	钙钛矿太阳能电池模组	20000
张家港扬子纺纱有限公司	智能化改造增资项目	15000
苏州海陆重工股份有限公司	第四代核级容器扩建项目	12000
苏州良辰生物医药科技有限公司	苏州良辰生物医药创新中心暨上市总部项目	10000

表10　2023年经开区(杨舍镇)新设(含增资)外资及中国香港地区项目一览表

项目(企业)名称	投资方	所属行业	投资总额(万美元)	注册资本(万美元)	注册外资及港资(万美元)	外资或港资比例(%)	备案时间
德裕(苏州)纳米科技有限公司	中国香港	制造业	1500	1500	500	33.3%	1月
采埃孚汽车科技(张家港)有限公司	德国	制造业	—	1455	1455	100%	4月
苏州深研科技有限公司	新加坡	制造业	3000	1200	500	41.6%	6月
菲科国际进出口(江苏)有限公司	菲律宾	服务业	9319	9319	2795.7	30%	6月
康明斯传动科技(苏州)有限公司	中国香港	服务业	2500	2500	2500	100%	6月
张家港奥莱德实业发展有限公司	中国香港	服务业	6000	2000	2000	100%	8月
张家港承辉新能源有限责任公司	中国香港	服务业	1392.54	1392.54	1392.54	100%	9月
张家港扬子纺纱有限公司(增资)	德国	制造业	2000	2000	2000	100%	9月
张家港市原理敢为投资有限公司	中国香港	服务业	35000	5000	5000	100%	12月
马尼托瓦克起重设备(中国)有限公司	美国	制造业	—	1000	1000	100%	12月

【盛虹储能项目落户张家港】 1月31日上午,盛虹控股集团储能电池超级工厂和新能源电池研究院项目签约仪式举行。项目总投资306亿元,是张家港招商引资有史以来单体投资最大的项目。项目在区镇建设60吉瓦时储能电池超级工厂和新能源电池研究院。产品广泛应用于新能源汽车、船用动力、电动特种车、数据中心储能等领域。其中首期24吉瓦时项目和独立主体的新能源电池研究院,总投资140亿元、用地56.73公顷,建设年产32吉瓦时(原规划24吉瓦时)电芯、模组、PACK及系统集成产品。新能源电池研究院项目,注册资本5000万元,专注于新型储能技术研发,主要建设研发中心、中试中心、测试中心及员工配套生活中心等,引进不少于300名研发高级人才,持续探索电芯材料、电池循环技术、储能系统集成技术及智慧储能设备等领域,最终实现储能电池系统全产线独立研发并转化为生产技术能力。　　(陶建娟)

【半导体（智能制造）科技招商推介会】 3月26日，张家港经开区半导体（智能制造）科技招商推介会在北京举办。市委副书记、副市长李炳龙，市委常委、经开区党工委书记和管委会主任、杨舍镇党委书记张志明等出席推介会，高校、科研院所专家学者以及来自国家（北京）专精特新企业、高新技术企业培引机构、风创投机构和科创路演等单位的50余名代表参加会议。杨舍镇党委副书记、镇长卞春生作半导体（智能制造）产业推介。国家专精特新企业——中电科安科技股份有限公司董事长吕文奎、2022年中国IC独角兽企业北京炎黄国芯科技有限公司董事长郭虎作创业分享。会上，颁发张家港经开区2023年高新技术企业培引城市合作机构聘书。在互动交流环节，中科院苏州纳米所副所长李清文、中国科学院北京软件工程研制中心副主任陈鹏等嘉宾为经开区半导体（智能制造）产业发展建言献策。宇航推进、本源量子等10个项目参加科创项目闭门路演。会前，张志明一行实地考察京东方科技集团、北京芯动能投资管理有限公司、北京软体机器人科技股份有限公司、中科芯电半导体科技（北京）有限公司等，推进有关重点科技招商项目的洽谈工作。

【经开区半导体和光学技术推介会】 为引进高层次人才、团队和项目，助推经开区光电半导体产业持续快速发展，3月31日，经开区在张家港纳米产业园举办光电半导体产业推介会，深圳国中创投、瑞江资本、海创汇、天堂硅谷等27家光电半导体产业领域专业投资机构参加活动。会议指出，张家港经开区作为全市半导体产业发展主阵地，引进企业主要集中在集成电路、分立器件、光电显示、半导体设备、半导体材料等方面，具有良好的产业基础及创业环境，形成了包括蓝宝石长晶、LED外延片及配套芯片、图形化衬底、LED封装应

3月26日，经开区半导体（智能制造）科技招商推介会在北京举行

用等在内的完整LED产业链，具备非常优越的发展环境。中科纳米张家港化合物半导体研究所以及张家港市集成电路产业促进中心等专业平台为企业落户提供全方位支撑。

【市首个建筑央企子公司总部揭牌】 5月15日，中铁城建集团华东建设有限公司在张家港经开区成立，是张家港市首家建筑类央企子公司总部。中铁城建集团党委书记、董事长申景涛，张家港市委书记韩卫等参加活动。中铁城建集团隶属排名世界500强第39位的中国铁建，是专业从事城市建设的大型建筑企业集团，拥有建筑特级、市政一级、铁路一级等施工总承包和专业承包资质60余项。华东建设公司以打造“专精特新”企业为目标，围绕房建和市政工程，拓展江苏、浙江、福建、上海等市场。双方将在城市更新、园区建设、基础配套、民生建设等领域合作。7月，中铁城建集团房地产开发有限公司以7.62亿元竞得经开区国泰中路西侧、人民西路南侧地块，面积4.48万平方米，楼面价每平方米7560元。

【半导体和光学技术专题推介会】 5月23日，“‘芯’聚鹏城·‘光’耀港城”张家港经开区半导体和光学技术专题推介会在深圳举办。市委副书记、副市长李炳龙，市委常委、经开区党工委书记和管委会主任、杨舍镇党委书记张志明等出席活动。杨舍镇党委副书记、镇长卞春生作半导体和光学技术专题推介，从区镇概览、产业布局、载体平台和投资优势4个方面向与会嘉宾作详细介绍。经开区优质平台代表中科纳米张家港化合物半导体研究所、张家港市集成电路产业促进中心负责人分别围绕主题作平台推介。会上，华引芯（张家港）半导体有限公司执行董事、国家级重大人才工程计划专家孙雷蒙先生作交流发言。最后，与会嘉宾围绕推介会主题作互动交流。活动期间，张志明一行现场考察深圳甘露集团、印力集团和名家汇等企业，推进项目洽谈工作。

（许晓崎）

【科技招商推介会】 8月11日下午，张家港经开区科技招商推介会举办，来自全国各地的高层次人才、企业家代表、风投机构代表50余人为经开区高质量发展建言献策、蓄势聚能。参加本次推介会的37家硬核科技企业具有高技术壁垒、高竞争力、高成长性特点，其中国科天成、长盈通等多家企业通过创业板IPO过会或已挂牌上市。座谈会上，25位企业CEO作创业分享，并与市级有关部门领导及经开区投资促进中心进行交流，表达产业协作、项目落地的良好愿景。此次活动系2023年（第十五届）苏州国际精英创业周张家港专场子活动，旨在更好宣传张家港经开区创新创业环境，聚焦高端人才资源，吸引一批优质产业化项目落地。

（余哲涛）

进出口贸易

【概况】 2023年，经开区（杨舍镇）有外贸企业约2000家，主要涉及纺织服装、轻工业、电子元器件、汽配、机械等行业。全年完成进出口贸易总额87.5亿美元，进出口指标完成度99%。其中进口总额9.69亿美元，比上年降9.9%；出口总额77.79亿美元，比上年降13.4%。贸易顺差68.1亿美元。

5月25日，江苏瑞铁轨道装备股份有限公司首批出口"一带一路"沿线国家孟加拉国的20辆铁路行李车正式发车

【125辆火车出口孟加拉国】 5月25日，江苏瑞铁轨道装备股份有限公司首批出口"一带一路"沿线国家孟加拉国的20辆铁路行李车正式发车。江苏瑞铁轨道装备股份有限公司位于张家港经济技术开发区，是一家专业生产销售轨道交通装备产品的股份制企业，主要包括货车整车、客车整车、货车及客车配件等，产品远销60余个国家和地区。公司于2020年下半年接到孟加拉国铁道部铁路行李车项目，该项目有12种车型、125辆车，是中国轨道装备行业一次性承担车型种类最多的项目。产品涵盖普通货物运输、冷链货物运输、乘客运输等多种功能。项目在技术难度、生产组织、采购等方面都对江苏瑞铁提出很大挑战。为保证项目顺利进行，江苏瑞铁多次派技术人员赴孟加拉国进行现场调研，充分了解客户需求及使用习惯等。孟加拉国铁道部、中国技术进出口集团有限公司的技术人员前来验收这批火车时，对产品质量、制造工艺、试验工装等给予高度评价。

对外及中国港澳台经济技术合作

【概况】 2023年，经开区（杨舍镇）抢抓国家"一带一路"倡议机遇，不断加快走出去步伐，在全球布局产业发展体系。年内，新增对外及对中国香港、台湾地区投资项目21项。骏马化纤股份有限公司赴泰国投资设立骏马新材料（泰国）有限公司，江苏国泰国贸实业有限公司到埃及投资设立华鸿（埃及）服装有限公司等。

【国泰缅甸服装产业园】 国泰缅甸服装产业园由江苏国泰下属公司江苏国泰海外技术服务有限公司投资设立，2017年1月开工建设，园区定位为各类纺织服装的加工、生产和销售，产品主要出口欧洲、日本，一期占地面积8.33公顷、实际经营面积8.75万平方米。2018年8月，产业园二期批准设立，投资总额约3700万美元，计划建设厂房16万平方米、宿舍楼1万平方米及相关生产、生活配套设备和设施。2023年，产业园一期项目区内9家企业正常运营，订单充足。二期项目建成厂房12万平方米、宿舍楼1.2万平方米及相关生产、生活配套设施，入驻工厂3家，合计用工3000人。

农 业

福前村俯瞰

农业综情

【概况】2023年,经开区(杨舍镇)完成农、林、牧、渔业总产值5.53亿元。全镇粮食作物播种面积2252.1公顷,总产量1.59万吨,粮食生产全程机械化水平99.52%,特色农业机械化水平83.55%,农产品质量安全水平保持在99%以上,年内新增"二品"农产品3个,累计54个;绿色优质农产品基地面积1130公顷。"苏州大米"区域公用品牌使用企业2家。在省、市果品品鉴会上,杨舍镇获最佳风味奖1个、金奖7个、银奖4个。新增苏州市"美丽果园"特色村1个,新建苏州市"美丽菜园"1个,有省级园艺作物标准园2个。推广应用"生态调控+生物防治+化学防治"等集成绿色防控模式,主要农作物病虫害绿色防控覆盖率68.5%,建成省级农作物病虫害专业化防治三星级服务组织1个。拥有3个废旧农膜回收点,全镇废旧农膜回收利用率96.6%以上。开展农药包装废弃物回收工作,农药包装废弃物回收率103.6%(供销社配送农药包装废弃物回收率100%,社会回收农药包装废弃物回收率3.6%)。优化以秸秆机械化全量还田为主的利用方式,水稻秸秆离田面积187.43公顷,秸秆离田率16%。推进张家港市级农业生产全程全面机械化示范镇建设,至年末,创成江苏省农业生产全程机械化典型基地(园区)3家、苏州市级粮食生产"全程机械化+综合农事"服务中心4家、苏州市机械化示范基地3家、苏州市级无人化农场1家、苏州市级农机农艺融合示范点1个。全镇有农业产业化龙头企业18家,年末资产总额37.91亿元,全年实现销售收入63.91亿元。新增苏州市级农业产业化龙头企业1家。新增苏州市"智慧农村"示范村3个,累计7个;新增苏州市智慧农业生产示范场景2个,累计5个。

(钟加龙)

【农业基本建设】年内,区镇加快高标准农田建设,对章卿、善港、闸上、南新、黎明、双鹿6个村改造提升高标准农田218.47公顷,构建集智慧、高效、生态于一体的高标准农田。年内项目竣工并通过镇级和市级验收,获评"2023年度苏州市高标准农田优秀案例"。强化科技示范引领,推广水稻集中育秧技术及机插缓混一次施肥技术,推广面积361.67公顷。市财政下发水稻基质育秧、机插缓混一次施肥等配套奖补资金59.44万元。以示范片(方)建设为纽带,培育典型示范主体,推进优质稻米产业化开发,辐射带动全镇水稻产业提质增效。

【农产品生产】年内,区镇有0.2公顷以上集中育秧点32个,育秧面积16公顷,集中育供秧比例超过53%。建设水稻机插缓混一次施肥示范点30个,示范面积361.67公顷。水稻播种面积1180公顷,总产量1.08万吨,每公顷产量9.18吨;小麦播种面积964公顷,总产量4800吨,每公顷产量4.97吨;豆类播种面积91.77公顷,总产量222.84吨,每公顷产量2.43吨;蔬菜播种面积982.24公顷,总产量2.71万吨;果品种植面积91公顷,总产量1620.5吨,其中葡萄835吨、梨307吨、草莓230吨。

(陈朱叶　沈博)

【科技兴农】2023年,区镇加快培育与现代农业发展相适应的人才队伍,年内入选苏州市姑苏乡土人才5人(钟加龙、刘玉风、李卫岗、瞿玉艳、林高峰)。新认定新型职业农民30人,累计253人,大专以上学历占比88%。全年举办、参加农民培训11期,培训177人次。金鑫家庭农场负责人唐培鑫获评2022年度“张家港市十佳新型职业农民”。南新村“稻香人和”研学基地、梁丰生态牧业文化园、善港农业基地、神园葡萄大世界4个单位入选张家港市农业科普研学基地(新时代劳动教育实践基地)、张家港市校外教育辅导总站实践基地,全年开展活动94期,接待全市及江阴、常熟等地学生5650人次。 (沈丹婷)

【奖农惠农】 年内,区镇发放各类惠农补贴约2380万元。其中实际种粮农民一次性补贴35万元,补贴面积1159.09公顷,惠及农户92户;发放农产品展示展销奖励31.6万元,涉及农副产品生产经营主体31户;发放农业经营主体各类奖补资金52.83万元(18家次);申报获批张家港市现代农业建设项目奖补资金346万元(4家)。为3名符合条件的新型职业农民发放社保补贴3.7万元。 (郭平芳 孙晓焱)

【高标准农田改造提升项目】 高标准农田改造提升项目是杨舍镇重点打造的民生实事工程,项目区面积218.47公顷,位于章卿、善港、闸上、南新、黎明、双鹿6个村。项目于2023年5月竣工,工程审定价2345.3万元。其中高效节水项目位于章卿村,改造面积68.73公顷,采用低压管道灌溉,突出智能科技与绿色生态,着力构建集智慧、高效、生态于一体的高标准农田。11月24日,该项目获评“2023年度苏州市高标准农田优秀案例”。 (陈朱叶)

种植业

【概况】 经开区(杨舍镇)主要种植的粮食作物有水稻、小麦和大豆,经济作物主要有油菜、蔬菜和果品。2023年,水稻种植总面积1180公顷,主栽品种均为优良食味品种,包括“南粳5055”“南粳3908”“南粳46”和“宁香粳9号”4种。小麦种植总面积为964公顷,主栽品种为“镇麦18”“镇麦15”“扬麦23”。果品以葡萄、梨、柑橘、草莓等为主,少量种植猕猴桃、无花果,栽培方式以露地栽培为主,设施栽培比例不断提高。

【粮食作物】 秋粮生产克服育秧期罕见高温及分蘖、灌浆期连续阴雨天气等不利影响,实现丰产丰收。2023年,全镇粮食作物播种面积2252.1公顷,比上年增加4.23公顷,增幅0.19%;总产量1.59万吨,比上年增加90.45吨,增幅0.57%。水稻播种面积1180公顷,总产量1.08万吨;每公顷产量9.18吨,比上年增加48.69千克,增幅0.53%。小麦播种面积964公顷,总产量4800吨;每公顷产量4.97吨,比上年增加36千克,增幅0.73%。豆类播种面积91.77公顷,总产量222.84吨;每公顷产量2.43吨,比上年增加20.71千克,增幅0.86%。围绕优质粮食安全工程,稳步优化稻麦品种布局,示范种植“宁香粳9号”“镇麦18”等苗头性新品种,培育科技示范户10户。农义村水稻绿色高质高效创建超高产攻关示范基地种植的杂交水稻“甬优1540”攻关田,每公顷产量达到15345千克(折合亩产1023千克)。

【经济作物】 2023年，全镇蔬菜播种面积982.24公顷，总产量2.71万吨。创成苏州市“美丽菜园”1个，累计4个；创成张家港市“美丽菜园”1个，累计6个；累计建成省级园艺作物标准园2个、“菜篮子”工程绿色蔬菜保供基地2个。与省内外科研单位和院校开展合作交流，解决连作障碍、绿色防控等方面的问题。果品产品结构不断优化，产业发展向新、精、优转变。先后引进“苏翠1号”梨、“红美人”柑橘、“奥尼尔”蓝莓等新品种，引进“Y型棚架标准化修剪”“生物质碳基肥料土壤改良”等先进技术，完善梨、葡萄现代农业体系，创成苏州市“美丽果园”特色村1个。在2023年省、市果品品鉴会上，区镇送选果品获最佳风味奖1个、金奖7个、银奖4个。

【耕地地力保护】 2023年，区镇农业农村局通过推广合理耕作制度，包括间作、轮作、深耕等措施，改善土壤养分状况，推行秸秆还田、绿肥覆盖等措施，增加土壤有机质含量和肥力，鼓励农民科学施肥、合理用药，引导农民合理利用农田水利设施，合理灌溉，做好耕地地力保护。全年区镇耕地地力保护补贴面积1595.39公顷，补贴资金287.17万元，惠及农户5992户。

【蔬菜基地】 全镇共有蔬菜种植面积408.8公顷，以茄果类、叶菜类、瓜菜类等蔬菜为主。其中江苏善港生态农业科技有限公司成立于2013年，是一家专业从事高效农业研发、优质稻麦、蔬菜、果品、苗木和水产等种养殖及销售为一体的省级农业龙头企业。公司现有蔬菜、常规稻麦、有机水稻、草莓、甜瓜、无花果、葡萄、新疆红枣和陕西安塞苹果等9个生产基地。近年来，公司先后获得国家级两化融合贯标体系、江苏（张家港）现代农业（蔬菜）科技综合示范基地、江苏省农业标准化试点、江苏省级农产品“创牌立信”示范单位、江苏省数字农业农村基地、苏州市质量奖、苏州市“十佳”农业科技企业、苏州市农产品追溯示范单位、苏州市“菜篮子”工程蔬菜标准园、苏州市“智慧农业”示范基地、苏州市农产品追溯示范单位等称号。

【瓜果基地】 全镇共有果品面积91公顷，以葡萄、梨、草莓为主。其中张家港市神园葡萄科技有限公司创立于1981年，专注于葡萄品种的引进和选育、栽培研究和推广、优质葡萄产区整合、精品葡萄生产等环节，是国内最大的葡萄产业综合服务商之一。公司在全国范围内建有综合型葡萄基地80公顷，葡萄品牌国内外认证金奖40余项，是华东地区最大的葡萄产业化基地；建成江苏

神园葡萄“妮娜女皇”丰产

省首家民营葡萄资源圃，引进并保留国内外优良鲜食葡萄品种1200余种；每年繁育优良品种一级苗木200余万株，年生产获得“绿色食品认证”及“中国GAP认证”的优质葡萄1000吨。近年先后获科技部星创天地运营单位、江苏省农业科技型企业、江苏现代农业科技综合示范基地、江苏省主题创意农园、江苏省民营科技企业、苏州市农业龙头企业等称号。公司定期开展田间小课堂、摄影文化交流、亲子采摘等休闲活动的同时，也为其他葡萄种植户提供专业的技能培训。

【福前村入选苏州市“美丽果园”特色村】12月，经苏州市农业农村局专家组评定，经开区（杨舍镇）福前村获评苏州市“美丽果园”特色村。福前村区域总面积8平方千米，果园面积50公顷，主要种植葡萄、梨、柑橘、猕猴桃等果品。福前村充分发挥神园葡萄大世界的示范引领作用，以葡萄为主题，发展集农事活动体验、农耕文化欣赏、休闲游乐养生等功能于一体的休闲模式，带动发展村集体经济实力，提高从业农民收入。（沈博　丁云龙　孙晓焱）

养殖业

【概况】经开区（杨舍镇）畜牧业全年生猪出栏45头，年末存栏150头，其中能繁母猪10头；羊出栏227只，年末存栏274只；家禽上市1.8万羽，年末存栏4000羽；奶牛存栏3514头。发展生态健康养殖，对江苏善港生态农业科技有限公司（善港猪场）、梁丰机械化奶牛场生态畜牧业给予补贴，发放生态畜牧业建设补贴资金174.5万元。

【畜禽兽医】年内，为推进畜牧业绿色发展，区镇按照“治污管理要达标、防疫条件要合格、畜禽养殖要健康、生态环境要美化”的总目标，结合实际，推进“美丽牧园”创建。江苏善港生态农业科技有限公司（善港猪场）位于善港村西区1组，始建于2021年，占地面积2公顷，总建筑面积2816平方米，其中猪舍4栋计1300平方米，有育肥猪舍2栋、母猪舍1栋（含房产）、公猪舍1栋。总资产300万元，其中固定资产200万元。该场年存栏生猪150余头，有技术人员2人。该场为发酵床生态养猪场，以蔬菜尾菜以及其他农副产品为饲料原料来源，发酵床垫料为村内大田作物所产生的稻壳和部分秸秆，并辅助添加部分酒糟做调理剂，垫料废弃物所生产的有机肥又被循环施用至有机种植基地，从而形成“生物技术发酵饲料及发酵床垫料—生物发酵床—生态养猪—发酵床垫料有机肥—生态种植”的生态循环健康养猪技术模式。7月28日，江苏善港生态农业科技有限公司（善港猪场）通过苏州市农业农村局专家组现场验收，创建成苏州市“美丽牧园”。江苏梁丰食品集团有限公司机械化奶牛场（简称梁丰奶牛场）位于常阴沙现代农业示范园区，始建于1968年，占地面积20公顷，先后获评农业部奶牛标准化示范场、中国学生饮用奶奶源基地、江苏省畜牧生态健康养殖示范基地、江苏省出口食品牛奶原料示范基地、苏州市美丽牧场。奶牛场高度重视布鲁氏菌病、结核病等人畜共患病的净化工作，组建专业化的疫病净化管理团队，所饲养的奶牛连续十余年未检出布鲁氏菌病、结核病阳性，有力保障全市地产奶产品的质量安全。9月12—13日，梁丰奶牛场通过江苏省动物疫病预防控制中心专家组现场验收，创成省级结核病净化场。此前，梁丰奶牛场已通过国家级、省级布鲁氏菌病的评估，成为苏州首家奶牛“两病”省级净化场。

（沈阳）

【淡水养殖】 区镇养殖塘口17.54公顷，主要养殖品种有鲢鱼、鳙鱼、鲫鱼、鳊鱼、青虾和河蟹，其中以中华绒螯蟹为主要品种。年内，水产养殖总面积14.45公顷，水产品总产量221吨。（沈博）

农业服务

【概况】 2023年，经开区（杨舍镇）实现农林牧渔业服务业总产值1.31亿元，比上年增555万元，占农林牧渔业总产值的23.66%，比上年增0.75个百分点。全年水稻统供良种64.18吨，小麦统供良种217.69吨。农药使用量56.63吨，化肥实物量2123.07吨，地膜使用量3.31吨。供应市级推广商品有机肥700吨，推广测土配方977.05吨。粮食用药实行零差率配送，果蔬农药按下浮10%价格配送。2023年，农药配送率达95%。开展稻麦测土配方肥配送，市、镇两级财政每吨各补贴190元。继续实施“统一收集、集中发酵、定向配送、机械施用”的粪污还田绿色种养循环农业试点，实施面积649公顷，施用腐熟粪肥3410吨、沼液110立方米，畜禽粪污综合利用率99.8%。

【农民培训】 区镇全年培育新型职业农民253人，大专以上学历占比88%。金鑫家庭农场负责人唐培鑫获评2022年度张家港市十佳新型职业农民。区镇组织冬春农民大培训、特粮特经（蔬菜）培训、新型农业经营主体经营者培训等各类职业农民培训11期，累计培训177人次。积极落实扶持政策，为3名符合条件的新型职业农民发放社保补贴37434元。

（郭平芳　丁云龙　沈丹婷）

【农机服务】 区镇全年新增各类农机具49台（套），智能化改造农机37台，粮食生产全程机械化水平99.52%，特色农业机械化水平83.55%。年内，创成江苏省级果茶桑生产全程机械化示范园区1家、江苏省级畜禽养殖全程机械化示范场1家、苏州市级粮食生产“无人化”农场1家、苏州市级农机农艺融合示范点1个。

【惠农补贴】 区镇全年发放各类惠农补贴约2380万元。2023年完成小麦秸秆机械化还田作业1116.11公顷，补贴资金33.48万元，惠及农户90户；完成水稻秸秆机械化还田作业739.81公顷，补贴22.19万元，惠及77户；完成生态犁耕深翻作业222.44公顷，补贴13.35万元，惠及14户。发放省级农机购置补贴4个批次，共30.73万元，惠及农机户30户；发放苏州市级农机购置补贴22万元，惠及农机户3户；发放张家港市级农机奖补资金43.975万元，惠及农机户22户；发放耕地地力保护补贴资金287.17万元，惠及农户5992户；发放稻谷实际生产者补贴175.16万元，惠及农户93户。

（陈朱叶　孙晓焱）

工业·建筑业

光束汽车厂区

工业综情

【概况】2023年，经开区（杨舍镇）坚持“项目为王”，在打造产业集群上敢闯敢干，紧盯世界500强、央企国企、行业头部企业，聚焦“汽车及零部件、新能源、智能装备”等主导产业，瞄准科技含量高、发展前景好、财税贡献大的旗舰型、龙头型项目集中发力，引进一批投资超50亿的重要节点项目，打造具有核心竞争力的产业集群。在做优、做大、做强存量上做文章，引导、支撑、配合麦格纳、加特可、天鹏等优质企业增资扩能，推动区镇工业经济实现质的有效提升和量的快速增长。年内，区镇有规模以上工业企业382家，完成规模以上工业总产值952.86亿元，比上年降1.4%；实现营业收入997.72亿元，比上年降1.8%；利润总额28.2亿元，比上年降20%。区镇六大主导产业产值占规模以上工业总产值比重为81.4%；其中高端装备产业产值222.23亿元，比上年增7.84%；汽车及零部件产业产值210.9亿元，比上年增20.05%；高端纺织产业产值192.96亿元，比上年降7%；新能源产业产值93.78亿元，比上年降14.16%；光电显示和化合物半导体产业产值48.16亿元，比上年增6.9%；生物医药及高端医疗器械产业产值7.88亿元，比上年增8.47%。完成规模以上战略性新兴产业产值599.8亿元，比上年增7.6%，占规模以上工业产值比重为62.9%。按企业规模分，有大型企业9家，营业收入281.8亿元；中型企业39家，营业收入256.15亿元；小微企业334家，营业收入459.77亿元。按登记注册类型分，有国有企业2家，营业收入7.07亿元；集体企业1家，营业收入2367万元；有限责任公司29家，营业收入205.37亿元；股份合作制企业3家，营业收入12.66万元；私营企业265家，营业收入424.66亿元；港澳台投资企业13家，营业收入63.12亿元；外商投资企业69家，营业收入284.61亿元。规模以上工业企业用电量31.47亿千瓦时，比上年增5.5%。（朱冰洁）

表11　2023年经开区（杨舍镇）规模以上工业分行业产值一览表

指标名称	累计完成（万元）	同比增减率（%）	行业占比（%）
规模以上工业总产值	9528641	–1.4	100.0
战略性新兴产业产值	5998036	7.6	62.9
汽车及零部件产业产值	2109033	20.0	22.1
光电显示和化合物半导体产业产值	481565	6.9	5.1
高端装备产业产值	2222297	7.8	23.3
高端纺织产业产值	1929627	–7.0	20.3
新能源产业产值	937780	–14.2	9.8
生物医药及高端医疗器械产业产值	78796	8.5	0.8
其他产业产值	1769543	–18.1	18.6

【工业投入】 2023年，区镇完成固定资产投资176.93亿元，比上年增8.7%，其中工业投资57.86亿元，比上年增10.1%。全年工业投资项目175项，其中5亿元以上工业投资项目2项，分别是张家港杉金年产5000万平方米偏光片项目、储能电池超级工厂和新能源电池研究院一期项目，占总投资量的22.4%；1亿至5亿元工业投资项目11项，占总投资量的25%。

【25家企业跻身张家港市骨干企业】 2023年，市政府办公室公布2022年度张家港市百家骨干企业名单，区镇有25家企业上榜。年内，港城有史以来单体投资规模最大的盛虹储能电池超级工厂和新能源电池研究院项目，协鑫储能、爱汽新能源汽车电驱系统核心零部件、东久国际产业园等16个超亿元项目签约落户区镇，有效促进区镇规模型企业群体进一步壮大。

表12　经开区（杨舍镇）上榜2022年度张家港市骨干企业一览表

企业名称	全市排名
江苏国泰国际集团股份有限公司	3
江苏骏马集团有限责任公司	10
采埃孚汽车科技（张家港）有限公司	11
张家港市易华润东新材料有限公司	17
江苏蔚蓝锂芯股份有限公司	19
张家港华兴电力有限公司	22
加特可（苏州）变速箱有限公司	39
澳洋集团有限公司	43
江苏梁丰食品集团有限公司	47
苏州海陆重工股份有限公司	49
张家港富瑞特种装备股份有限公司	51
江苏金帆电气集团有限公司	56
麦格纳电子（张家港）有限公司	60
江苏东渡纺织集团有限公司	62
张家港扬子纺纱有限公司	68
张家港恩斯克精密机械有限公司	75
美利肯纺织（张家港）有限公司	78
苏州龙杰特种纤维股份有限公司	82
江苏新美星包装机械股份有限公司	83
江苏张家港农村商业银行股份有限公司	86

续表

企业名称	全市排名
国泰新点软件股份有限公司	87
张家港市人力资源开发有限公司	95
苏州良辰生物医药科技有限公司	97
张家港曼巴特购物广场有限公司	99
维尔利（苏州）能源科技有限公司	100

【转型升级】 2023年，区镇有获评国家级绿色制造项目1个，占全市50%；获评省绿色工厂5家，占全市56%。5家企业创成省级企业技术中心，2家企业创成苏州市级企业技术中心。贝尔机械创建成全市唯一省级工业设计中心。区镇企业获评国家级专精特新“小巨人”4家，累计获评10家，居全市第一。24家企业上榜2023年度省专精特新中小企业名单，创历年新高，累计总数继续保持全市第一。锴威特于8月18日登陆科创板，东方四通6月完成创业板申报材料，绿岩生态挂牌新三板（年内全市唯一），朗信电气8月15日申报挂牌新三板，9家企业挂牌江苏股权交易中心。

【智改数转网联】 2023年，区镇完成智能化改造、企业上云、示范标杆、管理基础能力提升、智能制造诊断等智改数转项目107项，涉及企业85家，其中规模以上工业企业84家，实现区镇规模以上工业企业智改数转全覆盖。年内，获评省级“示范智能车间”10个，位列全市第一；获评苏州市级“示范智能车间”3个，累计获评省级“示范智能车间”39个、苏州市级“示范智能车间”59个；新增省星级上云企业20家，其中五星级上云企业2家，分别是江苏能华微电子科技发展有限公司、中鑫汽配（张家港）有限公司。至年末，累计获评省星级上云企业104家，其中省五星级上云企业8家，居全市第一。新点软件获评“2023年省大数据产业发展试点示范”项目，方兴信息入围“2023年江苏省专精特新软件企业”培育库，江苏腾瑞智联数字科技有限公司“面向化工行业的‘工业互联网+安全生产’整体解决方案”入选工业和信息化部推出的“工业互联网试点示范”项目，是张家港首家入选项目。

百易得医疗科技有限公司骨科植入物医疗器械生产智能车间

【天兵科技公司获评“中国独角兽企业”】6月20日，在2023年中国（苏州）独角兽企业大会上，江苏天兵航天科技有限公司获评“中国独角兽企业”，实现张家港市零的突破。该公司成立于2019年，是中国商业航天领域首家开展液氧煤油火箭发动机及中大型液体运载火箭研制的国家级高新技术企业，先后获得融资近30亿元，累计申请专利200余项，授权77项。2021年4月，公司投资40亿元在经开区建设智能制造基地，一期项目占地面积6.67公顷、建筑面积6.12万平方米，主要分为箭体总装车间、发动机总装车间、装载区等区域，具备研发、预研和预生产条件。2023年4月2日，天龙二号液体运载火箭完成首飞，成为中国商业航天首款成功入轨的液体运载火箭。10月，天兵科技火箭总装厂迁移至张家港，形成张家港总部及智能生产基地、北京火箭研发中心、西安动力研发中心、郑州综合试验中心的产业布局。至年末，公司与5家卫星用户签订近30亿元的发射服务采购协议，智能制造基地投入使用，投产后可年产30发液体运载火箭和300台火箭发动机。

【伊萨焊接器材（江苏）有限公司上榜“江苏省跨国公司地区总部和功能性机构”】年内，省商务厅发布第十三批“江苏省跨国公司地区总部和功能性机构”企业名单，经开区（杨舍镇）外资企业伊萨焊接器材（江苏）有限公司成为该名单中唯一上榜的张家港外资企业。伊萨集团1904年成立于瑞典，是焊接与切割设备及材料制造领域的全球领军企业。伊萨张家港公司成立于2005年，总投资3000万美元，是伊萨集团中国区的成员企业，也是集团在中国唯一的综合性生产基地。伊萨张家港财务共享服务中心，主要为集团中国区成员企业提供会计核算、费用控制、资金结算等财务协调工作，支持整个中国区的运营和决策。此次伊萨获评，是继2021年年末经开区的芬兰企业佩克建筑材料（中国）有限公司获评苏州市级地区总部后，又一家上榜的外资企业。至年末，区镇累计培育省级地区总部2家、功能性机构3家，苏州市级地区总部3家、功能性机构3家。

【江苏国富氢能获评江苏省优秀企业】年内，中共江苏省委、江苏省人民政府公布江苏省优秀企业名单，江苏国富氢能技术装备股份有限公司上榜。该公司成立于2016年6月，是国内领先的氢能“制、储、运、加、用”装备的领军企业，是可再生能源制绿氢和绿氢大规模储运的解决方案提供商、江苏省新能源集群氢能产业链中准链主企业，其加氢装备及供氢系统市场占有率为全国第一，填补国内高压加注、大容积车载供氢系统、大规模液氢制储运装备的空白。该公司为国内100余座加氢站、7000余辆氢能及燃料电池汽车配套，助力北京冬奥会及成都大运会。公司自主开发的国内首台10TPD氢液化工厂核心设备于2023年4月下线，标志着中国解决液氢制储运核心技术的“卡脖子”问题取得重大突破。

【5个单位（个人）获张家港市市长质量奖】年内，2023年度张家港市市长质量奖获奖名单揭晓，经开区（杨舍镇）有1家企业获评张家港市市长质量奖、2家企业获评张家港市质量管理优秀奖、2名个人（江苏新美星包装机械股份有限公司修小伟、张家港澳

洋医院沈烨）获评首席质量官奖。张家港扬子纺纱有限公司荣获张家港市市长质量奖。该公司建于1994年，是一家全球化精纺羊毛纱线企业。现有员工785人，其中科技人员141人，有智能化工厂3个。公司通过江苏省高新技术企业、知识产权管理贯标绩效评价、两化融合管理体系评定，获评国际羊毛工业试验室联合会、优秀外商投资企业、省商务厅江苏省第九批跨国公司地区总部和功能性机构等；在信用建设方面，连续多年获得AAA资信等级、江苏省工业企业质量信用A级企业及江苏省信用管理贯标单位。江苏新美星包装机械股份有限公司荣获张家港市质量管理优秀奖。该公司专注于液态产品智能工厂集成解决方案，在饮料、乳品、酒类、调味品和日化品五大领域精耕细作，为全球用户提供水处理、前调配、吹瓶、灌装、二次包装、搬运机器人、智能立体仓库等成套智能装备及全面解决方案。服务可口可乐、百事可乐、达能、康师傅、娃哈哈、达利、怡宝、景田、东鹏、青岛啤酒、益海嘉里、中粮、海天、恒顺、纳爱斯等国内外著名企业，2200余条生产线遍布全球80余个国家和地区，出口占比约40%。2023年公司实现营业收入约7.4亿元。张家港中天精密模塑有限公司荣获张家港市质量管理优秀奖。该公司致力于汽车、医疗、工业电气、智能健康产品的研发和制造，产品面向国内，并销往德国、波兰、法国、匈牙利，出口率16.8%。2023年中天精密（含科堡）公司实现营业收入2.3亿元、利润663万元。

【4家企业跻身国家级专精特新“小巨人”】年内，工业和信息化部公示第五批专精特新“小巨人”企业名单，张家港市14家企业上榜；其中经开区（杨舍镇）4家企业入围，分别是江苏东方四通科技股份有限公司、江苏瑞铁轨道装备股份有限公司、江苏晋誉达半导体股份有限公司、张家港华裕有色金属材料有限公司。至年末，区镇累计10家企业建成国家级专精特新“小巨人”企业。江苏东方四通科技股份有限公司是一家致力于工业控制电源研发和生产的高新技术企业，有员工340人，其中核心研发人员65人。公司主营产品有晶体生长电源、调压器、中（高）频感应电源和特种电源，产品远销美国、日本、韩国、马来西亚、越南、阿尔及利亚和欧盟等20多个国家和地区，出口占比5%。2023年公司实现营业收入约5.6亿元。江苏瑞铁轨道装备股份有限公司主要从事轨道交通装备产品设计、制造、维修、销售和服务，包含货车整车、客车整车、货车及客车配件、客车内饰、机车配件、车轴锻造及加工、车轮加工、转向架制造及组装、城轨技术服务、智能装备制造、工业自动控制系统装置制造等，产品远销全球60余个国家和地区，出口占比90%。公司先后获批江苏省高新技术企业、省工程技术研究中心。2023年公司实现营业收入9.1亿元。江苏晋誉达半导体股份有限公司有员工83人，公司所处的细分竞争市场是具有较高行业门槛和技术壁垒的半导体整线设备销售及服务市场，主要产品有DUV光刻机、匀胶显影机、溅射台、扩散炉、CVD机、离子注入机、刻蚀机等半导体产线核心设备，是半导体行业内具有4英寸、6英寸、8英寸晶圆全产线设备独立生产改造能力的供应商。公司服务涉及的领域包含集成电路制造、MEMS、LED、化合物半导体（SiC、GaN）、5G射频芯片等。张家港华裕有色金

属材料有限公司是一家专业生产航空液压管路系统用钛无缝管生产商，拥有22项专利，通过特种设备型式试验压力管道元件制造许可、ISO质量系统认证等五大认证，主要产品为钛及钛合金无缝管，主要应用于航空液压管路系统领域，在航空液压系统用TA18钛合金管研发制造方面处于国际先进、国内技术首创，产品出口法国、日本和韩国等，出口占比约18%。公司先后获评全国百强创新示范企业、江苏省专精特新企业等。

【2个品牌获评江苏省重点培育和发展的国际知名品牌】 年内，2023—2025年度江苏省重点培育和发展的国际知名品牌名单出炉，经开区（杨舍镇）有新美星和富瑞特装2个品牌上榜。江苏新美星包装机械股份有限公司成立于2003年，产品涉及饮料、乳品、酒类、调味品和日化品五大领域，为全球用户提供成套智能装备及全面解决方案。该公司的无菌冷灌装技术、无臭氧矿泉水生产技术、每小时8万瓶吹灌旋一体机、8—20L超大瓶吹灌旋一体机、智能工厂管理系统和智能立体仓库等技术和产品享誉业界。张家港富瑞特种装备股份有限公司是专业从事天然气液化、储存、运输、装卸及终端应用全产业链装备制造及能源运营服务、高端能源装备制造及氢、氨、氦能源核心装备制造的供应商。公司本着品牌先行管理理念，注册多项境外商标，主要在欧盟、日本、美国、俄罗斯等多个国家和地区，参加各类国际展览会及各类国际技术论坛，促进品牌宣传；探索行业技术前沿，推动产品技术创新，提升产品竞争力，加强知识产权保护。公司累计获授权专利300余件。

汽车及零部件产业

【概况】 2023年，经开区（杨舍镇）有规模以上汽车零部件企业34家，完成工业总产值210.9亿元，比上年增20.05%，占规模以上工业总产值的22.13%；全年营业收入超50亿元的企业1家、超5亿元的11家、1—5亿元的10家。其中采埃孚完成营业收入73.27亿元，比上年增13.8%；光束汽车完成营业收入25.92亿元，比上年增13.4%；中鑫汽配完成营业收入14.55亿元，比上年增20.1%，实现利润总额2622万元，比上年增174.3%；麦格纳电子完成营业收入12.13亿元，比上年增23.1%，实现利润总额10724万元，比上年增96.1%。

【光束汽车有限公司】 公司是长城汽车股份有限公司（以下简称长城汽车）与宝马（荷兰）控股公司（以下简称宝马公司）建立的合资公司，双方各持股50%。公司成立于2019年12月27日，位于张家港经济技术开发区彩虹路888号，注册资金17亿元人民币，致力于新能源汽车产品的研发、生产和销售。至2023年年末，公司有员工2500余人。公司集研发、生产、仓储物流于一体，产品面向全球市场销售。光束汽车立足于长城汽车的研发能力和研发资源，同时借助宝马集团在全球市场技术经验和运营实践的支持，实现“联合研发、中国制造、服务全球顾客”的新业态模式。围绕“集约用地、智慧制造、节能环保”的理念，产品、工艺、工厂同步推进，通过新技术应用、科学布局规划，各工艺充分整合宝马和长城的先进生产理念，应用国际最前沿的生产技术及

6月27日,光束汽车第二届供应商大会在万豪酒店举行

质量管理体系,建成后将成为满足全球法规和市场要求的标杆工厂。年内,项目已建成,企业准入及产品准入各项工作已完成,11月启动出口整车生产工作。

【采埃孚汽车科技(张家港)有限公司】 公司由世界500强、国际知名汽车零部件龙头企业德国采埃孚集团于2014年在经开区投资设立,总投资约7.7亿美元,注册资本约1.3亿美元,是采埃孚集团在亚太区规模最大的生产基地,被誉为“采埃孚全球灯塔工厂”。公司先后投资7个产业项目(主动和被动安全系统项目、电子助力转向系统项目、集成刹车控制系统项目、底盘零部件项目、底盘零部件系统项目、后轮主动转向系统项目、线控转向系统项目)。2023年,公司实现营业收入73.27亿元,比上年增13.8%。

光电显示和化合物半导体产业

【概况】 2023年,经开区(杨舍镇)有规模以上光电显示和化合物半导体企业21家,完成工业总产值48.16亿元,比上年增6.88%,占规模以上工业总产值的5.05%。全年营业收入超10亿元的企业2家,其中华灿光电完成营业收入18.4亿元,比上年增8.4%;晶台光电完成营业收入13.97亿元,比上年增39.3%,实现利润5404万元。

【华引芯(张家港)半导体有限公司量产基地启动】 3月31日,由国家级重大人才工程计划专家孙雷蒙领衔创办的华引芯(张家港)半导体有限公司量产基地启动仪式在张家港纳米产业园举行。张家港市委常委、经开区党工委书记和管委会主任、杨舍镇党委书记张志明,杨舍镇党委副书记、镇长卞春生等出席活动,华引芯股东代表、资深行业投资人等参加启动仪式。华引芯(武汉)科技有限公司董事长孙雷蒙,深圳国中创业投资管理有限公司合伙人、董事、总经理马若鹏为华引芯量产基地揭牌。华引芯是高端半导体行业的先进代表,在车载光源芯片和新型显示光源芯片领域,拥有成熟的技术创新实力与产业化经验。二期项目顺利试产,芯片量产基地揭牌,是华引芯进一步夯实“全球高端半导体光源IDM厂商”整体战略布局的一件大事,对张家港市先进半导体产业延链补链强链产生积极意义和深远影响。

【苏州晶台光电有限公司】 公司成立于2014年9月,占地面积8.73公顷,是一家从事LED封装及应用产品研发、生产与销售的高新技术企业。公司主要产品为SMD LED和LED灯具及配套产品，产品主要应用于显示、照明等领域。公司拥有较为齐全的LED显示封装器件品类，实现户内外显示各类场景的全覆盖。公司具备完整的研发、制造、销售及服务体系，拥有数万平方米的自主生产基地。企业获评苏州市工程技术研究中心、苏州市企业技术中心。企业研发中心拥有行业先进的光学实验平台、可靠性试验平台等八大研发实验平台，配备IS标准测试机、ESD测试平台等先进实验设备。企业采用智能化、数字化的智能制造管理体系，获两化融合贯标体系认证，获评江苏省星级上云企业（四星）等。2023年，公司实现营业收入13.97亿元，比上年增39.3%。

【锴威特在上交所科创板上市】 8月18日，苏州锴威特半导体股份有限公司在上交所科创板挂牌上市，证券简称“锴威特”，股票代码“688693”，注册资本7368.42万元，募集资金总额7.52亿元，用于产品研发、工程建设等，是张家港市第6家科创板上市企业。公司成立于2015年，位于张家港经济技术开发区，以“自主创芯，助力核心芯片国产化”为发展理念，“服务零缺陷”为质量目标，聚焦功率半导体产业方向，采取功率器件与功率IC双轮驱动策略，将公司打造成高品质、高可靠的功率半导体供应商，产品广泛应用于消费电子、工业控制及高可靠领域，形成包括平面MOSFET、快恢复高压MOSFET（FRMOS）、SiC功率器件、智能功率IC等近700款产品。公司是国家高新技术企业、省科技“小巨人”企业、省潜在独角兽企业、省半导体行业协会理事单位，公司研发中心获江苏省高可靠性功率器件工程技术研究中心认证。

高端装备产业

【概况】 2023年，经开区（杨舍镇）有规模以上高端装备制造企业138家，完成工业总产值222.23亿元，比上年增7.84%，占规模以上工业总产值的23.32%。全年营业收入超10亿元的企业1家、5亿—10亿元的12家。其中海陆重工完成营业收入22.88亿元，比上年增21.7%；实现利润总额30771万元，比上年增4.7%。瑞铁轨道完成营业收入9.11亿元，比上年增108.2%；实现利润总额5206万元，比上年增275.6%。那智不二越完成营业收入8.05亿元，比上年降3.2%；实现利润总额180万元，比上年降95.8%。港通电缆完成营业收入7.6亿元，比上年增0.8%；实现利润总额3845万元，比上年增60.2%。

【苏州海陆重工股份有限公司】 公司位于江苏省张家港经济技术开发区塘市办事处，是国内一流的节能环保设备专业设计制造企业，形成锅炉产品、大型压力容器、核电设备、低温产品、环保工程、光伏新能源业务共同发展格局。公司创建于1956年，注册资本84227.11万元，占地面积近50公顷，下设8个控股子公司、1个余热锅炉研究所，在瑞士、北京、武汉、南京、上海、杭州、广州等地设立分支机构，拥有雄厚的研发实力。公司为余热锅炉行业龙头企业，产品主要技术性能指标达国内领先水平和国际先进水平。压力容器业务板块市场竞争力为民营企业第一梯队，主要客户集中在国企、央企这些高能耗大户，上下游关联产业30余个。“海陆”品牌的余热锅炉产品应用于造船、石油、化工、矿山、冶金、电力、造纸、印染、玻璃、有色金属等行业，用户遍及全国，并出口到日本、苏丹、越南、阿尔及利亚、印尼、美国、加拿大、伊朗等国家和地区。公司2023年实现营业收入22.88亿元，比上年增21.7%。

8月4日，安迈工程设备张家港生产基地举行开业典礼

【那智不二越（江苏）精密机械有限公司】 日本不二越集团是以机器人为核心的国际知名综合机械制造商，在全球设有27个智能制造基地、27个营销及技术中心。那智不二越（江苏）精密机械有限公司成立于2012年，一期总投资6900万美元，注册资本2300万美元，占地面积5.33公顷，年产液压设备10万套、自动变速器执行器（电磁阀）及其关键部件150万个、精密工具1万件、工业机器人5000台。2023年公司实现营业收入8.05亿元。

【安迈工程设备张家港生产基地开业】 8月4日，由瑞士安迈集团投资的安迈工程设备张家港生产基地在经开区开业。张家港市委副书记、市长蔡剑峰，瑞士驻上海总领事邵凯文，安迈集团总裁汉斯·克里斯蒂安·施耐德，张家港市委常委、经开区党工委书记和管委会主任、杨舍镇党委书记张志明，张家港市副市长翁羽人，中国工程机械工业协会秘书长吴培国等出席活动。瑞士安迈集团创始于1869年，是世界领先的搅拌站供应商，以核心专业的道路及交通基础建设产品和服务深耕建筑行业。安迈工程设备张家港生产基地项目总投资7500万美元，占地面积5.33公顷。项目达产后，可年产80—100台（套）具有世界领先技术的沥青搅拌站。

【天兵科技天龙二号运载火箭首飞成功】 4月2日16时48分，天龙二号运载火箭在酒泉卫星发射中心点火起飞，成功将“爱太空科学号”遥感卫星送入500千米高度太阳同步轨道，发射取得圆满成功。天龙二号作为中国商业航天首款成功入轨的液体运载火箭，一举开创国际航天和国内航天多项新纪录，开辟中国商业航天从固体向液体运载火箭跨越的新时代。天龙二号运载火箭为中国商业航天企业——天兵科技历时三年研制的一款中型运载火箭，本次发射的火箭命名为“张家港号”。公司自主研发多型谱液体运载火箭，可为卫星用户提供低成本、高可靠的定制化发射服务。2021年4月，天兵科技落户张家港经开区，总投资40亿元，建设运载火箭及发动机生产基地。天龙二号运载火箭的成功发射，标志着天兵科技已经具备商业发射交付能力，为张家港经开区发展商业航天产业打下基础。

【3台(套)装备入选2023年苏锡常首台(套)重大装备】 12月,2023年"苏锡常首台(套)重大装备拟认定名单"出炉,有70台(套)装备入选,张家港经开区(杨舍镇)3台(套)装备榜上有名。分别为苏州海陆重工股份有限公司的配套于硫黄制酸装置的高温高压余热回收系统(QC44.295/1050-25.97-9/410),主要用于对硫黄制酸过程中产生的余热、废热进行回收和再利用;江苏国富氢能技术装备股份有限公司的(V/H)H型大规模民用低温液氢储运容器,主要分为固定式液氢罐(10—200立方米)和移动式液氢罐箱(40立方米)两类,确保安全可靠的液氢储存和运输;上海电气集团(张家港)变压器有限公司自主研制的新产品ZSCB-23000/35三脂绝缘多晶还原炉变流变压器,各项技术指标均完全符合并优于相关国家标准和技术协议要求,是国内首台最大容量和最高电压等级的三相树脂绝缘干式多晶硅还原炉变流变压器。

高端纺织服装产业

【概况】 2023年,经开区(杨舍镇)有规模以上高端纺织企业110家,完成工业总产值192.96亿元,比上年降7.01%,占规模以上工业总产值的20.25%。全年营业收入超10亿元的企业有3家,其中骏马集团完成营业收入80.9亿元,比上年降1.5%;实现利润总额8880万元。龙杰特种完成营业收入16亿元,比上年增49.9%;实现利润总额867万元。扬子纺纱完成营业收入15.86亿元,比上年降4.6%;实现利润总额1.46亿元,比上年增9%。

【3个纺织品牌获"苏州制造"品牌认证】 年末,第四批"苏州制造"品牌认证名单公布,张家港有5个企业产品入选榜单,其中3个为经开区(杨舍镇)纺织企业品牌。江

东渡集团厂区全景

苏东渡纺织集团有限公司是以研发、品牌、制造、物流为主体，面料、服装及相关配套生产为主线，集织造、染色、绣花、印花、成衣一条龙服务，科、工、贸为一体的大型纺织企业，先后获得国家级绿色工厂、国家级绿色产品、国家级绿色供应链管理企业等荣誉。获证产品是伊思贝得儿童针织圆领衫，其各项指标优于已定标准，采用绿色环保面料，注重吸湿性、透气性、柔软性、保暖性，符合欧盟生态纺织品标准。张家港扬子纺纱有限公司隶属于德国南毛集团，是一家全球化精纺羊毛纱线企业。公司产品通过Oeko-Tex生态纺织品标准、GOTS全球有机纺织品标准等认证，获得江苏省高新技术企业、江苏省第九批跨国公司地区总部和功能性机构等认定称号。认证产品为纯羊毛圆机用精纺纱线色纱，拥有较强的透气性、吸湿性，且抑菌抗菌。江苏千里马袜业有限公司是一家有60余年历史的高科技织袜企业，建有江苏省工业设计中心、苏州市工程技术研究中心、苏州市智能车间，也是国家标准《多功能针织产品》的主要起草单位之一。该认证产品舒跑系列袜满足运动、休闲、商务各场景，拥有相关发明专利6件、授权专利20件，畅销国内电商平台，与各头部带货主播合作销售。

【江苏骏马集团】 集团是一家以生产经营轮胎骨架材料为核心，兼有无纺布、装备制造等产业协同发展的综合性企业集团，是全球最大的帘子布生产基地和供应商、业内轮胎骨架材料规格最为齐全的生产厂家。至2023年年末，集团占地面积111.67公顷，有员工6000余人。集团核心企业有骏马化纤股份有限公司、骏马涤纶制品有限公司、骏马钢帘线有限公司，主导产品为锦纶6帘子布、高模低缩涤纶帘子布、子午轮胎钢帘线等，产品广泛用于斜交胎、半钢子午线轮胎、全钢子午线轮胎以及工程车胎、力车胎等。集团注重产品和技术创新，拥有3家国家高新技术企业（骏马化纤、骏马钢帘线、骏马无纺布），建有江苏省（工业）用化学纤维工程技术研究中心（帘子布）、江苏省院士工作站（钢帘线）等创新平台，是国家级知识产权示范单位。集团先后主导起草帘子布产业各类标准14个，内容涵盖国家标准、行业标准和海关出口标准。2023年集团实现营业收入80.9亿元。

【张家港扬子纺纱有限公司】 公司是世界领先的精纺毛纱企业Südwolle Group德国南毛集团在中国的子公司，主要生产销售精纺毛纱、混纺毛纱、其他纤维纱及其相关产品。至2023年年末，公司拥有3个精纺毛纱厂、1个染厂、1个毛条处理厂和1个喷气涡流纺纱厂，年产能1万吨精纺羊毛纱线、6000吨喷气涡流纺纱线。公司客户主要集中于欧美、日本及国内，同纪梵希、巴宝莉、香奈儿、蔻驰、宝姿等国际大部分知名合作品牌商均有合作。2023年公司实现营业收入15.86亿元。

新能源产业

【概况】 2023年，经开区（杨舍镇）有规模以上新能源企业16家，完成工业总产值93.78亿元，比上年降14.16%，占规模以上工业总产值的9.84%。全年营业收入超10亿元的企业有4家，其中爱康光电完成营业收入45.51亿元，比上年增8.6%。潞能能源科技完成营业收入18.87亿元；实现利润总额

1252万元。天鹏电源完成营业收入15.82亿元。富瑞深冷完成营业收入14.18亿元，比上年增231.1%；实现利润总额11159万元。

【江苏蔚蓝锂芯集团股份有限公司】 公司成立于2002年9月，位于新泾中路10号，注册资金11.5亿元，总占地14.07公顷，总建筑面积17.75万平方米，员工3500人。公司于2008年正式上市，股票代码002245。主要从事锂电池、LED芯片、钢材、铝材的生产及金属物流配送，下设江苏澳洋顺昌科技材料有限公司、张家港润盛科技材料有限公司和江苏天鹏电源有限公司等子公司。其中江苏澳洋顺昌科技材料有限公司成立于2019年，员工170人，注册资金4.69亿元，主要生产钢材；张家港润盛科技材料有限公司成立于2006年，员工120人，注册资金1.23亿元，主要生产铝材，汽车、3C、家电产业制造集群是其主要客户；江苏天鹏电源有限公司成立于2006年，员工960人，注册资金14亿元，主要生产锂电池，主要客户是Bosch、TTI、Stanley Black&Decker、MAKITA。2023年，集团实现营业收入31.41亿元。

【国富氢能装备产业基地（三期）项目竣工】 10月26日，江苏省2022年新能源重大项目——国富氢能装备产业基地（三期）项目竣工仪式在张家港经开区举行。张家港市委常委、经开区党工委书记和管委会主任、杨舍镇党委书记张志明，江苏国富氢能技术装备股份有限公司董事长邬品芳等参加活动。此次竣工的国富氢能装备产业基地三期项目，总投资15亿元，新增用地7.75公顷，建筑面积10.5万平方米，建设年产8万只高压氢气III型瓶、500套水电解制氢设备的智能化产线；同时建设氢能装备研发中心，开展氢能装备相关产品与材料工艺的研发与实验。项目建成投产后，将成为中国第一条技术自主、规模最大的高压氢瓶生产线及国内规模最大的智能化水电解装置生产线。

【“贝尔杯”石油化工行业制氢、储氢、运氢、加氢技术交流会暨技术创新成果展示会】 7月13日，“贝尔杯”石油化工行业制氢、储氢、运氢、加氢技术交流会暨技术创新成果展示会举办。会议由江苏贝尔机械有限公司联合中国石油和石化工程研究会石油化工技术装备专业委员会举办，来自全国各地的氢能领域专家学者、企业家代表120余人参加。会议指出，张家港始终将氢能产业作为推动产业结构“调高、调轻、调优”的重要抓手，出台支持加氢站建设、氢燃料电池车推广、关键技术研发、人才引进等一系列扶持政策，打造江苏省氢能技术创新中心等平台载体，形成包括“制、储、运、加、用”全

7月13日，“贝尔杯”石油化工行业制氢、储氢、运氢、加氢技术交流会暨技术创新成果展示会在国贸酒店举行

链条产业体系。经开区作为张家港市氢能产业发展的核心阵地，集聚国富氢能、骥翀氢能、华昌氢能、贝尔机械等龙头企业，氢能产业规模不断壮大。活动现场，相关企业还展示了全球氢能领域新技术、新成果、新模式。

【协鑫集团储能智造基地投产】 8月28日，协鑫集团张家港新型储能智造基地（张家港协鑫超能云动科技有限公司）年产20吉瓦时储能系统项目在经开区投产。协鑫集团是一家以风光储氢、源网荷储一体化，新能源、清洁能源、移动能源产业新生态，硅材料、锂材料、碳材料、集成电路核心材料等关联产业协同发展的企业。旗下有协鑫科技、协鑫集成、协鑫能科以及协鑫新能源四大上市公司。张家港协鑫公司是协鑫集团储能产业链的核心载体、标杆工厂，向上承接协鑫集团“电力+储能+算力”一体化与材料科技应用。主要产品为储能系列产品和动力电池系列PACK、电池簇产品。定位于液冷PACK标准化单元、刀片式储能系统、储能液冷一体机、储能液冷集装箱、场站式超级储能电站、建筑一体化储能砖（储能单元）、光储充算一体化等高端储能产品的研发制造，适用于电源侧、电网侧和大基地、工商业分布式等场景，夯实协鑫集团电源端、电网端、各种负荷端，以及独立储能集群建模、智能协同控制的综合实力。

【盛虹储能项目开工】 7月18日，苏州市重大产业项目现场推进会在区镇召开。推进会上，盛虹控股集团储能电池超级工厂和新能源电池研究院项目开工。这标志着张家港招商引资以来单体投资最大的龙头型、旗舰型项目全面启动建设。项目规划产能60吉瓦时，总投资306亿元，打造新型储能电池及系统集成研发、检测认证和生产制造一体化基地。首期24吉瓦时项目和独立主体的新能源电池研究院，总投资140亿元。计划三年内建成投产，全部达产后营收预计240亿元。至年末，项目生产区处于土建施工中。

【经开区新型储能产业高质量发展论坛】 10月20日，区镇举办“2023张家港经开区新型储能产业高质量发展论坛”。张家港市委副书记、市长蔡剑峰，江苏省储能行业协会会长朱俊鹏，张家港市委常委、经开区党工委书记和管委会主任、杨舍镇党委书记张志明参加活动。杨舍镇党委副书记、镇长卞春生作张家港经开区新能源（储能）产业招商推介。盛虹动能科技（江苏）股份有限公司总经理丁春祥从盛虹控股集团、张家港盛虹储能超级工厂、竞争优势、主要产品4个方面介绍企业的发展现状及规划。张家港协鑫超能云动科技有限公司总经理郝三存从企业储能产业布局、产品核心竞争力、市场应用场景3个方面作交流分享。长沙理工大学储能研究所所长贾传坤教授从市场角度分析大规模储能用钒液流电池的产业化发展。中石化石科院电解水制氢领域原负责人、国际清洁能源论坛理事米万良博士分享可再生能源制取绿氢的PEM电解水制氢技术与展望的研究内容。

生物医药及高端医疗器械产业

【概况】 2023年，经开区（杨舍镇）有规模以上生物医药及高端医疗器械企业8家，完成工业总产值7.88亿元，比上年增8.47%，占规模以上工业总产值的0.83%。全年营业收入超1亿元的企业有2家，其中欧璧医药完成营业收入3.43亿元，比上年增8.4%；实现利润总额9928万元，比上年增10.7%。百易得医疗完成营业收入1.07亿元，实现利润总额1636万元。

【欧璧医药包装科技（中国）有限公司】 公司是意大利斯蒂瓦那托集团在中国的全资子公司。斯蒂瓦那托集团是为生物技术和生命科学领域提供药物输送和诊断解决方案的全球领军企业，总部位于意大利帕多瓦，在全球9个国家和地区设有16家工厂及研发和检测中心。欧璧（中国）成立于2012年，注册资本4600万欧元，占地面积3公顷，建筑面积2万平方米，主要从事西林瓶、卡式瓶等医药包装材料的研发、生产，年产西林瓶、卡式瓶4.5亿只。欧璧（中国）为集团在亚太区唯一的地区总部，2023年公司实现营业收入3.43亿元。

【苏州良辰生物医药科技有限公司】 公司是一家专注于生物类产品相关服务的高新技术企业，主营业务为药学研究中的病毒清除工艺验证及细胞库检测服务，旨在成为生物制品病毒学安全领域的全球领先企业。公司有发明专利13项、注册商标2件，有员工80余人。公司有6000余平方米试验场地，实验室具有BSL-2生物安全实验室备案证，并获得CNA以及CNAS认证许可，为200余家客户提供服务，包括国药集团、上药集团、福星集团、恒瑞药业等行业龙头，得到中国NMPA、美国FDA及欧洲EMA等认可。2023年实现销售8075万元、税收634万元。

【江苏扬新生物医药有限公司】 公司主要从事有自主知识产权的创新即时诊断产品和基因诊断产品的研发、生产和销售，是基于疾病早期发现和精准诊疗的创新型诊断试剂企业，提供临床即时诊断和基因诊断产品，实现心血管、糖尿病、肿瘤、骨骼疾病的精准医疗。主要产品有心肌梗死早期预警及诊断、脑卒中早期预警、糖尿病肾衰、感染疾病的早期预警即时检测试剂（POCT），肿瘤和心血管疾病早期筛查和预警、个体化治疗监测、疗效评估、预后估测以及复发监控的分子诊断试剂。公司主打产品MPO、LP-PLA2，用于心肌梗死、脑梗的早期诊断，行销全国17个省市的350家医院和相关医疗机构，入选中国健康促进基金会血管健康、心血管慢病早筛基金推荐项目。公司有张家港市工程技术研究中心，是湖南省慢病健康管理临床医学研究中心共建单位；有医疗器械生产许可证和免疫试剂、分子诊断试剂生产、检验车间，可满足大规模生产需求，具备快速开发诊断试剂能力，成功开发诊断试剂50余个，获得注册证33个，取得专利36项，其中6项发明专利、1项国际PCT发明专利。2023年，公司获评国家高新技术企业，实现销售3310.87万元，税收110.07万元。

其他工业

【概况】 2023年，经开区（杨舍镇）有规模以上其他工业企业55家，完成工业总产值176.95亿元，比上年降18.1%，占规模以上工业总产值的18.57%。全年营业收入超10亿元的企业有6家，其中易华润东完成营业收入21.91亿元；实现利润总额30317万元，比上年增31.8%。港华燃气完成营业收入20.94亿元；实现利润总额20099万元，比上年增12.9%。华兴金城电力完成营业收入19.64亿元，比上年增10.8%；实现利润总额14116万元，比上年增313.3%。江南再生资源完成营业收入17.96亿元。

【江苏省江南再生资源利用有限公司】 公司成立于2007年9月，注册资金1亿元，占地面积4.33公顷。公司长期与沙钢集团、青岛特钢、青山控股集团、张家港浦项不锈钢有限公司等国内大中型锻造及机械铸造企业建立良好的合作关系，回收、加工钢铁再生原料和相关再生资源物资。2014年获得中国人民银行南京分行AAA资信评估。2019年3月取得ISO 9001质量管理体系认证证书，2021年1月获取ISO 14001环境管理体系、ISO 45001职业健康安全管理体系认证证书。公司于2021年加入国家废钢铁加工行业准入企业。2023年，公司实现营业收入17.96亿元。

建筑业

【概况】 至2023年年末，经开区（杨舍镇）有建筑业资质企业255家。其中施工总承包企业93家、专业承包企业117家、劳务分包企业91家（含纯劳务企业45家）。全年完成建筑业总产值80.53亿元，比上年增6.7%，其中建筑、安装工程产值80.06亿元，比上年增6.1%；竣工产值90.25亿元，比上年增16.5%。经开区资质以上建筑业企业房屋施工面积350.33万平方米，比上年增3.4%，其中新开工面积47.08万平方米，比上年降53.1%。

【建筑市场管理】 2023年，区镇优化完善10万元以下小额零星工程发包环节，全年完成10万元以下小额零星建筑工程发包项目225项，中标金额1047.26万元，价格平均下浮8.63%。将闸上村聚芯宸搅拌站、七里庙村丰尧市政搅拌站、徐丰村华兴电厂内烁鑫建材搅拌站3个“黑站”列入整治对象，组织相关办事处、行政村以及企业进行多次约谈，开展整治工作，年内3个“黑站”均完成整改，移出“黑站”名录。

【工程建设管理】 年内，经开区建设局备案并上报小型工程和零星作业项目205项，约占全市各板块备案合计总数的23%。抄送综合行政执法局违法、违规建设项目3项，抄送市建设监察大队违法、违规项目2项。依托各房屋安全平台，排查录入房屋信息41250栋（含中心城区），发现隐患建筑110栋，采取相关整治措施解危100栋，解危率91%。发现的D级危险房屋实施“人房分离”停止使用。

【农民工工资清欠】 2023年，经开区建设局受理处置农民工工资清欠类投诉165起，涉及工人约3300人，金额约为8300万元。通过电话沟通、上门调解，约谈项目建设方、承包方，提请劳动监察大队进行劳动仲裁等方式，帮助农民工讨回8100万元薪资。

【小型工程和零星作业安全管理】 年内，为解决基层监管能力不足问题，经开区建设局通过组织各办事处（街道）社会治理科负责人、联络员开展小型工程和零星作业安全生产培训的方式，指导各办事处（街道）、村（社区）按要求开展监管工作，培训400余人次。针对在平常督导过程中发现

7月19日，张家港市委常委、经开区党工委书记和管委会主任、杨舍镇党委书记张志明带队慰问高温下坚守岗位的建筑工人

的问题，尤其是对高处作业风险防范、如何破解工作中的现实问题等，通过讲解典型案例、备案流程及注意要点，进行培训、探讨。下发小型工程和零星作业安全生产事项告知书，督促建设单位和施工单位开展安全生产交底、张贴施工告示牌和小型工程和零星作业开工登记备案表，做好挂牌施工。通过安全生产培训，提升基层工作人员监管能力，规范小型工程和零星作业的管理工作。

【新晨产业园项目督查】 年内，经开区建设局响应纪工委“以点带面、示范引领”的号召，协助纪工委对晨阳办事处辖区项目新晨产业园开展“专业人员周周查、职能部门月月查”活动。以“部门联动、联合监督”的形式，每周深入施工现场进行分岗督查，全面检查质量、安全、进度、文明施工等方面，对参建各方单位、人员进行监督管理，严格约束各方建设行为。年内，进行安全生产培训2次，开展周周查27次、月月查9次，发现并督促整改问题30余项，出具整改通知34份。

【江苏港通路桥集团有限公司】 公司成立于1999年7月。2003年年底，张家港市桥梁工程处、市交通工程建设管理处两个整建制的事业单位以及市公路处事业性质的工程施工队实行事转企改制和人员身份置换，划入江苏港通路桥集团。2007年1月，公路处的养护工区也划入集团。至2023年年末，公司注册资金2.4亿元，具有公路工程、市政公用工程施工总承包一级资质，公路路基、公路路面工程专业承包一级资质，桥梁工程、公路安全设施分项专业承包二级资质，水利水电工程施工总承包、环保工程专业承包三级资质以及路基路面甲级、桥梁甲级、交通安全设施养护资质，并通过了质量、环境和职业健康安全管理体系认证。公司有工程机械设备450余台（套）；有集中化混凝土拌和站、沥青拌和场和钢筋集中加工配送中心；有从业人员300余人，其中高级职称59人、中级职称73人、一级建造师36人、二级建造师58人。集团公司下设4个分公司及1个公路工程综合乙级试验检测中心。公司先后承建各类工程项目300余项，包括苏嘉杭高速、沿江高速、204国道、338省道、323国道、326国道、援建四川绵竹二环路改建等多条高速公路和国道、省道重点工程的施工；承建暨阳湖大桥、申张线金港段航道整治项目、苏虞张公路、苏州西环高架南延、常熟三环路快速化改造、苏州中环快速路北段、晨丰公路改造工程、港华路拓宽工程、新泾路快速化改造工程、泰州站前路快速化建设工程、346国道张家港绕城段改扩建工程等多项大跨径桥梁、互通立交、高架工程。工程项目先后获国家公路交通优质工段奖（李春奖）、江苏省“扬子杯”优质工程奖、江苏省市政优质工程奖、苏州市“姑苏杯”优质工程奖、苏州市市政优质工程奖等奖项200余项，累计获得国家知识产权局发明专利7项、实用新型专利30余项。公司获评江苏省交通建设有功集体，省优秀劳动关系和谐企业，省、市级建筑业优秀企业，苏州市级重合同守信用企业，张家港市文明单位等。2023年，公司完成建筑业总产值10.8亿元，缴纳税收3436万元。

【市建业建筑安装工程有限公司】 公司成立于2005年10月25日，坐落于北二环路324号，占地面积2.67公顷，是一家多门类、多层次的工业与民用建筑施工企业，经营范围主要有房屋建筑工程、市政公用工程、机电设备安装工程、地基与基础工程、电子与智能化工程、建筑装修装饰工程等。公司有房屋建筑工程施工总承包、建筑装修装饰工程专业承包、地基基础工程专业承包一级资质，有机电工程施工总承包、电子与智能化工程专业承包、消防设施工程专业承包、市政公用工程施工总承包、起重设备安装工程专业承包二级资质。至2023年年末，公司注册资本12500万元，有施工人员3000余人、技术经济职称人员308人（包括高级职称12人、中级职称60人、一级注册建造师20人、二级注册建造师30余人）。公司连续2年年施工面积在30万平方米以上，年度施工产值达7亿元以上。公司先后获得江苏省“扬子杯”优质工程奖2项、苏州市“姑苏杯”优质工程奖42项，有32项工程获评江苏省建筑施工文明工地、72项工程获评苏州市建筑施工文明工地、22项工程获评苏州市优质结构工程、107项工程获评张家港市优质结构工程。公司先后获评苏州市建筑质量管理先进单位、苏州建筑施工先进集体、张家港市建筑施工先进集体、江苏省建筑业企业安全生产先进单位、江苏省重合同守信用企业等。2023年完成建筑业总产值8.1亿元，缴纳税收1357万元。

服务业

购物公园全景

服务业综情

【概况】 2023年,经开区(杨舍镇)服务业实现增加值674.82亿元,比上年降0.1%。服务业增加值占全镇地区生产总值67.4%。全年完成服务业投资119.1亿元,比上年增8.1%,占全社会固定资产投资的67.3%。区镇149家规模以上服务业企业实现营业收入94.44亿元,比上年降15.8%。规模以上高技术服务业营业收入比上年降4.77%,其中信息传输、软件和信息技术服务业,科学研究和技术服务业营业收入分别降8.8%和增3.0%。高技术服务业营业收入占规模以上服务业比重为39.2%。规模以上服务业数字经济核心产业营业收入比上年降8.2%,占规模以上服务业比重为27.6%。社会消费品零售总额530.38亿元,比上年增5.6%。

【电子商务】 张家港市电子商务产业园(以下简称产业园)于2014年2月经市政府批准设立,由张家港市海纳电子商务产业园管理有限公司负责运营。公司成立于2015年6月,注册资本1000万元,由澳洋集团及江苏省张家港经济开发区实业总公司共同出资设立,是张家港市首家专业从事电子商务产业园管理和运营的公司。产业园划分为三大区域:商务办公区、创新孵化区(澳洋蒲公英孵化器、海纳众创空间)、数字出海体验中心。商务办公区位于澳洋总部大楼B座及C座,总投资1.5亿元,总面积约3.4万平方米,主要供创新孵化毕业企业及成熟电商企业日常办公使用。孵化区(澳洋蒲公英孵化器、海纳众创空间)总投资500万元,总面积1500平方米,主要为电子商务初创企业或初创团队提供孵化服务。数字出海体验中心总投资500万元,总面积1360平方米,主要为跨境电商企业和外贸工厂提供官网建设、搜索引擎优化、海外社交媒体运营、主流设计媒体广告投放、数字营销人才培养等服务。产业园先后被认定为国家级众创空间、江苏省电子商务示范基地(园区)、江苏省跨境电子商务产业园、江苏省电子商务众创空间、江苏省小型微型企业创业创新示范基地、江苏省中小企业公共服务平台、江苏省创业示范基地、江苏省科技企业孵化器。至2023年年末,累计入园企业300余家,园区营业收入突破10亿元,入库税收超3000万元。

(朱冰洁)

商业批发零售

【概况】 2023年,经开区(杨舍镇)实现限额以上批发和零售业商品销售额1138.14亿元,比上年降1.9%,其中限额以上批发业销售额1043.66亿元,比上年降2%;限额以上零售业销售额94.48亿元,与上年持平。限额以上批发和零售业商品分类零售额中,汽车类比上年增0.4%,其中新能源汽车类增58.3%;服装、鞋帽、针纺织品类增2.8%,中西药品类降3.4%。

【山姆会员商店云仓运营】 12月29日,全市首家山姆会员商店云仓开启运营,市民可以通过线上下单方式,购买千款优选商品,享受“一小时极速达”配送到家服务。市民只需下载“山姆”App注册成为会员即可享受云仓直购。首家云仓以经开区为中心,构建周边一小时配送圈,基本覆盖主城区。张家港云仓精选1000余种复购率高的商品，涵盖生鲜全品类以及母婴、个护、干货等日常商品入仓。至年末，山姆在全国25个城市开设门店47家，并通过数百个云仓，实现一小时极速达、全城配、全国配等多种线上配送服务，满足会员多层次、多场景需求。

【张家港大润发城区店】 青岛润泰事业有限公司张家港分公司（简称张家港大润发），位于沙洲中路288号，占地面积约2公顷，于2002年4月30日正式开业，经营品种3万余个，主要经营食品、生鲜、百货等几大类，由高鑫零售有限公司进行全方位管理。大润发市区店2023年营业额2.95亿元，税收487万元，带动就业410余人。大润发市区店除了线下购物外，还建立线上购物平台，包括优鲜、淘鲜达、饿了么、美团。2023年线上平台日均单量在2100单左右，日业绩15万余元。大润发东二环店位于张家港市东二环路、乘航西路路口，地处香港城商业圈，其前身是苏州欧尚超市有限公司张家港东二环店，于2007年11月27日正式开业，隶属于高鑫零售集团，建筑面积2.2万平方米，营业面积7500平方米，商铺面积3400平方米。因总公司于2019年重组，该店于2022年4月更名为大润发东二环店。2023年销售额9600万元。

【张家港市第一人民商场】 张家港市第一人民商场位于步行街，营运面积1.5万平方米。商场几经改造升级，明确“精致、流行、体验”的经营理念，从传统百货转型为时尚流行百货，致力于为消费者提供优质的服务体验及高品质商品。至2023年年末，旗下有百信连锁、商超连锁、品牌代理等多个子公司，形成完整的生活服务链。商场获评2022年江苏省优秀劳动关系和谐企业等。

【张家港曼巴特购物广场有限公司】 张家港曼巴特购物广场有限公司成立于2014年1月，位于张家港市河西路88号，隶属于海澜集团，是集购物、餐饮、娱乐、商务为一体的城市综合体。曼巴特购物广场占地3.4公顷，总建筑面积26万平方米。公司力推“一站式”消费和“体验式”购物，先后获得省级示范街、消费者满意单位等苏州市级以上荣誉5项。2023年营业收入7.54亿元。

【购物公园】 张家港购物公园位于城西新区中心地带，占地面积22.5公顷、总建筑面积约20万平方米，包括恒光国际、太阳广场、克拉水岸、欧陆风情街、美伦酒店、派克酒店式公寓、公园八号、景观塔8个单体，绿化率62%、容积率0.77，2010年5月1日开业，是张家港市首个集购物、餐饮、休闲、娱乐等诸多功能于一体的现代化商业综合体。张家港购物公园主要有餐饮、娱乐、教培、生活服务等业态，有肯德基、必胜客、星巴克、世纪环球影院、麦秀量贩视听歌城、奈思堡家庭游乐中心（NICEBO）等商户150余家，吸引就业人员约900人。2023年销售额1.86亿元。

【凯丽百货】 张家港市凯丽百货是张家港地区首家主题型百货商场，营运面积5000平方米。2021年全新打造一站式母婴童购物场所，以专业、优质、健康的经营理念，为消费者提供母婴儿童商品、婴童增值服务、生活家居主题体验。2023年销售额1013万元，纳税4.6万元。

金茂览秀城

总建筑面积12.5万平方米、营业面积8.88万平方米,总投资10亿元。该项目由金新城集团投资,引进万达集团的轻资产管理模式,由万达集团全面负责招商、运营和管理。至2023年年末,广场有199个品牌,其中包括万达影院、海底捞、大玩家、永辉超市、UNIQLO等9家主(次主)力店,VANS、NIKE、ADIDAS等服装品牌以及62家餐饮品牌,就业人数1500余人。2023年实现营业额6.1亿元。

【金茂览秀城】 张家港金茂览秀城位于城区沙洲湖畔,总建筑面积20万平方米,于2022年12月23日开业。金茂览秀城以“城市悠享生活中心”为主题定位,引领张家港市民消费升级,打造辐射全城的全域品质家庭欢聚中心。2023年就业人数约3000人,商户近300户,销售额6.4亿元,纳税650万元。

【美邻广场】 张家港美邻广场于2021年9月1日正式交付,2022年年底开业。广场地处华昌路与城北路交会处,占地面积2.6公顷、总建筑面积约6.6万平方米,是集美邻集市(菜场)、教育培训、酒店、餐饮、休闲娱乐、美食为一体的邻里中心。广场有管理人员30余人、商铺50余家。经营期间曾获得张家港市优秀检测室、2023年苏州市文明菜场、美邻双拥广场等称号。2023年销售额1.2亿元。

【张家港万达广场】 张家港万达广场于2018年12月28日开业,位于人民东路20号,

【张家港吾悦广场】 张家港吾悦广场东临金港大道,南靠旺西路,西至紫荆路,北接南二环路,由新城控股集团投资建设。该项目秉持“一站式”“全业态”“多功能”“全天候”的开发建设理念,高起点、高水平规划建设集时尚购物中心、大型超市、风情商业街、3D影院、商务大厦、SOHO公寓、精装修豪宅于一体的城市综合体,其中长期经营的购物中心坚持“家庭式消费”为主,与步行街商圈错位发展,提供超大的休闲共享空间,引进国际国内知名品牌商家进驻,满足

万达广场

周边居民购物、休闲、餐饮、娱乐、教育等多重消费需求，打造成张家港首席购物体验新地标、张家港城市商业副中心。购物中心建筑面积11万平方米、营业面积6.1万平方米，于2015年9月25日正式开业。项目建成后除吸引张家港地区消费者外，还辐射江阴市顾山、新桥、华士、周庄等镇消费人群。至2023年年末，项目吸引商户400家，提供长期就业工作岗位约5000个，全年实现营业额6.09亿元，纳税958万元。

【杨舍老街】 杨舍老街位于张家港市中心，是一个集购物、休闲、娱乐、餐饮等多种功能于一体的特色商业街区，总建筑面积3.5万平方米，以独特的苏式园林风格吸引众多市民及游客前来游览、购物。至2023年年末，街区有常驻商户130余家、集市摊位50余组、员工约700人，日均客流1.5万人次。2023年销售额2.5亿元。自2012年元旦开街以来，杨舍老街先后获得江苏省放心消费示范街区、江苏省特色店招和广告牌示范街区、苏州市特色商业街、苏州市品牌夜市、苏州市美丽街区等20余项荣誉。杨舍老街注重传统文化传承，常年为市民提供免费文艺戏曲表演。2020年、2022年、2023年，央视新闻“夜游中国”、央视《新闻直播间》、央视频直播1小时等，将镜头对准杨舍老街，展现其“小隐于野，大隐于市”的独特魅力。

杨舍老街

生活消费品市场

【概况】 至2023年年末，经市市场监督管理局核准登记在业、由经开区（杨舍镇）属地管理的农贸市场有14家，其中镇级农贸市场4家（晨阳、乘航、东莱、塘市农贸市场），村级农贸市场7家（第二集贸市场、泾东菜场、七里庙菜场、港新集贸市场、斜桥农贸市场、闸上农贸市场、福前农贸市场），民营股份农贸市场3家（东菜场、美邻菜场、南苑菜场）。辖区有香港城小商品市场、梁丰五金机电城、九洲家居装饰城、保意建材城、红星美凯龙、月星家居等专业类市场。

【第一集贸市场】 市场占地面积1.04公顷、建筑面积3.08万平方米、营业面积2.31万平方米，集蔬菜、鲜肉、水产、蛋品、冷冻食品等农副产品批发、零售、仓储、配送于一体，有固定商位348个。2018年，市场围绕“硬件设施先进完善、软件管理全面规范、经营主体诚信自律、市场环境整洁有序”的目标进行改造，增加经营户营业后场空间，合理设计柜台，增设公共卫生间、中央空调等便民服务设施，开设母婴室，实现布局科学合理、灯光美化升级、立面大气统一、管理智慧高效。2023年完成交易量7.1万吨、年交易额15.8亿元。近年，市场先后获评苏州市“放心消费”先进示范单位、“消费者满意”单位，苏州市级农业产业化龙头企业、文明菜场，张家港市产业化龙头企业。

【第二集贸市场】 张家港市第二集贸市场由杨舍镇七里庙村股份经济合作社出资建造，占地面积1.18公顷，总投资约1.43亿元，主要服务城西区域居民约2.5万人，满足居民一站式购物需求。市场有地下一层、地上三层（局部四层），总建筑面积24215平方米（含地下室9025.7平方米），其中一楼为集贸市场，建筑面积5114.95平方米，二楼、三楼是五月风华宴会中心。肯德基、特色海鲜鸿禧餐厅驻一楼市场东侧。市场设服务中心、快检室、广播室、监控室、母婴室、暨阳客厅小市集便民服务站等。年内获评苏州市文明菜场、苏州市最美菜场。

【万红新区集贸市场】 市场建于2002年，位于万红三村万红小学西侧100米，建筑面积4917.37平方米，有摊位和门店70余个。2023年市场交易量约1500吨、交易额约5000万元。近年，市场先后获评苏州市文明菜场、苏州市守合同重信用企业、苏州市“消费者满意”单位、苏州市先进示范单位。

张家港市第二集贸市场

【福前村集贸市场升级改造】 2023年，福前村联合市市场监督管理局、区镇农业农村局等多个部门，对福前菜场升级改造工程进行规划部署。8月25日，村民代表大会表决通过福前菜场升级改造方案，总投资约160万元。10月10日完成工程审批手续。该项目由苏州市公共资源交易中心张家港分中心平台公开招标，相亭生态科技有限公司中标，工程期限自11月1日至12月20日。10月29日菜场内原商户全部撤离，过渡至菜场北侧搭建的临时摊位。12月25日，对36个门店、摊位进行公开拍租，成功拍租28个，租金187.33万元。 （丁雅玲）

【张家港香港城商业中心】 中心位于乘航西路与东二环路交会处，是城市东部区域性商业中心。项目占地面积13.33公顷、总建筑面积约18万平方米，由张家港广聚源置业有限公司投资建成、张家港香港城市场物业管理有限公司运营管理，是集购物、餐饮、娱乐、休闲、养生为一体的现代化商业综合体。该中心由大润发超市、小商品市场、麦当劳“得来速”餐厅、商务会馆办公4个单体组成，香港城影院、东方威尼斯浴室、七天宾馆、宝乐迪KTV、胖胖食府餐饮等商业机构入驻。香港城商业中心小商品市场是全市最大的小商品集散地，该市场经营面积2万余平方米，分为A、B、C3个区，设有小商铺近千个，约350家商户在此经营。一楼主要经营办公用品、灯具、五金、卫浴、洗涤用品、百货、电器、玩具、渔具、塑料制品、劳保用品、酒店用品等；二楼主要经营床上用品、针纺、家具、工艺品、箱包、仿真花、服装、鞋帽等。香港城商业区辐射全市，每天车流量约5000辆，日均客流量达1万余人次，2023年营业额超7亿元。

【红星美凯龙】 张家港红星美凯龙家居生活广场家具建材综合体于2010年6月12日开业，位于南二环路1号，总建筑面积10.78万平方米。该项目是由张家港绿源置业有限公司投资建设，上海红星美凯龙品牌管理有限公司运营管理，有300余个家具建材品牌，就业人员约1500人。2015年联合中国质量认证中心正式推出“中国家居正品查询平台”，实现“绿色家居·正品追溯”；2016年正式发布绿色宣言，致力于对每个家庭的居家环保负责任。2023年6月，引入新股东建发股份、联发集团，由此转变为一家国资控股的混合所有制企业，年营业额约1.1亿元。

（汪菊）

【九洲家居装饰城】 张家港九洲家居装饰城成立于2002年3月26日，位于金港大道与南二环路交会处，占地面积10.33公顷，主要经营建材、家居装饰、装潢材料、家具、家用电器购销等，有家居建材等300余个品牌，公司以“诚信经营、打造品牌”为经营理念，先后获评江苏省质量信得过企业、江苏省消费放心市场、苏州市诚信企业、张家港治安防范先进集体等，2023年实现销售额超10亿元。

【月星家居】 张家港月星家居广场管理有限公司于2015年12月1日成立，位于金港大道289号，有慕思、康耐登、爱蒙、芝华仕、斯帝罗兰、爱依瑞斯、曲美、耐特利尔、艾芙迪等家居建材品牌200个，是一个集购物、休闲、服务、鉴赏等多功能于一体的经营综合体，2023年实现销售额近3亿元。

【“九洲红立方”】 “九洲红立方”是全市首个商圈楼宇党群活动阵地，服务范围涵盖九洲家居、金茂名家居、红星美凯龙、保意建材城、百姓生活广场、梁丰五金机电城6个商业综合体，有从业人员5300人，建有党组织4个。2月15日，塘市区域党群工作站联合九洲洲盛党支部邀请九洲商圈新业态直播群体，在“九洲红立方”开展红“XIN”铸塘网络直播培训，由江苏小黄鸭传媒有限公司副总李倩倩授课，围绕如何起步制作

2月15日，在“九洲红立方”开展红“XIN”铸塘网络直播培训

短视频、如何找到属于自己的对标账号、如何拆解对标账号、如何模仿热门作品、如何打造自己的IP5个方面展开讨论。通过此次培训，提升九洲商圈直播行业群体整体营销实力，助企纾困，助推商圈活力。

房地产

【概况】 至2023年年末，经开区（杨舍镇）有房地产开发企业52家，其中一级资质企业2家、二级资质企业50家，房地产在库项目78项。年内，完成房地产投资109.52亿元，比上年增5.6%；房地产商品房施工面积547.28万平方米，比上年降19.81%；房地产商品房竣工面积143.2万平方米，比上年增8.2%；房地产商品房销售面积75.95万平方米，比上年降29.45%；规模以上房地产商品房销售金额86.17亿元，比上年降31.77%。

表13　　2023年经开区（杨舍镇）主要竣工楼盘一览表

序号	楼盘名称	坐落位置	开发企业
1	玖璟花园1—9幢及地下车库	新丰路南侧	张家港盈捷房地产开发有限公司
2	阳光春晓花园1—3幢、5—11幢及地下车库	梁丰西路368号	张家港市金厦房地产开发有限公司
3	依云兰庭3幢、9幢	勤星路198号	张家港市广鑫汇房地产开发有限公司
4	滨河云璟花园11幢、17幢及地下车库	蒋乘路东、新丰路北	张家港融辉房地产开发有限公司
5	中凯城市之光花园8幢、30—33幢及C区地下车库	港城大道600号	张家港嘉凯城房地产开发有限公司
6	湖悦天境花园（B地块）5幢、6幢、8幢、12幢、13幢、15幢、20幢、21幢、26幢、27幢、32幢、33幢、39幢、51幢	南二环路以南、紫荆路以西、旺西路以南	张家港锦裕置地有限公司
7	荟乐雅园1—3幢、5—11幢及地下车库	百桥路东侧、人民西路南侧	张家港朗竣置业有限公司
8	瑞城名苑1—7幢、9幢及地下汽车库	华昌路西侧、沙洲东路北侧	张家港市新宏房地产开发有限公司
9	东棠春晓花园1—3幢、5—7幢、9幢、10幢、12幢、13幢、15幢、16幢、18幢、19幢	蒋乘路西侧	张家港弘晖房地产开发有限公司
10	阳光诚域花园1—3幢、5—10幢、12—13幢、15—21幢及地下车库	沈巷里路7号	张家港市金厦房地产开发有限公司

续表

序号	楼盘名称	坐落位置	开发企业
11	和樾花园10幢、P3幢	新丰河中路南侧、沙锡公路西侧	张家港新城鸿泽房地产开发有限公司
12	天璞花园1—3幢、5—7幢、12幢	中兴路北侧	张家港湖珩置业有限公司
13	文锦云庭2—16幢	沙洲西路北侧、南庄路西侧	张家港东峻房地产开发有限公司
14	和喜悦园7幢、12幢、22幢、28幢、32幢、33幢、35幢、36幢、37幢	中兴路南侧	张家港建禧房地产开发有限公司

【物业管理】 2023年，区镇有物业服务的商品房小区174个、动迁安置小区100个。按照"一次划定、分批实施"原则，集中完成老旧小区物业管理区域界定，推进老旧小区业主委员会（物业管理委员会）组建，扩大物业管理覆盖面，提升老旧小区管理水平，年内实现老旧小区业主自治组织全覆盖。在城区街道试点老旧小区市场化物业管理模式，建立健全长效常态管理机制。完善《经开区（杨舍镇）动迁安置小区物业管理考核办法》，通过交叉检查、问题通报、限期整改等措施，开展动迁安置小区物业管理提质增效行动。年内，君临新城小区获评党建引领物业管理服务工作省级示范点，国泰润园小区获评党建引领物业管理服务工作苏州市级示范点，西溪花苑、悦盛花苑等8个小区获评张家港市党建引领物业管理服务工作优秀示范点。

（孙琪）

【金新城置业集团有限公司】 公司创建于2002年，总部设于张家港经开区，集团主营地产开发，涉及物业管理、商业运营、园林绿化、酒店管理等多个领域，是一家面向全国发展、布局的城市综合开发运营商。成立以来，金新城始终确立全产业链驱动的长期战略，努力为客户提供多元化、高品质人居体验，逐步形成置业集团、资管集团、物业上市企业、园林公司"四位一体"的发展格局。集团拥有国家房地产开发一级资质，连续10年获评江苏省房地产开发综合实力50强，2023年跻身榜单第6位。金新城立足于产城融合，逐步整合大型商业中心、国际五星酒店、老年公寓、城市湿地公园、校企合作项目等，在文旅、商业、生态、教育等领域形成完善的功能配套。

旅　游

【概况】 至2023年年末，经开区（杨舍镇）有AAAA景区一个（暨阳湖生态旅游区）。年内，区镇以旅游项目开发为契机，挖掘农村特色文化项目，促进乡旅文化振兴、产业整合，涌现出一批特色农文旅结合项目。福前村"神园葡萄"声名远播，每年吸引大量游客采摘，其先进的葡萄育种技术吸引省内外同行前来学习取经。百家桥村依托花美兰苗木基地，发展旅游业，打造集餐饮、花艺、垂钓、露营为一体的乡村休闲旅游基地。区镇全年接待游客116万人次，比上年降12%。

表14　　2023年经开区（杨舍镇）星级旅行社一览表

名称	星级	经营地址
张家港国泰国际旅行社有限公司	省四星旅行社、出境社	人民中路国泰时代广场底楼
张家港华泰旅行社有限公司	省四星旅行社、出境社	人民中路50号恒隆大厦
苏州华辰国际旅行社有限公司	省三星旅行社、出境社	杨舍镇永安路996号
张家港市亚博国际旅行社有限公司	省三星旅行社、出境社	杨舍镇湾士岸1村1幢4号门202号
张家港永安旅游有限公司	省三星旅行社	杨舍镇沙洲宾馆有限公司宴杨楼7楼707室
张家港环宇旅行社有限公司	省三星旅行社	港城大道150号

【暨阳湖生态旅游区】 旅游区包括暨阳湖生态园、暨阳湖欢乐世界、暨阳湖金融街三大主题板块，其中暨阳湖生态园总面积为441公顷。暨阳湖为主体景观，水面面积约70公顷。暨阳湖欢乐世界占地面积15.3公顷，建有激流勇进、完美风暴、矿山车、摩天轮、六月坡等大中型游乐项目20余个，可满足不同年龄层次人群的休闲娱乐和消费需求，是一个以儿童为主、老少皆宜的综合性游乐园。暨阳湖金融街是张家港市政府重点生态商业项目，街长680米，由12幢不同体量单体建筑相对排列构成，总建筑面积6万余平方米，粉墙黛瓦、飘逸灵动，景观与湿地自然融合，繁华商务中又能独享庭院幽静，整体建筑风格既现代时尚又具江南特色。

【幸运艺术馆】 张家港幸运金属工艺品有限公司是苏州市非遗项目金属抬凿錾刻工艺的保护单位。幸运艺术馆位于泗闸路119号幸运金属工艺品公司院内，面积1000余平方米，以历年参与大型国事接待活动为基本素材，吸收中国历史、文化、美食等相关学科的最新研究成果，是了解中国高端餐饮文化和金属工艺精品的“立体教科书”。艺术馆分为自助餐系列展区、定制工艺品系列展区、商务礼品系列展区、宴会桌面用品系列展区、酒吧和会所系列展区、刀叉系列展区、服务用品系列展区。年内，接待游客

暨阳湖全景

6万余人次。

【善港村】 善港村从"乐植有机、知善乡村"的理念出发，规划建设船坞里特色田园乡村，建成26.6公顷五彩油菜花花海以及可供游客休闲体验的"麦畑花舍"书屋、"世间集"村咖等乡村旅游打卡点，以获评全国最美农家书屋的"麦畑花舍"农家书屋为阵地，大力弘扬"善"文化，以"善见花海"、生态农业基地为基础，配套打造"世间集"咖啡馆、共享农庄、"善港益街"，探索集有机农业、田园风光、民俗文化、旅游研学、农事体验于一身的乡村旅游线路。

【南新村】 南新村围绕"稻香人和·蕙质南新"村域品牌，建设包括工厂化育秧中心、大米加工中心、智慧农场控制中心、新时代文明田园实践中心、农事体验服务中心、田头议事中心、优质农产品展销中心、新型经营主体服务中心八大分中心为一体的南新村综合农事服务中心，打造集科普、生产、销售、休闲、观赏、乡村田园环境、健身娱乐等为一体的综合性农业示范区。2023年，南新村与市实验小学东校区、云盘小学、常青藤实验学校等多所本地学校开展研学合作。以综合农事服务中心为阵地打造多个研学特色项目，开展"一粒米的故事""稻梦空间""禾下乘凉梦""稻田音乐节""稻田风物节"等多种主题研学活动。既有室内参观讲授，又有户外田间课堂，通过书记带头、干部配合，形成专业化讲师团队，通过沉浸式学习教育、体验式劳动锻炼，让青少年走进田野、亲近土地，感受农耕传统文化。年内，接待游客500余人次。

【梁丰生态园】 梁丰生态园位于张家港市区东部，总投资2.8亿元，总面积80公顷，绿地率达到70%。园内精心建造植物生态群落，种植各类植物1430种，建有松园、竹园、梅园、蔷薇园、百果园、玉兰园、名人名树园、牡丹园、樱花园、水生植物园等12个专类园，共种植各类乔灌木1.1万余株，是一个集休闲、观光、健身娱乐、科普教育于一体，具有现代园林特色和浓郁文化氛围的综合性城市公园。

【餐饮住宿】 餐饮住宿作为服务业的重要板块，展现平稳增长态势。区镇有限额以上（指住宿和餐饮业年主营业务收入达到200万元以上）住宿企业10家，营收3.88亿元；限额以上餐饮企业28家，营收4.36亿元。年内，区镇新增餐饮企业1225家，累计7303家；新增住宿企业59家，累计369家。

表15　　2023年经开区（杨舍镇）星级饭店一览表

饭店名称	星级	地址	总经理
国贸酒店	五星级	杨舍镇人民中路42号	孙岩纹
馨苑度假村	五星级	杨舍镇长安南路279号	金建亚
华芳金陵国际酒店	五星级	杨舍镇长安路388号	张　燕
沙洲宾馆	四星级	杨舍镇暨阳中路170号	许洪平
景海宾馆	三星级	杨舍镇海关路2号	陶卫军

【馨苑度假村】 度假村位于长安南路279号，毗邻暨阳湖生态园，交通快捷便利，环境静谧雅致，是典型的江南园林式五星级饭店。饭店总占地面积15.18公顷，有客房260间（套），无柱式大宴会厅3个、包厢20个，餐位2520个；有服务人员近240人；有建筑面积5500平方米的多功能国际会议中心，其中大剧场1个、中型会场2个、小型会议室10个。饭店内亭台楼阁、廊回曲折、小桥流水、绿茵葱茏、鸟语花香，素有“闹市中的绿洲”“天然氧吧”等美誉。饭店历年获评江苏省文明单位、江苏省青年文明号、江苏省消费者满意宾馆、中华餐饮名店、首届全国江鲜烹饪技能大赛特金奖、金叶级绿色饭店等。2023年获评2022年度张家港市文明单位、2023年度张家港市模范职工之家，完成营收7800万元。

馨苑度假村

金融业

5月17日，横河社区开展“金融惠民之家”普法宣传活动

银　行

【政策性银行】 经开区（杨舍镇）辖区内有政策性银行1家，为中国农业发展银行张家港市支行（简称市农发行）。2023年，该行牢记“支农为国、立行为民”的使命担当，充分发挥“农发行是服务乡村振兴的银行”职能作用，创新发展思路，拓展支农领域。全年投放支农资金贷款137.1亿元，年末贷款余额104.5亿元，其中投放收储贷款5.63亿元，完成粮食储备18万吨；支持粮食市场化收购，投放贷款115亿元；支持城乡融合发展，投放城乡一体化建设贷款8.87亿元；提升乡村土地资源效能，投放农地贷款7亿元；支持乡村振兴与小微企业贷款0.6亿元；办理国际结算业务18.15亿美元。年内，获评农发行苏州市分行先进集体、省分行业绩进步行。（侯新亚）

【国有商业银行】 2023年，区镇辖区有6家国有商业银行（工商银行、农业银行、中国银行、建设银行、交通银行、邮储银行）的分支机构，机构网点64家。

工商银行　中国工商银行股份有限公司张家港分行营业部位于沙洲西路255号，先后获得张家港市无障碍金融服务示范网点、总行首批外汇业务百强分行千优网点、苏州分行精品分支行营业部等荣誉。年内推动数字化转型，助力财政系统搭建，帮助国库支付中心优化跨行支付功能，推进市财政预算一体化工资发放系统上线，与第一人民医院、市中医医院等深化“智慧医院+便捷支付”银医合作项目。至年末，人民币公司贷款余额50.43亿元，普惠贷款余额2.2亿元；公司存款余额20.5亿元、个人储蓄存款余额22.29亿元。

农业银行　中国农业银行股份有限公司张家港分行（简称市农行）年末本外币各项存款、贷款余额分别为1006.12亿元、676.60亿元，总量均居六大国有银行首位。推广线上融资产品以及供应链融资模式，银保监口径普惠贷款余额77.88亿元，比上年增20.87亿元，总量、增量均居六大国有银行首位。办理全国首个非银行App渠道数字人民币党费缴费场景、全省农行首笔“线上开立保证金”单证业务、苏州农行首笔“e推客”助残贷款。

中国银行　中国银行股份有限公司张家港分行（简称市中行）坚持“稳、进、好”的发展思路，坚守服务实体经济初心，全年民营企业贷款余额217.72亿元，比上年增75.75亿元；科技金融贷款余额97.26亿元，比上年增63.79亿元，增幅190.58%；绿色贷款余额129.7亿元，比上年增48.86亿元；普惠金融贷款余额61亿元，比上年增19.91亿元。持续推动养老金融发展，与市民政局深入开展合作，完成全市居家养老服务平台系统的对接开发工作。稳步推进数字人民币推广，为市第三人民医院、市人事考试中心提供数字支付服务。完成全市苏通智慧交通有限公司智慧交通PPP项目的银团组建以及首笔放款业务。2023年，成为全市首个外汇管理银行直联网点。年内，市中行践行金融企业脱贫攻坚担当，通过“公益中国”平台采购福利品等方式，向对口扶贫点——咸阳北四县落实27.7万元帮扶资金，帮助贫困地区解决农产品滞销问题。将“我为群众办实事”落到实处，向港城爱心社捐赠5万元；对张家港市15名贫困家庭学生进行慰问；开展“3·15消费者权益保护日”征信专题宣传活动和“警银联动，反诈宣传进商圈”活动。市中行获评市先进文明单位；市中行团委获评张家港市五四红旗团委。

建设银行　中国建设银行股份有限公司张家港分行营业部位于国泰新世纪广场。网点曾获评中国银行业文明规范服务五星网点、江苏省五一巾帼标兵岗、苏州分行优秀团队等称号。2023年网点开展“建行蓝·相伴成长”系列活动之“建行相伴，E路成长”小小银行家活动。走进“融之汇”——金融惠民之家开展金融知识普及工作。推进住房租赁、普惠金融、金融科技“三大战略”，参与全市重大建设工程项目建设。至年末，全部存款164.22亿元，公司存款142.74亿元、个人存款21.48亿元。

交通银行　交通银行张家港分行位于张家港市杨舍镇暨阳中路191号，分行下辖1家营业部、8家二级支行，其中营业部和5家二级支行位于杨舍镇。年内，获评全国一星级青年文明号、交通银行五一劳动奖状、张家港市文明单位、张家港市工人先锋号、金融系统绩效考核综合贡献奖等称号。全年优化信贷服务，加大实体贷款投放，支持张家港市基础设施建设，优化线上服务，践行普惠金融，服务乡村振兴。扎实推进“一老一少”金融知识普及工作，定期走进乡村和大学校园进行金融宣教。年末人民币各项存款时点余额210.29亿元，较年初增加40.27亿元，增幅23.68%。

邮储银行　中国邮政储蓄银行股份有限公司张家港市支行营业部位于国泰新天地。2023年，网点开展“联心家园、谊路有你”活动。走进居民社区，提高社区居民防

交通银行工作人员给老人们传播反诈骗金融知识

非防诈意识。先后走进黎明、福前、百桥、徐丰、西闸、田垛里等村(社区),开展金融知识宣传活动。结合“港城金融服务万企百亿融通工程”等活动,对中小微企业实行最优利率、无还本续贷等优惠政策,打通线上线下多元模式授信渠道,全力为中小微企业解决融资难、融资贵的问题。至年末,全部存款8.09亿元,公司存款3.93亿元、个人存款4.15亿元。

(储成飞　汪少波　侯均昊　黄雯　戴雅平　许惠伟)

【股份制商业银行】 区镇辖区有12家全国性股份制商业银行(中信银行、民生银行、招商银行、浦发银行、华夏银行、光大银行、兴业银行、恒丰银行、广发银行、平安银行、浙商银行、江西银行)的分支机构,机构网点20家。

中信银行　2023年,中信银行股份有限公司张家港支行经营发展总体稳中有进,组建科创中心,以3个专业部门组成团队专攻科创、普惠企业的开发拓展。支行参与投资全国县级市首支知识产权证券化产品的发行,以知识产权未来预期收益为支撑,通过发行市场流通证券进行融资的创新融资方式,服务13家科创企业;加强科技创新,落地首笔批复项下专利质押项下普惠贷款,企业得到政府利息补助可达到1%;发挥集团协同优势,先后落地IPO募集资金、战略配售、大股东可转债配资、基金托管、投资款监管,助力科创企业全生命周期的金融服务。

民生银行　中国民生银行股份有限公司张家港支行致力于服务好实体企业,通过对上市、拟上市、专精特新、独角兽企业进行专项开发,“四大类价值客户开发率”系统内排名第一。支行响应优化改革,线上产品先行先试,实现分行首笔出口E融;实现分行首笔全棉通供应链业务,规模量总行排名第一。年内,通过“强化守法合规文化、防范金融风险、护航转型发展”合规巡讲,提升全行员工的风险防控能力及履职能力。至年末,支行普惠金融贷款余额为17.52亿元,比上年增3.48亿元。

招商银行　招商银行股份有限公司张家港支行支持实体经济小微和重点项目企业,至年末,支行实现普惠贷款余额12.59亿元,净增2.57亿元,增幅25.65%。普惠和小微户数1089户,比上年增245户。涉农贷款余额30.67亿元,比上年增31%;零售信贷余额31亿元,小微贷发放6.76亿元,比上年增2.58亿元,增量是上年同期的147%;消费贷发放3.96亿元,比上年增1.02亿元,增量是上年同期的179%;房贷发放1.75亿元。数字人民币对公交易量15.15亿元、中小企业贷款3.38亿元。支行赞助张家港市首届咖啡节市集活动,与沙洲职业工学院开展“青春无悔,反诈有‘招’”反诈主题宣传周活动,携手亚马逊举办张家港地区跨境电商大会。年内,被招商银行苏州分行评为先进支行。

浦发银行　上海浦东发展银行股份有限公司张家港支行位于人民西路3-98号君悦大厦。浦发银行张家港支行坚持服务实体经济,支持普惠金融、科创金融等领域。至2023年年末,本外币存款余额120.74亿元,本外币贷款余额98.22亿元。支行与高新区开展“高企融资服务直通车”活动,对接企业161家,授信获批69家,授信获批金额合计34.67亿元。支行参与各项社会公益事业和慈善活动,作为适老服务网点,对有困难的老人、特殊群体开展上门服务,提升老年客户体验;参与“爱心助残公益集市”活动,向残障人士及中老年客户群体宣传存款保险、防诈骗等基础金融知识；组织金融志愿者先锋宣讲活动，开展金融知识进社区、进企业及港城金融惠民宣教活动，宣传存款保险、反假币、打击买卖银行卡、防范非法集资、消费者权益保护等各类金融知识；参加港城“融之汇”党建共建单位志愿献血活动，开展“爱满港城”慈善募捐，用爱心践行社会责任。

华夏银行　2023年，华夏银行股份有限公司张家港支行秉承“诚信、规范、高效、进取”的价值理念，履行融资主渠道责任，把贷款投向真正需要融资的实体经济。至年末，实现制造业贷款余额27.04亿元，科技型企业贷款余额2.59亿元，普惠贷款余额5.28亿元，涉农贷款余额54.28亿元。支行定位“中小企业服务商”，走访民营和小微企业，深入了解客户融资需求。为降低企业融资成本，利用“互联网+”的优势，运用房贷通、循环E贷、网络贷等贷款产品，提供“随借随还”信贷服务。支行履行社会责任，开展金融知识进校园、进社区、进企业活动；利用电子显示屏等宣传阵地发布公益广告，提醒广大市民注意防范非法集资、金融诈骗等。年内，获评华夏银行苏州分行先进单位、张家港市文明单位等。

光大银行　中国光大银行股份有限公司张家港支行位于长安中路142号。网点先后获评光大集团系统青年文明号、总行系统先进支行、张家港市系统文明单位、苏州银行业文明规范服务百佳示范单位、江苏省文明服务示范单位、中国银行业文明规范服务五星级营业网点等多项殊荣。2023年，网点走进庆丰社区宣传金融知识及防范电信诈骗，走进民联、建农、和平、南丰、海坝等村宣传存款保险制度。至年末，全部存款90.61亿元，公司存款73.18亿元、个人存款17.43亿元。

平安银行　平安银行张家港支行位于国泰新天地广场。网点多次被总行评为“三好五星”三星网点、四星网点、分行优秀服务三星网点。2023年，网点走进周边社区开展各类金融知识宣教活动，包括“合规用卡”“防诈骗”“守卫财产安全”“个人信息保护”等主题宣教。走进勤丰社区、翡翠湾社区、美邻广场，宣传存款保险制度。至年末，全部存款44.78亿元，公司存款25.77亿元、个人存款19.02亿元。

（蒋愫雯　赵鸣雷　杨福男　赵璇　赵晓娟　梅嘉吟　闻鑫）

【城市商业银行】 2023年，区镇辖区有6家城市商业银行（江苏银行、苏州银行、上海银行、南京银行、宁波银行、浙江泰隆商业银行）的分支机构，机构网点15家。

苏州银行　苏州银行股份有限公司张家港支行坚持“以客户为中心”的一体化经营战略，在民生金融、科技金融、政府服务等领域不断发展，立足打造本土银行品牌形象。年内，作为张家港市第一批三代卡发卡银行之一，持续做好社保三代卡发卡业务，年度发卡完成率位列苏州银行全辖第一名；做好保障性安居工程、租赁住房等民生工程项目；招募康养俱乐部会员，助力养老金融服务；落地代收水费系统，丰富民生服务产品。强化创新驱动，落地全国县级市首单知识产权ABS业务、江苏省县级市首单数币归集募集资金债券业务、苏州首笔“吴优数贷”业务、张家港市首笔“拨贷联动”业务、张家港市首单国企科技创新公司债券等。通过多渠道、多产品服务，强化市属国企全面合作；参与地方存量融资结构优化工作，助力地方经济发展；上线商品房预售资金监管系统，加强预售资金监管，提升银政合作。

浙江泰隆商业银行　浙江泰隆商业银行股份有限公司张家港支行位于东环路78号。网点连续多年被评为张家港市文明单位，2023年获评无障碍金融服务示范网点、张家港市知识产权创新创造优秀服务单位。年内，在张家港市“舞动精彩、乐享金融”防范非法集资广场舞宣传活动中获得优秀奖。泰隆银行张家港支行实施以服务小微企业为核心的普惠金融，加速信贷资金有效投放，做好普惠小微贷款，加大金融抒困支持小微的工作力度，让信贷资金高效支持到小微企业。

宁波银行　宁波银行股份有限公司张家港支行位于人民东路687号国泰东方广场。网点先后被评为张家港市金融系统绩效考核“港城金融服务千企行”最佳银行、金融系统绩效考核科技人才企业最佳合作银行、“金融助力港城高质量发展”创新提质立功竞赛银行机构组一等奖。2023年，宁波银行张家港支行参加“金融知识普及月”“金融知识进万家”“百行千人进万企”等金融知识及普及宣传活动，深入基层群众，关注实体经济，走访中小企业，宣讲金融信贷政策、消费者权益保护、个人资产配置、理财、反假币、反诈等金融公益知识，开展社区志愿服务。至年末，全行人民币存款余额118亿元，贷款余额44亿元。

（王坤　陈姣　陈虹）

【农村商业银行】 2023年，区镇辖区有4家农村商业银行（张家港农商银行、常熟农商银行、无锡农商银行、江南农商银行）及分支机构，机构网点34家。

张家港农商银行　张家港农村商业银行总行营业部位于人民中路66号。先后获评全国青年文明号、中国五星级银行网点、中国银行业文明规范服务千佳示范单位、江苏省巾帼文明岗、省联社先进基层党组织、张家港市五四红旗团支部、平安金融创建活动先进集体等，连续5年获评全行先进基层党组织。2023年，网点坚守金融为民理念，在春节、端午节等组织节日慰问活动，为辖内老党员以及孤寡老人送上关怀与温暖；开展“社会妈妈”爱心帮扶活动、“小书包·大梦想”公益助学活动，关爱少年儿童成长；与市人社局共赴“残疾人之家”开展志愿服务，让金融服务无“碍”更有爱；与市快递服务行业党委共同组建育“新”队伍、打造暖“新”驿站、定制助“新”方案，为新业态新就业群体发展注入不竭动能，提供信贷支持420余万元，《姑苏晚报》对此合作模式进行报道；推进“金融反诈伴你行、守护安全零距离”大走访活动，深入小区、企业、学校、商户，宣讲反诈知识，举办“行长反诈课堂”、反诈早晚市等十余场活动，收集群众公益服务需求，全年走访居民27285户，拦截诈骗4起、金额100.4万元，受到市打击治理电信网络新型违法犯罪工作联席会议办公室表扬。坚定“支农支小”初心，做深做实普惠金融，创新开展“党建+问需于企送服务上门”，党员带头走村入户、走访小微业主，为271户小微企业提供信贷支持5.24亿元。至2023年年末，网点存款规模176.14亿元、贷款规模96.69亿元，成功申报全省农商行系统五星级党支部。

常熟农商银行　常熟农商银行股份有限公司张家港支行践行普惠金融服务理念，立足“三农”“两小”，重点服务实体经济、小微企业、个体工商户。至年末，各项贷款余额62.1亿元，比上年增12.29%，其中短期贷款35.93亿元，比上年增18.94%；中长期贷款26.17亿元，比上年增4.29%。中小微贷款24.86亿元、制造业贷款21.89亿元，科技型企业贷款0.73亿元。支行坚定“支农支小、做小做散”市场定位，优先服务乡村振兴和小微实体，通过创新服务产品兴农贷、富村贷等，共计投放1.21亿元用于支持乡镇农业产业园、农田水利设施现代化改造。

（黄维　宋晓蕊）

【村镇银行】 2023年，区镇辖区有村镇银行1家，即江苏张家港渝农商村镇银行股份有限公司。公司坚持金融服务实体经济，做好小微企业金融服务工作。年内，深入社区（村）、企业，为市民讲解反假币、反洗钱、防范电信诈骗等金融知识，宣讲支行涉农、惠企优惠政策，以及房快贷、无还本续贷等优势信贷产品，搭建金融服务“直通车”，现场受理业务，解答群众咨询。至年末，各项贷款余额45236万元，比上年增8.58%。其中涉农贷款余额30422.72万元，占各项贷款余额的67.25%，涉农贷款占比较上年增6.18%；普惠口径小微贷款余额34408.71万元，占比76.06%，在贷款规模稳步增长的同时，贷款结构进一步趋于合理。（李丹）

【外资银行】 2023年，区镇辖区有2家外资银行（友利银行、汇丰银行）的分支机构。友利银行（中国）有限公司张家港支行加快推进本地化战略，落实服务实体经济、减费让利、防控风险等政策要求，为中国及韩国等企业、个人客户提供金融服务，定期对企业进行走访，开展存款保险及防范非法集资宣传活动。至年末，实现本外币时点存款规模51739.84万元，比上年增19%；本外币贷款规模40618.83万元。其中制造业贷款余额27586.39万元、中小微企业贷款余额29251.53万元，全年共计发放中小微企业贷款54908.03万元用于支持企业生产经营。年内，友利银行获评外资银行风采奖。汇丰银行（中国）有限公司张家港支行致力于成为引领行业数字化变革的先行者，通过提供高质量的数字化解决方案惠企利民。4月，汇丰银行成为首家获税务总局批准数电发票试点纳税人资格的外资银行。8月，成为首家正式向客户提供数电发票服务的外资银行，推动绿色可持续金融发展。至年末，支行各项贷款余额1781.34万元，其中制造业贷款余额1781.34万元（贸易融资余额1369.68万元）。支行各项存款余额35315.7万元，全部为单位存款余额，比上年增7938.52万元。表外业务项下，全年办理银承开票业务共7笔，金额1689.33万元，未办理银承贴现业务、融资性备用信用证及保函业务。（苏南　史辰可）

【财务公司】 区镇辖区有财务公司1家。江苏国泰财务有限公司由江苏国泰国际集团有限公司和江苏国泰国际集团国贸股份有限公司共同出资成立，注册资金5亿元。至年末，本外币存款余额77.01亿元。

（路乾義）

表16　　2023年年末经开区（杨舍镇）银行机构网点一览表

单位：家

序号	名称	总行	分行	一级支行	二级支行	分理处	储蓄所	邮储营业所	小微支行	社区支行	合计
1	农发行	—	—	1	—	—	—	—	—	—	1

续表

序号	名称	总行	分行	一级支行	二级支行	分理处	储蓄所	邮储营业所	小微支行	社区支行	合计
2	工商银行	—	1	—	12	—	—	—	—	—	13
3	农业银行	—	1	—	6	3	—	—	—	—	10
4	中国银行	—	1	8	—	—	—	—	—	—	9
5	建设银行	—	1	10	—	—	1	—	—	—	12
6	交通银行	—	1	—	5	—	—	—	—	—	6
7	邮储银行	—	—	1	2	—	—	11	—	—	14
8	中信银行	—	—	1	2	—	—	—	—	—	3
9	民生银行	—	—	1	—	—	—	—	—	1	2
10	招商银行	—	—	1	1	—	—	—	—	1	3
11	浦发银行	—	—	1	—	—	—	—	1	—	2
12	光大银行	—	—	1	—	—	—	—	—	2	3
13	华夏银行	—	—	1	—	—	—	—	—	—	1
14	兴业银行	—	—	1	—	—	—	—	—	—	1
15	恒丰银行	—	—	1	—	—	—	—	—	—	1
16	广发银行	—	—	1	—	—	—	—	—	—	1
17	平安银行	—	—	1	—	—	—	—	—	—	1
18	浙商银行	—	—	1	—	—	—	—	—	—	1
19	江苏银行	—	—	1	2	—	—	—	—	—	3
20	苏州银行	—	—	1	6	—	—	—	—	—	7
21	上海银行	—	—	1	—	—	—	—	—	—	1
22	南京银行	—	—	1	1	—	—	—	—	—	2
23	泰隆银行	—	—	1	—	—	—	—	—	—	1
24	宁波银行	—	—	1	—	—	—	—	—	—	1
25	江西银行	—	—	1	—	—	—	—	—	—	1
26	张家港农商行	1	—	1	6	23	—	—	—	—	31
27	常熟农商行	—	—	1	—	—	—	—	—	—	1
28	无锡农商行	—	—	1	—	—	—	—	—	—	1

续表

序号	名称	总行	分行	一级支行	二级支行	分理处	储蓄所	邮储营业所	小微支行	社区支行	合计
29	江南农商行	—	—	1	—	—	—	—	—	—	1
30	渝农商村镇银行	—	—	1	—	—	—	—	—	—	1
31	友利银行	—	—	1	—	—	—	—	—	—	1
32	汇丰银行	—	—	1	—	—	—	—	—	—	1
33	国泰财务公司	—	—	1	—	—	—	—	—	—	1
	合计	1	5	46	43	26	1	11	1	4	138

表 17　　　　2023年年末经开区（杨舍镇）银行机构存款情况表

类别 单位	人民币存款		其中				外币存款	
			单位存款		个人存款			
	年末余额（万元）	比上年增长率（%）	年末余额（万元）	比上年增长率（%）	年末余额（万元）	比上年增长率（%）	年末余额（万美元）	比上年增长率（%）
农发行市支行	28450.00	-32.28	28450.00	-32.28	—	—	—	—
工行市分行	3840020.11	23.05	2919920.68	30.88	920099.42	3.41	62257.42	-11.00
农行市分行	5115153.00	21.69	3349985.00	26.68	1765168.00	13.22	7092.00	39.33
中行市分行	2405360.70	26.41	1343984.45	30.83	1061376.25	21.23	37744.32	-5.26
建行市分行	2657997.37	39.52	1756927.64	50.62	901069.69	21.98	14376.87	-9.98
交行市分行（全市数据）	2102919.00	24.00	1349599.00	27.00	753320.00	19.00	8425.00	-48.00
邮储银行市支行	584678.19	14.31	80750.29	-0.14	503927.91	17.02	9.17	-28.49
中信银行张家港支行	1128300.00	-4.26	979598.00	-7.22	148701.00	21.31	5145.00	52.06
民生银行市支行	802953.00	-16.28	654460.00	-18.64	148493.00	-4.01	11466.00	16.57
招商银行市支行	752093.00	10.00	539197.00	2.00	212896.00	34.00	2568.00	-16.00
浦发银行市支行	1133961.00	-6.89	994666.00	-3.32	138714.00	-26.22	685.00	-38.78
光大银行市支行	906078.11	-19.55	731808.37	-25.28	174269.74	18.65	340.70	-39.59

续表

类别 单位	人民币存款		其中				外币存款	
			单位存款		个人存款			
	年末余额（万元）	比上年增长率（%）	年末余额（万元）	比上年增长率（%）	年末余额（万元）	比上年增长率（%）	年末余额（万美元）	比上年增长率（%）
华夏银行市支行	916328.81	27.71	729424.26	27.53	186904.55	28.43	1775.80	1.52
兴业银行市支行	552549.00	10.55	442860.00	5.32	109510.00	38.30	4952.00	-23.96
恒丰银行市支行	296246.74	-45.41	256621.64	-49.34	39625.10	9.94	45.95	54.77
广发银行市支行	173429.00	-12.70	144218.00	-11.30	29211.00	-18.80	282.00	394.70
平安银行市支行	447834.00	56.00	257676.00	38.00	190158.00	30.00	70.00	26.00
浙商银行市支行	642427.00	19.70	432802.00	19.03	124199.00	31.03	793.00	-26.00
江苏银行市支行	1068221.11	49.48	824285.18	53.62	243935.93	37.01	2850.67	184.27
苏州银行市支行	460341.00	44.23	279493.00	46.72	180848.00	40.55	142.86	529.34
上海银行市支行	28.61.00	5.42	27.16	4.14	1.45	36.79	0.05	-28.57
南京银行市支行	1096623.49	15.96	923778.63	9.03	172844.82	52.96	275.11	205.7
泰隆银行市支行	122548.98	40.05	72884.11	58.83	49664.87	19.35	847.94	-22.52
宁波银行市支行	1184346.63	29.80	982902.95	24.12	201443.68	67.09	8213.26	-59.71
江西银行市支行	118885.70	-15.01	60495.58	-34.93	58390.12	24.45	—	—
张家港农商银行	5214338.22	15.95	1581996.06	-7.55	3120311.83	16.18	16885.37	-16.92
常熟农商银行（全市数据）	351750.46	37.18	154777.25	35.32	196973.21	38.67	—	—
无锡农商银行	135836.00	22.46	124218	23.06	11618.00	16.46	—	—

续表

单位＼类别	人民币存款		其中				外币存款	
			单位存款		个人存款			
	年末余额（万元）	比上年增长率（%）	年末余额（万元）	比上年增长率（%）	年末余额（万元）	比上年增长率（%）	年末余额（万美元）	比上年增长率（%）
江南农商银行	87892.54	–15.07	60482.31	–31.20	27410.23	90.51	270.18	—
渝农商村镇银行	11448.42	24.21	1724.82	–10.80	9723.60	33.51	—	—
友利银行市支行	41930.85	38.82	33605.26	49.24	8329.01	8.34	1384.92	–27.25
汇丰银行市支行	26168.83	32.14	35315.73	29.00	—	—	1291.44	18.76
国泰财务公司	560314.71	–13.74	560314.71	–13.74	—	—	29615.77	104.33

表 18　　2023 年年末经开区（杨舍镇）银行机构贷款情况表

单位＼类别	人民币贷款		其中				外币贷款	
			短期贷款		中长期贷款			
	年末余额（万元）	比上年增减（%）	年末余额（万元）	比上年增减（%）	年末余额（万元）	比上年增减（%）	年末余额（万美元）	比上年增减（%）
农发行市支行	1044974.00	35.39	540229.00	41.01	504745.00	29.85	—	—
工行市分行	3021153.11	20.74	1229814.51	68.55	1791338.6	1.06	378.75	–66.18
农行市分行（全市数据）	3636607.00	17.54	2489065.00	33.43	2983202.00	1.33	7092.00	39.33
中行市分行	2519094.23	30.75	1721850.10	43.78	797244.13	9.36	792.08	–27.60
建行市分行	2628014.38	13.30	459182.11	29.60	2168832.27	10.37	3878.68	–30.73
交行市分行（全市数据）	1426722.00	28.91	267282.00	–6.20	1051339.00	28.89	691.00	–20.00
邮储银行市支行	663504.52	23.32	288741.96	8.30	374762.55	38.07	—	—
中信银行张家港支行	1301383.00	1.09	516735.00	54.79	784648.00	–17.71	30900.00	–26.47
民生银行市支行	782264.00	20.95	299215.00	24.84	483049.00	18.65	—	—
招商银行市支行	945585.00	–1.00	567423.00	4.00	378162.00	–7.00	53.00	–55.00
浦发银行市支行	972656.00	14.35	294130.00	7.50	672913.00	16.63	44.00	–85.48
光大银行市支行	1102210.32	–10.13	672704.05	5.30	429506.27	–26.90	—	—
华夏银行市支行	574435.50	27.77	74204.89	11.69	500230.61	30.55	—	—
兴业银行市支行	730202.00	24.42	475029.00	55.50	255173.00	–9.31	—	—

续表

类别 单位	人民币贷款		其中				外币贷款	
			短期贷款		中长期贷款			
	年末余额（万元）	比上年增减（%）	年末余额（万元）	比上年增减（%）	年末余额（万元）	比上年增减（%）	年末余额（万美元）	比上年增减（%）
恒丰银行市支行	925055.26	28.04	208617.76	-19.75	716437.50	54.89	—	—
广发银行市支行	186504.00	-17.80	155004.00	-17.50	31500.00	-19.30	—	—
平安银行市支行	247375.00	40.00	77535.00	15.00	169840.00	30.00	—	—
浙商银行市支行	309114.00	23.24	174161.00	22.57	127309.00	24.48	—	—
江苏银行市支行	1083866.32	20.13	563093.32	56.76	520773.00	-4.10	327.00	-21.58
苏州银行市支行	175787.00	11.36	53440.00	25.35	122347.00	6.18	—	—
上海银行市支行	47.56	21.3	14.73	98.52	32.83	3.27	—	—
南京银行市支行	618541.69	-4.50	412308.73	65.80	206232.96	-48.30	—	—
泰隆银行市支行	77275.52	-2.02	69874.70	4.99	7400.82	-39.89	370.40	-58.43
宁波银行市支行	440080.61	-18.47	171544.35	8.28	268536.26	-29.59	1943.33	-82.97
江西银行市支行	184341.85	19.35	137620.67	5.69	46721.18	120.25	—	—
张家港农商银行	4004700.88	12.13	2898477.38	8.88	956223.50	5.76	11235.96	8.18
常熟农商银行（全市数据）	620956.46	12.29	359252.65	18.94	261703.81	4.29	—	—
无锡农商银行	201860.00	84.11	23232.00	71.68	79402	0.56	—	—
江南农商银行	48813.81	48.91	44498.03	46.59	4315.78	30.35	—	—
渝农商村镇银行	45236.11	8.58	34220.92	12.37	11015.19	-1.72	—	—
友利银行市支行	40618.83	-17.73	27705.85	0.73	12912.98	-40.94	—	—
汇丰银行市支行	1781.34	-94.69	1781.34	-94.69	—	—	—	—
国泰财务公司	—	—	—	—	—	—	—	—

保　险

【概况】 2023年，经开区（杨舍镇）辖区内有保险公司43家，其中财险公司21家、寿险公司22家。年内，辖区内保险机构深化政保合作，结合数字人民币支付创新推出“吴优数险”，是全省首个“线下七天无理由退货损失保险”项目；创新开发知识产权类保险，落地全省首单数据知识产权被侵权损失保险；围绕主粮作物保障提升，推动“苏安耘”创新保险方案落地。

【财产险公司】 区镇辖区有中国人民财产保险股份有限公司张家港中心支公司、中国太平洋财产保险股份有限公司张家港中心支公司、中国平安财产保险股份有限公司张家港支公司等财产险公司21家。

人保财险 2023年，中国人民财产保险股份有限公司张家港中心支公司新增商业秘密被侵权损失保险、数据知识产权被侵权损失保险、线下七天无理由退货损失保险共3个险种，累计设险种10个大类200余个。全年完成保费收入89116万元，比上年增3.79%。其中车险收入59970万元、非车险收入26614万元、农险收入2532万元。保险收入中，车险占比最大，为67.29%。全年累计处理赔案57.9万件，理赔支出56819万元，赔付率63.76%。其中车险理赔支出37162万元、非车险理赔支出18638万元、农险理赔支出1019万元。

太平洋产险 2023年，中国太平洋财产保险股份有限公司张家港中心支公司下设总经理室、综管部、财务部、团客发展部、个客发展部、个客共享作业服务中心、团客共享作业服务中心、业务部等部门。年内，公司中标张家港市政策性农业保险项目（二标段）；落地分公司首单农民工工资支付履约保证保险、社会应急救援力量责任险；开出电梯综合险、高端员福、水质无忧、灵活就业人员保险等项目；“房安保”项目、高标准农田IDI保险项目持续扩面。全年完成保费收入8.40亿元，比上年增9.98%，其中非车险收入2.69亿元、机动车辆险收入5.71亿元。保费收入中，机动车辆险占比最大，为68.0%。全年累计处理赔案44.7万件，理赔支出44319万元，比上年增11.8%，赔付率52.9%。理赔支出中，非车险支出8241万元、机动车辆险支出36078万元，机动车辆险占比较大，为81.4%。公司市场占有率34.22%。年内，公司获评张家港市先进文明单位，获得张家港市金融机构“综合贡献奖”“普惠投放攻坚奖”“保费增长标兵奖”“税收贡献奖”。公司工会被评为2019—2022年度太平洋保险集团先进工会。

（汤洁羽　姜鹏程）

【人身险公司】 区镇辖区有中国人寿保险股份有限公司张家港支公司、中国太平洋人寿保险股份有限公司张家港中心支公司、中国平安人寿保险股份有限公司张家港支公司等人身险公司22家。

中国人寿 2023年，中国人寿保险股份有限公司张家港支公司下设营销发展部、收展发展部、个险培训部、团体业务部、银行保险部、综合部、客户服务中心7个部门，下辖4个营业部和7个营销服务部。全年完成保费收入12.15亿元，比上年增3.39%。处理赔案17872件，理赔支出7020.65万元，比上年增26.31%。

太平洋人寿 2023年，中国太平洋人寿保险股份有限公司张家港中心支公司完成保费收入86742.33万元，比上年增11.47%。全年累计处理赔案10440件，理赔支出5476.77万元。承保优生优育保险、大病保险、长护保险、农村人员意外伤害保险、新市民意外伤害保险、残疾人意外保险、灵活就业人员职业伤害保险等惠民保险项目，有效保障社会各类人群。应对人口老龄化，着力推进“百岁居”居家养老服务项目，与太保家园品质养老相结合的养老解决方案，提升人民幸福生活水平。　（曹影珂　周霞）

证券·期货

【概况】 经开区（杨舍镇）辖区内有东吴证券股份有限公司张家港分公司及杨舍镇证券营业部、华泰证券股份有限公司张家港杨舍东街证券营业部、国泰君安证券股份有限公司张家港人民东路证券营业部、南京证券股份有限公司张家港东环路证券营业部、中泰证券股份有限公司张家港杨舍东街证券营业部、东方证券股份有限公司张家港东环路证券营业部、中信建投证券股份有限公司张家港人民中路证券营业部等。

【东吴证券】 2023年，东吴证券股份有限公司张家港分公司下设总经理室、综合部、财务部、信息技术部、机构业务部、零售业务部6个部门。分公司提供IPO、中小企业私募债、财务顾问、“新三板”等综合金融业务。各营业部开设沪深A股、B股、权证、期权、港股、期货、国债、企业债券、国债回购、封闭式基金等交易品种，提供融资融券、股票质押回购、小贷宝等融资服务，提供网上交易、手机炒股等交易方式，并与中国银行、农业银行、工商银行、建设银行、交通银行等13家银行建立客户保证金三方存管业务。营业部客服中心实行客户经理制，为客户提供一对一服务，并提供电话咨询、短信、盘中提醒等多种咨询服务，帮助投资者把握投资方向。全年完成交易额1740亿元。（肖贝）

【华泰证券】 2023年，华泰证券股份有限公司杨舍东街证券营业部有在职员工24人，开设A股、B股、债券、基金、权证、新三板、H股、融资融券、个股期权、港股通IB业务等交易品种，提供网上交易、电话委托、磁卡委托、手机炒股、网上页面委托等交易方式，与工商银行、农业银行、中国银行、建设银行、交通银行、浦发银行、招商银行、中信银行、农商行等多家银行建立三方存管业务。年末，华泰公司总部推出“涨乐财富通”App8.816版，营业部每日平均约有3.5万名客户使用该App交易，覆盖率98.83%。年内，股基证券开户2546户，有效户533户，新增融资融券客户321户。全年实现交易额265.39亿元，理财产品销售额42.5亿元，其中私募基金销售占比提升110%。实现利润3399.4万元。营业部在全国1.2万家营业部中综合排名列第121位；在张家港市场占有率38%，市场份额排名第一。（夏良亮）

【南京证券】 2023年，南京证券股份有限公司张家港东环路证券营业部设有多媒体展示区、客户体验区、客户区及贵宾区、期货交易专区，从业人员11人。营业部承揽A股、B股、港股通、沪伦通、债券、基金、新三板、科创板等传统通道业务以及期货IB、融资融券、股票质押式回购融资、专项融券业务、各类金融产品代销、股票期权等创新业务。提供现场开户、见证开户、网上开户、手机开户多种开户方式，以及现场交易、电话委托交易、网上交易，手机委托交易等交易方式，与工商银行、农业银行、中国银行、建设银行、交通银行等多家银行建立三方存管转账业务。营业部依托公司的“快乐阳光”网上营业厅、金罗盘掌厅、微信微厅等客户服务平台以及“95386”全国统一客服热线，为客户提供更便捷的服务。2023年完成交易量275.09亿元，实现收入1014.39万元，实现利润总额700.31万元。（钱文娟）

【东华期货】 2023年，江苏东华期货有限公司张家港营业部有从业人员6人，均持有期货从业资格证书。公司业务范围包括商品期货、金融期货、资产管理等。至年末，拥有固定客户1164人，成交额354亿元，实现客户保证金规模7387万元。（陆丽华）

综合经济管理

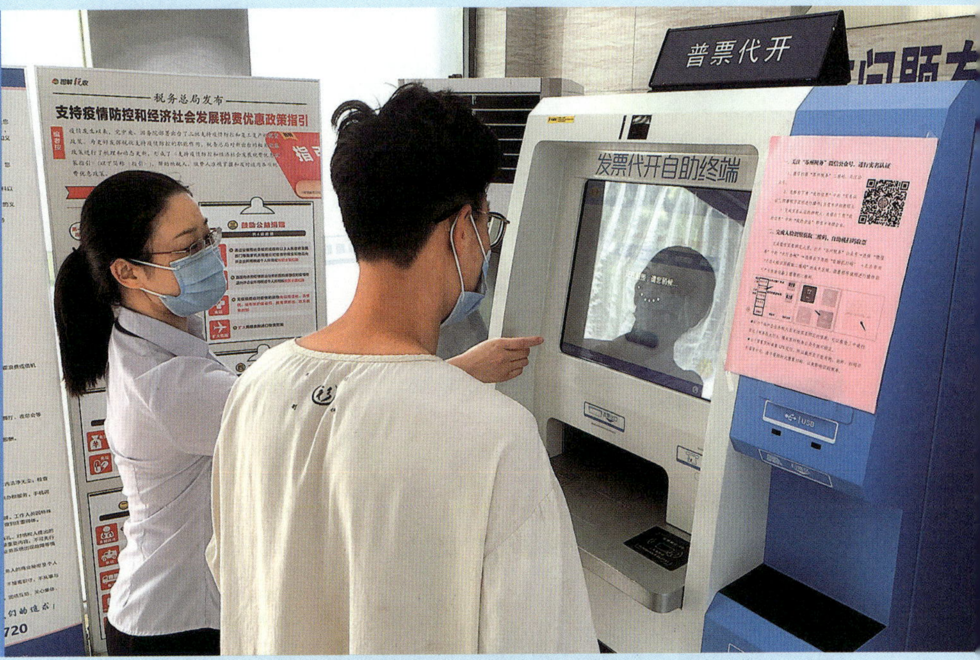

杨舍镇个体私营经济办公室开通午间开票服务

营商环境建设

【概况】 年内，经开区（杨舍镇）根据《2023年张家港市优化营商环境重点工作任务清单》，建立健全“提前介入、报批指导、动态跟进、问题协调、跟踪回访”的服务机制，安排专业团队为企业提供全方位、精细化、伴随式“项目管家”服务，通过对接会、联席会等方式，倾听企业需求，及时解答、调处企业反映的问题，着力构建立体式服务格局，提升服务专业度、精准度、满意度。全年服务专班受理条线部门工作联系单108件，协同企业对接市资规、住建、水务、农业农村、行政审批等部门，为企业项目报规、摘地建设、竣工备案、不动产颁证等提供专业化解决方案，协调解决项目服务事项100余项。

【审批制度改革】 年内，区镇按照上级统一部署，推行大众创业“一件事一次办”改革，实现群众办事“一次申请、一套材料、一次提交、一个流程”，自4月试运行至12月末，共办理222件。实施街区繁荣“一件事一次办”改革，保障综合体街区及进驻商户顺利开业，全年办理122件。深化“集体合同审查秒批秒办”改革，将企业线下申报转至“一网通办”线上申报，精简审批部门30%，压缩审批环节57%，压缩审批时限99%，全年办件391件。公共场所卫生许可“大数据+AI智能审批”常态化运行，全年办证405件。

【服务项目建设】 年内，区镇实施领导挂钩联系企业服务制度，加强政企沟通，主动靠前服务，“一企一档”“一企一策”解决企业发展实际困难。紧扣“拿地即开工”要求，多部门协同推进12个出让地块的供地前服务工作，满足开发地块净地出让条件，省重大项目盛虹储能签约5个月即开工，省重大项目采埃孚汽车零部件当年开工、当年竣工，协鑫储能从立项到投产不到70天，中鑫汽配拿地即开工。开展“政务先锋、惠企有你”“春风送法进企业、普法宣传零距离”“开工第一天，安全第一课”“政务服务评议官”等系列活动，加强企业风险防范及法律意识，拓宽政务服务和社会监督渠道，提升形象和服务质效。

1月22日，张家港市委常委、经开区党工委书记和管委会主任、杨舍镇党委书记张志明等领导走访企业

【规范行政执法】 年内，杨舍镇综合行政执法局梳理“免罚轻罚”清单中涉及的集中赋权事项，确保对“免罚轻罚”适用条件、法律依据、衡量标准等内容适用准确。办理不予处罚案件50余起、减轻处罚案件30余起。推行律师驻局模式，律师常态化

参与综合执法工作，如重大案件办理、组织听证、行政复议诉讼等。推行“行政执法公示”“执法全过程记录”“重大执法决定法制审核”3项制度，对制作不规范、程序不合规、虚假案件等问题予以通报。保障当事人合法权益，在违法建设等重大案件中，依申请组织听证程序2起。加强共建共享，根据商户需求，组建自治队伍，落实市容环卫区自治制度，开展“星级商户”评选，双向互动提升商户参与管理积极性，打造集政策咨询、业务办理、文明宣传、便民休闲等功能为一体的城市管理服务站3处。

财　政

【概况】 2023年，经开区（杨舍镇）财资局坚持稳字当头、稳中求进的工作总基调，完整、准确、全面贯彻新发展理念，实施精细化管理，精心组织财政收入，高效合规筹集资金。全年完成一般公共预算收入50.55亿元，比上年增24.6%，税收占比95.1%。收入总量列张家港市各板块第二位。

【财政收入】 年内，区镇建立税收信息交流共享机制，加强重点税源、缓税和退税回流的监测，建立重点企业走访制度，做好收入结构分析，科学谋划全年收入。培育优质新增税源和创新型税源，挖掘一次性税源，提升财政综合财力。对重点企业常态化走访，加强收入运行监测分析，落实组合式税费支持政策，持续优化营商环境，促进经济回稳向好。加强非税收入管理，拓展财源渠道。

表19　　2023年经开区（杨舍镇）一般公共预算收入一览表

项目	实绩（万元）	2022年实绩（万元）	增长率（%）
税收收入	480729	380553	26.3
非税收入	24729	25158	–1.7
合计	505458	405711	24.6

（许叡）

【财政管理】 2023年，区镇财资局做好年度区镇预算收支和资金平衡方案，增强预算刚性约束，在实际支付过程中保证年初有预算、月度有计划、每周有数据。圆满完成省厅预算一体化系统上线工作，完成2023年财政决算执行情况报告和2024年度预算公开公示工作。加强支出管理，强化内控监管机制，建立节约型财政保障机制，在有效支持高质量发展中，保障财政可持续和地方政府债务风险可控。建立健全财政投资评审制度，建立项目事前评审、事中监督和事后审计的全过程监管体系。牵头组织区镇清产核资工作，结合清查数据建立国有（集体）资产智慧监管平台，摸清家底，明晰产权。落实惠民惠农一系列政策，在医疗、养老、教育等领域持续增进民生福祉。全面助力乡村振兴，坚持农业农村优先发展，在保障经济一般村正常运转的基础上，支持各村发展特色农业、智慧农业，增强村级财力。

表20　　2023年经开区（杨舍镇）一般公共预算支出一览表

项　目	2023年执行数（万元）	项　目	2023年执行数（万元）
一、一般公共服务支出	27289	十五、金融支出	2352
二、国防支出	—	十六、援助其他地区支出	988
三、公共安全支出	4315	十七、自然资源海洋气象等支出	—
四、教育支出	91607	十八、住房保障支出	2935
五、科学技术支出	16667	十九、粮油物资储备支出	—
六、文化旅游体育与传媒支出	1798	二十、灾害防治及应急管理支出	—
七、社会保障和就业支出	36809	二十一、预备费	—
八、卫生健康支出	19005	二十二、其他支出	—
九、节能环保支出	—	二十三、债务付息支出	2700
十、城乡社区支出	33441	二十四、债务发行费用支出	16
十一、农林水支出	21408	本级支出合计	261378
十二、交通运输支出	48	地方政府一般债务还本支出	5400
十三、资源勘探工业信息等支出	—	支出总计	266778
十四、商业服务业等支出	—		

（顾来清）

【资金保障】 根据年度资金收支预算，区镇财资局在落实基本财力和增强财政统筹能力、用足用活现有融资渠道的基础上，积极探索有效合规的筹资渠道。根据2023年度资金支付情况，完成授信储备梳理，做好资金储备，保障到期债务接续安全及区镇经济建设资金需求。加大力度挖掘有效资产，优化资源整合方案，完成经开国投AA+、悦丰金创AA外部评级，成功发行悦丰金创首单科创债。做好专项债申报，为区镇资金筹措开辟新路径。

【债务管理】 年内，经开区财资局对上争取再融资债券资金0.51亿元。细化隐性债务化解方案，压实化债主体责任，将债务管理、债务化解、债务风险防范等情况纳入重点工作。加强经营性债务管理，严控经营性债务增幅，制定区镇下属企业资产负债率管控方案，实现债务规模和资产负债率“双管控”。分类制定融资平台公司市场化转型及整合、撤并方案，完成融资平台公司数量压降任务；推动高成本债务压降，对接协调相关金融机构，缓释偿债压力。日常开展地方政府性债务管理系统、监测平台、综合监管系统3个债务系统填报和监测工作。2023年达成“债务率不倒涨和债务风险等级不返色”目标。通过市场化转型等方式加快推进平台公司清理工作。（陈晨）

【财政惠民】 年内，镇政府出台一系列惠农政策，区镇财政做好相关涉农资金保障。全年承担农业保险财政补贴84.79万元，发放耕地地力保护、农机购置、农药配送等惠民补贴475.81万元。为筑牢粮食安全屏障，

安排稻谷生产者补贴、水稻育秧基质补贴、实际种粮补贴等462.33万元。（朱嵘）

【会计管理】 2023年，经开区财资局开展事项赋权承接，承诺审批制办理代理记账许可证及年度审查。至年末，累计发放代理记账许可证106家，全年新增办理代理记账许可证企业33家，完成企业年审74家。市财政会计学会杨舍学组开展重点企业财务研讨，搭建平台，邀请区镇重点企业、村加入会计学会，打造区镇企业财务人员的“会计之家”，提升从业人员的财务理论和会计实务水平，促进区镇经济高质量发展。

【监管审计】 2023年，经开区财资局参考市级国资管理办法，起草《经开区（杨舍镇）国有资产管理制度（讨论稿）》。牵头组织区镇清产核资工作，包括区镇机关局室、各下属单位、国企、集体企业资产，结合清查数据构建国有（集体）资产智慧监管平台，摸清家底，明晰产权，为下一步盘活区镇资产做准备。在理顺财政与公司业务基础上，加强内控管理，完善内控制度。针对内部审计制度不健全、部门实质性审核不足等问题，采取定期检查和不定期抽查相结合的方式查找、堵塞漏洞，通过内部联审互查发现问题，即查即改。（朱汉阳）

税　务

【概况】 根据《深化党和国家机构改革方案》的要求和国家税务总局苏州市税务局

区镇财资局工作人员深入基层开展惠农政策宣传

的统一部署，2018年10月25日，国家税务总局张家港市税务局张家港经济技术开发区税务分局正式成立，为正科级单位，负责张家港经济技术开发区范围内纳税人缴费人的税费服务管理等工作。机构办公地点为人民中路56号。按照办税服务、基础管理、风险管理3个系列，成立了综合管理组、办税服务组、基础管理组（一、二、三）、风险应对组（一、二、三）8个专项工作组。2023年分局有在职干部77人，平均年龄49岁；有税务师、注册会计师、律师“三师”资格证书的干部共计27人次。分局管辖企业（正常户）27219家、个体户（正常户）29715户。年纳税500万元以上的重点税源企业330家。2023年，经开区（杨舍镇）实现各类税收收入124.87亿元，比上年增20.35%；完成区镇一般公共预算收入50.55亿元，比上年增24.6%。

【征收管理】 年内，经开区税务分局积极探索税收治理新举措，将管理服务职能进行优化，坚持专业化和网格化相结合，实现基础管理工作同质化，办税服务组、风险应对组专业化，综合管理组统筹化；以建设新时代“枫桥式”税务分局为抓手，围绕“政治统领、法治保障、智治支撑、共治聚力、严治强基”建设路径，打造服务纳税人缴费人的前沿阵地，增强基层税务部门源头防范、化解、调处矛盾纠纷能力，形成税收基层治理新样板，推动基层税收治理提质增效。

【纳税服务】 年内，经开区税务分局组建“经开税援团”，全方位、多形式开展税收宣传、志愿服务活动。广泛征集纳税人缴费人意见建议，畅通纳税信用修复渠道，全年受理完成15户纳税人复评、7户新设立企业复评、3户纳税人补评和7户纳税人修复。依托服务平台，做强做大线上咨询。根据企业规模、所属行业、征收方式、企业性质等标准，建立30个纳税人企业微信服务群。至2023年年末，管理和服务纳税人5000余人。全面接入微信客服功能，人工客服在线时间为8:30—17:00，智能客服全天24小时在线服务，实现线上咨询“不等待”、涉税需求“有回声”，有力提升纳税人缴费人获得感和满意度。

【减税降费】 年内，经开区税务分局筛选出72家重点企业（集团），开展“税惠赋能促发展”走访调研，深入了解纳税人缴费人政策享受中遇到的问题。2023年办理769户留抵退税金额2.88亿，受理个人所得税汇缴人数13.47万人，其中退税人数9.7万人，退税金额5963.32万元；对企业所得税汇算清缴申报数据进行疑点核实，累计完成退税审核5930万元。自先进制造业增值税加计抵减政策实施以来，分局精准落实“政策找人”，10—12月辅导企业申报加计抵减增值税4778万元，助力退税红包直达快享，打通减税降费政策落实“最后一公里”。

【数电票推广】 年内，经开区税务分局从“优服务、重基础、严防控”多方位部署数电票的推广工作，开展6场数电票线下培训；通过电话辅导方式“一对一”精准辅导13700户次，完成数电票赋额额度调整1250户次，完成赋额类别调整101户，对894户触发数电票风险预警的纳税人进行预警提醒及风险排查。

【社会保险费申报缴纳流程优化调整】 年内，经开区税务分局推进优化调整社会保险费申报缴纳流程工作。深化社保费征收体制改革，融入网格化社会治理框架，开展11期优化调整社会保险费申报缴纳流程及熟练使用操作系统的培训，累计参训7000余户次，47名网格员充分发挥管理作用，确保社会保险费申报缴纳流程优化调整工作顺利平稳到位，为社保费征收模式的切换做好准备。 （蔡月皎）

国有资产管理

【概况】 经开区（杨舍镇）经营性资产按资产类别主要分为土地、工业厂房、科创载体、人才公寓、商业办公用房、住宅用房六大类。2023年度总收入2.08亿元，总支出4456万元，净收入1.63亿元。

【张家港经开区国有资本投资运营集团有限公司】 张家港经开区国有资本投资运营集团有限公司（简称经开国投）作为经开区唯一的国资控股集团公司，成立于2022年，注册资本50亿元，拥有2家2A+主体、1家2A主体，中诚信主体信用评级AA+。经开国投以专业化、实体化、市场化为发展方向，金融板块（股权与基金投资）为核心业务之一，与多家市场化头部机构建立紧密的战略合作关系，致力于打造为综合性国有资本市场化运作专业平台。年内，经开国投梳理137宗经营性资产，其中可租赁土地面积22.2公顷、可租赁房屋总面积139.46万平方米，并提出相关分类盘活建议。2023年营业收入26.68亿元，净利润0.22亿元。4月27日，出类及出类研究院发布第三届中国机构LP年度榜单——“2022年度中国最佳机构LP榜单”，经开国投获评“2022年度长三角最佳政府引导基金TOP30”。经开国投党委书记、董事长高彦获评“2022年度中国最佳机构LP菁英人物TOP30”。7月7—8日，由FOFWEEKLY主办的“2023母基金年度论坛暨第四届鹭江创投论坛”在厦门举行。活动现场发布2023年度中国投资机构软实力排行榜，经开国投入选“2023投资机构软实力排行榜——区县级母基金TOP20”。同月，“2023融中有限合伙人峰会暨产业投资峰会”在北京举行，活动现场发布“融中2022—2023年度有限合伙人榜单”，榜单评选结合参评人基本情况，根据综合实力、投资能力、管理规模、投资回报、项目退出能力等指标，筛选和评定优质LP机构，经开国投获评“2022—2023年度中国最佳投后管理有限合伙人”。

【经开区创投合伙人联盟】 为打造产业创新集群，形成苏州市、张家港市、经开区三级联动，2023年6月，张家港经开区联合苏州基金、张家港创新投资集团，成立总规模15亿元的张家港市产业创新集群发展母基金，实现资本与产业互通互融。张家港经开区创投合伙人联盟正式成立，成员单位包括经开区新老合作伙伴。联盟用好220亿元基金总盘子，发挥资本对产业的撬动引领作用，重点围绕汽车及零部件、新能源、化合物半导体等经开区主导产业进行投资，对外吸引优质机构、企业、人才、资金等资源落户，对内挖掘并培育本地拟上市企业、独角兽企业、专精特新“小巨人”企业和潜力类、重点类项目，通过资本、资金、资源聚集，要素、产业、人才融通，助力经开区高质量发展。

【市悦丰物业管理有限责任公司】 张家港市悦丰物业管理有限责任公司成立于2022

年，注册资本1亿元，主营业务为区镇经营性资产（土地、厂房、科创载体、人才公寓、商业办公用房、设施设备等）日常经营与管理。至2023年年末，国有、集体经营性资产合计土地面积157.1公顷、房产面积154.31万平方米，其中工业土地面积16.02公顷、工业厂房土地面积88.17公顷、房产面积48.63万平方米。科创载体有沙洲湖科创园、留创园、再制造基地、华夏科技园、纳米产业园、软件园六大园区，土地面积38.53公顷、房产面积61.49万平方米。人才公寓方面，土地面积8.14公顷、房产面积15.57万平方米。商业办公用房方面，土地面积6.1公顷、房产面积10.12万平方米。住宅用房方面，土地面积0.14公顷、房产面积1.85万平方米。盘活资产7宗（闲置资产再出租），新增租金收入429万元。全年资管板块实现营收2.06亿元，其中租金、物业费收入1.41亿元（含政府免租0.25亿元），资产处置收入0.65亿元。

统　计

【概况】 2023年，经开区（杨舍镇）统计部门强化经济运行监测研判，拓展统计服务职能。聚焦重点行业重点指标，对重点企业进行走访调研，建立重点行业、重点指标预报制度。强化统计监测、预警、分析，加强对经济运行的专题研究和深度探讨，撰写各类统计分析、专题材料、信息动态，及时准确反映经济形势。创新月度指标监测预警机制，分月收集汇总绩效考核相关指标数据，做好监测预警分析。开展统计规范化建设工作，执行联网直报各项规定，按时完成各项年定报任务，每月印制发放经开区经济信息月报。（朱冰洁）

【统计基础建设】 年内，区镇统计部门分别组织规模以上工业、贸易、服务业新入库企业统计人员召开业务培训会议，进行现场业务答疑。组织各专业业务骨干分批次参加苏州市和张家港市专题学习培训，多次安排各专业统计人员到市对口专业部门咨询学习相关业务；每年分批次组织辖区内联网直报企业统计人员进行专题学习培训，通过新入库、新入职统计人员培训、基层人员日常培训、年定报业务培训，提高经开区企业、项目统计人员的业务能力水平。全年，区镇举办年报培训会4期1130人、新入库企业培训会2期136人；参加市级以上相关统计培训29期。

【经济普查】 自2023年4月起，区镇第五次全国经济普查工作（简称五经普）全面启动。区镇专门组建第五次全国经济普查领导小组，对相关成员单位进行职责分工，9个办事处（街道）、22个村、53个社区和1个奶牛场生活区成立普查领导小组机构。清查阶段，选调指导员和普查员709人，落实“两员”人身保险。加强普查员培训，分6期举办“五经普”单位清查业务培训会，各村（社区）普查指导员和普查员参加培训。做好普查宣传，在“幸福杨舍”微信公众号刊登“五经普”清查公告，制作易拉宝展架、横幅等开展线下定点场所宣传，在各个商业楼宇、居民小区等张贴宣传告知书和海报，发动各办事处（街道）、村（社区）进行普查工作宣传，在区镇范围内投放视频电子屏326块、标语电子屏132块。抓好清查登记，自开展清查工作起，区镇普查办跟踪进度、管控质量，形成清查进度通报制度，落实办事处（街道）专人答疑及审核制度，定期抽查清查单位工作质量，全面把握清查工作进度和质量。为提高清查效率，区镇向普查对象发送集中登记短信并在微信公众号推送补充登记公告。在业务指导上，区镇普查办多次赴各办事处（街道）辅导入户清查工作，分街道集中召开工作指导会及推进会，点对点解决普查员在实际清查工作中遇到的困难和问题。

（赵亨）

市场监督及检验检测

【市市场监督管理局开发区分局】 2023年，市市场监督管理局开发区分局抓好民生安全、服务助企赋能，帮助小微企业完成苏州首笔"吴优数贷"融资授信150万元。为充分整合和发挥社会力量参与消费教育，5月，开发区分局"小个专"党建工作指导站指导辖区企业成立市首个消费教育共享基地。至年末，开发区分局位列全局9个分局考核第一，获评优秀基层分局、现代化建设先锋年先进集体、张家港市文明单位标兵。

服务企业　开发区分局联合金融机构多形式开展知识产权质押融资、苏质贷服务活动，与建设银行、农商银行等金融机构组建常态化普惠服务队，为12家企业办理苏质贷1.14亿元，为24家企业办理知识产权质押融资27笔、融资金额3.7亿元，超额完成市局目标，质押企业数比上年增425%，质押笔数比上年增500%，质押融资金额是上年的56.9倍。先后帮助辖区1家企业入围2023年度苏州市市长质量奖现场评审、1家企业获评苏州市质量奖、1家企业获评张家港市市长质量奖、19家企业获评省质量信用A级、2家企业获评省质量信用AA及AAA级、6家企业分别通过"江苏精品""苏州制造"品牌认证。

专利申请与知识产权　开发区分局组织辖区企业及专利服务机构赴苏州知识产权保护中心学习，引导117家重点企业在苏州知识产权保护中心进行快审备案。按照"问题导向、精准对接、深度服务"的原则，先后邀请审协江苏中心、苏州知识产权保护中心6批次专家团队走进开发区，深入华赛生物、能华微电子等企业开展点对点服务，提供预审前置指导，开展规模以上工业、高新技术、人才、上市四类企业发明专利清零行动。全年辖区企业有效发明专利净增量271件，比上年增18.4%。持续推动江苏氢能技术创新中心等平台建设，新增氢能相关授权发明专利103件。顺应企业知识产权保护新形势，致力提升企业商业秘密保护意识，在生物医药、光电等产业建成商业秘密保护示范点6个。推进知识产权强企分级培育，累计获批国家知识产权示范企业2家，占全市的25%；国家知识产权优势企业7家，占全市的33.3%；苏州引领型企业3家，占全市的30%；苏州优势型企业5家，占全市的21.73%；苏州成长型企业14家，占全市的16.47%；张家港市育鹰企业12家。

药品、医疗器械安全监管　开发区分局先后检查零售药店172家次，重点检查零售药店涉疫药品的来源渠道、储存条件、销售记录等。检查医疗器械经营企业23家次，聚焦无菌和植入性医疗器械、网络销售医疗器械等，严查无证、超范围、过期、失效、淘汰、虚假宣传等违法违规行为。开展医疗美容行业、口腔医疗机构检查，督查医疗美容行业12家次、口腔医疗机构6家次，重点检查是否存在从非法渠道购进药械、是否建立并执行药械相关质量管理制度、是否按规定储存药品和医疗器械等。建立化妆品经营使用数据库，结合“双随机、一公开”，紧盯面膜类、美白祛斑、防晒类等特殊用途化妆品经营使用，共检查7家次。查办经营无中文标签化妆品、无证生产二类医疗器械、委托无生产资质的企业生产二类医疗器械、使用劣药、非法渠道购进药品、未凭真实可靠处方网络销售处方药、经营超过使用期限的化妆品等案件。持续推进家庭过期药品定点回收工作，调整优化回收点位。指导辖区1家药店创成张家港市首批“五星级”药事服务驿站，打造民众家门口的服务科普型药店。

食品安全监管　开发区分局根据食品安全国创要求，对各类食品生产经营户开展质量提升工作。加快投诉举报处理速度，受理投诉举报423件，涉及食品中混有异物、销售过期食品、经营标签不符合食品安全法规定的食品、经营外包装上标识不符合产品质量法规定的食品、经营国家明令禁止生产经营的食品等问题，完成处置412件，日均处置超过1件，未出现超期未处理的情况。检查食品生产经营单位1137家次，对发现的问题全部完成整改。办结广告、食品类案件80件，办理食品经营连锁总部未严格落实主体责任和抖音广告违规等首案。在案件办理中，严格落实包容审慎执法要求，为被处罚主体免罚金额47万元，减轻处罚涉及金额35万余元。

特种设备安全监管　开发区分局全年累计开展特种设备使用单位日常检查263家次，涉及设备626台（套），闭环较大隐患29起；常态化落实超期未检专项检查工作，全年未出现超期未检情况；开展导热油锅炉专项整治，排查相关单位17家，检查相关锅炉及附属管道26台（套），共出具9份监察指令书。推动落实“两个规定”，辖区生产单位落实率100%，使用单位落实率98%。

产品质量监管　开发区分局对15家各类获证企业及10家检验检测机构展开检查，重点打击出具不实、虚假检验检测报告及对列入目录内产品未经认证擅自出厂、销售，伪造、冒用、买卖“3C”标志和证书等违法违规行为，实现对工业产品生产许可证获证企业的全覆盖监管。结合各类专项整治，先后开展重点工业产品质量安全排查治理、燃气具安全专项检查、电动自行车专项整治、塑料污染治理专项行动、消防产品获证组织检查等系列质量安全专项整治行动，检查各类机构、企业近160家次，出动执法人员360余人次。

标准化工作　开发区分局引导企业开展标准对标行动，主动承担国家标准、行业标准的制定修订，新点软件参与制定国际标准1件，其“构建数字化管理框架，助推智慧城市治理与服务”实践案例被确定为苏州市“推进标准制度型开放”优秀实践成果。江苏国富氢能技术装备股份有限公司、苏州海陆重工股份有限公司等参与国行标制修订32件。全年完成国际标准1项、国标20项、行标12项。

计量工作　开发区分局全年核查辖区加油站7家，对3家集贸市场的计量突击检查，立案2件，责令改正1件。开展粮食收购企业、加油站、眼镜制配场所等计量重点领域专项检查，结合夏粮收购工作配合市局对粮食收购企业检定有效期内的电子汽车衡（地磅）开展监督抽查。实施计量精准监管服务，走访企业76家，帮助企业解决计量难题23个。　（钱明磊）

【市市场监督管理局东城分局】 2023年，市市场监督管理局东城分局坚持“以稳促进，以进固稳”，守安全稳市场、定民心激活力、创动能助发展，高质量完成各项目标任务。先后获得“学悟新思想、敢为新实践”主题微党课大赛一等奖、张家港市食品安全技能竞赛三等奖、2023年张家港市市场监管局法律知识竞赛三等奖、江苏省知识产权法律知识竞赛团体一等奖。

专利申请与知识产权 东城分局组织辖区企业及专利服务机构赴苏州知识产权保护中心学习，引导54家重点企业在苏州知识产权保护中心进行快审备案。先后邀请审协江苏中心、苏州知识产权保护中心6批次专家团队走进经开区，深入新美星包装、锴威特半导体等企业开展点对点服务，提供预审前置指导，开展规模以上工业、高新技术、人才、上市4类企业发明专利清零行动。辖区拥有发明专利企业178家、有效发明专利1215件。配合开发区深化沙洲工学院、江苏科技大学等高校院所专利成果双向对接，推进科技成果产业化。致力提升企业商业秘密保护意识，建成商业秘密保护示范点6家。推进知识产权强企分级培育，江苏新美星包装机械股份有限公司获评2022年度中国专利奖优秀奖、江苏申港锅炉有限公司获评2022年度江苏省“正版正货”承诺企业，累计获批国家知识产权示范企业2家、国家知识产权优势企业2家、苏州市知识产权强企培育工程企业4家。深入开展“知惠港城”行动，2023年共办理知识产权质押项目数15笔，融资金额1.1亿元。2023年全省首单数据知识产权保险、苏州市首笔数据知识产权贷款先后正式落地张家港经开区。

药品、医疗器械安全监管 东城分局先后检查零售药店96家次、医疗器械经营企业131家次，聚焦疫情防控医疗器械、无菌和植入性医疗器械、网络销售医疗器械等，重点查处无证、超范围、过期、失效、淘汰、虚假宣传等违法违规行为。开展医疗美容行业专项整治“回头看”、口腔医疗机构药械使用（虚假广告）专项检查，督查医疗美容企业8家次、口腔医疗机构5家次，督查医疗机构35家次。对疾控机构、疫苗接种单位进行全覆盖督查，督促落实疫苗储存和运输质量管理规范、疫苗追溯管理等要求。建立化妆品经营使用数据库，结合“双随机、一公开”，紧盯面膜类、美白祛斑、防晒类等特殊用途化妆品经营使用，检查16家次。开展药品、医疗器械、化妆品质量抽检，覆盖药品流通使用、医疗器械生产经营、化妆品经营使用等。办理第三类医疗器械经营事项（核发/变更/换证/注销）20件，其中延续7件；第二类医疗器械经营备案事项（首次/变更/注销）103件。

食品安全监管 年内，东城分局分类分级明确辖区3530个食品生产经营单位监管责任，对54所学校食堂开展春秋季校园食品安全专项检查，对9家食品生产企业实施差异化动态风险分级监管，对辖区22家托幼机构开展全覆盖检查，对95个生鲜灯使用单位进行责令整改，对46个食品经营单位落实查验牛羊禽产品“两证一卡扣”制度进行监督检查，对150个入网餐饮单位开展线下核查，对检查中发现的问题均实施闭环处置。指导督促辖区520家食品经营企业完成苏食安注册，开展“三类人”任命，抓好“三件事”落实，完善“三本账”记录，完成率100%。推动食品产业高质量发展，指导8个食品经营单位创成苏州市级高质量发展单位，其中苏州市精品食品安全工作站1个、苏州市餐饮质量安全提升先进单位2个、苏州市食用农产品准入先进申报单位2个、苏州市特殊食品诚信经营规范单位3个。推进食品安全社会共治，打造金茂览秀城食品安全社会共治服务站，以“云上看后厨”网络餐饮智慧监管为抓手，实现集中区105家餐饮商户“互联网+明厨亮灶”全覆盖。

特种设备安全监管　东城分局全年现场监察140家，出动监察人员280人次，实际检查在用特种设备443台，发现并完成隐患闭环151起。开展特种设备使用单位年度常规检查工作和冬春季特种设备安全风险隐患专项整治行动、电梯事故隐患排查整治、杂物（传菜）电梯专项整治等，保障特种设备安全。落实特种设备隐患溯源“清零”，保持月度超期未检设备“动态清零”，延续特种设备事故起数、死亡人数“双为零”良好态势。立案查处使用未经检验特种设备2家、未落实气瓶充装前后检查1家。指导企业开展业务线上办理和安全责任承诺、隐患自查自纠等工作，特种设备使用单位云平台开户818家，开户率99.8%。落实特种设备生产单位和使用单位“两个责任”相关规定，围绕生产单位质量体系和使用单位安全系统，开展宣传活动1次、培训人员200余人，协助企业运用特种设备企业服务云平台，落实单位安全总监、安全员任命，任命比例98.7%。

产品质量监管　东城分局全年对22类重点产品开展隐患排查，针对电动自行车、电动自行车充电器和电池、电动自行车乘员头盔、燃气用具（燃气灶具、燃气用连接软管、瓶装液化石油气调压器、可燃气体探测器、燃气紧急切断阀）、灭火器等几类产品开展专项排查治理，检查辖区内近100家相关市场主体，要求其签订安全责任承诺书。围绕认证认可、检验检测、工业产品许可等重点领域，以“双随机”检查计划为基础、专项治理为补充，对15家各类获证企业、强制性自我声明企业及10家检验检测机构展开检查，重点打击出具不实、虚假检验检测报告及对列入目录内产品未经认证擅自出厂、销售，伪造、冒用、买卖“3C”标志和证书等违法违规行为。

市场执法与维权　2023年，东城分局办结一般程序案件219件。办理的某餐饮店未主动对消费者进行防止食品浪费提示提醒案入选苏州局“反食品浪费典型案例”、某烘焙店提供虚假信息案入选苏州局“网络外卖食品安全违法行为典型案例”、某物业公司重复收费案入选苏州局“铁拳行动案例”、某药店提供虚假资料骗取药品经营许可证及执业药师不在岗时销售处方药案被省药监局评为“2022雳剑专项行动典型案例”。全年受理投诉2798件、举报1240件、咨询建议289件；打造“吴优”服务品牌，持续开展数字人民币与线下购物无理由退货融合推广工作，至年末，线下无理由退货商家1755户、“吴优数购”商户602户，推出“吴优数贷”“吴优数险”，营造“放心消费吴优购”的优质消费环境。

价格监督检查　东城分局全年对24种药品用品价格进行监测，1起哄抬价格查处案例被省局评为“防疫十大典型案例”。开展春节等节日市场价格检查，累计出动检查人员180人次、检查280个单位、发放提醒函210份。办理人大建议事项，开展婚庆行业消费秩序专项整治，排查7家酒店、婚庆机构，与市民政局、融媒体中心联合召开规范婚庆服务行业消费秩序座谈会，与会企业签署婚庆行业诚信经营倡议书。查办物业违规收费案件1件，会同住建部门召开物业服务企业政策提醒会，物业服务企业签订“合法经营、规范收费”承诺书74份，责令物业公司退还业主81万余元。开展教育收费专项检查，检查幼儿园、义务教育学校、高中和学科类培训机构2家；配合教育等部门开展校外培训机构联合检查4家次。开展转供电主体电费价格检查，召开转供电政策宣传会1场，发放提醒函6份，完成整改1家。（承荣）

【市市场监督管理局西城分局】 2023年，市市场监督管理局西城分局发挥党建引领“黏合剂”作用与党组织的战斗堡垒作用，促进党建和业务、市监本职和精神文明工作深度融合，优化营商环境，坚守安全底线，突出民生保障，强化队伍建设，提升执法效能，获评2023年度张家港市文明单位、2023年度经开区（杨舍镇）文明站所。

专利申请与知识产权　西城分局全年新增专利授权1030件，其中发明专利授权215件；有效发明专利拥有量3805件，占全市比例31.5%。开展知识产权“育鹰”行动计划和苏州强企培育工程，区镇新增知识产权雄鹰企业3家、雏鹰企业5家。新增江苏省版权示范单位1家，知识产权强企培育工程成长型企业27家、优势型企业6家，新增知识产权贯标备案企业1家（通过第三方认证），新增苏州市优秀版权奖1项。查处知识产权案件13件，其中商标10件、专利3件。开展三批次非正常专利申请核查整治工作，核查涉嫌非正常专利申请111件，撤回率91.9%。

药品、医疗器械安全监管　西城分局先后检查零售药店232家次，检查医疗器械经营企业157家次。开展医疗美容行业、口腔医疗机构检查，督查医疗美容行业25家次、口腔医疗机构15家次，重点检查是否存在从非法渠道购进药械、是否建立并执行药械相关质量管理制度、是否按规定储存药品、医疗器械等。建立化妆品经营使用数据库，结合“双随机、一公开”，紧盯面膜类、美白祛斑、防晒类等特殊用途化妆品经营使用，共检查23家次。推进家庭过期药品定点回收工作，调整优化回收点位，指导辖区药店创成张家港市首批“五星级”药事服务驿站1家、“四星级”2家。加大医疗器械、药品等领域违法行为查处力度。

食品安全监管　年内，西城分局分类分级明确辖区3691个食品生产经营单位监管责任，对33所学校食堂全覆盖开展春秋季校园食品安全专项检查，对18家食品生产企业实施差异化动态风险分级监管，对辖区11家托幼机构开展全覆盖检查，对65个生鲜灯使用单位进行责令整改，对21个食品经营单位落实查验牛羊禽产品“两证一卡扣”制度进行监督检查，对131个入网餐饮单位开展线下核查，对检查中发现的问题均实施闭环处置。督促企业落实主体责任，指导702家食品经营企业完成苏食安注册，开展“三类人”任命，抓好“三件事”落实，完善“三本账”记录，完成率100%。推动食品产业高质量发展，指导2个食品经营单位创成苏州市级高质量发展单位，其中苏州市精品食品安全工作站1个、苏州市特殊食品诚信经营规范单位1个。

特种设备安全监管　西城分局全年现场监察258家，出动642人次，实际检查在用特种设备576台（套），整改闭环安全隐患172起。对逾期未整改安全隐患及使用未经检验特种设备的5家企业立案查处。延续特种设备事故起数、死亡人数“双为零”良好态势。推进智慧叉车管理，推广叉车物联网智慧监管终端安装运用，累计安装终端设备412台，占在用车的60%。以健全特种设备生产、使用单位安全责任体系为重点，开展使用单位“两个规定”宣传3次，培训相关人员150人；通过工作群、上门指导等方式，协助企业运用江苏省特种设备企业服务云平台，落实单位安全总监、安全员任命，落实比例98%。加强气瓶充装单位安全监管，强化气瓶充装和报废环节安全监管要求，认真梳理气瓶追溯系统数据，清理冗余气瓶数据3万余条，报废气瓶1685个。

产品质量监管　西城分局全年对4家各类获证企业及2家机动车检测机构展开检查，重点打击出具不实、虚假检验检测报告及对列入目录内产品未经认证擅自出厂、销售，伪造、冒用、买卖“3C”标志和证书等违法违规行为，并实现对工业产品生产许可证获证企业的全覆盖监管。结合对《工业产品生产单位落实质量安全主体责任监督管理规定》《工业产品销售单位落实质量安全主体责任监督管理规定》的宣传贯彻，推动在辖区许可证获证企业等生产单位以及其他重点工业品销售单位中落实质量安全主体责任。结合各类专项整治，先后排查治理工业产品质量安全重点企业11家、燃气具企业28家、电动自行车企业45家、防疫物资单位13家，对3家电动车销售单位、1家老年用品、2家儿童服装企业进行行政处罚。

市场执法与维权　西城分局全年查办各类案件200件，5个典型案例入选国家总局。开展电动自行车专项检查，查办违法案件3件。开展涉疫物资集中整治，重点查处无证经营医疗器械和哄抬物价行为，查办违法案件6件，开展打击整治刷单炒信专项执法，查办违法案件3件。重点关注涉网宣传及广告，查处虚假宣传、违法广告行为，查办违法案件21件。开展集贸市场及周边经营户电子计价秤专项整治及“回头看”行动，检查经营主体268家，查办违法案件19件。开展保护知识产权执法，重点检查酒、服装、饰品等领域，查办商标侵权案件7件。在互联网和平台经济领域部署开展虚假宣传专利、认证、高新企业专项整治，规范企业宣传行为，查办违法案件25件。全年受理咨询、投诉、举报4075件，为消费者挽回损失约46.71万元。打造“吴优”服务品牌，开展数字人民币与线下购物无理由退货融合推广工作，新发展线下无理由退货商家567户，营造“放心消费吴优购”的优质消费环境，新增“吴优数贷”1笔，授信578万元。

价格监督检查　西城分局全年持续加强抗病毒、退热等药品和医疗用品的价格监管，对1起哄抬物价行为进行立案查处。开展“双随机”价格检查，检查殡葬服务机构1家、房地产销售单位4家。开展转供电、转供水主体电费、水费价格检查，立案查处1个单位。组织44家医疗器械生产、批发企业开展医疗卫生领域商业贿赂专项整治企业自查。发展商业秘密保护示范单位1家。

（卢一）

科学技术

张家港留学人员创业园

科技创新

【概况】 2023年，经开区高新技术产业产值占规模以上工业总产值比重达到53.5%。认定高新技术企业140家，累计拥有有效期高企296家。入库国家科技型中小企业365家，获评瞪羚企业29家、中国独角兽企业1家、中国潜在独角兽企业1家、江苏省独角兽企业1家、江苏省潜在独角兽企业4家、苏州市独角兽培育入库企业3家。规模以上工业企业研发经费支出28.41亿元，技术合同成交额20.83亿元。年内，新增省工程技术研究中心2家、省企业研究生工作站1家，新增省级众创空间1家。张家港市高新技术创业服务中心获省级科技企业孵化器绩效考评“优秀”等次。获评张家港市级及以上科技项目45项，新增产学研合作项目40项。经开区全年有效发明专利净增量657件，累计拥有有效发明专利3805件。新增国家级人才4人、省“双创计划”人才4人、“姑苏计划”人才7人、张家港市领军型创新创业人才35人。实施区镇“攀峰计划”，首批10家企业被列为入库培育企业。

【高新技术企业】 2023年，经开区获批高新技术企业140家，比上年增67%。至年末，累计有效高新技术企业296家，比上年增11%。高新技术产业产值占规模以上工业总产值比重达到53.5%。全年新确认江苏国富氢能技术装备股份有限公司、张家港富瑞阀门有限公司、苏州龙杰特种纤维股份有限公司等为省民营科技企业36家；新增全市首家中国独角兽企业1家（江苏天兵航天科技有限公司）；新增全市首家江苏省独角兽企业1家（江苏天兵航天科技有限公司）；新增江苏省潜在独角兽企业4家，分别为江苏国富氢能技术装备股份有限公司、苏州声芯电子科技有限公司、苏州熹联光芯微电子科技有限公司、苏州锴威特半导体股份有限公司；新增苏州市独角兽培育入库企业3家，分别为江苏国富氢能技术装备股份有限公司、江苏天兵航天科技有限公司、苏州熹联光芯微电子科技有限公司。29家企业列入苏州市瞪羚计划，比上年增70.6%；组织365家企业开展国家科技型中小企业备案，比上年增32.2%。

表21　　2023年经开区（杨舍镇）新认定高新技术企业一览表

序号	企业名称	序号	企业名称
1	苏州迈特斯医疗科技有限公司	9	江苏源上船舶电气有限公司
2	苏州海旭科技有限公司	10	苏州龙杰特种纤维股份有限公司
3	苏州镓港半导体有限公司	11	张家港恒进机电有限公司
4	江苏龙净节能科技有限公司	12	苏州海天运动器材有限公司
5	张家港长城汽车研发有限公司	13	杰拉德新能源（江苏）有限公司
6	苏州英泽生物医药科技有限公司	14	江苏新美星物流科技有限公司
7	张家港润盛科技材料有限公司	15	张家港市多米亿科技有限公司
8	张家港市金帆环保科技有限公司	16	张家港百图阀门有限公司

续表

序号	企业名称	序号	企业名称
17	江苏荣昌特纤科技有限公司	47	江苏固耐特围栏系统股份有限公司
18	苏州海陆重工股份有限公司	48	张家港凯胜控制设备工程有限公司
19	苏州金科发能源技术有限公司	49	苏州康腾精密医械有限公司
20	张家港爱斯诺机械密封有限公司	50	张家港派赛格汽车部件有限公司
21	张家港市澳洋呢绒有限公司	51	张家港市宏裕新材料有限公司
22	张家港市九鸿印染机械有限公司	52	苏州杰优流体科技有限公司
23	鑫琪（苏州）新能源科技有限公司	53	科堡科技（江苏）有限公司
24	江苏长隆石化装备有限公司	54	苏州市欣盛模具有限公司
25	张家港市三元泰机械设备有限公司	55	苏州同冠微电子有限公司
26	江苏华大离心机制造有限公司	56	苏州长鼎兴智能科技有限公司
27	江苏金帆电源科技有限公司	57	苏州晶台光电有限公司
28	苏州湛云科技有限公司	58	苏州爱康金属科技有限公司
29	江苏远大信息股份有限公司	59	苏州大懿智能装备有限公司
30	张家港安莱建设有限公司	60	苏州星贝尔中空成型设备有限公司
31	欧璧医药包装科技（中国）有限公司	61	张家港骏马无纺布有限公司
32	张家港杰茂铝业有限公司	62	张家港市骏马钢帘线有限公司
33	张家港氢云新能源研究院有限公司	63	张家港万诚科技股份有限公司
34	江苏玖玖嘉一超声科技有限公司	64	张家港扬子纺纱有限公司
35	张家港三佳机械科技有限公司	65	张家港市友成高新材料有限公司
36	苏州金凯达机械科技股份有限公司	66	江苏珂亦新能源科技有限公司
37	江苏美成机械有限公司	67	马尼托瓦克起重设备（中国）有限公司
38	江苏宇彤智能科技有限公司	68	江苏澳洋顺昌科技材料有限公司
39	苏州艾尔楠医疗器械有限公司	69	江苏金帆深冷科技有限公司
40	苏州港松建材有限公司	70	张家港赛克汽车空调有限公司
41	苏州铼洛威液压泵有限公司	71	亿创氢能源科技（张家港）有限公司
42	江苏远畅环保科技有限公司	72	江苏众之恒智能科技有限公司
43	苏州奥斯汀新材料科技有限公司	73	江苏骥翀氢能源科技有限公司
44	苏州朗高智能科技有限公司	74	张家港市迈创自动化科技有限公司
45	傲科塑料制品（张家港）有限公司	75	苏州中康电力运营有限公司
46	张家港华裕有色金属材料有限公司	76	江苏扬新生物医药有限公司

续表

序号	企业名称	序号	企业名称
77	张家港三能机电设备有限公司	107	苏州爱可尔智能科技有限公司
78	张家港清研检测技术有限公司	108	苏州华能检测技术有限公司
79	江苏申港锅炉有限公司	109	苏州汇吉特网络科技有限公司
80	苏州爱上网络科技股份有限公司	110	张家港市远程化纤有限公司
81	张家港市超声电气有限公司	111	苏州芯汇晶成半导体科技有限公司
82	菲格智能科技有限公司	112	苏州冉昇新能源有限公司
83	苏州航芯时代微电子有限公司	113	张家港市华宝纸制品有限公司
84	诚远电子（苏州）有限公司	114	张家港市康盛织染有限公司
85	张家港市瑞昌智能机器系统有限公司	115	张家港市汇琨电子制造有限公司
86	张家港德海锅炉有限公司	116	国泰新点软件股份有限公司
87	江苏星特亮科技有限公司	117	苏州潞能能源科技有限公司
88	爱特微（张家港）半导体技术有限公司	118	张家港市青年织染有限公司
89	张家港扩纳电气有限公司	119	苏州鳍软科技有限公司
90	张家港市港鹰实业有限公司	120	张家港优全汽配有限公司
91	瑞铁城轨技术有限公司	121	苏州润德新材料有限公司
92	华瑞智能科技（张家港）有限公司	122	张家港市集成电路产业发展有限公司
93	苏州锴威特半导体股份有限公司	123	苏州华赛生物工程技术有限公司
94	张家港斯克斯精密机械科技有限公司	124	苏州凯毅斯智能驱动技术有限公司
95	张家港开密浦制泵有限公司	125	华引芯（张家港）半导体有限公司
96	张家港市永茂住宅工业有限公司	126	江苏威晟轨道交通科技有限公司
97	江苏锐革环境科技有限公司	127	江苏博虏智能科技有限公司
98	张家港骞翮互联网科技有限公司	128	张家港勤茂科技有限公司
99	张家港博美特电子科技有限公司	129	张家港威孚热能股份有限公司
100	苏州南洋电缆有限公司	130	张家港市泰恒机械有限公司
101	江苏能华微电子科技发展有限公司	131	张家港市智周工业技术有限公司
102	张家港市神园葡萄科技有限公司	132	苏州禾研生物技术有限公司
103	乐元能（苏州）动力科技有限公司	133	苏州超锐涂层科技有限公司
104	张家港市金采阳机械有限公司	134	江苏迈博智能科技有限公司
105	苏州明图智能科技有限公司	135	江苏国泰新点网络有限公司
106	张家港市海宇金属材料测试有限公司	136	张家港欣迈克五金工具有限公司

续表

序号	企业名称	序号	企业名称
137	江苏晋誉达半导体股份有限公司	139	江苏新美星包装机械股份有限公司
138	张家港沙工东力机电设备制造有限公司	140	苏州特比姆智能科技有限公司

（黄志华）

科技载体

【概况】 年内，经开区新增江苏省级众创空间1家，累计拥有苏州市级以上众创空间11家，其中国家级4家、省级4家、苏州市级3家；累计建有国家级科技企业孵化器2家、省级科技企业孵化器1家、省级科技企业加速器1家。张家港市高新技术创业服务中心在省级科技企业孵化器绩效考评中获优秀等次。经开区特色半导体产业集聚区被授予苏州国家新一代人工智能创新发展试验区。沙洲湖科创园获评张家港市三星级科创载体。新增省企业研究生工作站1家，累计89家；新增省工程技术研究中心2家，累计41家；新增苏州市工程技术研究中心13家，累计96家。

表22　　2023年经开区（杨舍镇）新增科技载体平台一览表

类别	载体平台名称	承担单位
省级众创空间	张家港蒲公英创新中心	张家港创江湖数字创业服务有限公司
江苏省工程技术研究中心	江苏省高效节能特种变压器工程技术研究中心	江苏新特变科技股份有限公司
	江苏省氮化镓器件工程技术研究中心	江苏能华微电子科技发展有限公司
江苏省企业研究生工作站	江苏省企业研究生工作站	张家港长城汽车研发有限公司
苏州市工程技术研究中心	苏州市汽车制动系统工程技术研究中心	采埃孚汽车科技（张家港）有限公司
	苏州市诺博科技汽车电子工程技术研究中心	诺博汽车科技有限公司
	苏州市装备防护结构工程技术研究中心	张家港市金帆箱柜有限公司
	汽车电磁阀线圈及壳体工程技术研究中心	张家港恒进机电有限公司
	苏州市变压器工程技术研究中心	上海电气集团（张家港）变压器有限公司
	苏州市表面波滤波器工程技术研究中心	苏州声芯电子科技有限公司
	苏州市血液净化体外循环管路工程技术研究中心	张家港市沙工医疗器械科技发展有限公司
	苏州市永茂预制装配式建筑工程技术研究中心	张家港市永茂住宅工业有限公司

续表

类别	载体平台名称	承担单位
苏州市工程技术研究中心	苏州市高性能电站锅炉工程技术研究中心	张家港德海锅炉有限公司
	苏州市纳米纤维新材料工程技术研究中心	张家港市宏裕新材料有限公司
	苏州市智能化吹灌旋多功能生产线工程技术研究中心	江苏辉河包装机械有限公司
	苏州市基于海水淡化合金铜管超声波全自动清洗工程技术研究中心	张家港市港威超声电子有限公司
	苏州市高性能锂电池结构件工程技术研究中心	苏州橙柳电子精密有限公司

【张家港蒲公英创新中心入选省级众创空间】 张家港蒲公英创新中心是以先进制造为主要领域的专业型众创空间，位于国泰北路1号H幢3楼，总面积2194平方米，注册资本100万元，由张家港创江湖数字创业服务有限公司负责运营，采用“创业空间+创业服务+创业投资+产业资源一体化”的创新型服务模式，为创业项目提供全方位的资源对接和创业服务，汇聚澳洋集团、顺融资本和蒲公英创新中心三方资源，配套顺融资本产业基金以及张家港创江湖数字创业服务有限公司与天使投资人合建的蒲公英投资基金，为入孵创业项目开通金融扶持通道。至年末，在孵项目14项，毕业企业5家，孵化项目累计获得投融资200万元。

（戴晓磊）

科技项目

【概况】 年内，经开区获批省级科技计划项目8项，其中重点研发计划产业前瞻与关键核心技术（揭榜挂帅）项目1项、自然基金项目1项，均为全市唯一，省产学研合作项目6项；获批苏州市科技项目7项，其中科技成果转化项目3项、关键核心技术攻关项目（农业和社发）4项；获批张家港市科技项目30项，其中产业链创新产品公关计划项目5项、产学研预研资金项目25项（预研阶段9项和后补助阶段16项）。

【省重点研发计划产业前瞻与关键核心技术（揭榜挂帅）项目】 年内，华灿光电（苏州）有限公司“面向增强现实（AR）的Micro-LED微型显示芯片关键技术研发”项目，获江苏省重点研发计划产业前瞻与关键核心技术（揭榜挂帅）项目立项，获批省拨经费资助1500万元。该项目通过研究Micro-LED目前面临的关键技术问题，如高质量外延生长技术、Micro-LED阵列芯片制备技术、硅基阵列驱动技术、彩色化技术等，针对彩色化技术的研究，解决Micro-LED全彩色实现的难题，制备全彩色硅基Micro-LED显示屏，为实现Micro-LED显示技术的规模效应，以及完整的产业链和生态链做准备。项目的实施将会带动并推进显示产业创新链，解决显示产业链、供应链安全的核心材料、关键装备和工艺技术的“短板”问题，保障显示产业链安全；有助于创新链重点布局AR显示等前沿基础研究，改变“跟着研究再创新”的科技创新模式，引领显示技术发展，为Micro-LED显示带来新的发展机遇；促进半导体产业升级转型，对提升中国在半导体行业的地位有着重要意义。

表23　　2023年经开区（杨舍镇）新增科技计划项目一览表

项目类别	项目名称	承担单位
省重点研发计划产业前瞻与关键核心技术（揭榜挂帅）项目	面向增强现实（AR）的Micro-LED微型显示芯片关键技术研发	华灿光电（苏州）有限公司
省自然基金项目	基于修复肠道屏障探讨调节AGEs-RAGE轴在肥胖型不孕症及PCOS“异病同治”的作用机制及临床转化研究	张家港市中医医院
省产学研合作项目	吨级超低温安全高效氢液化系统关键技术研发	江苏富瑞能源服务有限公司
	塑料固废深度回收再生高质发泡芯材成套装备关键技术研究	江苏贝尔机械股份有限公司
	基于移动终端实时监测与控制的化学化工类实验室设备的开发	开密浦制泵（苏州）有限公司
	基于水产养殖水质检测系统研发	张家港骞翮互联网科技有限公司
	基于ARM的4轴同步电液控制器研发	苏州弈智微智能科技有限公司
	智能码垛包装及立体仓储平台开发	江苏兴业联合装备技术有限公司
苏州市科技项目	飞机液压系统用轻质高质量TA18钛合金管研发及产业化	张家港华裕有色金属材料有限公司
	葡萄重要性状基因挖掘与“阳光玫瑰”迭代品种创新	张家港市神园葡萄科技有限公司
	塑料固废深度回收再生高质发泡芯材关键技术攻关	江苏贝尔机械股份有限公司
	大跨PC桥梁开裂下挠病害控制及性能提升关键技术攻关	江苏科技大学苏州理工学院
	碳化钢渣骨料制备沥青混凝土关键技术及应用示范	张家港江苏科技大学产业技术研究院
	动力锁定螺钉三类医疗器械产品资助	江苏百易得医疗科技有限公司
	金属锁定钉板系统三类医疗器械产品资助	江苏百易得医疗科技有限公司
张家港市科技项目	一种超高压钛合金管材的攻关计划	张家港华裕有色金属材料有限公司

续表

项目类别	项目名称	承担单位
张家港市科技项目	基于自动驾驶的汽车集成化制动控制系统攻关计划	采埃孚汽车科技（张家港）有限公司
	新能源汽车高校电子水泵及热管理系统攻关计划	江苏朗信电气股份有限公司
	招投标领域大模型构建及应用攻关计划	国泰新点软件股份有限公司
	心力衰竭早期筛查及预后（sST2）检测技术攻关计划	江苏扬新生物医药有限公司
	电液执行器高精度嵌入式控制系统研究	张家港市艾罗执行器有限公司
	吨级超低温安全高效氢液化系统关键技术研发	江苏富瑞能源服务有限公司
	自主化高效高可靠高压氢气加注系统研发	江苏嘉晨新能源科技有限公司
	基于视觉的智能精密点胶三维引导系统	苏州世椿新能源技术有限公司
	单片式半导体晶圆湿法清洗装备关键技术研究	张家港市超声电气有限公司
	基于液冷的新型铝合金电池托盘关键技术研究与开发	苏州金鸿顺汽车部件股份有限公司
	电站燃煤锅炉高温防腐与低氮燃烧协同控制关键技术研究	江苏申港锅炉有限公司
	基于工业互联网的化工企业安全生产智慧监管平台研发	江苏腾瑞智联数字科技有限公司
	新型涤纶毛条车间生产流程管理软件及蓝牙定位系统设计	江苏荣昌特纤科技有限公司
	大尺寸低应力氮化铝复合衬底材料研发（后补助阶段）	苏州恒嘉晶体材料有限公司
	新能源电动车（欧拉）车身协同轻量化关键技术研究（后补助阶段）	张家港长城汽车研发有限公司
	高性能LED液体环氧胶的研究（后补助阶段）	苏州晶台光电有限公司
	型钢超高性能混凝土组合柱抗震设计关键技术研究（后补助阶段）	江苏十晟建筑工程有限公司
	海藻酸钙纤维应用开发（后补助阶段）	张家港扬子纺纱有限公司

续表

项目类别	项目名称	承担单位
张家港市科技项目	基于机器视觉的陆用卸料臂自动对接系统（后补助阶段）	江苏长隆石化装备有限公司
	熔渣干式离心粒化及余热回收关键技术研发与产业化（后补助阶段）	苏州海陆重工股份有限公司
	智能化废弃HDPE中空瓶回收成套装备关键技术研究（后补助阶段）	江苏贝尔机械股份有限公司
	多焊接机器人任务分配及协同控制技术研究（后补助阶段）	苏州明图智能科技有限公司
	碳纤维复合材料填充结构防撞梁轻量化设计研究（后补助阶段）	诺博汽车零部件（张家港）有限公司
	电动汽车一体化动力底盘结构优化及热管理系统研究（后补助阶段）	江苏珂亦新能源科技有限公司
	新能源汽车退役动力电池再制造技术研究（后补助阶段）	安妥驰（张家港）汽车零部件再制造有限公司
	骨科医疗微型无线动力装置研发及其热管理技术研究（后补助阶段）	苏州芯控达电子科技有限公司
	高性能抗毒化固定电站用燃料电池电堆开发（后补助阶段）	江苏铧德氢能源科技有限公司
	无人值守桥式卸船机关键技术与系统研发（后补助阶段）	江苏耐维思通科技股份有限公司
	5G+AI智慧垃圾分类关键技术研究及应用（后补助阶段）	苏州东大金点物联科技有限公司

（黄志华）

【知识产权保护】 年内，经开区新增专利授权2596件，其中发明专利授权676件，增长38.8%，累计拥有有效发明专利3805件。新增中国专利优秀奖1项，累计23项。新增知识产权贯标备案企业8家，占全市38%。新增苏州市知识产权强企培育工程企业34家，占全市54%。新增苏州市知识产权与标准融合计划项目1项、苏州市知识产权密集型产品培育计划项目1项。新增知识产权雄鹰企业3家、雏鹰企业5家。新增（第三批）知识产权强企培育库工程成长型企业28家、优势型企业4家，累计拥有成长型企业51家、优势型企业8家、引领型企业3家。张家港经济技术开发区获评2022年度江苏省知识产权建设示范（园区）。

表24　　2023年经开区（杨舍镇）知识产权贯标备案企业

序号	企业名称	类别
1	张家港乔昇精密机械制造有限公司	新增
2	上海电气集团（张家港）变压器有限公司	新增

续表

序号	企业名称	类别
3	张家港市港鹰实业有限公司	新增
4	帕西尼感知科技（张家港）有限公司	新增
5	江苏锌德氢能科技有限公司	新增
6	张家港海运金属冷挤压有限公司	新增
7	苏州良辰生物医药科技有限公司	新增
8	江苏新美星物流科技有限公司	新增
9	张家港中天精密模塑有限公司	绩效合格
10	苏州市华昌能源科技有限公司	绩效合格

表25　2023年经开区（杨舍镇）新增知识产权“雄鹰”“雏鹰”企业一览表

序号	企业名称	称号
1	苏州海陆重工股份有限公司	雄鹰
2	华灿光电（苏州）有限公司	雄鹰
3	江苏国富氢能技术装备股份有限公司	雄鹰
4	苏州金凯达机械科技股份有限公司	雏鹰
5	张家港扬子纺纱有限公司	雏鹰
6	江苏贝尔机械股份有限公司	雏鹰
7	江苏百易得医疗科技有限公司	雏鹰
8	江苏荣昌特纤科技有限公司	雏鹰

表26　2023年经开区（杨舍镇）新增（第三批）知识产权强企培育库工程成长型、优势型企业一览表

序号	企业名称	类型
1	江苏红人实业股份有限公司	第三批成长型
2	国泰新点软件股份有限公司	第三批成长型
3	江苏东方四通科技股份有限公司	第三批成长型
4	江苏哈工药机科技股份有限公司	第三批成长型
5	江苏金帆电源科技有限公司	第三批成长型
6	江苏美迪克化学品有限公司	第三批成长型
7	江苏能华微电子科技发展有限公司	第三批成长型
8	江苏新特变科技股份有限公司	第三批成长型

续表

序号	企业名称	类型
9	杰华特微电子（张家港）有限公司	第三批成长型
10	苏州汉酶生物技术有限公司	第三批成长型
11	苏州华赛生物工程技术有限公司	第三批成长型
12	苏州金凯达机械科技股份有限公司	第三批成长型
13	苏州锴威特半导体股份有限公司	第三批成长型
14	苏州良辰生物医药科技有限公司	第三批成长型
15	苏州梦之捷焊接技术有限公司	第三批成长型
16	苏州赛森电子科技有限公司	第三批成长型
17	苏州同力生物医药有限公司	第三批成长型
18	苏州星贝尔中空成型设备有限公司	第三批成长型
19	张家港华捷电子有限公司	第三批成长型
20	张家港氢云新能源研究院有限公司	第三批成长型
21	张家港圣美意机械有限公司	第三批成长型
22	张家港市骏马钢帘线有限公司	第三批成长型
23	张家港幸运金属工艺品有限公司	第三批成长型
24	张家港扬子纺纱有限公司	第三批成长型
25	江苏瑞铁轨道装备股份有限公司	第三批成长型
26	张家港富瑞深冷科技有限公司	第三批成长型
27	江苏申港锅炉有限公司	第三批成长型
28	江苏长隆石化装备有限公司	第三批成长型
29	江苏天鹏电源有限公司	第三批优势型
30	江苏贝尔机械股份有限公司	第三批优势型
31	苏州凯祥生物科技有限公司	第三批优势型
32	江苏国富氢能技术装备股份有限公司	第三批优势型

（季明烨）

科技人才

【概况】 2023年，经开区新增张家港市创新创业领军人才（项目）35项，占全市39.3%。新增姑苏创新创业领军人才计划7项，其中创业类人才项目5项、创新类人才项目2项。新增省“双创人才”项目4项。完成国家级人才项目有效申报54项，列全市第一，其中立项4项。至年末，张家港市领军人才企业实现销售22亿元、纳税8500万元，销售收入超1000万元的领军人才企业35家，销售收入超1亿元的领军人才企业6家。

表27　　2023年经开区（杨舍镇）各级人才项目一览表

类别	人才姓名	企业名称
张家港市“智汇港城”创新创业领军人才（项目）	陈峥佑	苏州御象信息科技有限公司
	肖巴伊	苏州波比生物科技有限公司
	孔祥鑫	苏州视崛智能科技有限公司
	刘　璐	伊诺（张家港）生物科技有限公司
	张迅杰	苏州恩斯康生物科技有限公司
	张永东	辰光领航（苏州）医疗技术有限公司
	蒋志成	苏州海合智能科技有限公司
	高禩洋	苏州酷咔智能科技有限公司
	林继磊	芯年科技（苏州）有限公司
	鲍世哲	苏州语译通信息科技有限公司总
	周利荣	苏州能濡新能源科技有限公司
	王健东	苏州韦瀚新材料科技有限公司
	王平平	江苏赛立昂复合材料有限公司
	王　博	苏州灵境斯慕科技有限公司
	刘春阳	苏州百倍节能科技有限公司
	朱博韬	张家港方博明芯集成电路有限公司
	赵　昆	苏州极赫信息科技有限公司
	李德彬	苏州市清工环境科技有限公司
张家港市“智汇港城”创新创业领军人才（项目）	李育超	苏州麒帝尔半导体科技有限公司
	邸　鹏	苏州爪字物联科技有限公司
	鲍旭聪	星磁自动化科技（苏州）有限公司
	尹小林	苏州锐智光学科技有限公司
	孙旭晨	江苏嘉晨新能源科技有限公司
	钱　乙	苏州格泰普新材料科技有限公司
	金且铉	苏州菲佳沃电磁科技有限公司
	朱晓琪	微源光子（张家港）科技有限公司
	徐化岩	江苏东辰润鑫智能科技有限公司
	伍群芳	苏州擎源芯智能科技有限公司
	陈　昊	南德谐波传动科技（苏州）有限公司
	李晓军	苏州熹联光芯微电子科技有限公司
姑苏创新创业领军人才计划	李承浩	苏州同冠微电子有限公司
	杨　莉	苏州熹联光芯微电子科技有限公司
	李思奇	苏州卡方能源科技有限公司
	蒋志成	苏州海合智能科技有限公司
	陈峥佑	苏州御象信息科技有限公司
	朱晓琪	微源光子（张家港）科技有限公司

续表

类别	人才姓名	企业名称	类别	人才姓名	企业名称
张家港市“智汇港城”创新创业领军人才（项目）	王志强	苏州成成科技有限公司	姑苏创新创业领军人才计划	吴　建	苏州深研科技有限公司
	霍东权	苏州冀质半导体有限公司	省“双创人才”	康永来	江苏天兵航天科技有限公司
	黄　凯	苏州海普斯航空科技有限公司		李国栋	江苏东方四通科技股份有限公司
	杨　莉	苏州熹联光芯微电子科技有限公司		孙雷蒙	华引芯（张家港）半导体有限公司
	穆吉鹏	苏州展延自动化科技有限公司		胡　征	张家港守正通信技术有限公司

【区镇“攀峰计划”】 2023年，经开区开始实施区镇“攀峰计划”，根据企业产业化发展需求，集中资源对优质人才企业进行“二次扶持”，江苏贝尔机械股份有限公司、江苏朗信电气股份有限公司、苏州世椿新能源技术有限公司、苏州弗莱明磁力技术有限公司、江苏晋誉达半导体股份有限公司、苏州赛森电子科技有限公司、苏州声芯电子科技有限公司、苏州良辰生物医药科技有限公司、苏州华赛生物工程技术有限公司、江苏扬新生物医药有限公司首批10家企业被列为入库培育企业。

【领军人才企业上市】 8月18日，苏州锴威特半导体股份有限公司科创板上市，成为经开区首家领军人才科创板上市企业。苏州锴威特半导体股份有限公司由“姑苏计划人才”丁国华创办，2015年落户中国张家港留学人员创业园，专注于智能功率半导体器件与功率集成芯片设计、研发和销售，先后开发平面MOSFET、快恢复高压MOSFET（FRMOS）、SiC功率器件、智能功率IC等近700款产品，广泛应用于消费电子、工业控制及高可靠等领域，拥有发明专利、集成电路布图设计证书等知识产权100余件，并跻身国内产品细分领域前五。建有江苏省高可靠性功率器件工程技术研究中心，是国家高新技术企业、国家专精特新“小巨人”企业、江苏省潜在独角兽企业、苏州市集成电路20强企业、江苏省半导体行业协会理事单位。　（汪洋）

【第六届苏州·张家港全球创新创业大赛智能高端装备选拔赛经开区专场】 “智汇港城、众创未来”第六届苏州·张家港全球创新创业大赛智能高端装备选拔赛经开区专场分别于4月14日、4月28日在北京、上海举办。此次大赛由中共张家港市委员会、张家港市人民政府主办，市委组织部（人才办）、市科技局、市人社局、张家港经济技术开发区共同承办。大赛聚焦智能高端装备领域，助推一批优质项目、优质人才落户，助力区镇高质量发展。经开区科技人才局从宜居之城、宜业之城、宜创之城、载体平台、政策服务5个方面作创新创业环境推介。比赛现场，创业者从团队背景、创新特色和市场前景等方面全面介绍各自的项目。两场大赛分别有15个项目进行路演、6个项目晋级总决赛。

科普工作

【概况】 至2023年年末，经开区（杨舍镇）科学技术协会（简称区镇科协）下辖办事处（街道）科协9个，建有苏州海陆重工股份有限公司、江苏朗信电气股份有限公司、华灿光电（苏州）有限公司等企业科协25家，苏州市企业科协10家，有科普志愿团队1个、科普讲师团成员3人。建成全国科普示范社区3个、江苏省科普示范社区2个、苏州市科普示范社区6个、苏州市科普惠农服务站3个、苏州市科普教育基地2个。

【区镇科协第八次代表大会召开】 10月27日，区镇科协第八次代表大会顺利召开，经开区党群工作局负责人、分管负责人及50名科协代表参加会议。大会审议通过《经开区（杨舍镇）科协工作报告》，回顾区镇科协近年来的工作，提出未来5年科协工作的目标和任务。大会选举产生经开区（杨舍镇）科协第八届委员会委员，在区镇科协新一届委员会第一次全体会议上，选举产生区镇科协第八届委员会主席、副主席、秘书长、副秘书长。邱树立当选第八届区镇科协主席，乔学斌、袁琦等5人当选科协副主席，戴晓磊当选科协秘书长，朱杰当选科协副秘书长。大会完成换届选举工作。 （戴晓磊）

【全域科普】 区镇科协在“区镇—办事处（街道）—村（社区）”三级科普网络的基础上，横向联合，不断加强社会科普资源整合，构建“大联合、大协作”的科普工作架构。区镇科协强化科普基础建设，打造汤联社区民生科普馆、云盘社区消防安全体验馆、景巷社区“暨阳七彩鸟”科普馆、科堡科技文化馆等科普场馆，开展各类科普教育活动100场，覆盖群众5万人次。区镇科协以完善制度机制、突出服务功能、建强组织体系、提升创新能力为重点，推进企业科协组织建设，组织善港农业、神园葡萄等农业企业，开展青少年农业研学活动，提升学生社会实践和劳动能力；组织凯祥生物、华昌氢能等人才企业，开展生物医药、新能源等领域科学知识科普；组织长城汽车、华灿光电等科技企业，面向公众开放企业展厅、科研实验室，让公众近距离接触科技企业最新产品、前沿技术。年内，开展线上线下培训、交流活动30余场，服务企业300余家，覆盖群众1万人次。

【张家港民生科普体验馆改造启用】 张家港民生科普体验馆位于汤联社区新时代文明实践站三楼，原为张家港市民生安全科普馆，于2013年建成。2023年，由市科学技术协会牵头，市发展和改革委员会（国防动员办公室）投资约100万元对该馆进行改造升级，在保留原有地震模拟小屋、倾斜小屋的基础上改建。全馆采用高仿真模型、微缩模型、VR演示等多种现代化展示手段，让体验者了解应对灾害事故的自我救护技能及低碳生活方式。7月14日，市发改委在汤联社区举行民生科普馆开馆仪式暨民生科普志愿服务活动，市发改委、科协、气象局等相关部门领导及志愿者50余人出席。市科协、汤联社区领导为科普体验馆揭牌，市气象局、市应急管理局领导为科普志愿服务队授旗，与会人员和社区居民进馆参观、体验。至年末，该馆开展健康科普、膳食科普、科创体验等一系列民生科普志愿服务25次，接待市机关干部、社区党员群众等10批次810人次。 （张丽）

教　育

东莱小学

教育综情

【概况】 2023年，经开区（杨舍镇）有各级各类学校40所49个校区，其中普通高中1所、初中8所（含九年一贯制学校2所）11个校区、小学9所13个校区、幼儿园22所（含民办幼儿园5所）24个校区。全镇年末在校学生（幼儿）43988人，比上年减少1118人；在校学生（幼儿）中，新市民子女学生23772人。区镇教育经费总投入9.16亿元，比上年增加1.31亿元，增长16.69%。包括一般公共预算教育经费中的教育事业费8.35亿元，比上年增加1.24亿元，增长17.43%。

【教育事业投入】 2023年，区镇校园新改扩建投入4.01亿元，其中投资8000万元的东莱小学扩建二期于11月底竣工验收；投资2000万元的晨阳学校教学楼重建工程于10月投入使用；投资1850万元的市七中行政楼重建工程于12月中旬竣工验收；投资1750万元的农联幼儿园南园区完成装修施工许可证办理；投资2.65亿元的市二中城中校区改扩建工程完成设计招标。校舍维修投入672万元，其中投入35万元新建的市三中档案室、图书室于8月底投入使用；投入75万元的7所中小学91间教室照明改造于10月完工；投入50万元增容梁丰小学电力、投入34万元增容晨阳幼儿园配电箱、投入23万元改造城北小学教学楼外立面、投入10万元改造暨阳小学城西校区教学楼线路等工程均于8月完工。教育教学设备投入1640万元，其中投入180万元的市二中北校区、暨阳湖实验学校中考考场标准化提升工程于年底完工；全年添置教室空调155台、学生课桌椅2721套、教学触控一体机68套、纳米黑板17套、短焦电子白板6套、未来教室2间、教师台式电脑185台、笔记本电脑3台等。

【学校安全工作】 2023年，区镇学校安全工作围绕完善安防措施，规范安全管理要求，具体做好7个方面工作：做好食品安全卫生管理，区镇教管办按照上级要求开展学校食品安全包保工作，每季度包保一次，发现问题及时整改；加强对校园及周边环境整治，教管办每学期联合综治办开展校园及周边突出问题排查，排查隐患问题31个，全部落实整改措施，消除安全隐患；规范实验室危化品管理，9月，配合市教育局开展学校危化品使用安全检查，检查出7所初中涉及日常管理、设施设备、演练培训等23个问题，11月全部整改到位；抓实瓶装液化气专项整治工作，8月18日，教管办陪同苏州市教育局安全工作督导组对市六中、泗港幼儿园食堂燃气改造等安全工作进行实地督导，督促泗港幼儿园加快推进“瓶改电”工程进度，确保9月1日前食堂电灶启用，督促正在易地新建的市六中强化老校区瓶装液化气日常管理及安全使用；开展消防安全大排查大整治专项活动，教管办全年开展三轮消防安全大排查大整治工作，发现安全隐患问题34条，12月全部整改完成；开展学校公用建筑安全隐患再排查再整治工作，主要排查大跨度钢结构屋面、室内吊顶及吊挂物、屋顶墙面广告牌、外墙及檐口装饰材料4个方面，经排查未发现安全隐患；专项督查民办幼儿园安全隐患、暑期维修改造、校园防汛排涝等工作，发现问题及时整改。

【流动人口子女入学】 区镇积极挖掘公办教育资源，吸纳更多新市民子女入学。2023年区镇公办学校共吸纳新市民子女1655人。其中初中682人、小学702人、幼儿园271人。义务教育阶段，凡参加新市民积分家庭的子女，全部入读公办学校。对群众的到访，做好接待和政策解释工作。针对集中时段新市民的电话和咨询，区镇教管办每位工作人员都耐心细致进行政策宣传解释。

【晨阳学校城北校区成立】 为稳妥推进旭东学校终止办学工作，做好师生分流，区镇于2023年5月向市教育局报送《关于设立晨阳学校城北校区等事项的函》，建议在原旭东学校北校区校址设立晨阳学校城北校区，继续服务新市民子女教育，市教育局于6月6日发文同意该事项。7月，原旭东学校符合条件且愿意留任教职工与区镇人力资源公司签订劳动合同，由区镇人力资源公司劳务派遣至晨阳学校城北校区；原旭东学校两校区学生分流至晨阳学校城北校区。

【城北小学斜桥分校、城北幼儿园斜桥分园撤并】 2023年8月，云盘小学沙洲湖校区、实验幼儿园沙洲湖园区投入使用，区镇城北小学斜桥分校、城北幼儿园斜桥分园根据原定计划于2023年8月停止办学，斜桥分校12个班531名学生、斜桥分园4个班149名学生分别整班转入云盘小学沙洲湖校区、实验幼儿园沙洲湖园区，确保完成本学段学业（幼儿园学生至大班毕业，小学学生至六年级毕业）。

基础教育

【概况】 至2023年年末，经开区（杨舍镇）有镇管基础教育类学校40所49个校区，比

晨阳学校教学楼

上年减少1个校区。年内新增苏州市优质幼儿园1所，累计江苏省优质幼儿园15所、苏州市优质幼儿园1所；新增“央馆人工智能课程”规模化应用试点校1所；新增年度全国国际StarT项目式学习最佳实验学校5所；新增首批全国健康学校建设单位1所；新增江苏省义务教育课程与教学改革项目学校1所；新增江苏省孤独症儿童教育研究基地联盟校1所；新增江苏省节水型学校1所，累计2所；新增江苏省陶行知实验学校1所，累计2所；新增苏州市劳动特色学校1所；新增苏州市科技特色学校1所，累计2所；新增苏州市体育传统项目学校2所，累计6所；新增苏州市健康单位1所，累计4所；新增苏州市近视防控示范学校1所，累计3所；新增苏州市关工委优质化建设达标学校5所；新增苏州市铸牢中华民族共同体意识进校园试点学校1所；新增苏州市智慧安防校园（三级）2所。

【学前教育】 至2023年年末，区镇有镇管幼儿园22所24个校区，在园幼儿9151人（其中新市民子女4519人），比上年减少1335人，适龄儿童入园率100%。年内，白鹿幼儿园、景巷幼儿园通过江苏省优质幼儿园复评，西溪幼儿园创建为苏州市优质幼儿园，省、市优质幼儿园比例达到88%；闸上幼儿园获评江苏省节水型学校、江苏省陶行知实验学校；农联幼儿园获评2022年度苏州市工会妈妈驿站示范点、苏州市语言文字工作规范化建设达标验收合格单位；塘市幼儿园获得苏州市青少年科普剧比赛剧本创作奖幼儿园组二等奖、获评苏州市网络安全宣传周“校园日”活动优秀组织单位；区镇幼儿园全年承办市级以上活动9次。

【义务教育】 至2023年年末，区镇有镇管中小学17所24个校区，其中九年一贯制学校2所。小学在校学生21402人，其中新市民子女11920人，比上年减少50人。适龄儿童入学率、巩固率、跟踪毕业率、升学率均为100%。初中在校学生11252人，含新市民子女574人，比上年增加636人，初中生年度巩固率和毕业率100%。年内，塘市小学获评首批全国健康建设单位；梁丰小学、暨阳实验小学、福前实验小学、塘市小学、乘航小学获评国际StarT项目式学习共同体年度最佳实验学校；市二中在全国啦啦操竞赛中获学校俱乐部U15花球校园啦啦操示范套路（第三套）第一名；梁丰小学获中国戏曲小梅花荟萃最佳（优秀）集体节目奖、StarT项目式学习中国区评比一等奖；暨阳实验小学申报为江苏省义务教育课程与教学改革项目学校；东莱小学获苏州市第九届中小学教师书法比赛优秀组织奖；农联小学获苏州市中华经典诵读大赛优秀组织奖；塘市小学获评江苏省“红石榴家园”精品单位。区镇中小学全年承办市级以上活动36次，其中市二中南校区承办苏州市前瞻性项目专题推进会活动；区镇中小学全年接待苏州市级以上参观团访问交流20次。

【普通高中教育】 至2023年年末，区镇有镇管普通高中1所，为张家港市暨阳高级中学，有在校学生2183人，比上年减少108人。年内，暨阳高中创建成首批苏州未来科学家培养“薪火计划”摇篮基地；12月，获评苏州市体育传统（特色）项目学校（2023—2026年度）；2023届高考，600分以上16人，达特殊类型控制线463人（不含体艺类），超目标人数181人，达线率58.98%。本科达线

暨阳高中全景

人数718人，超目标人数37人，本科达线率91.4%。有11人录取211大学。高三16班张可被中国人民解放军空军航空大学航空飞行与指挥专业录取，为张家港市唯一。在2023年学生竞赛中，获得国家级奖项20人次，其中一等奖3人次、二等奖12人次、三等奖5人次；江苏省级奖项13人次，其中一等奖3人次、二等奖9人次、三等奖1人次；苏州市级奖项3人次，其中一等奖1人次、二等奖2人次；张家港市级奖项11人次，其中一等奖2人次、二等奖3人次、三等奖6人次。

（侯静霞　肖裕红）

社会教育

【概况】 经开区（杨舍镇）有镇管老年大学10所、村（社区）老年大学办学点35个、村（社区）市民学校75所。年内，区镇统筹发展社区教育，社区教育地方财政投入165.37万元，其他专项经费投入27.55万元。有58个社区教育项目进入村（社区），社区教育项目覆盖率77.3%，惠及居民近9000人次。12月，为更好提升社会组织参与社区教育的专业能力，规范社区教育项目的承接与实施，在张家港市社区培训学院的组织下，区镇4家社会组织参加张家港、常熟、苏州工业园区三地社区教育共同体培训交流活动。

【社区教育】 年内，区镇社区教育中心被中国成人教育协会命名为家校社协同育人实验基地，成立区镇家校社协同育人学习共同体。区镇社区教育中心获评2023年江苏省社会教育先进集体。“暨阳学堂、德润少年”获评省社区教育特色品牌培育项目、苏州市社区教育特色品牌项目。善港培训中心获评第四期联合国教科文组织乡村学习能力（CLC）建设项目实验点。“暨阳七彩鸟工作室”获评省名师工作室，“暨阳七彩鸟”课程获评苏州市优秀课程。 （王莉）

【老年大学】 区镇老年大学全年开设290个班，学员9116人，达到常住老年人总数的14.7%。学员参加2023年苏州市首届“苏康养杯”中老年才艺大赛，获得一等奖1个、二等奖2个、三等奖9个、最佳人气奖3个。

(钱军)

【第一批“家门口的老年大学”】 4月21日,乘航老年大学、城西老年大学和江苏澳洋优居壹佰老年大学获评苏州市第一批“家门口的老年大学”。乘航老年大学成立于2015年4月,开设有摄影艺术、舞蹈形体、声乐器乐、书画戏曲等8个门类37个班级,建有4个特色艺术团队和15个其他艺术团队。城西老年大学成立于2019年,自办学以来,坚持“教、学、为、乐”工作方针和“增长知识、丰富生活、陶冶情操、促进健康、服务社会”办学宗旨,2023年共开设课程17门,邀请专业教师授课,努力建成老有所学的课堂、老有所为的阵地、老有所乐的舞台。江苏澳洋优居壹佰老年大学成立于2018年,拥有公共配套建筑面积18071平方米,配有多功能厅、艺术室、书画室等多个功能室,开设插花、体适能等9门课程,落实养教结合,实现养教联动的高质量发展。

【乘航老年大学】 乘航老年大学成立于2015年4月,校址位于乘航办事处新乘花苑36幢,学校建筑面积2000余平方米,有专职、兼职教师26人,开设摄影艺术、舞蹈形体、声乐器乐、书画戏曲等8个门类37个班级,培训学员15000余人次,学员在国家级、省市级摄影、书法、太极拳和声乐等比赛中多次获奖。2023年,乘航老年大学获评江苏省优质老年学校、苏州市“家门口的老年大学”;学员表演的情景合唱《过雪山草地》、舞蹈《盛世欢歌》分别参加苏州市首届“苏康养杯”中老年才艺大赛暨“家门口的老年大学”成果展演颁奖典礼及苏州市申报省优质老年大学成果展演;学校太极拳队代表苏州市老年体协参加江苏省首届社区太极

苏州市申报省优质老年大学成果展演压台节目《盛世欢歌》 (吴建东 摄)

拳比赛获全省第四名，教师徐桂红、学员沈向红分别获江苏省28式太极拳和32式太极剑优胜奖；学校学员年内参加镇级以上各类比赛展示活动20余场。（周青）

【区镇社区教育中心获评江苏省社区教育先进集体】 12月31日，区镇社区教育中心获评江苏省社会教育先进集体。为充分整合终身教育资源，2020年区镇启动“暨阳学堂”建设，把终身教育资源整合成五大平台，由26个科室各司其职，社区教育中心作为区镇终身教育促进委员会办公室履行牵头协调功能，累计投入4000余万元，新建、改造21个“暨阳客厅”（综合性民生事务中心），在“一居多站”“共享共建社区教育资源”理念指导下，建设区镇终身学习体系。至2023年年末，区镇形成以社区教育中心、各学校为龙头，以市直部门相关阵地为依托、以各新时代文明实践所（站）、“暨阳客厅”为主阵地，以村（社区）市民学校和社区少年宫、书场、健身房、健身广场、养生公寓等为补充的全覆盖、多层次、宽领域、高质量的终身教育网络，有对外开放学习阵地619个，居民社区教育活动年参与率达到70%以上，老年人参与率达到25%以上，全民终身学习活动成为区镇建设终身教育体系和学习型社会的重要载体和特色品牌。

（季利娜）

教师队伍

【概况】 至2023年年末，经开区（杨舍镇）35所公办学校有教师2957人，其中事业编教师2168人、备案制教师200人、自聘教师589人。新增正高级职称教师1人，累计3人；新增副高级教师18人，累计415人；新增中级职称79人，累计1031人。幼儿园专任教师大专及以上学历比例为100%，小学、初中专任教师本科及以上学历比例为98%，高中专任教师中具有研究生学历、教育硕士学位的比例为40.1%。有“姑苏教育人才”4人，苏州市学科带头人36人，张家港市学科带头人、教学能手、教坛新秀720人。

【公开招聘教职员】 2023年，区镇组织四次公益性岗位招聘。第一批次于2月由区镇人力资源公司与社会事业局共同开展招聘，录用50人；第二、三批次于8月由市教育局与区镇共同开展招聘，录用160人；第四批次于10月由市教育局与区镇共同开展招聘，录用18人。年内招聘教职员工228人，其中自聘教师156人、保育员15人、会计1人、校医6人、食堂人员44人、后勤人员6人；年末累计有公益性岗位1266人，其中自聘教师580人、保育员260人、校医36人、会计25人、食堂人员305人、后勤人员60人。市人社局9月下达区镇公益性岗位1420人（晨阳学校城北校区149人单列指标），其中自聘教师岗690人（晨阳学校城北校区128人单列指标）、其他岗位730人（晨阳学校城北校区21人单列指标）。

【“争做‘四有’好教师、当好学生引路人”培训活动】 为推动教师队伍能力提升，区镇开展教师及校园长业务工作培训。该项培训工作由苏州大学出版社教育文化培训中心负责，自9月6日启动后，历经3个月，主要分为校园长及后备干部教育、德育心理教育、安全管理三大专题，参加教师226人。校园长及后备干部专题培训内容，分为“校长职业道德修养”“学校管理理论

9月6日，经开区（杨舍镇）庆祝第39个教师节暨“杨舍教育榜样”表彰活动举行

与实践”“课程改革与建设”“教师专业成长”“构建和谐的家校关系”“学校品牌与文化建设”6个方面；德育心理教育专题培训内容，分为“中小学心理健康教育的实施途径”“学科德育的道与术”“师生有效沟通与心理辅导”“班级管理的重点和难点”“劳动教育如何破局”5个方面；中小学安全管理专题培训内容，分为“中小学安全教育与管理”“校园安全与舆情危机处置”“消防安全管理”“食品安全标准跟踪评价实践”“情绪与压力管理心理疏导”5个方面。

【2023年度“杨舍教育榜样”评选】 为树立典型，表彰先进，7月，区镇启动2023年度“杨舍教育榜样”评选活动。通过学校推荐，有166人参评。区镇社会事业局组织学校校长、骨干教师等6人组成评委团开展评选，并向市公安局、教育局征询意见，最后经党工委审议，决定授予王丰等8名教师“杨舍教育行政榜样”称号；授予周平等6名教师“杨舍教育科研榜样”称号；授予万大乐等10名教师“杨舍教育德育榜样”称号；授予赵秀华等8名教师“杨舍教育在培榜样”称号；授予钱雅等8名教师“杨舍教育新苗榜样”称号；授予赵丽新等29名教师“杨舍教育名师榜样”称号。

【2023年副园长选拔】 根据《关于2023年区镇选拔幼儿园副园长的建议方案》，区镇各园按要求提交推荐人选材料，教管办对各园提交的推荐人选进行资格条件初审，有26名教师符合选拔条件。6月17日、6月25日，由党群工作局外请专业人员，在区镇纪工委的监督下，开展人岗相适度评价及面试评价工作，按照人岗相适度、面试测评成绩各占50%的比例，最终排名前4名人员被选拔为幼儿园副园长。

文化·体育

1月18日，经开区（杨舍镇）举行“红红火火过大年”迎新春志愿服务集市活动暨全民健身志愿服务项目展示

文化事业

【概况】 2023年，经开区（杨舍镇）以强化资源整合、创新管理机制、提升服务效能为重点，构建惠及群众的现代化公共文化服务体系，为推进区镇高质量发展提供人文保障，各项工作均走在全市前列。全年人均接受公共文化服务20次，连续三年高质量考核年人均接受公共文化服务人次在A组中位列第一，杨舍镇连续多年获评张家港市文化工作先进镇。

【文化阵地】 区镇以建设基层综合性文化服务中心，促进乡村振兴为重要抓手，采取多种措施，每年设有文体实事工程项目建设，规范建设流程，对基层文体设施、场地进行提档升级。至2023年年末，建有1个镇级综合性文化服务中心，75个村、社区综合性文化服务中心，其中获评苏州市星级综合性文化服务中心五星级3个、四星级2个、三星级7个，张家港市五星级10个。拥有书场11个、24小时图书馆驿站11个、中国书香社区3个。年内，善港村“麦畑花舍”获评全国最美农家书屋，沙洲湖云帆空间获评张家港市最美公共文化空间，区镇新时代文明实践所获评苏州市江南公共文化特色空间。

【文化演出】 通过创新与坚守，区镇打造“文艺轻骑益演”“杨舍故事汇”“戏曲大舞台”等持久性特色文化品牌活动。其中“文艺轻骑益演”于2014年启动，每年组织区镇优秀团队，将当年度新创排的优秀文艺作品整合成一台综艺节目，分别至村、社区广场、老年过渡房、建筑工地、企业、敬老院等不同场所进行巡演。“戏曲大舞台”于2009年启动，区镇兼顾戏曲类别（锡剧、越剧、京剧、黄梅戏等），创新表演形式（大戏、折子曲、戏曲小品、戏曲舞蹈等），为基层送出演出30余场，满足老年戏迷们需求，团队从2009年的2支发展到2023年的8支。“杨舍故事汇”于2015年启动，设有故事创作组、辅导组、宣讲组，通过故事征集比赛、故事讲演比赛、故事巡讲等，根据时代主旋律开展贯穿全年的主题性系列活动。将优秀故事稿编印成册，录制故事，通过“幸福杨舍”微信公众号、电台等平台播放，在区镇新时代文明实践所设立“杨舍故事汇”讲故事基地，常态化开展讲故事活动。“艺起动起来”公益文体课堂围绕新时代文明实践活动，不仅将课堂设在区镇实践所内，还走进学校与村、社区实践站，成为百姓家门口的课堂。每一期课程内容根据不同群体需求进行设置，分众分类。2023年，“艺起动起来”公益文体课堂开展近800课时，参与培训1.5万人次。

【图书阅览】 2023年，区镇有2个镇级公共阅读空间、9个办事处（街道）级分馆、74个村（社区）阅读站（农家书屋），其中包含9个24小时图书馆驿站。此外，有多个商圈、企业公共阅读空间，如购物公园商圈“棉花糖绘本亲子馆”、览秀城“摩天书店”、“世间集”咖啡馆等公共阅读空间。至年末，有基层阅读组织50余个，80名主力阅读推广人，助推区镇全民阅读发展。年内，区镇举办“书香杨舍·悦读阅美”全民阅读节系列活动，通过创意书香市集、本土作家好书分享会、区镇“最美书屋”评选活动等，开启全民阅读好时光。同时，村、社区开展多样阅读活动，如“桐妈约读小书房”亲子绘本营、旺西社区“蒲公英”青少年阅读项目、“党建引领心悦读，助力实现强国梦”、“夕阳红”读报社活动等。善港村“麦畑花舍”获评全国“第二届阅读大会·最美农家书屋”，杨舍镇连续多年获评张家港市书香之镇。

【南庄社区阅读站获评市全民阅读四星级示范阅读站】 5—10月，南庄社区阅读站开展“南瓜点灯，‘品’读南庄”项目，采取“领读、精读、趣读、研读”方式，围绕“聘选领读人、好家风好家训选树、传统经典传颂、品时代新风”四大模块开展阅读活动。通过“聘选领读人”模块，向居民征集领读人，发布志愿领读计划，定制领读短片，亮出领读人身份；通过“好家风好家训选树”模块，开展“传承好家风，凝聚家力量”“家风传承，育人兴家”“家庭美德，薪火相传”“核心价值观，文明新风尚”等活动；通过“传统经典传颂”模块，开展书法解说《文字的演变》、经典朗诵《少年中国说》、情景演绎《满江红》、习俗解说《端午奉欢宴，悠远屈子殇》、书记荐书《平凡的世界》，评选“阅读之星”；通过“品时代新风”模块，依托地域文化，开展“让我们漫步在艺术的长廊”“人文江南·博古藏金”“遨游书海·润泽心灵”等主题活动。该项目开展活动18次，辖区86位居民报名成为领读者，参与群众540人次。年内，南庄社区阅读站获评市全民阅读四星级示范阅读站。（李昭洳）

【文化市场监管】 2023年，区镇在“扫黄打非”工作中，从镇级层面到办事处、街道，以及84个工作站，联合辖区公安、城管、工商及各相关部门成立“日常监管”小组，建立一张监管网，不定期对辖区内42家网吧、31家歌舞娱乐场所、10家电影院开展日常巡查和2次专项行动排查，累计检查358家次，出动监管人员753人次，扫除各类文化垃圾，维护群众合法文化权益。为打击境外卫星电视传播，区镇成立非法“小耳朵”整治工作领导小组，根据《关于开展2023年度境外卫星电视传播秩序专项整治工作的通知》文件精神，对非法“小耳朵”整治工作进行周密部署，利用电子屏播出宣传字幕“严禁非法销售、安装、使用地面卫星接收设施”，张贴、发放宣传资料1400余份，悬挂宣传横幅，播出宣传字幕（含宣传车）46条，刊登或播放宣传报道（应急广播+传统媒体+新媒体）8次，联合市文化市场执法大队、派出所、执法中队、广电部门开展专项整治排查行动，发现并拆除“小耳朵”23个，检查宾馆酒店30余次，广电网络公司16次，销售市场3次，居民小区、道路两侧等地点300余处，推进非法“小耳朵”整治工作。以未成年人为重点群体，开

5月21日，南庄社区开展“争做书香少年·阅读伴我成长”好书分享会

展15次“护苗”相关主题活动，张贴、发放“护苗·绿书签”宣传资料1800余份，区镇19所中小学分别建立“护苗”工作站，实现“护苗”工作站的全覆盖，打造“护苗”教育服务基地，组建“护苗”志愿服务队伍，巩固“扫黄打非”进基层成果，为未成年人健康成长保驾护航。持续加大对文旅行业日常监管排查力度，至年末，区镇有校外培训机构（非学科）215家、游泳健身场馆24家、印刷企业78家、影剧院10家、歌舞娱乐场所31家。区镇多次督促属地文旅单位开展安全生产自查自纠工作并签订消防安全自查承诺书，联合相关部门开展专项安全生产督察4次、安全消防培训1次、日常监管巡查1729次，出动监管人员7586人次，累计检查3696家次，督促整改各类安全隐患693个，问题整改率98%，完成安全隐患闭环管理。

【版权工作】 2023年，区镇完成版权登记作品4700余件，开展版权宣传活动12次，其中综合性版权主题宣传活动2次。苏州市磐石卡通有限公司获评江苏省版权示范单位，新点软件作品《城市运行一网统管一体化平台软件》获评苏州重大版权推广运用项目、《数字驾驶舱软件V9.0》获评张家港市优秀版权作品一等奖，幸运金属作品《苏州园林玉汁甘露盅》和嘉泽影视作品《小丑奇缘》获评张家港市优秀版权作品二等奖，江苏远大作品《污染源在线监控综合分析平台软件V1.0》获评张家港市优秀版权作品三等奖。至年末，区镇有国家级版权示范单位2家：江苏国泰新点软件有限公司和江苏东渡纺织集团有限公司；中国版权最佳版权实践奖2项：《太乙仙魔录之灵飞纪》和《迪拜镀金长形移动自助餐车》；江苏省版权示范园区1个：张家港软件（动漫）产业园；江苏省版权示范单位7家：江苏国泰新点软件有限公司、江苏东渡纺织集团有限公司、江苏舞之数码动画制作有限公司、张家港固耐特围栏系统有限公司、江苏如意通动漫产业股份有限公司、张家港幸运金属有限公司、江苏远大信息股份有限公司。

【群众文化】 *文化活动* 区镇通过政府购买文化演出的方式，年均为基层输送演出、讲座260场以上。指导各村（社区）每年开展各类文化活动合计在1000次以上，满足群众文化生活需求。重点开展“幸福网格乐翻天”“杨舍故事汇”“戏曲大舞台”“文艺轻骑益演”“艺起动起来”等持久性特色品牌活动，形成乘航老宅戏曲、塘市太极拳、城西锣鼓、城南秧歌、城东合唱等“一地一品一特色”文化品牌。

文艺作品 区镇注重艺术生产，自2019年起，每年创作优秀文艺作品10个以上，文艺作品累计获评张家港市群众文化新人新作大赛金奖6个、银奖5个，苏州市群众文化“繁星奖”金奖3个、银奖4个、铜奖2个，江苏省“五星工程奖”1个、入围第十九届“群星奖”1个。2023年，创编作品广场舞《锦绣江南》、小品《呼吸》、大合唱《看山看水看中国》分别获苏州市第五届“繁星奖”金奖、银奖与铜奖。

文艺团队 区镇重视对基层群众文艺团队的指导与扶持，至2023年年末，全镇有各类文艺团队130余支，每年参与市星级团队评定赛的团队均在60支左右，其中三星级以上团队数量占全市总数一半以上，五星级数量占比近50%。2023年，区镇有15支文艺团队获评五星团队，11支文艺团队获评四星团队，21支文艺团队获评三星团队，其中五星团队获评数量创历史新高。

2017年由区镇文旅发展科组建的杨舍镇群星艺术团，现成为区镇各种文艺活动的主力军，有舞蹈、说唱、表演等形式丰富的节目，其广场舞作品2022年入围全国最高群文奖第十九届“群星奖”，同时还代表江苏省参加中华人民共和国第十四届运动会群众赛事活动，获广场舞乡镇组二等奖与最佳人气奖。团队在2022年度获评苏州市“五个一百”优秀群众文化团队，2023年度获评江苏省优秀群众文化团队，其广场舞作品《锦绣江南》获第五届苏州市群众文化“繁星奖”广场舞比赛金奖。

【重要文化活动】 1月18日，区镇在初心广场举办“红红火火过大年”经开区（杨舍镇）迎新春志愿服务市集暨全民健身志愿服务项目展示活动，设有写春联送祝福、非遗文化展示、惠民志愿服务、健身项目展示等项目。2月5日，区镇在张家港购物公园克拉水岸举办“快乐元宵奇妙夜”经开区（杨舍镇）庆元宵主题活动，设有皮影戏表演、民俗非遗市集、汉服游园会、赏花灯猜灯谜、趣味游戏体验、元宵主题打卡等项目。4月7日，区镇在张家港购园公园广场举办经开区（杨舍镇）“群英荟萃”优秀戏曲作品展演暨2023年经开区（杨舍镇）“戏曲大舞台”首场演出，启动2023年度戏曲巡演，有6支戏曲队伍参与演出，全年演出22场。4月20日，区镇在张家港购物公园广场举办2023年“书香杨舍·悦读阅美”全民阅读节暨优秀版权企业创意市集活动。7月底至8月初，在金茂览秀城、杨舍老街、购物公园举办“杨舍之音”惠民音乐汇，分民乐专场、古筝专场、声乐专场、流行乐团专场等，共计10场。11月28日，区镇在城南文体中心举办张家港经开区成立30周年主题活动，区镇机关干部、村（社区）工作人员及杨舍镇群星艺术团成员等200余人参与演出。

（肖敏）

新闻传播

【概况】 区镇广播电视有线网络的规划、建设、运营和管理工作由杨舍广电站负责，为广大企事业单位、个人提供数字电视、宽带、手机上网、信息化集成等服务。2023年，杨舍广电站有员工69人，营业网点9个。在网数字电视用户5.65万户、宽带在线用户1.6万户、移动电话用户1.51万户，接入农村治安监控4200路。杨舍广电站持续优化基层公共数字文化服务网络，深耕智慧社区、数字乡村、平安城市等重点领域，助力政府、企业信息化项目。协助推进全镇有线智慧镇建设项目及应急广播建设项目，建成“家在杨舍”电视社区，覆盖区镇近90%的家庭。通过媒介资源整合，助力区镇打造数字化宣传阵地，协助政府完成口袋公园智能化提升工程建设，利用人工智能（AI）及大数据技术，完善文体娱乐终端、无线网络服务功能，为群众提供互动服务。

【公共广播建设】 年末，区镇应急广播数量823只，其中129只采用调频共缆传输方式、694只采用IP传输方式。在区镇新时代文明实践所、李巷村、南庄村、东莱村、黎明村搭建应急广播控制前端，具备警报发布、紧急通知、安全提示、信息传递等功能，用于发布自然灾害预警和重大事故警报，提醒公众采取应急措施，传递政府公告、文明城市宣传、垃圾分类、用电安全、法律知识普及等信息。

【有线数字电视】 杨舍广电站通过网优、网改工程提升辖区内广电双向网络传输质量和传输能力，在2022年年末启动5G移动网络服务，广电5G“192”号段开网运营。至2023年年末，全镇包括农村范围的光缆建设长度71002.9芯千米，广电双向网覆盖率达到100%，光纤通达率近100%，5G信号覆盖率近100%，宽带接入能力达到1000兆。网内数字电视家庭约5.65万户，其中高清用户家庭5.37万户，高清普及率95.1%。

【新媒体建设】 3月，区镇官方微信公众号“幸福杨舍”被苏州市政府办公室评为2022年度政务新媒体优秀账号。年内，“幸福杨舍”发布各类新闻报道、权威信息671条，点赞数破万推文5条。打造“杨舍之声V+工作室”等特色亮点品牌，通过“杨舍之声”抖音号、“杨舍之声”街头采访等活动，倡导依法文明上网，开展网络安全知识宣传等，扩大“杨舍之声”影响力。

【重要新闻稿件】 2023年，区镇《“包机出海”抢订单，寻新机、谋增量，江苏持续下大力气吸引外资流入。一起看江苏如何引来“金凤凰”》等获苏州市级以上媒体收录重要新闻稿件26件，其中国家级7件、省级5件、苏州市级14件。

表28　　2023年经开区（杨舍镇）重要新闻稿件一览表

时间	标题	刊发媒体	作者
1月1日	“包机出海”抢订单，寻新机、谋增量，江苏持续下大力气吸引外资流入。一起看江苏如何引来“金凤凰”	“新闻联播”视频号	—
2月5日	江苏苏州：灯火璀璨江南夜，街头元宵味渐浓	央视财经频道《天下财经》	—
2月5日	立春“元宵”前后脚，格外喜庆热闹·江苏苏州：华灯璀璨江南夜，团团圆圆过元宵	《共同关注》	—
7月3日	江苏张家港：服务“做加法”，老旧小区焕然一新	“央视新闻”App	杨　光　黄　成
8月31日	“取不完，根本取不完！”街头“爱心冰柜”的冰水“越取越多”	“央视新闻”App	—
10月27日	江苏：秋粮收获进度已超四成（杨舍镇南新村）	《新闻直播间》	—
8月31日	“爱心”续杯，张家港街头的“爱心冰柜”，冰水“越取越多”	新华社	—
2月24日	张家港经济技术开发区（杨舍镇）奏响“四敢”强音：敢于争先，暨阳湖畔起春潮	《新华日报》	徐瑞雅
12月1日	厚植“经济强”的基础优势——产业迭代锻造核心竞争力	《新华日报》	周成瑜
12月8日	放大“百姓富”的幸福含量——城乡共享高品质生活	《新华日报》	王俊杰
12月15日	铺陈“环境美”的鲜明底色——“绿色园区”处处皆风景	《新华日报》	陆洁清
12月22日	擦亮“社会文明程度高”的显著标识——汇聚现代化建设强大精神力量	《新华日报》	宗志鹏

续表

时间	标题	刊发媒体	作者
2月1日	盛虹储能电池超级工厂落户张家港，总投资达306亿元，曹路宝见证签约	《苏州日报》	赵　焱　彭化成
2月6日	“张家港号”火箭一季度择机发射	《苏州日报》	杨　溢　陈梦娇
4月3日	“张家港号”升空，开创国际国内航天七项新纪录	《苏州日报》	杨　溢　陈梦娇
5月16日	强强联手建设百亿产业龙头——中铁城建集团华东建设有限公司落户张家港	《苏州日报》	杨　溢　陈梦娇
6月16日	家庭农场种出“科技范儿”	《苏州日报》	杨　溢　陈梦娇
7月19日	打造村强民富的“农联样本”	《苏州日报》	杨　溢　陈梦娇
7月20日	“内外兼修”点亮村民幸福生活	《苏州日报》	杨　溢　陈梦娇
8月13日	51.5万元，张家港这个村发奖学金啦	《苏州日报》	杨　溢　陈梦娇
8月20日	“宁香粳9号”获院士点赞，张家港今年种植总面积达1.56万亩	《苏州日报》	杨　溢　陈梦娇
8月29日	构筑储能产业新高地——协鑫张家港20GWh储能项目投产	《苏州日报》	杨　溢　陈梦娇
9月11日	制造出又便宜又好的液氢——看这家企业在细分赛道中加速创新转型、弯道超车	《苏州日报》	杨　溢　陈梦娇
9月20日	依靠着这些2米5的“小巨人”吹吹风唱唱歌	《苏州日报》	杨　溢　陈梦娇
10月30日	火箭抵达港城，明年发射——天兵科技张家港智能制造基地即将投用	《苏州日报》	杨　溢　陈梦娇
11月29日	获评“国字号”荣誉20多项——张家港经开区成立30周年主题活动举行	《苏州日报》	杨　溢　陈梦娇

体　育

【概况】 2023年，经开区（杨舍镇）以推进高质量公共体育服务为目标，落实《全民健身条例》，实施全民健身惠民工程，形成崇尚健身、追求健康文明生活方式的良好氛围，区镇获评2022年第二批全国农民体育健身活动基地。

【体育设施】 区镇把公共体育基础设施建设纳入新一轮城乡建设发展规划，提高体育设施覆盖率、设施人均拥有量和设施设备档次，推进“城区5分钟、城郊10分钟”体育圈建设。至2023年年末，全镇有67个体育休闲广场、280个晨（晚）练健身站点，基本实现办事处（街道）、村（社区）群众体育设施全覆盖，学校及公共体育场馆全部向社会开放，人均拥有公共体育设施面积5.6平方米。根据《经开区（杨舍镇）室外健身场地、设施三级管理办法》以及维修办法，区镇每年投入300万元为村（社区）配备健身路径、乒乓球桌、篮球架、桌式足球等健身设施，推进健身步道、健身驿站建设，打造徐丰体育公园、福前村生态健身圈、百家桥体育公园等优质阵地。年内，区镇为健身场所修补塑胶场地5136平方米，更新健身路径28套11件、篮球架6副、乒乓球桌1张，修补运动围网3290平方米，有效管护各类室外健身场地、设施，保障群众健身安全。

【全民健身】 区镇根据人民群众的体育需求，创新公共体育服务方式，策划、组织具有导向性群众体育活动。举办“红红火火过大年”“激情五一”“快乐中秋”等假日体育系列活动，为群众营造欢乐、健康的节日氛围。为促进全民健身，区镇每年举办主题鲜明、规模较大的全民健身节暨全民健身运动会，带领各村、社区举办形式多样、群众喜爱的全民健身活动，在区镇上下形成“月月有赛事、周周有展演、日日有健身”的全民健身新风尚。加强志愿服务，围绕新时代文明实践活动，区镇统筹社会资源，调动各方积极性，创新开展“艺起动起来”公益文体课堂，开设广场舞、健身操、太极拳、门球等健身项目培训，结合“5+2”馆校研学课堂（文化场馆和学校利用学生在校5天放学后的2小时，以文化场馆送服务进学校、学生走进文化场馆等形式，共同参与课后服务工作），将优秀健身项目引入学校，为学生提供多元化健身课程，该项目年均服务10万人次。2023年，区镇举办“红红火火过大年”全民健身志愿服务活动、2023年全民健身节启动仪式、迎接市第八届体育运动会项目培训、“艺起动起来”公益文体课堂等全民健身活动。承办张家港市第十三届全民健身大联赛门球联赛（杨舍赛区）暨第十二届镇级门球赛、2023年张家港市体育达标赛和张家港市第八届体育运动会老年组广场舞、健身球操比赛等赛事活动。组织优秀健身达人参加各级各类比赛，在张家港市第八届体育运动会中获13个比赛项目的第一名，区镇组与老年组团体总分均获全市第一名。杨舍镇群星艺术团参加各类赛事赛前文艺展演，其中包括“幸福江苏”2023年江苏省健身气功站点联赛、苏州市第十七届“千村万人·幸福乡村（社区）”篮球总决赛、张家港市第十届全民健身大展示（体育舞蹈）、2023年“我们的节日·端午”张家港市第六届划菱桶精英赛、张家港市第十二届迎新年健步行活动等，参加苏州市第十三届广场舞大赛总决赛获得金奖。组织750名居民参加2023年国家国民体质监测工作（张家港样本）测试、300名居民参加2023年张家港市国民体质监测活动。

【重点体育活动】 1月18日，区镇在初心广场举办“红红火火过大年”经开区（杨舍镇）迎新春志愿服务市集暨全民健身志愿服务项目展示活动，太极拳、太极剑、空竹、广场舞等项目亮相。8月7日，区镇在张家港购物公园广场举行2023年全民健身节启动仪式，活动现场同时进行欢乐夜跑活动与体育健身产品展销展示。11月30日，暨阳实验小学承办2023年张家港市《国家体育锻炼标准》达标赛。12月3日，在2023年张家港东渡半程马拉松赛上，区镇组织50人的锣鼓队和1000人的啦啦队，以及6个健身展示点位助力该活动。12月30日，组织1000名健身爱好者参加张家港市第十二届迎新春健步行。在张家港市第八届体育运动会上，区镇分别参加乡镇组别的13个项目比赛、老年组别的8个项目比赛，均获得团体总分第一名。

卫生健康

杨舍镇社区卫生服务中心预防接种等候区

卫生健康综情

【概况】 2023年，经开区（杨舍镇）围绕卫生健康事业高质量发展主线，推进各项卫生健康工作。至年末，区镇有常住人口57.7万人，辖区内有三级公立医院2家、三级综合民营医院1家和二级及以下民营医院15家；社区卫生服务中心（站）52个，其中社区卫生服务中心2个、区镇管辖社区卫生服务站39个、医院管辖社区卫生服务站11个。区镇财政投入180万元，完成杨舍镇社区卫生服务中心预防接种门诊改扩建工程，于10月7日启用。城西村投入20万元，易地搬迁城西社区卫生服务站，于10月12日启用。澳洋医院投入19.53万元，易地搬迁扬帆社区卫生服务站，并更名为范庄社区卫生服务站，于10月26日启用。健华医院投入47.12万元，易地搬迁邵巷社区卫生服务站，于12月12日启用。区镇财政投入80万元，新建棋杆社区卫生服务站，于12月28日启用。2023年1月，杨舍镇社区卫生服务中心被中共张家港市委员会办公室、张家港市人民政府办公室评为“创新转型加速年”先进集体。11月16日，河北社区卫生服务站、七里庙社区卫生服务站、南新社区卫生服务站被苏州市卫生健康委员会确认为江苏省甲级村卫生室。

【医院】 区镇范围内有三级医院3家。张家港市第一人民医院为公立三级综合医院，始建于1962年，于2007年易地新建。医院占地面积12公顷、建筑面积20.41万平方米，开放床位1682张，设有43个临床医技科室、46个病区。医院在职职工2000余人，其中高级职称500余人、硕博士360余人。先后获评全国改善医疗服务优秀医院、全国创新医院、全国青年文明号、全国母婴友好医院等。张家港市中医医院始建于1976年，秉持“仁和谦廉，精诚慎严”的院训，现发展成为集医疗、教学、科研、康复、预防、保健于一体，具有鲜明中医特色的综合性三级甲等中医医院。医院建筑面积8.1万平方米，核定床位912张，员工1500余人，设有临床科室36个、医技科室11个、病区20个。先后建成国家级胸痛中心、国家级房颤中心基层版、全国规范化肿瘤营养示范病房等。张家港澳洋医院有限公司（江苏大学附属澳洋医院）创建于2006年，由澳洋集团投资兴建，是江苏省三级综合医院，是张家港经济技术开发区医院、经开区（杨舍镇）基层社区服务医共体医院，拥有3家分院、1家护理院。医院占地面积8公顷，建筑面积20万平方米，核定床位960张，设有临床医技科室44个，医院员工1200余人。依托中国AAAA社会组织——澳洋志工协会，开展助医、助学、助困、助残等爱心活动。连续多年获评中国非公立医院竞争力100强。区镇有15家二级及以下民营医院，其中综合医院6家：张家港健华医院有限公司、张家港澳洋顺康医院有限公司、张家港东莱医院有限公司、张家港乘航医院有限公司、张家港晨阳医院有限公司、张家港金沙医院有限公司；专科医院9家：张家港朝阳五官科医院有限公司、张家港玉蕙口腔医院、张家港万红中医肛肠医院、张家港万春专科医院、张家港澳洋医院有限公司港城康复医院、张家港澳洋护理院有限公司、张家港澳洋唯恩美容医院、张家港康丽医院、张家港优居壹佰护理院。

（叶陶）

【人口管理与服务】 2023年，区镇依法实施三孩生育政策，提倡适龄婚育，落实和优化生育登记服务制度。辖区有符合政策生育2529人，75个村（社区）生育登记服务网络全覆盖，通过“苏服办”App平台，实行线上线下同步办理。全年办理生育登记服务3282件，其中线上生育登记服务3146件，占登记总量的95.9%；审核持独生子女父母光荣证退休人员一次性奖励金申领3433人、发放独生子女父母光荣证406本。开展计划生育特殊家庭“暖心行动”12次，落实计划生育特殊家庭联系人、家庭医生签约、就医绿色通道3个“全覆盖”。落实节日慰问和重点人群特色帮扶，排摸隐患，实施重点信息报告制度。开展家庭健康推进主题宣传服务活动118次，宣传卫健政策，提升家庭健康素养水平。成功申报江苏省计划生育协会新型婚育文化建设项目点1个，杨舍镇晨阳社区为项目实施单位。（施琼洁）

社区卫生服务

【概况】 至2023年年末，经开区（杨舍镇）有社区卫生服务中心（站）52个，有医务人员210人，为辖区居民提供基本医疗和14类55项基本公共卫生服务。区镇社区卫生服务站总诊疗452044人次，较上年增加67089人次，增17.43%；全年业务收入3537.53万元，较上年增加225.96万元，增6.82%。中医诊疗174349人次，占比38.57%。

【杨舍镇社区卫生服务中心】 2023年，杨舍镇社区卫生服务中心强化体系建设，杨舍预防接种门诊改扩建工程、棋杆社区卫生服务站新建工程建成投用。城西、范庄、邵巷社区卫生服务站完成改扩建并投用；新乘北苑社区卫生服务站升级为分中心。河北、七里庙、南新社区卫生服务站创建为江苏省甲级村卫生室。有36家社区卫生服务站完成“6S”精益化管理［整理（SEIRI）、整顿（SEITON）、清扫（SEISO）、清洁（SEIKETSU）、素养（SHITSUKE）、安全（SECURITY）］，覆盖率92.3%，优秀率超50%。建立健全《经开区（杨舍镇）基层卫技人员绩效考核和报酬分配办法》，由社区卫生服务中心和属地共同负责卫技人员管理考核，建立与岗位职责、工作绩效、实际贡献相联系的分配激励机制，提升基层卫生服务体系的核心竞争力。全年招录卫技人员7人，其中护理专业4人、临床医学专业2人、中医专业1人，年末社区卫生服务中心（站）有卫技人员173人，本科及以上学历93人，占总数的54%；具有执业（助理）医师以上资格人员137人，占总数的79%。开展“先锋示范岗”创建活动，评选出“先锋示范岗”8个。推荐10名社区医生参加张家港市卫生健康促进中心举办的社区医生骨干实用技能培训；组织103名社区医生参加全市社区卫计人员全科化知识轮训，参训率100%，合格率100%；对130名社区卫技人员开展基层医务人员适宜卫生技术培训、急救演练与应急预案等培训，合格率100%。开展区镇社区医生岗位技能大赛，赵庄东湖苑社区卫生服务站获团体一等奖、社区医生沈亚妮获个人一等奖；在2023年“沙洲匠星”职工职业技能竞赛活动中，中心工作人员梁卉获个人三等奖、蔡妮禾获优胜奖；在全市社区卫技人员技能竞赛中，中心获团体三等奖以及个人二等奖和三等奖；在苏州市预防接种技能竞赛中，中心工作人员周春燕代表张家港参赛获得团体二等奖和个人笔试优胜奖。依托医共体合作单位张家港澳洋医院，组建社区医疗质量督查专家组，每季度对社区卫生服务站开展日常督导与综合考核，提升基层卫生服务能力；发挥辖区医疗共同体医院学、传、帮、带作用，选派优秀的三级医院专家提供驻点式医疗服务，定点支援基层常见、多发性疾病的专科诊治，至年末，有专家300余人次下沉社区，为近千名群众提供高质量医疗服务，满足群众“家门口”的就医需求。全年开展走访调研，召开座谈会9场，实地走访15个社区卫生服务站，协调解决“社区融合”“合理布点”等管理中存在的问题。优化药品目录结构，经多轮次商讨和论证，剔除92种，新增132种，至年末，区镇药品采购目录有505个品种，其中集采药品132个，占比26.14%；基药300个，占比59.41%，进一步满足群众用药需求。全年开展安全生产专项督察42次，整改43处安全隐患。2023年12月，对辖区16家民营医疗机构开展既有建筑物安全隐患专项排查，督促基层医疗机构做好消防设施设备维护和检查工作，落实属地责任。全年辖区医疗机构共开展消防安全知识培训147场、应急演练62场。（叶陶）

【家庭医生服务】 区镇实施家庭医生签约服务工作，常住人口签约178127人，大病困难群众、计生特殊困难家庭家庭医生签约627户，签约率99.71%；白血病儿童、住家离休干部、军休干部、重疾劳模签约77人，签约率100%。推进“家庭医生点单式签约服务”，开展点单式签约329人，健康管理综合服务包签约3085人。新建居民健康档案85986人，累计居民健康档案520459人，建档率90.1%，其中男性269969人、女性250490人，0—20周岁85002人，21—64周岁368445人，65周岁及以上67012人。

（袁晓洁　李婷婷）

【健康教育】 区镇全面开展健康大讲坛活动，全年发放健康教育宣传资料15种，播放健康教育视频12250次，举办健康知识讲座341次；开展公众咨询活动20场，开展“千医巡诊万村行”、全民健康生活方式月、2023年慢性病系列宣传日、艾滋病日宣传、高校学生健康素养知识竞赛等活动。开展居民健康素养与烟草流行入户监测，勤丰社区、田垛里村2个村（社区）作为国家监测点完成90户居民健康素养监测工作，汤联社区作为张家港市监测点完成45户居民健康素养监测工作。组织居民参加张家港市健康素养网上学习和评估34689人次。（缪娅萍）

公共卫生

【传染病防治】 区镇开展江苏省重大专项（慢性乙型肝炎感染者随访队列）2023年度随访监测，应监测386人，实监测329人，监测率85%；开展法定传染病日常监测，全年上报甲类传染病0例、乙类3970例、丙类12488例。处置学校幼儿园聚集性疫情3298例。（顾晓蓉）

【预防接种】 2023年，区镇新登记0—6周岁儿童2159人，累计应建预防接种证18580人，实建18580人。为适龄儿童接种免疫规划疫苗48202剂次、非免疫规划疫苗26611剂次、初二学生531麻腮风疫苗2700剂次、65周岁及以上老年人肺炎1312剂次、初一女生HPV疫苗3934剂次，共计接种各类疫苗84088剂次，微信预约率98.25%，家长学堂（接种知识及相关视频）观看率91.2%，处理和报告疑似异常反应63人，疑似异常反应报告率0.74‰，配合张家港市疾病预防控制中心开展调查处理。新生入学预防接种证查验8894人，查验后补种疫苗467剂次。（周春燕）

【妇幼健康】 2023年，全镇孕产妇2516人，出生婴儿2542人；无孕产妇死亡，婴儿死亡率1.57‰。持续实施“妇幼健康惠民工程”“出生缺陷综合防治民生实事项目”等惠民政策，推行母婴安全五项育儿政策，提倡适龄婚育、优生优育，实行生育登记服务制度，做好国家人口监测点工作，开展“助力职场家庭、促进母乳喂养”的宣传活动。开展避孕药具“四进”工作，形成由15台发放机、49个人工发放点组成的发放网络，构建“15分钟免费避孕药具服务圈”。上报避孕药具不良反应监测114例，达国家优秀标准。为0—6周岁儿童开展全程13次眼保健和视力检查服务，规范0—6周岁儿童保健工作。年内发现高危儿294例，体弱儿537例，开展心理行为筛查13724例，转诊167例。建立学龄前儿童视力健康电子档案10406份，建档率97.51%。（常敏丹）

【“两癌”筛查】 年内，全镇完成妇女“两癌”（乳腺癌和宫颈癌）筛查12379人，乳腺钼靶检查868人、阴道镜检查363人，确诊宫颈癌前期病变117人、宫颈癌1例、乳腺癌9例。开展孕产妇抑郁症和焦虑症的筛查干预，社区产后访视机构开展首次产后访视时心理筛查，建立“筛查—诊断—干预—随访”的闭环管理模式。（黄燕）

【托育机构管理】 年内，区镇20家托育机构完成备案，新增苏州市级普惠性托育机构2家、省级普惠性托育机构1家。年末，区镇有涉托服务机构57家，已备案托育机构36家（普惠性托育机构9家），可提供托位数3247个，每千人口托位数达到5.65个。

【孕产妇管理】 区镇开展孕前优生健康检查夫妇599对。开展产后及新生儿访视工作，全年孕产妇健康管理2516人，活产婴儿2542人，早孕建册2388人，早孕建册率93.94%，产前检查5次及以上孕产妇数2417人，产后访视产妇数2511人，访视率98.78%；开展高危孕产妇筛查，查出高危孕产妇1908人，落实分级管理措施。全年孕产妇家庭医生签约率74.12%。（常敏丹 吴侨）

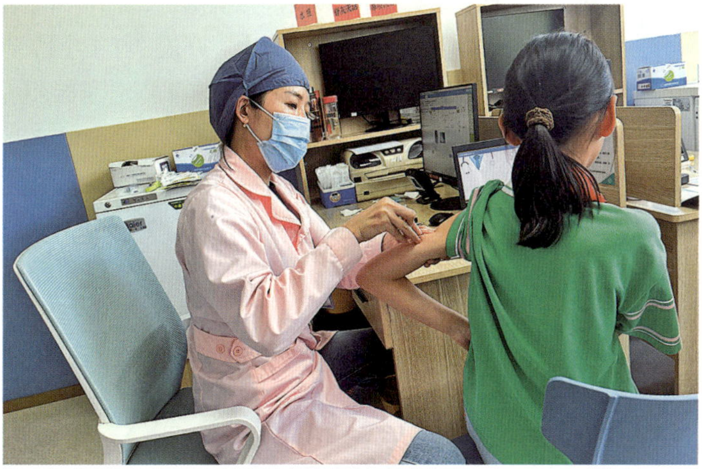

预防接种

【慢性病管理】 区镇开展慢病患者健康管理，其中患高血压46251人、糖尿病14114人、冠心病5344人、脑卒中10724人、肿瘤7218人。年内开展各类慢病筛查，其中

40岁及以上人群慢性阻塞性肺气肿筛查25287人，18岁及以上人群血压、血糖筛查3550人，糖尿病患者并发症筛查810人，心脑血管疾病筛查12290人。开展各类慢病高危人群健康管理工作，其中慢阻肺高危人群1500人、骨质疏松高风险人群1500人、老年认知障碍高危人群1000人。（何丹）

城北街道办事处组织辖区内企业职工前往血站献血

【卫生监督协管】 区镇试点启用AI智能审批系统，公共场所启用承诺制审批和“不见面审批”。年内，公共场所发证审核1597户次，协助发证574张（其中新发证331张、延续160张、变更83张），注销74张，检查学校50所，巡查378次；医院2家，巡查8次。全年巡查非法行医114次，发现非法行医活动6起，移交综合行政执法局处理5起。在张家港市职业健康综合监管平台及“今日张家港”App审核职业病危害项目申报、申诉、注销、在线培训等线上报告法定材料1057条；开展分级分类监管职业卫生的用人单位502个；巡查企业350家，中小微企业帮扶指导311家。（孙晓弘　周悦）

红十字救护

【概况】 年内，经开区（杨舍镇）宣传普及应急救护知识和技能，推进“三献”（无偿献血、捐献造血干细胞和捐献遗体器官）工作。宣传红十字人道救助政策，开展“红十字博爱送万家”救助项目。发挥红十字博爱家园阵地作用，完善红十字博爱家园服务功能；开展各项红十字志愿服务活动，大力弘扬和践行“人道、博爱、奉献”的红十字精神，推动区镇红十字事业高质量发展。2月，杨舍镇红十字会获评张家港市红十字会2021—2022年度基层组织工作先进集体。6月，经开区（杨舍镇）获评苏州市优秀献血单位卓越奉献奖。12月，杨舍镇花园浜社区红十字博爱家园蝉联江苏省优秀博爱家园称号。

【红十字活动】 2023年，区镇利用世界红十字日、世界急救日等重要时间节点，组织基层通过“数字赋能救在身边”等活动主题，开展各项宣传服务活动，通过内容丰富、形式多样的应急救护知识培训，提升不同年龄段群众自救互救能力。开展“红十字博爱送万家”活动，对区镇150户非特定困难家庭和50户困难党员家庭发放市级慰问金11.5万元。对4户因重大疾病原因陷入困境的困难家庭实施人道救助。5月，在“博爱在港城、人道万人捐”活动期间，区镇共募集爱心善款40.35万元。年内区镇超额完成年度无偿献血和造血干细胞入库任务。花园浜社区红十字博爱家园有序开展应急救护培训项目和养老助残项目，全年开展志愿服务活动100余场，服务群众5000余人次。（施琼洁）

人力资源和社会保障

晨阳社区“家门口”就业服务站

人力资源

【概况】 2023年，经开区（杨舍镇）创新工作方法，依托"区镇—办事处（街道）—村（社区）"三级联动模式，优化高校毕业生、高技能人才服务，"全方位、不断线"织密保障工作网络，新增高技能人才3450人。每季度统计50家重点监测企业用工情况，保障重点企业用工；开展技能人才调查、春节返乡调查、用工需求调查，摸清企业当前用工状况及实际需求，为准确判断就业形势变化提供数据支撑。

【企业用工服务】 2023年，区镇以助力高校毕业生等重点人群就业为主线，开展"'就'在杨舍"专项行动。借助"区镇—办事处（街道）—村（社区）"三级联动模式，访企拓岗，向帮扶对象提供"131"就业服务（免费提供1次职业指导、3次岗位推荐、1次职业培训或就业见习机会）；组织区镇高校毕业生专场招聘会、"职引未来、相约盛夏"线上招聘会、"云端送岗、就在杨舍"直播带岗、视频探岗、校园引才、"就在杨舍、筑梦未来"人才夜市、"杨舍学子看区镇"等活动，在晨阳社区建成张家港首个基础型"家门口"就业服务站，护航广大求职者充分就业。全年组织线上线下招聘会13场，为求职者提供4000余个就业岗位。线下走访28家区镇重点企业，宣传人社惠企政策、劳动法律法规，帮助企业解决困难，"一企一策"对接企业用工需求。组织开展"春风行动"暨就业援助月专场招聘会7场，吸引光束汽车、骏马集团等百余家区镇骨干企业参加招聘会，帮助企业缓解用工困难。（林子峰）

【人事人才】 2023年，区镇及时排摸离校未就业高校毕业生就业岗位意向，提供"131"就业服务。向企业宣传招录高校毕业生的优惠政策，鼓励企业开发岗位、主动吸纳高校毕业生就业，为高校毕业生提供更多优质岗位。组织"杨舍学子看区镇"活动，推广职业性格测评服务，宣传"毕业生就业指导"相关视频，帮助高校毕业生详细认知自我，了解就业政策，找准职业定位。至年末，区镇2023届高校毕业生（共2196人）实现就业2194人，就业率达到99.91%。

（陈霞）

人才夜市

【校企合作】 2023年，区镇加强与各类高等院校的联系对接，由产业链企业或业务相近企业联合在高职院校开设"订单班"。4月，区镇组织苏州龙杰特种纤维股份有限公司、诺博汽车零部件（张家港）有限公司、华灿光电（苏州）有限公司等13家企业，与张家港中等专业学校联系对接，洽谈开设“订单班”，搭建校企合作桥梁，为企业后续人才的培养奠定基础。

劳动就业

【救助保障】 2023年，经开区（杨舍镇）开发就业困难人员公益性岗位34个，安置就业困难人员7人；开展就业困难人员及其他失业人员就业援助服务工作，联系登记519人，实现就业501人，无就业意愿及其他情况18人；调查核实省平台登记失业人员1152人次，累计完成帮扶898人次，帮扶跟踪254人次。

【就业创业政策扶持】 5月，区镇举行“创业服务月”活动，通过线上线下相结合的方式，在辖区开展创业政策进基层、进企业活动，推进创业政策应享尽享。各办事处（街道）发放政策宣传品500余份，开展政策宣讲10次；开展创业讲座、创业指导等3次，服务87人次。5月下旬，邀请张家港市人力资源和社会保障局工作人员至辖区深度解读创业担保贷款等创业扶持相关政策，支持创业群体创办投资少、风险小的创业项目。年末，区镇有张家港市级创业孵化基地8个，新入驻企业18家、孵化企业14家，带动就业108人。

【职业技能培训】 年内，区镇收集、整理职业培训机构开班信息，依托微信群等各类载体，及时向辖区居民发布技能培训开班信息，帮助提升职业技能。注重技能型人才培养，引导企业建立现代化职工培训制度，针对岗位需求，通过脱产、半脱产、岗位培训、技能比赛等形式，提升企业职工技能。区镇指导骨干企业开展职业技能等级认定自主评价，促进企业构建内生型人才成长机制。9月，召开经开区（杨舍镇）企业职业技能等级认定业务座谈会，邀请张家港市职业技能鉴定中心对辖区备案企业进行业务指导。全年，新增高技能人才3450人。

【“行行出状元”职业技能大赛】 年内，围绕苏州市“吴地工匠”职业技能系列竞赛——“行行出状元”张家港市第十一届技能大赛要求，区镇发动辖区企业职工报名参赛，有371名选手参加。与市家庭服务业协会对接，做好“港好有匠”职业技能系列竞赛的宣传发动工作。杨舍镇人民政府被张家港市人民政府评为苏州市“吴地工匠”职业技能系列竞赛“行行出状元”张家港市第十一届职业技能大赛优秀组织奖。 （郭瑜）

劳动维权

【概况】 2023年，经开区（杨舍镇）建立、完善工资支付监控制度、督察制度、月度欠薪排查制度、实名制管理制度、重大事项报告制度等，及时掌握辖区企业裁员、欠薪等重大劳动争议事项，做好纠纷隐患企业的事前预防、事中指导、事后监管。年内，区镇杨舍仲裁分庭受理仲裁案件357起，裁决142起、调解215起，帮助379名职工取得各类劳动报酬315万元。

【和谐劳动关系构建】 2023年，区镇加大劳动法律法规宣传，增强企业依法用工、自觉守法的意识，建立规范有序、公正合理、互利共赢的和谐劳动关系，确保区镇企业、政府工程项目因欠薪引发的劳资纠纷逐年减少，保障农民工合法权益，维护区镇和谐稳定大局。做好区镇和谐创建载体建设，全年培育和谐劳动关系企业30家。区镇通过苏州市和谐劳动关系示范园区复评。举办“‘就’在杨舍——构建和谐劳动关系企业”政策宣讲沙龙，向40余家重点骨干企业宣传劳动法律法规、人社政策、住房公积金政策，解答企业疑问，帮助企业进一步规范用工行为。

【用工专项检查】 2023年，区镇开展夏季高温期间劳动者权益保障监督检查，重点检查单位616家，涉及从业人数30363人，发放宣传资料925份；开展人力资源秩序专项整治“清朗行动”，累计摸排人力资源机构46家；开展根治欠薪冬季专项行动，联合办事处（街道）对辖区用人单位展开拉网式排查，累计排查企业2085家；开展用人单位集体合同审查工作，累计出具集体合同审查意见书363份。

【劳动争议化解】 区镇设有基层调解机构，以办事处（街道）、村（社区）为载体，优化“一人多职、专兼结合”的工作架构，帮助企业化解内部矛盾。2023年，共调处简易劳资纠纷773起，涉及经济标的422.05万元；调处群体性劳资纠纷5起，涉及经济标的171.1万元。

（林子峰）

社会保障

【概况】 2023年，经开区（杨舍镇）开展以外来务工人员为重点对象的社保、住房公积金扩面工作，至年末，社保扩面新增22658人，住房公积金扩面净增2479人、新增单位开户1000家。全年完成被征地农民安置12981人，完成全年任务（13060人）的99.4%。

【养老保险】 2023年，区镇行政审批局人社部门为2411人办理灵活就业人员参保手续，为1109人办理中断手续；为540人办理企业职工养老保险参保手续，为766人办理中止手续；办理城保退休审批829人，办理农保退休审批293人，办理一次性退保436人；办理创业社保补贴260人，完成各类社保业务资料归档1302份。开展“春节慰问（冬送温暖）”204人、“重病慰问”252人、“亡故慰问”1299人、“重阳慰问”4276人，累计发放各类慰问金180.98万元。

【医疗保险】 2023年，区镇开展户籍人口参保扩面排查专项行动，推动学生、新业态劳动者、灵活就业人员等参加基本医疗保险。全年区镇参保53.94万人，其中城镇职工基本医疗保险参保44.24万人、城乡居民基本医疗保险参保9.7万人。零星医保报销办理时限由原来的不超过10个工作日、特殊情况不超过20个工作日缩至平均3个工作日，最快20个小时到账。区镇全年零星医保报销3415人次，报销金额1978.01万元。职工和居民医疗保险住院费用政策范围内报销比例分别为89.8%和78.3%，高于全省平均水平。

（薛燕）

【退休人员社会化管理】 2023年，区镇完成退休人员免费健康体检76373人。对退休人员开展重病、亡故慰问及重阳、春节等重要节日慰问6031人次，发放慰问金180.98万元。至年末，区镇有退休人员96052人，其中城保退休79776人（含国企央企退休603人）、农保退休5011人、第四年龄段征地农民4785人、基础养老金人员6480人，全部纳入社会化管理服务。

（林子峰）

社会民生

政务服务中心大厅

社区治理

【概况】 年末，经开区（杨舍镇）有村委会22个、社区居委会53个。年内，经开区社会事业局优化社区治理“一居多站”杨舍模式，探索城乡社区微自治，夯实社区议事协商体系建设，开展“民生小市集”便民服务活动，组织杨舍镇“全员全科社工”上岗考试，加强社区工作者队伍建设，推进民生微实事（社区党组织为民服务）项目品牌化，新能源汽车充电桩建设、老旧小区电线“空中飞线”整治等一批品牌项目获群众点赞。

（廖子叶）

【社工项目建设】 至2023年年末，区镇村（社区）有持证社会工作者355人。推进社工站（室）建设运营，年内完成3家社区社会工作室挂牌，75个村（社区）社会工作室全部实现落地运营。开展年度“全员全科社工”上岗考试，有280人通过，全镇累计有全员全科社工754人。组织社区和社会组织供需对接会，全年开展社工日主题宣传活动1场、困境儿童社会融入小组活动5次、反家暴线下宣传活动3场、移风易俗线上倡导活动2次、持证社会工作者线上业务培训7次，组织村（社区）社会工作室联动开展“推进‘五社联动’，关爱‘一小一老’”活动，发起慈善义卖、家风家训倡导等爱心公益活动。2023年，区镇社会工作站在市民政局综合评估中评定为合格，联谊社区、景溪社区社会工作室入选张家港市级优秀社会工作室。

（吴逸帆）

【社会组织管理】 至2023年年末，区镇有登记在册社会组织83家，其中社会团体46家、民办非企业单位37家。有备案的社区社会组织640家（公益慈善类132家、生活服务类102家、社区事务类238家、文体活动类168家）。强化社会组织监管，社会组织年检率和等级评估参评率均达到100%。成立15个社会组织功能型党支部，加强社会组织党风廉政建设。开展社会组织廉洁合规建设，社会组织廉洁合规建设承诺书签订率达到100%；开展廉洁文化进社会组织活动，年中组织社会组织廉政风险点排查工作；每季度开展廉洁合规专题教育，培树社会组织廉洁合规典型9家。持续打击整治非法和“僵尸型”社会组织，净化社会组织发展环境，引领社会组织健康有序发展。年内，核查涉嫌非法社会组织线索1条，撤销、注销“僵尸型”社会组织4家。

（吴逸帆）

【社区建设】 区镇加强村（居）民委员会规范化建设，1月，设立沙洲湖社区、金田社区、徐丰社区3个居民委员会，撤销徐丰村、东莱社区2个村（居）民委员会，调整斜桥村、田垛里村、黎明村、东莱村、晨新村、锦绣社区、陈东庄社区、福新苑社区8个村（居）民委员会范围。打造社区治理“一居多站”杨舍模式，依托“微站点”“微自治”“微管家”“微服务”“微公益”五大载体，推动党建引领下社区治理创新提质。开展“民生小市集”便民服务活动，采取“菜单式”服务模式，深入社区为居民群众提供“家门口”便民服务。深化“暨阳客厅”城乡社区综合服务模式，做好点位日常运营，鼓励社会力量参与运营，丰富完善已建成点位的服务功能，提升服务能力与居民参与度。积极开展智慧社区建设探索，年内1人入

选苏州市首批全市基层数字治理带头人。（廖子叶）

【网格化常态管理】2023年，区镇打造网格化服务管理工作品牌，统筹整合网格资源要素，深化“精网微格”工程，在375个综合网格基础上，划分1151个微网格，叠加警务网格、专业网格、海棠网格，筑牢维护社会平安稳定“微阵地”，配备399名网格员，根据八大类30项网格员工作职责任务，开展网格工作，提高基层社会治理能力和治理水平。全年处办市大联动平台工单12万余件、“12345”政务服务热线工单1.3万余件，群众满意率达到99%。（黄亚娜）

【基层自治建设】2023年，围绕“民主议事、群众得益”主题，区镇在村（居）民议事会全覆盖的基础上，修订完善村规民约（居民公约），搭建多层级多领域民主议事平台。打造微自治品牌，如李巷村搭建“民情小店”议事平台，线下开展“板凳夜话”活动，线上以宅基为单位建立“夜话沟通群”，激发村民参与自治的热情。4月，整合民生微实事项目和社区党组织为民服务项目，发挥社区居民议事会作用，通过“居民提、居民议、居民定、居民评”，全年实施民生微实事（社区党组织为民服务）项目461项，投入资金1310.45万元，受益居民40万人次。其中南杨社区“红心向党·先锋南杨”党建融合项目、永安社区楼顶“空中绿洲”项目、万红社区万红集盒（初心街角）改造项目3个项目获评张家港市优秀民生微实事（社区党组织为民服务）项目。年末，面向居民群众开展“2023年度民生微实事（社区党组织为民服务）项目满意度调研”，群众满意度达到95%。（廖子叶）

【蒋桥村“红领益家”书记项目】2023年，蒋桥村以党建引领社会治理，推出“红领益家”书记项目。村党委联合辖区3个农村党支部、村民议事会开展“民生新期待”专题调研4次，收集邻里纠纷、小区管理、扶贫帮困等民生领域群众问题22条，梳理形成民生实事清单2张，采取“清单制+责任制”模式，解决丽新花苑小区绿化、电瓶车充电和高空抛烟头问题。将党建工作融入网格管理，将政治素质突出、带动作用强的农村党员确定为党员中心户，在丽新花苑小区设立3家中心户示范户，构建“村党委—村党支部—网格党小组—党员中心户”的小区治理党组织架构，由在职党员牵头开展政策理论宣讲、反诈宣传、消防安全科普12次。发动在职党员成立“红领益家”矛盾调解服务队、“红领益家”平安和谐巡逻队、红马甲义工服务先锋队、“红领益家”环境卫生志愿队、红色理论宣讲队“五红”志愿服务队，参与小区治理，全年开展党员先锋岗、青年示范岗、巾帼文明岗创建活动6次，化解群众矛盾11起。（黄琳）

【花园浜社区“红袖巷理事”红色服务品牌】2023年，花园浜社区党委选聘12名志愿服务队队长担任“红袖理事长”，200名骨干队员担任“巷理事”，制定“每日巡、经常访、随手做、实时报、及时记”五大工作职责，设置“红袖巷理事联络点”3处和“明星墙”1处，开展“治汇兴浜”居民议事会4次，收集并解决文明城市创建、基础阵地建设等相关事项395件，开展“红袖巷理事”红色志愿服务，形成“街巷花园，治汇兴浜”党建引领老街巷社区治理品牌，该项目入选张家港市党建引领基层治理“双引双融”特色路径。（陶文洁）

8月22日，“红袖巷理事”征询居民意见

民政专项事务

【概况】 年内，经开区（杨舍镇）围绕省婚俗改革实验区创建、丧葬礼俗改革试点等工作，不断深化移风易俗。开展殡葬基础设施建设、做好清明节祭扫服务保障。在泗港孝府园、乘航孝安园、塘市静憩园推出“思亲网”网上实景祭扫功能，提供可视化祭扫服务，网上实景祭扫流量18.1万人次。清明节祭扫期间，有现场祭扫群众26万人次，车辆5.1万辆，区镇现场值守1468人次。

（杨海燕　王一诺　许蓓　陆宇凡）

【殡葬管理】 清明节、“十月朝”期间，区镇做好方案制订、设施添置、联合督察、安全保障等工作，调配辖区村（社区）工作人员按时到岗，开展文明祭扫劝导，严禁在道口焚烧祭祀品、燃放爆竹等，确保群众安全祭扫、文明祭扫。推进移风易俗、殡葬新风，全年集中文明办丧314例，拨付文明丧葬补贴62.8万元。推进“互联网+殡葬”服务，12月起，持续推进张家港市自然人“身后一件事”一网通办项目建设，平台办结249件。

（许蓓）

【区划地名管理】 2023年，区镇严格规范道路命名流程，经过广泛征询，对辖区部分“有地无名”道路进行命名，完成蒋鹿路、李巷花苑路、悦畅弄、田垛里弄、金西弄、许家堂巷、新庄里巷的道路命名。强化界桩管理工作，每月查看辖区范围内的锡苏线8号、10号线界桩，确保界桩无

损坏老化情况。（陆宇凡）

慈善与救助

【概况】 2023年，经开区（杨舍镇）持续开展困难救助和慈善事业，构建“弱有众扶”社会救助格局，为各类困难群众、低保对象发放救助款和生活补贴。年内，经开区（杨舍镇）慈善会被张家港市人民政府评为第八届张家港慈善奖最具影响力公益慈善组织。

（杨海燕　王一诺　钱慧　陆宇凡）

【社会救助】 至2023年年末，区镇有在册低保对象119户151人、特困对象31户31人、低保边缘家庭37户43人、其他困难家庭8户14人、困难残疾人生活补贴847人、享受重度残疾人护理补贴1978人。年初，区镇组织春节慰问，发放慰问金1255.59万元；在劳动节、国庆节前，为457人次困难对象按每人100元标准发放慰问金，发放4.57万元。全年发放低保（含低保边缘、特困人员）生活救助金258.25万元，为临时救助对象10户21人发放临时救助金2万元。2月，为319名困难群众发放价格上涨动态补贴2.91万元。6月，为37名困难家庭学生发放助学金11.4万元，为135名义务教育阶段贫困学生（含困境儿童）发放书卡6.75万元。8月，向困难群众发放一次性防暑降温生活补贴2.02万元。12月，为13名少年儿童发放大病医疗救助资金34.52万元。继续实施困难群众“安居工程”项目，为区镇2户困难家庭补助安居资金8.89万元。推动社会力量参与社会救助关爱援助项目，第五期7个关爱援助项目由5家社会组织承接，累计投入40万元，受益群众279人。

（钱慧　陆宇凡）

【慈善福利】 年内，区镇开展“爱满港城”慈善募捐活动，累计接收善款927万元，其中“99公益日”网络募捐款87.8万元，参与27212人次。按需设立“共享阳光”慈善助学、“分担风雨”困难家庭慈善救助、“阳光人生”残疾人精神文化建设、困境儿童关爱服务等八大类24个慈善项目，全年支出善款315.65万元。村级层面，开展“村级医疗互助”项目，支出1556.12万元，受益13699人22174人次。推进“云上+实体”慈善超市融合项目，至年末，吸纳爱心企业18家，线下销售6036笔，销售额16万元。经开区（杨舍镇）“云上+实体”慈善超市项目被市政府评为第八届张家港慈善奖最具影响力公益慈善项目。

（钱慧　王一诺）

【困境儿童关爱服务】 年内，区镇通过购买服务为困境儿童提供危机介入、个体增能、家庭辅导、资源链接等专业服务。实施困境儿童个案服务项目，全年开案46例，提供专业服务585人次，链接服务资源27次，实现困境未成年人个案分级管理服务全覆盖。开展2023年“未成年人保护工作宣传月”活动，成立“同心圆护未站”。指导区镇未成年人保护工作站（儿童“关爱之家”）建设，累计服务2万余人次。实施“悦童·乐童”成长护航项目，开展法律、心理等相关主题线上线下培训8次。组织村（社区）未成年人保护巡访员开展巡访志愿活动，开展青少年普法宣讲、禁毒教育、亲子活动等线上线下主题教育65次，安全教育、身心成长等主题活动510次。（陆宇凡）

残疾人事务

【概况】 至2023年年末，经开区（杨舍镇）有持证残疾人4633人，其中肢体残疾2288人、盲视力残疾383人、听力言语残疾487人、智力残疾709人、精神残疾567人、多重残疾199人。年内，杨舍镇残联打造特殊残疾人家庭实现“微心愿”、孤独症儿童关爱以及视障人群文化体验行动等品牌助残项目。优化残疾人之家服务模式，“江帆残疾人之家”获评苏州市“残疾人之家”星级达标单位、“城西悦杨残疾人之家”获评苏州市高质量“残疾人之家”。在江苏省第七届残疾人职业技能竞赛中，杨俊获裁剪项目第一名、汤国强获皮革护理项目第二名。《“文化助残”为残疾人幸福生活“加码”》等多篇信息，在学习强国学习平台、“今日张家港”App、“苏州市残联”微信公众号等平台发布。

【残疾人补贴发放】 2023年，区镇为56户贫困残疾人家庭发放春节慰问金11.2万元、发放春季残疾学生及贫困残疾家庭子女学生助学金5.01万元、发放无业重残及精神（智力）三四级社保补贴146.04万元、发放残疾人托养护理服务补贴11.39万元、为239名听视力残疾人发放信息流量补贴8.13万元。

【残疾人康复工程】 2023年，区镇投入60.11万元用于村（社区）主要活动场所无障碍环境改造，为1户困难残疾人家庭进行“幸福亮居”工程改造，为6户残疾人家庭申请无障碍改造，为275户残疾人提供康复体育器具进家庭服务。设立“携手关爱”特殊残疾人康复服务项目，为40余名精神障碍

5月31日，杨舍镇残联在张家港市残疾人职业技能比赛获团体一等奖

患者提供服务。年内，经开区（杨舍镇）康复驿站获评省级精神障碍社区康复服务示范点。（刘春娣）

【残疾人就业服务】2023年，区镇动态管理1068名劳动年龄段残疾人就业、失业信息。对有就业能力和就业需求的12名残疾人做好一对一就业帮扶居家客服就业培训。推荐2名2023年应届高校残疾毕业生成功就业；组织12名残疾人进行技能培训、岗前锻炼和试岗。对辖区内17家集中安置企业进行调查，详细了解企业残疾人用工情况。徐少杰、汤国强获苏州市残疾人创业创新大赛第三名。发挥“残疾人之家”作用，为残疾人搭建辅助性就业平台，链接企业资源提供手工增收项目，为残疾人发放计件工资，吸纳辅助性就业残疾人70余人。（顾裕娟）

【残疾人文体活动】在苏州市第十届社区型残疾人文体活动兴趣团队（小组）展评活动中，阳光演绎队舞蹈《只此夏绿》和追梦演绎队《精忠报国》获一等奖、城西悦杨残疾人之家手工作品获手工艺品三等奖。在苏州市残疾人乒乓球锦标赛中，李利芳获一等奖、鲍美娟获三等奖。区镇组织86名残疾人参加张家港市第八届体育运动会残疾人组比赛，第一名41人次、第二名23人次、第三名17人次，经开区（杨舍镇）代表队获成绩优胜奖。

【社会助残服务】2023年，区镇联合暨阳公益、躬行公益俱乐部、“葵之家”青少年服务社等社会组织结对开展“圆梦行动”、游港城、手工制作等活动100余场；邀请中医院、第四人民医院、枝叶视力康复中心定期开展康复指导、心理辅导、听（视）力筛查；以党建联盟形式，与百易德医疗、中信银行、人民银行、江苏有线等爱心单位，常态化开展扶残助残活动。宣传发动“99公益”智慧助残服务项目，募集金额3.69万元，为9名贫困残疾学生及残疾人家庭学生圆梦“微心愿”。（刘春娣）

养老事业

【概况】2023年年末，经开区（杨舍镇）有60周岁及以上老人68355人。年内，区镇落实养老各类资金发放，开展尊老敬老志愿服务项目，推进阵地点位配套升级，打造创新养老示范化生活场景，推进养老事业高质量发展。

【尊老敬老】2023年，区镇每月向65周岁及以上老年人发放尊老金，惠及54292人，发放总额3685.92万元。由苏州市统一招标、张家港市民政局承担保费支出，为张家港籍60周岁及以上老年人投保苏州市老年人人身意外伤害保险，年内理赔922起，赔付金额146.31万元。实施银龄互助志愿服务项目，至年末，该项目有499名服务对象，434名低龄老年志愿者和44个志愿服务团队参加，全年完成志愿服务8772次。（陆宇凡　许蓓）

【养老服务社会化】2023年，区镇有养老服务机构5家，总床位2767张，护理型床位1621张；累计建成标准型老年服务中心17家，居家养老服务点57家，标准型老年人助餐点1家，辅助型老年人助餐点6家。居家养老服务中心（点）实现全覆盖，社会化运行率100%。年内，市、镇两级联合验收新建住宅区配套建设养老服务用房8处，总面积4808.5平方米；养老服务用房累计联合验收通过49处，总面积1.24万平方米。接受上门服务的居家老年人6.6万人，占比22.78%。市亲情（虚拟）养老院总服务52.63万人次，综合满意度99.95%。全年投入市、镇两级资金22.69万元，完成各类适老化改造510户，完成率120%。（许蓓）

关心下一代工作

【概况】 2023年，经开区（杨舍镇）有关心下一代工作委员会（简称关工委）组织83个，其中，办事处、街道9个，村、社区74个。从事关工工作的“五老”（老干部、老战士、老专家、老教师、老模范）及志愿者1027人。年内，区镇有49名优秀“五老”志愿者获得“以奖代补”工作补贴、42名在职教师经考核优秀后获得“以奖代补”津贴。各委发挥“网上关工委”作用，全年有521篇活动信息被张家港市关工委网站录用，55篇文章被《关工委工作简讯》录用。区镇关工委获评苏州市“五有五好”基层关工委先进单位，区镇校外教育辅导中心站获评苏州市优质校外教育辅导站。

【“老少心向党、奋斗新征程”主题教育】 2月，区镇组织辖区学校参加“我是强国小主人”主题征稿活动，征集作品400余件。东莱小学获省级优秀组织奖，乘航小学、江帆小学、梁丰小学获张家港市优秀组织奖。3月，下发《2023年经开区（杨舍镇）关心下一代工作意见》。6月，开展“深刻领会党的二十大和中办、国办《意见》精神，推进

8月18日，苏州市关工委“老少心向党、奋斗新征程”暨“五心”主题教育老少同台节目展演举行

关工委工作开新局、上水平”专题培训。7月，筹备《我们的芳华》节目，参加苏州市关工委“老少心向党、奋斗新征程”暨“五心”主题教育节目展演，获一等奖。8月，与市关工委联合开展“美丽长江、老少同画”活动。10月，报送“老少心向党、奋斗新征程”讲稿7篇，4篇文章被市关工委选编入册。年内，区镇各级关工委共开展主题教育90余场，参与青少年3000余人次；开展“五心”教育实践活动76场，参与青年2000余人次。

【校外实践活动】 1—2月，区镇各级关工委开展“缤纷冬日”未成年人寒假活动，1879名中小学生参加活动。7—8月，区镇校外教育辅导站开展“七彩的夏日”未成年人暑期系列活动，2250名中小学生参加活动。8月，开展“关爱明天、普法先行”青少年法治宣传教育活动，370余名学生参加学法守法知识竞赛，100名学生获奖，区镇关工委获评市级优秀组织奖；区镇校外教育辅导中心站开展“书相伴、悦成长”好书分享活动。10月，李巷村校外教育辅导站报送的《李巷“亲”少年——爱心暑托班》视频，在苏州市辅导站活动视频评选中获二等奖。区镇各级校外教育辅导站全年开展实践活动2074次，参加学生3万余人次。

（张崇郁）

新市民事务

【概况】 2023年，区镇有在册新市民25.7万余人，其中新增48752人。发现房屋出租消防安全隐患及其他各类安全隐患3.87万条，协助处理较大矛盾纠纷71起，发放防范电信诈骗宣传资料15.34万余份，办理积分入学申请1768人次。开展“影润童心、向美而行”新市民子女暑期赠书赠票、新市民家庭手绘法治乡村、“迎中秋、送温暖、献爱心”等主题活动15场，参加人数2000余人，对1名新市民实施救助，发放救助金6500余元；受理新市民意外保险理赔1例，赔付4万余元，缓解新市民燃眉之急。

【积分入学】 2023年，杨舍镇新市民事务科加大推进融入共享，落实新市民积分受理工作，通过短信、网络、电视、报纸等多种渠道，采取多种方式，阐明政策实惠，讲清流程方法，强调时间期限，开展全方位宣传工作。加强积分窗口工作人员的业务培训和考核管理规范服务行为，确保能力到位、告知到位、受理到位，实现“零距离、零等待、零差错”服务。年内办理积分入学申请1900人，其中1768人顺利进入公办学校就读。

（孙丽萍）

便民服务

【概况】 经开区（杨舍镇）政务服务中心从方便企业群众办事角度出发，围绕全生命周期，紧扣关联性强、需求量大的事项，提供主题式、套餐式服务，不断优化业务流程、减少办事环节、精简申请材料、压缩办理时限。在许可审批中实施“告知承诺制”“不见面审批”等服务模式，提高企业群众的获得感和满意度。推进“跨域通办”，依托一体化在线政务服务平台，实现多地企业和群众办事“无差别受理、一次性办成”，全年民生类政务服务办件量约4万件。推进政务服务事项“就近办、掌上办”，将人

政务服务中心窗口工作人员服务群众

社、医保等17项高频政务服务事项下延至村（社区）便民服务中心办理，方便群众在"家门口"就能享受便捷、优质、高效的政务服务。

【便民服务圈】 2021年5月，经开区行政审批局入选省级"15分钟医保服务圈"示范点建设单位，自开展创建起，经开区行政审批局从建立规范统一的服务标准、营造舒适便利的服务环境、提供优质便捷的医保服务、打造廉洁高效的审批队伍方面入手，以点带面推动医保服务向基层村、社区下沉延伸，打造标准化、优质化、快捷化的省级"15分钟医保服务圈"示范点。依托市、镇、村三级政务服务体系，以办事处（街道）、村（社区）便民服务中心为载体，将高频医保服务事项下沉至各村、社区办理，方便老百姓办事"小事不出村""大事不出镇"。年内，完成75个村（社区）医保公共服务点建设工作，实现全覆盖。

【公共自行车】 为方便群众绿色低碳出行，满足群众短途出行需求，缓解交通压力，2010年7月，城区2000辆公共自行车首批投放。2019年12月，由永安行科技股份有限公司运营的4000辆共享助力自行车首批投放，市民可以通过下载"永安行"App进行有效注册，点击"扫码租车"，扫描车锁二维码，即可一键租车；行程结束时，把车推进停车点停车架，点击"结束订单"即可完成还车。至2023年年末，城区公共自行车有175个网点，运营车辆3500辆；助力自行车有300个网点，投放车辆8000辆；累计借还车1036万人次。

办事处·街道（村·社区）

泗港办事处特色田园乡村建设

塘市办事处

【概况】 塘市办事处位于杨舍镇域南部，东以老二干河为界，南与江阴市顾山镇交界，西与江阴市新桥镇相连，北与城南社区、旺西社区接壤，区域面积22.73平方千米。沿江高速公路、锡张高速公路、苏虞张快速通道等主要交通干道在辖区都设有出入口，交通十分便捷。2000年7月，塘市镇并入杨舍镇，设立杨舍镇塘市街道办事处，2004年2月，更名为塘市办事处。2023年，辖李巷、河北2个行政村，棋杆、河南、南庄、汤联4个涉农社区，塘市、芦庄2个城市社区。年末，辖区常住人口62596人，户籍7506户，户籍人口25125人。办事处党工委下辖2个村（社区）党委、5个企业党委、6个村（社区）党总支、105个党支部，在册党员1996人。辖区内有工业企业680余家，其中规模以上企业104家，涵盖纺织、机械、电子、电器、光电、医药、机器人等几十个行业，包括以采埃孚、加特可、中鑫汽配为代表的汽车零配件产业，以蔚蓝锂芯、天鹏电源为代表的新能源产业，以海陆重工、马尼托瓦克、新美星包装为代表的装备产业，以澳洋、东渡、扬子纺纱为代表的传统纺织产业，以欧璧医药为代表的医药产业。辖区内有初中2所、小学2所、幼儿园4所、医院1家、菜场1个。

【“红心铸塘”党建项目】 5月25日，塘市办事处开展“凝‘新’聚力谋发展，同心共建谱新篇”塘市区域“两新”组织党建沙龙暨政治生日会活动，海陆重工、新美星等5家规模以上高端智能装备企业共同启动“红心铸塘”智能装备产业链党建共建项目，发布涵盖党群服务、政务服务、经济金融服务、科技人才服务、民生服务5个大类18条内容的服务清单。8月28日，办事处为区域内智能装备企业跨区域搭建交流平台，开展“红链聚力，同启新程”产业链企业交流会，围绕经验分享和产业链发展扶持政策解读等方面展开。10月，启动“汇‘流’入‘塘’，巢暖红雁——流动党员服务”项目，依托九洲红立方打造集教育培训、党员联络、志愿服务、活动交流等功能于一体的流动党员服务站，征求流动党员意见建议12条，制定2024年度塘市办事处流动党员服务项目清单，围绕党员教育、管理、服务3个方面，计划开展系列活动8场，帮助流动党员“筑巢安家”。 （钱辉）

5月25日，塘市办事处“红心铸塘”智能装备产业链党建共建启动

李巷村

【概况】 李巷村位于塘市办事处辖区南部，东以老二干河为界，与凤凰镇安庆村为

邻,南与江阴市顾山镇解放村交界,西与江阴市新桥镇毗邻,北与河南社区、河北村接壤,区域面积6.88平方千米。1999年7月,黄旗村并入李巷村。2001年2月,刘市村并入李巷村。2004年3月,李巷村升格为党委村。2012年4月,河头村并入李巷村,李巷村成为四村合一的行政村。2023年,辖58个村民小组及李巷花苑一期、李巷花苑二期、蓝白领公寓。有21个自然村落,有小区住宅楼9幢、房屋270套,有公寓楼2幢、房屋100套。年末,辖区常住人口10710人,户籍1755户,户籍人口6449人。年内,出生65人,死亡68人。李巷村党委下设10个党支部(其中非公企业党支部5个),在册党员236人。李巷村2021年获评苏州市"智慧农村"示范村,2022年获评苏州市特色康居乡村。年内,获评江苏省老年友好型农村社区。

集体经济　2023年,李巷村耕地面积180公顷,河道83条,粮食种植面积133公顷,水稻、小麦产量分别为1100吨、800吨;油菜种植面积5公顷,产量15吨;水果、蔬菜种植面积18公顷,产量175吨。土地流转承包166公顷。年内,村出资2033.37万元与南庄社区、棋杆社区、汤联社区、河南社区、河北村组建村联公司,参与上海旭津供应链仓储项目投资,年收益130万元。全年工业开票收入18.1亿元,与上年持平。利税总额9000万元,与上年持平。村集体经济总收入6170.52万元,村级经营性收入4230万元,其中投资收益842.6万元、租赁收入2394.83万元(土地租金1144.22万元、厂房租金1165.18万元、三产用房租金76.93万元、其他租赁收入8.5万元)。至年末,村集体经济总资产2.39亿元。年内,李巷村股份经济合作社获评2022年江苏百强股份经济合作社。

社会事业　2023年,李巷村投资18.47万元用于辖区宅基地道路修缮。发放二次分配450.53万元,惠及村民6500人;股份分红305.29万元,惠及股民5844人;年终春节扩面慰问17.12万元,惠及困难人员198人;大病救助10户家庭,救助总额1万元;出资1.3万元为48户村民家庭进行适老化改造;出资16.43万元购买"苏惠保",惠及70周岁及以上老年人1040人;出资87.66万元用于实施村民"福村宝"医疗互助项目,全年"福村宝"报销871人次,报销金额73.62万元;推进"益民基金会"奖学金发放,奖励优秀学子27人10万元;为2335名老年人发放村级尊老金163.05万元、节日福利152.22万元。组织"爱满港城"慈善活动,筹集捐款29.2万元,其中企业捐款28.5万元。办理独生子女父母一次性奖励金申报手续124人,办理残疾证7人,更换残疾人证15人,开展就业帮扶31人,组织城保退休人员健康体检1954人。全年送戏下乡2场、送电影下乡12场。

社会治理　2023年,李巷村召开党员大会4次,开展各类党建活动30场,村党委联合市应急管理局、经开区自然资源所等党建共建单位,依托"村里巷"党群服务空间、"民情小店"、"安全巷管家"等党建阵地,开展"安全宣传入宅基""洁美家园"等便民服务活动6场,参与党员150人次,受益群众800余人次。开展"扬文明新风,偶俚一起来"学雷锋60周年志愿服务活动、"巾帼心向党,奋进新征程"主题活动、"炎炎夏日送清凉,情系环卫沁人心"主题活动等文明实践活动和群众性精神文明建设活动120场,《李巷"亲"少年——爱心暑托班》视频获苏州市关工委2023年"全市校外教育辅导站优秀活动视频"二等奖。开展道德讲堂4场，身边好人“助人为乐道德模范”丁月虹事迹在《张家港日报》刊载。村召开民主议事会24次，商议解决矛盾纠纷、村级经济发展等问题50个。召开村民代表大会4场，表决村规民约、消防安全治理、人居环境整治、“工分制”管理等内容。落实环境整治长效机制，聘请中青物业、凯丽达物业承接村人居环境整治工作，全年出资308.25万元对辖区河道及宅基地开展集中整治280次，出动3.5万人次，累计清理河道漂浮物、水生物288吨，清理宅基地固体垃圾4212吨。建成电瓶自行车充电棚4个，安装新能源汽车公共充电桩8个。全村划分为7个基础网格、21个微网格，配备网格长1人、网格员7人、微网格员21人，落实常态化巡查走访机制，采取“看、听、访、查”工作法，问需于民。全年处置上级下派工单32件、网格员工单1848件，上报民情日记420条。排查走访出租屋789户、“九小场所”131家，其中小餐饮场所43家，配备烟感报警器2181个、“消防四件套”1812套，拆除泡沫夹芯板25处，排查处置线路隐患2521处，拆除防盗窗2081处。开展重点场所瓶装液化气用户减量专项整治攻坚行动，完成餐饮场所“瓶改管”“瓶改电”25家。开展消防演练5场。年内调解各类矛盾纠纷40起，矛盾调解率100%。

7月29日，李巷村“七彩夏日”未成年人暑期活动汇报演出

【“智慧李巷”工分制】 针对“村域广、居住散、人口多”的村情特点，2021年，李巷村出资108.5万元搭建“智慧李巷”数字平台，首创富有乡愁记忆的“工分制”管理模式。“工分制”管理即“赚工分、亮工分、花工分”。“赚工分”是指村民主动对考核内容自查自纠自改，每月由网格员、廉勤监督员、村民小组长现场拍照取证后考核打分；“亮工分”是指在村里21个宅基地显著位置的宣传栏和每家门口公示各家庭每月赚“工分”情况；“花工分”是指每季度按照“工分”多少兑换生活用品。每家每户“工分制”总分为500分，其中人居环境200分、垃圾分类100分、消防安全100分、村规民约50分、廉勤监督50分。2021年11月在河头片区先行试点，2022年8月起在全村试运行，2023年1月起正式推广。年内，李巷村探索建立“1+1+1+N”考核监督评判机制，即1名网格员、1名廉勤监督员、1名人大代表、多名村民小组长或人大代表联络员联合考核评分，明确每月“工分”达500分才能获得当季度“工分”福利。经考评，全年为1507户“工分制”评议满分的农户发放福利奖品价值22.61万元。（赵祁楠）

河北村

【概况】 河北村位于塘市办事处辖区中南部，全村分为

2个区域，一区东至同心路，南至华塘河，西至江阴界，北至朱家浜；二区东至凤凰界，南至李巷界，西至扬子路，北至镇中东路、金塘东路，区域面积4.16平方千米。镇中路、西塘公路、东南大道贯穿全村，交通十分便捷。2001年，由原河北、南园、塘市3个村合并而成。2023年，全村有39个村民小组，辖南园、南海、沿河滩、新庄廊4个预动迁宅基(共328幢房屋)、兴旺花苑1个动迁安置小区(住宅楼4幢、房屋142套)、檀悦花园1个商业小区(住宅楼8幢、房屋335套)以及胡巷廊1个美丽村庄(68幢房屋)。年末，辖区常住人口8396人，户籍1428户，户籍人口4497人。年内，出生10人，死亡58人。村党总支下设18个党支部(其中非公企业党支部13个)，在册党员268人。年内，河北村获评苏州市农村人居环境整治提升工作示范村、张家港市突发事件应急处置先进集体。

集体经济　2023年，河北村耕地面积50.8公顷，河道55条，油菜种植面积7.2公顷，产量21.59吨；水果、蔬菜种植面积4.47公顷，产量423.4吨。年内，河北村股份经济合作社出资1033.57万元，与李巷村、南庄社区、棋杆社区、汤联社区、河南社区抱团参与上海旭津供应链仓储项目投资，河北村投资占比20%；出资2542.88万元参与北海公寓宿舍投资项目，河北村投资占比40%，实现年租金收入160.43万元。村集体经济总收入1902.18万元，村级经营性收入1882.29万元，其中投资收益196.87万元、服务收入183.67万元、租赁收入837.26万元(厂房租赁收入318.32万元、三产用房租赁收入346.6万元、土地租金172.34万元)。至年末，村集体总资产1.09亿元。

社会事业　2023年，河北村投资44.34万元，用于工业区墙面翻新、蓝领公寓修缮、各宅基下水道管网及路面维护等11项村级工程建设。出资36.99万元用于3699名村民“福村宝”医疗互助补助，全年报销542人次，报销总额37.9万元；出资6.44万元用于补助60周岁及以上老年人购买“苏惠保”，惠及村民933人；为全村1652名60周岁及以上老年人发放春节慰问金71.04万元；发放村民端午节福利19.71万元、元宵节福利3.01万元、中秋节福利37.16万元、重阳节福利5.62万元；发放优秀党员奖励金38人8300元、大学生奖学金11人1.9万元；发放亡故慰问金58人4.74万元；发放二次分配307.26万元、股份分红151.19万元；发放春节扩面慰问金7.53万元，其中村级慰问120人5.83万元、镇级慰问42人1.7万元。新增残疾人办证2人、换证2人，申请残疾人护理补贴2人、残疾人辅具1人，完成重度无业残疾人年审8人、无业精神智力三四级残疾人年审2人、一户多残残疾人年审2人。办理虚拟养老30人，发放城保退休人员体检手册1302份，办理就业困难人员补贴16人、城保死亡人员遗属补贴16人、农保死亡人员丧葬费补贴42人。完成2023年度医疗缴费960人，随访严重精神障碍患者32人。全年送戏下乡5场、送电影下乡6场。

社会治理　2023年，河北村开展“党员活动日”主题活动12场，基层理论宣讲24场，党史、健康、法制、消防主题培训各1场。落实河长负责制，推进河道日常保洁，全年清理河道漂浮物、水生物96吨。开展小区草坪、楼门楼道、宅基卫生、家前屋后堆放、乱搭乱建等整治活动30次，参与党员志愿者、村民300余人。修葺破旧墙面，制作并张贴文化宣传牌100面。全村划分为

河北村胡巷廊党员先锋驿站 （瞿良斌 摄）

4个网格，设网格长1人、网格员4人，配备村级联防人员8人，开展“331”、禁毒铲种、秸秆禁烧、平安建设等巡查走访480次，整治复耕图斑24块，抽样检测20种农产品，合格率95%，与15户种植户签订承包合同。协商化解辖区内邻里矛盾48起，处置“12345”政务服务热线任务单62件。通过“联动张家港”App处置工单1158件，上报民情日记250条。“普查时偶遇燃气泄漏，网格员紧急消除隐患”获区镇网格信息“一案一奖”。检查425户出租户（群租房）、8幢集宿区、140家“九小场所”98次，张贴消防“四类场景”宣传页102套，新增“消防四件套”198套、烟感报警器303个、逃生梯42张，整治电线私拉乱接29处，拆除防盗窗31处、易燃材料及泡沫夹芯板16处，小餐饮场所“瓶改电”签约40家，年内完成“瓶改电”31家。

【河北村获评苏州市农村人居环境整治提升工作示范村】 2023年，河北村成立以村书记为组长、两委班子成员挂钩蹲点、网格员分片包干的人居环境整治工作领导小组，将辖区内主要宅基、河道整治任务细化分工、责任到人，召开人居环境整治提升工作专题会议19次，发放宣传材料3700余份，悬挂宣传横幅140余条，制作各类宣传版面60余块，出动志愿者、群众700余人次开展人居环境整治提升志愿服务活动43次。对照上级人居环境整治提升要求，重点加强胡巷廊美丽村庄整治工程，结合“331”“263”专项行动、垃圾分类、“河长制”等相关工作，出动保洁人员3120人次、挖机395台班，清理辖区内乱堆放1855处，清运垃圾2627吨，拆除违章搭建2088平方米，整治河坡面积800平方米，清理河面垃圾1500余吨。增设4名人居环境整治专职巡逻员，每天巡逻8个小时，动态解决辖区内出现的环境问题。为未动迁区域的400余户农户配备二分类垃圾桶，由专人每天2次上门收运生活垃圾。每个农村宅基垃圾分类亭房配备专职督导员，每天定时定岗工作8小时，负责宣传引导村民分类投放垃圾、联系人员上门收运大件垃圾等工作。河北村环境整治工作多次入围区镇农村人居环境整治“流动红旗点亮榜”，在区镇每月农村垃圾分类考核评分表中排名前列。年内，河北村获评苏州市农村人居环境整治提升工作示范村。

（陆志超）

棋杆社区（涉农社区）

【概况】 棋杆社区位于塘市办事处辖区北部，东与汤联社区和乘航片区相邻，南与芦庄社区、南庄社区相接，西与旺西社区毗邻，北至市区南二环路，区域面积2.9平方千米。2019年3月，由棋杆村撤村建居而成，同步成立党委。2023年，辖西溪花苑1个安置小区，东方新天地、铂悦花园、文瑞名邸、依云兰庭4个商业小区，九洲国际、红星美凯龙等6个商业综合体，有居民住宅楼96幢、房屋9000余套。年末，辖区常住人口6365人，户籍761户，户籍人口2219人。年内，出生68人，死亡24人。社区党委下设12个党支部（其中非公企业党支部9个），在册党员209人。棋杆社区2022年获评江苏省民主法治示范社区。年内，获评张家港市文明社区标兵。

集体经济　2023年，棋杆社区出资272.65万元，与李巷村、河北村、南庄社区、汤联社区、河南社区组建村联公司，参与上海旭津供应链仓储项目投资，年收益17.95万元。辖区有工业企业62家，其中棋杆工业区45家。全年工业开票收入3.5亿元，实现利税3000万元，比上年增5%。全年集体经济总收入1988万元，经营性收入1978万元。投资收益512.95万元；租赁收入1162.37万元，其中房屋租赁收入1044.26万元、土地租赁收入118.11万元。至年末，集体经济总资产1.39亿元。

社会事业　棋杆社区党群服务中心为辖区居民提供民政、社保、婚育等系列服务。社区图书驿站藏书4614册，年内借阅图书14148册次。社区三楼建有800平方米的暨阳清风文化馆，通过历史文献、图片资料、情景再现、典型案例、微电影等表现方式，讲述东林英烈缪昌期的生平事迹、诗文作品、家风家训和社会影响，诠释清风文化内涵，是党风廉政教育的重要阵地。2023年，棋杆社区出资20万元用于卫生保洁、垃圾清运、大环境整治；出资11.71万元购买“港城惠民”民生保险；出资39.63万元用于实施“福村宝”医疗互助，受惠对象2642人，全年“福村宝”报销472人次，报销金额37.65万元；出资94.7万元为995名60周岁及以上老人发放重阳节慰问品及春节福利；出资10.26万元为24名持二代残疾证人员、118名重病困难对象发放慰问金；出资5.8万元为11名大学新生、4名中考分数达到梁丰高中录取分数线的高中新生发放助学奖励金。股份经济合作社按每股500元的标准，为全体股民分红150万元。全年办理独生子女父母一次性奖励金申报手续23人，组织465名妇女参加“两癌”筛查体检，组织辖区127名农保退休人员、531名城保退休人员参加健康体检，参检率98.9%。发动“爱满港城”慈善募捐，筹集捐款16.64万元，其中企业捐款16.25万元。

社会治理　2023年，棋杆社区召开支部委员会会议36次、党小组会议24次、党员大会18次，开展主题党日活动36次，上党课12次。联合学校、企业党支部，开展广场公益活动、“红马甲”行动，推出垃圾分类学生“督导体验日”、文明实践“找茬小分队”、两新组织“巧手维修部”等主题活动118次，参与群众4983人次。新增电动自行车充电棚7个、新能源汽车公共充电桩10个。根据工业集中区、居民区、商业区等不同类别，划分为4个网格区域，设网格长1人、网格员4人，将政策宣传、卫生健康、帮教帮扶等多项便民服务送到居民身边，小事网格内解决，大事全社区联动。全年检查出租房315户、集宿区6户、“九小场所”103家，张贴消防“四类场景”宣传页31套，新增“消防四件套”100套、烟感报警器100个，整治电线私拉乱接10处，拆除防盗窗1

处，完成小餐饮场所“瓶改电”28家。运用“联动张家港”App，上报各类工单1225件，处置率100%，民情日记录入240条。全年处置“12345”政务服务热线任务单138件，处置率100%。

【“西溪茶社”百姓议事】 棋杆社区以“西溪茶社”百姓说事点为依托，制定“茶社服务菜单”，开设“书记早市”“法官午市”“乡贤夜市”，解决群众“急难愁盼”问题。“书记早市”：每天上午，社区“两委”班子成员在“西溪茶社”轮流坐班，面对面沟通解决群众的所忧所困。“法官午市”：链接共建资源，每月15日和28日，邀请法律顾问解答群众法律难题，提升社区居民知法、懂法、用法意识。“乡贤夜市”：发挥居民自治作用，每周二、周四晚上，议事会成员、退休书记、热心党员等在“西溪茶社”调解矛盾，处理纠纷。2023年，社区创立“234”（“2”指社区党委、物业公司党支部2个党组织；“3”指物业服务队、居民议事会、海棠顾问团3支队伍；“4”指红先锋领方向、议事会履自治、物业方优服务、顾问团助调解4元共治）工作法，打通基层治理“自循环”，通过问题共商、困难互助、利益共促，解决辖区门店垃圾处理、纳凉亭修建、小区停车位新能源汽车公共充电桩建设等民生实事问题十余个。（庞浩）

西溪茶社

河南社区（涉农社区）

【概况】 河南社区位于塘市办事处辖区西南部，沿江高速张家港出口处，东至扬子路，南至沿江高速，西至疏港高速，北至华塘河，区域面积2平方千米。2019年3月，由河南村撤村建居而成。2023年，辖横泾花园小高层、横泾花园连体房及河南公寓3个居民小区，有居民住宅楼39幢、房屋1062套。年末，辖区常住人口2745人，户籍345户，户籍人口1194人。年内，出生4人，死亡28人。社区党总支下设4个支部（其中非公企业党支部1个），在册党员82人。河南社区2021年获评2018—2020年度苏州市文明社区，2022年获评2019—2021年度江苏省文明村（社区）。年内，获评张家港市文明社区标兵，社区党总支书记徐岳云获苏州市五一劳动奖章。

集体经济 2023年，河南社区出资1907万元，与塘市区域内李巷村、河北村、棋杆社区、汤联社区、南庄社区共同投资上海旭津供应链仓储项目；与河北村、南庄社区联合投资北海蓝领公寓项目，年内收益85.86万元。全年实现工业总产值8.01亿元，集体经济总收入1199万元，经营性收入1193万元，其中租赁收入581万元、投资收益263万元。年可用财力830.7万元，人均可支配收入4.91万元。至年末，集体经济总资产8257万元。

社会事业　2023年，河南社区投入7.3万元，在横泾花园21幢东侧打造“南邻小径”，增设遮阳廊、共享书屋、休闲椅等硬件设施，增加氛围布置；投入7.06万元改造横泾花园广场长廊，增添休闲桌椅等基础设施；投入3.11万元改造辖区电缆；投入7.19万元用于河道保洁，改善水环境。出资28.01万元用于补贴“福村宝”互助医疗项目，276人受益；出资9.3万元用于补贴“医惠保”，589人受益；出资59.64万元为617名老年人发放慰问金；出资6.69万元慰问86名生活困难人员；出资21.36万元发放村级尊老金，惠及310名65周岁及以上老年人；出资27.09万元发放元宵、端午、重阳、中秋等节日福利，惠及60周岁及以上老年人644人；出资7500元奖励4名优秀学生；发放死亡慰问金2.8万元；发放股金分红59.73万元，惠及股民2157人。办理残疾人辅助器具申领手续3人，办理退休手续23人，组织584名城保退休人员、93名农保退休人员参加健康体检。落实“爱满港城”慈善募捐，筹集捐款18.16万元。办理持独生子女父母光荣证退休人员一次性奖励金申报手续17人、农村部分计划生育家庭奖励申报手续2人，办理生育登记20件。建立健康家庭档案2625人，引导、组织新型农村合作医疗缴费480人。

社会治理　2023年，河南社区组织党员干部理论学习13次，召开党员大会4次，开展“三会一课”及主题党日活动12次，组织38名党员前往1926年中共金村支部旧址参观学习。开展“春‘锋’十里，爱心传递”志愿服务、“凝‘新’聚力，助力成长”小候鸟研学活动等文明实践活动165次，参与群众3300余人次。实施“邻里情，‘暖’相伴”“同‘新’同行，幸福河南”2个为民服务项目，开展活动32场，服务群众900余人次。开展道德讲堂4次，爱岗敬业先进典型沈飞获评2023年度张家港市“身边好人”。开展太极拳培训8场，参与群众322人次，“魅力河南”太极拳队获“苏州吴江第一届长三角武林大会”集体太极拳一等奖、苏州市第十三届武林大会优秀组织奖。开展人居环境整治行动，出动180人次，清理扬子路、紫荆路南段、金港大道辅道、华塘路工业区偷倒垃圾，处理垃圾15吨。社区划分为3个网格、9个微网格，设网格长1人、网格员3人、微网格员9人，配备楼道长9人。全年处置“12345”政务服务热线任务单15件，办结率100%。处置上级下派工单13件、网格员工单726件，上报民情日记183条。“网格群里出险情，及时‘空降’化险为夷”获评苏州市社会综合治理网格化联动机制“一案一奖”典型案例。“网格联动解民忧，处理违建‘零容忍’”获评张家港市级“一案一奖”典型案例。排查出租房、小餐饮场所安全隐患，整改出租房23户，其中整改“消防四件套”、烟感报警器缺失20户，防盗窗未开“逃生窗”3户；完成小餐饮场所“瓶改电”10家、“瓶改管”2家；整治电动车违规停放、飞线充电336起。与辖区66家企业签订安全生产责任书，完成企业“创蓝”工作58家。

【“南邻驿站”红堡阵地建成】“南邻驿站”红堡阵地位于塘市华苑路3号，面积180平方米，集党群交流、群众议事、民生服务、新业态新就业群体服务等功能于一体，设杨舍

河南社区“南邻驿站”红堡阵地

镇“人大代表来解忧”先锋连心站、安康·爱心驿站、爱心漂流站、暖心共享站、微型消防站五大功能区，以阅读区、活动区、休闲区、助餐区为基础，拓展外延打造共享区、议事区等功能区域。2023年，河南社区围绕党的理论宣传、民生服务、新业态新就业群体服务三大内容开展活动。年内，依托该阵地收集民情民意36条，协调解决小区下水道堵塞问题7个、屋面漏水问题2个、邻里纠纷21起、消防设施设备问题2个、其他基础设施改造问题4个。开展“‘骑’心向党”系列活动、“元气微课堂”、夏送清凉、暖冬行动以及各类志愿服务、文化活动等140次，服务群众2500余人次。通过“党建联盟”联合辖区金港物流、外卖小哥、华夏帽业等新就业形态劳动者群体，开展志愿服务活动7场，受益298人次。（马莉莉）

南庄社区（涉农社区）

【概况】 南庄社区位于塘市办事处辖区西部，东至南湖路，南至朱家浜，西至疏港高速江阴交界处，北至新泾路，区域面积3平方千米。2019年3月，由原南庄村、南湖苑社区及香蜜湖社区合并而成。2023年，辖南湖苑1个动迁安置小区及香蜜湖、中联棠樾、苏园、阅塘名邸、南湖湾5个商业小区，有居民住宅楼256幢、房屋3403户。年末，辖区常住人口8837人，户籍909户，户籍人口2916人。年内，出生57人，死亡22人。社区党总支下设8个党支部（其中非公企业党支部3个），在册党员200人。年内，南庄社区获评张家港市文明社区、张家港市“枫桥式村（社区）”建设达标单位。

集体经济 2023年，南庄社区实现投资收益236.21万元，其中与李巷村、河北村等5个村（社区）抱团投资上海旭津供应链仓储项目的年收益73.39万元。开展全国第五次经济普查，采集法人单位558个、个体户567户。全年租金收入686.81万元，其中三产用房租金637.07万元、土地租金41.9万元、厂房租金7.42万元、便民会所租金4200元。经开区托管资金补贴162.82万元。集体经济总收入1752万元，经营性收入1750万元。至年末，集体经济总资产1.07亿元。

社会事业 2023年，南庄社区完成安迈地块和原南庄村15组地块的土地安置工作。出资5.96万元在南湖苑小区改造非机动车停放点8个，方便居民停车、充电；出资1.92万元在辖区内安装“贴心指示牌”4个，用于公示各类服务电话、网格信息等；全年发放福利及股金分红184.75万元，其中春节慰问金132人8.08万元、60周岁及以上老人年终福利56.32万元、节日福利2476人22.86万元、大学生奖学金10人1.7万元、死亡及住院慰问金30人2.7万元；股金分红2107人58.32万元；缴纳“江苏医惠保1号”保险604人9.54万元；出资25.23万元补助社员购买“福村宝”。组织“爱满港城”慈善募捐，筹集善款18.64万元。办理企业退休人员独生子女父母一次性奖励金申领手续35人，组织913名老年人参加健康体检。

社会治理　2023年，南庄社区召开党员大会4次，开展各类党建活动48次。开展“卯兔迎春，逐梦前行”幸福树DIY活动、“传承雷锋精神，弘扬文明新风”志愿文化书法展、“心为善使，博爱红十”世界红十字日主题活动等文明实践活动和群众性精神文明建设活动191次；开展“美颜行动，亮丽家园”“义起来，YOUNG力量”“金乡邻，心相近”等志愿服务活动48次。社区南香韵合唱团参加张家港市“大地欢歌”乡村文艺星级团队大展演活动获评四星级文艺团队。社区划分为6个网格，配备网格长1人、网格员6人、微网格员18人，年内处置上级下派工单30件、网格员工单1512件，上传民情日记360条。排查、走访出租屋333户、集宿区8户、“九小场所”54家，张贴消防安全标识62家，配备烟感报警器180个、“消防四件套”140套、逃生梯6张，张贴消防“四类场景”宣传页8套，整改线路隐患9处，完成餐饮场所“瓶改管”“瓶改电”17家，开展消防演练2次。全年受理并成功化解信访1件，调解矛盾纠纷40起，矛盾调解率100%。

【“凉亭文化”引领文明实践】　2023年，南庄社区改造南湖苑小区6座凉亭，分别取名为初心亭、悦读亭、清风亭、文明亭、耆乐亭、爱心亭。社区以凉亭文化为主线，开展六大类文明实践主题活动。依托初心亭开展“向党表白我‘初心’”“‘烽’火读书会”“共学党章，润‘新’行动”等活动；依托悦读亭开展“开卷有益，书声琅琅”“读书漂流”等活动；依托清风亭开展“廉洁自律家风清”“家庭‘三养’教育”等活动；依托文明亭开展“移风易俗创新风”“勤俭节约亲传统”等活动；依托耆乐亭开展“花开有声悦心灵”“健康义诊惠民”“健康使者运动会”等活动；依托爱心亭开展“特需家庭收纳整理志愿助力”“志愿中秋，广场倡导”等活动。全年开展“凉亭文化”活动15次，参与群众450人次。　（李昭洳）

6月14日，南庄社区“初心亭中亮红‘芯’——向党表白我‘初心’”活动开展

汤联社区（涉农社区）

【概况】 汤联社区位于塘市办事处辖区东北部，东至汤桥路，与乘航交界，南至金塘东路，与河北村、塘市社区北海花苑接壤，西至新沙河，与芦庄社区新珑湾、和樾花园隔河相望，北至新泾路，与棋杆社区相邻，区域面积2.5平方千米。2019年3月，由原汤联村和金塘社区合并而成。2023年，辖塘市花苑、塘市花苑西区2个动迁安置小区，新泾公寓1个商住小区及汤联人才公寓，有居民住宅楼82幢、房屋3178套，3幢公寓楼为辖区企业职工宿舍。年末，辖区常住人口8779人，户籍895户，户籍人口3168人。年内，出生31人，死亡26人。社区党总支下设8个党支部（其中非公企业党支部5个），在册党员165人。金塘社区2016年获评全国科普示范社区，2017年获评国家首批流动人口社会融合示范社区、全国综合减灾示范社区，2019年获评全国最美志愿服务社区。年内，汤联社区获评张家港市文明社区。

集体经济 2023年，汤联社区投资545.3万元，与李巷村、河北村、棋杆社区等5个村（社区）抱团参与上海旭津供应链仓储项目投资，年收益35.88万元。开展全国第五次经济普查，采集法人单位558个、个体户567户。全年集体经济总收入1487.51万元，经营性收入1482.41万元。投资收益226.68万元；租赁收入643.62万元，其中土地租金78.12万元、房屋租金565.5万元。人均可支配收入4.95万元。至年末，集体经济总资产6850.33万元。

社会事业 2023年，汤联社区依托民生微实事项目资金，投入6.71万元修缮塘市花苑24幢西侧长廊；投入7.86万元实施睦邻友好计划项目，开展社区文娱活动44场，参与群众973人次。依托塘市老年大学（塘市老年大学与社区活动用房共享），开展书法、形体艺术、声乐表演、广场舞等培训80场，参训900余人次。链接社会资源，联合爱心企业泰柯棕化（张家港）有限公司开展“浓浓泰柯意，悠悠敬老情”活动，惠及辖区75名老年人。开展“筑牢安全，逐梦未来”汤联社区科普安全屋项目活动10次，参与群众180人次。汤联社区居家养老服务中心社会化运营，每周一至周六开展影视、阅读、棋牌、健康等活动，全年开展活动48场，服务群众2006人16521人次。发放股金分红81.77万元，惠及股民2217人；出资81.82万元为644名60周岁及以上老人发放春节慰问金及节日福利；出资3.75万元为50名困难人员发放慰问金；出资20.17万元用于补贴“福村宝”医疗互助项目，全年报销257人次，报销金额25.46万元；出资2.71万元为452户家庭补贴“幸福家庭综合险”；出资9.61万元为60周岁及以上符合条件的社员购买“医惠保”；出资9000元为5名新录取大学生发放奖学金；发放70—79周岁老人及残疾人理发券618人7183张，实际使用5444张（80周岁及以上老年人由居家养老服务第三方机构提供上门服务）。组织“爱满港城”慈善捐款，筹集善款19.76万元，其中新美星包装机械股份有限公司捐款10万元、张家港市易华润东新材料有限公司捐款3万元。为61对夫妇办理生育登记手续，为48名退休人员办理独生子女父母一次性奖励金申领手续。组织507人参加“两癌”筛查体检、755名城保退休人员参加健康体检，办理职业危害企业健康申报165家。全年送戏下乡2场、送电影下乡15场。

社会治理 2023年,汤联社区召开党员大会4次,与辖区新美星、上海电气、永茂建筑等企业党组织及东吴人寿开展党建共建。全年开展各类新时代文明实践活动和群众性精神文明建设活动120场,市政点单活动5次,受益群众4000余人次。全年发布志愿服务活动69场,志愿服务时长累计6000余小时。开展道德讲堂4场,身边好人"社区'芝麻官'"社区议事会副会长胡建丰事迹被《张家港日报》刊载。汤联社区火舞金凤艺术团参加"大地欢歌"2023年张家港市乡村文艺星级团队大展演暨张家港市第四届广场舞展示活动,获评张家港市五星级明星群众文艺团队,获"贯彻二十大·奋进新征程"全省社区广场舞大联展暨"农商行杯"张家港市迎"五一"广场舞大展演活动最佳风采奖、苏州市"讲好苏分故事,传播东吴好声音"2023年司庆文艺汇演优秀奖、张家港市"人社杯"健身秧歌团体比赛特等奖。健康惠民项目"健康小屋"在汤联社区公共服务空间落地。出资3.8万元对新丰河道进行保洁,打捞垃圾5吨、水草23吨。社区划分为6个网格,配备网格长1人、网格员6人、微网格员18人。全年处置各类工单1440件,整改率100%;上报民情日记330条;受理"12345"政务服务热线任务单86件,处置完成率100%。集中检查出租房450户、"九小场所"48户,完成小餐饮场所"瓶改电"8家,完成企业安全生产检查以及电气线路整改工作92家,整治电瓶车违规充电32处,开展汤联过渡房、汤联公寓消防安全检查12次,开展纺织企业火灾隐患大排查30家,开展消防安全教育培训3次、企业消防演练1次、居民消防演练1次。与辖区104家企业签订安全生产责任书,完成企业"创蓝"工作91家、高企培育12家。

8月17日,汤联社区·东吴人寿"健康小屋"揭牌

【"青'翼'助飞,筑梦未来"项目获苏州市社科普及惠民扶持】 5—10月,汤联社区新时代文明实践站开展"青'翼'助飞——青少年科技成长赋能计划",该项目以青少年群体为主要服务对象,围绕"科普志愿行""未来新农人""科技大比拼""科学遇生活""科技有创意"五大板块开展活动。链接塘市小学教师资源,成立"小小科普员"志愿服务队,由35名青少年组成科普讲解小志愿者队伍。开展科技邮票设计、科技争霸赛、科普知识竞赛、无人机操控、科普讲解比赛等活动26次,收到邮票设计稿42份,科普讲解小志愿者参与服务600余人次。年内,该项目获2023年度苏州市社科普及惠民扶持。 (张丽)

塘市社区

【概况】 塘市社区位于塘市集镇区，东至东南大道，南至华塘河（东段）、塘市东街（东段），西至金港大道（北段）、同心园路（南段），北至朱家浜（东段）、金塘中路（东段），区域面积0.74平方千米。2019年3月，由原塘市社区和北海社区合并而成。2023年，辖北海花苑、聚丰新村、华苑新村、华苑别墅、勤学新村1—5幢、幸福里等小区。年末，辖区常住人口7604人，户籍556户，户籍人口1545人。年内，出生53人，死亡18人。社区党总支下设4个党支部，在册党员145人。年内，塘市社区获评张家港市文明社区、张家港市健康社区。

社区治理　2023年，塘市社区依托党群服务中心、新时代文明实践站、邻里港湾三大阵地，开展惠民（惠企）专项行动、政策宣传、送学上门等志愿服务活动13次，辐射居民群众2000余人次。全年开展理论学习、惠民集市、青少年实践活动26场。3月，招募“海棠先锋”志愿者40人，负责辖区公共秩序和基础设施日常巡查、矛盾纠纷调处、安全隐患排查、环境改善类工程摸排。社区以金塘路、塘市街、沙锡路、东南大道、金港大道为界，划分为5个网格，设网格长1人、网格员5人，开展“一网一格一人”点对点服务，处理“12345”政务服务热线任务单111件，处置网格工单1273件，民情日记上报并完成整改302条，解决“小微问题”21个，完成综治调解40条。检查“九小场所”426家，整改隐患213处；回收电动车43辆，整改小区电动车隐患451处；拆除出租房屋金属栅栏102个、泡沫夹芯板516平方米、易燃装饰材料194平方米，配备“消防四件套”218套；整治违规液化气瓶83个，处理私拉乱接电线147户，整改“三合一”问题39家，完成小餐饮门店合规化改造143家，完成“瓶改管”“瓶改电”125家。完成食品安全“两个责任”公示173家，全年走访督察726次，发现问题21个，现场整改16个，责令整改5个。

社区活动　2023年，塘市社区开展“合力共建避风‘塘’”“‘1+2’连心润满‘塘’”党建为民服务项目，开展主题活动98次，参与活动4086人次。全年开展文明实践志愿服务活动60次。1月开展“诵千年美文，当时代新人”诵读比赛；2月开展“把中国文明历史研究引向深入，增强历史自觉坚定文化自信”主题活动；6月开展“阅读红色经典，弘扬爱国精神”阅读活动，全年借还书1.5万人次。开展道德讲堂4次，身边好

1月12日，塘市社区“‘1+2’连心润满‘塘’”活动开展

人“真诚服务者”范玉全事迹被《张家港日报》刊载。开展线上线下防诈骗宣传140余次，发放防诈骗宣传折页2300余份。北海花苑居家养老服务中心全年投入13.9万元，开展服务类活动54场，服务群众1900余人次。辖区居民组建的荷塘悦色舞蹈队参加市“大地欢歌”乡村文艺星级团队大展演活动，获评张家港市乡村文艺三星级团队。

民生服务　2023年，塘市社区为53对夫妇办理生育登记，发放农村计划生育家庭奖励金7人，新增特扶家庭1户，发放0—14周岁的独生子女父母奖励金81人2430元，办理企业退休人员独生子女父母一次性奖励金申领手续57人，为5户家庭办理独生子女父母光荣证。办理虚拟养老12人，发放养老金518人。发放就业困难人员补助9人，帮助10名就业困难人员就业。春节期间慰问67人3.3万元，大病慰问13人1.3万元。开展妇女“两癌”筛查400人。组织665名城保退休人员参加健康体检。家庭医生签约3户，开展上门随访36次。筹集“爱满港城”善款2万元，其中企业捐款8400元。完成农村合作医疗收缴129人、公积金扩面47人。社区11名“法律明白人”对6名帮教对象实施帮扶。

【塘市社区建成苏州市级“三全”家庭教育指导服务示范点】 2023年，塘市社区结合自身特色，围绕“社区全域、父母全程、家庭全类型”，以“小‘塘’果成长记”项目为主线，联合辖区网格员、党员、退伍军人、社区妇联执委等，组建由183名志愿者组成的“益满‘塘’”志愿服务队，走访摸排未成年人家庭1475户，建立健全家庭档案。依托邻里港湾“绘乐之旅”美术室、“造型工坊”学习室、“森阅之屋”阅览室等阵地，为辖区少年儿童提供交流学习、开拓视野、快乐成长的平台。链接聚丰阳光幼儿园、塘市小学教师资源，组建家庭教育指导服务团队，全年开展家庭教育指导服务3次。7月，塘市社区获评苏州市级“三全”家庭教育指导服务示范点。 (胡昕)

芦庄社区

【概况】 芦庄社区位于塘市办事处辖区西北部，东至老沙锡路，南至金塘路，西至南湖路，北至新泾中路，区域面积0.55平方千米。2019年3月成立。2023年，辖东兴苑、棋杆花苑2个动迁安置小区，勤学新村6—12幢1个开放式小区以及新珑湾、和樾花园、芦庄花苑3个商业小区，有住宅楼160幢、房屋5052套。年末，辖区常住人口9160人，户籍857户，户籍人口3137人。年内，出生15人，死亡27人。社区党总支下设6个党支部，在册党员145人。芦庄社区2022年获评江苏省“三全”社区。年内，获评张家港市文明社区、张家港市健康社区。

社会治理　2023年，芦庄社区出动634人次、运输车6辆整治社区大环境，处置垃圾156车180吨，打捞河道河岸杂物、漂浮物、水草8吨。社区划分为5个网格，设网格长1人、网格员5人，全年处置“12345”政务服务热线任务单138件。运用“联动张家港”App，上报、处置网格工单1270件，民情日记上报并完成整改300余条，其中“重点人员服务管理”获评张家港市社会综合治理网格化联动机制“一案一奖”典型案例。发放消防知识宣传资料680份，组

6月3日，芦庄社区"'芦'力同行·同心相耀"项目之反诈宣传

织消防培训3场、消防演练3次，开展消防安全检查223次，检查"九小场所"134家、出租房515户，发现并整改安全隐患154处，完成餐饮场所"瓶改管""瓶改电"33家。开展"六点半'垃'家常"先锋行动，发动网格员、楼道长、志愿者等入户宣传垃圾分类，发放宣传页1000余份，全年开展垃圾分类宣传12次、反诈宣传12次、禁毒宣传3次，与法援律师合作开展法律宣传活动12次，提供法律援助5次，调解居民邻里矛盾40起，对6名帮教人员实施帮教。

社区活动　2023年，芦庄社区召开支部委员会会议36次、党小组会议48次、党员大会18次，开展"牢记初心使命，永葆奋斗精神""奋力攻坚促发展，凝心聚力创未来"主题党日活动40次。开展"暖心三月学雷锋，便民服务进社区""'芦'小苗洁楼道——抬头遇温暖""爱心理发进社区，志愿服务暖人心"等志愿服务30次。开展道德讲堂4次，身边好人"社区管家"庞春安事迹被《张家港日报》刊载。开展"'芦'小苗成长计划""'芦'力同行，同心相'耀'"2个党建为民服务项目，开展理论学习、经典诵读、参观研学、健康知识讲座、法治宣传、健康义诊、文化文体等活动41次，参与群众1500余人次。全年放映电影12场，社区"'芦'力同行"合唱队参加张家港市"大地欢歌"乡村文艺星级团队大展演活动，获评张家港市乡村文艺三星级团队。

民生服务　2023年，芦庄社区依托民生微实事项目，投入14.46万元改造棋杆花苑19—45幢路灯，修缮东兴苑1—19幢部分楼道出口路面，增设非机动车停放专区，在东兴苑小区南北门入口处增设小区楼栋指示牌。为57对夫妇办理生育登记，发放独生子女父母奖励金59人。为10名4050人员办理每月社保补贴，实施就业帮扶15人，办理虚拟养老20人，帮助2名残疾人换证，发放城镇退休人员健康体检手册208份，办理退休人员纳入体检手续23人。开展亡故慰问3人1500元，重病慰问2人1000元，大病慰问7人7000元，扩面慰问35人2.4万元。组织"爱满港城"慈善募捐，筹集捐款2万元。

【"芦"小苗成长计划启动】4月，芦庄社区组建由"党员+志愿者+工作人员+多方社会力量"组成的志愿服务队伍，链接塘市幼儿园教师队伍资源，针对青少年特点开展"芦"小苗成长计划项目。全年开展垃圾分类宣传12次，参与青少年423人次；美化环境8次，参与青少年243人次；举办"家门口"的暑托班，开展普法讲堂、趣味阅读、外出研学、“强国复兴有我”等活动8次，参与青少年280人次。其中“垃圾分类，绿色‘童’行”活动被《人民日报》、紫牛网宣传报道，“中秋话传统，甜饼伴月明”“‘垃圾’变宝，节约用水”等活动被《江苏24小时》宣传报道。

（沈雅琼）

2月25日，乘航办事处“敢为先锋·一起来”公益集市暨“点亮文明”倡议活动启动

乘航办事处

【概况】 乘航办事处位于杨舍镇域东部，东倚古黄泗浦，南连开发区工业园，西接东二环，北靠张杨公路，苏虞张一级公路贯穿其中，区域面积20.31平方千米。2000年7月，乘航镇并入杨舍镇，设立杨舍镇乘航街道办事处。2004年2月，更名为乘航办事处。2023年，辖新民、庆安、农义、双鹿、民丰、蒋桥6个行政村及乘航、江南、农鹿3个社区。年末，辖区常住人口47584人，户籍7070户，户籍人口21812人。办事处党工委下辖4个村党委、2个村党总支、60个党支部（含3个社区党支部），其中非公企业党支部13个；有在册党员976人。辖区有规模以上企业21家，主要以纺织、机械为主，有江苏骏马集团、申洲毛纺、攀华集团和宏基铝业等骨干企业，有初中1所、小学1所、幼儿园3所、医院1家、菜场1个。

【“乘风远航启新程，我是党课主讲人”书记论坛】 2023年2月，“乘风远航启新程，我是党课主讲人”书记论坛在乘航办事处启动。围绕“如何当好一名善于服务百姓，受群众欢迎的村书记”“党建引领助推乡村振兴”“抓党建促基层治理能力提升的实践与探索”“如何抓好社区管理”“如何调处邻里纠纷”“如何开展文明创建”六大课题，每月至少由1名村（社区）书记担任主讲人，交流工作做法，集体“会诊”重点难点问题。首次活动由办事处党工委书记担任主讲人，以“村（社区）‘两委’干部如何履职尽职及如何处理历史遗留问题”为题展开宣讲，办事处全体工作人员和村（社区）“两委”班子成员出席。全年开展宣讲11次，受众1145人次。

（周青）

蒋桥村

【概况】 蒋桥村位于乘航办事处辖区北部，东临二干河，南依庆安西路，西至东二环路，北靠张杨公路，区域面积2.2平方千米。2009年9月，蒋桥村升格为党委村。2012年4月，原蒋桥村和老宅村合并组建新的蒋桥村，有23个村民小组，分2个片区，蒋桥片区11个村民小组，老宅片区12个村民小组。至2023年年末，蒋桥村自然村组全域完成动迁安置，老宅片村民基本安置于民丰苑东区、民丰苑西区、新航花苑；蒋桥片村民安置于丽新花苑、新乘北苑、新航花苑等动迁安置小区。蒋桥村辖丽新花苑1个动迁小区，有楼栋17幢、住宅1060套。年末，辖区常住人口3022人，户籍596户，户籍人口1479人。年内，出生7人，死亡17人。村党委下辖5个党支部，在册党员149人（其中非公企业党支部2个、党员11人）。蒋桥村2021年获评苏州市文明村，2022年获评张家港市文明村标兵。年内，获评张家港市文明村标兵。

集体经济　2023年，蒋桥村投入725.68万元用于标准型厂房建设（2020年5月购买东莱黎明村土地1.23公顷，与黎明村合资建造标准型厂房20335.01平方米，蒋桥村总投入5746.1万元）。开展全国第五次经济普查，采集法人单位159个、个体户253户。辖区内有张家港东联丰田汽车销售服务有限公司、张家港市洁能炉料制品有限公司和张家港市和记混凝土有限公司等5家年销售超2000万元企业。全年完成工业开票收入3.23亿元，实现工业利税总额642.86万元、利润40.26万元。全年村集体经济总收入3131.14万元，村级经营性收入2881万元，投资收益1044.14万元，租赁收入1635.95万元，其中土地租金479.04万元、房屋租金710.95万元、三产用房租金445.96万元。可用财力2000.88万元，比上年增10.63%，人均可支配收入4.57万元。至年末，村集体经济总资产5.43亿元。年内，蒋桥村股份经济合作社获评2022年江苏百强股份经济合作社。

社会事业　2023年，蒋桥村出资127.43万元为全村933名60周岁及以上村民、107名困难村民发放春节慰问金；出资11.78万元用于购买人身重疾险及意外险；出资31.79万元用于购买“福村宝”民生保险；出资7.93万元为502名70周岁及以上村民购买“江苏医惠保1号”民生保险；出资31.83万元为634名村民发放农村合作医疗补贴；出资51.75万元为1035名村民发放中秋、重阳及生日慰问金；出资57.45万元发放股金分红，惠及股民3058人。发放优秀学子奖学金18人6.2万元，其中2023年考上普通本科9人2.7万元、考上“985”“211”高等院校4人2万元、考上研究生5人1.5万元。办理亡故慰问17人，申办灵活就业补贴7人，办理独生子女父母一次性奖励金申领手续22人，完成生育登记10件。组织292名妇女参加“两癌”筛查、137名农保老年人参加健康体检；村卫生服务站完成慢性病调查175户547人、肺功能普查1500余人。

社会治理　2023年，蒋桥村投入2.17万元用于文明宣传场景布置，包括公益广告、绿化带插牌、道旗等。开展喜事新办、丧事简办、杜绝高价彩礼、反对铺张浪费等宣讲活动6次，引导广大群众厚养薄葬，树立文明节俭的现代婚嫁理念。6月，蒋桥村入选杨舍镇移风易俗主题实践项目试点单位，季晓红家庭获评2023年度张家港市文明家庭。全村划分为2个网格，分别为丽新花苑网格和其他区域网格，配备2名专职网格员，全年上报、处置网格工单482件，处理“12345”政务服务热线任务单30件，处置率100%。督促辖区企业落实安全生产责任制，风险平台填报工作完成率100%，全年未发生安全生产事故。13家企业委托第三方安全托管，完成全部“创蓝”工作。与辖区内蒋乘路30余家门店签订《消防安全责任书》，配齐小餐饮场所智能燃气隔断阀、燃气报警器、灭火器、灭火毯等消防器材。年内，在市级消防安全“红黑榜”检查中，蒋桥村辖区出租房无安全隐患事件，被列入红榜。

【“小小家园”项目】 2023年，蒋桥村推出“小小家园”项目，以村新时代文明实践站和农家书屋为载体，通过“志愿+”模式与周边学校、托育机构、教育指导站建立合作，提供多元教育服务。全年开展春日图书集市、阅读季读书活动、暑期研学活动、经典名著赏析、未成年人校外辅导、红色文化传承等活动21次，受益群众985人次。招募村域内中小学及幼儿园教师、高三毕业生、在校大学生等志愿者24人，开设为期53天的寒、暑假期公益托管放心班，由志愿者陪同孩子们学习、阅读、休闲玩耍，走访古琴艺术馆、抗战纪念馆、博物馆，通过“红色游”“乡村游”等方式，让孩子们在亲身实践中阅读社会这本“无字之书”。

（黄琳）

7月18日，蒋桥村暑期防溺水主题科普阅读活动举行

民丰村

【概况】 民丰村位于乘航办事处辖区南部，东临蒋乘路，南接棋杆路，西临华昌路，北至沙洲东路，区域面积2平方千米。2003年4月，新农村并入民丰村。2012年4月，民丰村与原勤星村合并组建新的民丰村；10月，民丰村升格为党委村，辖44个村民小组。至2023年年末，已动迁的42个村民小组分别安置在民丰苑、新丰苑、新农花苑、联欣花苑、新航花苑、勤星苑6个小区。民丰村辖勤星苑、联欣花苑2个动迁安置小区以及辛港巷1个自然村落。年末，辖区常住人口3826人，户籍810户，户籍人口2428人。年内，出生10人，死亡37人。村党委下设8个党支部（其中非公企业党支部3个），在册党员182人。年内，民丰村获评张家港市文明村。

集体经济 2023年，民丰村开展全国第五次经济普查，采集法人单位325个、个体户445户，有宏基铝业、富骏汽车、康特、建和等年销售额超2000万元的企业16家，全年完成工业开票收入5.56亿元、工业利税5614.28万元、利润4469.41万元。村集体经济总收入2770.06万元，村级经营性收入2755.73万元，比上年增6%。投资收益977.06万元、房屋租金915.05万元、土地租金854.84万元、利息收入8.78万元。年可用财力2085.62万元，人均可支配收入6.52万元。至年末，村集体总资产3.57亿元。年内，民丰村股份经济合作社获评

2022年江苏百强股份经济合作社。

社会事业　2023年，民丰村出资1.86万元用于河道保洁和人居环境整治；出资5万元建成安置小区新能源汽车公共充电桩5个、电瓶自行车充电棚15个、充电头130个；出资5万元配备自然村落灭火器材、整改老化电线；分摊动迁安置小区民丰村村民物业服务费27万元。全年发放二次分配及股金分红531.7万元，惠及5452人。出资50.26万元用于村民“福村宝”互助医疗补贴项目，全年“福村宝”报销746人次，报销金额74万元，最高单次报销金额2.47万元；出资18.89万元为村民购买团体险、意外伤害险；出资63.85万元补贴村民合作医疗。出资2.8万元发放27人重病、亡故慰问金，出资17.3万元慰问140名困难群众。发放60周岁及以上老年人节日慰问金1556人213.75万元、65周岁及以上老年人村级尊老金664人44.84万元。发放大学生奖励金11人3.3万元。发放市、镇两级春节扩面慰问金23人2.3万元，发放独生子女父母奖励金43人1290元，组织20家企业参与“爱满港城”慈善活动，筹集捐款5.2万元。办理灵活就业补贴12人。受理评残17人，办理残疾人换证5人，申请残疾人辅助器材3人。采集企业退休人员信息30人，组织1060名城保退休人员、1112名年满65周岁农保老年人参加健康体检。

社会治理　2023年，民丰村开展“年味寻踪记”“和春风邂逅，与环保同行”“红色七月，惠民先锋”“文明有你”等文明实践活动125次，参与群众3100余人次。开展“洁美港城”“关爱他人”志愿服务活动16场，服务群众500余人次。开展道德讲堂4次，报送“身边好人”4人。全村划分为3个网格，配备1名网格长、3名网格员、6名微网格员，全年处置上级下派工单39件、网格员工单792件，上报民情日记181条。排查走访出租屋237户，拆除泡沫夹芯板9处，整改线路隐患8处，拆除防盗窗5处，配备烟感报警器202个、“消防四件套”111套。排查“九小场所”安全隐患73家，其中小餐饮26户，张贴消防安全标识，配齐灭火器、防火毯和漏电保护装置等消防器材。开展重点场所瓶装液化气用户减量专项整治攻坚行动，完成餐饮场所“瓶改管”“瓶改电”22家。受理信访17件，化解信访老户18户，调解各类矛盾纠纷41起，矛盾调处率100%。

【“家门口”的特色药店】　新农花苑小区有282户民丰村新农片村民，因离村卫生室距离较远，看病就医不方便。2023年7月，民丰村出资5万元，对小区北门口的便民药店进行改造，增设家庭医生工作站功能区域，配备诊疗室和药房，提供糖尿病、高血压等40余种慢性病常用药，药品全部由医药公司统一配送，与村卫生室享受同等报销比

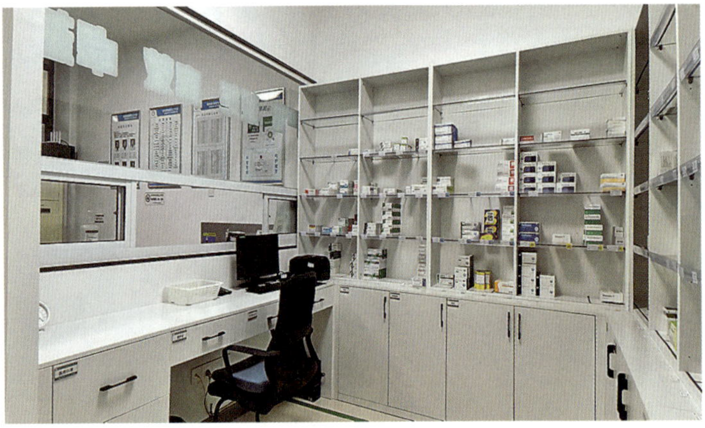

新农花苑“家门口”的特色药店

例。社区医生每周二、五坐诊药店，为村民提供基本医疗服务，方便村民实现“家门口”就医配药。年内，受益群众1500余人次。

（沈君紊）

庆安村

【概况】 庆安村位于乘航办事处辖区东部，东临高新区（塘桥镇）花园村，南与农义村、新民村接壤，西与民丰村相连，北接蒋桥村、双鹿村，区域面积3.7平方千米。2001年4月，原群联村并入乘航村。2003年11月，原群丰村并入庆安村。2012年4月，乘航村和庆安村合并组建新的庆安村，下辖48个村民小组。至2023年年末，已动迁的36个村民小组安置在新乘花苑、新乘北苑、勤星苑、新航花苑、联欣花苑和新民花苑6个小区。庆安村下辖钱家宅基、祁家巷、港西、沈家圾和老庆安5个自然村落。年末，辖区常住人口1750人，户籍1356户，户籍人口4131人，其中60周岁及以上1851人，有百岁老人1人。年内，出生17人，死亡65人。庆安村党委下设8个党支部（其中非公企业党支部3个），在册党员204人。庆安村2021年获评苏州市健康村，2022年获评江苏省健康村。年内，获评苏州市宜居宜业和美乡村。

集体经济　2023年，庆安村耕地面积107.8公顷，水域面积8.5公顷，粮食种植面积24.07公顷，水稻产量226吨、小麦产量126吨；油菜种植面积0.67公顷，产量1.5吨。全村土地流转承包面积24.07公顷。年内，开展全国第五次经济普查，采集法人单位220个、个体户18户。厂房、土地租金为村集体经济收入主要来源，全年村集体经济总收入3695.53万元，经营性收入3548.7万元，其中厂房租金963.85万元、土地租金415.39万元。工业开票收入1.84亿元，利税1621.62万元。年可用财力2300.18万元，比上年增10.02%，全村人均可支配收入5.13万元。至年末，村集体经济总资产2.4亿元，净资产1.61亿元。年内，庆安村股份经济合作社获评2022年江苏百强股份经济合作社。

社会事业　2023年，庆安村投资19万元改造乘航转盘综合楼和老庆安小学闲置集体用房；出资6万元改造沈家圾工业区；出资7万元改造辖区卫生室；出资10万元新建港西宅基停车场地；出资20万元修缮辖区自然村落基础设施，包括道路、场地、下水道、窨井等。落实惠民福利制度，出资13.27万元用于70周岁及以上村民全额购买“江苏医惠保1号”；出资14.99万元全额补贴全体村民意外及重疾综合保险；出资115.44万元定额补贴村民购买农村合作医疗保险和“福村宝”，全年“福村宝”报销771人次，大病医疗保险赔付18人次，死亡保险赔付59人次。出资206.64万元用于全村65周岁及以上老人发放春节慰问金；出资16.95万元用于实施优秀大学生奖励、困难户慰问等村民福利；发放股金分红150.6万元，惠及全体股民。全年累计发放村民福利待遇395.14万元，比上年增10.92%。办理企业退休人员独生子女父母一次性奖励金申领手续50人，组织1548名退休人员参加体检。全年送戏下乡3场、送电影下乡18场，惠及群众12000余人次。

社会治理　2023年，庆安村开展“黄泗浦生态公园初心会客厅”“沙洲县抗日民主政府纪念馆”“赓续红色基因，凝聚奋进力量”主题党建活动16次，开展理论学习15

次，召开党员大会4次，书记上党课4次。开展以“我们的节日”“关爱老人”“未成年人教育”“洁美港城”和“健康医疗”为主题的文明实践活动24次，参与群众1232人次。实施公民道德建设，围绕“爱、敬、诚、善”4个主题开展道德讲堂宣讲4场，开展“传承家风美德”家风家训宣传教育5次，参与群众869人次，上报“身边好人”事迹4人。开展法治宣传活动8次，通过宣传栏、电子屏展示反诈常识、诈骗危害、反诈措施等方面的内容。每逢节假日，由村民自发组建的“红玉”女子舞龙舞狮队穿梭于街巷，表演传统民俗文化为村民送上节日祝福。建立人居环境长效管护机制，设立领导小组，划分5个整治责任区域，由村“两委”班子成员担任环境区域责任人，开展人居环境整治提升行动，清理各类垃圾180吨。推进人居环境整治示范户评比，新增示范户家庭32户。全年清除地笼15个，整治河坡4320平方米，清理河坡垃圾3吨，打捞绿萍2300平方米，整治排污口2处。全村划分为3个治理网格，设网格长1人、网格员3人、微网格员9人，网格长由村书记担任。制作、张贴500张“网格公示牌”；处置“12345”政务服务热线任务单83件；运用“联动张家港”App，上报、处置网格员工单747件；运用“联动杨舍”App，上报民情日记180条，工单处置率100%。检查出租房、“九小场所”52次，配备“消防四件套”168套，新增烟感报警器126个，更换灭火器83具，电线穿管35户，拆除防盗窗31处、易燃及泡沫夹芯板25处，完成小餐饮“瓶改电”2家。开展企业消防安全演练2次，参与职工220人次。

庆安村“红玉”女子舞龙舞狮队

【“理润暨阳·古韵庆安”理论学习阵地】 2023年，庆安村依托村新时代文明实践站，整合资源，建成120平方米的“理润暨阳·古韵庆安”思想大讲堂，为党员群众提供理论帮扶、思想交流、赋能学习等服务。全年开展学习习近平新时代中国特色社会主义思想及党的二十大精神等党员活动24次，接待党员研学活动16次，参与党员263人次。开展“理润暨阳——政少年·红领巾”青少年科普知识宣讲6次，开展针对青少年防范电信诈骗普法宣讲6次，参与1524人次。（徐金）

新民村

【概况】 新民村位于乘航办事处辖区南部，东临二干河和黄泗浦，与农义村和塘桥镇十字港村交界，南至三里泾，与凤凰镇安庆村毗邻，西至老二干河，与塘市片区河北村、汤联社区相望，北依乘航集镇区，区域面积3.1平方千米。2003年，由原新民村、新联村合并组成，下辖29个村民小组。2021年7月，新民村升格为党委村。至2023年年末，23个村民小组动迁安置于联欣花苑、新民花苑等小区。新民村辖新民花苑（楼栋19幢、住宅1216套）1个动迁安置小区及张家圩、顾四巷、顾家堂、薛家巷、新市上（西）5个自然村落。年末，辖区常住人口5100人，户籍910户，户籍人口3100人。年内，出生7人，死亡42人。新民村党委下设8个党支部（其中非公企业党支部4个），在册党员160人。年内，新民村获评江苏省民主法治示范村。

集体经济　2023年，新民村稻麦种植面积55.2公顷、蔬菜瓜果种植面积7公顷、养殖水域面积0.9公顷。水稻产量455吨、小麦产量240吨。年内，开展全国第五次经济普查，采集法人单位50个、个体户9户。辖区有新民工业示范园和新联2个工业区，占地面积分别为7公顷和1公顷。全年村集体经济总收入1849.51万元，经营性收入1754.01万元。村级可用财力144.06万元，比上年增10.26%，工业开票收入2.8亿元，与上年持平；利税1900.12万元，比上年增5.12%，村民人均可支配收入4万余元。至年末，村集体总资产1.48亿元，净资产1.05亿元。

社会事业　2023年，新民村出资131万元用于道路修缮、污水管网改造等实事工程；出资21万元用于辖区治安管理；出资158万元用于新民花苑小区物业管理（含电梯维保）及支付新丰苑、联欣花苑小区新民村村民物业代管费；出资93万元用于辖区河道治理、垃圾分类及卫生保洁服务。出资12万元帮扶困难村民，出资68万补贴村民农村合作医疗与“福村宝”医疗互助项目。全年发放老年人福利费85万元、其他村民福利物资20万元。发放优秀大学生奖励金15人3.2万元。组织646名35—64周岁妇女参加“两癌”筛查，办理企业退休人员独生子女父母一次性奖励金申领手续38人，完成生育登记15件，发放独生子女父母奖励金97人，新增农村部分计划生育家庭奖励对象2人。办理困难人员就业补贴、特困家庭帮扶12人。申请办理虚拟养老12人，新增银龄互助志愿者2人，完成服务54单。采集退休人员信息10人，组织249名农保退休人员参加健康体检。

社会治理　2023年，新民村组织村民和志愿者156人次，开展人居环境整治15次，清理乱堆乱放600余处，清理水沟、沟渠68条，清理河坡、河岸垃圾300余吨，完成河道坡岸清理6000余平方米，打捞河道垃圾50余吨。农业投入品检测86批次，合格率100%。全村划分为2个网格，配备1名网格长、2名网格员、2名微网格员，运用“联动张家港”App，上报、处置工单746件，录入民情日记126条，调解矛盾纠纷40起。完成安全信息平台填报业务28家，开展安全教育培训8次、大型消防应急演练2次。检查出租户193户、“九小场所”5家，配备烟感报警器364个、“消防四件套”245套，拆除泡沫夹心板6处，处置隐患线路63处，拆除防盗窗21处。开展重点企业食堂液化气钢瓶专项整治行动，完成“瓶改电”5家，安装燃气报警器15家。检查15家农业大户居住场所安全情况，发放灭火器45具，完成电线圈管320米。

【“党建引领，志愿先行”党建服务项目】2023年，新民村依托新时代文明实践站、“青春联盟”志愿服务平台，联合张家港农

9月23日，新民村“村企携手迎中秋，党建共建庆国庆”组织开放日活动举办

商银行营业部二支部、中国移动张家港城东分局、乘航社区党支部及辖区企业，开展“党建引领，志愿先行”党建服务项目，以“党建红”促进“志愿红”。全年开展“青春向党学思想，感恩奋进建新功”“全民国家安全教育”“我是党课主讲人”等主题宣讲活动6次，参与群众300余人次。开展“民生早市‘敢’大集”“净美家园迎新春”等志愿服务活动20余次，参与志愿者400余人次。开展“情暖粽夏，凝‘新’聚力”服务新业态新就业群体联谊活动、“村企共建‘手牵手’，振兴路上‘心连心’”组织开放日活动等联建联享活动5次，服务企业职工、辖区村民300余人次。开展环境整治、便民利民、文化娱乐、法治教育等各类活动40余次，参与志愿者500余人次，服务村民2000余人次。（陶争先）

双鹿村

【概况】 双鹿村位于乘航办事处辖区东北部，东与塘桥镇滩里村交界，南与庆安村毗连，西傍二干河，与蒋桥村为邻，北靠张杨公路，区域面积2.7平方千米。2001年2月，原鹿民、鹿勤2个村合并成立双鹿村，下辖27个村民小组。至2023年，已动迁的23个村民小组分别安置于骏马苑、新乘花苑、勤星苑南区及新乘北苑。双鹿村辖王庄里1个自然村落（4个村民小组），年末，辖区常住人口3508人，户籍675户，户籍人口2008人。年内，出生2人，死亡30人。双鹿村党总支下设4个党支部（其中非公企业党支部1个），在册党员91人。双鹿村2021年获评苏州市康居乡村、苏州市宜居乡村。年内，获评苏州市健康村。

集体经济 2023年，双鹿村耕地面积89.97公顷，粮食种植面积26.58公顷，水稻产量242.2吨、小麦产量119.6吨；油菜种植面积1.2公顷，产量2.8吨，土地流转承包面积31.94公顷。开展全国第五次经济普查，采集法人单位126个、个体户305户。厂房、土地租金为村集体经济主要收入来源，全年村集体经济总收入1087.17万元，经营性收入992.29万元，其中厂房租金398.03万元、土地租金63.49万元。年可用财力608.19万元，比上年增8.3%，人均可支配收入4.5万元。至年末，村集体经济总资产5641.71万元。

社会事业 2023年5月，双鹿村启动“三优三保”和黄泗浦文物保护区动迁安置工作，8月召开分房前期工作协调会，10月开展分房排模，11月完成全村238户动迁户的安置。年内，村出资7.73万元为70周岁及以上村民购买“江苏医惠保1号”；出

王庄里美丽菜园

资24.23万元定额补贴村民购买农村合作医疗保险；出资25.6万元实施“福村宝”医疗互助，全年“福村宝”报销368人次，报销金额25.01万元。发放70周岁及以上老人春节慰问金21.79万元、重阳节福利物资2.7万元、中秋节福利物资12.02万元。出资10.22万元发放低保户、低保边缘户、困难群众、重大病患者救助金。发放股金分红28.74万元，惠及全体股民。办理城保死亡遗属待遇10人，开展亡故慰问30人、重病慰问10人。完成低保户、困境儿童、16名重度残疾人生活补贴及41名重残人员护理补贴年审工作。

社会治理　2023年，区镇纪工委与双鹿村在王庄里美丽菜园联合打造特色清廉文化阵地——“田园里的廉园”，建设清风亭、四季清风、清廉路三大主题点位，开展户外廉政科普活动4次。年内，双鹿村落实河长负责制，完成辖区内17条河道垃圾、绿萍、水草的清理工作，巡河48次，上传河道整治信息42条，整治双鹿大桥20号河黑臭问题20余次，出动20余人次，清理河道垃圾3.6吨，经苏州市防污攻坚办对“劣Ⅴ类水质”督查，20号河水质抽检合格，完成销号工作。鹿勤路北侧企业污水水质净化设备投入使用，日平均净化污水50余吨。拆除河道周边乱搭建15处，清除河滩沿线垦种0.35公顷，清理围网、地笼、网簖50余处。全村划分为2个治理网格，设网格长1人、网格员2人、微网格员6人，制作、张贴网格公示牌42个，处置“12345”政务服务热线任务单7件，上报、处置网格员工单528件，民情日记录入120条，工单处置率100%。检查出租房118家、“九小场所”50家，发放宣传资料1200余份，发现、整改隐患263处，张贴消防“四类场景”宣传资料106套，新增“消防四件套”50套、烟感报警器50个、逃生梯1张，整治电线私拉乱接20处，拆除防盗窗3处。开展餐饮场所集中改造行动，根据商户的改造条件，制定“瓶改”专项清单，对接供气、供电部门及施工单位，完成辖区小餐饮场所“瓶改管”“瓶改电”22家，通过市挂牌村点位验收。

【双鹿村获评苏州市健康村】　2023年，双鹿村以建设苏州市健康村为全年工作目标，开展“党建引领，健康护航”党建项目。依托王庄里美丽菜园打造“一‘鹿’健康”路径，建成“福禄”健康屋、健康菜园、健康小讲堂3个阵地。组织村卫生室医生每月对慢性病患者进行随访，为村民测血糖、量血压，进行健康监测。链接专业医疗资源开展健康讲座，科普高血压、糖尿病的预防和控制等健康常识，从起居、饮食、睡眠、运动等角度，向群众讲解合理膳食与用药、科学运动与养生等知识，提高群众的健康意识和自我保健能力。全年开展“秋冬季养生健康保健知识”“‘我们到底应该怎么吃’健康饮食”“关爱妇女，呵护健康”等健康类讲座12次，开展健康义诊活动8场、“生命在于运动”健康类比赛2场。12月，双鹿村获评苏州市健康村。（陈丹）

农义村

【概况】农义村位于乘航办事处辖区东南部，东临黄泗浦，与塘桥镇为界，南靠华妙河，与凤凰镇西张毗连，西靠二干河，北与庆安村接壤，区域面积2.5平方千米，辖18个村民小组。至2023年年末，已动迁的8个村民小组分别安置在新乘北苑、新乘花苑、勤星苑3个小区。年末，辖区常住人口976人，户籍450户，户籍人口1458人。年内，出生3人，死亡18人。农义村党总支下设3个党支部，在册党员84人。年内，农义村获评苏州市住户调查优秀调查点。

集体经济　2023年，农义村稻麦种植面积33.57公顷，其中“三优三保”土地10.33公顷，水稻总产量251.8吨、小麦总产量196.8吨，稻麦收益47万元，土地流转面积44.62公顷。开展全国第五次经济普查，采集法人单位49个、个体户65户。全年村级集体经济总收入1133.13万元，主要来源于房屋租金、土地租金、投资收益和利息收入。村级经营性收入1062.23万元，其中出租创富大厦、香港城9间房屋收益195.14万元，出租鑫达冶金、种子公司、中国铁塔（10组、18组）土地租金收益140.59万元，投资收益544.47万元，利息收入2万元。年可用财力866.75万元，比上年增8.23%，人均可支配收入4.6万元。至年末，村集体经济总资产1.38亿元，净资产9258.01万元。

社会事业　2023年，农义村投入30.81万元用于建设美丽河道、健康步道及健身器材修缮；投入8.24万元用于全村河道保洁；投入16.62万元修缮村级道路及河边景观。出资5.4万元为70周岁及以上老人购买“江苏医惠保1号”，出资5.76万元为村民购买重疾险，出资41.62万元定额补贴农村合作医疗及“福村宝”。全年累计发放村民福利135.62万元，比上年增67.55%，其中发放65周岁及以上老年人春节慰问金62.42万元、优秀大学生奖励金9000元，发放股金分红19.52万元。新增残疾人办证1人、换证3人，办理残疾人护理补贴1人、残疾人辅具申请4人。办理就业困难人员补贴1人，发放村民丧葬补贴1.8万元。办理虚拟养老服务13人，发放城保退休人员体检手册580份。

社会治理　2023年，农义村实施“农情蜜义”党建服务项目，开展红色思想学习、环境整治、安全隐患排查、困境儿童服务等活动36次。推出“乐龄医站”，开展爱心义诊和入户健康知识宣传，免费为村民测血压、血糖，服务群众500余人次。开展银龄互助服务48人次，为30名老年人提供智能手机教学培训。开展消防应急疏散演练、灭火知识培训和灭火器材操作体验2次，社区干部、村民群众、企业单位职工150余人参加。出资20万元为村民统一制作晾衣架，修缮乡间道路2000米。拆除河道周边乱搭建10处，清除沿线垦种2000余平方米，清理围网、地笼45处，清理建筑垃圾2吨，发放垃圾分类手册600份。对虞家圩河进行生态修复、河道疏浚、淤泥清理，

4月15日,农义村“童心向党踏春来,凭风寄梦放纸鸢”活动开展

在河道两侧种植树木200棵。全村划分为3个微网格,配备网格长1人、网格员1人、微网格员3人,全年处置上级下派工单3件,上报民情日记61条,上报、处置网格员工单243件。排查走访出租屋154户,配备烟感报警器82个、“消防四件套”36套,拆除泡沫夹芯板10处、防盗窗17处,整改线路隐患46处。发放消防安全宣传资料200余份,对辖区32家企业开展安全检查138次,排查、整改安全隐患183处,联合相关部门取缔“散乱污”企业1家。

【“百亩超高产攻关示范田”项目】 2015年,农义村会同苏州市农机推广中心、张家港市农业农村局和南京农业大学对水稻超高产技术进行攻关研究,引进甬优系列杂交水稻品种,采用水稻精确定量栽培技术,根据水稻高产栽培的基本规律,对水稻的全生产周期进行精准管理。第一年亩产800千克,后续5年亩产超900千克。2023年,农义村105亩水稻超高产攻关示范田完成收割,平均亩产1023.02千克。 (王陈祺)

乘航社区

【概况】 乘航社区位于乘航集镇区,东至二干河,南至潮泾河,西至民星路,北至新丰路,区域面积1.34平方千米,有18个居民小组。2023年,辖骏马苑(楼栋12幢、住宅330套)、锦绣阳光(楼栋5幢、住宅179套)、锦绣江南坊三期(楼栋11幢、住宅81套)、滨河云璟(楼栋16幢、住宅542套)4个封闭小区及开放式楼栋302幢(住宅1642套)。年末,辖区常住人口9709人,户籍829户,户籍人口2146人,其中60周岁及以上559人,80周岁及以上60人。年内,出生23人,死亡14人。社区党支部在册党员43人,流动党员4人。年内,乘航社区获评江苏省民主法治示范社区、张家港市健康社区。

社会治理 2023年,乘航社区依托“金融惠民之家”“防非反诈公园”特色阵地,联合市地方金融监督管理局、派出所、银行和律师事务所等单位,开展法治教育、防范非法集资和防诈骗等主题宣传活动40余次;联合乘航派出所进小区、进学校开展消防安全演练4次;联合综合行政执法局二中队拆除占用应急消防通道违建200平方米,拆除乘航东路、新航路、乘河西路等5处泡沫夹芯板700平方米。社区划分为6个网格,设网格长1人、网格员6人、微网格员18人。运用“联动张家港”App,做好事件上报、民情日记录入工作。全年上报网格“一案一奖”典型案例12个,其中“拆除‘定时炸弹’，消除安全隐患”“网格员助力查处无证无照培训机构”“煤气钢瓶存隐患，网格及时保安全”获评市级典型案例；“网格员关心独居老人，解决房屋漏水问题”“网格员‘迎蜂’而上解民忧”获评区镇典型案例。全年调解各类矛盾纠纷112起，处理“12345”政务服务热线任务单38件。对辖区463家“九小场所”、635家出租户进行消防安全检查，整治安全隐患106处，完成“瓶改电”86家、“瓶改管”1家。

社区活动　2023年，乘航社区组织召开党员大会4次、党小组会议24次、组织生活会1次，开展专题党课4次、民主评议党员1次、主题党日活动12次。开展“展开科学翅膀，放飞非遗梦想”“鲲鹏展翅，航天向未来”“感受文化色彩，领悟遗产真谛”“文明之城，你我共建”“老兵小将，植树添绿”“小手拉大手，巧手绘环保”“喜迎国庆，幸福加‘焙’”“巧手缝香囊，清香飘万里”等活动64次，参与群众2380人次。组建“老兵宣讲团”“铁脚板党员服务队”“文化志愿服务队”，开展“关爱一群人，温暖一座城”“关爱残疾人，服务送上门”“义诊进社区，助老送健康”“听老兵讲故事，传承五四精神”等志愿服务活动112次，服务群众1万余人次。围绕传统节日开展“福赠春联祈平安，写春联迎新春送祝福”“警民相聚话清廉，红色传承庆元宵”“忆清明，做青团”“爱在金秋，情暖重阳”“乐享家门口的‘中秋游园会’”“退役老兵的浪漫‘七夕’”等活动28次，参与活动1500余人次。云平台发布文明实践活动113场。接待参观研学活动25次1020人次。助人为乐好人崔艳事迹在《张家港日报》上刊载。上报各类信息201篇，被苏州市级以上媒体录用173篇。乘航魅力舞蹈队参加“大地欢歌”2023年张家港市乡村文艺星级团队大展演暨张家港市第四届广场舞展示活动，获评张家港市乡村文艺五星级团队。

民生服务　2023年，乘航社区依托民生微实事项目，出资9.87万元完成科技街“空中管网整治工程”，清理老旧小区废旧电线、网线、电话线、有线电视线，采取捆扎、桥架固定的方式，对线路进行梳理、美化，对不合理的线路进行重新排布。开展第五次全国经济普查工作，采集个体工商户1242户、法人单位330个。完成1户低保户、1户低保边缘户年审，办理残疾人救助5人、重残救助12人、重残护理补贴11人，申请残疾人辅助器具6人。新增合作医疗参保7人，办理失业登记6人、就业困难认定6人、灵活就业补贴申请6人，慰问困难家庭51户，办理退休人员独生子女父母一次性奖励金申领手续31人，办理生育登记23件，组织392名企业退休人员参加健康体检。

【“海棠花红，暖心港湾”文明实践项目】 2023年，乘航社区整合多方资源，借助网格力量，开展“海棠花红，暖心港湾”文明实践项目。以“爱心小站”为便民服务载体，为快递员、外卖骑手、环卫工人等户外劳动者提供“夏送清凉”“冬送温暖”等暖心服务。开展“常温暖·关爱老人”“消防安全记心间”“慈善同心，志愿同行”等主题活动84次，惠及辖区群众10108人次。与市科协、市未保中心、市红十字会等相关单位合作，开展“流动科技馆进社区”“点燃科技梦想，筑梦美好未来”“谁能在水上行走——水的表面张力”“新来的怪邻居——表面活性剂”“小甘油找工作——保湿剂的应用”“绵羊奶奶的生日——泡泡机制

7月26日，乘航社区经典诵读暨“家文化”大讲堂开展

作”“博爱送健康”等文明实践和惠民服务活动52次，服务群众1万余人次。联合市青年志愿者协会、市52爱心联盟、市中医医院、乘航医院等单位，开展“家文化”大讲堂、洁美港城、爱心义诊、爱心理发等志愿服务活动62次，惠及社区群众11500余人次。

（朱晓华）

江南社区

【概况】 江南社区位于乘航办事处辖区西部，东邻蒋乘路，南接乘航西路，西至东二环路，北临庆安西路，区域面积1.37平方千米。2012年12月成立。2023年，辖新丰苑、新航花苑2个动迁安置小区，建发泱誉、锦绣江南等10个商品房小区，乘航新村1个开放式小区，有楼栋323幢、住宅8480套。年末，辖区常住人口12158人，户籍835户，户籍人口2821人，60周岁及以上老人409人，80周岁及以上老人54人。年内，出生52人，死亡5人。社区党支部在册党员35人。江南社区2021年获评张家港市文明社区标兵。年内，获评苏州市健康社区。

社会治理 2023年，江南社区依托民生微实事项目，在新航花苑、新丰苑规划设置新能源汽车公共充电桩7个，新丰苑新增暖心防腐木椅16套。落实河长制，完成新丰河巡河工作48次。配合公安部门、农商行开展“警网银联动走访，你我他携手反诈”大走访行动，入户宣传10次，发放宣传手册1000余份。社区划分为5个网格，设网格长1人、网格员5人、微网格员22人。全年上报、处置网格工单1325件，上报民情日记300余条，处置“12345”政务服务热线任务单126件，调解矛盾纠纷40起。全年开展对香港城、湖滨广场、骏腾大厦3个二级消防单位消防安全专项整治行动12次，排查出租户410户、“九小场所”72家，张贴消防安全标识500余处，发放消防安全宣传资料2200份，完成小餐饮场所“瓶改电”7家。

社区活动 2023年，江南社区召开党员大会4次、支部委员会会议12次，开展“不忘红船初心，赓续红色精神”“体验农耕金秋割稻”等主题党日活动12次。开展“洁美港城”“雷锋精神在身边，暖阳行动惠邻里”“重阳慰问送关爱，浓浓真情暖人心”等志愿服务活动12次，参加志愿服务160人次，服务时长470小时，其中时间银行银龄互助服务114人次。社区志愿服务队获评张家港市2023年优秀社区社会组织。组织20名女性居民参加女子防身术教学活动、30名中老年居民参加预防老年疾病及慢性病的健身操和智力开发运动、20名青少年参加“‘青’心呵护助成长”家庭心理健康

6月16日，江南社区“巧制龙舟庆端午，粽香情浓道安康”活动开展

讲座。江南梦之队参加“大地欢歌”2023年张家港市乡村文艺星级团队大展演活动，获评张家港市乡村文艺四星级团队。

民生服务　2023年，江南社区依托镇残联专项经费，完成社区居委会、新丰苑居家养老服务中心、新航花苑会所3处无障碍坡道及2处公共卫生间扶手改造。走访慰问辖区残疾人和重病关怀对象60余次，制定个性化帮扶计划，包括提供辅助器具、安排就业培训、给予生活补贴等。办理企业退休人员独生子女父母一次性奖励金申领手续23人、生育登记59件，组织688人参加“两癌”筛查。完成1户计生特扶家庭、1户残疾人家庭适老化改造。审核发放尊老金85人，组织438名老年人参加健康体检，办理虚拟养老申报手续6人，根据个人需求落实上门剪发、推拿、保洁等服务。

【网格员比武获奖】 2023年，江南社区网格员辛晟昊、陈豪豪、陆鑫汝参加经开区（杨舍镇）网格员职工职业技能比赛，通过个人必答题、案例分析题、抢答题、附加题4个环节比拼，获区镇团体赛一等奖，陈豪豪、陆鑫汝获个人三等奖。网格员辛晟昊代表经开区（杨舍镇）参加2023年“沙洲匠星”职工职业技能竞赛张家港市专职网格员技能大比武决赛，通过网格化治理基础知识、时事政治、网格化联动机制实战应用等环节比拼，获团体赛三等奖，并在推动基层网格“安家”工程中获评2023年度张家港市“最美暨阳格格”。网格员缪宗发参加市退役军人事务局组建的“戎耀沙洲”合唱团，在“张闻明之歌”张家港市群众合唱大赛上获团体赛金奖。　（缪宗发）

农鹿社区

【概况】 农鹿社区位于乘航办事处辖区东北部，东至农鹿南路，南至南苑东路，西至乘河东路，北至暨阳东路，区域面积1.4平方千米。2016年10月成立。2023年，辖新乘花苑（楼栋56幢、住宅1260套）、新乘北苑（楼栋28幢、住宅2496套）2个安置小区，有居民小组16个。年末，辖区常住人口7535人，户籍609户，户籍人口2241人，其中60周岁及以上1483人，80周岁及以上267人。年内，出生46人，死亡57人。社区党支部在册党员27人。农鹿社区2022年获评江苏省民主法治示范社区。年内，获评张家港市健康社区。

社会治理　2023年，农鹿社区联合物

业出动850人次、运输车4辆整治社区大环境，处置垃圾250车280吨，清理乱张贴、乱堆放130余处。开展垃圾分类宣传活动20次、垃圾分类督导员业务培训12次，入户走访2000余户家庭、40家门店，面对面讲解垃圾分类知识，引导居民、商户学会从环境卫生、文明生活的角度去处理生活垃圾。社区划分为3个网格，配有网格员3人、微网格员9人，开展政策宣传、信息采集、矛盾化解等工作。运用“联动张家港”App，完成事件上报、民情日记录入180条，上报、处置网格工单251件，处置“12345”政务服务热线任务单81件，调解矛盾纠纷42起。开展“331”消防安全隐患整治，发放宣传资料2000余份，排查出租屋335家、“九小场所”35家，整治安全隐患26处，完成餐饮单位“瓶改管”“瓶改电”11家。

民生服务 2023年，农鹿社区收集民情民意43条，召开居民议事会议4次，商议表决小区物业管理、民生微实事项目、人居环境整治等有关事宜。依托党组织为民服务专项资金，在新乘北苑13幢南侧规划建设新能源汽车公共充电桩5个。办理持独生子女父母光荣证退休人员一次性奖励金手续25人，组织502人参加“两癌”筛查，办理生育登记43件、农村部分计划生育家庭奖励对象申报1人。征缴2023年度居民基本医疗保险235人，办理医保补缴11人。办理失业登记14人、就业困难认定14人，办理灵活就业补贴申请8人。新申请评残3人，办理重残护理补贴2人。节假日走访困难群众8人，发放市级大病支出型困难家庭慰问金1户1000元、镇级扩面慰问金5户5000元。重阳节慰问90周岁及以上老年人5人，组织25名65周岁及以上农保老人、286名城保退休人员参加健康体检。组织“爱满港城”慈善募捐，筹集捐款3000元。

社区活动 2023年，农鹿社区依托道德讲堂、市民学校、妇女儿童之家等阵地，开展理论宣讲、志愿服务、移风易俗宣传等各类文明实践活动146场。其中举办诚信讲堂、文明婚俗等宣传教育实践活动18次，针对社区老年人开展防范诈骗知识宣传10场；与农商行联合开展“警网银”走访反诈宣传8次，参与志愿者35人次；开展“喜迎新年写春联，情暖社区送祝福”“共享社区邻里情，老少同乐闹元宵”“团圆迎中秋，巧手做月饼”等传统节日文化活动12次，举办“崇德向善，助人为乐”“树廉洁之心，行廉洁之事，做廉洁之人”“爱岗敬业，忠诚履职”“勤俭节约，热爱劳动”道德讲堂4次，推荐“身边好人”5人；开展“洁美港城同创共建”“我阅读我快乐”志愿服务活动25场。年内，农鹿社区职工书屋获评2023年

8月1日，农鹿社区开展“银色先锋”暖心慰问活动

度苏州市最美职工书屋。链接社会组织，开展“浓浓邻里情”“‘鹿’‘鹿’有为——青少年领袖能力培养计划2.0版”“勇敢者的征程”系列活动39场。农鹿社区舞蹈队参加“大地欢歌”2023年张家港市乡村文艺星级团队大展演暨张家港市第四届广场舞展示活动，获评张家港市乡村文艺四星级团队。

【“能人服务站”五色花志愿服务】 农鹿社区“能人服务站”成立于2022年8月，由社区党支部牵头，以“能人力量惠众人，众人聚力成能人”为宗旨，招募辖区有一技之长的“行业能人”。编制社区治理和服务指导手册，为小区能人提供工作指导，引导能人参与社区治理。2023年，“能人服务站”聚焦居民群众“急难愁盼”问题，组建“红色先锋”“绿色生活”“蓝色守护”“橙色寄托”“粉色力量”五色花志愿服务团队。“红色先锋”服务队开展“文明祭扫，平安清明”移风易俗宣传活动、“扫黄打非·护苗2023——绿书签行动”等活动，为辖区居民提供党建、文明创建、文体等服务；“绿色生活”服务队开展“绿色家园，文明共创”“垃圾分类从我做起”等主题活动，为辖区居民提供环境整治、垃圾分类宣传服务；“蓝色守护”服务队开展“社会救助政策”“文明交通伴我行”等宣教活动，为辖区居民提供法律援助、交通秩序维护服务；“橙色寄托”服务队开展“银色关爱，‘粽’享端午”“银色先锋，暖心慰问”等主题活动，为辖区居民提供关爱老人、爱心帮扶服务；“粉色力量”服务队开展“关爱老年人，义诊暖人心”“健康义诊，元气满满”等活动，为辖区居民提供便民助民、健康义诊服务。全年提供服务120余次，惠及群众6000余人次，服务站能人数量从成立之初的19人发展到78人。（顾玉娅）

东莱办事处

【概况】 东莱办事处位于杨舍镇域东北部，东与南丰镇、锦丰镇和塘桥镇鹿苑片交界，南沿盐铁塘和张杨公路，西依界泾河，西北与杨舍镇晨阳片区接壤，北与锦丰镇为邻，区域面积29.55平方千米。2003年3月，原东莱镇的东莱居委会和庆东村等14个村（社区）并入杨舍镇，设立东莱街道办事处，2004年2月，更名为东莱办事处。2023年，辖农联、福前、东莱、西闸、黎明5个行政村，徐丰、江帆、福新苑、青草巷4个社区，其中徐丰社区为涉农社区，其余为城市社区。年末，常住人口80733人，户籍11896户，户籍人口35028人。办事处党工委下辖3个村党委、2个村党总支、3个社区党总支、1个企业党总支、1个社区党支部，在册党员1652人。辖区内有规模以上企业28家，以机械、纺织为主，有江苏申港锅炉有限公司、江苏千里马袜业有限公司等骨干企业。有学校15所、医院1家、菜场2个。

【“锋领未莱”党建项目发布】 2023年6月30日，东莱办事处“以学铸魂强党性·砥砺奋进建新功”“锋领未莱”党建项目发布会在农联实验小学举行，办事处、各村（社区）制定发布11个党建工作与中心工作融合项目，包括东莱办事处“党建教育聚合力，红色引领筑堡垒”项目、农联村“以‘联’谱写乡村振兴里的‘奋斗曲’”、福前村“幸福来敲门”红管网格项目等。发布会上，各村、社区党建项目代表、青年党员志愿项目代表

6月30日，东莱办事处"锋领未莱"党建项目启动

及企业党支部代表现场交流、互动。活动现场还开展"学思想、悟初心、担使命"党员知识竞赛，有10支队伍、30名选手参加比赛，黎明村获一等奖，西闸村、福新苑社区获二等奖，农联村、福前村、徐丰社区获三等奖。（陶天昊）

农联村

【概况】 农联村位于东莱办事处辖区西南部，东依蒋锦公路、二干河，与徐丰村和黎明村相望；南傍张杨公路，与蒋桥村和城东社区毗邻；西靠界泾河，与范庄社区、斜桥村东区和仓基社区交界；北沿南横套。杨锦公路纵贯村域南北，区域面积6.5平方千米（含江帆、青草巷），其中农联村域面积1.26平方千米。2003年11月，由原农联、南桥、乌沙3个村合并而成。2004年3月，农联村升格为党委村，辖51个村民小组。至2023年年末，农联村村民全部动迁安置在青草巷社区和江帆社区。全村常住人口7114人，户籍1641户，户籍人口5160人，有百岁老人6人，其中105周岁高龄的梁文章，为全村最长寿老人。年内，出生21人，死亡66人。村党委下设党支部11个（其中非公企业党支部3个），在册党员482人。农联村2010年获评国家级优秀小康村，2017年获评全国文明村。年内，获评张家港市文明村标兵、张家港市"创新转型加速年"先进集体，村党委书记赵建军获评江苏最美基层共产党员、苏州市精神文明建设"十佳新人"暨苏州市道德模范。

集体经济 2023年，农联村转型升级集体经济发展模式，进入资本市场进行金融投资，全年项目投资分红4323万元。投资1.14亿元在黎明村飞地新建农联科创产业园项目，该项目占地面积2.02公顷，4月奠基，预计2024年1月竣工验收。根据谨慎原则应对投资风险，年内退出6个项目，回笼资金1.35亿元。2022年12月通过竞拍获得的位于城北区域长兴路北侧、华昌路东侧2021-B39-A-B两宗地块，面积8.47公顷，用于开发金联壹品改善性楼盘项目，2023年9月奠基，10月临时售楼处对外开放。农联科创产业园、农联银座、创富大厦等村级资产对外招租招售，全年新增租户19户，新增租金收入1063万元。全年村集体经济总收入12397万元，经营性收入12372万元，其中租金收入1938万元、投资收益9188万元。农民人均收入6.9万元。年末，村集体经济总资产16.29亿元，净资产7.4亿元。年内，农联村股份经济合作社获评2022年江苏百强股份经济合作社，位列第一。

9月28日，金联壹品项目奠基

社会事业　2023年，农联村投入10.12万元修缮农联家园小区围挡及门面房室外路面；投入9.79万元修缮农联家园北区北门外、长兴路泵房外、平安路东侧、中兴路南侧、恒大影院北侧围挡；投入9.05万元修缮村理发室、舞蹈房及老年房；投入48.12万元在南桥花苑新建6个电瓶自行车充电棚及2个凉亭；投入16万元修缮农联好人公园内部设施，加装凉亭顶棚。推进“科教强村”奖学金制度，全年奖励优秀学子32人，发放奖学金48.5万元，全额补助高中学费122人23.34万元，补助初中学杂费200人42.89万元，补助小学学杂费501人113.87万元，补助幼儿园保育费279人94.07万元。按每人1.2万元的标准，发放65周岁及以上老年人尊老金1589人1874.5万元。依托“农联爱心基金会”，发放各类慰问金151.58万元，其中慰问残疾人195人58.5万元，重阳节慰问老年人326人26.08万元，补助困难家庭15户4.65万元，补助贫困家庭学生53人11.35万元。全额缴纳村民合作医疗88.22万元，发放大病救助金291户家庭465.77万元。发放生育补助金50万元、结婚补助金25万元，发放丧葬补助64.2万元。发放65周岁及以上老年人理发券1545人13356张。组织275名农保老年人参加健康体检。全年送戏下乡10场、送电影下乡20场。

社会治理　年内，农联村组织党员理论学习12次，党员参学率100%。7月，召开“党建引领促振兴，踔厉奋进新时代”表彰会，为在党30年、40年、50年老党员颁发党龄纪念章，表彰12名优秀共产党员。11月，由农联村投资800万元赞助的革命历史题材原创话剧《万水朝东》在张家港保利大剧院首演，12月在中央戏剧学院剧场演出。全年开展理论宣讲、科学普及等各类新时代文明实践活动153次，举行移风易俗锡剧演出10场，村史馆等特色阵地接待各类研学参观105批20367人次。出资9.45万元制作并发放农联村宣传挂历3500本。建立健全环境整治长效机制，全年出动1400余人次、450车次，对老年过渡房、沙漕河以北动迁区域等开展集中环境整治35次，累计清除垃圾55吨。全村划分为2个网格，设网格长1人、网格员2人、微网格员6人，处置上级下派工单26件、网格员工单120件。检查企业169次，排查、整改隐患223处，整改率100%。受理“12345”政务服务热线任务单22件，化解信访老户1户，调解各类矛盾纠纷7起。

【农联家园北区竣工分房】　农联家园（北区）安置房项目位于杨锦公路东侧、长兴路以南、平安路西侧、中兴路以北，为农联新镇配套项目，是全市唯一由村级投资建设的安置房小区。小区注重建筑、空间、景观相统一，楼幢间距大、绿化覆盖率高、文化气息浓，配备人车分流、人脸识别、高空抛物摄像头等智能化装置，由农联城乡一体化发展有限公司投资建设，涉及594户安置对象，有大、中、小三类户型合计1792套，于2020年6月20日开工建设，2021年6月30日封顶，2023年3月11日召开分房说明会，组织村民现场参观，详细解答村民提出的各种问题，3月17日正式分房。年内，农联家园（北区）房屋全部分配完毕。（黄丽云）

福前村

【概况】 福前村位于东莱办事处辖区西部，以福前集镇得名，东至二圩港，与西闸村为邻，南临南横套，西至南川港，与晨阳片区晨新村接壤，北与锦丰镇南港村、星火村毗连，区域面积6.35平方千米。1996年3月，福东村并入福前村。2003年11月，永协村并入福前村。2014年12月，福前村升格为党委村，辖45个村民小组。2023年3月18日，村委会驻地由福前小区迁至金福家园。至2023年，35个村民小组动迁安置于福前小区、彩虹苑、福新苑、福东苑及金福家园。年末，全村常住人口6036人，户籍1767户，户籍人口5192人。年内，出生21人，死亡71人。村党委下设3个党支部，在册党员123人。福前村2020年获评全国文明村、江苏省“美丽家园”、江苏省特色田园乡村；2021年获评苏州市美丽乡村放心消费示范村、苏州市特色康居乡村、苏州共享农庄；2022年获评省生态文明建设示范村、省乡村休闲运动基地、省放心消费创建示范村、苏州市美丽菜园优秀村。年内，获评全国宜居宜业和美乡村创建示范基地、省生态宜居美丽乡村、苏州市农村人居环境长效管护先进村、苏州市美丽果园特色村、张家港市文明村标兵。

集体经济 2023年，全村耕地面积286.09公顷，水域面积71.72公顷，粮食种植面积37.31公顷，水稻产量363.6吨、小麦产量223.8吨；葡萄、梨、猕猴桃等果品蔬菜种植面积48.66公顷。土地流转承包96.85公顷。全年村集体经济总收入3446万元，村级经营性收入3377.53万元，比上年增5.78%，其中房屋租金1276.62万元、土地租金277.42万元、承包集体资源20.75万元、投资收益165.07万元、利息收入2.78万元、服务性收入1634.89万元。人均可支配收入5.32万元，比上年增5.1%。至年末，村集体总资产2.51亿元。年内，福前村股份经济合作社获评2022年江苏百强股份经济合作社。

3月18日，福前村村委会搬迁

社会事业　2023年，福前村投入8.31万元，用于修缮东八组石驳岸；投入239.53万元，用于特色田园景观及入口广场绿化；投入37.64万元，用于美丽村庄绿化养护、横河栏杆及廊架修缮；投入8.96万元增加长安路景观氛围；投入15.3万元改造集镇公厕；投入4.17万元易地新建垃圾中转站；投入9.8万元建设金福家园广场；投入1.03万元粉刷家风学校、五福客厅墙面。清明节前夕，安排2辆大巴车连续3天接送村民往返福前至泗港孝府园扫墓。全年发放村民福利699.69万元。其中，发放65周岁及以上老年人村级尊老金302.2万元、理发券18.32万元，60周岁及以上老年人中秋、端午、重阳等节日福利物资63.16万元，特色田园水果福利35.62万元；发放福前大米110.58万元、菜场福利券58.56万元，惠及全体村民；出资22.14万元为全体村民购买重大疾病保险，每月对接保险公司上门开展理赔服务，全年赔付100人次32万余元；出资46.06万元补贴“福村宝”医疗互助项目，全年报销915人次，报销金额38.54万元；奖励高考优秀考生10人10万元；发放村级扩面慰问金12.69万元、村民亡故慰问金18.55万元。按每股300元的标准，发放股金红利164.96万元。申请办理重残护理补贴10人、临时救助3人。办理持独生子女父母光荣证退休人员一次性奖励金申报70人、农村部分计划生育家庭奖励13人。组织349名65周岁及以上农保人员参加健康体检，参检率90%。

社会治理　2023年，福前村围绕党的二十大报告及《中国共产党章程》《习近平新时代中国特色社会主义思想专题摘编》等开展专题学习12次；邀请市理论宣讲团、区镇人武部、福前实验小学老师为党员开展理论宣讲3次；各支部每月开展读书分享、线上学习、红色观影、交流研讨等活动。全年开展“文明护绿，有你有我”“传习有声，善上而行”“我们的节日”“健康管家”“与经典同行，全民阅读”等新时代文明实践活动123次，惠及1508人次。落实环境整治长效机制，投入153.15万元，委托大德物业承接村人居环境整治工作，负责辖区道路、河道、绿化带、垃圾桶、公厕的日常保洁及生活垃圾清运。整治农户家前屋后、农田乱堆乱放，拆除乱搭建32处。召开村民议事会4次，对小菜园环境整治、五福廉园建设、雄鸡埭路口安全隐患、村民福利发放等问题进行讨论，形成决议后由村“两委”组织实施。组织召开村民代表会议4次，表决通过2023年村民福利发放标准、委托农村产权交易中心杨舍镇分中心进行线上集体资产流转交易、道德银行积分、福前菜场改造提升工程、邻里中心项目资金再投入、调整福前教育基地用地性质等事宜。全村划分为3个网格，设网格长1人、网格员3人，网格长由村党委书记担任。全年处理网格工单412件，回复“12345”政务服务热线任务单72件，调解矛盾纠纷5起。每周开展消防安全检查1次，张贴消防安全警示标识和消防“四类场景”520份，发放整改通知书35份，整改问题68个。与178户出租户签订出租户安全管理责任书、村居民防火公约，659间出租房按要求安装烟感报警器，配齐灭火器、防烟面罩、手电筒、报警哨，拆除出租房消防通道隔断5户，拆除油布顶4户，电线穿管205米。完成小餐饮场所“瓶改电”34家、“瓶改管”5家。组织相关企业员工、物业公司人员及村民群众开展消防安全培训、消防演练3次。

【"幸福来敲门"红管网格先锋项目】 2023年，福前村依托"五福客厅""五福庭院"等阵地，组织党员、群众开展红色诵读、知识竞答、文艺汇演等活动42场，开展垃圾分类培训、消防安全演练、防诈骗宣传等活动22次。将"幸福向前"党员先锋队纳入兼职网格员队伍，党员认领责任区，解决村民关心的环境美化、垃圾分类、文明倡导等方面的问题33个。落实集镇道路改造、特色田园项目提升、新时代文明实践站提档升级、开设"七彩童年"暑托班等民生实事5项。按网格实施"道德银行"家庭道德激励机制，明确赋分标准，将善行义举、移风易俗、环境美化等进行量化积分，按累计总分兑换奖励物品。 （丁雅玲）

东莱村

【概况】 东莱村位于东莱办事处辖区东北部，因东莱集镇而得名。东至南中心河，南至南横套河（东段）、东七公路（西段），西至东协路（北段）、东电大道（南段），北至锦丰镇洪桥村交界处，区域面积8.37平方千米。1997年7月，协家桥村并入东莱村。1999年7月，民庆村与黑桥村合并成立庆桥村。2003年11月，庆东村、庆桥村并入东莱村。2008年6月，东莱村升格为党委村。2023年，东莱村辖东莱村1—23组、庆桥北1—12组、庆桥南1—7组、庆东1—7组共49个村民小组，兴东花苑、北街花苑2个动迁安置小区，东莱小区（东区）、东莱新村2个开放式小区，东盛家园1个商住小区。年末，辖区常住人口10057人，户籍2143户，户籍人口6495人。年内，出生25人，死亡79人。村党委下设7个农村党支部和3个企业党支部，在册党员297人。东莱村2019年获评江苏省文明村，2020年获评苏州市健康村，2021年获评苏州市文明村。年内，获评苏州市特色康居乡村、张家港市文明村。

集体经济 2023年，东莱村耕地面积340公顷，河道66条，粮食种植面积216.19公顷、农副产品种植面积37.73公顷，水稻产量每公顷9吨、小麦产量每公顷5.25吨。全村土地流转承包面积241.46公顷。工业产值8.5亿元，利税5103万元。村集体经济总收入3273.98万元，村级经营性收入2954万元，比上年增10%。至年末，村集体经济总资产2.4亿元，净资产1.91亿元。村培育家庭农场7个，其中省级示范家庭农场3个、苏州市级示范家庭农场1个、张家港市级示范家庭农场3个，文华家庭农场获评省级巾帼现代农业科技示范基地。年内，东莱村股份经济合作社获评2022年江苏百强股份经济合作社。

社会事业 2023年，东莱村出资355.08万元用于人居环境整治提升，完成九圩埭、十圩埭、杜家埭3个自然村落2500米河道系统生态建设，对全村水域实施水系连通、河道清障、清淤疏浚、岸坡整治、水源涵养、河道管护，实现村域生态河道全覆盖。出资19.26万元为全村村民购买惠民保险；出资24.04万元用于补贴村民"福村宝"医疗互助项目，全年"福村宝"报销709人次，报销金额34.5万元。发放节日福利物资96.98万元、尊老金167.2万元，村民春节、元宵节福利物资107.24万元；发放奖学金11人3.9万元；发放股金分红125.95万元，惠及股民6875人。年终扩面慰问227人18.7万元，其中村级出资10万元、市镇出资8.7万元。办理灵活就业人员社保补贴30人、企业职工基本养老保险因病或非因工死亡遗属待遇及个人账户储存额27人。办理残疾证5人、残疾人补贴3人，申请残疾人辅助工具10人，慈善救助11人，组织老年人参加健康体检2287人，参检率87%。全年播放电影11场、送戏下乡1场。

社会治理　2023年，东莱村完成头圩、街区、北街花苑3处健身广场建设，增设健身路径5套。开办村老年大学，设立春、秋两季课堂，30名学员参与。依托新时代文明实践站、农家书屋、暖心驿站等阵地，开展“聚力‘心’服务，惠民在行动”“爱暖夕阳，守望银龄”“匠心筑梦，劳动传承”等新时代文明实践活动124场、文化类活动38场、志愿服务活动24场。通过村企联合，组建党员先锋志愿服务队，开展主题党日活动，开展“防范于心，反诈于行”反诈宣传进企业活动，提醒企业职工守住自己的钱袋子，远离网络电信诈骗。村党委书记带头开展“村进企”走访，帮助企业协调解决用工短缺、政策不熟等问题21件。开展“阳光育才”帮扶计划，辖区内6家爱心企业与13个贫困家庭学生结对，开展节日慰问、金秋助学、冬送温暖、座谈交流等活动，受到“中国网”“引力播”等媒体报道。全村划分为8个网格，设网格长1人、网格员8人、微网格员24人。全年上报、处置网格工单1716件，录入民情日记480条，处理矛盾纠纷、信访事件56起，处置“12345”政务服务热线任务单82件。出动182人次，开展消防安全检查32次，检查出租房385家、“九小场所”17家，新增灭火器62具、烟感报警器82个，完成小餐饮场所“瓶改电”28家、“瓶改管”1家。启动微型消防站，组织联防队、网格员、基干民兵、社区卫生服务站人员、村民群众开展消防演练4次。

【东莱村获评苏州市特色康居乡村】 2023年，东莱村投资近350万元，对九圩埭、十圩埭2个基础设施建设相对薄弱的自然村落开展康居乡村建设，涉及农户188户，改建沥青道路2千米6000平方米，粉刷外立面7.5万平方米，增设路灯55盏，改建停车位20个，增加墙绘400平方米。在九圩埭、十圩埭、杜家埭等自然村庄的河堤上打上生态木桩，种植河岸绿化2500米。配备专业河道保洁人员30人、运输车7辆，全年打捞、清理河道220次。为每户家庭配置两分类垃圾桶，每天由专职垃圾收集员上门收取。村干部实行分片包干，每月对农户家前屋后卫生情况进行检查，全年整治家前屋后乱堆放1200余处。12月，东莱村获评苏州市特色康居乡村。（杜烨）

11月8日，东莱村“遇‘稻’美好”青少年农耕体验活动开展

西闸村

【概况】 西闸村位于东莱办事处辖区西北部，东临集翠路，南至横套河，西至二圩港，北临寿兴横套，区域面积2.55平方千米。2003年11月，由原西闸村、寿兴村、二圩村合并而成，有32个村民小组。至2023年年末，12个村民小组集中安置于福前小区、福新苑一期、福新苑二期、福新苑三期、福东苑南区、福东苑北区及金福家园。辖区常住人口10104人，户籍1117户，户籍人口3462人。年内，出生5人，死亡29人。村党总支下设党支部5个（其中非公企业党支部2个），在册党员147人。辖区内有沙洲职业工学院、张家港市第三职业高级中学。

集体经济　2023年，西闸村耕地面积83.07公顷，水域面积25.5公顷，粮食种植面积41公顷，水稻产量368.7吨、小麦产量164.35吨；果蔬种植面积20.3公顷，产量447吨。全村土地流转83.07公顷。村集体总收入1485.64万元，村级经营性收入1237.17万元，比上年增10%，其中租赁收入971.82万元、发包及上交收入15.5万元、投资收益132万元、其他经营收入117.85万元。村民人均可支配收入4万元。至年末，村集体经济总资产7665.1万元。

社会事业　2023年，西闸村投入67.18万元用于道路修缮，投入54.48万元用于新时代文明实践站功能室及村档案室改造，投入366万元用于人居环境及生态工程维护。出资13.53万元补贴村民“福村宝”医疗互助项目，全年“福村宝”报销329人次，报销金额721.24万元；出资13.09万元为全村村民购买“港城惠民”保险；补贴村民合作医疗1174人46.93万元。发放65周岁及以上人员村级尊老金960人77.62万元；发放65周岁及以上人员端午节福利物资13.39万元、中秋节福利物资17.14万元、重阳节福利物资4.36万元；年终为全体村民发放大米11.39万元；发放股金分红34.11万元，惠及股民3410人；发放二次分配121.54万元，惠及村民1231人。发放亡故慰问金29人4.6万元；年终春节扩面慰问184人，发放慰问金10.59万元，其中镇级扩面慰问金4.62万元、市级下拨经济一般村慰问金3.4万元、村级慰问金2.57万元。办理持独生子女父母光荣证退休人员一次性奖励申报49人、独生子女家庭子女伤残“计生特扶金”3户。办理残疾证6人、困难残疾人生活补贴及重度残疾人护理补贴6人，申请残疾人辅助工具6人，慈善救助2人。“家庭医生”签约16户。办理尊老金57人，组织568名城保退休人员、205名65周岁及以上农保人员参加健康体检，参检率85.7%。全年播放电影14场，“村村演”1场，锡剧演出2场。

社会治理　2023年，西闸村开展习近平新时代中国特色社会主义思想及党的二十大精神等理论宣讲20场，开展新时代文明实践活动96次。设立“志愿服务驿站”“爱心网格站”，为村民群众与新业态新就业人群提供爱心雨伞、一次性雨衣、免费充电等服务；每月开展免费测量血压血糖、小家电维修、证件照片拍摄、配钥匙等惠民服务，受益群众5000余人次。开展人居环境整治提升行动4次，清除生活垃圾55吨、建筑垃圾2000吨，整治家前屋后乱堆乱放260处，清除卫生死角40处，巡查河道48次，拆除河道边私搭乱建5处、彩钢棚3处200平方米、简易棚2处130平方米，取缔集装

3月4日，西闸村垃圾分类问答活动开展

箱6只，复垦土地0.4公顷。把“便民工作室”搬到村埭上，依托每月2次的便民志愿服务活动，设立“有事您说话”服务点，围绕民生、医疗、住房等热点问题与村民群众开展交流，化解矛盾纠纷6起，解决群众提出的民生问题3个。全村划分为3个网格，设网格长1人、网格员3人，上报、处置网格工单720件，处置上级条线部门下派工单27件，工单处置完成率100%，上报民情日记180条，处理矛盾纠纷、信访事件43起。对辖区内313户出租户（其中群租房65户）、43家“九小场所”开展每周2次消防安全检查，对灭火器缺失、私拉电线、楼道电瓶车停放等问题即行即改，取缔“三合一”场所3处，拆除泡沫夹芯板3处、铁栅栏21处，安装烟感报警器39个，配备“消防四件套”22件，取缔室内明火做饭9处，完成“瓶改电”1家。每月对15家企业开展电气、消防、特种设备、安全台账、委外作业、人员资质等方面的安全生产督察，全年开展企业消防安全演练活动2次、废品收购点“散乱污”专项整治2次，取缔不合格废品收购点2家。

【“红色微圈”畅通基层治理渠道】 6月，西闸村按照基层治理微网格的设置范畴，重新划分成5个党小组、15个“红色微圈”，每个党小组辐射2个村民小组，推举有威望的党员为“红领小组长”，辐射带领周边10—20户村民群众，形成以党支部为核心、以党小组为片区、“红色微圈”为基点的“三级联动”网格治理模式，将村党组织、村委会以及村民代表表决通过的决策部署宣传到每家每户，把村民群众的意见建议向微网格反馈。通过“红色微圈”，“红领小组长”上门宣传辖区公路改扩建征地和相关社保政策，带头清理宅前屋后垃圾，言传身教推进“美丽庭院”建设。链接社会资源，每月2次开展免费测量血糖、血压、视力及社保政策咨询等“微”服务，发动“微圈”党员、爱心人士和志愿者共同帮助解决圈内群众的“微心愿”1个。通过“三级联动”，发现、上报乱倒垃圾7次，反映人居环境问题8个，建言献策83条。

（李霞）

黎明村

【概况】 黎明村位于东莱办事处辖区东南部，东至黄泗浦，与塘桥镇鹿苑片区滩里村交界，南临盐铁塘、张杨公路，西傍二干河，北靠南横套，区域面积3.57平方千米。由原黎明村和蒋东村合并而成，辖39个村民小组。2023年7月，新庄花苑（楼栋20幢、住宅1274套）划归黎明村管辖。年末，辖区常住人口5513人，户籍1308户，户籍人口4007人。年内，出生14人，死亡56人。村党总支下设8个党支部（其中非公企业党支部4个），在册党员213人。黎明村2020年获评苏州市健康村、苏州市农村人居环境整治工作示范村，2021年获评江苏省健康村、苏州市三星康居特色乡村，2022年获评苏州市特色田园乡村。年内，获评苏州市智慧农村。

集体经济　2023年，黎明村耕地面积145公顷，主要种植水稻、小麦及蔬菜水果，产量分别为水稻854吨、小麦511吨、各类蔬菜1587吨。土地流转面积122公顷。与蒋桥村跨区域合作，投资6000万元建成标准型厂房2.1万平方米。全年完成工业总产值6.18亿元，利税总额2350万元，其中利润总额1480万元，比上年增8%。村集体经济总收入1914万元，村级经营性收入1690万元，投资收益550万元，租赁收入938万元。至年末，村集体经济总资产2.02亿元。

社会事业　2023年，黎明村出资132万元用于环境整治，其中道路、河道保洁费用62.89万元。完成“我为群众办实事”项目52项，涵盖医疗健康、民生关怀、小区配套基础设施建设3个方面。完成辖区健身公园维护、道路照明、新庄花苑小区排水管道疏通、墙皮脱落维修等民生工程，改造电瓶车充电棚7个，安装新能源汽车公共充电桩16个。4月在新庄花苑开办老年人助餐点位，7月增设居家养老服务站助餐点位，日均供餐50份。组织“党群连心”文明夜市，开展眼科义诊、政策解读、反诈宣传、拉链缝补、手工制作等多项便民服务。全年发放惠民福利320万元，用于传统节日慰问、“福村宝”医疗互助、城乡居民基本医疗保险补贴、惠民保险补贴等民生工程，其中惠民保险16.26万元、“福村宝”村级补助30.36万元；股金分红87.37万元；按65—69周岁每人1000元、70周岁及以上每人1200元的标准，为全村1241名老人发放年终慰问金138.82万元；表彰鼓励优秀学子，为15名学子发放奖学金4万元；链接辖区爱心企业，资助4名贫困学生8000元；年终扩面慰问136人13.6万元，其中村级出资9.4万元，市、镇两级出资4.2万元。慈善救助8人，完成适老化改造9户，组织1476名老年人参加健康体检，参检率90%。全年送戏下乡3场、送电影下乡12场。

社会治理　2023年，黎明村开展支部党员学习活动25次，组织主题党日活动12次，开展集中理论学习13次。组织党员开展“重走红色足迹，追溯红色记忆”学习活动，参观革命博物馆；开展“光影悟初心，激昂‘四敢’劲”党员观影活动。依托新时代文明实践站，开展理论学习、科普宣传、政策宣讲、全民阅读等各类文明实践活动102场，参与群众4400余人次。组建“黎明跑团”，鼓励、发动240名村民参与健身运动。开展普法日活动，举办驻村律师专题讲座，宣传《中华人民共和国未成年人保护法》《中华人民共和国民法典》《中华人民共和国国家安全法》等法律法规，惠及村民1200余人。组建“孝暖夕阳”志愿服务队，为高龄老人提供便民理发、血压测量等服务32次，服务老人1600余人次。全村划分为4个网格，设网格长1人、网格员4人，围绕文明创建、消防安全、生态环保、乡村振兴等重点工作开展巡查，全年上报、处置网格工单273件，民情日记录入70条。处置“12345”政务服务热线任务单53件，处置完成率100%。每周2次开展“331”安全巡查，对辖区出租房和“九小场所”开展消防安全检查73次，督促出租房配备烟感报警器120个、“消防四件套”52套，更换灭火器97具，取缔出租房室内明火做饭19户，拆除防盗窗20处。召开民主议事会12次，调解农村二次分配、征地安置、邻里纠纷等各类矛盾21起。

【“三同三化”赋能村级发展】 2023年，黎明村依托自身优势，链接周边资源，服务村级发展。9月，开展“张小农”青少年研学系列特色项目，打造乡村特色旅游品牌。盘活闲置资源，开发“开心农场”项目，24户农场主认领租用，为城市居民带来农耕种植休闲体验，实现农旅同步发展，产业融合一体化。10月，与市中医医院康复五官支部签约“天使护航，YI路相伴”共建项目，组建医村联合体，合办公益义诊活动10场，受益群众500余人次，实现医村同建，便民服务同质化。以黎明村青年干部为主体组建志愿者队伍，与市供电公司共同开展“亲情电力，黎明向阳，助力成长”助困帮扶行动，为残疾人、困境儿童圆梦“微心愿”4个；开展青少年秋收科普活动，宣传电力设施保护知识，提升青少年认知，实现青年同行，帮教助困多样化。（祁东亚）

4月7日，市中医医院康复五官支部医生为黎明村村民义诊

徐丰社区（涉农社区）

【概况】 徐丰社区位于东莱办事处集镇区，东至东电大道（北段）、农鹿北路（南段），南至南泾河，西至二干河，北至南横套河（东段）、东七公路（西段），区域面积1.16平方千米。2023年1月，由原徐丰村及东莱社区部分区域合并而成，辖徐丰小区、东莱花园、东莱小区北区和东景花园等居民小区，有楼栋213幢、住宅4386套。年末，辖区常住人口14362人，户籍1405户，户籍人口3599人。年内，出生72人，死亡24人。社区党总支下设4个党支部（其中非公企业党支部2个），在册党员129人。年内，徐丰社区获评苏州市级“三全”家庭教育指导服务示范社区、张家港市文明社区。

集体经济 2023年，徐丰社区投入10.8万元用于集体企业徐丰热电能源有限公司名下变压器、配电房、用电线路提档升级，公司年内盈利32万元。全年工业开票收入10.04亿元，利税1070万元，集体经济总收入1673万元，经营性收入1655万元，其中房租收入1039.19万元、利息收入1.17万元、对外投资收益484.5万元。年末，集体经济总资产1.39亿元。

社会事业 2023年，徐丰社区投资150万元完成1组和8组道路修复、污水改造、场地平整及便民停车场、社区档案室等工程建设；投资62万元翻新改造工业区部分厂房屋面，修缮周边道路；投资21万元改造工业区西区的消防管道；依托民生微实事项目，投资21.3万元增设东莱北路11号公共楼道灯55盏，增设、修复徐丰小区路灯10盏，改造徐丰小区非机动车停车棚7个。出资10.05万元购买“港城惠民”保险，全年理赔29人次13.08万元；出资16.65万元补贴“福村宝”互助医疗项目，全年“福村宝”报支177人次，报销金额17.3万元；出资24.03万元为1521人购买“江苏医惠保1号”；补贴合作医疗381人14.64万元。发放端午节、中秋节、重阳节福利1087人25.39万元，大米福利1582人9.3万元；补贴液化气、自来水1001人20.07万元。发放股金分红38.33万元，惠及股民1686人。发放65周岁及以上老人尊老金315人88.07万元，年终扩面慰问106人，发放慰问金9.41万元，其中村级出资7.21万元，市、镇两级出资2.2万元。发放生育补贴2人2万元、教育补贴110人11万元，奖励优秀学子9人5.5万元。办理持独生子女父母光荣证退休人员一次性奖励金申报51人，组织182名老年人参加健康体检，参检率90%。

7月15日，徐丰社区开展“爱牙护牙，小小牙医”职业体验科普活动

社会治理 2023年，徐丰社区开展集中理论学习12次、红色交流研讨4次，召开党员大会4次，组织专题研究部署党风廉政建设暨作风建设工作专题会议4次，开展各类警示教育活动6次。排查廉政风险点42个，制定44条防控措施。开展理论宣讲、走访慰问等志愿服务活动155次。开展“和谐邻里·幸福徐丰”社区居民融入、“绿色行动”社区环保、“微网‘莱’邻”社区居民增能提升、“书香满屋，徐丰读书会”居民素养提升4个服务类项目活动60余次，服务群众3000余人次。推荐美丽庭院1户、“身边好人”6人。建立人居环境整治工作领导小组，划分6个责任区，投入资金20.54万元用于人居环境整治，拆除农田乱搭建20余处；出动756人次，清理主干道沿线、开放区域、农户家前屋后乱堆放1100余处；拆除违建330平方米。社区划分为9个网格、27个微网格和1个企业专属网格，配备网格长1人、网格员9人、微网格员27人、企业专属网格员1人，处理网格工单2896件、“12345”政务服务热线任务单103件，协调解决矛盾纠纷120起。组织辖区企业开展消防安全演练5次。成立消防安全巡查小组，开展“331”安全检查102次，整改安全隐患505条。排查走访出租屋422户、“九小场所”520家，其中小餐饮场所150家，配备烟感报警器209个、“消防四件套”94套，更换灭火器175具，增补逃生绳4户，

排查处置线路隐患58处，拆除防盗窗79处。完成“瓶改电”112家、“瓶改管”3家。

3月15日，江帆社区开展“九小场所”消防安全检查

【“快乐小马，童心童行”未成年人关爱项目】 2023年，徐丰社区妇联携手江苏千里马袜业有限公司开展“快乐小马，童心童行”未成年人关爱项目，通过“托”“管”“教”结合的方式，开设“四点半课堂”“家门口的托班”，将父母在千里马袜业及辖区其他企业工作的6—13周岁未成年人纳入服务对象，受益30余人。建立健全服务机制，完善阵地软硬件设施。组织巾帼志愿者深入企业车间、职工家庭开展调研，了解托管需求，凝聚党员、妇女工作者、大学生志愿者等多方力量，制定未成年人关爱计划，开展“安全教育‘护’童心”“思想引领‘润’童心”“科教实践‘育’童心”“传统文化‘暖’童心”“志愿服务‘亮’童心”系列活动。全年开展志愿活动50余次，关爱服务未成年人1000余人次。（李品萱）

江帆社区

【概况】 江帆社区位于东莱办事处辖区西南部，东至杨锦公路，南至张杨公路，西至华昌路，北至五联路，区域面积2.04平方千米。2023年，辖江帆花苑（东区、西区、中区、北区）4个动迁安置小区，龙联朗郡、农联花园、鸣悦棠前雅园、和喜悦园4个商住小区，华兴新村、港城新村2个开放式小区，有楼栋224幢、住房9074套，建筑面积58.67万平方米。年末，辖区常住人口8223人，户籍1220户，户籍人口3465人，有百岁老人2人。年内，出生65人，死亡4人。江帆社区党总支下设2个党支部，在册党员122人。江帆社区2020年获评江苏省民主法治示范社区。年内，获评张家港市文明社区。

社会治理　江帆社区有7个网格、21个微网格，由社区党总支书记担任网格长，7名社区工作人员担任网格员，21名楼道长担任微网格员。2023年，运用“联动张家港”App，上报、处置网格工单1680件，录入民情日记420条，处置“12345”政务服务热线任务单182件、信访2件，调解矛盾纠纷40起。每周2次对1645套出租房及“九小场所”开展排查，整治电瓶车违规停放666处、电瓶车飞线充电186处，配备出租房“消防四件套”67套，按人均承租面积不低于12平方米的标准整改出租房人员超标问题15套，拆除出租屋金属栅栏16家，整改“三合一”隐患问题4家。

社区活动　2023年，江帆社区召开支部委员会会议24次、党小组会议48次、党

员大会2次，开展“牢记初心使命，永葆奋斗精神”“奋力攻坚促发展，凝心聚力创未来”等主题党日活动24次。开展“乐享生活，舞动人生”舞蹈培训活动20次、“激情夏日，‘篮’不住快乐”篮球培训10次、“守望星空，快乐成长”绘画公益培训20次、“小碎件”游戏课程幼儿培训60次、“爱心课堂”大学生义教进社区培训20次，参与活动3000余人次。年内，江帆社区自发组建彩虹合唱团和吉祥如意合唱团，吉祥如意合唱团参加张家港市“大地欢歌”乡村文艺星级团队大展演活动，获评“张家港市乡村文艺三星级团队”，合唱节目获三等奖。

民生服务　2023年，江帆社区依托民生微实事项目，投入31.02万元在江帆花苑中区安装停车棚15个，在江帆花苑东区、西区、北区安装新能源汽车公共充电桩17个，中区道路维修408平方米。全年走访慰问各类困难人员，重病慰问2人2000元，扩面慰问2人2000元，亡故慰问5人2500元，红十字会慰问1人600元。组织“爱满港城”慈善募捐活动，筹集善款1898元。完善低保户、低保边缘户、低收入人员档案，完成1户低保户、1户低保边缘户及2名残疾人年审，办理残疾证5人。办理企业退休人员独生子女父母奖励金申领手续22人、生育登记110件。完成合作医疗缴费173人，办理灵活就业人员社保补贴9人。办理退休登记123人，新增80周岁居家养老上门服务7人，组织837名退休人员参加健康体检。

【江帆社区残疾人之家获评苏州市残疾人之家星级达标单位】 江帆社区残疾人之家位于江帆花苑北区118幢旁，建筑面积200平方米，内设辅助性就业区、康复理疗区、休闲娱乐区、心理咨询区等，与江帆社区居家养老服务中心共享阅读室、棋牌室、排练室、健康理疗室和多媒体影视室。2023年，江帆社区链接社会组织实行社会化运营，由张家港市爱之尚公益服务社运营江帆社区残疾人之家，上海夕悦老年颐养服务中心运营江帆社区居家养老服务中心。残疾人之家配有3名管理人员，为辖区74名残疾人提供辅助性就业、日间照料、心理咨询等服务。全年组织残疾人及其亲友开展技能培训、健康养生知识培训、残疾人政策法规培训、心理健康讲座、消防安全知识讲座等活动24次。与江苏科技大学、市医疗保障局等18家爱心单位和志愿服务团队结对，成立江帆之家助残联盟，开展爱心助残活动。其中江苏科技大学为残疾人开设心理辅导课，“爱田沙美”理发店每月1次为残疾人提供免费理发服务，市中医医院每月2次对残疾人进行“一对一”康复训练指导，枝叶眼科每月1次开展爱眼护眼活动。全年开展“走基地，看变化，聚力量”常熟尚湖一日游、“感恩有你，‘益’路同行”梁丰生态园赏菊游园、“让爱洒满人间”评弹艺术表演欣赏等文体活动42次。年内，有27名残疾人参加日间照料服务，23位残疾人参加辅助性就业服务，其中5名残疾人实现在福利厂就业，江帆社区残疾人之家获评苏州市残疾人之家星级达标单位。（李嘉诚）

福新苑社区

【概况】 福新苑社区位于东莱办事处辖区西北部，东临一干河西路，南至老张杨公路，西至福锦路，北至晨丰公路，区域面积1.35平方千米。2016年10月成立，辖福前小区、福新苑小区及福东苑小区。2019年3月，彩虹苑小区划入福新苑社区管辖。2022年5月，金福家园纳入管辖范围。2023年6月，彩虹苑小区划归晨新村管辖。至此，福新苑社区辖福前小区（长安路小区、多层区域、高层区域）、福新苑（一、二、三期）、福东苑（南区、北区）及金福家园9个动迁安置小区，有楼栋114幢、住房6926套，建筑面积114.46万平方米，有34个居民小组。年末，辖区常住人口7952人，户籍490户，户籍人口1651人，60周岁及以上213人，其中男性109人、女性104人；80周岁及以上25人，其中男性15人、女性10人。年内，出生13人，死亡4人。社区党总支下设3个党支部，在册党员107人。福新苑社区2020年获评江苏省民主法治示范社区，2021年获评苏州市健康社区，2022年获评省级健康社区。年内，获评张家港市文明社区标兵。

社会治理 2023年，福新苑社区围绕小区物业管理、基础建设、居民生活中的“急难愁盼”问题召开居民议事会议12次，达成议事决议并落地实施15个，包括福前小区、福东苑、金福家园增设新能源汽车公共充电桩39个，福东苑添置休闲座椅14张等。社区划分为8个基础网格、34个微网格，配备网格长1人、网格员8人、微网格员34人，通过“联动张家港”“联动杨舍”App，处置各类事件工单1680件，上报民情日记515条。开展消防安全专项治理工作，排查走访出租户1212户、“九小场所”203家，配备烟感报警器134个、“消防四件套”98套，排查处置线路隐患63处。处理“12345”政务服务热线任务单356件，调解矛盾纠纷42起。

社区活动 2023年，福新苑社区召开支部委员会会议24次、支部党员大会8次，上党课8次，开展“锤炼党性践行担当，创先争优争做表率”“好家风传正气——张家港市家风教育基地参观学习”等主题党日活动24次。通过“党群聚福、节日筑福、春来报福、夏至添福、秋收载福、冬暖送福”6福主题活动，开展“阅见春天，共沐书香”阅读活动、“移风易俗，传承文明”主题宣讲活动、“智慧助老，智能相伴”等新时代文明实践活动116场，参与群众3520人次。开展“缤纷福新苑，快乐少年行”青少年成长关爱计划、“邻里共享·福”公益集市等志愿服务活动55场，惠及辖区居民6000余人。开展“规‘画’停车线，让车辆文明‘入位’”项目，在辖区门店外围施画非机动车停车线112米，可供200余辆非机动车停放。社区华音乐队参与张家港市“大地欢

10月21日，“缤纷福新苑，快乐少年行”青少年成长关爱活动开展

歌”乡村文艺星级团队大展演活动，获评2023年张家港市乡村文艺三星级团队。

民生服务　2023年，福新苑社区依托民生微实事项目，添置金福家园地下车库楼幢指示牌65个，修缮福新苑一期南入口小游乐场座椅25米，增设非机动车停车棚17个。新增残疾人办证5人，申请重度残疾人护理补贴5人、重度无业残疾人生活补助1人、残疾人辅具3人。新增年满80周岁老人虚拟养老3人，慈善助学1人。办理就业困难人员灵活就业补贴4人，创业补贴审核3家。办理持独生子女光荣证城保退休人员一次性奖励申报手续17人、生育登记113件。慰问困难家庭8户、困难党员4人，大病扩面慰问15人，亡故慰问6人。组织831名企业退休人员参加健康体检，参检率92%。

【“福地新风”五大路径】　2023年，福新苑社区畅通“清风、暖风、微风、和风、新风”五大路径，助力社区治理。畅通清风之党建路径，开展反腐倡廉警示教育2场，用身边事教育身边人；排查单位廉政风险2项，“两委”班子成员个人廉政风险10项，制定执行风险防控措施12项。畅通暖风之服务路径，开创“书记有约”项目，每周三上午社区党总支书记到辖区各小区走访，听取群众意见、建议，解决福东苑南区篮球场围网、立柱破损及辖区电瓶车充电难等群众“急难愁盼”问题32个；社区对接附近医疗资源，每月18日开展“红色快递——健康义诊”志愿服务，为辖区居民提供血压、血糖、血氧、视力检测和听力筛查等服务，惠及居民2万余人次。畅通微风之自治路径，挖掘辖区骨干、能人，成立文化体育、小区纠察员、小区调解员等6支自治团队，吸纳居民151人，开展犬类管理，整治毁绿种菜、楼道堆物，调解邻里矛盾，年内解决各类民生问题18个。畅通和风之睦邻路径，结合“我们的节日”等开展“绘演皮影，寻找光影下的魅力”“情暖重阳·爱在身边”等活动15场，参与居民500余人次，促进友好邻里关系建设。畅通新风之文明路径，开展核心价值观教育实践、“深化移风易俗，传承文明新风”宣讲、参观市家风家训教育基地等文明实践活动28场，教育居民群众树立正确的价值观，鼓励婚事新办、丧事简办，抵制高价彩礼、大操大办，反对铺张浪费，倡导厚养薄葬，人员亡故在老年公寓指定场所办丧，推进文明节俭治丧。（耿志芳）

青草巷社区

【概况】　青草巷社区位于东莱办事处辖区西南部，东至蒋锦公路，南至张杨公路，西至杨锦公路，北至南横套，区域面积2.9平方千米。2023年，辖农联家园一期、农联家园二期2个动迁安置小区，绿景雅苑、茗悦华庭、农联新村、荣盛锦苑、南桥花苑、名仕雅苑、澜悦华庭、阳光经典、棠颂云著、天璞花园10个商住小区，有楼栋169幢、住房16705套，建筑面积261.04万平方米。年末，辖区常住人口11372人，户籍805户，户籍人口1997人。年内，出生96人，无人员死亡。社区党支部下设2个党小组，在册党员84人。年内，青草巷社区获评张家港市健康社区。

社区治理　2023年，青草巷社区开展“学思践悟二十大，砥砺奋进新征程”“联合党建开先局，共话‘四敢’谱新篇”“学深悟透两会精神，激发团结奋进力量”等主题党日活动12次，召开党员大会4次、支部委员会会议12次，开展专题党课4次。发放消防安全资料1675份，开展普法活动6次。发放垃圾分类宣传册1883册，开展垃圾分类宣传教育活动63次。新增南桥花苑小区电动车停车棚6个，方便居民停车、充电。社区划分为5个网格，设网格长1人、网格员5人，网格长由社区党支部书记担任，网格员由社区工作人员担任。通过“联动张家港”“联动杨舍”App，上报、处置网格工单1235件，录入民情日记300条，处理“12345”政务服务热线任务单125件，调解各类矛盾纠纷11起。开展“331”消防安全检查78次，发现、整改出租房、“九小场所”安全隐患658处（现场整改485处、限期整改173处），小餐饮场所配备灭火毯23件、更换过期灭火器52具，出租房配备烟感报警器85个、防烟雾口罩72只。完成“瓶改电”21家、“瓶改管”7家。

6月1日，青草巷社区“红领巾进社区”项目启动

社区活动 2023年，青草巷社区实施“和谐邻里，幸福家园”“红色先锋，党建引领”“洁美港城，共建共享”“巷爱启梦，青享未来”等志愿服务项目，开展“春暖花开，温暖人心”志愿市集、“健康义诊惠民生，真情服务暖人心”文明实践活动，惠及群众1200余人次。联合市行政审批局、农联实验小学，动员辖区党员、楼道长、物业公司人员开展扶危济困、扶残助残、垃圾分类等志愿服务活动25次，参与志愿者300余人次。邀请农联实验小学“红领巾”宣讲团成员开展“‘红领巾’进社区、争先筑梦话志巷”宣讲活动，邀请辖区内快递员就“如何增强新业态新就业群体的城市融入感和社会参与感”展开讨论。开展移风易俗、道德讲堂等文化主题教育10次，开展“健康耆乐，恒大融融”“青志巷，农联行”“小‘巷’大爱，法‘润’同行”“薪火‘巷’传，睦邻‘焕’新”等主题活动60次。开展“青春巷未来，同行共出发”“邻里守望相助，共筑美好家园”邻里节活动，组织“预防诈骗进社区，金融知识大科普”主题宣传活动，提高辖区居民防诈骗意识。组织实施文明楼道建设专项行动，以“小楼道”传递“大文明”，农联家园15幢4单元获评张家港市美丽楼道。召开文明家庭动员会、评选会、表彰大会3场，评选出文明家庭690户，表彰优秀党员6人、最美家庭6户、好婆媳5对、好少年6人。

民生服务 2023年，青草巷社区开展第五次全国经济普查工作，采集法人单位302个、个体户853户。完成年度慢性病及社会影响因素状况调查、参与度满意度调查498人。办理企业退休人员独生子女父母一次性奖励金申领手续5人、生育登记193件。办理残疾证4人、困境儿童认定手续2人。发放扩面慰问金5000元，其中困难家庭2户2000元、重病重残儿童2户3000元。春节慰问10户困难家庭，重阳节慰问5名90周岁及以上老年人。合作医疗缴费267人，组织152名退休人员参加健康体检。

【青草巷社区获评张家港市健康社区】 2023年，青草巷社区成立健康社区建设领导小组，由社区书记担任组长，集聚镇卫管中心、社区卫生服务站、物业公司、专业社工、楼道长、志愿者等群体，构建“乡镇—社区—家庭”健康教育三级脉络体系，打造“365天天‘巷’上”健康服务品牌。引入夕悦老年颐养服务中心，开展“老年人健康义诊”、健康知识宣讲活动5次；链接启爱社会工作服务中心，提供健康教育、技能培训、手工制作培训10次；依托红盾综合救灾救援服务中心开展消防安全、反诈宣传等活动5次；借助筑梦舞蹈、江南书房等周边商铺资源，开设老年大学舞蹈和书法课程40课时；邀请市医保局、农联实验小学开展医保政策宣讲、心理健康辅导。12月，青草巷社区获评张家港市健康社区。（吴亚男）

泗港办事处

【概况】 泗港办事处位于杨舍镇域西部，东起朝东圩港，南与江阴交界，西与后塍街道和江阴华士镇华西村相邻，北与晨阳片区相连，区域面积19.75平方千米。2000年7月，泗港镇并入杨舍镇，设立杨舍镇泗港街道办事处。2004年2月，更名为泗港办事处。2023年，辖善港、闸上、章卿、百家桥4个行政村，七里庙1个涉农社区，通桥、泗港2个城市社区。年末，辖区常住人口41476人，户籍7411户，户籍人口23905人。办事处党工委下辖59个党组织，其中5个村（社区）党委、1个企业党委、1个社区党总支、52个党支部（含1个社区党支部），在册党员1315人。辖区内有工业企业270余家，其中规模以上企业37家，涵盖纺织、电子、通信电缆、混凝土、机械加工等行业，包括以江苏港通电缆有限公司、市金海港电线电缆有限公司为代表的通信电缆行业，以江苏荣昌特纤科技有限公司、市天撷化纤有限公司、市康盛织染有限公司为代表的纺织产业，以市伟泰混凝土有限公司、市华新东南混凝土有限公司、市中建商品混凝土有限公司为代表的混凝土行业。辖区内有初中2所、小学2所、幼儿园3所、菜场3个。

【泗港花苑一期保障性安置用房项目启动】 泗港花苑一期保障性安置用房位于疏港高速西侧、泗闸路北侧，用地面积4.2公顷，总建筑面积11万平方米，有12栋10层住宅楼、598套安置房，其中大户260套、中户248套、小户81套、小小户9套。汽车位700个，其中地下人防车位153个、非人防车位428个、地面停车位119个（其中69个为商业外围车位）。该项目由中铁城建集团有限公司承建、江苏天园项目管理集团有限公司监理、张家港保税区宏宇建设咨询有限公司跟踪审计，于2023年8月15日开工建设，计划2024年9月底完成封顶，2025年10月竣工验收。（许瑷涔　钱海艳）

善港村

【概况】 善港村位于泗港办事处辖区西北部，因善港河得名，东接田垛里村，南与泗港社区相连，西与后塍街道高桥村接壤，北依南横套，区域面积7.07平方千米。2012年4月，由原善港村、五新村、杨港村、严家埭村合并而成，有36个自然村落、59个村民小组。2014年12月，善港村升格为党委村。2023年年末，辖区常住人口11341人，户籍2119户，户籍人口6672人。年内，出生24人，死亡88人。村党委下辖11个党支部（其中非公企业党支部1个），在册党员341人。善港村2020年获评全国“一村一品”示范村，2021年获评全国乡村治理示范村、全国脱贫攻坚先进集体、全国民主法治示范村，2022年获评江苏省文明村。年内，获评苏州市农村人居环境整治提升工作示范村、首批苏州市特色田园乡村建设工作“十佳”村、张家港市文明村标兵、张家港市全民阅读优秀书香村。

集体经济　2023年，善港村小麦种植面积160公顷，产量1020吨；水稻种植面积146.67公顷，产量1113.2吨；蔬菜种植面积33.3公顷，产量2000吨；水果（葡萄、甜瓜、梨、脆柿、草莓、橘子、石榴、无花果）种植面积22.7公顷，产量500吨。辖区内有企业427家，其中规模以上工业企业4家，全年实现工业产值17.21亿元，营业收入17.04亿元，利税7870万元。集体经济总收入5135万元，其中经营性收入4353万元，比上年增14.66%。村级可用财力2351.7万元。至年末，村集体经济总资产2.07亿元。年内，善港村股份经济合作社获评国家级合作社、2022年江苏百强股份经济合作社。

社会事业　2023年，善港村投资150万元用于建设谢家住基临时围墙、修护辖区绿化、修缮辖区道路。发放2022年度股份分红141.79万元、各组二次分配及土地补偿款942.38万元、规模土地租金121.06万元。为2493名老年人发放2023年度村级尊老金206.18万元及水果、月饼、米、油等节日物资福利207.45万元；慰问困难户330户22.97万元。出资71.46万元为2667名村民补贴农村合作医疗保险；发放“善福康”村级补助金1160人次62.72万元。发放市级大病慰问金12人1.2万元、区镇重病慰问金82人8.2万元、村扩面慰问金330人22.97万元。年内新增低保户2户、五保户1户，退出低保3户。办理困境儿童年审4人、低保年审9人、低保边缘年审3人、重残年审29人、重度残疾人护理补贴年审75人、精神智力残疾年审5人。办理残疾证3人，换发残疾证8人，申请发放残疾轮椅1辆，开展残疾人专项调查181人，为2名肢体残疾人申请助残金4000元。完成29名应届毕业大学生就业信息系统录入工作，办理灵活就业补贴18人。办理死亡遗属待遇18人，亡故慰问金40人20000元。办理企业退休人员独生子女父母一次性奖励申领手续75人、生育登记25件，办理独生子女父母光荣证8件。为47名年满80周岁的老人办理虚拟养

善港村现代农业基地　（赵惠　摄）

老服务，组织781名农保退休人员、1921名城镇职工保险退休人员参加健康体检。

社会治理　2023年，善港村依托新时代文明实践站、“麦畑花舍”新时代文明实践点、农业基地、“乡村复兴”少年宫，开展“净美家园先锋行动”人居环境整治24次，“善见花海，护花行动”志愿服务40余次，“传统文化科普宣讲”21次，“青少年绘本阅读”系列活动8次，“爱满福港，善助万家”志愿服务6次，“推动移风易俗，弘扬文明新风”“播种希望，凝聚力量”“反对铺张浪费，倡导文明节俭”等移风易俗活动13次，“璀璨非遗，逐梦华夏”非遗传承、“传统文化公益课堂”系列活动26次，“真人图书馆”“善港少年，逆风飞翔”典型学习宣传教育活动8次，“青青葵园”“走进田野，寻找春天”“童心趣集，秋日绘梦”“拥抱田野，‘麦’向收获”青少年农耕实践活动14次，全年参与群众12万人次。善港村“麦畑花舍”获评国家级第二届全民阅读大会最美农家书屋。全年出动2157人次，开展环境整治，清理路面垃圾1023吨，清理河道水草、漂浮垃圾等816吨，整改劣Ⅴ类水质河道1条。全村划分为9个网格，设网格长1人、网格员9人，运用“联动张家港”App，全年上报并处理网格工单1469件，录入民情日记540条。“铁路护航不放松，网格巡查祝平安”获2023年第二批苏州市社会治理网格化联动机制“一案一奖”典型案例。全年接待群众到访152人次，回复“12345”政务服务热线任务单64件，热线诉求回复率100%。回复信函2件，调解各类矛盾纠纷50起，其中签订各类调解协议2份，调解成功率96%。出动人员313人次，发放消防安全宣传手册598份，张贴消防安全宣传标识标语715份，每周对辖区内出租房、“九小场所”等重点区域进行巡查，发现并整治安全隐患912处，“三合一”场所合规化改造6家，小餐饮场所“瓶改电”17家。完成13家企业雨污管道接管及排污许可证申领工作。

【江苏善港生态农业科技有限公司获评国家级生态农场】　2013年，善港村成立善港农民专业合作社、土地股份专业合作社，农民以土地承包经营权入股，成立村办集体企业江苏善港生态农业科技有限公司，变农户“提篮小卖”为集约化、基地化、市场化的集体经营善港现代农业基地。组建基地专业技术团队，聘请著名农业专家赵亚夫担任首席农业顾问，与南京农业大学、江苏省农科院等建立产学研合作关系，与日本等国家和地区农业专家开展合作交流，在全国率先开展水肥一体化技术、牧草固氮技术、菜饼制作有机肥、稻壳炭液体防病虫等技术应用。至2023年年初，产业规模380.67公顷，建有稻麦、无花果、葡萄、蔬菜等九大基地，有暖冬式大棚160个，引进美国黑番茄、美国金瓜、日本越光米、日本网纹瓜等优质品种200个，获国家级绿色食品、有机产品认证50个。2023年，投资建设双山岛生态渔场、戴庄蓝莓基地，生态发酵床养猪场投产出栏。全年申报38个项目。年内，江苏善港生态农业科技有限公司入选国家级生态农场，善港村获评江苏省生态循环农业示范村。

（黄春瑜）

闸上村

【概况】　闸上村位于泗港办事处辖区西部，东与善港村和章卿村交界，南与章卿村相邻，西至蔡港，与后塍街道朱家宕村隔港相望，北至张杨公路，与善港村相连，区域面积2.41平方千米。1992年6月成立村党总支，1994年1月成立村党委。至2023年年末，有12个村民小组，1组东夏家埭部分动迁，2组西夏家埭及6组周巷里整组动迁，辖区常住人口4595人，户籍807户，户籍人口2645人，其中60周岁及以上950人、80周岁及以上135人，有百岁老人1人。年内，出生12人，死亡23人。村党委下设8个党支部（其中非公企业党支部5个），在册党员158人。闸上村2022年获评苏州市“智慧农村”示范村。年内，获评苏州市健康村、张家港市文明村。

集体经济　2023年，闸上村有耕地32公顷，粮食总产量294吨，水稻平均产量每公顷10.5吨，小麦平均产量每公顷5.25吨；大棚设施栽培种植1.8公顷，其中草莓种植1.33公顷，总产量45.9吨；葡萄种植0.47公顷，总产量9.1吨。闸上产业研发用房及配套办公用房于9月竣工验收，年内完成16个招租项目，出租厂房20217.83平方米、办公楼706.86平方米、门面房6845.32平方米，到账租金674.99万元。辖区内有企业125家，其中规模以上工业企业16家，全年实现工业产值22.47亿元，营业收入21.73亿元，利税6958.88万元。村集体经济总收入2633万元，村级经营性收入2482万元，比上年增8.25%，其中闸上加油站收益208.74万元。租赁收入1169.37万元，其中门面租金678.95万元、土地租金490.42万元。人均可支配收入5.25万元。至年末，村集体经济总资产1.16亿元。

社会事业　2023年，闸上村投入200万元完成5条村组道路改造，铺设沥青路面4000平方米；投入100万元重修工业区新闸东路南段；投入65万元维护、修整、补种工业区绿化；投入107万元用于道路河道保洁、绿化栽种及日常管护、菜田围栏建设等农村人居环境提升工程；投入74万元用于农户及门店二分类垃圾清运、企业生活垃圾清运、垃圾分类硬件设施修缮等；投入62.3万元用于康居乡村建设，粉刷12组墙面2.6万平方米。年内，闸上村获评张家港市人居环境第二季度“晴榜”村，并在经开区（杨舍镇）年度人居环境综合考评中获二等奖。全年用于民生福利支出928万元，其中发放女满55周岁、男满60周岁人员生活补贴259.38万元，60周岁及以上老年人节日慰问金及福利物资97.93万元；慰问困难人员65人8.36万元；重病慰问121人12.1万元；“福村宝”补贴2406人24.06万元，全年报销589人次31.41万元；为775名60周岁及以上老年人购买“江苏医惠保1号”商业险12.25万元，为村民购买家财险678户2.38万元、意外伤害及重大疾病保险2646人7.41万元，补贴农村合作医疗754人28.87万元。发放土地补偿及股金分红474.12万元，其中村民股份1749.75股，发放股金分红241.46万元；土地补偿232.66万元。办理听力、视力残疾人信息流量补贴5人，新增办理残疾证6人。完成25名应届毕业大学生就业信息系统录入工作，办理灵活就业人员退休手续35人、灵活就业人员补贴15人。办理死亡遗属待遇8人，重病、亡故慰问3人1500元。办理年满80周岁虚拟养老5人。完成2024年度合作医疗保费收缴工作，缴费724人29.86万元。组织“爱满港城”暨张家港市闸上慈善基金会募捐大会，募得善款51.52万元，其中资助生活困难家庭学生114人17.15万元。

社会治理　2023年，闸上村与杨舍供电所、中国联通张家港分公司、乐余镇东兴村、市交流合作中心结对共建，开展“缅怀先烈”“互学互鉴促提升，同心同行共振兴”“学习党的二十大，砥砺奋进新征程”“学悟新思想，青春建新功”主题党日活动4次。依托“闸上人”微信公众平台开设宣讲“云”课堂，开展“新征程上党旗飘扬”“使命在肩，勇毅前行”“领航之逐梦先锋”等线上理论宣讲23次。以闸上爱心蚂蚁志愿服务队、闸上党员民生服务团队为载体，开展“文明闸上——文明小义工”、“洁美闸上——文明行动”环境整治志愿服务、“‘志’青春，‘愿’奉献”、“3·5”志愿集市、“青春志愿行，情暖老人心”为老志愿服务活动10次。全年开展“走、看、聚”沉浸式主题研学活动2场，开展“玉兔送福”摇摆兔贺卡制作、“线上欢乐多，‘云’端过大年”“乐猜灯谜闹元宵”等节日文化活动7次，开展妇女权益保障法新法解读、“春风送法进企业，普法宣传零距离”、“开工第一课”企业安全生产培训等普法宣讲活动3次；链接社会组织，开展“寻找二十四节气的奥秘”闸上村青少年暑期文化增能活动6次，参与青少年180人次。全村划分为4个基础网格，新闸南路以南至东横河区域及2组、12组为第一网格；新闸南路以北、新闸路以东、346国道以南和东横河西区域及3、4、5、6、7、8组为第二网格；新闸南路以北、新闸路以西和346国道以南区域及9、10、11组为第三网格；东横河以南区域、1组、公租房、曹波商住楼、伟益电子、合建混凝土、恒信机械、捷晟化纤、宇盾特纤为第四网格。设网格长1人、网格员4人，全年处置网格工单996件，处理“12345”政务服务热线任务单36件，调解矛盾纠纷20余起。开展辖区企业安全生产巡查515次，整改安全隐患1250余条，主要涉及“一带一帽”、“六防”、消防通道堵塞和高处作业等，发放安全生产宣传材料4500余份，开展职工安全培训及消防演练30余次。改装充电棚、充电桩3处，完成辖区餐饮场所“瓶改电”43家，申请“瓶改电”补贴22家。开展“331”消防安全整治52次，发放“331”消防安全宣传资料1230份，排查走访出租屋312户，整改出租屋隐患350处，配备烟感报警器210个、“消防四件套”560套，拆除（更换）泡沫夹芯板50平方米，拆除（或改为可开式）防盗窗153处，配备逃生软梯10张，整治私拉乱接电线穿管600余米，安装应急照明灯25只。

【闸上村12组特色康居乡村建设】 1月，闸上村12组特色康居乡村建设工程开工。项

6月29日，闸上村“学习党的二十大精神，砥砺前行奋进新征程”研学活动开展

目由闸上村经济股份合作社全额出资，总投资300万元，涉及农户118户318人，经公开招标，由张家港市建业建筑安装工程有限公司、常熟市杨园绿化园艺装饰有限公司承建。工程内容包括增设连廊2座，新建金属仿竹篱笆850米，铺装道板砖1120平方米，新建停车位12个，修复破损道路200平方米，浇筑沥青3000平方米。清理菜地12863平方米，补种草坪1500平方米。修缮墙面500平方米，刷白墙面24500平方米。在12组东、西2处廉心文化园增设休闲设施各1套，新建村口公示牌3处。该改造工程于12月完工。（赵成龙）

章卿村

【概况】 章卿村位于泗港办事处辖区西南部，因村内有座1700余年历史的章卿寺（1997年重建）得名，距泗港办事处3.5千米，东与市主城区和七里庙社区相连，南与百家桥村、江阴华西村相邻，西与江阴华西村、后塍街道交界，北沿东横河，泗闸路、疏港高速贯穿全境，区域面积3.84平方千米。2012年，由原西新村与章卿村合并而成。2023年，辖16个自然宅基33个村民小组。年末，辖区常住人口8143人，户籍1420户，户籍人口4848人。年内，出生17人，死亡56人。村党委下设8个党支部，(其中非公企业党支部4个)，在册党员197人。章卿村2021年获评江苏省健康村、苏州市农村人居环境整治提升工作示范村、苏州市特色康居乡村，2022年获评张家港市健康村。年内，获评张家港市文明村。

集体经济 2023年，章卿村耕地面积24公顷，其中稻麦种植面积18公顷，水稻品种有南粳5055、南粳46、南粳3908等，每公顷产量8.25吨；小麦品种有扬麦23、镇麦15等，每公顷产量4.58吨。辖区内有工业企业80家，主要产业为纺织、服装、电子、建材等，全年完成工业总产值16.63亿元，工业开票收入16.31亿元。全年村级经济总收入3847万元，村级经营性收入3572.43万元，其中房租、土地及水电等经营收入2739.52万元，七里庙菜场及托管资金补贴等投资收益754.64万元，公共资源统筹及卫生费等发包上交收入77.26万元，利息收入等其他收入1.03万元。年可用资金2096.21万元，比上年增10.11%，人均可支配收入4.85万元。至年末，村集体经济总资产1.85亿元。年内，章卿村股份经济合作社获评2022年江苏百强股份经济合作社。

社会事业 2023年，章卿村投资55万元，建成村级党员学习教育阵地——卿心公园。全年举办理发、烹饪等技能培训10场。发放60周岁及以上老年人福利大米

卿心公园

16.8吨;发放水果等农产品,惠及股民5089人;发放60—79周岁老年人节日慰问金每人800元,80—89周岁每人1200元,90—99周岁每人1800元,100周岁及以上每人5000元。补助居民基本养老保险42人8720元;出资32万元用于“福村宝”医疗互助,全年报销63人。办理低保、低保边缘户12户,重残25人,精神残疾及智力残疾4人,虚拟养老27人,灵活就业补贴33人。开展亡故慰问57人、重病慰问24人。办理城保遗属补助18人、重疾险报销22人。发放奖扶金79人、特扶金23人。组织1469名城保退休人员参加健康体检。全年送戏下乡1场、送电影下乡12场。

社会治理　2023年,章卿村组织召开党员大会2次,开展“书记上党课”“乡音传党音”“书香沁初心,巾帼显担当”等系列党建活动30次;联合市检验检测中心、张家港幸运金属工艺品有限公司等共建单位开展主题党日活动28次;开展“书香润章卿”“求是读书会”等理论宣讲23场、“新房原地起”“养老有保障”等政策推广21场;开展“卿心助力”“爱周六文明驿站”“小小志愿者”等志愿服务活动126次。实施人居环境整治行动,清理农村积存垃圾3069车,整治乱堆放880处,清理河道93条。建成垃圾收集站17个,发放垃圾分类小桶3606只。将生活垃圾分类、人居环境整治、乡风文明等纳入村规民约,开展文明庭院、文明户评选。全村划分为3个基础网格、33个微网格,配备网格长3人、网格员9人、微网格员33人,年内处置上级下派工单28件、网格员工单752件,上报民情日记182条。排查走访出租屋503户,开展“331”巡察55次,清除不合格防盗窗132个,拆除泡沫夹芯板15处,发放“消防四件套”73套,安装烟感报警器200个。开展消防演练3场。受理信访1件,调解各类矛盾纠纷64起,矛盾调解率100%。

【章卿村高标准农田获评苏州市高标准农田优秀案例】　章卿村高标准农田面积15公顷,主要种植月光稻,年产量1620吨,年销售收入500万元。水稻种植全过程采用农业环境监测设备,实时采集农田灌溉区域的环境数据、水位信息,利用设备通信技术对高标准农田的泵机和泵房进行可数字化改造,采用无人机植保、无人收割机作业等无人化农事作业,提高农事作业效率,所有农机纳入智慧管理系统,谷物烘干中心加工全程自动化,年谷物烘干量3000吨。2023年11月,章卿村高标准农田获评苏州市高标准农田优秀案例。　(徐超)

百家桥村

【概况】　百家桥村位于泗港办事处辖区南部,东、南与小城市社区和包基社区交界,西至蔡港,与江阴市华士镇毗邻,北与章卿村和七里庙社区接壤,区域面积0.68平方千米。2003年,由原百家桥村、白鹿村和西大房村合并而成。2021年,升格为党委村。2023年,辖31个村民小组。年末,辖区常住人口1125人,户籍343户,户籍人口882人,其中60周岁及以上392人、80周岁及以上147人,有百岁老人3人。年内,出生3人,死亡54人。村党委下设5个党支部(其中非公企业党支部2个),在册党员123人。百家桥村2020年获评江苏省优秀志愿服务社区、苏州市康居特色村,2021年获评苏州市文明村。年内,获评江苏省特色田园乡村、江苏省生态宜居美丽乡村示范村、苏州市特色田园乡村、苏州市智慧农村、张家港市健康“管”家优秀实践基地。

集体经济　2023年，百家桥村耕地面积11.87公顷，粮食种植面积2.8公顷，水稻产量29.4吨、小麦产量17.6吨；小番茄种植面积0.67公顷，产量20.1吨；苗圃种植面积7公顷。辖区有企业26家，其中规模以上企业3家。全年工业开票收入1.12亿元，比上年增5%；利税630.21万元，比上年增4%。全年村集体经济总收入2660.01万元，经营性收入2656.47万元。年可用财力1364.73万元，其中土地、房屋租金1166.23万元，利息收入172.25万元，水电收益26.25万元。人均可支配收入5.54万元。至年末，村集体经济总资产1.51亿元。年内，百家桥村股份经济合作社获评2022年江苏百强股份经济合作社。

社会事业　2023年，百家桥村出资75.42万元建设省级特色田园乡村；出资34.69万元打造百雀临农业智能高标准大棚项目；出资4.8万元改造百家桥村新时代文明实践站古建门头；出资38.45万元用于停车场改造、路面修缮；出资8.9万元用于消防隐患整治。全年发放村民福利477.66万元，其中发放60周岁及以上老人春节慰问金89.18万元、中秋慰问金72.05万元、水果物资（小番茄、猕猴桃、香瓜等）88.66万元；为6名贫困家庭学生发放助学金6000元、13名2023年高考达本科分数线优秀学子发放奖学金3.5万元；购买港城惠民保险14.06万元、“百惠康”保险50.23万元；为60周岁及以上老年人购买“江苏医惠保1号”保险21.47万元，补贴60周岁及以上老年人城乡居民基本医疗保险费31.09万元。按每股200元的标准发放股金分红94.03万元，惠及股民4974人。组织“爱满港城”慈善捐款，募集善款18.01万元。完成社保扩面2人、住房公积金扩面13人。完成居民基本医疗保险参保缴费2856人。发放独生子女父母奖励金12人，发放困难人员补助260人12.79万元，申请重残补助8人、残疾人护理补贴18人。申请办理退休23人，新增年满80周岁老人虚拟养老服务17人，组织315名年满65周岁农保老年人参加健康体检。完成家庭医生签约5人，组织15人参加无偿献血，献血量4700毫升。

社会治理　2023年，百家桥村开展理论学习、主题党日活动、党课宣讲等党建活动132场，参与党员3960人次；开展“传承红色基因，激发奋进力量”研学活动，前往南新村、善港村实地参观学习；与保税区收

1月12日，百家桥村“妙笔挥毫写春联，翰墨飘香迎新春”写春联活动开展

费站联合党支部开展“图书漂流”活动。开展“妙笔挥毫写春联，翰墨飘香迎新春”“绘美好生活，画诗意人生”“竹编织梦，乐享童趣”等文化活动72次，参与群众1621人次。开展“百味书屋”“崟色未来”“家门口的暑托班”等志愿服务活动58场，参与志愿者1058人次，志愿服务时长1668.5小时。围绕“爱、敬、诚、善”四大主题开展道德讲堂宣讲4场。依托百家桥村法治文化园，开展司法调解、民法典宣传、“送法入户”活动，年内，百家桥村法治文化园获评省级法治文化建设示范点。全村划分为7个微网格，设网格长1人、微网格员7人，配备联防队员4人。全年处理“12345”政务服务热线任务单22件，处置网格工单36件，上报民情日记60条。拆除私搭乱建简易棚35处，拆除面积802平方米；出动62人次摸排26家企业安全环保问题，整改隐患15处；出动290人次开展消防安全检查，增加穿管排线2800米，增设烟感报警器160个、灭火器80具、逃生包80套，拆除不合格防盗窗33平方米。

【百家桥村获评江苏省特色田园乡村】 百家桥村特色田园乡村建设规划面积38.2公顷，涉及3个自然村、152户农户。自2021年起，百家桥村重新规划原农户零星土地、闲置地块、水稻地，规范管理，创建村农业品牌“百雀临”，打造“再美菜园”共享农庄、“花美兰”园艺及民宿、“樱尚小番茄”采摘基地等特色产业。2023年，修补村庄道路2000平方米，整体推进道路“黑色化”。新增路灯30盏、景观灯50盏，实现主干道公共照明全覆盖。更新农房立面，建立垃圾分类积分奖励机制。7月，百家桥村获评江苏省特色田园乡村。（程薇）

七里庙社区（涉农社区）

【概况】 七里庙社区位于泗港办事处辖区南部，东至朝东圩港，南至沙洲西路，西至疏港高速，北至暨阳西路，区域面积1.05平方千米。原为七里庙村，2019年3月，经开区（杨舍镇）区划调整，七里庙村撤村转居。2023年，辖七里庙小区、章卿小区、水悦名邸、阳光春晓、熙庭雅苑、文锦云庭6个居民小区，有住宅楼146幢、住房7165套。有张家港市泗港港新集贸市场有限公司、张家港市西城区物业综合服务有限公司2个下属企业。年末，辖区常住人口8274人，户籍1501户，户籍人口4504人，有60周岁及以上1112人、80周岁及以上181人，有百岁老人2人。年内，出生49人，死亡53人。社区党委下辖7个党支部，在册党员229人。七里庙社区2021年获评2018—2020年度苏州市文明社区，2020年、2021年获评张家港市文明社区标兵。年内，获评江苏省健康社区、苏州市健康社区、张家港市文明社区标兵。

集体经济　2023年，七里庙社区集体经济收入以门面房、写字楼的租金收入及集贸市场、物业公司的服务性收入为主，有三产综合大楼、港新集贸市场、第二集贸市场、梁丰路门面房、港新5幢门面房等三产用房8.6万平方米。全年集体经济收入2621万元，经营性收入2612万元，年可用财力2456.74万元。其中集体企业上缴收入205万元、投资收益1105.7万元、租金收入1146.04万元。至年末，集体经济总资产4.21亿元，净资产3.78亿元，比上年增3.84%。年内，股份经济合作社获评2022

年江苏百强股份经济合作社。

社会事业　2023年，七里庙社区投入82万元改造七里庙一区、四区便民餐厅；投入6.2万元建设“便民工具箱”15个；投入1.5万元在13个楼道试点安装“睦邻椅”；投入13万元新增七里庙小区非机动车停车位28处、非机动车充电桩220个。为股份经济合作社社员购买“幸福家庭保险”及“福村宝”99.81万元；购买“江苏医惠保1号”26.72万元；发放社员合作医疗补贴59.86万元；发放老年社员新春大礼包、粮油福利、夏令水果、夏令节日费、中秋重阳节日费400.92万元；发放村级尊老金249人87.15万元；发放奖学金14人6.4万元、助学金23人3.7万元；发放股金分红687.83万元，惠及股民5310人。发动“爱满港城”慈善募捐，筹集善款10.31万元。完成低保1户4人、低保边缘3户9人、特困人员1人、重残补贴5人、一户多残1户3人、无业精智残1人、困境儿童3人年审工作。办理一孩生育登记33件、二孩生育登记22件、三孩生育登记7件，办理独生子女父母光荣证申领手续2件、企业退休人员独生子女父母奖励金一次性申领手续46人。公积金扩面44人，完成职业伤害险种推广13人、居民合作医疗参保1800人。办理退休82人，组织975名城镇职工退休人员参加健康体检。

社会治理　2023年，七里庙社区开展“过好政治生日，不忘入党初心”“汇聚组织关怀，点亮红色‘微心愿’”“退役不退志”等党建活动7次。建立“书记接待日”制度，各支部书记每周六轮流与群众“面对面”，全年接待群众69人次，回复办结楼道座椅乱堆放、电瓶车充电难、动迁遗留问题等居民诉求15件。开展“健康你我他”——冬日养生讲座、“欢度重阳，乐事分享”、老年声乐体验、“远离毒品，向阳生活”禁毒宣传等活动51次；以“文明实践，志愿相伴”为主题，举办“强国复兴有我——守住群众菜篮子”职业体验、光影人生皮影戏制作等主题宣讲、文化活动112场；开展“幸福一家亲”公益集市、“勤先锋”护河行动、“家门口”暑托班、“垃圾分类，志愿有我”等新时代文明实践志愿服务48场，参与志愿者1200余人次。完善港新集贸市场、第二集贸市场排水、照明、消防、无障碍等基础设施，年内村辖第二集贸市场获评苏州市最美菜场、苏州市文明菜场。投入7.2万元用于河道保洁及长效管护，年内辖区南大寨河获评省级生态美丽河道。实行网格化管理，社区划分为6个网格，全年上报、处置各类网格事件1300余件，民情日记录入

1月12日，七里庙社区为60周岁及以上社员发放新春大礼包、粮油卡、尊老金等

360条,接待群众到访8批39人次,处理政务便民热线转办事件99件,在区镇网格知晓率半年度督查中排名第一。开展消防安全专项整治60次,检查整改出租房安全隐患129处,完成“瓶改管”“瓶改电”11家。培育“法律明白人”12人,社区调解委员会开展矛盾纠纷化解57次,化解纠纷16起。

【七里庙社区获评江苏省健康社区】 2023年,七里庙社区在苏州市健康社区的基础上启动省级健康社区建设工作。完善社区居民健康档案,电子建档率100%。推进慢病管理,糖尿病患者家庭医生签约率90%,高血压患者家庭医生签约75%,7岁以下儿童健康管理率80%。组建关爱帮扶小组,每季度对社区45名在册精神障碍患者进行随访和帮扶。与健华医院、朝阳五官科医院等医疗机构合作,在辖区设立1个健康自助监测点、3个爱心健康小屋,配备血压仪、血氧仪等设备,构建“15分钟健康圈”。每周开展健康义诊、健康指导,全年服务群众1800余人次;发放健康、婚育、法律等宣传册3000余份。组建飓风跑团、柔力球队、乒乓球队等健身团体,带动居民参与全民健身。聚焦青少年“德、智、体、美、劳”,开展“艺·启蒙”非遗体验、青春无“毒”禁毒宣传、传承红色基因等活动28场。聘请社会组织,联动社区民警、社区网格员、社区医生、社区工作人员、楼道长五方力量,开展“‘五爱一’助健康”服务项目,为辖区143名有严重基础疾病的人提供健康咨询指导。每周六组织社区干部、爱国卫生志愿者,联合物业开展全民健康卫生志愿行动,清理乱堆放、乱张贴、乱种植及各类卫生死角,落实“四害”防治措施。年内,七里庙社区获评江苏省健康社区。 (许健)

通桥社区

【概况】 通桥社区位于泗港办事处辖区南部,东至西二环,南至包基社区,西至疏港高速,北至沙洲西路,区域面积2.7平方千米。2016年4月成立。2023年,辖百家桥新村一期、百家桥新村二期2个动迁安置小区及林樾名邸、锦鲤花园2个商业小区,有动迁安置房50幢、2903套,商住房33幢、1452套。年末,辖区常住人口4792人,户籍825户,户籍人口3099人,有60周岁及以上1130人、80周岁及以上156人,有百岁老人1人。年内,出生42人,死亡29人。社区党总支下辖4个党支部,在册党员71人。通桥社区2021年获评苏州市健康社区,2022年获评张家港市文明社区标兵。年内,获评张家港市文明社区。

社会治理 2023年,通桥社区依托民生微实事项目,修缮南庄新路道路破损4处30平方米。联合城管、物业对百家桥新村一期西门口流动摊贩进行联合整治。社区划分为3个网格,全年处置网格员工单700余条,上报民情日记180条,处理“12345”政务服务热线任务单36条。每周三对辖区300余户出租房开展安全隐患排查,查处整改“消防四件套”缺失、电线未穿管、使用钢瓶煤气罐等安全隐患问题12个。全年回复法律咨询100余条,调解矛盾纠纷40余起。

社区活动 2023年,通桥社区通过微信群发布最新学习专栏,开展“冬训送大‘理’,学习燃动力”“打造三味课堂”“学习两会精神,凝聚奋进力量”“鲜味掌上学堂”等党员学习活动50次,参与党员800余人

4月16日，通桥社区"蔷薇花下上党课"活动开展

次，开展"上门送学"15次，社区活动信息在紫牛新闻、"今日张家港"App等平台报道。开展科学实验、手工活动、红色故事、文明礼仪、沟通技能提升等活动40余场，参与群众1200余人次。开展健康义诊、反诈骗宣传等志愿服务30余次，参与群众700余人次。

民生服务　2023年，通桥社区对接市残联在百家桥新村一期卫生服务站前无障碍通道两侧增设扶手栏杆；对接市城市投资发展集团有限公司，完成百家桥新村一期南外围墙倒塌墙体的拆除重建及百家桥新村一期、二期50余个监控摄像头的维修更新；依托民生微实事项目，在百家桥新村一期、二期安装楼道椅、休闲椅138张。发放重病人员慰问金33人1.63万元、生活困难人员慰问金2人3000元。办理企业退休人员独生子女父母一次性奖励金申报手续26人，开展生育登记39件。办理退休手续36人，组织辖区231名城保退休人员参加健康体检，参检率95.6%。办理残疾人辅助器具申领手续4人，引导、组织新型农村合作医疗缴费610人。发动"爱满港城"慈善募捐，筹集捐款1万元，其中企业捐款8200元。

【"海棠花红"庭院式党建项目】 2023年，通桥社区依托百家桥新村一期中轴线"桥语长廊、桥益空间、桥韵秀场、桥治亭、幸福桥、清风桥"庭院式服务阵地，开展"海棠花红"党建项目。完善硬件设施，在阵地新增便民座椅8张、棋牌石桌4张。社区"两委"班子每月一次到阵地接待居民群众到访，收集民情民意12条。开展"行走的党课""三会一课"等党日活动12次，开展"桥边诗话品书香""我们的节日"等活动15次，开展安全教育、垃圾分类宣传、防诈骗宣传等主题活动10次，党员群众参与200余人次。开展健康义诊、爱心理发等志愿服务活动14次，服务群众1200余人次。

（王敏辉）

泗港社区

【概况】 泗港社区位于泗港集镇区，因地处泗港集镇而得名，东至西二环，南至暨阳西路，西至疏港高速，北至张杨公路，区域面积2平方千米。1990年4月成立。2023年，辖章卿苑、港新花苑2个居民小区，有住宅楼38幢、房屋1433套。年末，辖区常住人口3206人，户籍396户，户籍人口1255人，辖区内有出租户168户，新市民自购房376户。年内，出生17人，死亡1人。社区党支部下设2个党小组，在册党员46人。

年内,泗港社区获评市文明社区标兵、市健康社区、市“枫桥式村(社区)”建设达标单位。

社会治理 2023年,泗港社区发动党员群众开展楼道整治,在港新花苑小区打造美丽楼道2个,完成楼道彩绘1个。开展反诈宣传活动35场,发放宣传册500余册。社区划分为2个网格,由社区党支部书记担任网格长,设网格员2人、微网格员11人。全年运用“联动张家港”App,上报、处置网格事件500余件,网格工单处置率100%,录入民情日记120余条,处理“12345”政务服务热线任务单12件,调解矛盾纠纷3起,调解成功率100%,“网格微力量,‘童’言话治理”获评区镇网格信息“一案一奖”。每月两次对“九小场所”、出租房等重点区域进行消防安全检查,发放消防安全折页200余份,发现并整改安全隐患10处,开展餐饮场所钢瓶液化气集中改造宣传24次,完成“瓶改管”“瓶改电”13家。

社区活动 2023年,泗港社区依托“红色泗方院”党组织为民服务项目,线上开设“冬训云课堂”专题7期;线下开展专家上党课6场、书记上党课2场、党建知识竞赛2场。开展“扛起新使命,谱写新篇章”主题大讨论、“坚守廉洁初心,树牢廉洁意识”廉洁警示教育、党员冬训“思享”会、“赓续红色基因,凝聚奋进力量”沉浸式党员研学等党建主题活动10场,参与党员400余人次。开展“文明家庭”“七彩筑梦”“经典读,欢乐诵”“泗港‘宁’,幸福约”“‘泗’情画意,幸福传递计划”等文化活动30余次,参与群众1万余人次。打造“红映泗方·汇聚红心正能量”志愿服务品牌,开展各类志愿服务活动35场,其中开展“送温暖、献爱心”“小小图书管理员”“文明小义工”“小小垃圾督导员”等青少年职业体验类志愿活动14次。围绕“爱、敬、诚、善”四大主题开展道德讲堂宣讲4场,上报“身边好人”事迹6人,“敬业奉献好人”姚丽事迹被“张家港在线”刊载,开展移风易俗主题活动10场。

9月30日,泗港社区“坚守廉洁初心,树牢廉洁意识”党员研学活动开展

民生服务 2023年,泗港社区实施小区环境综合整治、居住环境改善等民生实事工程十余项,修缮港新花苑东门停车位破损路牙20米、港新花苑小区房屋外立面墙砖11103.4平方米,新增机动车位53个、非机动车位15个,增设垃圾分类误时投放点1个。联合泗港办事处在章卿苑东侧、幼儿园西侧开挖排水沟60米。全年办理生育登记34件,办理独生子女父母一次性奖励金申报手续15人。残疾证年审10人,严重

精神障碍患者排查登记上报12人。对辖区9名低保、重残、困境儿童、精智残对象进行帮扶跟踪服务，发放慰问金7000元。认定就业困难人员5人，申办社保补贴2人。新增虚拟养老15人，时间银行银龄互助服务35次。完成企业退休人员信息化采集17人，组织158名老年人参加健康体检。

【港新花苑二期广场改造工程】 港新花苑二期广场建于2013年11月，面积120平方米，由于建成时间较长，基础设施老化，塑胶跑道破损。2023年，泗港社区根据居民意见，把港新花苑二期广场改造项目列入社区“急难愁盼”问题清单，召集物业、物管会、居民代表三方协商讨论，确定改造方案。依托民生微实事专项资金，实施“幸福港湾，暖新童行——广场改造提升工程”项目，对港新花苑二期广场进行升级改造，修复塑胶跑道60米，修补瓷砖62平方米，增设2处低龄儿童娱乐设施，翻新长条板凳3张。该工程于9月底完工，《张家港日报》、“今日张家港”App、“联动张家港”微信公众号报道该项目。（葛佳雯）

晨阳办事处

【概况】 晨阳办事处位于杨舍镇域西北，东至港城大道（含彩虹苑社区），南靠南横套河，西临太字圩港，北接大新镇，区域面积14.28平方千米。2003年8月，晨阳镇撤销建制，晨阳居委会和晨南、晨中、金沙、晨新、南新、新南、校兴7个村划入杨舍镇，成立晨阳街道办事处。2004年2月，更名为晨阳办事处。2023年，辖晨新、南新、晨南3个行政村及晨阳社区。年末，辖区常住人口27120人，户籍4938户，户籍人口14052人。办事处党工委下辖2个村党委、1个村党总支、1个社区党支部，在册党员844人。辖区内有优质耕地面积498.9公顷，有各类工业企业230家，其中规模以上企业30家，以纺织、机械类企业为主，有富瑞特装、港鹰集团、工德利船舶制造有限公司等骨干企业，有九年一贯制学校1所、幼儿园1所、医院2家、菜场2个。

【晨阳办事处双向轮岗制度】 为抓好年轻干部的培养，使年轻干部熟悉镇、村（社区）不同的工作情况，晨阳办事处实施机关工作人员与村（社区）工作人员双向轮岗。2022年7月1日，晨阳办事处选派机关工作人员4人至村（社区）开展为期半年的基层锻炼（每个村、社区各选派1人），明确村（社区）书记为下派人员的帮带责任人。下派期间，机关工作人员直接在相关村（社区）工作，与村（社区）干部同等管理。2023年3月1日，晨阳办事处选拔村（社区）工作人员4人至办事处综合科和社会治理科轮岗学习（综合科1人、社会治理科3人），时间为半年，要求相关科室负责人动态掌握轮岗人员的工作和学习情况，支持、帮助轮岗人员参与科室工作。双向轮岗期间，行政关系、工资关系、党组织关系保持不变。（张心怡）

晨新村

【概况】 晨新村位于晨阳办事处辖区东部，东至福锦路，南至老张杨公路，西至朝东圩港，北与大新镇中山村、杨舍镇福前村交界，区域面积3.94平方千米。2004年4月，由原晨新村、金沙村2个村合并而成，有

28个村民小组。2009年9月，晨新村升格为党委村。彩虹苑小区自建成至2019年2月，由晨新村管辖；2019年3月，彩虹苑小区划归东莱办事处福新苑社区管辖；2023年6月，重新回归晨新村管辖。至2023年年末，大部分农户（余7户未安置）动迁安置于彩虹苑小区、福新苑小区、福前小区、福东苑小区及金福家园。晨新村辖彩虹苑小区（住宅楼49幢、房屋1438套），人才公寓一期、二期（住宅楼13幢、房屋1693套）、晨新公寓楼（住宅楼3幢、房屋246套）及未安置区域（农户7户）。有常住人口7000人，户籍1298户，户籍人口3611人。年内，出生4人，死亡43人。村党委下设党支部11个（其中非公企业党支部7个），在册党员281人。晨新村2021年获评苏州市2018—2020年度文明村。年内，获评张家港市文明村。

集体经济 2023年，晨新村耕地面积141.88公顷，粮食种植面积11.7公顷，水稻每公顷产量9.13吨、小麦每公顷产量7.2吨，全村土地流转面积51.02公顷。2月，晨新村与南新村、晨南村和中山村联合开发的新晨产业园项目开工建设，其中晨新村投资占比45%。全年实现工业总产值26.2亿元，比上年增3%。村集体经济总收入1594.82万元，村级经营性收入1587.58万元，租赁收入699.4万元，其中房屋租金收入624.19万元、土地租金75.21万元、其他收入356.39万元。至年末，村集体经济总资产2.16亿元。

社会事业 2023年，晨新村出资20.8万元用于基础设施改造；投入7.3万元用于大环境整治、垃圾清运、河道保洁、整治修缮，提升人居环境。出资39.96万元用于实施村民“福村宝”医疗互助，全年“福村宝”报销602人次，报销金额43.37万元；出资38.9万元用于补贴村民合作医疗，惠及1175人；出资11.02万元为全体村民购买“福地惠民”保险。发放春节慰问金1227人75.65万元，60周岁及以上老人端午、中秋、重阳节日福利物资979人31.11万元，夏季葡萄福利1227人9.86万元；发放股金分红35.8万元，惠及股民3828人；发放大学生奖学金12人2.7万元。组织“爱满港城”慈善募捐，筹集捐款29.8万元，其中企业捐款29.49万元。办理独生子女父母一次性奖励金申报手续60人，开展就业咨询与帮扶19人，组织222名农保退休人员参加健康体检。全年送戏下乡4场、送电影下乡12场。

社会治理 2023年，晨新村召开党员大会4次，开展各类党建活动24场。开展“洁美晨新，我在行动”志愿服务活动、“相约晨新，谊动少年”青少年主题活动、“情满夕阳，健康课堂”老年人主题活动等文明实践活动98场。开展道德讲堂4场，陶明富家庭获评区镇文明家庭标兵。在主次干道、小集镇门店、未动迁区域、河道岸坡、公共基础设施等方面开展整治修缮行动，出动村工作人员、志愿者150人次，挖机、装载车辆等大型机械化清运设备55次，整治河道污染200米，清理规整乱堆乱放83处，新增和修补文明创建氛围24处。召开民主议事会12次，商议解决小区管理、邻里纠纷、村级经济发展等问题16个。召开村民代表大会4场，表决通过村规民约、移风易俗、人居环境整治等内容。全村划分为5个基础网格、15个微网格，配备网格长1人、网格员5人、微网格员15人、村级联防人员2人，开展日常巡查和每周2次夜查行动。通过“联动张家港”“联动杨舍”App，上报、整

6月28日,"海棠·悦方格"党群驿站、职工之家揭牌

改各类工单850件,整改率100%,录入民情日记210条,受理"12345"政务服务热线任务单45件,处置率100%;化解矛盾纠纷60起,调解率100%。开展"331"安全夜查146次,整治电线私拉乱接31处,拆除不合格防盗窗8处,完成小餐饮场所"瓶改电"16家。联合晨阳办事处、第三方检查机构开展"安全生产""散乱污""堵塞消防通道"等专项检查22次,拆除厂区违章搭建800平方米,整改安全问题21个。开展消防安全教育培训2次、居民消防演练1次,与辖区企业签订安全生产责任书120份。

【"海棠·悦方格"党群驿站、职工之家揭牌】 6月28日,晨新村党委联合区镇总工会、晨阳办事处共同为"海棠·悦方格"党群驿站、职工之家揭牌。"海棠·悦方格"党群驿站、职工之家位于华夏科技园内,面积25平方米,内置椅凳、微波炉、饮水机、书刊报架等设施,配备应急药品、雨伞等物品,为周边新业态新就业群体和户外工作者提供加水、热饭、休息、充电、乘凉等"5+N"服务。驿站内放置垃圾分类、健康咨询、医疗保健、法律政策等方面的宣传资料,让人们在休息的同时了解党的惠民政策。结合"我为群众办实事"实践活动,该阵地聘任志愿者当好职工、群众的"后勤部长",按照"每日提供、每周开展、每月组织、志愿轮值"的运行机制,24名志愿者参与轮值,全年开展志愿活动18场,服务160人次,收集职工、群众"急难愁盼"问题29个,解决职工、群众在家庭、工作、就业等方面的问题15个。年内,"海棠·悦方格"户外劳动者服务站点获评苏州市最美工会户外劳动者服务站点。

(杨祥彬)

南新村

【概况】 南新村位于晨阳办事处辖区南部,东与晨新村接壤,南隔南横套河与善港村相望,西与高桥村毗邻,北与中山村相邻,区域面积5.44平方千米。2004年4月,由原南新、新南、晨光、校兴4个村合并而成,有39个村民小组(其中16个村民小组已动迁安置)。2023年,辖南新花苑一期、二期、三期(住宅楼38幢、房屋1566套)3个动迁小区,珑山林(住宅楼75幢、房屋75套)、成鑫格兰郡(住宅楼13幢、房屋34套)2个商品房小区及未动迁区域。年末,辖区常住人口7526人,户籍1829户,户籍人口5363人。年内,出生10人,死亡40人。村党委下设党支部7个(其中非公企业党支部2个),在册党员230人。2021年南新稻麦千亩丰产方获评全国基层农业科技示范展示基地，南新村2022年获评苏州市乡村休闲旅游农业精品村。年内，获评江苏省生态文明建设示范村、江苏省民主法治示范村。

集体经济　2023年，南新村粮食种植面积199.27公顷、各类水果蔬菜种植面积5.2公顷、绿化种植面积14.35公顷，水稻产量每公顷9.15吨、小麦产量每公顷5.4吨。年内，南新村承办苏州市春季农业生产工作现场会；南京农业大学丁艳锋专家团队到南新稻麦千亩丰产方考察指导优质水稻新品种“宁香粳9号”生产情况。南新稻麦千亩丰产方出产的“宁香粳9号”获第四届全国优质稻品种食味品质鉴评（粳稻）金奖、第三届苏州大米品鉴会最优品质奖、张家港市大米品鉴会金奖；南新村百亩方的“镇麦18”平均亩产617.7千克，创张家港地区稻麦两熟制条件下小麦单产新纪录。全村土地流转承包面积212.66公顷。年内，出资2035万元用于新晨产业园项目建设，南新村占股22.5%。全年实现工业总产值2.03亿元，工业销售收入3.2亿元，三产增加值5800万元。集体经济总收入2014.01万元，村级经营性收入1667万元；政府资金托管补贴361.59万元；租赁收入935.41万元，其中土地租金100.07万元、房屋租金817.34万元、变压器设施租金收入18万元；土地发包收入服务费37.77万元；其他收入97.43万元。年可用财力1198万元，人均可支配收入3.94万元。至年末，村集体总资产8973.95万元。

社会事业　2023年，南新村出资6.18万元用于“人和”老年公寓周边道路修补及文明创建氛围更新；出资14.97万元为全体村民购买“福地惠民”保险；出资58.35万元用于补贴“福村宝”医疗互助项目，全年“福村宝”报销954人次，报销金额66.83万元；出资8000元为40名村民办理城乡居民基本养老保险补贴；出资61.93万元补贴城乡居民基本医疗保险，惠及村民1816人。出资1.9万元奖励8名优秀高考生。发放60周岁及以上老年人尊老金114.02万元、米油等重阳节福利物资42.93万元、夏季水果14.62万元；发放股金分红48.94万元。年内，入户走访困境儿童4人、低保户8人、低收入家庭3户、重残人员23人、计生特扶家庭15户，并为其申请专项补助。全年家庭医生新签约16人，随访慢病人员2228人。年内，南新村卫生室获评江苏省甲级村卫生室。

社会治理　2023年，南新村与工商银行、农商行、平安保险、移动公司等单位党组织开展结对共建，撬动社会资金近80万元，开展“共抓长江大保护，共筑乡村振兴略”“粽叶飘香迎端午，党建共建添温度”等主题活动，“凝聚银村合力，苏州张家港工行与南新村开展党建共建活动”信息被新华网报道，“江苏张家港：秸秆回收变废为宝”信息被人民网报道。年内开展“浓情重阳，久久相伴”节日主题活动、“冬日送暖，情暖南新”志愿服务便民早市、“消防演练进小区，共筑平安防火墙”消防安全教育活动、“洁美家园迎元旦”人居环境提升等文明实践活动112次，参与群众2000余人次；开设“墨舞乾坤·少年笔墨情”书法班、“千名教师进社区”经典阅读活动暑托班，服务青少年80余人。年内，南新村出动挖机、装载车辆等大型机械化清运设备35次，清理农村生活、建筑、河岸垃圾250吨，疏浚河道3条，整治污染河道500米，清理乱堆乱放50处，晨丰公路两侧木排港通过农村生态河道现场考核验收；出资23万元用于辖区人居环境整治，出动1300余人次、230车次，清理垃圾43吨。落实工分制，村民通过参与各类人居环境整治活动赚取相应工分，老百姓赚取的工分可以直接当钱花，也可以到定点超市兑换购买实物，“‘工分宝’实现环境智理，走出‘慧治南新’新路子”项目获评苏州市农村人居环境典型案例。全村划分为5个网格、15个微网格，设网格长1人、网格员5人、微网格员15人，全年上报民情日记300条，网格化管理平台整改工单1260件，联合派出所、晨阳办事处在南新花苑小区、沿街商铺、群租房整改安全隐患50处，完成小餐饮场所“瓶改电”9家。开展企业“安全生产”专项检查20次，拆除厂区违章搭建250平方米，整改安全隐患15处。受理信访153件，化解信访老户16户，调解各类矛盾纠纷30起。

10月28日，南新村“稻田风物节”活动开展

【“稻香人和”项目获苏州市青少年小微关爱项目二等奖】 2023年，南新村依托千亩丰产方稻麦示范基地、油车埭美丽菜园、农机库等阵地，开展“稻香人和”青少年研学项目。该项目以“品味农耕文化，体验现代农业”为主题，与暨阳高级中学、实验小学东校区、云盘小学、张家港爱上网等单位联合开展农事体验、实践教育、参观机械化、智能化农机作业等系列活动，让青少年亲身体验传统农业与现代农业、智慧农业的发展历程。开设青少年田间课堂，设置“稻梦空间”“禾下乘凉梦”等主题研学实践教育课程。全年开展青少年研学活动8次，参与活动500余人次。南新村被授予张家港市十大研学基地，该项目获苏州市青少年小微关爱项目二等奖。（闵保阳）

晨南村

【概况】 晨南村位于晨阳办事处辖区西部。东与南新村接壤，南与金港街道长江村（东区）相邻，西靠晨德公路、太字圩港，与后塍街道晨阳村相望，北与大新镇龙潭村交界，晨德公路、晨阳路、疏港高速穿村而过，区域面积4.1平方千米。2004年4月，由原晨南、晨中2个村合并而成。2023年，辖30个村民小组，有8个自然村落及晨南花苑1个动迁小区。年末，常住人口7524人，户籍1255户，户籍人口3718人。年内，出生13人，死亡44人。村党总支下设4个党支部，在册党员163人。晨南村2022年获评省级健康村。年内，获评第五批江苏省生态文明建设示范村、张家港市健康教育与健康促进基地。

集体经济　2023年，晨南村粮食种植

面积113公顷，各类水果蔬菜种植面积5.3公顷，水稻产量每公顷9吨、小麦产量每公顷4.87吨。全村土地流转面积123公顷。年内，出资1051.29万元用于新晨产业园项目建设，晨南村占股22.5%；出资10万元加固厂房1000平方米。村集体经济总收入1598万元，经营性收入1458万元，租赁收入644.27万元，其中土地租金122.46万元、房屋租金517.8万元、其他设施租金收入4万元；投资收益296.31万元，其中投资南新村门面房2.93万元、金港丰裕机械厂房18.38万元；政府资金托管补贴275万元；补助收入136.91万元；其他收入498.19万元。可用财力1198.92万元，村民人均可支配收入5.15万元。至年末，村集体总资产1.09亿元。

社会事业　2023年，晨南村完成2组和16组拆坝建桥2座，改造27组危桥1座，道路修补2处，污水管网维护5处，运用顶管技术实现长八圩埭前河与后河水系沟通及河道自净功能，疏浚河道5条。出资9.8万元购买“福地惠民”保险，惠及村民3499人；补贴城乡居民基本医疗保险1204人39.63万元、城乡居民基本养老保险23人4010元；出资41.36万元用于补贴村民“福村宝”互助医疗项目，全年“福村宝”报支808人次，报销金额56.3万元。出资106.1万元为60周岁及以上老年人发放夏季及节日福利；发放股金分红33.1万元，惠及股民3532人；发放二次分配150万元；出资1.6万元奖励5名优秀高考生。年终春节扩面慰问4.1万元，惠及困难人员95人。新增残疾人办证5人、换证3人，办理残疾人护理补贴3人。完成持独生子女父母光荣证企业退休人员一次性奖励申报54人。办理城保死亡人员遗属待遇申报13人，办理申请退休人员重病、亡故慰问23人。采集城保退休人员信息62人，办理灵活就业人员社保补贴20人。新增虚拟养老服务20人，组织1364名老年人参加健康体检，完成适老化改造9户，完成慢性病及社会影响因素状况调查175户387人。组织“爱满港城”慈善募捐，筹集捐款16万元。全年送戏下乡4场、送电影下乡14场。

社会治理　2023年，晨南村召开党员大会4次，开展各类党建活动28次，依托党群服务中心、新时代文明实践站关注“一老一小一青年一特殊群体”四大重点群体，开办青少年放心暑托班、非遗课堂、科普小课堂10场，服务辖区青少年230余人次；开展“梦想改造+”主题帮扶活动5次，为困境儿童改造房间1处，提供爱心物资赠送2次，关爱志愿服务1次；开展“河小青”护河志愿行动、“红蜻蜓”乡风文明宣传等青年专题志愿服务活动10次，参与志愿者150余人次。年内，晨南村红蜻蜓志愿服务队获评张家港市优秀社区社会组织。组织30名党员关爱空巢老人、失独家庭、困难党员等特殊群体，为52名特殊人群送去节日慰问及祝福；开展“鲜活晨南”乡土文化节、国防教育党员之夜、埭上志愿服务集市、沉浸式消防安全演练等党建精神文明实践活动12次，党员、村民、志愿者800余人参与活动。梳理上报“身边好人”4人，晨南村23组村民张秀英获评张家港市“身边好人”。晨南村晨欣锡剧团参与“大地欢歌”张家港市乡村文艺星级团队大展演，获评张家港市乡村文艺星级团队优秀团队。晨南村建有8个“香樟树下”议事点用于村民协商议事，全年开展村民议事6次，商议解决矛盾纠纷、村级经济发展等问题，完成河道疏通、桥墩修补等基础设施维护15处，处理邻里关系及其他事件32条。出资9.7万元

4月21日，晨南村在油车埭体育公园举行第一届"鲜活晨南"乡土文化节

用于辖区人居环境整治，全年出动1610余人次、350余车次，清理垃圾50吨。激励村民自主参与农村人居环境整治，1组村民钱金秀获评2023年度张家港市农村人居环境整治"美丽庭院"标兵户，10组肖敏芬家庭获评2023年张家港市垃圾分类工作优秀家庭。全村划分为5个网格、15个微网格，设网格长1人、网格员5人、微网格员15人，配备村级联防人员4人，开展"331"安全夜查、禁毒铲种、秸秆焚烧、平安建设等巡查走访190次，年内上报民情日记300条，网格化管理平台整改工单1242件，发现、处置出租屋、小餐饮安全隐患351处，完成小餐饮场所"瓶改电"6家；联合晨阳办事处、第三方检查机构检查企业安全48次，拆除厂区违章搭建1350平方米，整改安全隐患86处。

【油车埭体育公园】 油车埭体育公园于2022年10月建成，总投资200万元，占地面积4000余平方米，拥有笼式灯光篮球场、3人制笼式足球场、乒乓球场，供不同的球类爱好者运动娱乐，3处健身路径分散在油车埭的3个地段，健身步道贯穿整个油车埭，连接不同的小公园，方便居民休闲健身。2023年，晨南村依托油车埭体育公园，开展第一届"鲜活晨南"乡土文化节暨农民趣味运动会、"云端扬清风"放飞风筝活动、植树添绿活动、志愿集市、非遗文化展览等群众性农村文化体育活动十余次，参与村民800余人次。6月，晨南村油车埭体育公园获评2023年度苏州市农民体育基地、苏州市十佳农民体育基地。（贲继云）

晨阳社区

【概况】 晨阳社区位于晨阳办事处集镇区，东邻晨阳幼儿园，南至晨南村第一组后河，西依太字圩港，北靠晨南村第十二组前河，区域面积0.8平方千米。2023年，辖阳光花苑、纯阳路小区、辰厦小区、晨阳小区4个居民集中居住区。年末，辖区常住人口5070人，户籍556户，户籍人口1360人，其中60周岁及以上185人、80周岁及以上28人。年内，出生6人，死亡2人。社区党支部有党员54人。晨阳社区2020年获评江苏省第十四批省级民主法治示范社区、江苏省健康社区，2021年获评全国书香社区，2022年获评江苏省"三全"示范社区。年内，获评张家港市文明社区标兵。

社会治理　2023年，晨阳社区围绕辰厦小区1—6幢空中飞线整改验收事项、小餐饮消防安全、暑期活动安排等事宜召开居民议事会12次，针对辖区环境卫生、民微项目征集、民微项目满意度等召开居民代表大会4次。依托民生微实事项目，投入1.48万元在动迁安置小区增划近1000米的电动车停车位线，方便居民停车；投入2.97万元把核酸亭房改造成爱心漂流站、便民服务站、民生亭、微型消防站。社区划分为3个网格、9个微网格，设网格长1人、网格员3人、微网格员9人，配备小组长与楼道长17人，运用“联动张家港” App，全年处置消防安全、垃圾分类、基础设施破损等工单747件，民情日记上报并完成整改180条。联合派出所、晨阳办事处，对居民小区出租房、沿街商铺、小作坊开展“331”夜查96次，检查出租房192家、“九小场所” 164家，整改隐患253处，整改小区电动车隐患365处，拆除出租房和“九小场所”金属栅栏69个、易燃装修品材料20平方米，配备“消防四件套” 102套，整治违规液化气瓶35个，处理私拉乱接电线112户，整改“三合一”问题13家，完成小餐饮场所合规化改造35家、“瓶改电” 32家，关停4家。完成食品安全“两个责任”公示10家，对红白喜事进行食品安全监管，发现问题19个，现场整改17个，责令整改2个。

社区活动 2023年，晨阳社区党支部召开党员大会4次，开展“赓续红色基因，凝聚奋进力量”“崇廉尚俭守初心，风清气正迎中秋”“志愿服务送关爱，文明实践树新风”“牢记嘱托学思想，感恩奋进走前列”等主题党日活动12次，参与党员480人次。实施“党建引领显活力，红色文化惠民生”“乐享运动，书伴成长”“因为有你世界美丽”“消防知识筑安全，垃圾分类倡文明”4个社区党组织为民服务项目，开展“新思想引领新征程”庆祝建党102周年、“红色少年游”传承红色基因、“青春同行”爱心志愿服务、“防范火灾风险，建设美好家园”等主题活动17场，参与群众1200余人次。开展“非遗剪纸进校园”主题活动、“健康运动，同享快乐”全民趣味运动会、“童心妙笔，垃圾分类有‘画’说”手抄报绘制、“家风家训传文明，移风易俗沁人心”纽扣画制作、“医保政策进乡村，惠民服务暖人心”等文明实践活动64次，参与群众1503人次。围绕小区楼道治理开展“创意楼道焕新颜，点燃文明新活力”“文化凝聚邻里情，弘扬文明主旋律”等主题活动6次，参与人员501人次。社区蒲公英志愿服务队每季度开展“志愿服务集市”“我为群众办实事”等活动，受益群众600余人次，蒲公英志愿服务队获评市2023年优秀社区社会组织。社区开展线上线下防诈骗宣传120余次，联合社区民警组织宣讲2次，发放防诈骗宣传折页2000余份。居家养老服务站开展服务类活动55场，服务2100余人次。链接江苏莱洋健康科技发展有限公司开展银龄阅读分享会、手工DIY制作等活动12次，参与老年居民300人次。社区开设春、秋两季老年大学，设有书法班、剪纸班、广场舞班、传统手工艺制作班、舞蹈班，每学期每班10个课时，参与老年居民3000人次。晨阳社区舞蹈队参加晨阳老年大学春季班开幕式和“情满重阳节，爱在夕阳红”文艺汇演，参加张家港市“大地欢歌”乡村文艺星级团队大展演活动，获评张家港市乡村文艺三星级团队。

民生服务 2023年，晨阳社区为6名持张家港市独生子女父母光荣证退休人员办理一次性奖励金申领手续，发放0—14周岁独生子女父母奖励金112人，为5对夫妇办理生育登记。发放65周岁及以上人员

尊老金1519人，发放春节民政扩面慰问金16人。组织602名退休人员参加健康体检，其中城保退休人员548人、农保人员54人。完成农村合作医疗收缴434人、住房公积金扩面5人。全年送电影进社区14场。

【晨阳社区就业服务站获评苏州市“家门口”就业服务站示范站点】 晨阳社区就业服务站位于晨阳社区党群服务中心内，面积100平方米，有就业服务专员2人、就业服务网格员3人、就业服务党员志愿者20余人。2023年，服务站组织党员志愿者开展下沉服务活动7次、就业创业宣传活动7次、业务能力提升培训10次、企业劳动保障服务活动15次，就业服务专职人员每周一、三、五在“招聘小屋”进行现场招聘。年内，该服务站帮助24名失业人员、3名就业困难人员、13名高校毕业生、23名16—24周岁青年实现就业。12月，晨阳社区就业服务站获评苏州市“家门口”就业服务站示范站点。该服务站开展的“春风行动”专场招聘会活动信息被江苏经济网、《江苏经济报》宣传报道。（徐姣）

晨阳社区“家门口”就业服务站现场招聘

城东街道办事处

【概况】 城东街道办事处位于杨舍城区东部，东至东二环，南至新沙河，西至谷渎港和华昌路，北至东横河和张杨公路，区域面积7.85平方千米。2023年，辖城东、前溪2个涉农社区，花园浜、勤丰、老宅、景溪、锦程、南杨6个城市社区，有80个居民小区，其中动迁安置小区8个、物管小区42个、开放式小区24个、城中村6个。年末，辖区常住人口71306人，户籍15319户，户籍人口43131人。街道党工委下辖2个社区党委、4个社区党总支、2个社区党支部、1个机关党支部、3个站所党支部、1个企业党总支、10个企业党支部，在册党员2163人。2022年、2023年城东街道连续两年获评张家港市文明单位标兵。

【“薪火先锋”志愿服务联盟成立】 3月10日，城东街道党工委举行“薪火先锋”志愿服务联盟启动仪式暨志愿集市“益”起行活动。由8家共建单位、13家辖区企业以及8个社区组成“薪火先锋”志愿服务联盟，组建10支联盟队伍，设立“文明惠民”八大志愿服务项目。年内，“张闻明1号”志愿服务流动车项目向辖区群众提供心理咨询、政策宣讲等便民服务50场，惠及群众2000余人次；“书香城市·文明阅读”基层行项目通过流动图书车走进辖区各广场、街巷，每月为群众提供图情

3月10日,"敢字当头、勇当先锋"城东街道大工委"薪火先锋"志愿服务联盟启动

咨询、原创绘本赠阅、文博或阅读专题展览等服务;"为成长护航"家庭教育指导志愿服务为新手家庭、单亲家庭和新业态新就业群体家庭开展专项服务10场,服务65户家庭。 (赵青)

城东社区(涉农社区)

【概况】 城东社区位于杨舍城区东部,东至新市河,南、西依谷渎港,北靠东横河,区域面积1.2平方千米。1995年9月,北水渠村并入城东村,全村分东区(原北水渠村)和西区(原城东村)2块。2013年9月,城东村撤村建居,成立城东社区。2019年3月,园林社区、向阳社区、振丰社区并入城东社区,2023年,辖皇家首座西区、皇家首座东区、传麒湾、景江花园、蔷薇墅、假日风景、世纪华庭、阳光水岸、1+1城中城、东渡花园、华夏家园、向阳新村、宏泰时代13个物业小区,园林新村、园林东村、湾士岸一村、湾士岸二村、湾士岸三村、湾士岸四村、向阳新村、振丰新村、物资新村、东渡花园、东环路129—130号11个开放式小区。年末,辖区常住人口12788人,户籍3846户,户籍人口10494人。年内,出生20人,死亡86人。社区党委下设13个党支部(其中非公企业党支部2个),在册党员584人。城东社区2021年获评苏州市健康社区。年内,获评张家港市文明社区。

集体经济 2023年,城东社区集体经济总收入3504.85万元,经营性收入3504.63万元。租赁收入2763.04万元,其中资产租赁收入2597.6万元、土地租赁收入165.44万元;投资收益635.62万元,其中光伏发电站收益60.15万元。至年末,集体经济总资产2.78亿元。年内,城东村股份经济合作社获评2022年江苏百强股份经济合作社。

社会事业 2023年,城东社区依托经开区建设局开展老旧房屋粉刷、翻新工程,完成辖区内34幢房屋的外立面粉刷(园林新村16幢、园林新村41幢、湾士岸一村12—19幢、湾士岸一村31—36幢、湾士岸二村2幢、湾士岸二村4—7幢、湾士岸二村9—12幢、湾士岸三村1—5幢、江南明珠1—4幢),翻新200个楼道内立面(园林新村30个、园林东村11个、振丰新村34个、向阳新村30个、物资新村29个、湾士岸一村41个、湾士岸二村18个、湾士岸三村4个、湾士岸四村3个),改造老旧房屋14幢(向阳新村1—5幢、7—8幢,振丰新村6—11幢、13幢)。出资8.6万元改造皇家首座西区便民会所。发放春节慰问金194.16万

3月2日，城东社区“民生面对面”活动开展

元，惠及60周岁及以上老年人736人；发放燃气补贴50.6万元、米油福利32.4万元、节日福利30.1万元；出资15.4万元为502名60周岁及以上老年人购买“港城惠民”保险、“江苏医惠保1号”；出资20.6万元实施“福村宝”医疗互助项目，全年“福村宝”报销239人次，报销金额25万元；补贴合作医疗757人17.6万元；全年发放股金分红294万元，惠及股民2954人。发放市、镇两级春节扩面慰问金146人6.76万元，大病救助21户家庭2.1万元。受理评残9人，办理残疾人换证7人，申请残疾人辅助器材20人。新增困境儿童2人，办理困境儿童年审5人；申请办理廉租房9人。“工作人员+志愿者1+1”模式上门看望空巢老人244人次，新增80周岁以上居家养老上门服务61人，完成适老化改造25户。组织3127名城镇退休人员参加健康体检。全年接待居民6000余人次，办结各类服务事项900余件。

社会治理　2023年，城东社区召开支部委员会会议96次、党小组会议194次、党员大会48次；开展“我们的节日”“五彩益生活”等主题文化宣传活动120次；开展“身边好人”宣讲活动4次；举办“家门口的暑期班”3期，开展活动50次；依托“小小志愿者”团队开展文明倡导、文化宣传、爱心帮扶活动6次，开展法治宣传活动13次；实施“红星齐聚力，星火耀城东”“城东‘少贤’养成N次方”2个服务类项目，开展文化宣传、科普宣传、志愿服务等活动30次。实施民生微实事项目，增设园林新村3处电动车充电棚，改造4个开放式小区水井。社区划分为11个网格，设网格长1人、网格员11人，发放网格联系卡432份，运用“联动张家港”App，处置各类工单2376件，录入民情日记660条，处理城乡督察平台工单149件。开展安全隐患排查，检查出租房355户、“九小场所”204家，发现、整改隐患90处。完成“瓶改管”“瓶改电”49家。全年处理“12345”政务服务热线任务单270件，完成人民调解42件，矛盾纠纷处理率100%。

【“共享物业”破解老旧小区治理难题】　向阳新村位于杨舍老街东侧，毗邻梁丰小学西校区和东菜场，建成于1998年，小区15—28幢有14栋楼、184套房子，基础设施老化，停车位短缺，绿化得不到有效管护。面对老旧小区治理难题，社区工作人员力不从心，市场化的专业物业公司不愿接管。2023年，城东社区借助地缘优势，依托金新城物业管理公司（杨舍老街）物业服务项目资源开展“共享物业”服务。由社区党组织牵头，成立由社区、物业、居民代表组成的物业管理小组，开展入户问卷调查180余次，召开居民代表会议2次，征求居民意见形成决议，推行“社区党组织牵头、居民代表参与、物业公司具体实施”的治理模式，破解向阳新村小区治理难题，实现城市老旧小区共建、共治、共享。

（郭成龙）

前溪社区（涉农社区）

【概况】 前溪社区位于杨舍城区东南部，东至华昌路、暨阳湖大道，南至新沙河，西至新市河，北至沙洲东路，区域面积1.09平方千米。2019年3月，中昊社区、新城社区、明珠社区并入前溪社区。2023年，辖花园浜南村（1—23幢、25—45幢、52—61幢、95—98幢）、花园城、悦兰苑、怡景湾、东方明珠茗苑、东方明珠锦苑、银都桂花园、城市花园、前溪花园、名都花苑、扬帆名都、长江新城、中昊檀宫、中昊臻园、碧景苑、樟河苑、前溪巷一区17个居民小区及创富大厦公寓楼。年末，辖区常住人口10850人，户籍3581户，户籍人口10244人。年内，出生63人，死亡37人。社区党总支下设10个党支部（其中非公企业党支部1个），在册党员521人。年内，前溪社区获评张家港市文明社区、张家港市健康社区。

集体经济　2023年，前溪社区集体经济总收入645.57万元，经营性收入620.13万元，其中房屋租金收入615.23万元，比上年增32.32%。年可用财力524.16万元，比上年增7.48%，人均可支配收入7.19万元。至年末，集体经济总资产1.7亿元。

社会事业　2023年，前溪社区依托张家港市老旧小区改造工程，完成前溪花园1—12幢外立面、小区道路、雨污管道、绿化、门卫等升级改造；依托民生微实事项目，新建花园浜南村37幢东、97幢旁及樟河苑充电棚3个，改造、清淤花园浜南村老井5口，增设花园浜南村95幢至沙洲东路居民出入主干道隔离栏和减速带8处。大病慰问7人3.5万元；出资3.73万元为236名75周岁及以上老年人购买“江苏医惠保1号”保险；出资20.03万元用于实施“福村宝”医疗互助项目，全年“福村宝”报销298人次，报销金额21.23万元，最高单次报销金额1.52万元；出资8.97万元为786名60周岁及以上老年人发放节日福利；出资29.34万元为232名70周岁及以上老年人发放春节慰问金。发放市、镇两级春节扩面慰问金3.6万元，惠及71人；发放市级大病支出型困难家庭慰问金15户1.5万元；办理、发放19名退休人员重病、亡故慰问金9500元。组织“爱满港城”慈善募捐活动，筹集善款3万元。办理独生子女父母一次性奖励金申报手续132人；办理残疾证8人，更换残疾证5人；新增困境儿童1人，办理困境儿童年审4人；新增80周岁以上居家养老上门服务30人，完成60周岁及以上老人家庭适老化改造6家，组织2248名城保退休人员、97名农保人员参加健康体检。全年送戏下乡2场、送电影下乡12场。

社会治理　2023年，前溪社区转入党员22人、转出党员5人，召开支部党员大会4次、支部委员会会议96次，书记上党课4次，开展主题党日活动12次。开展“瑞兔迎新春，巧手送祝福”新春挂饰制作、“我的未来不是梦”暑期青少年主题活动、“浓浓邻里情，欢乐闹元宵”节日活动等文明实践活动55次，参与居民5000余人次。实施公民道德建设，围绕“爱、敬、诚、善”四大主题开展道德讲堂宣讲4场，上报“身边好人”事迹5人。社区10支志愿服务团队开展文明养犬宣传、消费安全宣传、健康义诊、洁美家园、反诈宣传、学雷锋公益集市等志愿服务活动50余场，服务居民1万余人次。5月，市金融管理局和前溪社区在前溪巷设立“融之汇”金融惠民之家，建成法治长廊，展示反诈常识、反诈危害、反诈措施等方面内容。完成长江新城新一届业委会换届选举。社区划分为10个基础网格、30个微网格，配备网格长1人、网格员10人、微网格员30人，采取“看、听、访、查”工作方法，落实常态化巡查走访机制。建成“网格议事吧”阵地1个，开展居民网格议事12次，处置上级下派工单586件、网格员工单1859件，上报民情日记602条，处理“12345”政务服务热线任务单238件，调解矛盾纠纷238起，录入卷宗76起。开展“331”消防安全检查，发放宣传资料2000余份，检查出租房260家、“九小场所”291家，发现、整改隐患675处，张贴消防“四类场景”宣传页300套，新增“消防四件套”25套、烟感报警器50个、逃生梯1张，整治电线私拉乱接21处，拆除防盗窗3处、易燃材料及泡沫夹芯板1处，完成小餐饮场所“瓶改电”17家、“瓶改管”2家。

【“庭院党建+”赋能社区治理】 2023年，前溪社区将“庭院党建”融入社区治理，破解治理难题。“庭院党建+庭院课堂”：依托小区文化广场、百姓议事亭、健身广场、邻里睦邻点等场所，将红色阵地建在百姓家门口，将庭院广场变为“理论教学点”，开设庭院课堂16次。引导网格内的退休老党员、老教师、老干部等主动“化身”红色讲解员，宣传党的政策理论。“庭院党建+民主议事”：设立“庭院议事堂”，收集居民建议和意见100余条。由小区党支部牵头，组织党员代表、业主委员会成员、小区居民共商共议，有针对性地推出惠民、利民、便民举措10项；“庭院党建+民生实事”：围绕群众需求，列出“服务菜单”，制定推进计划，解决老旧小区停车难、道路破损、体育健身器材短缺等急事要事20余件。“庭院党建+志愿服务”：联合辖区党员、共建单位等多方群体，组建多功能党建联合志愿服务队伍，开展治安巡逻、文明宣导、消防安全、社区治理、助老爱幼等服务。全年开展“圆梦微心愿”“党员服务日”“睦邻公益集市”等系列活动50余场，服务周边居民1万余人次。

（张海）

12月16日，前溪社区“庭院微课堂”举办

花园浜社区

【概况】 花园浜社区位于杨舍城区东部，东至华昌路，南至沙洲东路，西至新市河，北至东横河，区域面积1.12平方千米。2019年1月，由原花园社区、梁丰社区2个社区及老宅社区、前溪社区的部分区域合并而成。2023年，辖华夏花园、亨通花园、花园浜一村、花园浜二村、花园浜三村、花园浜四村、花园浜北村、前溪巷二区、前溪巷三区及经济适用房花园浜小区。年末，辖区常住人口11219人，户籍3199户，户籍人口8361人。年内，出生18人、死亡66人。社区党委下设8个党支部，在册党员338人。花园浜社区2020年获评苏州市科普示范社区、苏州市健康社区，2021年获评苏州市最佳金乡邻志愿服务社区、2018—2020年度苏州市文明社区，2022年获评江苏省优秀博爱家园、2019—2021年度江苏省文明社区。年内，获评江苏省健康社区、江苏省学雷锋优秀志愿服务社区。

社会治理　花园浜社区划分为10个网格，设网格长1人、网格员10人，网格长由社区社会综合治理网格化联动工作站站长担任。2023年，运用“联动张家港”App，上报、处置网格事件2000余件，录入民情日记600余条、整改网格化联动平台工单1200余件。开展“331”消防安全检查137次，发放宣传资料2000余份，排查“九小场所”483家、群租房16家，发现并整改隐患175处。开展餐饮场所“瓶改电”集中改造宣传117次，“瓶改电”签约53家，年内完成“瓶改电”48家。处理“12345”政务服务热线任务单156件，调解矛盾40起，调解成功率100%。

社区活动　2023年，花园浜社区转入党员16人、转出党员12人、转正党员3人、发展预备党员1人，召开支部党员大会32次、支部委员会会议96次，上党课18次，开展主题党日活动12次。花园浜社区新时代文明实践站总面积600平方米，由先锋志愿服务V站、24小时图书馆驿站、家庭能量屋等17间小木屋组成，8月底区镇拨款9万元完成小木屋提档升级。实践站成立12支志愿服务团队，全年开展“便民服务系邻里”“先锋传承立标杆”“口口相传扬家风”“爱心储蓄扬志愿”四大主题志愿服务活动1873次，服务居民2.5万余人次。年内，花园浜社区新时代文明实践站获评苏州市新时代文明实践示范站，全年接待参观学习76批次1670人次。社区开展校外辅导站活动47次，参与青少年1000余人次。以经济适用房花园浜小区为试点，打造老旧小区“美丽楼道”品牌，完成楼道彩绘41处，布置“楼道文化角”3处，召开“楼道长议事会”4次、“邻里茶话会”4次，开展“睦邻文化主题日”活动8次、“花花园园讲文明”活动4次。4月12日，该小区成为江苏省文明创建和文明实践工作现场推进会参观点位之一。

民生服务　2023年，花园浜社区依托民生微实事项目，召开居民议事会会议4次，投入29万元实施老旧水井及井台翻新改造4.0工程、便民停车棚增设、“薪火传承”党建引领项目、“开创阳光心理小屋，打造幸福花园社区”小木屋文化构建项目、“邻聚力，新‘栋’力”楼道自治项目、“变迁中传承——拾取节日记忆”弘扬传统文化项目。社区延伸小木屋功能，在区镇支持下将育才路门面改造为城东悦杨综合为老服务中心和城东悦杨残疾人之家，配备专业社工、“暖银龄”志愿服务团队，为辖区老人提供日间照料、爱心助餐、休闲娱乐等综合性惠老服务，全年服务老年人2万余人次。开展“博爱家园，康福守护”养老助残项目和应急救护项目，开展活动57次，服务残疾人2000余人次，社区获评2023年度江苏省优秀博爱家园。全年走访困难群众200余人，发放扩面慰问金6.91万元、市级大病支出型困难家庭慰问金15户1.5万元，办理重病亡故慰问金44人、企业职工基本养老保险因病或非因工死亡遗属待遇及个人账户储存额19人。采集企业退休人员信息131人，办理灵活就业补贴22人，新增80周岁以上居家养老上门服务45人。办理企业退休人员独生子女父母一次性奖励申报手续150人、生育登记54件，新增特扶家庭3户、慈善助学7人、托底助学1人。登记严重精神障碍患者53人，办理残疾证11人，新增残疾人生活、护理“两补”对象6人，申请残疾人辅具13户，完成适老化改造6户。

11月15日，“乐龄红雁”党支部成立

【“乐龄红雁”党支部组建】 11月15日，花园浜社区成立全市首个离退休干部流动党员组成的“乐龄红雁”党支部，在册党员6人。年内，该支部与社区老干部支部签订党建共建协议，开展“指尖课堂”46次，每天推送学习资料；开展“联学课堂”6次，由老干部支部党员和“乐龄红雁”党支部党员每周二下午在党员之家轮值，读党报、学理论、讲体会；开展“主题课堂”2次；每月组织流动老党员参与政治生日会、榜样学习分享会等主题活动，和社区党员同学习、同参与、同管理；开展“实践课堂”1次，流动老党员参与每季度1次的居民议事，实现问题共议、实事共办、难事共解。（陶文洁）

勤丰社区

【概况】 勤丰社区位于杨舍镇城区东北部，东至东二环路（南段）、东苑路（北段），南至东横河，西至华昌路，北至人民东路（东段）、长泾路（西段），区域面积0.63平方千米。2019年3月，由原勤丰社区与君临社区合并而成。2023年，辖君临新城1个商业小区，城东花苑、勤丰苑2个动迁安置小区及美邻广场公寓楼。年末，常住人口8523人，户籍1149户，户籍人口3184人。年内，出生33人，死亡25人。社区党总支下设4个党支部（其中非公企业党支部1个），在册党员150人。年内，勤丰社区获评张家港市健康社区、张家港市文明社区标兵、张家港市首批“枫桥式村（社区）”建设达标单位。

社会治理　勤丰社区划分为5个网格，由社区书记担任网格长，配备专职网格员5人。年内，运用“联动张家港”App，做好辖区内事件上报、民情日记上报工作，办结网格化联动平台、“12345”政务服务热线、市长信箱等各类工单1326件。排查、化解辖区内各类矛盾纠纷45起。开展出租屋、电动自行车、餐饮店三大领域检查163次，完成出租屋合规化改造158套，电动车充电棚安装悬挂式干粉灭火球60只，完成小餐饮场所“瓶改电”15家。

3月2日，城东花苑家庭医生工作室揭牌

社区活动　2023年，勤丰社区开展伟大抗战精神宣讲等主题教育3场，开展“我们的节日”传统文化活动8次，联合保利大剧院向辖区居民发放演出票，观看儿童剧《八十一棵许愿树》、音乐剧《摘星辰》、话剧《皮囊》等优秀剧目8场。实施公民道德建设，围绕“爱、敬、诚、善”四大主题开展道德讲堂宣讲4场，上报“身边好人”事迹5人，身边好人“爱岗敬业好领导”王晓英事迹被“今日张家港”刊发。开展移风易俗主题宣传12场，举办“福村宝”、城乡居民基本医疗保险等惠民政策宣传普及12场。开展“金乡邻志愿岗”“洁美家园”“七彩假日，快乐相随”成长护航3个志愿服务项目，组织活动42次，惠及群众近1万人次。

民生服务　2023年，勤丰社区整合辖区资源，更换城东花苑和勤丰苑2个动迁安置小区门岗道闸，通过民生微实事工程类项目出资9万元在城东花苑新增停车位31个，由物业公司出资在勤丰苑小区增设大件垃圾归集点2处。年内，开展特扶家庭慰问20次，新增奖扶2人，慈善助学1人；节假日走访困难群众15人，发放市级大病支出型困难家庭慰问金3户3000元、镇级扩面慰问金24户1.12万元；办理独生子女父母一次性奖励申报手续25人、生育登记43件；办理残疾证年审44人，申请残疾人辅具7人，完成适老化改造17户；新增80周岁居家养老上门服务10人，组织695名企业退休人员参加健康体检。

【“红领YI动，健康随行”项目】　3月，勤丰社区根据动迁安置小区老年人在健康咨询、就诊配药等基础医疗服务上的需求，组建“党员+志愿者+医护专业人员+多方社会力量”服务团队，联合市东城社区卫生服务中心，启动“红领YI动，健康随行”项目。利用闲置用房和采样小屋，设立家庭医生工作室，安排全科医师、公共卫生执业医师、护理人员、药剂师等，每周一次为小区居民提供正常诊疗、双向转诊、慢病随访、健康咨询、用药指导、送药上门等服务。根据季节转换和月度工作重点，开展健康讲座、青少年健康教育活动30余次，更换社区宣传橱窗、宣传板报内容4期。年内，家庭医生工作室门诊服务825人次，送药上门66次，测血压、血糖2500余人次，开展家庭医生签约426人，入户诊疗和用药指导83户。

（钱玲玲）

老宅社区

【概况】 老宅社区位于杨舍城区东部，东至东二环路，南至沙洲东路，西至华昌路，北至东横河，区域面积1.3平方千米。2007年1月，成立新农社区，隶属于杨舍镇乘航办事处。2010年1月，新农社区更名为老宅社区。2019年3月，老宅社区与东苑社区部分区域合并成立新的老宅社区，隶属经开区（杨舍镇）城东街道办事处。2023年，辖花园浜北村（26—28幢、30—34幢、37—38幢）、未来城、东苑小区、民丰苑东区、民丰苑西区、老宅新村、金新城悦府、阳光怡庭8个住宅小区，有联排、独栋别墅43幢，多层、高层住宅楼120幢，房屋4397套。年末，辖区常住人口7322人，户籍1507户，户籍人口4433人，其中60周岁及以上807人、80周岁及以上96人。年内，出生29人，死亡13人。社区党总支下设3个党支部，在册党员139人。老宅社区2022年获评江苏省民主法治示范社区。年内，获评张家港市文明社区、张家港市首批"枫桥式村（社区）"建设达标单位。

社会治理 2023年，老宅社区开展垃圾分类宣传活动12次、垃圾分类督导员业务培训2次，入户走访2500余户家庭、116家门店，面对面讲解垃圾分类知识。组织志愿者开展环境整治行动，共建洁美家园。社区划分为6个网格，由社区党总支书记担任网格长，设网格管理员1人、网格员6人。运用"联动张家港"App，上报、处置工单1900余件，录入民情日记360条，处理"12345"政务服务热线任务单78件。开展消防安全宣传活动9次，网格员、楼道长、志愿者走访家庭1500余户。开展防诈骗宣传活动12次，发放宣传资料4247份。开展"331"消防安全隐患整治，发放宣传资料3152份，检查并整改出租房38套，排查"九小场所"116家，发现、整改隐患8处，整改率100%。

社区活动 2023年，老宅社区开展新时代文明实践活动100余次，参与群众近1万人次，内容涵盖政策宣传、健康普及、便民服务、文化活动等。其中，开展《以自我革命精神深入推进全面从严治党——党的二十大精神解读》《新时代十年伟大变革的历史性成就与里程碑意义——党的二十大精神解读》等专题党课4次；围绕"爱、敬、诚、善"四大主题开展道德讲堂4次，开展

12月18日，老宅社区"学习贯彻二十大，共建洁美大家园"环境整治活动开展

“身边好人”宣传活动4次,身边好人“敬业奉献典型”张英、唐德平、徐花、汤召旭及“助人为乐典型”朱菊英事迹在《张家港日报》刊载;开展青少年活动21次、移风易俗宣传活动10次;开展“我们的节日”传统文化活动10次。社区百家乐志愿服务团队开展“金乡邻志愿岗”“洁美家园”等志愿服务活动22次。年内,老宅社区百嘉乐越剧团参加群众性文化演出30次,获评苏州市优秀群众文化团队。

民生服务　2023年,老宅社区依托民生微实事项目,投入社区党组织为民服务专项资金13万元,完成家门口的“微公园”项目和民丰苑东区小区护栏焕新工程项目。全年办理独生子女父母一次性奖励金申报手续54人,办理生育登记63件,新增特扶家庭1户,开展特扶家庭慰问33次,组织特扶家庭65周岁以下人员体检2人,新增奖扶1人,开展慈善助学7人;完成残疾证年审29人,新办理残疾证5人,申请残疾人辅具4人,新增残疾人生活、护理“两补”对象1人,严重精神障碍患者排查登记上报41人;完成企业退休人员信息化采集88人,组织企业退休人员体检795人,参检率85.8%。办理灵活就业人员补贴10人、重病亡故慰问10人,发放死亡待遇2人;新增80周岁居家养老上门服务45人,完成适老化改造6户。节假日走访困难群众200人,发放市级大病支出型困难家庭慰问金6户6000元、镇级扩面慰问金18户9700元。

【“儒韵清风,清廉老宅”项目】　2023年,老宅社区把东苑小区21北侧空地升级打造为“家门口的廉洁文化微公园”。依托该阵地开展“儒韵清风,清廉老宅”警示教育活动,用腐败案例以及案情通报等活教材作为反面典型,以案为鉴敲响拒腐防变警钟。通过观看警示教育片、参观廉政教育基地等方式,夯实清正为官、廉洁从政的思想根基。全年开展廉政宣讲4次、“以案说廉”警示教育活动4次、参观廉政教育基地1次。贯彻落实党风廉政建设责任制,签订个人廉政风险排查和防控登记表,排查各岗位廉洁风险点。根据年度表现情况,选树对党忠诚、清廉守纪、爱岗敬业、无私奉献的勤廉榜样10人,引导广大党员干部向榜样学习,以勤廉为范,知敬畏、存戒惧、明底线、守纪律。

(黄燕)

景溪社区

【概况】　景溪社区位于杨舍城区东南部,东至东苑路,南至新沙河,西至华昌路、暨阳湖大道,北至沙洲东路,区域面积0.9平方千米。2019年3月成立。2023年,辖梁丰花园、帝景豪园、缇香世家、玲珑湾、前溪锦苑、隆溪花园6个居民小区及缇香广场B幢公寓楼,有居民住宅楼133幢、房屋4790套。年末,辖区常住人口8784人,户籍1210户,户籍人口3465人,其中60周岁及以上439人、80周岁及以上53人。年内,出生40人,死亡16人。社区党总支下设7个党支部(其中非公企业党支部3个),在册党员204人。景溪社区2021年获评张家港市文明社区标兵。年内,获评苏州市健康社区、张家港市文明社区标兵、张家港市“枫桥式村(社区)”建设达标单位。

社会治理　2023年,景溪社区联合缇香世家物业,完成对缇香世家小区地下车库违规搭建安全隐患整改,清理违放物品,拆除违法建设封闭空间8间、面积130平方米。社区划分为6个网格，由社区党总支书记任网格长，配备网格管理员1人、专职网格员6人、微网格员15人。年内，依托“联动张家港”App网格化治理平台，处置网格工单1400余件，上报民情日记360条，社区网格员潘艳丽获评苏州市能手网格员。社区成立“红管先锋”行动小分队，入户宣传消防安全知识3876户，开展小区广场大型户外宣传活动19次，对150家“九小场所”及469套出租房进行合规检查和每月一次“回头看”，发现并整改安全隐患7处，配备灭火器32具，增加“消防四件套”5套、烟感报警器2个，针对流动摊贩、毁绿种菜、违章搭建、电动车违规停放充电等开展联合专项整治52次，整治楼道乱停放车辆1200余辆。完成小餐饮场所“瓶改电”10家。

社区活动　2023年，景溪社区开展理论学习等党建活动21次。开展“第四届中秋睦邻文化节”“挥毫舞墨迎新春”“迎端午巧手包粽子”等“我们的节日”系列活动7次。每月第三个周六举办“海棠管家”志愿服务集市，全年开展活动12场。开展道德讲堂4场，“先锋哥”钱戟、“最孝儿媳”陈建丽、“热心楼道长”黄秀芳3名身边好人事迹被《张家港日报》刊登。社区建立未成年人活动阵地5处、宣传阵地2处，开展家长学校和未成年人活动17场，参与323人次。开展“桐妈阅读小书房”“为未来成长课堂”2个主题系列活动12次，为辖区家庭传授亲子共读技能，提供科学、规范的家庭教育指导和支持。全年开展“金乡邻志愿服务岗”志愿服务活动4场，挖掘培育辖区志愿者113人，充实社区志愿服务团队。开展消防安全、禁放烟花爆竹等宣传活动10场。举办“我家爱学习”家庭赋能活动11次，120户家庭参与活动。

民生服务　2023年，景溪社区依托实施民生微实事项目，在前溪锦苑小区增设电动自行车停车棚6处、单元楼道顶棚11个。办理独生子女父母一次性奖励金申领手续47人。办理合作医疗缴费296人，完成缴费4.26万元。登记在册残疾人25人，其中符合残疾人生活、护理两项补贴申领条件18人、残疾证年审25人、申请残疾人辅具4人、新增办理残疾证1人。组织755名社保退休人员、80名农保退休人员参加健康体检，将5名年满80周岁的老年人纳入张家港市亲情（虚拟）养老院政府养老援助范畴，完成3户老年人家庭适老化改造，配备血糖仪、防滑地垫等，方便老人居家生活。慰问大病支出型家庭5户5000元，扩面慰问困难家庭29户1.4万元，端午节慰问老人12人。

5月16日，景溪社区“网格融邻先锋”项目启动

【梁丰花园网格党群联动共治阵地】2023年，景溪社区依托民生微实事项目，投入5.34万元改造核酸采样小屋，

设立“网格连心社”“便民服务岗”“悦动小书房”等6个“睦邻小屋”，在梁丰花园小广场设立网格驿站，与原有的3个网格阵地组成网格党群联动共治阵地。6月，实施“网格融邻先锋”培育计划，组建以45名党员志愿者为骨干的服务型社团，招募志愿者30人，工作日上午8:30—10:30、下午13:30—16:30定时定点轮流值班，负责民情收集整理、登记借阅书籍、收纳整理6间睦邻小屋。全年开展“向前一步”沟通能力提升、“文明养犬，宠爱有加”居民议事等社区活动9场，参与300余人次。（杜娟）

锦程社区

【概况】 锦程社区位于杨舍城区东南部，东至东二环路，南至新沙河，西至东苑路，北至沙洲东路，区域面积1.1平方千米。2019年1月成立。2023年，辖阳光锦程花园1个商业小区和新农花苑1个安置小区，有高层楼栋30幢、多层楼栋26幢、散居楼栋2幢，有房屋5290套。年末，辖区常住人口6208人，户籍551户，户籍人口2303人，其中60周岁及以上715人、80周岁及以上96人，有百岁老人1人。年内，出生44人，死亡4人。社区党支部在册党员45人。年内，锦程社区获评张家港市文明社区、张家港市健康社区、张家港市首批“枫桥式村（社区）”建设达标单位。

社会治理 2023年，锦程社区联合物业开展“洁美家园”环境整治4次，清理乱张贴、乱堆放120余处，清理烟头、白色漂浮物等垃圾60余袋。组织召开“四方协同”议事会4次，商议解决老旧小区停车道闸更换、电动车集中充电、小区居民活动室改造等群众“小急难”问题5个。社区划分为4个网格，由社区党支部书记任网格长，配备网格警务员1人、网格巡查员4人、网格督导员1人，由党员、居民小组长、楼道长、议事会成员等担任网格志愿者。运用“联动张家港”App，做好辖区内事件上报、民情日记录入等工作，全年处置各类事件530余件，调解处理各类矛盾60余起。发放消防知识宣传资料680份，组织消防培训3场、消防演练3次，开展消防安全检查223次，针对辖区出租房、“九小场所”等开展消防安全隐患集中排查76次，发现各类隐患问题135个，年内全部完成整改，配备灭火器25具，增加“消防四件套”18套、烟感报警器30个，拆除出租户违规防盗窗3户，清理消防通道堵塞32处，整治私拉乱接17处，整改“三合一”场所2家，完成小餐饮场所“瓶改管”“瓶改电”8家。

社区活动 2023年，锦程社区开展“学思践悟二十大，牢记使命强党性”“党员先锋来报到，文明养犬宣传进网格”等主题党日活动5次，开展“贯彻二十大·奋进新征程”“守正创新，真抓实干”等主题理论宣讲24次，召开支部委员会会议12次。开展“薪火永相传，同心建新功”“传承好家风，涵育好民风”等道德讲堂4次。开展“云上闹新年”迎春晚会、猜灯谜闹元宵、中秋文艺汇演、邻里厨艺秀等文化活动18次及健康养生讲座6次，参与居民1560余人次。链接外部资源开展健康义诊、便民服务、法律咨询、政策宣传等民生小市集12场，发放宣传资料1200余份，参与群众1500余人次。社区“安全自治小分队”“暖夕阳帮扶团”“青年志愿团”等6支志愿服务团队开展安全巡查、爱心帮扶、垃圾分类、文明行为宣传引导等志愿

9月20日，锦程社区邻里厨艺秀活动举办

服务22次，开展上门义诊、打扫卫生、读书读报等服务12次，免费为60周岁及以上老年人缝补衣物360余件，惠及居民760余人次。

民生服务 2023年，锦程社区依托民生微实事项目，设置新农花苑小区便民停车棚3处，增设便民楼道椅68张，安砌路侧石430米。新增新农花苑共享小屋便民服务点，设立便民设施借用、健康义诊、普法宣传等服务，全年服务群众680余人次。办理生育登记91件、独生子女父母一次性奖励金申领手续13人。完成城乡居民基本医疗保险缴费79人。办理灵活就业人员社会保险补贴1人、困境儿童生活补贴1人、残疾学生慈善助学1人、廉租住房补贴3人。办理无固定收入重度残疾人补贴1人、重度残疾人护理补贴3人、听力言语及视力残疾人信息（流量）补贴1人，推荐残疾人就业1人。发放困难对象、高龄老人慰问金17人9300元。新增80周岁居家养老上门服务7人，完成适老化改造1户。采集26名企业退休人员信息，组织141名企业退休人员、11名65周岁及以上农保人员参加健康体检。

【网格助力“反诈骗”】 2023年，锦程社区组建由“网格长+网格员+微网格员”组成的三级网格队伍，由社区“两委”担任微网格长，发动党员、乡贤、楼长、居民代表等充实微网格力量。3月起，社区开展网格安全宣传、反诈骗宣传9次，通过入户走访、以案说法、现场解答咨询等方式，向居民讲解电信网络诈骗典型案例，发放宣传资料1230余份。网格员自创自编快板《防诈骗》，将电信诈骗形式与防范技巧融入文艺活动，向群众传授反诈知识，提醒群众做到“不轻信、不透露、不转账、不参与”，自觉远离各类电信网络诈骗陷阱，识别诈骗套路，不给犯罪分子可乘之机。发挥微网格员人头熟、地情熟的优势，排查出各类诈骗隐患12起，年内均得到化解。“破解‘保健品’骗局，守住老人晚年幸福”案例获评张家港市社会综合治理网格化联动机制“一案一奖”典型案例，“网格员化身‘反诈员’，破解游戏诈骗‘新套路’”获评经开区（杨舍镇）“一案一奖”典型案例。（刘晓岑）

南杨社区

【概况】 南杨社区位于杨舍城区东北部，东二环与张杨公路交界处，东至东二环路，南至人民东路（东段）、长泾路（西段），西至东苑路（南段）、华昌路（北段），北至张杨公路，区域面积0.51平方千米。2019年1月成立。2023年，辖汇金花园1个商业小区（住宅楼18幢、房屋3399套）及由万达广场、万豪酒店、汇金SOHO公寓、汇金双子楼构成的汇金商务中心商业综合体。年末，辖区常住人口5612人，户籍276户，户籍人口647人。年内，出生26人，无人员死亡。社区党支部在册党员49人，流动党员2人。南杨社区2022年、2023年获评张家港市文明社区标兵。年内，获评张家港市健康社区。

社会治理　2023年，南杨社区配合公安部门、农商行开展“警网银联动走访、你我他携手反诈”大走访行动，入户宣传12次，发放宣传手册1000余份，开展主题反诈讲座5次。社区划分为3个网格，设网格长1人，由社区党支部书记担任，每个网格配备1名专职网格员。运用“联动张家港”App，全年处置各类民生事件725件，录入民情日记180条，处理“12345”政务服务热线任务单28件，解决率100%。联合城管综合执法部门开展“331”消防安全宣传24次，完成辖区门店“瓶改管”“瓶改电”16家，年内整改率94.12%；对辖区150家“九小场所”、504套公寓房开展消防安全检查12次，排除安全隐患96处；每月组织网格员、楼道长、志愿者对楼道、地下停车场进行排查，开展地下停车场电动车违规停放、违规充电专项整治12次。年内，南杨社区老宅路商业街获评消防安全专项治理机制示范商业街区。

社区活动　2023年，南杨社区召开党员大会4次、支部委员会会议12次，开展“党员冬训聚能量，便民集市送大‘理’”“党建引领志愿红，服务群众零距离”等主题党日活动12次，其中由30名党员、居民、商户代表参加的“‘敢为’在南杨，干出新作为”开放式主题党日活动入选张家港市组织生活热力榜；“文明商户铸匠心，服务反哺结同心”项目获评区镇2023年度“暨阳海棠”基层党建好项目一等奖，并作为年度书记好项目在“幸福杨舍”微信公众号推广展示。推进“红心向党·先锋南杨”党建融合项目、“平安善治·宜居南杨”安全教育赋能计划、“和美家风·德润南杨”和谐家风倡导、“青春有我·奋斗南杨”青少年社会实践能力提升4个项目，开展活动62次，服务居民3500余人次。联合物业、执法中队每季度开展一次文明商户评比，全年评出文明商户45家。开展“小南帮你忙”便民集市12场，链接辖区8家商户为居民提供健康义诊、口腔检查、爱心理发等公益服务，服务群众1200余人次。6月，举行“薪火相传守初心，凝‘新’聚力启新程”暨“南小哥”青杨先锋启动仪式，发挥“外卖小哥”流动快、联系广、路线熟、情况明的职业优势，参与社情民意收集、文明创建、安全检查巡查等社区治理，推动他们从“服务对象”变为“治理力量”。

民生服务　2023年，南杨社区接待居民1500余人次，帮助1名儿童申请矫正鞋辅具，组织辖区82名65周岁以上老人参加健康体检，办理独生子女父母一次性奖励金申领手续14人、生育登记44件。落实辖区企业稳岗补贴8家。开展老年人“银龄”互助服务72人次，链接社会组织开展居家养老社会化服务20次，服务小区居民600余人次。组织“爱满港城”慈善募捐，募集捐款3.27万元。

【“红心向党·先锋南杨”党建融合项目】 2023年，南杨社区开展“红心向党·先锋南杨”党建融合项目。改造核酸采样小屋，在沿街门店周边打造商居共建驿站，设立全年无休“志愿岗”，为周边商户和居民提供问题反馈、商居便民等服务，全年发布招

6月20日，南杨社区"青杨先锋"骑士队组建

租广告50条、招聘广告258条。每月15日开展"书记早市"及"小南帮你忙"便民服务集市，"书记早市"由社区书记牵头，在商居共建驿站安排4小时"班子轮值"，全年收集社区多方代表对社区治理工作建议12条；"小南帮你忙"便民集市为辖区居民提供健康检查、便民磨刀、爱心理发等公益服务，全年开展活动29次，惠及群众1450人次、商户100余户。社区围绕居民"急难愁盼"问题，与辖区物业公司和党员代表等共同商议，解决辖区车位划分、噪声扰民等民生问题。每季度开展文明商户评比，采用季度流动红旗、年度荣誉奖牌等方式激励商户，激发商圈参与基层治理活力。年内，"红心向党·先锋南杨"党建融合项目获评2023年度张家港市优秀民生微实事项目。

（钱英姿）

城南街道办事处

【概况】 城南街道办事处位于杨舍城区南部，东至河西南路，南至新泾西路，西至江阴交界处，北至沙洲西路，区域面积14.96平方千米。1995年8月始建，辖2个居委会。1996年7月，体制改革时撤销街道、居委会，原辖区并入城西街道办事处。2004年2月，复建城南街道办事处。2023年，辖城南、旺西、赵庄、包基、小城市5个涉农社区，南苑、暨阳湖、永安、白鹿、联谊、邻湖6个城市社区。年末，辖区常住人口103234人，户籍16838户，户籍人口47934人。街道党工委下辖7个社区党委、2个社区党总支、72个党支部（含邻湖社区党支部、联谊社区党支部），在册党员2451人。辖区内有规模以上企业8家，以纺织类、服装加工类为主，有张家港市汇之锦纺织科技有限公司、江苏双羊医疗器械有限公司等骨干企业。有高中2所、中等专业学校1所、初中2所、小学6所、幼儿园10所、医院2家、菜场5个。年内，城南街道办事处获评张家港市先进文明单位。

【海棠赋能"1+3+N"汇治行动】 4月27日，城南街道大工委联合市城管局、市物管处共同开展"同创文明城市、共建幸福城南"主题活动暨海棠赋能"1+3+N"汇治行动启动仪式。"1"指一个核心，以"党建引领"为核心掌舵，点燃"汇治引擎"；"3"指建立党群议事会、"南精灵"行动支部、"南小管"志愿服务队3支队伍；"N"指各方协同推动，依托党建联盟，推进区域共建单位、执法力量、各类优质资源进社区、进小区、进楼道，支持和配合社区党组织开展工作。区镇相关领导、各社区、物业公司代

4月27日,“同创文明城市,共建幸福城南”主题活动暨海棠赋能“1+1+N”汇治行动启动

表、共建单位代表及新业态新就业群体代表50人参加活动。活动现场,辖区6家物业企业党组织与对应社区签订《“红色物业”党建共同体》协议,为8名聘用为“文明督导员”的同创共建单位代表、区域共建单位代表、小区物业代表、新业态新就业群体代表发放聘书。全年开展“人人都是张闻明”“红邻同行”等汇治行动12次,参与活动132人次。（张延之）

城南社区(涉农社区)

【概况】 城南社区位于杨舍城区南部,东至南门路,南至南苑西路,西至港城大道,北至小河坝路、朱港巷路,区域面积0.86平方千米。城南社区原为城南村,旺家庄村、小河坝村分别于1995年10月、2003年3月并入城南村。2014年10月,城南村撤村建居更名为城南社区。2019年3月,馨港、沙工2个社区及聚龙社区的部分区域并入城南社区。2023年,城南社区辖51个村(居)民小组,大菜巷、小菜巷和中港花苑3个动迁安置小区。年末,辖区常住人口10550人,户籍2692户,户籍人口7457人。年内,出生41人,死亡66人。城南社区党委下辖10个党支部(其中非公企业党支部1个),在册党员457人。城南社区2021年获评2018—2020年度苏州市文明社区,2022年获评江苏省“三全”社区。年内,获评张家港市文明社区。

集体经济 城南社区有城南、旺家庄、小河坝3个股份经济合作社,集体经济收入来源于门面、辅房、商业综合体大楼(城南大厦)、城南工业区厂房的租金收入(城南工业区厂房租金每年1050万元)及张家港市杨舍镇经济服务中心托管资金利息。2023年,城南社区集体经济总收入4055.83万元,经营性收入4041.4万元,人均可支配收入5万元。至年末,集体经济总资产5.25亿元。年内,城南村股份经济合作社获评2022年江苏百强股份经济合作社。

社会事业 2023年,城南社区出资7.76万元用于铜盆新村、新朱港巷、湾士岸自然巷疏通下水道、清理修复窨井、修缮道路工程。依托民生微实事项目,改造小菜巷防腐木雨棚、中港花苑南区1幢北小广场亭子及中港花苑6幢南长廊。新增大菜巷健身路径1套,更换沙工新村52幢北侧健身路径1套,更新中港花苑二期16幢北侧破损塑胶1处、沙工新村71幢前破损塑胶2处,修整沙工新村52幢北侧健身路径水泥地面、铺设塑胶面层。出资62.44万元补贴“福村宝”互助医疗项目,全年“福村宝”报销1015人次,报销金额72.79万元;出资24.52万元购

买“医惠保”民生保险；出资3.6万元慰问特困社员；出资13.36万元用于亡故慰问；出资3.41万元慰问90周岁及以上老年人。办理退休人员独生子女父母一次性奖励金申报手续73人，办理独生子女父母光荣证4件、生育登记52件，为85名符合条件的老年人办理尊老金申领手续，帮助35名年满80周岁的老人办理虚拟养老服务，为11名残疾人办理残疾证，为8名听力、视力、言语残疾人办理移动手机流量补贴，办理企业职工基本养老保险因病或非因工死亡遗属待遇8人，办理灵活就业补贴15人、创业补贴9人，登记应届大学生就业信息66人，组织600余名老年人参加健康体检。

5月28日，城南社区亲子游学观鸟活动开展

社会治理　2023年，城南社区开展党的二十大精神宣讲、全国两会精神学习、习近平新时代中国特色社会主义思想专题宣讲等理论学习活动24场；开展“党建源动力，赋能新时代”主题活动，组织党员前往张家港湾、沙洲优黄文化园等红堡基地参观学习。依托新时代文明实践站，开展“新春喜乐汇”“青葱岁月，学无止境”“党群心向党，志愿暖人心”“邻里守望，光耀城南”“党建源动力，赋能新时代”5个为民服务项目及“爱心壹加壹”“洁美城南”2个志愿服务项目，累计活动121次，参与群众2500余人次；开展“文明小助手”、健康义诊、文化服务、广场公益活动等志愿服务46次，惠及居民群众4200余人次。社区馨和艺术团、风韵舞蹈艺术团、夕阳红腰鼓队3个文体团队开展群众性文化体育活动，馨和艺术团参加张家港市“大地欢歌”乡村文艺星级团队大展演活动，获评张家港市乡村文艺三星级团队。社区划分为8个基础网格、5个专属网格，设专职网格员8人、专属网格联系人5人。全年处置网格化治理平台各类工单2500余件，处理、回复“12345”政务服务热线232件，排查出租房（群租房）842家、“9+1”场所1600余家，整改各类隐患142处，整改率100%。开展重点场所瓶装液化气用户减量专项整治攻坚行动，完成餐饮场所“瓶改管”“瓶改电”23家。组织辖区居民开展法治宣传活动13次，调解各类矛盾纠纷40起。

【“党建引领”赋能社区治理】　2023年，城南社区引入“红色物业”管理模式，由街道、社区、居民代表、物业代表组成中港花苑物管会（党员比例为67%），监督和协助物业服务企业履行物业服务合同，全年参与调解各类矛盾纠纷40起，参加小区环境整治10次，清理乱堆放15处，清洁脏污立面2处100余平方米。组建由党员为主要力量的垃圾分类监督小组，每周对垃圾分类情况进行督察，引导居民减少塑料使用，全年开展垃圾分类宣传6次，惠及居民群众300余人次。围绕营盘弄周边停车问题，社区协同市土地储备中心、经开区建设局等相关部门实地走访调研，召开座谈会3次，收集居民意见建议，将营盘弄西侧居民自建房预动迁空地改建为停车场，增加停车位22个，缓解周边群众的停车压力。

(邵鑫磊)

旺西社区(涉农社区)

【概况】 旺西社区位于杨舍城区南部，东起金港大道，南至新泾路，西接港城大道，北靠旺西路，区域面积2.2平方千米。2023年，辖旺西花苑(住宅楼44幢、房屋2400套)1个动迁安置小区、缇香镜湖湾(住宅楼54幢，由联排、叠加、高层组成，房屋688套)和湖翠雅苑(住宅楼10幢、房屋300套)2个商品房小区。辖区内有工业区南方科技园、商业体旺西生活广场。年末，辖区常住人口7401人，户籍885户，户籍人口2889人，其中65周岁及以上545人，有百岁老人1人。年内，出生42人，死亡32人。旺西社区党委下设5个党支部，在册党员105人。旺西社区2020年获评全国综合减灾示范社区，2022年获评江苏省“三全”示范社区。年内，获评张家港市文明社区标兵。

集体经济　2023年，旺西社区投资2000万元，在旺西工业园北区新建1幢5层标准型厂房，占地面积920平方米，建筑面积5200平方米，项目工程于2023年9月动工，预计2024年8月竣工。全年集体经济总收入2237.5万元，主要来源于托管补贴和租金收入，经营性收入2233.58万元，其中经营收入1406.04万元、发包收入37.53万元、投资收益788.92万元、利息收入1.09万元。至年末，集体经济总资产2.97亿元，净资产2.71亿元。

社会事业　2023年，旺西社区依托民生微实事项目，投入11.8万元在旺西花苑4幢南侧、14幢北侧、17幢南侧、38幢南侧新建新能源汽车公共充电桩23个；投入4.9万元修补、加固旺西花苑26幢北侧小广场长廊，增设休闲椅2张；投入9.3万元对小区楼道口绿化带进行改造，增设电动自行车停放点33处、充电插座290个。社区出资5.02万元为全体股民购买惠民保险；出资10.11万元为60周岁及以上老年人购买“江苏医惠保1号”；出资12.22万元补贴合作医疗；出资15.74万元补贴“福村宝”医疗互助项目，全年“福村宝”报销417人次，报销金额21.6万元，最高报销金额6920元。发放生活困难人员慰问金4.43万元、学生奖学金2.3万元、老年人补贴592.56万元、亡故慰问金18.9万元。按每股2000元的标准发放股金分红383.3万元。组织“爱满港城”慈善募捐，筹集捐款14万元。办理独生子女父母一次性奖励金申报手续30人、生育登记44件，发放0—14周岁独生子女父母奖励金83人，办理农村部分计划生育家庭奖励3人。办理残疾证1人，更换残疾证6人。办理退休手续30人，组织辖区148名农保退休人员、610名城保退休人员参加健康体检。全年送戏下乡1场、送电影下乡10场。

社会治理　2023年，旺西社区开展“幸福旺西，文化传承”“护航成长·‘旺’向未来”2个党建为民服务项目，组织活动52次，参与活动1500余人次。开展“情暖老人，快乐益剪”“全民阅读”2个志愿服务项目，组织活动28次，惠及居民560人。依托“党员先锋志愿服务队”“旺西小管家”志愿服务团队，每季度开展环境整治、文明劝导、爱心帮扶等志愿活动，整治老年过渡房、未动迁区域环境问题7处，巡河50次，清理绿萍、水葫芦、蓝藻浮萍、河道垃圾1.65吨。通过居民议事会、小区物管会、小区业委会等多个自治组织，每季度召开一次会议，收集居民意见，回应居民诉求18件，更换小区脱落电梯门套214个、顶楼破损通道门43扇，翻砂平整地下汽车库3个，修复河堤护栏坍塌1处，解决地下车库通道漏水、积水3处，新建充电棚2个。采取“城管+社区+物业”联合管理模式，推进生活垃圾分类工作，年内，旺西花苑小区获评苏州市垃圾分类五星小区，小区徐桂娟家庭获评张家港市生活垃圾分类工作优秀家庭；缇香镜湖湾小区获评苏州市垃圾分类四星小区。社区联合第三方建成小区低碳智能回收小屋，通过“点—站—厂”三级布局，支持固废高效回收及资源化利用，用数字化系统打造绿色低碳社区。社区划分为5个网格、38个微网格，有网格长1人、网格员5人、微网格联络员38人。年内上报、处置网格工单1245件，上报民情日记300条。排查走访出租户467户，完成出租户安全隐患整改51处，拆除违章建筑2处1740平方米，完成门店“瓶改管”“瓶改电”4家。处置“12345”政务服务热线任务单82件，调解矛盾52起。

旺西社区民族团结“红石榴”之家

【民族团结“红石榴”之家】 1月，“幸福城南，亲如一家”红石榴联盟成立，旺西社区为会长单位，城南社区、南苑社区为副会长单位。该联盟统筹周边社区、学校、派出所及“两新”组织，发挥各自优势，为辖区各民族居民提供就业、入学、养老、医疗卫生、法律援助等服务。8月，旺西社区“红石榴”之家建成。该阵地位于旺西社区新时代文明实践站二楼，建筑面积800平方米，建有“同心·便民服务站”“同心·乡约书友会”“同心·乡贤会客厅”“同心·乡音喜乐会”4个功能区，集党群服务、事务受理、文明实践、便民服务于一体，设有“红石榴地图”（展示辖区内少数民族分布状况）、“方言知多少”互动体验区、图书室、舞蹈房、休闲活动室。年内，“红石榴”之家开展民族知识竞赛、专题讲座、节日联欢会等活动60场，各民族居民参与3000余人次。红石榴联盟给2户少数民族家庭送去关心关爱，为2户困难家庭圆梦“微心愿”。12月，旺西社区“红石榴”之家获评苏州市民族团结进步创建示范基地。

（李伊娜）

赵庄社区（涉农社区）

【概况】 赵庄社区位于杨舍城区南部，东至河西南路、老沙锡路，南至南二环路，西至港城大道，北至暨阳湖大道，区域面积3平方千米。赵庄社区原为赵庄村，2011年年初，由原赵庄村与北庄村合并而成。2013年8月，撤村建居，更名为赵庄社区。2023年，辖东湖苑、湖东花苑2个动迁安置小区及湖滨国际、蓝波湾、蓝波金典、暨阳湖皇冠、鼎尚花园、碧景名邸6个商业小区。年末，辖区常住人口13650人，户籍1903户，户籍人口5653人。年内，出生42人，死亡50人。社区党委下辖12个党支部（其中非公企业党支部4个），在册党员345人。赵庄社区2022年获评江苏省“三全”社区。年内，获评张家港市文明社区。

集体经济　2023年，赵庄社区集体经济总收入1672.82万元，经营性收入1670.57万元，其中年租金1139.33万元、投资收益368.12万元、利息收入163.12万元。补助收入2.25万元，年人均可支配收入4.98万元。至年末，集体经济总资产2.36亿元，净资产2.29亿元。

社会事业　2023年，赵庄社区投入21万元改造东湖苑三期北门卫；出资19.2万元购买“江苏医惠保1号”；投入31.5万元用于“福村宝”村级医疗互助项目，全年报销801人次，报销金额27.4万元；发放老年人春节福利312万元、中秋节福利79.4万元、重阳节福利4万元、生日福利23.2万元，发放残疾人慰问金2.1万元、征土工补助金33.9万元、医疗补助金15.4万元。全年办理残疾证4人、残疾人“两项补贴”2人、残疾学生补助2人。为18名4050人员办理灵活就业补贴，为66对夫妇办理生育登记，为17名80周岁及以上老人办理虚拟养老服务，发放尊老金878人。组织12名志愿者参加无偿献血，组织1850名企业退休人员、236名65周岁以上的农保老年人参加健康体检。赵庄社区居家养老服务中心社会化运营，每周一至周五开展影视、阅读、棋牌、健康、文艺等活动，全年开展活动75场，服务群众2423人19941人次。

社会治理　2023年，赵庄社区开展党员培训12次，依托党组织为民服务专项经费，开展“红帆领航，逐梦今‘赵’”“党群聚合力，共筑‘星’赵庄”活动48次，参与活动1053人次。召开居民议事会4次，商议解决湖东花苑河道护栏破损、湖东花苑会所电梯井漏水、东湖苑新能源汽车公共充电桩增设等相关事宜12件。社区划分为5个网格，设网格长1人、网格员5人，配备

7月20日，赵庄社区“小小消防员”体验活动开展

楼道长58人，全年上报、处置网格工单365件，处理“12345”政务服务热线任务单105件，上报民情日记360条，调解纠纷矛盾48起。出动136人，每周对323家出租户及25家“九小场所”开展消防安全专项检查，发现、整改安全隐患75处，拆除不合格防盗窗61处，配备灭火器50具、灭火球80只，安装烟感报警器283个，张贴宣传海报102张、消防安全标志贴200张，完成餐饮商铺“瓶改电”6家、“瓶改管”1家。

【“赵”亮家园行动小组解锁老旧小区治理密码】 东湖苑小区建成于2002年，由于时间较久，小区内房屋陈旧，基础设施落后，配套设施跟不上。2023年，赵庄社区成立“赵”亮家园老旧小区治理行动小组，由社区书记任组长，社区工作人员、党员志愿者、网格员、居民代表为组员，在东湖苑小区轮值，每周二、周四将工作地点搬到小区，收集居民“急难愁盼”问题76个，针对一期东侧健身公园围墙破损、三期小区北大门车道狭窄等问题召开征求意见会，年内解决66个，限期解决10个。（马致远）

小城市社区（涉农社区）

【概况】 小城市社区位于杨舍城区西南部，东至港城大道，南至长安南路，西至百桥路、西二环，北至小河坝西路，区域面积1.5平方千米。2013年，由原小城市村撤村建居而成。2019年，原西湖苑、惠丰2个社区以及江联社区的部分区域并入。2023年，辖小城市新村、西湖苑、百桥花园、甲江南、观唐逸墅5个小区，有住宅楼246幢、房屋5968套。年末，辖区常住人口13125人，户籍2847户，户籍人口8216人。年内，出生35人，死亡53人。社区党委下辖5个党支部，在册党员301人。小城市社区2014年获评全国科普示范社区。年内，获评首批苏州市“三全”家庭教育指导服务示范点、张家港市文明社区。

集体经济　2023年，小城市社区开展全国第五次经济普查，采集法人单位228个、个体户637户。全年集体经济总收入1798.24万元，经营性收入1788.99万元，主要来源于威龙广场、小城市菜场商业楼2个商业综合体（面积为21000平方米）及斜桥开发区29657平方米工业用房的租金收入，年人均可支配收入5.12万元。至年末，集体经济总资产8987.57万元。

社会事业　2023年，小城市社区出资270.06万元为老年人发放春节、端午、中秋、重阳慰问金及慰问物资；出资11.96万元补助合作医疗，惠及244名老年人；出资16.6万元用于“福村宝”互助医疗项目，全年“福村宝”报销236人次17.18万元；出资8.07万元购买港城惠民保险；出资13.46万元为老年人购买“江苏医惠保1号”；按每股1250元的标准发放股金分红283万元，惠及股民2493人。办理困难人员认定及灵活就业人员补贴49人次；完成低保、低保边缘、重度残疾人员年审工作；为95名持独生子女父母光荣证城保退休人员办理独生子女父母一次性奖励金申报手续；完成1018名65周岁及以上老年人尊老金发放审核；为20名年满80周岁的老人办理虚拟养老服务，组织636名农保退休人员、1614名城保退休人员参加健康体检。

社会治理　2023年，小城市社区召开党员大会2次，开展主题党日活动12次，书记上党课5次，开展主题实践活动2次，开展“牢记嘱托，感恩奋进，走在前列”大讨论5次。开展各类新时代文明实践活动和群众性精神文明建设活动109次，市政点单活动6次，道德讲堂4场，参与群众4000余人次。全年发布志愿服务活动160场，志愿服务时长1800余小时。社区舞之韵舞蹈团参加张家港市“大地欢歌”乡村文艺星级团队大展演活动，获评张家港市乡村文艺三星级团队。社区划分为7个网格，有网格长1人、网格员14人、楼道长82人，负责网格内政策宣传、民情走访、矛盾化解等工作。全年上报并处理网格工单1743件，开展民情走访420次，处置“12345”政务服务热线任务单151件，完成智慧城管平台工单整改200余件，调解各类矛盾纠纷41起，矛盾调处率100%。开展“331”消防隐患整治行动，全年检查重点场所619次，整改消防安全隐患54处。完成小餐饮场所“瓶改管”“瓶改电”13家，餐饮场所燃气自动切断装置安装率100%。梳理辖区内涉及燃气安全和破坏绿化的违章建筑，通过联合执法，拆除违章搭建43处540平方米。

小城市社区低碳回收便民小屋

【“再生资源回收便民小屋”启用】 11月15日，杨舍镇综合行政执法局联合小城市社区举办的“再生资源回收便民小屋”启动仪式在西湖苑广场举行。活动现场，西湖苑小区“两网融合”回收便民小屋开仓，将可回收物的交易回收服务送至小区居民“家门口”，方便居民对于可回收物的投放处理。居民将家中的硬纸板、废塑料等可回收垃圾带至“再生资源回收便民小屋”进行交易，工作人员对可回收垃圾称重、统计、结算金额，小屋收到的可回收物分区放置并运送至绿色分拣中心处理，实现从交投到收集、到分拣、到运输、再到终端的全流程闭环管理。居民还可以使用“易丢丢”线上平台下单，让工作人员上门收运，通过“线上+线下”的模式实现生活垃圾分类与再生资源回收体系“两网融合”，每天回收量1.2吨。该项目被中国网、紫牛新闻、“今日张家港”App等媒体报道。（俞文雀）

包基社区（涉农社区）

【概况】 包基社区位于杨舍城区西南部，东与城南社区西区接壤，南与江阴市新桥镇苏圩村毗邻，西与江阴市华西村隔河相望，北与百家桥村相邻，澄杨公路横贯全境，区域面积1.72平方千米。2013年，由原包基村撤村建居而成。原包基村15个村民小组已全部安置，1—3组安置在百桥花园，4—6组安置在西湖苑，7—15组安置在包基花苑。2023年，辖包基花苑1个动迁小区。年末，辖区常住人口2069人，户籍401户，户籍人口1302人，其中60周岁及以上597人、80周岁及以上135人，有百岁老人1人。年内，出生10人，死亡17人。社区党委下辖7个党支部（其中非公企业党支部4个），在册党员113人。年内，包基社区获评张家港市文明社区。

集体经济 2023年，包基社区集体经济总收入984.47万元，经营性收入970.82万元，租赁收入639.74万元，其中土地租金151.03万元、房屋租金488.71万元。投资收益227.41万元，人均可支配收入4.98万元。至年末，集体经济总资产1.12亿元。

社会事业 2023年，包基社区出资94.72万元建设停车场，改造位于包基工业区的厂房地坪；出资4.85万元慰问大病患者；出资110.56万元为年满60周岁及以上老年人发放重大节日福利物资；出资148.06万元对年满55周岁女性及年满60周岁男性发放老年人福利费；出资1.2万元为4名高等学校新生发放奖学金；出资13.04万元用于有线电视补贴；出资13.57万元对年满55周岁的女性及年满60周岁的男性实行农村合作医疗全额补贴；出资14.62万元实施“福村宝”医疗互助项目，“福村宝”报销280人次，报销金额20.74万元；出资8.78万元为老年人购买“江苏医惠保1号”。全年办理社保灵活就业20人、退休手续31人，医保卡清卡13人，重病慰问26人。办理生育登记6件、优生优育保险6人、农村部分计划生育退休家庭奖励金1人，新增特扶家庭1户，为15名企业退休人员办理独生子女父母一次性奖励金申领手续，发放独生子女父母奖励金27人。根据老年人健康管理平台的要求，每周走访服务11名辖区老年人。组织172名老年人参加健康体检，发放企业退休职工体检手册300份。组织10名社区居民参加义务献血，献血量3200毫升。

社会治理 2023年，包基社区召开党员大会6次，开展“以自我革命精神深入推进全面从严治党——党的二十大精神解读”等主题党日活动12次，组织100名党员赴无锡中国民族工商业博物馆参观学习。开展“父爱如山，感恩有你”主题活动，弘扬孝善文化。开展“我们的节日”活动7次、道德讲堂4场。出动1800人次、59车次，整治重点区域48处，清理垃圾144吨。社区划分为3个网格，设网格长1人、网格员3人，配备楼道长17人。全年处置网格工单720件、“12345”政务服务热线任务单36件，上报民情日记180条。排查走访出租屋（群租房）110户、“九小场所”55家，整改“三合一”隐患5处、出租房安全隐患23处，

6月18日，包基社区“父爱如山，感恩有你”活动开展

整改电动车违规停放、充电隐患17处，增设灭火器122具、应急照明灯12具、独立式烟感报警器122个、充电桩点位15个，完成小餐饮场所“瓶改电”8家。对辖区20家企业开展安全生产培训12次，组织安全生产检查12次，安全隐患发现8处、整改8处。年内开展法治讲座8场，调解各类矛盾纠纷40起。

【“家门口”的健康科普小屋】 2023年，包基社区整合辖区资源，打造“健康科普小屋”。“健康科普小屋”位于包基街71号包基社区卫生服务站内，分为人体测量体验区、健康支持性工具展示区、“三减”实物模型展示区与营养健康宣传资料区4个功能区。配置身高仪、体重仪、血压仪、血糖监测仪等常用设备，设置“健康知识”书架及宣传栏，向社区居民宣传和普及卫生健康、传染病防治、营养膳食、应急救护等知识，为辖区60周岁及以上居民建立电子健康档案，对患高血压、糖尿病等慢性疾病的老年人免费提供健康指导与针对性干预等一站式服务。全年开设健康大讲堂6次，通过平台点单，邀请“名优医生”4人，开展专病防治、居家护理、健康教育等科普活动40余次，发放“中国居民平衡膳食宝塔”、“三减三建”健康饮食等宣传教育资料5000余份，惠及辖区群众2300余人次。12月，包基社区健康科普小屋获评苏州市营养科普小屋。 （张莉）

南苑社区

【概况】 南苑社区位于杨舍城区南部，东至谷渎港，南至南苑西路，西至南门路，北至朱港巷路，区域面积0.85平方千米。2019年3月，由原绿洲社区及南苑社区、聚龙社区、赵庄村、城南村、城西村5个村（社区）的部分区域整合而成。2023年，辖赵庄新村1个动迁安置小区，南苑新村、港城华府、玉水世家、雅美阁、聚龙新村（1—7幢、9幢、11—13幢）5个商品房小区，曹口、缪港巷新村、小闸村、新朱港巷、缪港巷5个自然村落。年末，辖区常住人口12769人，户籍2402户，户籍人口6563人，其中80周岁及以上老人228人。年内，出生29人，死亡47人。社区党委下设4个党支部，在册党员237人。年内，南苑社区获评张家港市文明社区标兵、张家港市健康社区。

社会治理 2023年，南苑社区出动213人次，开展小区人居环境集中整治10次，清理卫生死角100余处、乱张贴乱堆放300余处，清理垃圾38吨。依托老旧小区改造，解决南苑新村基础设施老化、管网线路乱拉乱挂、建筑外墙破烂脱皮、道路破损、停车位紧张等问题，年内，南苑社区被苏州市城镇老旧小区改造提升领导小组办公室评为先进单位。加大垃圾分类宣传力度，设立曝光台，整治垃圾乱投乱扔现象。雅美阁小区获评苏州市生活垃圾分类四星级小区。南苑社区划分为12个基础网格，设网格长1人、网格员17人，配备楼道长84人。全年上报、处置网格工单2988件，上报民情日记720条，处置“12345”政务服务热线任务单902件。每周二、周四对723家出租房（群租房）、2760家“9+1”场所开展消防安全排查，发现、整改各类隐患82处，完成小餐饮场所“瓶改电”56家。调解各类矛盾纠纷35起，矛盾调处率100%。

社区活动 2023年，南苑社区组织党员开展理论宣讲24次。实施“共绘同心圆，亲邻乐万家”党群服务项目，全年开展活动13次，参与党员314人次。开展“七彩童年”“书香南苑——小小少年绘本阅读之情绪管理”“缤纷夏日，快乐假期”等活动30次，未成年人参与366人次；围绕“爱、敬、诚、善”四大主题开展道德讲堂宣讲4场；开展以“幸福相伴走访”“幸福同行”“幸福康养”为主题的“耆乐融融”老年人服务18次，服务老人513人次；开展“益商牵手，促融合共治理”服务项目，引导商户参与社区治理，全年开展活动20次，参与商户800余人次；链接澳洋医院开展“健康服务驿站”项目，为辖区居民提供量血压、测血糖、解读体检报告、提供健康咨询等健康义诊服务56次，受益群众620人次。把核酸小屋改建成“聆听小屋”，每周一次安排社区干部轮值，与居民交流、沟通，帮居民解惑，全年开展活动28次，服务群众356人次。南苑社区乐龄歌咏合唱队参加张家港市“大地欢歌”乡村文艺星级团队大展演活动，获评张家港市乡村文艺三星级团队。

民生服务　2023年，南苑社区依托党组织为民服务专项资金，投入8.6万元对赵庄新村由居民自建的休息场所进行改造，浇筑水泥地，铺设大理石，整修路牙石。发放重残救助补贴11人，发放无业重度残疾及精神智力三四级残疾人社保补贴2人，为7户残疾人家庭申请辅助器具。发放独生子女父母一次性奖励金90人，为65对夫妇办理生育登记。新增虚拟养老30人，组织65名65周岁以上农保人员、1447名城保退休人员参加健康体检，完成934名居民合作医疗费用收缴。

【“三治曹口”城中村治理】　2023年，南苑社区将城中村曹口人居环境整治工作列入年度重点工作，成立“善治美至”行动支部，推行以“宜居善治、党群共治、文旅智治”为核心的“三治曹口”治理模式。“一治曹口”：针对曹口东、西两侧的漕泾河和弯背塘水质变黑变臭、6处污水井跑冒滴漏、漕泾河和弯背塘相连涵洞坍塌等问题，社区对接市水务局进行河道清淤、污水纳管、生态修复，提升水质。对83户私房进行雨污分流改造，维修道路1万余平方米，改造停车位2000平方米。“二治曹口”：将曹口83户私房按片区位置划分成3个宅基自管组，设置宅前屋后包干责任区，由党员志愿者、村民小组长、热心村民担任自管组组长，对曹口私房前空地进行改造，挨家挨户动员拆除违建临建，清理杂草和生活垃圾，规划建设美丽菜园。“三治曹口”：实施民生微实事项目，加装篱笆800米，新增垃圾分类亭2处、

11月2日，南苑社区“善治美至”行动支部上门作曹口环境整治动员

休闲座椅11张，引入“围炉煮茶”、“网红”咖啡馆等商户，帮助业主解决出租需求。曹口城中村治理作为优秀案例在张家港市作分享报告1次，在区镇作分享报告2次，“幸福杨舍”公众号“书记项目亮实绩”专栏发表1次。“三治曹口”被市委组织部编入《“双引双融”海棠36计》一书，荣获政协“有事好商量”案例推广一等奖、2023年度“暨阳海棠”基层党建好项目称号。（唐晨）

暨阳湖社区

【概况】 暨阳湖社区位于杨舍城区中部，东至河西南路，南至暨阳湖大道，西至港城大道，北至南苑西路，区域面积1.52平方千米。2010年9月成立。2019年3月，由原暨阳湖、南苑、赵庄3个社区的部分区域整合而成。2023年，辖湖滨新村1个动迁安置小区，南城花园、丽景华都、暨阳湖壹号、蓝湖湾、碧桂名邸、景苑、珑樾花园7个商品房小区。有别墅121幢、高层楼栋55幢、房屋5790套。有澳洋医院、国泰工业园、优成大厦等。年末，辖区常住人口10531人，户籍1682户，户籍人口4814人，其中80周岁及以上133人。年内，出生42人，死亡19人。社区党委辖4个党支部，在册党员235人。年内，暨阳湖社区获评张家港市文明社区。

社区治理 2023年，暨阳湖社区开展人居环境集中整治行动，清理卫生死角132处，整治非机动车乱停放93处，聚焦居民公共生活的“最小单元”，打造特色文明楼道3处，碧桂名邸1幢2单元楼道获评苏州市级文明示范楼道。社区划分为6个基础网格，设网格长1人、网格员11人，网格长由社区党委书记担任，配备楼道长58人。运用“联动张家港”“联动杨舍”App，做好辖区内工单上报、民情日记录入、“两类”人员走访上报工作，全年处置各类工单620件。处理“12345”政务服务热线任务单90件，处置率100%，调解邻里噪声矛盾8起。开展“331”消防安全隐患整治专项行动，发放消防安全宣传资料1000份，排查出租屋180套，整改22套，拆除出租房不合格防盗窗2个，配备“消防四件套”15套、烟感报警器5个，排查“九小场所”81家，整改安全隐患3处，完成小餐饮门店合规化改造1家、“瓶改管”“瓶改电”2家。完成食品安全“两个责任”公示81家，全年走访督察320次，发现各类食品安全问题8个，现场整改6个，责令整改2个。

社区活动 2023年，暨阳湖社区组织党员学习《习近平新时代中国特色社会主义思想专题摘编》，开展集中学习18次、大

碧桂名邸1幢2单元最美楼道

讨论4次，开设专题党课14次，带领党员参观永兴村、沙上文化印象馆、张家港市组织力提升基地。开展“喜迎新春，搗出年味”“清风迎中秋，廉洁沁人心”“爱在重阳节，温情送温暖”等“我们的节日”活动13次，组织“‘夜幕下的文明交响’诵读经典”“诗画人生”“唐诗宋词”等夜间读书分享会8次，参与活动2200余人次。围绕“爱、敬、诚、善”四大主题开展道德讲堂宣讲4场。开展“青少年心理健康”“非遗传承麦秆画”“趣味小实验”“美好沙洲行，温暖入我心”未成年人活动16次，参与活动260人次。依托退役军人服务站，开展退役军人活动6次。

民生服务　2023年，暨阳湖社区办理企业退休人员独生子女父母一次性奖励金申领手续46人、生育登记71件，开展计划生育家庭特别扶助2人，办理独生子女父母光荣证8件。发放重度残疾人护理补贴15人，为2名重度残疾人申请辅助设施，为6名听力、言语及视力残疾人申请流量补贴。发放灵活就业人员补贴9人、就业困难人员补贴9人。办理虚拟养老13人，发放养老金469人，组织950名城保退休人员参加健康体检。农村合作医疗收缴420人，家庭医生签约7户，开展上门随访28次。筹集“爱满港城”善款8750元，春节期间慰问困难户24户1.7万元。

【湖滨新村儿童游乐园升级改造】　湖滨新村29幢西侧的儿童乐园建于2001年，面积260平方米，由于年久失修，塑胶地坪破损严重，地面坑洼不平，影响孩童玩耍。2023年，暨阳湖社区听取居民意见，将湖滨新村儿童乐园改造项目列入社区“急难愁盼”问题清单，召集物业、物管委、居民代表协商讨论，确定改造方案。依托民生微实事专项资金对儿童乐园进行改造，地面铺设安全、环保的绿色减震塑胶，在儿童攀爬设施上安装七彩抓手，空闲处增添儿童滑滑梯，游乐区增设“海棠睦邻亭”，为陪同的家长配备爱心休息椅，儿童乐园硬件设施得到提档升级。

（邵燕）

永安社区

【概况】　永安社区位于杨舍城区西南部，因辖区内永安路得名。东至港城大道，南至小河坝西路，西至百桥路，北至沙洲西路，区域面积1.5平方千米。2019年3月，由原清水湾社区与江联社区的部分区域合并而成。2023年，辖金地华城、苏华新村、清水湾、中联皇冠4个封闭式居民小区，友通商业广场、中联国际广场、天霸商务馆、华盛大厦、华建大厦、骏马置地广场6个商业综合体，有住宅楼139幢、房屋5210套，有49个居民小组。年末，辖区常住人口9872人，户籍1536户，户籍人口4277人，其中60周岁及以上691人、80周岁及以上89人。年内，出生33人，死亡14人。社区党总支下设8个党支部，在册党员215人。永安社区2022年获评江苏省“三全”示范社区。年内，获评张家港市文明社区。

社会治理　2023年，永安社区出动近100人次，开展小区人居环境集中整治行动4次，清理公共楼道乱堆放20处、卫生死角2处，清理垃圾20吨，整治毁绿种菜4处，复绿12平方米。社区划分为5个基础网格，有网格长1人、专职网格员10人、微网格员15人、楼道长49人。全年发放网格联系卡1000张、反诈宣传册2500余册、垃圾分类宣传册近1000册，上报、处置网格工单672件，处置“12345”政务服务热线任务单29件，处理矛盾纠纷40起。走访检查出租户145户，拆除出租房不合格防盗窗9个，配备“消防四件套”8套，排查“九小场所”87家，整改安全隐患3处，完成小餐饮场所“瓶改电”3家。

社区活动　2023年，永安社区召开党员大会8次、支部委员会会议24次，上党课8次，开展主题党日活动48次。依托党建为民服务专项资金，开展“护航银龄生活，绘就暖心底色”为老服务20次，惠及老年人220人次；开展“党建引领心悦读，助力少年强国梦”项目活动16次，参与青少年289人次；开展以“铭记光辉历史，传承红色基因”“培育和践行社会主义核心价值观”“明礼诚信，崇德向善”“廉洁守初心，清风润党心”为主题的道德讲堂4次，参与活动80人次；开展消防演练5次，通过现场模拟人员疏散、初起火灾灭火器实射演练与室外消火栓操作演练，使物业人员及居民群众学会报警、扑救、疏散、自救和逃生的正确方法，140人参加；开展睦邻健身操培训3次，年内67人加入健身队伍；开展垃圾分类知识竞赛、手绘环保袋、美化环境等主题活动7次，参与群众146人次；开展“温馨五月，美丽相伴”母亲节插花活动，辖区20名母亲报名学习插花技艺；开展“粽香邻里，心感党恩”端午节活动，20名居民现场展示包粽子技艺；开展“欢乐过中秋，邻里情意浓”中秋节活动，用宣传版面等形式展示中秋节的来历，通过制作月饼、分享月饼体验节日习俗，吸引辖区14名居民参与；开展“九九重阳老友记”重阳节主题活动，组织24名老人游览黄泗浦公园、肖家巷特色田园。

民生服务　2023年，永安社区实施民生微实事项目，完成清水湾7幢楼顶“空中绿洲”美化工程，更换苏华新村健身器材1件，翻新清水湾13幢旁廊架木栈道及木曲桥，搭建“清睦”议事厅，修缮苏华新村凉亭，更换苏华新村健身器材1件。全年采集登记退休人员信息65人，办理虚拟养老服务9人，发放退休人员体检手册957份。完成大学生就业登记45人，登记失业人员8人、就业困难人员8人，办理灵活就业补贴8人。办理生育登记53件、独生子女父母光荣证2件，办理独生子女父母一次性奖励金申领手续40人。为3户残疾人家庭申请辅助器具，办理重残补助8人、残疾人护理补贴23人、智力三四级残疾补贴1人，听力残疾流量补贴3人、残疾助学补贴3人。看访困境儿童3人，走访慰问困难群体23人，开展大病慰问1人、扩面慰问16人。完成合作医疗保险收缴175人。

【“竹林童话”青少年悦读品牌】 5月，永安社区链接专业社会组织、辖区学校师资力量，依托“党建引领心悦，助力少年强国梦”民生微实事项目，打造“竹林童话”青少年悦读品牌。该项目以辖区青少年儿童群体为目标人群，利用辖区内公园、学校等阵地资源，围绕“生态美学”“体验美学”“生活美学”，从“环境、行为、能力”3个方面入手，聚焦“心悦读”，营造沉浸式阅读体验空间。开展“长卷画绘制”“绘制风筝，放风梦想”“贝壳拾忆，聆听海的声音”“夏风徐来，乐不思‘暑’——大暑节气DIY油纸伞”“美味不停歇，浓浓港城味——立秋好食节”“创意玻璃杯”“不负秋光，‘植’得期待”大自然主题系列活动7次，为参与活动的124名青少年打造属于他们的“小天地”；组织113名

6月17日，永安社区“我有仙草一株”粽香阅读DIY端午节活动开展

青少年参加“小木屋”红色阅读小组，开展“党建引领，共沐书香”“我有仙草一株”“粽香阅读DIY”“二十四节气深阅读”“‘八一’致敬最可爱的人”主题活动6次，“阅读越成长”主题阅读系列活动，讲解绘本故事；通过“悦”心课堂，开展“‘暑’不尽的丰收季——绿色童心探自然研学”“用心守护，助力成长——青少年心理健康讲座”“演绎红色经典，润育红色少年”小组活动3次，参与青少年52人次。（马燕）

白鹿社区

【概况】 白鹿社区位于杨舍城区西部，东临百桥路，南至西湖苑路，西沿西二环路，北至沙洲西路，区域面积0.68平方千米。2019年3月，由原白鹿社区与悦杨社区合并而成。2023年，辖白鹿花苑（楼栋29幢、住宅1166套）、西庄花苑（楼栋28幢、住宅869套）2个动迁安置小区及阳光里程（楼栋24幢、住宅1282套）、尚城国际（楼栋15幢、住宅939套）2个商业小区。年末，辖区常住人口10800人，户籍1464户，户籍人口4147人。年内，出生42人，死亡23人。社区党总支下辖4个党支部，在册党员158人。年内，白鹿社区获评张家港市文明社区。

社区治理 白鹿社区划分为5个网格，设网格长1人、网格员9人，配备楼道长60人，网格长由社区党总支书记担任。运用“联动张家港”App，全年上报并处置工单1260件，上报民情日记300余条，处理“12345”政务服务热线任务单79件，热线诉求解决率100%，调解矛盾纠纷23起。开展消防安全治理专项行动，发放消防宣传资料850份，出动576人次开展专项夜查98次，检查出租户165户、“九小场所”30家，整改消防器材缺失等隐患50处，整治楼道电动车违规停放及飞线充电245处。

社区活动 2023年，白鹿社区新时代文明实践站以社区大讲堂、家长学校为载体，举办政策法规、传统文化、家风家训等各类讲座36次，受教育群众720人次。白鹿社区有关爱教育、健康服务、司法服务、文化娱乐4支志愿服务团队，全年出动志愿者1320人次，参与防汛、文明创建、平安创建等志愿服务活动80次。由白鹿幼儿园老师组成的关爱教育志愿服务队，开展读学《弟子规》、非遗剪纸、国粹脸谱小手工等教育活动12次，参与青少年280人次；由健华医院、牙博士口腔团队组成的健康服务队，为辖区老年人提供义诊和健康体检12次，惠及老年人220人次；司法服务志愿服务队开展防诈骗安全教育讲座8次，让老年居民

5月28日，白鹿社区垃圾分类“‘童’心‘童’行”庆六一活动开展

远离金融诈骗，维护自身合法权益；文化娱乐志愿服务队开展文体活动10次，丰富辖区居民的业余生活。开展社区“邻里文化节”活动，书法志愿者为孤寡老人、困难家庭送去春联、福字，职业学校学生志愿者为居民免费维修小家电；辖区爱心理发师上门为出行不便的老年人理发；开展“‘乒’出精彩”乒乓球比赛、“与‘泥’同乐”多肉种植、“守护地球，包住绿色”帆布包绘画等主题活动10次；开展“情暖重阳，爱在身边”“浓浓中秋情，巧手做月饼”“飘香端午，粽情盛夏”等传统节日活动4次。

民生服务　2023年，白鹿社区依托民生微实事项目，更换西庄花苑汽车及人行出口坡道雨棚玻璃22平方米，修缮西庄花苑木长廊及凉亭，修复白鹿花苑路面49平方米，安装便民座椅20张。年内，登记失业人员20人、就业困难人员20人，办理灵活就业人员补贴20人。组织690名城保退休人员参加健康体检，完成605名居民合作医疗保险收缴。办理退休人员独生子女父母一次性奖励金申领手续35人。为3名无业精神智力三级、四级残疾人员、1户一户多残家庭申请调整生活补贴标准。完成大学生就业登记26人。

【“红绿蓝”三原色赋能社区发展】　2023年，白鹿社区以“红色主线、蓝色枢纽、绿色生态”为主线，赋能社区发展。开展“红色主线”党群活动，启动“红色同心，一‘鹿’同行”惠民服务项目，开展红色书籍送党员活动，举办“党建引领守初心，感恩奋进担使命”欢度中秋·喜迎国庆联欢晚会，组织党员观看廉洁教育视频、参观张家港市文化中心追梦学堂。“蓝色枢纽”聚焦民生工程，以社区协商、议事为枢纽，围绕群众“急难愁盼”问题进行商议。针对白鹿花苑小区内南至北道路积水严重影响居民出行问题，经协商对相关路段打凿开挖，增设白鹿花苑积水路面雨水边井20座，安装绿色混凝土路沿围挡197米，解决该路段的积水及湿滑问题；针对西庄花苑消防设施损坏存在安全隐患问题，6月由社区牵头召开西庄花苑居民议事会，商定维修方案，动用维修资金110万元对消防设施进行维修，12月竣工验收。“绿色生态”推进环境卫生整治，每月组织志愿者参加以“白鹿是我家，洁美靠大家”为主题的环境提升整治活动，开展“垃圾分类，变废为宝”讲座、“垃圾分类，携手‘童’行”“见‘圾’行事”等垃圾分类宣传活动4次，参与活动412人次。

（吴丹锋）

联谊社区

【概况】 联谊社区位于杨舍城区南部，东起港城大道，南至南二环路，西沿西二环路，北至长安南路，区域面积0.5平方千米。2019年3月成立。2023年，辖国泰润园（高层9幢、别墅42幢、住宅650套）及暨阳湖苑（高层40幢、E墅24幢、别墅162幢、住宅4578套）2个居民小区。年末，辖区常住人口6552人，户籍607户，户籍人口1607人。年内，出生39人，死亡2人。有世茂小学、世茂幼儿园、暨阳湖湿地公园、暨阳湖金融街和馨苑度假村等。社区党支部有党员90人。联谊社区2022年获评江苏省“三全”示范社区、苏州市儿童友好社区。年内，获评苏州市健康社区、张家港市文明社区标兵。

社会治理　2023年，联谊社区出动30人次、6车次，整治环境10处，清理建筑垃圾5吨。社区划分为5个网格，设网格长1人、网格管理员1人、专职网格员5人、微网格员15人，网格长由社区党支部书记担任，配备楼道长28人。运用“联动张家港”App，做好辖区内事件上报、民情日记录入上报工作，全年处置各类事件1300余件，处理“12345”政务服务热线任务单44件，热线诉求解决率100%。整改小区电动车违规停放52处，处理私拉乱接电线10户。检查“九小场所”36家，整改隐患21处，完成老旧电动车回收2辆，整治违规液化气瓶15个，完成“瓶改电”4家，完成率100%。联合消防救援大队走进校园和小区，开展实地消防演练2次。成立润园小区“润·家”网格党小组，发动“‘润·家’海棠先锋”、党员志愿者、公益团队等多元力量，开展政策宣传12次、调解矛盾纠纷10起、完成小区民生实事工程5件。年内，“润·家”网格获评苏州市党建引领物业管理服务工作示范点。

社区活动　2023年，联谊社区开展“弘扬‘四敢’精神，践行廉洁自律”“深学细悟，以学促行”“学习贯彻习近平新时代中国特色社会主义思想主题教育”等主题党日活动12次，召开党员大会5次、支部委员会会议12次，上党课6次。联合世茂幼儿园开展“六个帐篷”亲子阅读活动12次，30户家庭参与活动；依托世茂小学、世茂幼儿园师资力量，周末在暨阳学堂开设“青少年急救”“野生动物保护”“青少年心理健康”知识讲座和“硬笔书法——字形结构练习”“机器人编程”等主题课程15次，参与青少年375人次；开展“欢乐棋牌赛，和谐邻里情”主题活动，参与群众136人次；开展“巧手植绿，拾取自然”主题活动，28名青少年、志愿者参加活动；开展“夜模式——夜读悦时光”主题活动42次，参与群众546人次；开展“宜童步道美化”活动，制作、安装道路指示牌20个；开展“相约在初夏，告白母亲节”压花相框制作、“浓情端午，艾叶花香”花束制作等节日活动10次，参与群众215人次；由社区20名舞蹈爱好者牵头，开展健身操教学活动15次，惠及居民125人次。

民生服务　2023年5月，联谊社区携手世茂物业成立“茂·家”爱心屋，组织物业人员、社区志愿者每月1次开展志愿服务，免费提供测血糖、量血压、理发和缝补服务，惠及辖区居民868人次。年内，发放独生子女父母奖励金36人，办理独生子女父母一次性奖励金申领手续8人，办理生育登记51件。走访2名困境儿童，赠送慈善读书卡2张，发放困境儿童补贴、助学金，完成“微心愿”自行车1辆。慰问70周岁及以上老人4人，走访空巢老人2人，为他们申请长护险。组织162名退休人员参加健康体检。

【老钱工作室】 4月，联谊社区以辖区民警钱学峰名字命名的志愿服务工作室——“老钱工作室”启用。“老钱工作室”位于社区党群服务中心前广场东侧，由原来的核酸采样小屋改建，有成员16人，其中党员6人、居民志愿者10人。每周一至周五上午8:30—11:30由志愿者轮流值班，收集民情民意，提供反诈宣传，开展矛盾纠纷调解。钱学峰发挥社区民警的特长优势，走访辖区被诈骗居民2人，了解被诈骗人员的心理，分析诈骗分子如何利用人性弱点吸引关注、骗取信任、实施诈骗，结合大量电信网络诈骗实例，制作“一眼断骗”系列视频课程，以身边典型案例开展反诈骗宣传。年内，“老钱工作室”收集民情民意15条，收集居民“急难愁盼”问题5个；组织防诈骗座谈会6次，破解电信诈骗、保健品诈骗10起，挽回经济损失近10万元，化解“广场舞扰民”“房屋维修基金使用”等矛盾5起。 （何慧琴）

12月29日，民警钱学峰给联谊社区居民讲解新型诈骗案例

邻湖社区

【概况】 邻湖社区位于杨舍镇区南部，东起金港大道，南临旺西路，西沿金桂路，北至南二环路，区域面积0.63平方千米。2019年3月成立。2023年，辖吾悦华府、湖悦天境花园、璞悦名邸3个居民小区和吾悦广场、软件（动漫）产业园2个商业综合体，有别墅34幢、高层楼栋48幢，房屋5837套。年末，辖区常住人口5915人，户籍419户，户籍人口1009人，其中80周岁及以上6人。年内，出生30人，死亡1人。社区党支部在册党员63人。年内，邻湖社区获评张家港市文明社区。

社会治理 2023年，邻湖社区出动42人次，整治环境问题5处。社区划分为5个网格，由社区党支部书记担任网格长，有网格管理员1人、网格员5人、微网格员23人。运用“联动张家港”App，做好辖区内事件上报、民情日记上报工作，全年处置各类事件1407件，上报民情日记300余条，处理“12345”政务服务热线任务单105件，热线诉求解决率98.5%。开展“331”消防安全隐患整治，发放宣传资料1000余份，悬挂宣传横幅15条，检查出租房45套，排查“九小场所”105家，发现并整改安全隐患33处，完成餐饮场所“瓶改电”16家。发放防范和打击非法集资宣传资料500余份，发动网格员、楼道长、志愿者等入户宣传垃圾分类，发放宣传册500余册。调解群众矛盾纠纷30余起。

社区活动　2023年，邻湖社区开展“倾听历史声音，凝聚前行力量”“学以致用谋发展，以学促干建新功”等主题党日活动12次，召开党员大会4次、支部委员会会议12次，上党课4次。开展“书香楼道”微阅读项目，利用如意通大厦咖啡吧区域开展“围炉‘青’话”2场，围绕楼宇青年学习社的设置、规划目标展开讨论，开展青年路演、联青活动2场，培养咖啡吧网红达人1人；组建5人参加的青年协商队伍，年内开展青年议事会2场，解决人才公寓漏水等问题2个，协商调解辖区居民矛盾5起；开展“非遗系列”活动5场、“创意手工DIY”主题活动3场、“楼宇青年我帮您”志愿服务活动3场、“乐活青年”技能提升活动8场，参与活动547人次。开展“乐趣‘童’在”周六课堂志愿服务活动，惠及辖区105名青少年，该项目获评江苏省巾帼志愿服务十大优秀项目。

民生服务　2023年，邻湖社区依托党组织为民服务项目，组织社区社会组织、爱心企业商户联盟、志愿者等联合商圈开展“爱心义诊”“爱心义剪”“爱心义卖”等公益集市3场，参加志愿者55人，惠及群众2万余人次，青年志愿者现场开展垃圾分类知识宣传、法律咨询、政策解读等服务。年内，为57对夫妇办理生育登记，发放独生子女父母奖励金4人。实施就业帮扶13人，办理虚拟养老1人，帮助5名残疾人换证，发放城镇退休人员健康体检手册18份，办理退休人员纳入体检手续88人。组织“爱满港城”慈善募捐，筹集捐款1.2万元。开展各类走访慰问，其中扩面慰问1人700元。

【“达人工作室”赋能社区治理】　2023年，邻湖社区推出“社区达人”培育赋能计划，将小区闲置的核酸采样小屋改造成“达人工作室”，在小区“家门口”为居民提供家电维修、手机充电等服务。利用线上线下平台，招募30名愿意参与社区公共事务和公益事业的社区达人，其中“领头雁达人”8人、“公益行达人”5人、“乐生活达人”17人，开展“达人增能”培训15场。“达人工作室”由15名“达人”轮流“坐诊”，每周四跟居民面对面交流，收集居民群众“急难愁盼”问题5个，立即解决3个，年内后续解决2个。针对垃圾亭房过时投放、电动车充电棚选址、小餐饮店铺“瓶改”问题，社区组

9月30日，邻湖社区为在达人活动中表现突出的5名“达人领袖”颁发证书

织达人开展“邻聚力,共享家”研讨沙龙,商定治理意见。对达人活动中表现突出的5名达人,社区为其颁发“达人领袖”证书,激励达人参与社区治理。（施呈异）

城西街道办事处

【概况】 城西街道办事处位于杨舍城区中西部,东起谷渎港,南至朱港巷路、小河坝路和沙洲西路,西接西二环路,北靠东横河,区域面积5.77平方千米。2023年,辖城西、万红2个涉农社区和景巷、暨阳、钱塘、庆丰、西门、云盘、悦盛7个城市社区。年末,辖区常住人口62598人,户籍14196户,户籍人口39746人。街道党工委下辖2个社区党委、7个社区党总支、60个党支部,在册党员2028人。辖区有长安中路、港城大道、暨阳中路等主干道;有中小学校、幼儿园14所,其中高中1所、初中1所、小学5所、公办幼儿园5所、民办幼儿园2所;有综合医院2家、菜场4个,有张家港博物馆、少年宫、少儿图书馆、步行街、购物公园。年内,城西街道办事处获评张家港市文明单位标兵。

3月1日,城西街道办事处“民生早市”活动举办

【城西老年大学新校舍启用】 3月,城西老年大学新校舍投入使用。新校位于由原康乐医院综合大楼改造的城西区域综合服务中心大楼内。教学区为二楼及三楼两层,面积2000平方米,有通用、专用教室9间,配有专业教师15人。2023年春、秋季开设书画、旗袍秀、声乐、戏曲、太极拳、广场舞、手机摄影、烘焙等33门课程,学员994人次。年内,城西老年大学上榜苏州市首批“家门口的老年大学”项目名单,学校“心相印艺术团”荣获2023年“奋发有为·银龄筑梦”苏州市首届“苏康养杯”中老年才艺大赛二等奖。（陈琳）

城西社区(涉农社区)

【概况】 城西社区位于杨舍城区中部,东至龙潭路、龙须弄,南至西门路,西至港城大道,北至暨阳中路,区域面积0.36平方千米。城西社区原为城西村,成立于1983年,1994年1月,升格为党委村,分为城西东区(常阴沙畜牧场农业大队)、城西南区(老城西村)和城西北区(原河南庙村)3块区域。2013年9月,城西村撤村建居,更名为城西社区。2019年3月,暨阳、龙潭、西门3个社区的部分区域并入城西社区。2023年,辖西门北村、西门新村、龙潭新村、云盘一村、谢巷、暨阳新村6个小

区，有居民住宅楼149幢、房屋3559套。年末，辖区常住人口8153人，户籍1700户，户籍人口4714人。年内，出生43人，死亡62人。社区党委下设10个党支部（其中非公企业党支部2个），在册党员361人。年内，城西社区获评张家港市文明社区、张家港市健康社区、张家港市“心防”社区。

集体经济　2023年，城西社区东区畜牧场农业大队耕地面积30.377公顷、水域面积4.711公顷，年产量小麦17.5吨、水稻33.55吨、黄豆2.4吨、叶菜类318.6吨、甘蓝类80.5吨、根茎类5.3吨、瓜菜类187.5吨、豆类95.5吨、茄果类523.3吨、葱蒜类28.5吨、其他蔬菜16.3吨、水果40吨。旗下集体企业梁丰集团新开梁丰奶站32家，新开发巧克力、牛奶、运动产品32款。集体经济总收入9280.9万元，经营性收入9254万元，投资收益1063.71万元，服务收入40.84万元，租赁收入3077.84万元，其中厂房租赁收入1653.19万元、三产用房租赁收入1352.5万元、土地租金71.07万元。至年末，集体经济总资产7.79亿元。年内，城西股份经济合作社获评2022年江苏百强股份经济合作社，位列第二位。

社会事业　2023年，城西社区投入7.5万元建成社区卫生服务站，填补城西社区在社区卫生服务设施方面的空缺。东区按每股1554元的标准发放股金分红99.11万元，南区按每股3500元标准发放股金分红1431.48万元，北区按每股1.45万元标准发放股金分红684.55万元。发放中秋、春节、重阳节日费1967人437.1万元，发放90周岁及以上高龄老人春节慰问金27人2.7万元，发放中秋物资福利2069人20.98万元。为年满55周岁女性、年满60周岁男性享受股份合作社待遇的股民发放退休补贴1015人1100.69万元，发放春节困难补助及重病慰问金168人31.4万元、高校新生奖学金25人15.65万元。出资90.77万元实施“福村宝”医疗互助，全年“福村宝”报销657人次，报销金额83.71万元；补贴合作医疗239人69.01万元。建立残疾人、低保户、廉租户、困境老人、困难退役军人、孤困儿童、精神障碍患者7类人群“民生档案”，全年走访服务125次，入户慰问56人。发动“爱满港城”慈善募捐，筹集捐款17.08万元，其中江苏梁丰食品集团有限公司捐款6万元、张家港市梁丰物业管理中心捐款4万元、张家港市杨舍镇城西村物业服务有限公司捐款2万元、张家港申华塑料制品有限公司捐款2万元、张家港市工艺美术印刷厂捐款2万元。办理独生子女父母一次性奖励金申报手续74人、生育登记45件。办理残疾人辅助器具申领手续6人，新增残疾人办证6人、换证2人，新增残疾人护理补贴5人。办理虚拟养老41人，组织辖区66名农保退休人员、1689名城保退休人员参加健康体检。

社会治理　2023年，城西社区召开党员大会4次，开展“强国复兴有我，争当敢为青年”“贯彻强军思想，建设世界一流军队”“跟党走、励党志、学党史”等党课宣讲活动11场。开展“防范灾害风险，护航高质量发展”“防范于心，反诈于行”防诈骗知识讲座等活动7场，参与群众168人次。开展“巧手做青团，深情寄清明”“爱在心中，感恩母亲”“巧手制莲花，廉洁入我心”“清爽绿豆汤，夏日送清凉”“粽香阵阵，真情浓浓”“巧手迎七夕，传承好家风”等文化活动29次，参与活动610人次。以“我们的节日”“雷锋志愿服务月”“爱美港城”为题，开展“金乡邻”志愿服务活动4次，惠及居民470人次。开展“幸福园阅读站”“梁

10月26日，城西社区"强国复兴有我——走基地，看变化，聚力量"活动开展

丰居家养老服务"系列志愿服务活动120次，受益群众2880人次。社区划分为5个网格，配备网格长1人、网格员5人。网格员通过每日入户走访，解决居民"小急难"问题361个，为居民答疑解惑242次，开展政策宣传85次、户情登记297次。运用"联动张家港"App处置上级下派工单2429件、网格员工单1224件，上报民情日记300余条。化解矛盾纠纷114起，化解信访案件18起。社区将网格员、网格支部党员、社区志愿者、消防专防员编入联防联控团队，组建"红色防火墙"志愿服务队，每周一次对辖区"九小场所"、人员密集场所等重点区域进行巡查，全年处置安全隐患34处，清理"乱堆放"155处，整治毁绿种菜27处。排查走访出租屋1025户、"九小场所"359家，其中小餐饮场所87家，配备烟感报警器2081个、"消防四件套"897套。开展重点场所瓶装液化气用户减量专项整治攻坚行动，完成餐饮场所"瓶改管""瓶改电"73家。美化装饰楼道破损电表箱125个，新增文明楼道公示牌225块，制作、张贴私房网格公示牌240块。

【城西消防服务站启用】城西社区地处市中心繁华地段，人员密集，以西门路为核心，集中了200余家"九小场所"和群租房等消防安全风险单位。2023年，城西社区投入70万元建成城西消防服务站并投入运行。服务站位于西门路268号，配备6名消防专职人员，主要承担西门地区范围内的消防安全监管工作，管辖区域0.5平方千米。建有配套消防体验馆，引入消防安全知识智能抢答器、应急抢救训练模型等体验式教育设施，设有微型消防站，配备5千克灭火器8具、4千克灭火器9具、20米13型口径65毫米水带5条、口径65毫米水枪2具、5件套消防防护服2套、3米竹制单杠梯1具、消防过滤式自救呼吸器6具、手抬机动消防泵1台、小型电动消防车5辆。年内，服务站组织周边企业、商场等相关单位人员开展消防演练2次。

（王鹏铭）

万红社区（涉农社区）

【概况】万红社区位于杨舍城区中部，东起港城大道，南傍沙洲西路，西沿永安路，北至泗杨路，区域面积0.87平方千米。2013年9月，由万红村与万红社区合并而成。2019年3月区划调整，邵巷社区并入万红社区。2023年，辖万红一村（泗杨路以南部分）、万红二村、万红三村3个居民小区，有居民住宅楼183幢、住房4828套。年末，辖区常住人口12400人，户籍2676户，户籍人口7918人，60周岁及以上1549人（其中男性759人、女性790人），80周岁及以上198人（其中男性88人、女性110人），有百岁老人1人。年内，出生37人，死亡35人。社区党总支下辖10个党支部（其中非公企业党支部1个），在册党员373人。年内，万红社区获评张家港市文明社区标兵、张家港市健康社区。

集体经济　2023年，万红社区投资1000万元与城西社区组建张家港市城西丰红综合开发有限公司，万红社区投资占比49%，预计可实现年收益120万元。社区旗下企业张家港市万红综合服务有限公司承接万红区域保洁服务项目，全年保洁费收入371.21万元。开展全国第五次经济普查，采集法人单位310个、个体户860户。全年集体经济总收入1341万元，经营性收入1331万元，其中投资收益133.49万元、租赁收入526.56万元，比上年增29%。至年末，集体经济总资产9928万元。

社会事业　2023年，万红社区依托市住建局完成万红二村北区8幢楼老旧小区改造和电力改造，依托市水务集团完成该区域雨污分流改造，年内万红二村9幢2单元、10幢2单元、10幢3单元3个楼道获评张家港市美丽楼道。对接区镇建设局在万红一村60幢周边改造60个停车位。12月，启动万红二村万红港西侧区域及万红三村雨污分流改造工程、万红一村17幢住宅楼外立面刷新工程。万红社区出资5.84万元用于购买平安“温馨到家”保险；出资5.73万元实施“福村宝”互助医疗，全年“福村宝”报销314人次，报销金额20.85万元；出资13.36万元补贴居民合作医疗，298人受益。出资5300元为7名高等学院录取新生发放奖学金；出资2万元慰问百岁老人；发放60周岁及以上老人春节、中秋、重阳节物资福利和粮油费118万元。出资20万元发放股权分红，惠及股民2208人。全年走访低保户、残疾人、困境儿童、精神障碍患者等四类群体180次。办理慈善助学审批手续5人，新增残疾人办证2人，办理死亡慰问补贴23人、重病慰问补贴5人。走访5户享受创业社保补贴家庭，办理灵活就业补贴12人，公积金缴存新开户3家。办理退休人员独生子女父母一次性奖励金76人，发放独生子女父母奖励金139人4170元，办理独生子女父母光荣证4件、生育登记51件。采集退休人员信息70人，新增虚拟养老服务23人，组织辖区184名农保退休人员、1876名城保退休人员参加健康体检。组织“爱满港城”慈善捐款，筹集款项2.1万元。

社会治理　2023年，万红社区开展理论学习24次，召开党员大会4次。开展学雷锋志愿服务活动34场，参与志愿服务1335人，服务时长1574小时。链接市司法局、供电公司开展“同创共建”，以“我们的节日”“秋日街市”“洁美港城”等主题，开展“金乡邻”志愿服务活动4次，参与服务500余人。通过“党建引领·文化凝心——传统文化传承”服务项目，在传统节日、寒暑假组织青少年、老年人、特殊人群开展文体活动35次，受众1100余人。万红社区红霞艺术团参加张家港市“大地欢歌”2023年文艺星级团队PK赛，获评张家港市乡村文艺四星级团队。举办法治宣传活动13场，发放反诈、禁毒宣传册800份。开展垃圾分类活动6场，发放垃圾分类宣传册1000份。社区划分为5个网格，设网格长1人、网格员5人、微网格员15人。运用“联动张家港”“联动杨舍”App，全年上报、处置网格工单1235件，上传民情日记300余条，处置“12345”政务服务热线任务单168件，处置率100%。调解各类矛盾纠纷58起，矛盾调解率100%。对120家出租房、235家“9+1”场所开展专项检查280次，发现、整改隐患160处，整治电动车违规停放及飞线充电问题142起，完成餐饮店“瓶改管”“瓶改电”27家。

【万红集盒(初心街角)改造项目】 万红社区依托民生微实事项目，申请党组织为民服务资金62811元，利用辖区内永安路与梁丰路路口街角绿地和2个核酸小屋闲置资源，改建集理论宣讲、科普宣传、全民阅读和便民服务功能于一体的新型公共文化活动空间——“万红集盒”(初心街角)。该改造工程于2023年5月启动，6月1日投入使用。“万红集盒”包括“云上书屋”“科普小站”和“爱心驿站”。“云上书屋”“科普小站”设有电子图书、科普读物、模型展示和VR体现等元素，“爱心驿站”可为周边及过路居民提供休憩、热餐、充电等便民服务，每天由4—8名志愿者轮值，服务群众3000余人次。全年开展“万红集盒”志愿服务活动156次，其中链接市司法局、综合行政执法局八中队等共建单位，举办为期3天的“秋日街市”市集，活动视频被“学习强国”学习平台报道；链接辖区北京同仁堂药业，在“爱心驿站”推出“暖冬热饮”志愿服务，活动信息被“苏州先锋”微信公众号推广。12月，该项目获评张家港市2023年度民生微实事优秀项目。 (徐晶玲)

6月1日，“万红集盒”项目投用

景巷社区

【概况】 景巷社区位于杨舍城区西部，东至永安路，南至沙洲西路，西至西二环路，北至暨阳西路，区域面积1.35平方千米。2006年6月成立，原隶属泗港办事处。2019年3月，与四季社区、汇景社区合并组建新的景巷社区，划入城西街道管辖。2023年，辖景巷花苑1个动迁安置小区，四季花园、今日家园、万红苑、万红五村、公园八号、汇景豪苑6个商业小区，有4个居民小组，有居民住宅楼388幢、房屋5435套。年末，辖区常住人口11325人，户籍2309户，户籍人口6254人，其中60周岁及以上974人、80周岁及以上127人(其中男性63人、女性64人)。年内，出生44人，死亡23人。2021年7月，景巷社区升格为党委社区，下设6个党支部，在册党员280人。景巷社区2020年获评江苏省民主法治示范社区，2021年获评江苏省健康社区、张家港市文明社区标兵，2022年获评江苏省“三全”示范社区、张家港市文明社区标兵。年内，获评张家港市文明社区。

社会治理　2023年，景巷社区出动315人次，清理乱堆放63处、毁绿种菜15处。完成非机动车棚增设、小区道路修缮、便民餐厅改造等民生项目20个。社区划分为4个网格、12个微网格，有网格长1人，每个网格配兼职网格员1人、微网格员3人。网格员运用“联动张家港”“联动杨舍”App，上报、处置工单1000余件，民情日记上报并完成整改240条，处理“12345”政务服务热线任务单32件。“网格助力，邻里纠纷有了‘解铃人’”获区镇网格信息“一案一奖”。网格员入户走访，全年发放网格联系卡3400张，化解矛盾纠纷48起。整治出租房80户、“九小场所”30家，整治安全隐患192处。

社区活动　2023年，景巷社区落实“三会一课”、组织生活会、谈心谈话、民主评议党员等制度，开展理论宣讲、理论学习30场，参与党员1500余人次，对年纪大、腿脚不便的党员，开展送书、送学上门80次。全年开展道德讲堂4次，参与活动150人次。辖区教师惠静援疆3年，获评2023年度张家港市“身边好人”。开展“‘景’心聚力·‘巷’阳前行——社区居民能力提升”项目，以“享”“忆”“动”“暖”“助”为主题，采用“志愿+社区+社工”的3对1服务模式开展活动15场，受益群众469人次。开展以“时代好少年”“玩转潮民俗”“亲子互动家”“趣享运动会”“科普助成长”为主题的“小雏鹰成长计划——青少年能力提升”项目系列活动16场，参与活动305人次；开展暖巢先锋、红色研学团等“研学为景·红心为民”项目系列活动10场，参与群众300余人次。依托“一居多站”服务平台，打造“心灵休憩小筑”、“暨阳七彩鸟”科普馆、张家港市健康教育与健康促进基地，开展亲子烘焙、科普小制作、安全法律健康知识讲座、家风家训等各类活动96次，参与活动1920人次；开展“爱心小天使”“文明小义工”“大手拉小手”等志愿服务活动27次，服务居民540人次。培育群众文艺团队，开展舞蹈、秧歌、健身球操等文体活动，社区健身队参加2023年张家港市“人社杯”健身秧歌比赛，获健身球操和健身秧歌团体一等奖。

民生服务　2023年，景巷社区依托民生微实事项目，申请社区党组织为民服务专项资金18.79万元，重铺改造景巷花苑21幢前、22幢前路面道板砖1000平方米。发动爱心企业捐款18.05万元，惠及困难群众67人，发放困难群众春节扩面慰问金53人3.45万元。开展“冬送温暖”3人、重阳慰问49人，办理亡故慰问13人、重病慰问1人，发放城镇职工社会保险死亡人员遗属补贴5人。走访服务残疾人、低保户、困境儿童、精神障碍患者等四类人群150次，办理低保年审1人，办理精神智力残疾3人、困境儿童4人、重度残疾1人。办理城乡居民养老保险参保登记1人、灵活就业人员社保补贴14人，登记大学生就业57人，大学生就业率100%。开展全国第五次经济普查，采集法人单位141个、个体户486户。办理辖区企业年检28家，公积金新开户7家缴存131人、扩面2家7人。办理生育登记54件、外地生育证录入3人、独生子女父母光荣证7件、独生子女父母一次性奖励金申领手续80人，新增特扶家庭1户。办理虚拟养老服务9人，发放90—99周岁尊老金11人、80—89周岁尊老金82人、70—79周岁尊老金217人、65—69周岁尊老金181人，办理银龄互助228单。采集退休人员信息122

10月2日,景巷社区"虫鸟闹湿地"小科学家户外观鸟识鸟活动举办

人,办理退休人员体检转入手续27人,组织企业退休人员健康体检1376人。办理居民基本医疗保险289人,景巷社区获评2023年度张家港市"医保春风进万家·优秀合作社区"。

【"暨阳七彩鸟"科普馆】 张家港市首家鸟类科普馆"暨阳七彩鸟"科普馆坐落于景巷社区暨阳客厅·汇景服务站内,于2022年开馆。该馆以"保护珍稀鸟类·倾听自然声音·共建生态文明"为主题,集趣味性、教育性于一体,致力于野生鸟类的研究探索和户外实践,为到馆人员提供全方位、多层次、宽领域的观感。2023年,景巷社区特邀张家港"追鸟人"、资深观鸟爱好者、科普志愿者徐国忠为鸟类科普老师,招募科普志愿者10人,为青少年提供教育研学项目指导,组成爱鸟护鸟青少年小分队,开启鸟类科普公开课。全年开展"暨阳七彩鸟"科普馆户外观鸟活动9次,参与青少年150人次。景巷社区科普志愿者服务队获评2023年度优秀社区社会组织。 (陈丽萍)

西门社区

【概况】 西门社区位于杨舍城区中部,东至长安中路,南到小河坝路,西临港城大道,北至西门路,区域面积0.46平方千米。2002年5月成立。2023年,辖城建新村、西门南村、小河坝新村3个开放式小区,小河坝、张家泾北村2个城中村私宅,城西新村、亨通嘉园、世纪大厦3个物业小区,有楼栋230幢、房屋3001套。年末,辖区常住人口4165人,户籍1147户,户籍人口3116人,60周岁及以上999人(其中男性464人、女性535人),80周岁及以上203人(其中男性98人、女性105人)。年内,出生15人、死亡29人。社区党总支下设3个党支部,在册党员118人。西门社区2022年12月获评苏州市民族团结进步创建示范基地。年内,获评新时代苏州儿童"幸福港湾"实践基地、张家港市儿童友好社区、张家港市健康社区。

社会治理 2023年,西门社区新增小河坝新村39幢西侧、小河坝新村42幢西侧电瓶车充电桩2处、插座25个,提档升级世纪大厦电动车集中充电点位1处,组织工作人员施画非机动车停车线47处267米。依托民生微实事项目,在城建新村30幢北侧空地改建便民充电车棚,方便周边居民停车、充电;在西门南村16幢东侧增设便民休闲靠背椅3张,方便周边业主休息。社区划分为5个网格,由社区党总支书记担任网格长,每个网格配有兼职网格员1人和微网格员3人。运用“联动张家港”“联动杨舍”App，全年上报、处置网格工单1627件，录入民情日记300余条，处理回复“12345”政务服务热线任务单125件。社区上报的“网格助力解救‘昏迷’楼道醉酒男子”和“避雷针悬空存隐患，网格排‘雷’除险情”分别获得市级和区镇“一案一奖”优秀网格治理案例。全年开展消防演练5次、消防培训8次，参与群众558人次。处理安全隐患专项治理机制平台工单432件，整改“三合一”场所4处，完成辖区5家中小旅馆场所“一户一档”资料，“瓶改管”“瓶改电”整改117家，整改率95.1%。全年巡查餐饮门店104次，与辖区内餐饮相关门店签订食品安全责任书327份。

社区活动　2023年，西门社区开展主题党日活动24次、专题党课5次、党员远程教育活动24次，组织党员参观学习1次，参与党员1520人次。开展理论政策宣讲、移风易俗宣传、《港城百问》宣讲、亲子研学、好书推荐等文明实践活动112次，参与群众3688人次。与市商务局、经开区国投集团、经开区科技人才局等单位共同开展“微服务·益万家”志愿服务活动35次，覆盖人群3580人次。链接辖区小学、幼儿园资源，开展各类亲子、未成年人宣传教育活动36次，参与青少年1260人次。12月，西门社区被暨阳幼儿园特聘为2023—2024学年园务委员会委员单位，建立长期社教结对合作关系。

民生服务　2023年，西门社区开展全国第五次经济普查，采集法人单位171个、个体户1015户。组织“爱满港城”慈善捐款，筹集款项1.5万元。办理生育登记15件、独生子女父母光荣证4件，发放独生子女父母奖励金40人，办理企业退休人员独生子女父母一次性奖励金申领手续44人。办理残疾人辅助器具申领手续5人，开展“冬送温暖”春节慰问3户，办理亡故慰问17人。合作医疗保险收缴306人。办理灵活就业人员社会保险补贴6人、个体工商户创业补贴9户。采集企业退休人员社会化管理服务基本信息45人，办理虚拟养老服务276人，完成适老化改造5户。组织辖区33名农保退休人员、915名城保退休人员参加健康体检。

【“家国情怀”青少年成长关爱项目】　2023年，西门社区启动“家国情怀”青少年成长关爱项目，成立一支由15名剪纸爱好者组成的社区青少年护遗传承志愿服务队，创作剪纸200余幅，举办非遗展览12次；开设免费剪纸培训班10次，参与青少年325人次。通过该项目开展青少年成长关爱活动

3月1日，西门社区“巧手传非遗，纸韵雷锋情”剪纸进校园活动举办

25次，服务青少年9789人次。辖区居民龚保文、张国珍是社区剪纸项目苏州市非物质文化遗产代表性传承人，他们将中国传统文化元素和时代特色融入剪纸技艺，西门剪纸先后获得港城非物质文化遗产大赛金奖、银奖。2018年，西门社区因沙洲对称剪纸获评张家港市非物质文化遗产传习所。年内，社区“家国情怀”青少年成长关爱项目获评苏州市青少年小微关爱项目二等奖。

（殷英）

暨阳社区

【概况】 暨阳社区位于杨舍城区中部，东依长安中路，南沿西门路，西至龙潭路，北靠东横河，区域面积0.33平方千米。2002年5月成立。2019年3月，由原长安社区与龙潭、暨阳2个社区的部分区域合并组建新的暨阳社区。2023年，辖西门北村、龙潭新村、扁泾新村、官厅新村、暨阳花园及商业新村，有居民住宅楼244幢、房屋2742套。年末，辖区常住人口5613人，户籍1768户，户籍人口4956人，有60周岁及以上1063人，80周岁及以上220人，百岁老人1人。年内，出生7人，死亡44人。社区党总支下设5个党支部，在册党员208人。设“一居两站”，即1个社区居委会和“喜阅龙潭”服务站、“时代先锋”红色驿站2个工作站。暨阳社区2022年获评江苏省“三全”示范社区、江苏省健康社区。年内，获评张家港市文明社区。

社会治理　2023年，暨阳社区在暨阳花园38幢西北侧、西门北村7幢北侧增设充电棚2处、充电插座43个。开展人居环境整治26次，出动442人次、78车次，整治环境问题121处，清理垃圾126吨。社区划分为5个网格，设网格长1人、网格员5人、微网格员15人。运用“联动张家港”App，上报、处置网格工单1336件，民情日记上报并完成整改300条。处置“12345”政务服务热线任务单60件，调解各类矛盾纠纷54起。开展线下反电诈、养老诈骗普法宣传60次、专题讲座6次，发放防诈骗宣传单3000余份；通过微信群、手机短信等方式，开展线上防诈骗宣传200余次。开展安全生产专题会议6次，参与群众176人次，组织安全生产各类培训、宣传、演练活动24次480人次。入户宣传、指导生活垃圾分类，发放宣传资料2000余份，发放“住宅小区消防安全管理告知书”1000余份，开展重点场所瓶装液化气用户减量专项整治攻坚行动，发放宣传单1500份，签订消防安全责任书982份，张贴各类消防安全标识1500张，完成小餐饮场所“瓶改电”47家、“瓶改管”8家，整改率100%。

社区活动　2023年，暨阳社区组织党员干部开展理论宣讲、理论学习41次，开展主题党日活动12次，上党课4次。依托民生微实事项目，申请上级拨款4.77万元，开展“睦邻益+”睦邻友好项目活动15次，参与群众320人次；申请上级拨款4.55万元，开展“青春闪耀时，少年向未来”项目活动14次，参与青少年325人次。全年开展“暖爱睦邻，非遗传承”“爱在暨阳，乐在邻里”志愿活动23次，受益500余人次。开展道德讲堂4场。开设社区教育项目“乐享银龄”文体养生堂活动，以趣味运动会、手工制作、外出参访等形式开展活动6次，受益125人次，该项目获评2023年度张家港市社区教育重点项目。社区心恬艺术团参加“大地欢歌”2023年张家港市乡村文艺星级团队大展演，获评张家港市乡村文艺四星级团队。

民生服务　2023年，暨阳社区将许蓉广场2个闲置的核酸小屋改造成“暨小驿”爱心小屋，为户外工作者提供饮水、阅读、充电等便民服务。开展全国第五次经济普查，采集法人单位196个、个体户820户。组织“爱满港城”慈善活动，筹集捐款1.44万元。办理残疾人辅助器具申领手续5人，完成适老化改造6户。发放各类生活困难人员慰问金3.4万元，惠及54户居民家庭。办理生育登记服务25件、独生子女父母退休一次性奖励金申领手续59人，发放2023年度独生子女父母奖励金56人。完成居民合作医疗保险收缴220人。

【文明楼道微自治项目】　暨阳花园为开放式小区，有住宅楼38幢、楼道106个，小区卫生管理由区镇一体化物业保洁负责。2023年2月，暨阳社区以暨阳花园为试点小区，启动“文明楼道微自治”项目，成立由社区党员、网格长、楼道长、志愿者等40人组成的“楼道红管家”志愿服务队，落实“一个管家包干一个楼道”责任制度，将开放式小区楼道精细化保洁作业检查表在各楼道进行公示，居民协同监督一体化保洁单位工作进程。招募12名“小小督导员”参与垃圾分类亭房督导工作，引导居民垃圾减量、正确识别垃圾种类。年内，发放“文明楼道，共同缔造”倡议书937份，整治杂物乱堆放93处，铲除楼道小广告115处。（陈依洁）

11月20日，暨阳社区“党建引领楼道微自治”共建活动开展

庆丰社区

【概况】　庆丰社区位于杨舍城区中心，东临谷渎港，南至朱港巷路，西傍长安中路，北靠东横河，区域面积0.43平方千米。2002年5月成立。2023年，辖庆丰新村、胜利新村、王府名邸、南门新村4个小区及聚龙新村38号楼，有6个居民小组，有居民住宅楼102幢、房屋1888套、门店1312家。年末，辖区常住人口4171人，户籍1169户，户籍人口3454人，60周岁及以上758人（其中男性356人、女性402人），80周岁及以上167人（其中男性75人、女性92人），有百岁老人1人。年内，出生6人，死亡24人。社区党总支下辖4个党支部，在册党员165人。庆丰社区2021年获评江苏省健康社区、张家港市文明社区标兵。年内，获评张家港市文明社区。

社会治理　2023年，庆丰社区依托民生微实事项目，申请党组织为民服务资金4.49万元，将4个闲置核酸小屋改造成“筑梦空间”红色先锋阵地。落实消防安全责任制，开展消防演练2次、消防培训4次，参与群众532人次。开展扫黑除恶、防诈骗、预防非法集资、禁毒等宣传活动30场，发放宣传资料2000余份。社区划分为4个网格，配备网格长1人、网格员4人、微网格员12人。运用“联动张家港”“联动杨舍”App，全年上报、处置网格工单1302件，上报并完成整改民情日记240条，处理回复“12345”政务服务热线任务单98件，调解矛盾纠纷65起，对6名帮教对象实施帮教。检查“九小场所”658家、出租房296户，整改安全隐患50处，完成小餐饮店“瓶改管”“瓶改电”37家。完成食品安全“两个责任”公示462家，全年走访督察96次，发现问题24个，现场整改16个，责令整改8个。

7月21日，庆丰社区“护成长——豆腐文化研学”活动开展

社区活动　2023年，庆丰社区召开支部委员会会议36次、党小组会议72次、党员大会16次。开展理论宣讲、理论学习50次。结合“文明家庭、文明标兵家庭、党员文明示范家庭”创建，开展社会主义核心价值观、“讲文明树新风”宣传活动12次，参加群众2830人次。组建青少年校外教育辅导站，由老干部6人、老教师4人、社区工作人员4人担任辅导员，在寒暑假开展“幸福同行——亲子‘加油站’”项目及“以梦为马，向阳而生”青少年科学实验探索计划，开展亲子互动沙龙、亲子研学、亲子运动会、传统工艺手工制作、“科普小课堂+手工制作”、“行走中的科普宣传”、“趣味拼搭，快乐成长”等各类活动20场，服务青少年1162人次。开展道德讲堂4次，评选李莉、钱军、陆志琴3人为助人为乐好人，吴健为敬业奉献好人。开展“金乡邻”志愿服务4次、“小小读书郎”志愿服务5次、“心灵之阅”志愿服务4次，惠及群众492人次。联合共建单位市市监局、市老干部局，开展“洁美港城”同创共建活动12次，清理辖区卫生死角、绿化带烟头杂物、楼道乱张贴乱堆放，参与活动294人。庆丰社区美之韵艺术队参加“大地欢歌”2023年张家港市乡村文艺星级团队大展演活动，获评张家港市乡村文艺优秀团队，参加2023年张家港市“人社杯”健身秧歌比赛获一等奖。

民生服务　2023年，庆丰社区开展全国第五次经济普查，采集法人单位408个、个体户1833户。组织“爱满港城”慈善募捐活动，筹集捐款1.2万元。为8对夫妇办理生育登记，完成1对符合生育政策的育龄夫妇孕前优生健康检查，发放独生子女父母奖励金25人750元，办理企业退休人员独生子女父母一次性奖励金申领手续26人。办理残疾人辅助器具申领手续6人，新增残疾人办证2人。办理虚拟养老18人，发放尊老金42人。发放春节慰问金1.4万元，惠及41户困难群众家庭。办理灵活就业人员社保补贴4人，发放企业离退休人员体检手册813份，完成居民基本医疗保险收缴175人。开展时间银行养老志愿服务，6名银龄互助志愿者完成服务182单。

【苏州市第二批“一刻钟便民生活圈”建成】庆丰社区商业繁华，有各类商业门店862家。社区依托步行街、王府广场等商业载体，打造集购物、休闲、娱乐、餐饮、住宿等为一体的综合性商圈，为广大居民提供生活便利；依托第一集贸市场、实验小学（北校区）、机关幼儿园、少儿图书馆、新华书店、社区卫生服务站、憩园等，围绕居民需求，开设图书室、青少年校外教育辅导站、居家养老服务站、老年人助餐点等。2023年，社区成立“一刻钟便民生活圈”创建工作小组，制定推进方案。在辖区亨通广场、河西路与钟鼓弄交汇三角区、胜利新村10幢南侧，新设3处“口袋公园”，打造公共休憩空间；在各小区路口、宣传栏等重点位置，张贴“一刻钟便民生活圈”分布图，社区党群服务中心、商业中心、农贸市场、卫生服务机构标志醒目；实行垃圾分类，推行“四化”模式分类处理，实现垃圾无害化处理；搭建生活业务在线办理平台，设有物联网监测点386个、综合能源设施420个、智能信包箱16个、自动售卖机5个、无人值守便利店2家、数字菜场1个，开启智慧生活模式。11月，庆丰社区入选苏州市第二批“一刻钟便民生活圈”。（徐秋萍）

钱塘社区

【概况】钱塘社区位于杨舍城区中西部，辖区东至港城大道、永安路，南至暨阳西路、泗杨路，西沿国泰中路，北靠东横河，区域面积0.72平方千米。2019年3月成立。2023年，辖金城花园、星河湾、熙悦花园、星奕花园、丁香苑、都市水苑6个物管小区及万红一村开放式小区（27、29、31、50、71—75幢），有住宅楼90幢、房屋4440套。年末，辖区常住人口5006人，户籍917户，户籍人口2406人，60周岁及以上154人（其中男性75人、女性79人），80周岁及以上26人（其中男性13人、女性13人）。年内，出生21人，死亡2人。社区党总支下设3个党支部，在册党员117人，流动党员4人。钱塘社区2019年获评全国书香社区。年内，获评张家港市文明社区标兵。

社会治理　2023年，钱塘社区依托民生微实事项目，申请上级拨款3.82万元，将3个闲置核酸小屋改造成“小书虫”漂流屋阅读推广阵地，开展阅读推广活动，社区“阅友书屋”获评经开区（杨舍镇）“书香杨舍，悦读阅美”全民阅读节“最美书屋”。年内，社区督促美辰物业在星河湾4幢北侧加装电动自行车停车棚2个，用于停放电动车。社区划分为4个网格，配备1名网格长、4名网格员、12名微网格员。运用“联动张家港”“联动杨舍”App，全年处置网格员工单1116件，上报民情日记240条，处置“12345”政务服务热线任务单62件。解决矛盾纠纷70起。开展“331”消防安全整治，发放消防安全宣传资料1210份，检查并整治出租房56套，排查整治“九小场所”安全隐患134家，整改消防通道堵塞、灭火器过期失效、电线私拉乱接等消防安全隐患308处。联合共建单位开展消防安全和垃圾分类活动12次，居民群众参与1200余人次。发动网格员、楼道长和志愿者等34人，入户宣传消防安全、垃圾分类和反诈知识，发放宣传册1103份。全年巡查辖区餐饮门店156次，签订食品安全责任书62份，完成小餐饮店“瓶改电”11家，整改率100%。

社区活动　2023年，钱塘社区开展学习贯彻党的二十大精神等宣讲交流活动23次，参与党员600余人次。启动“融合聚力·温馨塘韵”项目，链接多方资源，开展“梁丰科普游——强国复兴有我”“以爱之名·与家同行”“月满中秋·情暖人心”主题活动3场，参与群众86人次。开展“屠苏送暖阅春风”绘本阅读、“品味书香·照亮心灵”盲人读书分享会、“快乐阅读·共沐书香”等阅读活动11次，参与群众280人次。社区成立“党员先锋”“红袖套巡逻”“星火”“绿盾”“城西青年说”等6个志愿服务队，有志愿者580人，开展“文明小义工”“爱心小天使”“青春保护伞”等系列志愿活动32场，服务居民2600余人次。社区银帆文艺志愿服务队，通过舞蹈、音乐、秧歌、健身球操等文体活动，将辖区文体爱好者们组织起来，以文艺演出的形式服务社区居民。年内，钱塘社区银帆文艺团队获张家港市老年人“唱响红歌·重温党史”大型社区歌咏比赛一等奖、张家港市老年人“人社杯”健身秧歌团体赛特等奖、张家港市老年人“人社杯”健身球操团体赛特等奖。

民生服务　2023年，钱塘社区开展全国第五次经济普查，采集法人单位127个、个体户105户。组织“爱满港城”慈善募捐活动，筹集捐款1.2万元。完成居民基本医疗保险缴费162人，办理虚拟养老服务22人，发放尊老金118人。办理生育登记52件、独生子女父母光荣证4件、企业退休人员独生子女父母一次性奖励金申领手续30人、灵活就业人员社保补贴1人。办理残疾人辅助器具申领手续3人，居家养老适老化改造5户。春节期间扩面慰问16人5500元、大病慰问2人2000元。组织57名农保老年人、564名城保退休人员参加体检。

【“筑爱钱塘，共创未来”家庭教育赋能项目】　5—10月，钱塘社区新时代文明实践站启动“筑爱钱塘，共创未来”家庭教育赋能项目。该项目以亲子家庭为主要服务对象，围绕“树人·德育、科学·智育、锻炼·体育、熏陶·美育、善美·劳育”等主题，从“德智体美劳”5个方面入手，让家长在学习知识和亲子活动过程中逐渐掌握科学育儿方法，培养良好的亲子关系。项目邀请专业律师开展普法小课堂“以法之名，守护少年的你”，提高家长的依法带娃意识；通过家庭习惯分享会和家庭亲子阅读会开展“家庭习惯培养营”，让父母与孩子在家庭中相互

5月14日，钱塘社区“和妈妈一起，解锁爱”诗词分享会举办

陪伴、一起学习、共同成长；以角色互换体验小剧场开展“家庭智慧课堂”，引导孩子们体会父母平日的辛苦付出；“家长赋能沙龙”活动邀请专家讲授儿童的特点，为家长赋能，帮助家长化解亲子关系中的矛盾和冲突；“家庭运动强化营”组织亲子家庭参与亲子徒步行和亲子运动会，让孩子和家长有共同的目标，促进家长和孩子融合；“享劳动之乐、悟劳动之美”活动开展农事体验，引导孩子在劳动真场景、真任务、真体验中转变学习方式，掌握基本的劳动知识和技能。该项目开展活动18次，直接受益家庭45户，直接受益群众156人。（黄晓燕）

云盘社区

【概况】云盘社区位于杨舍城区中北部，东依龙潭路，南沿暨阳中路，西临港城大道，北靠东横河，区域面积0.48平方千米。2002年5月成立。2010年9月，原阳光社区并入。2023年，辖东墩头城中村1个，云盘二村开放式小区1个，云龙大厦、云盘三村、金新城首府物业小区3个，金玉云盘居民自治小区1个，有住宅楼225幢，居民小组12个。年末，辖区常住人口6752人，户籍1806户，户籍人口5039人，其中60周岁及以上947人（其中男性463人、女性484人），80周岁及以上147人（其中男性71人、女性76人）。年内，出生30人，死亡16人。社区党总支下辖党支部5个，在册党员185人。云盘社区2022年获评江苏省“三全”示范社区。年内，获评张家港市文明社区。

社会治理　2023年，云盘社区依托民生微实事项目，申请上级拨款9.71万元，在云盘社区广场、云盘二村2幢西侧增设停车棚2处。开展社区大环境整治4次，整治乱堆放125处。社区划分为5个网格，配备网格长1人、网格员5人、微网格员15人。处置网格工单1288件，录入民情日记300余条，处置“12345”政务服务热线任务单320件，调解矛盾纠纷48起。“老人意外摔倒，网格力量护平安”“毁绿养鸡引民怨，调解纠纷得称赞”获区镇网格信息“一案一奖”。开展消防安全专项整治4次，开展出租房、“九小场所”专项检查96次，发放各类安全宣传资料2200份，发现、整改安全隐患25处，完成小餐饮场所“瓶改管”“瓶改电”28家。

社区活动　2023年，云盘社区落实“三会一课”、组织生活会、谈心谈话、民主评议党员等制度，开展线上线下党员活动52次，参与党员1040人次。前往沙上文化印象馆、红色新沙洲党史教育展览馆、沙洲湖音乐广场南侧的“红蓓蕾”廉洁公园开展研学活动3次，参与党员

2月22日，云盘社区消防演练体验活动开展

67人次。开展理论宣讲、知识讲座、经典诵读、移风易俗、科普宣传、传统节日活动等各类文化活动120场，参与群众1552人次。社区“金钥匙”惠民志愿服务队、“绿色军帽”志愿服务队开展环境治理、垃圾分类、法治宣传等活动25次，参与志愿者375人次。开展道德讲堂活动4次，学习“江苏好人”柯志峰、“八一勋章”获得者钱七虎、乡村振兴“排头兵”吴惠芳的先进事迹。启动“五色花开，益动云盘”“敦亲睦邻，融乐云盘”项目，开展理论学习、文明创建、帮扶关爱等活动33次，参与群众1097人次。培育群众文艺团队，开展基层文化队伍培训，云盘社区云之梦文艺团队在“大地欢歌”2023年张家港市乡村文艺星级团队大展演活动中获评张家港市乡村文艺三星级团队。

民生服务　2023年，云盘社区开展全国第五次经济普查，采集法人单位214个、个体户733户。与云盘小学、交警杨舍中队共同制定《云盘小学半地下停车场使用公约》，开放夜间居民停车位50个，缓解小区居民停车难问题。组织“爱满港城”慈善募捐，筹集捐款1.53万元。走访低保户1人，春节期间扩面慰问47人2.3万元，大病慰问6人6000元。收集残疾人信息51人，新增残疾人办证1人，申请残疾人护理补贴30人，办理残疾人辅助器具申领手续5人。办理独生子女父母光荣证6件、独生子女父母一次性奖励金申报手续65人，办理生育登记53件，完成孕前优生健康检查6对。办理慈善助学审批手续3人、灵活就业人员社保补贴20人，登记大学生就业信息63人，应届毕业大学生就业率100%。办理虚拟养老20人，发放尊老金678人，办理银龄志愿服务手续369单，组织1319名企业退休人员参加健康体检。

【网格驿站建成启用】　云盘二村于1993年建成，因建成时间较早，小区配套设施不足。为解决此问题，2023年8月，社区将闲置的3个核酸亭改建成网格驿站，设置便民区、先锋书架、留言区、共享区、安全区5个功能区域。便民区提供热水、雨伞、充气泵等设施，供居民随时取用；先锋书架陈列十余种红色主题读物，供居民现场翻阅，也可借回家阅读。留言区放置“民意直通卡”，方便居民留下对社区建设的意见和建议；共享区供居民放置家中闲置的衣物、电器、玩具等，互换互通；安全区配备灭火器、灭火毯、“消防四件套”等消防器材，居民可了解消防器材的操作步骤及使用方法，体验灭火过程。年内，社区依托网格驿站阵地，开展“群众说事、网格议事”活动3场，收集居民意见和建议19条，开展“金钥匙”“金乡邻”等便民服务活动20场，受益群众623人次。　（项骐）

悦盛社区

【概况】　悦盛社区位于杨舍城区西部，东临国泰中路，南接暨阳西路，西至西二环，北到东横河，区域面积0.77平方千米。2004年1月成立，隶属泗港办事处。2012年4月，划归城北街道。2013年9月，划入城西街道。2019年3月，与金城社区的部分区域合并组建新的悦盛社区。2023年，辖城市风景、观澜玉园、云樾兰庭、悦盛花苑一期、悦盛花苑二期、泗港新村6个居民小区及健华医院宿舍楼，有楼栋98幢、住宅3664套。年末，辖区常住人口5013人，户籍704户，户籍人口1889人，其中60周岁及以上336人、80周岁及以上44人。年内，出生34人，死亡7人。社区党总支下设3个党支部，在册党员75人。悦盛社区2021年获评江苏省“三全”社区家庭教育示范单位、张家港市“三全”社区家庭教育指导服务示范社区，2022年获评张家港市文明社区标兵。年内，获评江苏省健康社区、张家港市文明社区标兵、张家港市儿童友好社区。

社会治理 2023年，悦盛社区围绕人居环境提升对辖区内的重点区域进行排摸，针对管理中的“顽症痼疾”，联合城管、物业，重点整治悦盛花苑一期10幢8号、9号车库门口及车位的家电维修用品乱堆放问题，24幢3号、4号门店的废品垃圾散乱问题。社区划分为3个网格，由社区书记担任网格长，社区民警、专职网格员、楼道长组成“一网多员”队伍，开展政策宣传、矛盾调解等工作。运用“联动张家港”“联动杨舍”App，处置网格工单747件，录入民情日记720条，处理“12345”政务服务热线任务单44件，工单处置率100%，调解各类矛盾纠纷137起，矛盾纠纷调处率100%。发放电瓶车禁止在楼道内充电等安全宣传资料3000份，排查出租屋152家、“九小场所”102家，发现并整治安全隐患148处，完成辖区餐饮店“瓶改电”17家。“花盆从天降，格格及时排除隐患”获区镇网格信息“一案一奖”。

社区活动 2023年，悦盛社区依托“理响张家港”“暨阳银辉”老干部宣讲团、“医言益语”理论宣讲团、新时代文明实践云平台等载体，开展理论学习、理论宣讲30场。全年开展“党旗红·‘悦’飞扬”“小海鸥‘悦’飞之旅”“‘悦’老‘悦’幸福”“‘悦’美家园”及“红帆领航，悦陪成长”青少年暑托班5个党建项目22场活动。7月，开设第二期“悦陪成长，盛夏缤纷”青少年公益暑托班，40名辖区青少年分成2个班，参加为期20天的培训，悦盛社区青少年暑托班获评苏州市青少年暑托班优秀集体、张家港市青少年暑托班特色班点位。8—10月，每周六上午在“暨阳客厅·小市集”开设“微文明”公益课堂，围绕科普、阅读、非遗等方面开展活动12次。全年举办新时代文明实践夜学活动29场、送戏下乡1场、送电影下乡20场。社区和悦舞蹈队在“大地欢歌”2023年张家港市乡村文艺星级团队大展演线上评选活动中荣获乡村文艺明星团队称号。社区书记、主任黄燕获评2023年度张家港市巾帼志愿服务十大感动人物。

7月7日，悦盛社区“感受E时代港城，强国复兴有我”青少年研学活动开展

民生服务 2023年，悦盛社区依托民生微实事项目，在悦盛花苑一期5幢西侧、8幢东侧安装便民车棚，供居民使用。开展全国第五次经济普查，采集法人单位60个、个体户337户。组织“爱满港城”慈善募捐，筹集捐

款1.21万元。办理生育登记65件，发放独生子女父母光荣证2件，办理独生子女父母一次性奖励金申领手续88人，为4对新婚夫妇提供孕前优生优育体检卡，新增特服2户。为17名残疾人提供助残服务，其中享受重残生活补助3人，享受重残护理补贴10人，为4户残疾人家庭申请辅助器具。办理灵活就业补贴8人，摸排、帮扶辖区14名大学生实现就业。办理慈善助学审批手续1人、低保户（单人保）申请手续1人，审核尊老金160人。慰问市级支出型困难家庭3户、镇级困难人员12人。为18名年满80周岁的老人办理居家养老服务手续，由专业机构提供上门服务。9人纳入时间银行互助养老，开展服务341单。办理企业退休人员手续40人，组织420名城保退休人员、20名农保退休人员参加健康体检。

【悦盛社区获评江苏省健康社区】 2023年，悦盛社区以创建江苏省健康社区为目标，成立由社区党组织书记为组长，社区副书记、副主任任副组长的健康教育领导小组，制定工作计划，落实责任措施，开展健康教育。围绕二十四节气开展健康知识讲座、健康养生书籍阅读活动，免费提供中药袋泡茶和养生茶供居民饮用；每月9日，联合张家港健华医院，在社区居家养老服务中心开展专题讲座，讲解糖尿病、高血压、心脑血管、中医养生等方面的知识，开设便民义诊；每月开展人居环境卫生集中整治行动，年内清理乱堆放8处、毁绿种菜7处、卫生死角5处，放置捕蝇笼75处，设立毒饵站102处；开展禁烟宣传，在公共场所张贴禁烟标志，开展无烟日主题活动；实行雨污分流，公共厕所达到三类标准，使用无害化卫生厕所家庭比例100%，辖区无“黑臭”水体现象；开展“3·15食品安全进小区”宣讲活动，普及食品安全健康知识，每季度开展餐饮业“三证”检查；5月10日—6月20日，社区联合社区卫生服务中心，开展慢性病及社会影响因素抽样调查，走访居民538人，完成问卷538份，对调查情况进行自我评估，对存在问题落实整改。12月，悦盛社区获评江苏省健康社区。（唐娅）

城北街道办事处

【概况】 城北街道位于杨舍城区北部，东起华昌路，南至东横河，西接西二环路，北靠南横套河，人民路、张杨公路、北二环路横穿东西，长安路、港城大道、国泰路、西二环路纵贯南北，区域面积17.91平方千米。1993年5月成立。2023年，辖田垛里、斜桥2个行政村，范庄、横河、城北、仓基4个涉农社区，锦绣、陈东庄、沙洲湖、金田4个城市社区。年末，辖区常住人口80657人，户籍12303户，户籍人口34511人。街道党工委下辖2个村党委、6个社区党总支、2个社区党支部、5个机关（事业）单位党支部、1个企业党委、2个企业党总支、39个企业党支部，在册党员2157人。辖区内有规模以上企业64家，有张家港市易华润东新材料有限公司、苏州龙杰特种纤维股份有限公司等企业。有学校3所、菜场2个。

【“红蓓蕾”党建服务项目】 3月4日，“红蓓蕾”先锋服务驿站揭牌。该服务站位于中兴中路22号，与沙洲湖·云帆空间相邻，面积25平方米，提供空调、热水、充电、书籍、医疗箱、微波炉、雨伞、电瓶车充电换电等便民服务。年内，城北街道依托该服务站

“红蓓蕾”党群服务驿站

和沙洲湖·云帆空间2个阵地，链接辖区优势资源，打造“红蓓蕾”党建品牌。链接农商行、新点软件公司、览秀城等23家企业资源，将辖区内的企业链、产业链、供需链结合起来，形成科技党群服务矩阵，开展“蓓蕾花开，暖‘新’编织”志愿服务活动，组织爱心人士编织围脖400条，为“两新”群体送上组织关怀；开展“杨小北关‘新’”法律援助活动2次；联合社区卫生服务站和李剑英口腔诊所，开展健康义诊24次。举办城北街道大工委“蓓蕾花开聚合力·区域联建促发展”区域共建和“喜迎新春·送福到家”“浓情腊八，热粥暖人心”“蓓蕾聚‘新’力·暖‘新’好‘食’光”等主题活动20场，党员群众参与500余人次。利用寒暑假开办“凝‘新’港湾，海棠暖冬”寒托班、“情牵候鸟·快乐助飞”暑托班，帮助新市民解除后顾之忧。（汤雯洁）

田垛里村

【概况】 田垛里村位于杨舍城区西北部，东至长安北路（北段）、港城大道（中段）、跃进河（南段），南至长兴路（东段）、振兴路（中段）、张杨公路（西段），西至西二环路，北至南横套，区域面积5.65平方千米。2001年，泾东村并入田垛里村。2007年12月，田垛里村升格为党委村。2012年，陈东庄村、范港村并入田垛里村，田垛里村成为四村合一的行政村，辖39个村民小组。2023年年末，全村常住人口7389人，户籍1598户，户籍人口4735人。年内，出生28人，死亡61人。村党委下辖22个党支部（其中非公企业党支部18个），在册党员291人。田垛里村2020年获评苏州市先锋村。年内，获评市文明村、市“枫桥式村（社区）”建设达标单位。

集体经济 2023年，田垛里村签订厂房、三产门面、土地、基站等资产租赁合同267份，实现租金收入5550.93万元。村集体经济总收入7739.61万元，村级经营性收入7698万元，比上年增8.5%。村级可用财力6188.57万元，比上年增3%。至年末，集体经济总资产4.63亿元。年内，村股份经济合作社获评2022年江苏百强股份经济合作社，位列第五。

社会事业 2023年，田垛里村投入45万元在辖区内增加停车位105个，拓宽村级道路97米，新建菜地围网289米，改造晾衣架35个，新建便民公厕4个。出资21.3万元完成金田路西侧、范港河东侧石驳岸维修加固工程。全年发放村民年终股权分红987.28万元、60周岁及以上老年人节日福利742.24万元、粮差补贴23.66万元；发放“科教强村”奖学金24.9万元；出资85.35

万元为村民全额缴纳2023年度合作医疗;出资30.16万元用于实施村民“福村宝”医疗互助,全年累计救助823人次,报销金额50.72万元;出资23.9万元为全体村民购买惠民保险,年内报销49人次,报销金额16.76万元。发放扩面慰问金19.46万元(其中财政拨付5.5万元),惠及村民210人次。全年民生福祉方面总投入1937万元,比上年增7.3%。办理残疾证5人,分别为智力残疾2人、肢体残疾2人、听力残疾1人。新增张家港市农村部分计划生育家庭奖励9人,组织622名适龄妇女参加“两癌”筛查。开展亡故、重病慰问31人次。采集企业退休人员信息58人,核查自主创业人员信息45人。办理灵活就业补贴17人,认定就业困难人员17人,大学生就业平台跟踪录入3人。办理城镇居民参保45人,完成合作医疗参保缴费2213人。办理农保退休6人,新增居家养老虚拟服务对象27人,组织406名农保退休老人参加健康体检。全年送戏下乡2场、送电影下乡15场。

社会治理 2023年,田垛里村发展预备党员5人,转正8人。依托新时代文明实践站,开展“学习宣传贯彻党的二十大精神”“童心向党”“我们的节日”等主题活动100余次,党员、群众参与3000余人次。提供“人民调解”“学法加油站”“法律咨询”三大法律服务,全年受理信访5起,调解矛盾纠纷43起,解决集体土地房屋动迁补偿、新点软件施工村民疑虑等问题11个,全年开展法治宣传活动6次,年内通过省级民主法治示范村复评。建立环境整治长效机制,全年出动477人次、246车次,对菜场周边、泾东、泾西、赵家基、范港一组等重点区域开展环境专项整治252次,累计清理垃圾328吨。辖区划分为8个网格、24个微网格,设网格长1人、网格员8人、微网格员24人,全年处置上级条线部门下派工单1123件、网格员工单1691件。与辖区内358家企业签订安全生产责任书,全年开展安全生产网格化巡查6轮,发现隐患578处,年内整改552处,整改率95.5%,其中陈东庄工业区通过安全生产规范化整治提升,创成继工业四区之后的第二个安全生产示范工业区。重点推进北区赵家基“苏州市消防挂牌督办点位”的整改工作,完成55户出租房安全隐患整改,改造可开式防盗窗317个,配备3千克灭火器317具、烟感报警器355个、消防逃生面具368套,拆除更换泡沫夹芯板621平方米,整改私拉乱接电线700余米。完成餐饮场所“瓶改管”“瓶改电”65家,铺设电缆线1560米,同步安装智能电表、电箱69个。

【“田小爱·益空间”服务驿站启用】 年内,田垛里村将部分闲置的核酸采样小屋进行再利用,改造升级成“田小爱·益空间”服务驿站,统一配备户外桌椅、空调、充电插座等便民服务设施,为新业态新就业群体、户外劳动者和村民群众提供“冷可取暖、渴可饮水、累可歇脚”的暖心驿站。该驿站位于田垛里村赵家基广场,面积约100平方米,处于村庄宅基、工业小区、商户门店的核心位置,设置“初心思想汇”“网格民情哨”“乐融公益岗”三大空间,集书籍借阅、暖“新”驿站、村情民意收集、健康诊疗服务等功能为一体,于2023年10月揭牌启用。驿站有5支志愿服务团队,在轮流坐值驿站的同时,开展新时代文明实践活动,助力该项目运行。年内,联合爱心单位李剑英新时代口腔,成立“田晓容”微笑守护服务

“田小爱·益空间”服务驿站

队，提供口腔健康进家庭、进社区、进企业志愿服务；借助田垛里村和恩斯克青年先锋力量，成立“田晓志”先锋志愿服务队，每月开展2—4次大环境整治、文明劝导、垃圾分类等活动；与同申律师事务所合作，成立“田晓法”法律援助服务队，进行法律知识宣传、调解矛盾纠纷；依托田垛里卫生服务室资源，成立“田晓康”健康卫士服务队，每周二7:30—9:00提供健康咨询及健康检查服务；成立快递员“田晓哥”微网联络服务队，利用该群体人清、地清、事清的“三清”职业优势，在走街串巷的同时发挥“移动探头”的作用。至年末，累计开展志愿服务活动15次。（季静瑜）

斜桥村

【概况】 斜桥村位于杨舍城区北部，东临一干河西路，南至振兴路，西傍港城大道，北靠长兴路，区域面积1.8平方千米。2003年4月，戴巷村并入斜桥村。全村以南北向的谷渎港为界分东区（原戴巷村）和西区（原斜桥村）2块，有27个村民小组。2008年8月，斜桥村升格为党委村。至2023年年末，大部分农户已动迁安置，东区18个村民小组于2015年9月全部完成动迁，安置在江帆花苑和锦绣花苑2个小区；西区9个村民小组除175户未动迁以外，已动迁的村民安置在振兴花苑。辖区内有锦绣花苑三期、振兴花苑2个安置小区，北城之星1个开放式小区，有住宅楼71幢、房屋3196套。辖区常住人口10087人，户籍1621户，户籍人口4663人。年内，出生9人，死亡59人。村党委下辖11个党支部（其中非公企业党支部6个），在册党员231人。年内，斜桥村获评张家港市文明村。

集体经济 2023年，斜桥村出资2700余万元收购区镇闲置资产打造人才公寓；投入30余万元对工业二区、四区厂区内外进行道路画线、更换老化电线等规范化改造。辖区内有工业一区、工业二区、工业四区厂房和农贸市场、门面商铺等固定资产54411.61平方米，其中标准型厂房18350.59平方米，其他厂房17109.63平方米，仓储物流、人才公寓、商铺门面及农贸市场综合楼18951.39平方米。全年村集体经济总收入2530万元，经营性收入2508.54万元，村可用财力1079.88万元，比上年增8.17%，人均可支配收入5.13万元。至年末，村集体经济总资产1.12亿元。年内，斜桥股份经济合作社获评2022年江苏百强股份经济合作社。

社会事业 2023年，斜桥村完成227户动迁村民的首套安置。全年发放村民福利363.3万元，其中为1572名60周岁及以上老年人发放中秋节、重阳节福利78.6万元，年终福利175万元；出资56.44万元用于补贴城乡居民基本医疗保险，惠及村民1661人；补助城乡居民基本养老保险15人3700元；出资18.83万元为村民购买重疾险；出资22.28万元用于实施村民“福村宝”医疗互助，全年“福村宝”报销693人次，报销金额35万元；发放春节扩面慰问金5.5万元；为29名优秀学子发放奖学金6.14万元。发放股权分红47.48万元，惠及股民5209人。走访15户计划生育特殊困难家庭，为其提供义诊服务和慰问物资。完成3户低保家庭、1户低保边缘家庭、18名重度残疾人员、1名精神智力残疾人员、4名困境儿童年审。大病医疗救助少年儿童1人，完成廉租房申请2人。办理企业退休人员独生子女奖励金一次性申领手续73人、生育登记38件，新增3户计划生育特殊困难家庭。包车接送281名农保老年人参加健康体检，发放社保退休人员健康体检服务手册1455份、“两癌”筛查检查单488份。为29名年满65周岁老年人办理尊老卡，为25名年满80周岁老年人办理虚拟养老服务手续。村居家养老服务站组织活动16次，服务老年人3820人次。年内，放电影6场，“村村演”1场。

社会治理 2023年，斜桥村组织党员理论学习12次，依托村党群服务阵地开展“妙笔挥毫写春联，翰墨飘香迎新春”“党建引领巾帼心，插花拾趣绽芳华”“探索宇宙，筑梦飞翔”“送学上门守初心，薪火相传担使命”“弘扬传统文化，传承中华剪纸艺术”“社会实践助成长，我是小小银行家”“移风易俗新风尚，美德健康新生活”等文化活动61次，开展“海棠解忧”节前慰问和“安全卫士”“党建领航唤内力，文化铸魂促健康”“党建引领聚合力，便民服务零距离”等志愿服务活动17次。全年出动442人次、25车次，对宅基内乱搭建、动迁区域乱垦种、小区内乱堆放问题开展人居环境整治，累计清理垃圾200余吨。落实安全生产责任制，开展大排查大整治专项行动，全年开展安全生产常规检查72次，涉及各类场所87家，整改安全生产规章制度缺失、安全职责不明确、作业人员操作不规范、设施设备破损缺失、现场警示标志缺失等各类隐患131处。签订企业安全生产责任书70份，下发企业告知承诺书70余份，完成安全生产风险报告和“创蓝行动”70家。推进辖区48家餐饮场所“瓶改管”“瓶改电”集中改造工作，年内完成46家。检查辖区673户出租房、152家“九小场所”、2家小旅馆、2个1000平方米

5月20日，斜桥村开展助残日宣传集市活动

以上商业场所及农贸市场，整改电线私拉乱接、消防通道堆放杂物、消防器材缺失、人员密集场所无逃生窗、电动自行车违规充电等消防安全问题449个。组织小区、商超、企业负责人进行消防安全演练2场。辖区划分为6个网格，设网格长1人、网格员6人，发放网格便民联系卡2590张，宣传资料3000余份，处置网格员工单1716件，民情日记录入390条，处理“12345”政务服务热线任务单49件，化解矛盾纠纷12起。

【“心手相牵·祖孙共融”隔代家庭教育项目】 9月，斜桥村启动“心手相牵·祖孙共融”隔代家庭教育项目。开展“家有宠儿，我有妙招”活动4次，通过沙龙、集中授课的形式，改变祖辈育儿观念，减少隔代教育中存在的问题。开展“老少互学，祖孙互融”活动6次，组织手工制作、家庭阅读、户外活动、游戏互动等亲子活动，为祖孙提供一个共同参与的平台。开展“老少传承，共话初心”活动6次，让祖辈家长带领青少年开展农耕劳动、家风传承、红色教育等活动，让孙辈在学习的过程中获得相关经验。开展“心灵有约，为爱导航”活动4次，从价值普及、心理关爱、危机干预3个方面关注祖辈家长和青少年的心理健康。开展“自信少年，快乐自立”活动4次，通过教授少年儿童学习收纳整理、美食DIY等活动，培养他们的动手能力，让祖辈家长看到孩子们的成长与变化。开展“感恩有你，朝夕相伴”活动1次，通过与祖辈的故事分享、爱的生日会，增进祖辈和孩子们的沟通和交流，拉近心灵的距离。至年末，该项目开展25场，参与群众600余人次。

（陆铭霞）

横河社区（涉农社区）

【概况】 横河社区位于杨舍城区北部，东临谷渎港，南依东横河，西至港城大道，北接张杨公路，区域面积1.33平方千米。原为横河里村，有横河里、拾房园、童家宅基、吼山房、大坝头、新宅基等6个自然村落8个村民小组。2002年2月撤销横河里村，建立第七居委；5月更名为横河社区居委会。2019年原横河社区、体育社区、通运社区合并组建新的横河社区。2023年，辖通运新村、体育新村、华昌家属楼、城西公寓楼4个开放式小区，世纪新城、兴鸿豪园、怡佳苑、长江桂园、航杨新村、蝶湖湾、翔和茗苑、赵家基、国泰时代花园、恒丰苑10个物业小区，横河里、拾房园、童家宅基、新宅基4个自然村落，有小区住宅楼184幢、房屋4009套，自建房342幢。年末，辖区常住人口9610人，户籍2098户，户籍人口5947人。年内，出生28人，死亡25人。社区党总支下设11个党支部（其中非公企业党支部6个），在册党员298人。年内，横河社区获评张家港市文明社区。

集体经济 2023年，横河社区集体经济总收入1661.22万元。经营性收入1654.82万元，其中房屋租金收入1281.41万元、投资收益315.73万元。年可用财力1153.54万元，人均可支配收入4.6万元。至年末，集体经济总资产8163.2万元。

社会事业 2023年，横河社区投入22万元用于人居环境改善，包括改造体育新村2幢西侧休闲长廊、安装通运新村赵家基公共充电桩等。出资2.44万元建设民兵营器材库；出资10.7万元实施“福村宝”医疗补助，惠及2376人，全年报销356人次，报销金额27万余元；出资15.12万元用于合作医疗补助，惠及613人；出资8.3万元购买惠民保险，惠及2307人；出资52.08万元为651名60周岁及以上老人发放重阳节福利；出资4.55万元为61名老年人发放年终生活补助及高龄老人慰问金；出资1.81万元用于村民亡故慰问；出资3.6万元为17名大学生发放奖学金；出资245.89万元为2336名股民发放股权分红。办理65周岁及以上老年人尊老卡9人，新增年满80周岁老年人养老援助服务28人，组织98名农保老年人参加健康体检。年内，放电影16场，“村村演”1场。

社会治理　2023年，横河社区开展“爱在横河”“金乡邻”红色网格先锋志愿服务30余次，服务孤寡老人、困难学生80人，赠送围巾52条、雨伞33把。开展“区域大党建，服务暖心年”“海棠有约，粽享‘锋’情”等文明实践活动12次，党员群众参与300余人次。开展“金融惠民之家”普法宣传活动12次，参与群众800余人次。开办“学习雷锋精神，争做时代榜样”志愿服务一条街，提供健康咨询、免费理发、公益义诊等服务，参与群众300余人次。在赵家基通运新村小区“边角料”地块及通运新村85幢东侧靠近围墙边的闲置空地，安装新能源汽车公共充电桩6个，助力居民绿色出行。全村划分为8个网格，设网格长1人、网格员8人，配备楼道长41人。社区网格化联动中心配备指挥调度区、综合服务区等功能区域，通过液晶显示大屏幕24小时全天候监控辖区内主要路口、小区出入口、垃圾分类投放点等重点区域，处理乱堆放375处，整治随地乱挂晒、消防通道乱停车等不文明行为为567次。全年处置城管智慧平台工单300余件、张家港市社会治理现代化指挥平台工单2112件、“啄木鸟”排查上报工单720件。整改出租房消防安全隐患30家，“九小场所”灭火器更新50家。完成餐饮场所“瓶改电”10家。全年处理矛盾纠纷52起、信访5起。

【横河社区被市医疗保障局授予优秀合作社区】　2023年，横河社区与张家港市医疗保障局建立合作关系，共同推进医保宣传工作。双方在横河社区邻里港湾合作开展医保宣讲活动3次，向群众宣讲医保新政。发挥网格员作用，通过上门走访、电话咨询等方式，对老年人、残疾人等特殊群体，提供定制化医保政策解读和咨询服务。协助办理医保相关手续，解决在享受医保待遇过程中遇到的实际问题。社区联合市医疗保障局，面向参保人员召开沟通交流会，征求参保人员对医保工作的意见建议，解决在参保

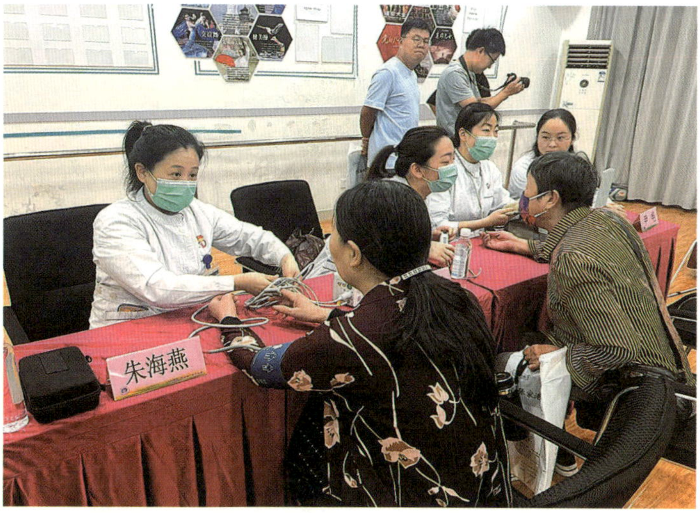

6月24日，横河社区与市医疗保障局联合开展医保宣传活动

过程中出现的问题和困难，检查和评估医保宣传工作效果。年内，医保宣传覆盖社区全域，上门服务200余人，医保知识普及率92.8%。年内，横河社区被市医疗保障局授予优秀合作社区。（沈娇）

范庄社区（涉农社区）

【概况】范庄社区位于杨舍城区东北部，东依华昌路，南沿城北路，西至谷渎港，北临人民中路，区域面积1.38平方千米。2019年3月，由原范庄村和扬帆社区合并而成。2023年，辖朗泰绿色家园、文锦雅墅、范庄花苑、御景苑、国泰现代城、国泰小区、云栖雅苑7个物业小区，范庄新村、公园新村、东坝头别墅3个开放式小区，谷城巷民宅1个自然村落。年末，辖区常住人口15361人，户籍1904户，户籍人口5190人。年内，出生34人，死亡44人。社区党总支下设11个党支部（其中非公企业党支部4个），在册党员313人。年内，范庄社区获评张家港市文明社区。

集体经济　2023年，范庄社区出租范庄综合楼和范庄花苑周边门店55家，出租面积32531平方米，年收入增加1173.17万元。为46户个体工商户减免2022年度租金73.47万元。全年集体经济总收入1460万元，经营性收入1459.06万元，比上年增7%，其中三产租赁收入1173.17万元、服务收入114.85万元、其他经营收入49.89万元、投资收益120万元、利息收入1.15万元。年可用财力1110.75万元。至年末，集体经济总资产7332.79万元。

社会事业　2023年，范庄社区投入12.3万元改造范庄综合楼预付费电表、顶楼消防蓄水箱、A幢墙咔安装、C幢雨棚工程。出资183.35万元为1973名股民发放股权分红；发放90周岁及以上老人尊老金7人1.96万元、70—89周岁老人尊老金293人58.6万元；出资47.44万元发放春节、端午、中秋和重阳等重大节日福利物资；出资3.3万元为11名大学生发放“筑梦起航”奖学金；出资16.75万元补贴合作医疗；出资8.95万元用于补贴“福村宝”医疗互助，全年累计报销330人次，报销金额13.86万元；出资6.8万元，为全体社员购买惠民保险，年内报销26人次，报销金额8.28万元。发放扩面慰问金80人9.6万元（其中财政拨付4.3万元）。全年民生福祉总投入367万元，比上年增12%。年内，办理残疾证4人，完成1户低保家庭、1户低保边缘家庭、8名重残人员、4名精神智力残疾人员年审调标工作。办理丧葬费申请17人，开展亡故、重病慰问38人，办理廉租住房补贴2人。开展“慢性病及社会影响因素状况”抽样调查432人，发放育龄妇女“两癌”筛查通知单1042份，办理企业退休人员独生子女父母一次性奖励金79人、生育登记48件。办理退休手续98人，完成适老化改造7户。全年播放电影6场。

社会治理　2023年，范庄社区召开总支部委员会会议12次、党员大会4次。为9名入党30年、40年、50年的党员颁发党龄纪念章，发展预备党员2人。开展“楼道课堂”“庭院课堂”“巾帼课堂”“暖‘新’课堂”等理论宣讲36次，打造“范小宣”党建理论宣讲品牌。与驻区单位中建三局、苏州市轨道交通10号线、市残联开展结对共建。全年开展“洁美港城，同创共建”“青年话清廉”及家风家训系列读书分享会、反诈普法宣传进社区等文明实践、志愿服务活动

117场，参与群众5500余人次。完善楼道管理机制，引导居民参与楼道管理，朗泰绿色家园5幢获评苏州市十佳文明示范楼道。依托民生微实事项目，出资27.5万元在范庄花苑安装新能源车便民充电桩21个，对范庄花苑长廊进行改造。依托政府老旧小区改造工程，完成公园新村27个机动车车位、95个非机动车车位及61幢北侧消防通道改造，外立面维修14780平方米。结合“我为群众办实事”，解决收集居民“急难愁盼”问题，针对居民们反映垃圾分类亭房开设时间过短问题，社区在每个小区内设置常开亭房，配备专业督导员指导垃圾分类；化解公园新村53、54幢居民房产证办理遗留问题，召开专题协调会10次，为40家房主落实房产证办理手续。根据网格化管理要求，按照人口、面积划分为7个网格，设网格长1人、网格员7人。全年处置网格工单4089件，调处矛盾纠纷35起。全年走访企业31次，检查出租房82次，整改、新增烟感报警器、“消防四件套”、消防水带等设施75件；完成小餐饮场所“瓶改管”“瓶改电”25家。

3月9日，范庄社区与中建三局党支部联合开展植树节活动

【“医养结合”居家养老服务中心落成】 范庄社区居家养老服务中心位于城北路范庄花苑5幢M1—M2，面积610平方米，内设按摩区域、书画室、棋牌室、乒乓球室等，于2023年6月开工建设，年末完成装修；范庄社区卫生服务站位于范庄花苑5幢M3，于2023年10月开业，承担辖区内1.5万余人的基本医疗卫生服务，日均接诊50余人，二楼设有特色中医康养小屋，有康复理疗、中医针灸服务。范庄居家养老服务中心依托卫生服务站资源优势，把“中医养生”纳入养老服务体系，发挥中医在治未病、慢性病管理、疾病治疗和康复中的作用，建成全市首个“医养结合”型居家养老服务中心。

（姚彬）

城北社区（涉农社区）

【概况】 城北社区位于杨舍城区北部，东至华昌路，南至人民路，西至长安路，北至张杨公路，区域面积1.4平方千米。城北社区原为城北村，有11个自然村落16个村民小组。2010年，蔡家巷后巷、东前头、新周家巷等自然村落动迁安置于锦绣花苑小区，谷城巷北的村民动迁安置于范庄花苑小区；2011年，许家巷、蔡家巷、项家宅基动迁安置于城北花苑小区。2013年9月，城北村撤村建居。2019年3月，东渡社区并入城北社区。2023年，辖城北新村、城北花苑、海关小区、福港大厦4个住宅小区，有住宅楼108幢、房屋3355套；

另有中锐星公元1个在建小区。年末，辖区常住人口8405人，户籍1792户，户籍人口4626人。年内，出生25人，死亡33人。社区党总支下设5个党支部（其中非公企业党支部1个），在册党员170人。年内，城北社区获评张家港市文明社区标兵。

集体经济　2023年，城北社区联合仓基社区共同开发北仓商务大楼项目，年内增加出租收益439.98万元。租金收入为城北社区主要收入来源，其中城北花苑和振兴花苑门面房出租收入140.99万元，其他厂房、门面出租收入120.05万元。全年集体经济总收入1031万元，经营性收入1024.8万元，年可用财力980.04万元。至年末，集体经济总资产1.35亿元。

社会事业　2023年，城北社区出资30万元用于道路改造、设施设备修缮等，改造城北新村80幢北侧及34幢西侧健身步道180米，增设休闲廊架，在周边补种绿植，打造集健身休闲、居民议事、党员联系群众的开放式公共活动空间。出资215万元为辖区800余名老人发放重阳节、春节慰问物资；出资29.24万元补贴合作医疗；出资9.25万元实施“福村宝”医疗互助，全年报销308人次，报销金额14.11万元；出资4.7万元为15名考上本科的学生发放奖学金，出资2000元为2名考上大专的学生发放奖学金。发放春、秋季助学款2人5000元，发放亡故人员家属慰问金25人1.25万元、重病患者慰问金3人1500元。办理灵活就业11人，新增虚拟养老47人。办理残疾证2人，发放残疾人辅助工具5套、复健工具4套。办理企业退休人员独生子女父母一次性奖励金申领手续49人。组织112名年满65周岁农保老人、770名社保退休人员参加健康体检。

社会治理　2023年，城北社区开展“新时代十年伟大变革的历史性成就与里程碑意义——党的二十大精神解读”等理论学习，为入党30年、40年、50年的党员颁发党龄纪念章。对接预约线上新时代文明实践活动，完成活动申报120次；友爱港城网申报志愿活动62次。实施“品鉴民俗，巧手绘梦”项目，围绕“我们的节日”开展日常养生讲座、手工制作、美食制作等活动16次，参与群众400余人次；举办“雷锋集结号，大家‘益’起来”志愿服务一条街，开展健康咨询、志愿理发、公益义诊等服务，服务群众500余人次；开展“匠心传承，创意无限”“践行二十大，科普向未来”等青少年项目，组织非遗手工、科普制作活动15次，参与青少年350余人次。围绕群众“急难愁盼”问题，在城北新村开放式小区安装智能停车道闸16个；在城北新村、城北花苑内安装新能源汽车公共充电桩17个。建立人居环境整治工作领导小组，清理建筑垃圾25吨、乱涂写83处，疏通管道210米，维修公共设施48处。社区有基础网格6个，设网格长1人、网格员6人，配备楼道长35人。全年处置“12345”政务服务热线任务单163件、网格工单2620件，上报民情日记360条，调解矛盾纠纷40起，摸排辖区出租户208户、“九小场所”130家，整改“三合一”场所1家、灭火器缺失和过期15家、管线暴露1家。摸排辖区小餐饮场所45家，完成小餐饮场所“瓶改管”4家、“瓶改电”36家。

【“三味书屋，暖心相伴”读书会获评市优秀民间阅读组织】　城北社区“三味书屋，暖心相伴”读书会成立于2019年1月，由辖区在职教师、关工委成员、爱心人士等自发组建，以推动阅读服务常态化、项目化、专业化为目的，面向党员群众、企事业单位

5月2日，城北社区“绘彩蛋称体重，传统民俗迎立夏”阅读活动开展

职工、辖区青少年等群体开展阅读推广活动。2023年，该读书会以“党的声音进万家，创新理论润民心”为主题，针对工地民工、企业职工、居民群众的阅读需要，开设工地课堂、企业课堂、庭院课堂，开展系列理论宣讲阅读活动24次，参与活动527人次；以“阅读+手工”相结合的形式，开展“悦读伴成长——二十四节气之习俗知多少”“‘强国有我，青春有为’青少年科普手工阅读”“共享非遗，传承文化”等活动30次，参与活动567人次；围绕“亲子阅读伴成长”主题，对辖区内外来民工子弟开展绘本阅读、著作赏析、家风家训传承等亲子阅读活动7次，52户家庭参与活动。4月，城北社区“三味书屋，暖心相伴”读书会获评张家港市全民阅读优秀民间阅读组织。（陈城）

仓基社区（涉农社区）

【概况】 仓基社区位于杨舍城区北郊，东起华昌路，南至长兴中路，西至长安北路，北至南横套河，区域面积2.1平方千米。仓基社区原为仓基村，辖13个村民小组。2013年撤村转居，仓基村更名为仓基社区。2015年，13个村民小组全部动迁，分别安置于江帆花苑、锦绣花苑、仓基花苑3个小区。2023年，仓基社区辖仓基花苑1个动迁安置小区，有住宅楼11幢、房屋524套；另有建发（云湖上）1个在建商品房小区。年末，辖区常住人口1075人，户籍356户，户籍人口1120人。年内，出生5人，死亡19人。社区党总支下辖3个党支部，在册党员60人。辖区内有云盘小学（沙洲湖校区）、实验幼儿园（沙洲湖园区）、江苏科技大学张家港校区。年内，仓基社区获评张家港市文明社区。

集体经济 至2020年年末，仓基社区企业、工业园区已全部拆除，辖区农用地出租给杨舍镇人民政府及高新区用于绿化种植，集体经济收入主要来源于北仓商务楼、锦绣花苑、振兴花苑门面房租赁收入。2023年，仓基社区集体经济总收入791万元，经营性收入748万元，其中房屋租赁收入512.25万元。年可用财力654.76万元，比上年增8.56%，人均可支配收入4万元。至年末，集体经济总资产1.36亿元。

社会事业 2023年，仓基社区出资22.35万元改造仓基花苑东门绿化工程，安装海关路延伸路段至仓基花苑东门道路分流栅栏。依托民生微实事项目，改造“仓廉议事亭”，打造居民休闲娱乐、聊天议事场所。发放老年人春节慰问金54.2万元、重阳节慰问金6.7万元；发放优秀学子奖学金8人2万

元；出资13.8万元为1382名社员发放股金分红；出资5.96万元用于“福村宝”互助医疗，全年报销255人次，报销金额12.2万元；出资5.08万元购买惠民保险；出资13.19万元补贴合作医疗。对3户家庭进行适老化改造，为4名重残人员申请医用床、防疮褥垫等康复器材，居家养老服务站开展“花草艾叶香、多样端午情”“血糖预防窍门早知道”等为老服务活动12次。办理重残人员年审调标3人，开展亡故、重病慰问10人，办理廉租住房补贴1人。办理灵活就业补贴6人，办理退休手续8人。发放育龄妇女“两癌”筛查通知单419份，办理企业退休独生子女父母一次性奖励金申领手续20人、生育登记14件。全年播放电影12场。

社会治理　2023年，仓基社区开展“创新基层治理，推动乡村振兴——党员红色研学实践”主题活动，带领50余名党员参观常北社区年代记忆馆、常阴沙蔬菜园，邀请市“暨阳银辉”老干部宣讲团讲师季留兴开展《怎样才能使党的二十大精神落实到基层》主题宣讲，为入党30年、40年、50年的党员颁发党龄纪念章。市委统战部常务副部长尹洁2次带队走进仓基社区进行政策理论宣讲，参与党员70余人次。对接预约线上新时代文明实践活动，完成活动申报120次；友爱港城网申报志愿活动64次。实施“幸福满仓，老年人增能”项目，开展日常养生讲座、手工制作、美食制作等活动17次，参与群众400余人次；重阳节举办“幸福新时代，欢乐度重阳”公益集市，开展健康咨询、健康美食、志愿理发、公益义诊等服务；开展青少年寒暑假非遗传承艺术培训活动65次，参与青少年1300余人次。依托“兵支书”工作室，开展退役军人拥军优属活动6次。年内，仓基社区退役军人服务站获评张家港市“五星级”退役军人服务站；仓基社区党总支书记孙斌获评张家港市优秀退役军人工作者。开展人居环境提升行动，全年出动48人次、渣土车92车次、电瓶三轮车27车次，对老年过渡房、动迁区域等重点区域开展集中整治12次，清理垃圾1500吨。新建电动自行车集中充电棚12处。社区划分为3个微网格，设网格长1人、网格员1人、微网格员3人，配备居民代表28人、网格警务员1人。全年上报并处置网格工单418件，处置“12345”政务服务热线任务单2件。为辖区63户出租户每户配备3千克干粉灭火器2具、报警口哨1个、手电筒1个、烟感报警器每个房间1个、防烟面具每人1个；为1家“九小场所”配备4千克灭火器2具、灭火毯1个，厨房间安装燃气泄漏报警装置和自动切断安全保护装置。

【“魅力仓基·校社融合”区域党建联盟项目】 2023年，仓基社区开展联学共建活

2月19日，仓基社区“趣学二十四节气——非遗扎染”活动开展

动，与辖区内江苏科技大学苏州理工学院、实验幼儿园沙洲湖园区达成共建战略，共同开展主题党日、主题团日、青年读书会等活动。江苏科技大学苏州理工学院的青年党员、团员主动到社区报到，开展田间课堂、青年学习社、垃圾分类、拥军优属等系列活动18次，参与志愿者152人次。实验幼儿园沙洲湖园区认领社区"趣学二十四节气"项目，开展绘本阅读、手工制作、科普讲堂、志愿服务等系列活动15次，教师志愿者参与40人次。（孙青）

锦绣社区

【概况】锦绣社区地处杨舍城区北部，东起一干河西路，南至张杨公路，西接港城大道，北依振兴中路，辖区面积1.17平方千米。2023年，辖老锦绣花苑（住宅楼41幢、房屋538套）、明日嘉园（住宅楼7幢、房屋223套）2个商品房小区，锦绣花苑一期、二期（住宅楼45幢、房屋1864套）及锦绣花苑四期（住宅楼5幢、房屋340套）2个动迁小区，大包巷、大坝头2个动迁村落。原管辖的誉珑名邸（住宅楼73幢、房屋2569套）、滨湖名邸（住宅楼22幢、房屋1798套）于2023年5月划入沙洲湖社区管辖。年末，辖区常住人口7365人，户籍1259户，户籍人口3636人，有百岁老人2人。年内，出生37人，死亡17人。社区党总支下设3个党支部，在册党员102人。年内，锦绣社区获评张家港市文明社区。

社会治理　2023年，锦绣社区出动党员干部、网格员、志愿者82人次，6车次，开展环境卫生集中整治活动3次，清理垃圾5.2吨。社区划分为7个网格，由社区党总支书记担任网格长，7名工作人员担任兼职网格员，配备29名楼道长。全年上报、处理网格工单3371件，处置"12345"政务服务热线任务单60件，调解矛盾纠纷65起。开展"331"专项行动，排查整改出租屋安全隐患240处，拆除出租屋不合格防盗窗17扇，配备出租屋内灭火器102具、防烟面罩53只，清除逃生通道乱堆放68处。完成小餐饮场所"瓶改电"8家。

社区活动　2023年，锦绣社区开展"忆党史，猜灯谜，庆元宵""'小网格'托起基层服务'大民生'""围炉传'党音'，共学新思想"主题党日活动和"赓续红色基因，永葆初心本色""学思想，强党性，重实践，建新功"研学活动、百名局长百场宣讲《张家港工业经济转型升级之路》等党建活动35次，参与党员1000余人次；开展"迎春送福写春联，翰墨飘香添年味"、"扣好人生第一粒扣子——闻书香、享悦读"暨世界读书日阅读活动、"妙手生花出彩，浪漫示爱母亲"母亲节主题活动、"党建引领，暖心惠民"贺中秋迎国庆社区邻里节文艺晚会等文化活动80场，参与群众1800余人次；开展红色党建引擎驱动"锦绣同益盟"民生大篷车公益集市暨学雷锋志愿服务活动、"书香暖人心，志愿我先行"图书管理员志愿服务等活动60次，参与志愿者150人次，惠及群众3000余人次；开展"舒心健体，乐活青年——微文明公益课堂"10场，设置瑜伽、茶艺、摄影、绘画等课程；寒假期间开展为期一周的"凝新港湾·海棠暖冬"情暖红蓓蕾寒托活动；暑假期间开设为期一个月的第四届爱心公益暑托班，缓解辖区双职工、新市民等家庭看护难的问题，服务未成年人1800人次；实施"手拉手传递温暖，心连心共促成长"困境儿童项目，开展“勇敢探索、勇于创新”“圆梦微心愿”“弘扬农耕文化，传承传统文明”等活动8次，服务困境儿童、困难家庭、“两新”家庭、新市民家庭等青少年200余人次。全年播放电影10场。社区锦绣艺术团参与经开区（杨舍镇）2023年全民健身节启动仪式暨“幸福杨舍，悦享美好夜”项目发布活动演出、张家港市“民族情·中国梦”张家港市第十届民族文艺会演，参与“大地欢歌”2023年张家港市乡村文艺星级团队大展演暨张家港市第四届广场舞展示活动，获评张家港市五星级明星群众文艺团队。

民生服务　2023年，锦绣社区通过议事协商，依托民生微实事项目，锦绣花苑一期多层朝南28个楼道安装便民休闲椅104张，锦绣花苑二期小高层安装楼幢牌48块，东门、西门、北门添置道路指引牌3块；锦绣花苑82幢西侧、81幢南侧新增便民休闲椅各10张，64幢、83—86幢13个楼道增设以书香、廉政、乡愁、睦邻等为主题的楼道文化墙。完成2户低保户、1户低保边缘户、1户低收入户、7户重残户、59名残疾人的年审工作。年内，慰问因大病、意外伤害，医疗费用自费部分超2万元以上的困难户40户3万元；改造残疾人员无障碍设施3处；办理生育登记55件，其中一孩生育登记27件、二孩生育登记25件、三孩生育登记3件。办理企业退休人员独生子女父母一次性奖励金申领手续44人，组织983名企业退休人员、11名年满65周岁的农保退休人员参加健康体检，413人完成“两癌”筛查。

【“智慧小区”智能改造项目】　锦绣花苑一期、二期“智慧小区”工程由杨舍镇政府出资建设，中电鸿信信息科技有限公司提供技术支撑。该项目总投资228万元，对社区基础设施进行智能化升级改造，小区安装高空鹰眼系统2台；131个楼道单元出入口安装监控系统及感烟火灾探测报警器；48台电梯安装电动车、煤气罐检测系统，实现前端声光报警；安装高空抛物智能识别系统38台，实现高空抛物事件实时预警；安装消防通道占用报警系统20台，用于抓拍违章占用消防通道的车辆车牌；10个井盖安装井盖智能监测终端，支持井盖状态、终端运行状态、联网状态、电池状态，故障提示信息检测；4个室外消防栓安装智能采集终端，监测消防栓状态，支持出水报警、碰撞报警、倾斜报警、水压过压和欠压报警；小区东、西、北3个出入口安装6套出入口人员管理系统；安装电动车充电区测温防火摄像机17台，用于监测电瓶车车棚区域温度异常情况；安装地下车库监控系统20台；小区西门出入口安装12.3平方米室外信息发布系统，用于社区宣传、公告等多媒体信息展示。项目于2023年10月投入运行。　（蔡洁）

锦绣花苑一期、二期智慧小区终端安防系统

陈东庄社区

【概况】 陈东庄社区位于杨舍城区西北部，东至跃进河，南至东横河，西至西二环路，北至张杨公路，区域面积1.1平方千米。2016年10月成立。2019年3月，与原悦丰社区、田垛里村南区合并。跃进河以东区域于2023年5月划至金田社区管辖。2023年，辖陈东庄花苑、悦华苑、悦丰新村、江南福花园、荟乐雅苑和田垛里村南区。辖区有小区住宅楼111幢、套房5115套、自建房123幢。年末，常住人口10044人，户籍1309户，户籍人口3635人，其中80周岁及以上85人。年内，出生58人，死亡31人。社区党总支下辖党支部4个，在册党员160人。年内，陈东庄社区获评张家港市文明社区。

社会治理　2023年，陈东庄社区开展环境卫生整治，清理河道垃圾3吨，小区、道路垃圾6吨。协助江南福花园、瑞丰苑小区成立新的业主委员会。社区划分为5个网格、10个微网格，设网格长1人、网格员5人、微网格员10人，配备楼道长43人。全年处理张家港市社会治理现代化指挥平台工单2677件、“331”工单576件，整改率100%。处置“12345”政务服务热线任务单205件，调解各类矛盾纠纷48起。排查走访出租户1471户，整改256户，配备烟感报警器200个、“消防四件套”30套，拆除泡沫夹芯板2处，整治线路隐患34处。排查走访“九小场所”326家，整改58家，其中小餐饮场所23家，完成“瓶改电”15家。

社区活动　2023年，陈东庄社区组织党员前往庆安村、永利村开展研学活动2次，参与党员123人次。围绕《习近平著作选读》《习近平新时代中国特色社会主义思想学习纲要》等8本著作开展“畅阅读·蓄能量”新思想阅读交流24场，举办“庭院课堂”“指尖课堂”“众说学习”“求是读书汇”等主题党日活动48场，开展“我为群众办实事”“党旗在一线飘扬”主题实践活动20场，参与党员1218人次。开展“书香诵读经典，文化传承信念”全民阅读6场，“邻聚共融，睦邻和居”“粽情粽意，邻聚乐享端午”“重拾浪漫，结缘睦邻聚七夕”等传统节日活动5场，“瑞兔迎春送欢乐，邻里祥和庆佳节”、“七一”文艺汇演、“情满中秋，礼赞国庆”惠民演出等主题文化活动5场，参与群众3000余人次。开展“文明社区我助力，快乐健康过假期”“传承剪纸文化·喜迎新春送福”等青少年寒假活动5场，参与

2月8日，陈东庄社区“庭院课堂”党员冬训活动开展

青少年203人次；开展为期一周的“家门口”暑期班活动，服务未成年人308人次。开展“和谐家庭，亲子共成长”亲子互动课6次，帮助121户家庭增进亲子关系，为15户家庭定制专属亲子互动陪伴计划。开展反诈宣传、消防安全宣传38场，参与群众1600余人次。开展“洁美港城”志愿者活动14场，参与志愿者322人次。开设广场舞培训班，开展培训活动18次，参与群众547人次。全年播放电影18场。社区馨悦艺术团参与“大地欢歌”2023年张家港市乡村文艺星级团队大展演暨张家港市第四届广场舞展示活动，获评张家港市五星级群众文艺团队。

民生服务　2023年，陈东庄社区依托民生微实事项目，在陈东庄花苑、悦华苑小区增设爱心座椅71张，陈东庄花苑18幢南侧安装新能源汽车公共充电桩12个，悦华苑14幢南侧安装新能源汽车公共充电桩9个。为2名困境儿童办理春季、秋季助学补贴，办理失业登记及灵活就业补贴19人。新增残疾人2人，残疾人换证2人，为足外翻儿童申请辅具1人，为4名80周岁及以上残疾人进行适老化改造。办理企业退休人员独生子女父母一次性奖励金申领手续31人，为81对夫妇办理生育登记。重病慰问1人，亡故慰问15人。开展时间银行为老服务活动4次，服务对象1人。新增年满80周岁虚拟养老人员9人，发放企业退休人员体检册1120份、年满65周岁农保退休人员体检册7份。

【“悦心驿站”休闲空间】　7月，陈东庄社区组织镇人大代表、居民代表、党员代表、企业单位代表开展“有事好商量·暨时议”专题协商议事活动。根据议事决议，依托民生微实事项目专项经费，将悦丰新村闲置门卫亭房打造成“悦心驿站”，设休闲阅读室、家长接待室、休闲活动室、党建活动室，为开放式老旧小区增设休闲空间，方便居民群众休闲娱乐、沟通交流。工程分为两期，一期亭房翻新装修工程于2023年9月30日完工。二期配套设施建设预计2024年完成。该案例获评区镇协商议事优秀典型案例一等奖。

（陈晓晓）

沙洲湖社区

【概况】　沙洲湖社区位于杨舍城区北部，东至华昌路，南至张杨公路，西至一干河，北至长兴中路，区域面积1.35平方千米。2023年1月成立，由锦绣社区与斜桥村划出东侧部分区域组成。辖誉珑名邸、滨湖名邸、悦湖雅居3个商品房小区，有住宅楼104幢、房屋5335套。年末，辖区常住人口6200人，户籍118户，户籍人口354人。年内，出生20人，无人员死亡。5月成立临时党支部，年末成立正式党支部，在册党员5人。辖区内有沙洲湖公园、览秀城、市职工文体中心、滨湖幼儿园、沙洲湖大酒店。

社区治理　2023年，沙洲湖社区将辖区划分为3个网格，誉珑名邸为第一网格；滨湖名邸、滨湖幼儿园、览秀城为第二网格；悦湖雅居、职工文体中心、沙洲湖大酒店、同心大厦为第三网格，设网格长1人、网格员3人。社区通过入户走访，梳理辖区居民信息，对接居民需求，开通工作微信，线上线下同步提供业务咨询、矛盾调解等服务。网格员每月开展“九小场所”消防安全检查4次、巡河护河检查4次，年内处置网格工单500余件，办结处理市大联动、

7月5日,"洁美沙洲湖"志愿服务活动开展

"12345"政务服务热线任务单55件,调解矛盾20余起。

社区活动　2023年,沙洲湖社区链接周边小区、商圈、学校、社区"达人"等开展各类文明实践活动26次,参与群众500余人次。开展美湖行动、垃圾分类宣传活动,向居民群众传递环保理念;开展法治文化宣传、反诈防骗宣传活动,提升居民群众法律意识;开展消防职业体验活动,引导辖区居民关注消防安全;开展亲子迷你跑、乒乓友谊赛等体育类活动,提高居民身体素质,增进邻里感情;开展眼科口腔义诊、关爱环卫工人等便民利民活动,服务辖区群众。协助城北街道运营云帆空间·"红蓓蕾"先锋服务驿站,携"52爱心联盟",招募志愿者开展阵地轮值,每日8:30—11:00、13:00—16:00、18:00—20:00,为辖区居民、"两新"从业人员、环卫工人等群体,提供休息、学习、交流、应急空间,全年参与志愿服务1400余人次。

【沙洲湖社区获评市儿童友好社区】　2023年,沙洲湖社区围绕"促进儿童交流,重视儿童参与,关注儿童成长",以"家校社"联合一体为横线,"校园、商圈、文体中心"为纵线,借力沙洲湖综合性集聚区的资源特色,聚焦儿童学、住、行、乐等多层次需求,增添绿色、科技、文化等元素,打造"儿童友好活动空间",内部划分阅读区、游乐区、健身区,配备桌椅、儿童健身器材、书架、游戏道具等。成立"小沙砾"志愿服务团队,招募8—17周岁青少年56人,提供共享空间整理、小区环境美化、垃圾分类宣传等志愿服务。开展"一周班长"项目,以小区儿童友好共享乐园为阵地,培养儿童发现、表达、实践能力,至年末,有30名儿童参与活动。年内,获评2023年度张家港市儿童友好社区。　(陶熙成)

金田社区

【概况】　金田社区位于杨舍城区西北部,东至港城大道,南至东横河,西至跃进河,北至振兴路,区域面积0.63平方千米。2023年1月成立,由田垛里村与陈东庄社区划出部分区域组成,辖中凯城市之光花园、都会花园、君悦花园3个小区及吉昌综合楼,有住宅楼58幢、房屋4793套。年末,辖区常住人口5121人,户籍248户,户籍人口605人。年内,出生2人,死亡1人。5月成立临时党支部,年末成立正式党支部,在册党员5人。

社会治理　2023年,金田社区将辖区划分为2个网格,即中凯城市之光花园网格

金田社区都会花园

及君悦花园、都会花园、吉昌综合楼网格，设网格长1人、网格员2人。发放网格民情联系卡218张，上报民情日记40条，处理网格工单172件，处置“12345”政务服务热线任务单50件，协助田垛里村处理消防安全专项治理工单10件。调解矛盾纠纷21起，调处上级转办信访（市长信箱）3件。

社区活动　2023年5月15日，金田社区志愿服务团队成立，有志愿者20人，全年参与洁美港城环境整治活动6次、城北区域篮球赛文体志愿服务4次，参与张家港东渡半程马拉松志愿服务活动，累计参与志愿服务63人次。

民生服务　2023年，金田社区走访慰问困境儿童2人，发放退休人员体检册25份，录入退休管理平台6人，核查季度创业补贴3家，完成生育登记23件，办理退休人员独生子女父母一次性奖励金申领手续2人，发放独生子女父母奖励金5户，完成“爱满港城”慈善募捐捐款8719元。

（黄奕君）

人物·荣誉

6月2日，“杨舍榜样·每周之星”座谈会召开

先进个人

表29　2023年经开区（杨舍镇）获省级和省条线表彰的先进个人一览表

姓　名	荣誉名称	授予单位	工作单位
赵建军	江苏“最美基层共产党员”	江苏省委宣传部	经开区（杨舍镇）农联村
葛　艳	江苏省优秀工会工作者	江苏省总工会	经开区（杨舍镇）
张旅城	2022年江苏省“我们身边的好青年”（乡村振兴类）	共青团江苏省委、江苏省文明办、江苏省青年联合会	经开区（杨舍镇）
黄佳怡	江苏省优秀共青团员	共青团江苏省委	经开区（杨舍镇）新时代文明实践所
吴关明	江苏省优秀共青团干部	共青团江苏省委	第八中学
蒋李灵	江苏省优秀共青团干部——团支部书记专项	共青团江苏省委	经开区（杨舍镇）城南街道邻湖社区
朱玉莲家庭	2022年度江苏省最美家庭	江苏省妇女联合会	东渡实验学校
张钰燕	第二届江苏省“十佳妇女议事能手”	江苏省妇女联合会	经开区（杨舍镇）晨南村
张丽钰	2022年度“99公益爱心传递大使”	江苏省妇女儿童福利基金会	经开区（杨舍镇）
常洪江	全省公调对接工作成绩突出个人	江苏省司法厅、江苏省公安厅	杨舍镇人民调解委员会
缪娅萍	2022年江苏省居民健康素养监测工作先进工作者	江苏省健康教育协会	杨舍镇社区卫生服务中心
李君临	2022年江苏省居民健康素养监测工作先进工作者	江苏省健康教育协会	杨舍镇城北社区卫生服务站
何丽江	2022年度江苏大学生志愿服务乡村振兴计划优秀志愿者	江苏省青年志愿者协会、江苏大学生志愿服务乡村振兴计划省项目管理办公室	经开区（杨舍镇）农联村
何丹丹	2023年“爱心暑托班”省域优秀志愿者	江苏省希望工程办公室、江苏省青少年发展基金会	经开区（杨舍镇）新时代文明实践所

表30　2023年经开区(杨舍镇)获苏州市级和苏州市条线表彰的先进个人一览表

姓　名	荣誉名称	授予单位	工作单位
蔡　健	优秀人民调解员	苏州市中级人民法院、苏州市司法局	张家港市杨舍镇人民调解委员会
	人民调解工作先进个人	苏州市司法局	
魏　立	2022年度应急管理工作“危险化学品安全监管工作”先进个人	苏州市应急管理局	经开区安全环保局
孙　宇	2022年度应急管理工作“安全生产宣传教育培训工作”先进个人	苏州市应急管理局	经开区安全环保局
徐　科	2022年度全市优秀灾害信息员	苏州市减灾委员会办公室	杨舍镇河北村村委会
马小强	苏州市五一劳动奖章	苏州市总工会	张家港华裕有色金属材料有限公司
吴晓娟	苏州好青年(创新创业类)	共青团苏州市委	江苏帷幄网络科技有限公司
	苏州市三八红旗手	苏州市妇女联合会	
史　晟	苏州市三八红旗手	苏州市妇女联合会	苏州市元达文化传媒有限公司

表31　　2023年经开区(杨舍镇)获张家港市级表彰的先进个人一览表

姓　名	荣誉名称	授予单位	工作单位
黄　维	征兵工作先进个人	张家港市人民政府	杨舍镇人民武装部

说明:张家港市条线表彰的先进个人不予收录

先进集体

表32　　2023年经开区(杨舍镇)获国家条线表彰的先进集体一览表

获奖单位	荣誉名称	授予单位
杨舍镇善港农民专业合作社	2022年国家农民合作社示范社	农业农村部、国家发展改革委、水利部、税务总局、市场监管总局、国家林草局、供销合作总社
塘市小学	首批全国健康学校建设单位	教育部办公厅

表33　2023年经开区（杨舍镇）获省级和省条线表彰的先进集体一览表

获奖单位	荣誉名称	授予单位
张家港经开区（杨舍镇）社区教育中心	2023年社会教育先进集体	江苏省社会教育服务指导中心
暨阳七彩鸟工作室	第四批社区教育“名师工作室”	江苏省社会教育服务指导中心
李巷村	2023年度老年友好型社区建设单位	江苏省老龄工作委员会办公室
善港村	2023年江苏省乡村振兴示范村	江苏省农业农村厅、江苏省乡村振兴局
福前村	2022年度江苏省生态宜居美丽示范村	中共江苏省委农村工作领导小组
	2022年度江苏省放心消费创建示范区域	江苏省放心消费创建活动办公室、江苏省市场监督管理局
百家桥村	2022年度江苏省生态宜居美丽示范村	中共江苏省委农村工作领导小组
	第十一批次江苏省特色田园乡村	江苏省农村住房条件改善和特色田园乡村建设工作联席会议
百家桥村法治文化园	第十批“省级法治文化建设示范点”	江苏省委宣传部、江苏省委全面依法治省委员会办公室、江苏省法治宣传教育工作领导小组办公室、江苏省司法厅、江苏省文化和旅游厅、江苏省广播电视局
南新村	江苏省生态文明建设示范村（第五批）	江苏省生态环境厅
晨南村	江苏省生态文明建设示范村（第五批）	江苏省生态环境厅
徐丰村	2023年江苏省健康村	江苏省爱国卫生运动委员会办公室、健康江苏建设领导小组办公室
花园浜社区	2023年江苏省健康社区	江苏省爱国卫生运动委员会办公室、健康江苏建设领导小组办公室
经开区（杨舍镇）花园浜社区博爱家园	2023年度优秀博爱家园	江苏省红十字会

续表

获奖单位	荣誉名称	授予单位
悦盛社区	2023年江苏省健康社区	江苏省爱国卫生运动委员会办公室、健康江苏建设领导小组办公室
经开区（杨舍镇）悦盛社区青少年暑托班	2023年“爱心暑托班”省域优秀示范班点	江苏省希望工程办公室
七里庙社区	2023年江苏省健康社区	江苏省爱国卫生运动委员会办公室、健康江苏建设领导小组办公室
勤丰社区（君临新城）	2022年度党建引领物业管理服务工作省级示范点	中共江苏省委组织部、中共江苏省委非公有制企业和社会组织工作委员会、中共江苏省住房和城乡建设厅党组、中共江苏省住房和城乡建设行业委员会
市幸运金属工艺品非遗工坊	江苏省首批省级非遗工坊	江苏省文化和旅游厅、江苏省人力资源和社会保障厅、江苏省乡村振兴局
张家港富瑞特种装备股份有限公司	江苏省优秀劳动关系和谐企业	江苏省人力资源和社会保障厅、江苏省总工会、江苏省工业和信息化厅、江苏省企业联合会/企业家协会、江苏省工商业联合会
张家港恩斯克精密机械有限公司工会委员会	江苏省模范职工之家	江苏省总工会
张家港市塘市小学	江苏省“红石榴家园”精品单位	江苏省民族宗教事务委员会
张家港市闸上小学	2022年江苏省智慧校园	江苏省教育厅、江苏省工业和信息化厅
杨舍实验学校	2022年江苏省智慧校园	江苏省教育厅、江苏省工业和信息化厅
杨舍老街	江苏省户外广告和店招标牌设施设置特色街区	江苏省住房和城乡建设厅

表34　2023年经开区（杨舍镇）获苏州市级和苏州市条线表彰的先进集体一览表

获奖单位	荣誉名称	授予单位
张家港经济技术开发区	2022年度全市防灾减灾工作先进镇（街道）	苏州市减灾委员会办公室
经开区（杨舍镇）	苏州市优秀献血单位	苏州市献血领导小组办公室

续表

获奖单位	荣誉名称	授予单位
经开区（杨舍镇）	2022年度苏州市创建“无毒社区”示范单位	苏州市禁毒委员会
杨舍镇人民调解委员会	人民调解工作先进集体	苏州市司法局
张家港经济技术开发区安全环保局	2022年度全市“生态环境保护工作”先进集体	中共苏州市委、苏州市人民政府
	2022年度应急管理工作“工矿安全监管工作”先进集体	苏州市应急管理局
	2022年度应急管理工作“安全生产宣传教育培训工作”先进集体	苏州市应急管理局
	2022年度全市应急管理系统创建模范机关先进单位	中共苏州市应急管理局委员会
杨舍镇人民武装部	苏州市2022年度征兵工作先进单位	苏州市征兵领导小组
经开区行政审批局审批业务二科	苏州市巾帼文明岗	苏州市妇女联合会、苏州市“巾帼建功”活动领导小组
百家桥村	2023年度苏州市特色田园乡村（特色精品乡村）	中共苏州市委办公室、苏州市人民政府办公室
	2023年度苏州市智慧农村	苏州市农业农村局
福前村	苏州市农村人居环境长效管护先进村	中共苏州市委农村工作小组、苏州市农村人居环境整治工作联席会议、苏州市村庄环境长效管理领导小组
	2023年度苏州市“美丽果园”特色村	苏州市农业农村局、苏州市农村人居环境整治工作联席会议办公室
章卿村	2023年度苏州市特色田园乡村（特色康居乡村）	苏州市特色田园乡村建设工作联席会议
	2023年度苏州市智慧农村	苏州市农业农村局

续表

获奖单位	荣誉名称	授予单位
黎明村	2023年度苏州市智慧农村	苏州市农业农村局
东莱村	2023年度苏州市特色田园乡村（特色康居乡村）	苏州市特色田园乡村建设工作联席会议
章卿村股份经济合作社	2023年度苏州市智慧农业示范生产场景（智慧农场）	苏州市农业农村局
徐丰村	苏州市健康村	苏州市爱国卫生运动与健康促进委员会办公室
	2023年苏州市级“三全”家庭教育指导服务示范村（社区）	苏州市妇女联合会
小城市社区	2023年苏州市级“三全”家庭教育指导服务示范村（社区）	苏州市妇女联合会
塘市社区	2023年苏州市级“三全”家庭教育指导服务示范村（社区）	苏州市妇女联合会
江帆社区残疾人之家	2023年度“残疾人之家”星级达标单位	苏州市残疾人联合会、苏州市财政局
杨舍镇城西悦杨残疾人之家	苏州市高质量“残疾人之家”	苏州市人民政府残疾人工作委员会办公室
晨阳社区“家门口”就业服务站	2023年度苏州市“家门口”就业服务站示范站点	苏州市人力资源和社会保障局
国泰新点软件股份有限公司	2022年度全市“推动数字经济时代产业创新集群发展工作”先进集体	中共苏州市委、苏州市人民政府
张家港市神园葡萄科技有限公司	2023年度苏州市智慧农业示范生产场景（智慧园艺）	苏州市农业农村局
张家港市第二集贸市场	2023年苏州市文明菜场	苏州市创建全国文明城市指挥部办公室、苏州市食品安全委员会办公室
	苏州市最美菜场	苏州市农贸市场改造提升三年行动领导小组办公室

续表

获奖单位	荣誉名称	授予单位
澳洋集团有限公司	苏州市五一劳动奖状	苏州市总工会
江苏澳洋优居壹佰养老产业有限公司	苏州市第一批“家门口的老年大学”	苏州市教育局、苏州市民政局
乘航老年大学	苏州市第一批“家门口的老年大学”	苏州市教育局、苏州市民政局
城西老年大学	苏州市第一批“家门口的老年大学”	苏州市教育局、苏州市民政局
杨舍老街	苏州市停车便利化工作示范区	苏州市城管局
	苏州市“美丽街区”	苏州市城市管理委员会办公室
暨阳湖生态金融街	苏州市“美丽街区”	苏州市城市管理委员会办公室

表35　2023年经开区（杨舍镇）获张家港市级表彰的先进集体一览表

获奖单位	荣誉名称	授予单位
杨舍镇人民政府	征兵工作先进单位	张家港市人民政府
杨舍镇社区卫生服务中心	“创新转型加速年”先进集体	中共张家港市委员会办公室、张家港市人民政府办公室
经开区（杨舍镇）慈善会	第八届张家港慈善奖	张家港市人民政府办公室
	“最具影响力公益慈善组织”	

说明：张家港市条线表彰的先进集体不予收录

附 录

沙洲湖大桥全景

2023年经济和社会发展统计

表36　　2023年经开区（杨舍镇）行政区划、面积、人口一览表

项目	单位	数值
一、行政区划		
居委会	个	53
村委会	个	22
二、总面积	平方千米	153.08
耕地面积	平方千米	26.27
三、户籍总户数	户	97477
户籍总人口	人	285244
男	人	139274
女	人	145970
人口当年出生数	人	1285
出生率	‰	4.50
人口增长数	人	-1101
自然增长率	‰	-3.86
死亡人口	人	2386
死亡率	‰	8.36

表37　　2023年经开区（杨舍镇）地区生产总值一览表

单位：亿元

项目	数值	比2022年增长率（%）
地区生产总值（当年价）	1001.37	0.8
其中：第一产业	3.99	3.8
第二产业	322.55	2.9
第三产业	674.82	-0.1
工业	287.64	3.4

表38　　2023年经开区（杨舍镇）外向型经济主要指标一览表

项目	单位	数值
进出口总额	亿美元	87.48
出口总额	亿美元	77.79
注册外资	万美元	15903.00
到账外资	万美元	10306.00

表39　　2023年经开区（杨舍镇）全社会固定资产投资完成情况表

单位：亿元

项目	数值
固定资产投资	176.93
其中：工业投资	57.86
服务业投资	119.06
新兴产业投资	59.60

表40　　2023年经开区（杨舍镇）办事处（街道）基本情况表

名称	所在办事处（街道）面积（平方千米）	党工委书记	办事处主任	党工委副书记	办事处副主任
塘市办事处	22.73	张耀军	钱　华（女，2月任）	钱　华（女，5月任） 陈　云 陈韵红（女） 钱得栋（12月任）	王同海 查　英（女，5月免）
乘航办事处	20.31	唐　宏	李迎辉（5月任）	毛建芳（女） 李雪东	季浩锋 唐厉兵
东莱办事处	29.55	邓衍子	—	—	谢建彪（5月免） 沈　波 季利本
泗港办事处	19.75	钱海峰	—	徐　一	程　亚（女） 徐　平
晨阳办事处	14.28	惠　荣	吕　浪（2月任）	吕　浪（5月任） 黄　琴（女）	卢向华 罗　华
城东街道办事处	7.85	沈　敏（女）	展亚东（5月任）	杨荣华 钱得栋（12月免）	张晓红（女） 葛春峰
城南街道办事处	14.96	邹丽萍（女）	成　凯（2月任）	成　凯（5月任） 徐海栋 孙春霞（女）	郭新辉
城西街道办事处	5.77	金　忠	虞宁漪（女）	虞宁漪（女） 蔡　健（兼）	丁伟民 黄　英（女）
城北街道办事处	17.91	施　律	张　浩（5月任）	陆　豪	陈丽萍（女，12月免） 任建刚 朱　军

表 41　　2023 年经开区（杨舍镇）村（社区）基本情况表

办事处（街道）	村（社区）	面积（平方千米）	户籍数（户）	户籍人口数（人）	常住人口数（人）	集体经济总收入（万元）	村级经营性收入（万元）	总资产（万元）	村（社区）党委（总支、支部）书记	村（社区）主任
塘市办事处	李巷村	6.88	1755	6449	10710	6171	4230	23888	陈　云	陈　云
	河北村	4.16	1428	4497	8396	1902	1882	10877	孙　滟（女）	孙　滟（女）
	棋杆社区	2.90	761	2219	6365	1988	1978	13912	陈　勇（9月免）	陈　勇（9月辞） 陈　霞*（女，12月任）
	河南社区	2.00	345	1194	2745	1199	1193	8257	徐岳云	徐岳云
	南庄社区	3.00	909	2916	8837	1752	1750	10685	戴　宇	戴　宇
	汤联社区	2.50	895	3168	8779	1488	1482	6850	蔡文娅（女）	蔡文娅（女）
	塘市社区	0.74	556	1545	7604	—	—	—	陈瑞虎	陈瑞虎
	芦庄社区	0.55	857	3137	9160	—	—	—	葛蒙娜（女）	葛蒙娜（女）
乘航办事处	蒋桥村	2.20	596	1479	3022	3131	2881	54307	支益明	支益明
	民丰村	2.00	810	2428	3826	2770	2756	35735	陈卫佳	陈卫佳
	庆安村	3.70	1356	4131	1750	3696	3549	24023	李雪东	李雪东
	新民村	3.10	910	3100	5100	1850	1754	14759	季浩锋	季浩锋
	双鹿村	2.70	675	2008	3508	1087	992	5642	陈海江	陈海江
	农义村	2.50	450	1458	976	1133	1062	13807	—	虞伟平
	乘航社区	1.34	829	2146	9709	—	—	—	钱　红（女）	钱　红（女）
	江南社区	1.37	835	2821	12158	—	—	—	徐宇洲（女）	徐宇洲（女）
	农鹿社区	1.40	609	2241	7535	—	—	—	李文涛	—

续表

办事处（街道）	村（社区）	面积（平方千米）	户籍数（户）	户籍人口数（人）	常住人口数（人）	集体经济总收入（万元）	村级经营性收入（万元）	总资产（万元）	村（社区）党委（总支、支部）书记	村（社区）主任
东莱办事处	农联村	1.26	1641	5160	7114	12397	12372	162896	赵建军	赵建军
	福前村	6.35	1767	5192	6036	3446	3378	25135	赵国忠	赵国忠
	东莱村	8.37	2143	6495	10057	3274	2954	24017	刘　兵	刘　兵
	西闸村	2.55	1117	3462	10104	1486	1237	7665	戴晓华	戴晓华
	黎明村	3.57	1308	4007	5513	1914	1690	20184	支佳天	支佳天
	徐丰社区	1.16	1405	3599	14362	1673	1655	13931	—	季海滨*（12月任）
	江帆社区	2.04	1220	3465	8223	—	—	—	许　春	许　春（12月辞） 王玉玺*（12月任）
	福新苑社区	1.35	490	1651	7952	—	—	—	黄海峰	黄海峰
	青草巷社区	2.90	805	1997	11372	—	—	—	周　超（9月免） 孙陈洁（女，9月任）	周　超（9月辞）
泗港办事处	善港村	7.07	2119	6672	11341	5135	4353	20732	葛剑锋	葛剑锋
	闸上村	2.41	807	2645	4595	2633	2482	11618	王建军	王建军
	章卿村	3.84	1420	4848	8143	3847	3572	18465	吴　坚	吴　坚
	百家桥村	0.68	343	882	1125	2660	2656	15070	徐　平	徐　平（11月当选）
	七里庙社区	1.05	1501	4504	8274	2621	2612	42144	杨爱华	杨爱华
	通桥社区	2.70	825	3099	4792	—	—	—	李春燕（女）	李春燕（女）
	泗港社区	2.00	396	1255	3206	—	—	—	潘　黎（女）	潘　黎（女）
晨阳办事处	晨新村	3.94	1298	3611	7000	1595	1588	21607	卢向华	卢向华
	南新村	5.44	1829	5363	7526	2014	1667	8974	王幽兰（女）	王幽兰（女）
	晨南村	4.10	1255	3718	7524	1598	1458	10942	朱永安	朱永安
	晨阳社区	0.80	556	1360	5070	—	—	—	丁　静（女）	丁　静（女）

续表

办事处（街道）	村（社区）	面积（平方千米）	户籍数（户）	户籍人口数（人）	常住人口数（人）	集体经济总收入（万元）	村级经营性收入（万元）	总资产（万元）	村（社区）党委（总支、支部）书记	村（社区）主任
城东街道办事处	城东社区	1.20	3846	10494	12788	3505	3505	27758	郭新贤	郭新贤
	前溪社区	1.09	3581	10244	10850	646	620	16956	葛春峰	葛春峰
	花园浜社区	1.12	3199	8361	11219	—	—	—	许品洁（女）	许品洁（女）
	勤丰社区	0.63	1149	3184	8523	—	—	—	钱雪峰	钱雪峰
	老宅社区	1.30	1507	4433	7322	—	—	—	任　丹（女）	任　丹（女）
	景溪社区	0.90	1210	3465	8784	—	—	—	潘艳丽（女）	潘艳丽（女）
	锦程社区	1.10	551	2303	6208	—	—	—	马　洁（女）	马　洁（女，12月辞） 赵海萍*（女，12月任）
	南杨社区	0.51	276	647	5612	—	—	—	赵　晓（女）	赵　晓（女）
城南街道办事处	城南社区	0.86	2692	7457	10550	4056	4041	52490	宋　涛	宋　涛
	旺西社区	2.20	885	2889	7401	2238	2234	29732	顾剑平	顾剑平
	赵庄社区	3.00	1903	5653	13650	1673	1671	23583	徐金宝	徐金宝
	小城市社区	1.50	2847	8216	13125	1798	1789	8988	常　磊	常　磊
	包基社区	1.72	401	1302	2069	984	971	11232	惠　扬	惠　扬
	南苑社区	0.85	2402	6563	12769	—	—	—	曹　荣	曹　荣
	暨阳湖社区	1.52	1682	4814	10531	—	—	—	徐　敏（女）	徐　敏（女）
	永安社区	1.50	1536	4277	9872	—	—	—	许　娟（女）	许　娟（女）
	白鹿社区	0.68	1464	4147	10800	—	—	—	陈红静（女）	陈红静（女）
	联谊社区	0.50	607	1607	6552	—	—	—	徐　炜（女）	徐　炜（女）
	邻湖社区	0.63	419	1009	5915	—	—	—	张　健	张　健

续表

办事处（街道）	村（社区）	面积（平方千米）	户籍数（户）	户籍人口数（人）	常住人口数（人）	集体经济总收入（万元）	村级经营性收入（万元）	总资产（万元）	村（社区）党委（总支、支部）书记	村（社区）主任
城西街道办事处	城西社区	0.36	1700	4714	8153	9281	9254	77873	蔡　健	蔡　健
	万红社区	0.87	2676	7918	12400	1341	1331	9928	匡卫祥	匡卫祥
	景巷社区	1.35	2309	6254	11325	—	—	—	徐　敏（女）	徐　敏（女）
	西门社区	0.46	1147	3116	4165	—	—	—	陈　亮（女）	陈　亮（女）
	暨阳社区	0.33	1768	4956	5613	—	—	—	路　敏（女）	路　敏（女）
	庆丰社区	0.43	1169	3454	4171	—	—	—	王雅芳（女）	王雅芳（女）
	钱塘社区	0.72	917	2406	5006	—	—	—	周　科（女）	周　科（女）
	云盘社区	0.48	1806	5039	6752	—	—	—	陈　果	陈　果
	悦盛社区	0.77	704	1889	5013	—	—	—	黄　燕（女）	黄　燕（女）
城北街道办事处	田垛里村	5.65	1598	4735	7389	7740	7698	46327	郭建锋	郭建锋
	斜桥村	1.80	1621	4663	10087	2530	2509	11217	戴德祥	戴德祥
	横河社区	1.33	2098	5947	9610	1661	1655	8163	陈文晓	陈文晓
	范庄社区	1.38	1904	5190	15361	1460	1459	7333	许春芳（女）	许春芳（女）
	城北社区	1.40	1792	4626	8405	1031	1025	13527	任建刚	任建刚
	仓基社区	2.10	356	1120	1075	791	748	13616	孙　斌	孙　斌
	锦绣社区	1.17	1259	3636	7365	—	—	—	许颂艳（女）	许颂艳（女）
	陈东庄社区	1.10	1309	3635	10044	—	—	—	陆　豪	陆　豪
	沙洲湖社区	1.35	118	354	6200	—	—	—	—	周　鹭*（女，12月任）
	金田社区	0.63	248	605	5121	—	—	—	—	钱泽好*（女，12月任）

备注：带“*”号者为2023年12月任命的社区居委会负责人

党委、政府工作报告

扛起经济大镇担当　增强中心城区功能
为谱写幸福杨舍现代化建设新篇章而团结奋斗

——在中国共产党杨舍镇第十四届代表大会第四次会议上的报告

（2023年12月29日）

张志明

这次大会的主要任务是：以习近平新时代中国特色社会主义思想为指导，深入学习宣传贯彻党的二十大精神和习近平总书记考察江苏重要讲话精神，认真贯彻中央经济工作会议精神，全面落实江苏省委十四届五次全会、苏州市委十三届六次全会和张家港市委十二届六次全会精神，回顾总结2023年工作，研究部署2024年工作任务，动员区镇各级党组织、广大党员和干部群众，与时俱进大力弘扬张家港精神，进一步振奋精神、敢为善为，大干快上、奋勇争先，扛起经济大镇担当，增强中心城区功能，加快谱写幸福杨舍现代化建设新篇章！

现在，我代表中共杨舍镇委员会，向大会报告工作，请予审查，并请列席人员提出意见。

一、2023年工作回顾

2023年是全面贯彻党的二十大精神的开局之年，是三年新冠疫情防控转段后经济恢复发展的一年，也是开发区成立三十周年。面对错综复杂的发展环境，区镇上下始终高举习近平新时代中国特色社会主义思想伟大旗帜，紧扣市委“现代化建设先锋年”工作主题，认真贯彻落实市委常委会专题调研经开区（杨舍镇）工作会议精神，聚焦经济发展主责主业，加快高质量发展，实施精细化管理，努力交出发展和安全两张高分报表。

（一）在“稳增长”中铸牢经济基石。坚持把发展实体经济作为着力点，实施常态化领导挂钩联系企业服务制度，“一企一档”“一企一策”解决企业发展实际困难，推动经济发展回升向好。强化经济高质量发展政策激励，全年兑现奖补资金超6100万元。扎实推进第五次全国经济普查，新增“四上”单位178家。入选中国民营企业500强2家、苏州市级总部企业2家、张家港市百家骨干企业26家。预计全年地区生产总值增长4%，完成规模以上工业总产值953亿元，一般公共预算收入50.4亿元，比上年增24.2%，固定资产投资175亿元，比上年增7.5%，工业投资60亿元，比上年增14.3%。经开区综评跻身全省开发区前8强，杨舍镇蝉联全国千强镇第2位。

（二）在"抓项目"中夯实产业根基。围绕主导产业开展产业链精准招商，举办光束汽车供应商大会、新能源产业论坛等招商推介活动，引进港城有史以来单体投资规模最大、世界500强第222位盛虹集团投资的储能电池超级工厂，协鑫储能及东久国际产业园等超亿元项目20个。加快推进总投资539亿元的47个三级重大项目，杉金光电、安迈工程机械、潞能光伏等29个项目竣工投产。特别是省重大盛虹储能"签约5个月即开工"，省重大采埃孚汽车零部件"当年开工、当年竣工"，协鑫储能"从立项到投产仅不到70天"，中鑫汽配"拿地即开工"；光束汽车顺利取得工信部道路机动车辆生产企业准入许可。大力发展现代服务业，落户全市首家建筑类央企子公司总部中铁城建华东公司，引进山姆会员云仓店、全球龙头连锁便利店全家、希尔顿花园酒店，电子商务产业园获评苏州市首批数字经济特色产业园。

（三）在"增动能"中激发创新活力。实施科技招商"一号工程"，大力招引"潜力类、重点类"科创好项目。坚持人才第一资源，获评市级以上高层次人才超50人，其中国家级人才4人。强化企业创新主体地位，天兵科技获评全市首家中国独角兽企业；锴威特成功登陆科创板，新增新三板挂牌企业2家；获评国家级专精特新"小巨人"4家、国家高新技术企业140家、国家科技型中小企业365家，新增省级企业研发机构3家，瞪羚企业29家。经开区被授予苏州国家新一代人工智能创新发展试验区特色半导体产业集聚区。深化国资国企改革，全面梳理、分类盘活空置资产，规范投资决策，理顺投后管理，改革物业管理模式，首发全国县级市国有企业科创债，完成经开国投和经开控股AA+、悦丰金创AA外部评级，资管业务、投资业务全年收入均突破2亿元。

（四）在"惠民生"中提升城乡品质。把财力向民生倾斜，实施民生微实事项目429个，解决好群众"急难愁盼"。推动公共服务优质均衡，完成东莱小学、镇社区卫生服务中心预防接种门诊等改扩建工程，新增5个苏州市级"席地而坐"城市客厅示范区、14个"口袋公园"，第二集贸市场获评苏州市最美菜场。在全市首推大众创业"一件事一次办""集体合同审查秒批秒办"等改革，提升企业、群众办事便捷度。加快推进动迁安置，农联家园北区等5个安置小区竣工分房。持续壮大村级经济，村均经营性收入达2675万元，农联等16个村股份合作社获评江苏百强股份经济合作社、占比全省第一，善港获评国家农民合作社示范社。杨舍镇持续位列苏州市高水平率先基本实现农业农村现代化第一方阵。

（五）在"优治理"中维护社会稳定。担当建设更高水平全国文明城市主阵地、主力军，实施文明创建"八大工程"，打造"幸福杨舍·悦享美好夜"新时代文明实践品牌，建成苏州市美丽街区2个、垃圾分类四星级以上小区5个。突出生态优先，第二轮中央、省环保督查交办问题全部销号，新增省级特色田园乡村、生态宜居美丽乡村、生态文明建设示范村5个，福前被授予全国十大宜居宜业和美乡村创建示范基地。加强和创新基层治理，扎实做好安全生产、消防安全工作，大力推进餐饮场所"瓶改管""瓶改电"，各类生产责任安全事故实现"双下降”。强化风险防控，建成三级社会矛盾纠纷调处化解中心，一站式运营公共法律服务中心和非诉讼服务中心，老旧小区物业管理实现全覆盖。

（六）在“强党建”中强化政治保证。深入学习贯彻党的二十大精神，扎实开展学习贯彻习近平新时代中国特色社会主义思想主题教育，以学铸魂、以学增智、以学正风、以学促干。积极探索“暨阳红满格”基层党建治理实践，打造“商会引雁、海棠暖流”等党建品牌，创成“党建引领物业管理服务工作”等省级示范阵地。加强干部队伍建设，完善“组工零距离”知事识人常态化考察机制，选树“杨舍榜样”，选派干部进行“援建、挂职、跟班学习、岗位交流”等，积极开展廉洁风险报备，充分调动党员干部积极性。坚定不移推进全面从严治党，实施“廉洁杨舍”建设十大项目，开展“520”廉政教育活动、“清风行动”、专项监督行动，深化正风肃纪反腐，持续营造风清气正的政治生态。

与此同时，积极推动对口援建和南北挂钩，人大、政协、统战、民族宗教、人民武装、工青妇、双拥、老干部、统计、党校、史志、档案和关心下一代等各项工作均取得了新的进步，为推动区镇经济社会发展作出了积极贡献。

回顾2023年，成绩来之不易，奋斗饱含艰辛！这些成绩的取得，靠的是市委、市政府的坚强领导、全力支持，靠的是各级干部、广大企业家、全体杨舍人的团结一致、实干担当。在此，我谨代表经开区党工委、杨舍镇党委，向各位代表，并通过大家向所有为区镇发展作出贡献的社会各界人士，致以崇高的敬意，表示衷心的感谢！

回顾2023年，挑战依然艰巨，务必保持清醒！当前，外部环境复杂性、严峻性、不确定性上升，国内有效需求不足、社会预期偏弱等不利因素依然较多，进一步推动经济回升向好仍需克服一些困难和挑战。审视区镇自身，对照高质量发展要求，对照杨舍群众对美好生活的向往，压力依然存在，特别是城区土地空间资源趋紧，部分新引进的重大项目尚未形成有效支撑，优势产业能级还不够大；在公共服务、基础配套等方面还有薄弱点，基层治理水平有待提升，等等。对此，我们必须高度重视，沉着应对风险挑战，实干担当、攻坚克难，加快予以解决。

回顾2023年，使命呼唤担当，蓝图引领未来！2023年7月，习近平总书记亲临江苏、苏州考察，提出“在科技创新上取得新突破，在强链补链延链上展现新作为，在建设中华民族现代文明上探索新经验，在推进社会治理现代化上实现新提升”的最新要求。苏州市委明确，要抓紧抓实经济大镇这一关键基础，直接监测经济大镇主要经济指标。在经开区成立三十周年主题活动上，张家港市委对经开区（杨舍镇）寄予厚望，明确要求我们“扛起龙头板块的担当、坚定走在前列的追求，争创国家一流园区、构筑科技创新高地、打造现代产业集群、打造幸福美丽样板”。迈上三十而立新征程，区镇上下要始终牢记习近平总书记的谆谆嘱托，深入贯彻落实上级赋予的新使命，主动扛起经济大镇的责任担当，奋力推动“综合实力大攀升、园区形象大焕新、民生福祉大提升”，加速构筑“新兴产业与创新发展比翼齐飞、城市颜值与功能价值相得益彰、生态品质与群众幸福交相辉映”的现代化园区，推动高质量发展、现代化建设“走在前、做示范”。

——瞄准"综合实力大攀升"，加速构筑"新兴产业与创新发展比翼齐飞"的现代化园区。准确把握新型工业化发展规律，深度聚焦"汽车及零部件、新能源、化合物半导体"等新兴产业，大力引育龙头企业、链主企业，丰富核心技术储备，提升高附加值产品占比，推动产能充分释放、规模效应显现，加快形成新质生产力，实现国家级经开区综评实质性争先进位。

——瞄准"园区形象大焕新"，加速构筑"城市颜值与功能价值相得益彰"的现代化园区。遵循"产城人"融合发展理念，围绕"城南高端外资集聚区、城北产城融合示范区"规划定位，从供给侧和需求侧出发，秉持系统思维，以更高质量、更快效率统筹调配资源要素，加快城市有机更新和工业载体更新，确保"时间成本精准化、资源效益最大化"。

——瞄准"民生福祉大提升"，加速构筑"生态品质与群众幸福交相辉映"的现代化园区。坚持"人民城市人民建、人民城市为人民"，紧扣打造"全国文明城市第一窗口"目标，加大基层治理创新，增强群众民生福祉，高水平统筹发展和安全，加快推进"城市治理精细化、农村管理规范化、基础配套均衡化、社区管理科学化"，切实提升杨舍百姓获得感、幸福感、安全感。

二、2024年工作安排

2024年是中华人民共和国成立75周年，是实施"十四五"规划的关键一年。在中国式现代化建设的新征程上，在经开区"三十而立再出发"的新起点上，做好明年各项工作，使命尤为光荣、责任特别重大。

2024年区镇工作的指导思想是：以习近平新时代中国特色社会主义思想为指导，全面贯彻落实党的二十大和二十届二中全会精神以及习近平总书记对江苏、苏州工作重要讲话重要指示精神，认真贯彻中央经济工作会议精神，全面落实中央、省委、苏州市委、张家港市委决策部署，坚持稳中求进工作总基调，完整、准确、全面贯彻新发展理念，统筹高质量发展和高水平安全，扛起经济大镇担当、增强中心城区功能，以自身工作的确定性应对形势变化的不确定性，巩固和增强经济回升向好态势，奋力交出发展和安全两张高分报表，以过硬的发展实绩献礼新中国成立75周年。

经济社会发展的主要预期目标是：地区生产总值增长5%以上，规上工业总产值超1000亿元，一般公共预算收入50.5亿元，固定资产投资178亿元，工业投资66亿元，实际利用外资1.5亿美元；生态环保、节能降耗等指标高标准完成上级下达任务。

新的一年，区镇上下必须始终保持正确的方向和非凡的定力，聚焦主责主业，坚持问题导向、加强系统考量，以"工作项目化、项目清单化、清单责任化"，全力以赴抓好五方面重点工作：

（一）坚持项目为王，加速打造特色产业新集群。树牢"发展第一要务、项目第一支撑"理念，积极抢占新赛道、布局新产业，全力构筑新的经济增长点。提高新兴产业支撑力。围绕"汽车及零部件、新能源、化合物半导体"等新兴产业，全力支持"链主"企业做大做强。推动光束汽车尽快通过工信部产品准入、取得加工贸易资质，加快产能释放，尽早达产满产；加快推进长城零部件产业园提档扩容，大力招引"一体化电驱、轻量化底盘"等高附加值项目，提升产业园整体配套能级。支持采埃孚打造亚洲最大生产基地和全球"灯塔工厂"。抢抓盛虹储能建设进度，尽快启动新型储能技术研究院项目建设，形成更多实物工作量，助力盛虹动能加速迈入储能领域第一方阵。引导本地半导体企业进军车规级芯片及电池管理芯片等领域，推动融入光束、盛虹等龙头企业的供应链体系，实现本地产业的“耦合共生”。大力开展产业链招商、市场化招商、专业化招商，在超50亿元、超100亿元重大项目上取得新突破，推动重点产业链强链补链。提升第三产业贡献度。发挥中心城区资源优势，加快发展“税源经济、总部经济、楼宇经济”。突出“消费引领”，大力引进网红商超、新能源汽车4S店等新业态、新模式，争取高端会员制商店等早日落户；支持曼巴特全面更新提升，汇聚优质品牌首店首发，打造港城高端消费新地标，充分激活个性化、高端化消费。增强科创企业竞争力。树牢“精品理念”，深入开展科技招商，既“重数量”更“重质量”，全力引进“专精特新小巨人、独角兽、隐形冠军”等优质项目，确保完成科技招商、高企培育、人才招引等年度任务。深入实施“攀峰计划”，把资源、资金向“高税收、创新型”企业倾斜、给予“二次扶持”，推动东方四通等企业尽快上市。争创国家级知识产权强国建设试点示范区。

（二）优化资源配置，全力提升现代园区新形象。围绕需求侧匹配供给侧，高效优化配置资源要素，推动资源效益最大化、产业在园区集聚。加速建设专业产业园区。以一流视野规划现代园区，统筹推进“城北产城融合示范区、城南高端外资集聚区”两个功能区建设，全面提升产业质态、园区形态，实现“功能提优、载体提档、配套升级”。积极适应外资轻资产战略，加快建设东久国际产业园，超前储备一批高标准工业厂房，完善高品质配套，推动外资“项目快进、厂房快用、效益快出”。加快更新村级工业小区。结合苏州即将出台的《老旧工业小区改造提升三年行动方案》，按照“一体规划、先易后难、分步推进”思路，综合考量运用“土地直接出让、新建后出售物业、新建后自持长租”等更新模式，因地制宜推进村级工业小区提档升级，年内启动2—3个条件成熟的小区。大力探索市场化操作路径，积极引入社会资本，允许被拆迁企业投资入股，改造后严把项目质量准入关，推动产业“由低端向高新”转变、亩均税收“由低效益向高效益”转变，逐步打造成最佳项目承载地。大力盘活低效闲置用地。坚持“亩均产出论英雄”，统筹运用“零供地技改、增资扩建、二级市场交易”等方式，大力支持企业自主更新利用，加快低效用地盘活。积极应对房地产市场下行压力，主动调整用地策略，探索征地批文撤回等方式，释放原报批指标用于新增项目。聚焦重点项目空间需求，对南、北工业区低效土地资源腾退再利用，推动产业用地化零为整、连片利用，不断提升土地集约节约利用水平。

（三）深化改革赋能，全面激发体制机制新活力。用好改革“关键一招”，深入推进开发区体制机制改革，激活内生动力、提升运行效率。探索开发区管理制度改革。坚持“去行政化”改革方向，进一步理顺开发区与行政区关系，优化大部门体制、扁平化管理，推动经济发展与社会管理职能适度剥离。深化招商领域体制机制改革，加强招商成果绩效考核，充分激发大招商热情；实施企业服务领域改革，实现一部门统管，做精做优企业服务，推动开发区深度聚焦主责主业。加快国资国企改革。完善经开国投法人治理结构，推动资产高效管理、资金良性运作、资源有效利用。实施精细化管理，厘清托管资产，加速分类盘活处置空置资产。持续拓展“物业服务外包转自营”等市场化业务，做大公司现金流和营收。深耕投资领域，尽快获得私募基金管理人牌照，开展专业化投资。依托苏州基金、张创投集团等合作伙伴，搭建资本生态圈，对外深度挖掘、跟投成熟项目，缩短投资周期，提升投资回报率，对内培育本土拟上市企业及优质项目，助力企业发展。深化“放管服”改革。对照国家级开发区全链审批赋权清单，积极承接“施工许可”等赋权，提高承接能力和审批效率。扩展便民服务内容，实施“就业、退休”等“场景式”集成服务，优化电子招投标平台“不见面”开评标，打造高水平的政务服务文明窗口、便民窗口。启用投资建设项目监管平台，加强全流程监督、显性化管理，推动重大项目早开工、早建设、早见效。

（四）聚焦城乡提质，持续塑造文明创建新优势。担当文明创建主阵地，推动高质量发展和高水平文明同频共振。推动城市治理“精细化”。围绕建设更高水平的全国文明城市，实施城市管理提档提质“六大工程”，开展市容秩序“错时整治”、建筑垃圾“巡察布控”等专项执法行动，建立垃圾分类“误时投放+非人工督导”智能化监管模式，以“绣花功夫”塑造精致城市。扎实推进新时代文明实践，提升“人人微文明、区镇大文明”“杨舍之声”等品牌影响力，着力培育一批高辨识度的文明阵地。推动农村管理“规范化”。坚持量力而行、量入为出，严格规范村级收支，压降“购买第三方服务”等非必要支出，推动村级考核从“重收入向收入支出并重”转变。坚持“以制度管事、以流程管人”，动态调整完善农村管理《工作指南》和《负面清单》，既表彰先进典型，又严厉打击负面典型。有序开展农房翻建，合理做好村庄规划，划定集中规建点，引导村民组团连片集中翻建。推动社区管理“科学化”。全面深化居民自治模式，探索“悦杨共治”基层自治实践，健全“楼道—小区—社区”三级治理体系，引导群众参与社区事务管理决策。加强对动迁安置小区物业管理考核，推行“停车收费、车位入市交易”等，着力解决“停车难、乱停车”等难题，提升社区治理效能。系统整合社区“医疗卫生、居家养老、就业创业”等各领域阵地资源，绘集杨舍区域“暨阳客厅地图”，打造“暨阳客厅”公共服务空间品牌。

（五）践行以民为本，着力建设宜居宜业新城区。坚持“过紧日子”，多从老百姓的切身感受、实际需求出发，多做“雪中送炭”的事，尽可能少做或不做“锦上添花”的事，着力提升群众幸福指数。建设高品质幸福杨舍。扎实推进年度民生实事工程项目，精心办好民生微实事。加快教育资源均衡发展，统筹考量城区、郊区教育教学配套，加快市二中城中校区等改扩建工程，确保市六中易地新建等项目投用，科学破解“缺生源与缺学校”的结构性矛盾。加快在建安置小区建设，探索“房票”制度，让群众住有优居。强化基本民生兜底保障，统筹做好“就业、医疗、养老、贫困救助”等基础性工作，让群众共享发展成果。建设高颜值美丽杨舍。坚持绿色发展，打好“蓝天、碧水、净土”攻坚战，稳步提升空气质量，积极建设“无废园区”，用足用好园区限值限量及结果运用，确保生态环境突出问题全面整改销号。严格落实河长制，提升“幸福河湖、生态河道”等覆盖面，确保省考断面优Ⅲ比率100%达标。全域建设美丽乡村，创建一批“生态文明建设示范村、特色精品乡村、康居乡村”等，打造宜居宜业和美乡村标杆。建设高水平平安杨舍。树牢“时时放心不下”的责任感，强化分类监管、精准监管、专业监管，压实企业主体责任，巩固提升安全生产、消防安全隐患问题大排查大整治效能，安全生产水平保持平稳。深化“暨情通”社会治理品牌，实施“平安杨舍联盟”项目，建立健全矛盾多元化解机制，把矛盾纠纷化解在萌芽状态。纵深推进“八五”普法、扫黑除恶等工作，防范化解网络、金融、房地产等各领域风险，确保群众安全感始终保持在99%以上。

三、全面加强和改进党的建设

奋进新征程、谱写新篇章，党的领导是根本，党的建设是关键。区镇各级党组织要深入学习贯彻习近平总书记关于党的建设的重要思想，准确把握“十三个坚持”，突出全面从严治党，深入推进新时代党的建设新的伟大工程，以高质量党建引领区镇现代化建设“走在前、做示范”。

（一）铸牢绝对忠诚品格，凝聚强大思想共识。坚持不懈用习近平新时代中国特色社会主义思想凝心铸魂，深刻领悟“两个确立”的决定性意义，不断提升政治能力、思维能力、实践能力，使区镇上下始终保持统一的思想、坚定的意志、协调的行动。坚持党管宣传、党管意识形态、党管媒体，加强各类宣传阵地建设和管理，牢牢掌握意识形态工作主导权。用好统一战线这个“重要法宝”，提升民族团结进步协会杨舍分会功能，擦亮“民情深处有代表”人大服务品牌，牵头成立长三角C60城关镇政协工委联盟，共绘区镇高质量发展最大“同心圆”。

（二）树牢赏罚分明导向，激发干部队伍活力。旗帜鲜明激励干部敢为善为、担当作为，有序推进干部人事调整，优化干部轮岗机制，统筹用好各年龄段干部，推动干部“能上能下、能进能出”，让干与不干不一样，干好干坏不一样，让不好好干的有压力、有改变，干得好的有地位、有舞台。加强年轻干部培养，深入推进“暨阳新锐”成长营等培训活动，开展优秀年轻干部竞争性选拔，推动年轻干部“一线选、一线练、一线考、一线用”。坚持“严管和厚爱结合、激励和约束并重”，落实“三个区分开来”，积极用好廉洁风险报备制度，为担当者担当、为负责者负责，让公心干事的干部轻装上阵、实干笃行。

（三）坚持大抓基层基础，锻造坚强战斗堡垒。把加强党的组织体系建设作为长期任务来抓，扎实推进基层党建“五聚焦五落实”深化提升行动，统筹抓好各领域党建工作，开展党员教育管理“枝叶工程”，全面提升基层党建制度化、规范化、科学化水平。创新实施“暨阳‘锋’巢”先锋提质计划，形成“一办事处（街道）一品牌、一村（社区）一特色、一‘两新’组织一亮点”。深入实施“链动未来·领跑发展”产业链党建项目，实现“党建先行、链式驱动、一体发展、共进共赢”。深化党建引领赋能基层治理，有效整合“区域共建和海棠网格”，探索“一策一例、多元共治”社区分类治理模式，着力提升区域治理水平。

（四）擦亮暨阳清风品牌，营造良好政治生态。始终坚持严的主基调，永远吹冲锋号，深入推进全面从严治党主体责任“八查”考评，持续深化正风肃纪反腐，全面营造“知敬畏、存戒惧、守底线”浓厚氛围。深化“田野巡察”，认真做好市委新一轮对村（社区）巡察整改工作。优化勤廉监督建设，开展“购买第三方服务”等领域专项监督，提升监督效能。加强新时代廉洁文化建设，开展“幸福杨舍，一路清廉‘530（我晒廉）’”系列活动；充分运用大数据信息化手段，深化整治重点领域违纪违法现象，严肃查处群众身边的腐败问题和不正之风，一体推进不敢腐、不能腐、不想腐，实现干部清正、政府清廉、政治清明、社会清朗。

各位代表、同志们，百舸争流千帆竞，奋楫扬帆勇者先！让我们更加紧密地团结在以习近平同志为核心的党中央周围，坚持以习近平新时代中国特色社会主义思想为指导，在市委、市政府的坚强领导下，与时俱进大力弘扬张家港精神，进一步振奋精神、敢为善为，大干快上、奋勇争先，奋力谱写幸福杨舍现代化建设最美篇章！

政府工作报告

——2023年12月29日在杨舍镇第十九届人民代表大会第五次会议上

镇长　卞春生

一、2023年工作回顾

2023年是全面贯彻党的二十大精神的开局之年，是三年新冠疫情防控转段后经济恢复发展的一年，也是开发区成立30周年。一年来，镇政府在经开区党工委、管委会和杨舍镇党委的正确领导下，坚持以习近平新时代中国特色社会主义思想为指引，全面落实“四个走在前”“四个新”重大要求，聚焦全市“现代化建设先锋年”工作主题和“123”年度目标任务，敢为善为、攻坚克难，集中力量办好自己的事，各项任务基本完成预期目标，回升向好发展态势持续巩固，高质量发展取得新成效。

（一）千方百计上项目、扩投资，发展质效有力提升。经济运行稳中向好。全年预计完成地区生产总值增长4%，规上工业总产值953亿元，一般公共预算收入50.4亿元，入库税金93.36亿元，固定资产投资175亿元，其中工业投资60亿元，实际利用外资1亿美元。经开区首次跻身全省开发区高质量发展综合实力前八强，杨舍镇连续3年蝉联全国千强镇第二位。重大项目加速推进。成功引进港城有史以来单体投资规模最大的盛虹储能电池超级工厂和新能源电池研究院项目，协鑫储能、京东方华灿LED外延及芯片、爱汽新能源汽车电驱系统核心零部件、东久国际产业园等20个超亿元项目签约落户。发力科技招商“一号工程”，1月至11月，引进科招项目324个，其中潜力类222个、重点类21个。总投资539.52亿元的47个三级重大项目三季度实现100%开工，光束汽车顺利取得工信部道路机动车辆生产企业准入许可，盛虹储能“签约5个月即开工”，协鑫储能“从立项到投产仅不到70天”，中鑫汽配等实现“拿地即开工”，采埃孚汽车零部件“当年开工、当年竣工”，凡润电子、安迈工程、天兵科技、国富氢能等竣工投产，晶台光电、那智不二越等实现增资扩产。推进服务业扩容提质，引入全家便利店、希尔顿花园酒店、山姆云仓等新零售、新业态。加速房地产招商，全年完成经营性用地出让210亩、出让金23.7亿元，位居全市第一。实体根基夯实筑牢。认真抓好第五次全国经济普查，新增“四上”企业178家。举办经济高质量发展激励大会，累计兑现企业奖励超6100万元。建立“一企一档”服务机制，规上工业企业实现全覆盖。锴威特登陆科创板，绿岩生态、朗信电气新三板挂牌。9家企业挂牌江苏股权交易中心，数量全市第一。国泰集团、澳洋集团跻身中国民营企业500强，骏马集团入围省民营企业200强。

（二）持之以恒谋创新、促改革，转型升级蹄疾步稳。高端要素加速集聚。获批国家科技型中小企业365家、高新技术企业140家、瞪羚企业29家，入围国家级和省级独角兽、潜在独角兽企业7家，均创历史新高。获评国家级专精特新“小巨人”企业4家、省级专精特新中小企业24家。新增省星级上云企业21家、省级示范智能车间10家、省级绿色工厂5家、省级企业研发机构3个、省级以上科技项目2个，获评苏州市级以上人才项目17个。东渡纺织跻身国家级绿色供应链管理企业，华大离心机入选中国专利优秀奖，华灿光电获省产业前瞻与关键核心技术项目立项，新美星获评省服务型制造示范企业，海陆重工、上海电气等入围“苏锡常首台（套）重大装备认定名单”。改革创新纵深推进。成立“投资促进、产业服务、科创服务”三大中心，制定《投资促进中心工作绩效考核实施办法》，设立“双招双引”岗位专属薪酬体系，实施市场化激励措施。建立投资评审制度，形成项目全过程监管机制，推进项目资金绩效评价。深化国资国企改革，完成经开国投AA+、经开控股AA+、悦丰金创AA外部评级，规范投前尽调、投中评审、投后管理，集团议事决策实现制度化。统筹资源资产管理，资管和投资板块资金回流均达2亿元，晨丰污水厂建成投运，再生资源开票收入超17亿元。营商环境持续优化。成立经开区创投合伙人联盟，组建总规模15亿元的产业创新集群发展母基金，发行全国首支县级市国有企业科创债。在苏州率先开启“集体合同审查秒批秒办”模式，审批部门精简30%、环节压缩57%、时限压缩99%。在全市首推大众创业“一件事一次办”改革，探索街区繁荣“一件事一次办”改革，实现群众办事“一次申请、一套材料、一次提交、一个流程”。

（三）精耕细作优空间、塑品质，城乡面貌焕出新颜。走好集约发展新路子。推进控规调整、成片开发方案编制，系统梳理划分“工业科研、经营性和民生类”拟开发利用地块800公顷。强化土地集约节约利用，梳理“批而未供、供而未用、用而不足”地块266.67公顷，综合运用“技改、增资扩建、二级市场交易”等方式，盘活低效土地20公顷、闲置厂房15万平方米。加速48个村级工业小区提档升级，旺西工业北区标准型厂房项目先行启动。塑造文明引领新窗口。担当创建更高水平全国文明城市主阵地、主力军，实施文明创建“八大工程”，推进软硬兼备、内外齐修。推动市容精细化管理提质增效，建成苏州市“美丽街区”2个、“净美街巷”4条、“席地而坐”城市客厅示范点

5个。杨舍老街创成“户外店招”省级特色街区，君临新城获评“党建引领物业管理服务工作省级示范点”，晨南村、暨阳社区等4个单位入选省级健康村（社区）。构筑乡村振兴新样板。扎实推进“三农”工作，改造提升218.47公顷高标准农田，农产品“绿优比”达87.11%，梁丰食品、神园葡萄获评省级全程机械化示范场。编制“江南富庶地，环上新暨阳”片区化发展规划方案，百家桥村建成省级特色田园乡村，获评苏州市特色康居乡村3个。竣工投运7个村联项目，村均经营性收入达2675万元，入选张家港数字乡村建设典型案例7家，农联村位居全省百强股份经济合作社之首，善港村获评国家农民合作社示范社。杨舍镇持续位列苏州市高水平率先基本实现农业农村现代化第一方阵。

（四）凝心聚力抓治理、惠民生，群众生活日益美好。生态屏障更加坚固。编制区镇生态文明建设三年（2023—2025）行动规划，南新村、晨南村获评省级生态文明建设示范村，福前村被授予全国宜居宜业和美乡村创建示范基地。建成园区污染物总量储备库，中央、省环保督察交办件全部销号清零，全年优良天数比例有效提升。扎实开展河长制工作，完成16条幸福河湖创建，省考断面优Ⅲ比率100%。公共服务均衡发展。推进精准安置，泗港花苑一期开工建设，振兴花苑三期、勤星苑二期等5个安置小区竣工交付，完成分房工作。推进杨舍教育“3310”工程，东莱小学、晨阳学校改扩建工程等竣工投用，塘市小学荣膺首批全国健康学校建设单位。完善基层公共卫生体系，镇社区卫生服务中心改扩建工程建成启用。优化杨舍“养老地图”，完成适老化改造510户，居家养老上门服务覆盖率100%。打造全市首个“双拥广场”，应届高校毕业生就业率达99%，社保、公积金扩面等扎实推进，城西悦杨残疾人之家建成省级精神障碍社区康复服务示范点。社会大局平安和谐。提升基层治理现代化水平，出台实施农村规范化管理工作指南、负面清单，老旧小区物业管理组织实现全覆盖。建立安全、消防联合行动机制，有序推进燃气等重点行业领域专项整治，各类安全生产事故同比下降67.3%。超额化解年度隐债任务，完成5家平台公司清退。深化“两违”治理，拆除违建超25万平方米。加强矛盾纠纷调解，化解信访积案12起，化解率全市第一。在全省率先打造镇、村两级互联网“融诉驿站”，建成“金融惠民之家”点位总量位居全市首位。

一年来，我们切实加强政府自身建设，坚持不懈用习近平新时代中国特色社会主义思想凝心铸魂，紧扣“学思想、强党性、重实践、建新功”总要求，推动主题教育走深走实。自觉接受人大监督、舆论监督和社会监督，办理人大代表意见建议22件、办结满意率达100%，处办市大联动平台工单12万余件、“12345”市民热线工单1.3万余件，群众满意率达99%。此外，地方志、档案、统计、民族宗教、人武、妇女、青少年、关心下一代、红十字、对口援建等事业也取得长足进步。

成就源于奋斗，胜利来之不易。这些成绩的取得，是市委、市政府，经开区党工委管委会和镇党委科学决策、坚强领导的结果，是全体人大代表依法监督、大力支持的结果，是区镇上下精诚团结、担当作为的结果。在此，我代表镇人民政府，向为杨舍发展作出重要贡献的各位代表、广大干部群众和社会各界人士表示衷心的感谢，并致以崇高的敬意！

在肯定成绩的同时，我们也清醒认识到一些挑战和不足：一是产业规模仍需进一步壮大。主导产业集群集聚度还不够高，链主龙头项目招引不够，产业调高、调轻、调优任务依然艰巨。二是民生福祉仍需进一步提升。基础设施配套还不够优质均衡，公共服务供给与群众需求仍有差距。三是治理水平仍需进一步提高。社会治理存在薄弱环节，不稳定因素仍然较多，隐患排查治理力度仍需加强。四是工作作风仍需进一步改善。改革创新、为民服务的意识仍需强化，改进工作作风、提升政府效能力度还需加大。对于这些问题，我们将高度重视、认真研究，同心同德、全力攻克。

二、2024年工作安排

各位代表，2024年是中华人民共和国成立75周年，也是实施“十四五”规划的关键一年。迈上新征程，市委赋予了我们“争创国家一流园区、构筑科技创新高地、打造现代产业集群、打造幸福美丽样板”的重大职责；肩扛新使命，区镇精心擘画了“加快打造‘新兴产业与创新发展比翼齐飞、城市颜值与功能价值相得益彰、生态品质与群众幸福交相辉映’现代化园区”的宏伟蓝图。号角声声催人奋进，新的一年，我们要以习近平新时代中国特色社会主义思想为指导，全面贯彻党的二十大和二十届二中全会精神，坚持稳中求进工作总基调，完整、准确、全面贯彻新发展理念，坚决扛起经济大镇的使命重任，与时俱进大力弘扬张家港精神，在经开区党工委管委会、杨舍镇党委的坚强领导下，勠力同心、奋勇争先，奋力交出发展和安全两张高分报表，以扎实业绩推动幸福杨舍现代化建设“走在前、做示范”。

综合各方面因素，建议2024年经济社会发展主要预期目标是：地区生产总值增长5%以上，规上工业总产值超1000亿元，一般公共预算收入50.5亿元，固定资产投资178亿元，实际利用外资1.5亿美元，居民人均可支配收入增长高于地区生产总值增速，生态环保、节能降耗等指标高标准完成上级下达目标任务。

为实现上述目标，我们将全力抓好五方面重点工作：

（一）加快建设现代化产业集群，在推动强链延链补链上实现新突破。坚持“项目为王”，树牢“大抓项目、抓大项目”理念，加速推进新型工业化，增强发展新动能。招大引强上项目。锚定“汽车及零部件、新能源、化合物半导体”等新兴产业，发挥光束、盛虹等“链主”企业引领作用，聚焦“世界500强、行业龙头”等头部企业，重点攻坚德国被动安全生产基地和研发中心项目、行业前五光通信芯片基地项目、意大利预灌封包材项目、长城零部件产业基地系列项目等，力争早日签约。持续招引10亿元以上大项目、好项目，加快在50亿元、100亿元项目上有新突破。提速增效优存量。加速盛虹储能、天兵科技等竣工投产，推动光束汽车、杉金光电等达产满产，确保三级重大项目半年度开工90%，三季度实现全面开工。更大力度推进传统企业智转数改，建立“专精特新、绿色制造”等梯次培育后备库，力争获评国家级专精特新“小巨人”企业3家以上，智能示范车间（工厂）等各类标杆示范企业数量位列全市第一方阵。专业服务促发展。实施“领导挂钩联系企业服务制度、问题解决闭环管理机制”，探索“企业家参与涉企政策制定、高质量奖励兑现免申即享、监管执法黑白名单”等新举措，提高企业归属感、满意度。构建项目全生命周期服务保障体系，固化涉企事项流程清单，采取“前期介入+告知承诺+并联审批+容缺受理”等模式，实现常态化“拿地即开工、预验即试产、竣工即领证”。

（二）加快构筑引领性创新高地，在推动科技自立自强上实现新突破。深入实施创新驱动发展战略，加速新旧动能转换，全力锻造新质生产力。激发科技招商“源动力”。树牢“既重数量、更重质量”导向，紧扣苏州新版标准，用好“金融招商、以投带引、以赛代引”等模式，推动科技招商工作取得新实效。建立科技招商长效机制，加快设立专业化公司，探索引进联东U谷等国内头部专业科创载体，建立批量化引进科技中小企业的招商体系，让“科技含量高、亩均产出高”的好项目纷至沓来。增强高端要素“集聚度”。巩固企业创新主体地位，有效期内高新技术企业总量超300家，全年认定国家科技型中小企业超400家。加速产学研协同创新和科技成果转化，新增苏州市级以上企业研发机构10家、产学研合作40项，净增有效发明专利510件，争创国家级知识产权强国建设试点示范园区。抢抓人才“第一资源”，加大海外人才项目挖掘力度，推动获评国家级人才项目4人以上，新增苏州市级及以上人才超15名。提升创新生态“策源力”。高质量实施“攀峰计划”，健全重点人才企业挂钩服务制度，注重把资源向“高税收、创新型”企业倾斜，争取东方四通主板上市、瑞铁轨道冲刺北交所，打造上市企业“蓄水池”。统筹晨阳科创中心等村级科创载体、银河电子等企业优质厂房，优化资源供给，拓展科创载体空间。深化与苏州基金、博华资本、张创投集团等合作，加快设立科创基金，对外搭建资本生态圈，吸引优质机构、企业、人才、资金等资源落户，挖掘跟投优质成熟期、Pre-IPO项目，实现国有资产保值增值；对内扶持区内企业发展，挖掘并培育本地拟上市、独角兽、专精特新“小巨人”等优质企业，为创新发展注入源头活水。

（三）加快完善高品质功能配套，在推动产城融合发展上实现新突破。坚持系统思维，推进空间重构、资源重组、品质重塑，实现“园区、城区、郊区”三区协同发展。擦亮现代园区形态颜值。统筹推进城南“高端外资集聚区”、城北“产城融合示范区”建设，加快东久国际产业园开工建设，超前储备一批高标准工业厂房，推动“功能提优、载体提档、配套升级”，塑造现代园区新形象。借鉴“数据得地”模式，健全工业空间管控体系，加快“用而不足”等地块周期性消化和零星用地连片开发，支持企业开展自主更新，推动土地综合利用率达95%以上。加快村级工业小区提档升级，综合运用“土地直接出让、新建后出售物业、新建后自持长租”等更新模式，一体规划、先易后难、分步推进，打造最佳项目承载地。提升中心城区品质能级。加快生活性服务业向品质化多样化升级，引入高端会员制商店、网红书店、国际著名连锁酒店等现代服务业项目，推动曼巴特等传统商业体更新提升，挖掘和培育城区新的消费增长点。扛起更高水平文明城市创建主阵地、主力军担当，开展“停车秩序提优、违建专项治理、垃圾分类提升”等重点行动，落实“新交付小区移交承接查验、居民小区‘四统一’自治和产权限制交易”3项制度，创成苏州市级以上生活垃圾分类星级小区9个。推进农业农村优先发展。抓好村级开源节流，加速新晨产业园等抱团项目投产收益，严格控制村级非经营性开支，村均经营性收入保持稳定增长。深入推进乡村振兴片区化发展，科学编制“多规合一”实用性村庄规划，大力支持苏州康居乡村创建，培育打造更多苏州市特色精品乡村，推动苏州市智慧农村示范村总量再攀新高。

（四）加快创造新时代幸福生活，在推动共富共建共享上实现新突破。始终坚持以民为本，倾情倾力办好民生实事，推动杨舍群众获得感幸福感持续提升。让公共服务更有温度。全力实现“住有优居”，科学稳妥抓好农房翻建工作，加快推进泗港花苑一期等4个安置房建设，李巷花苑三期竣工交付。推动动迁安置小区物业管理提质增效，开辟“停车收费、车位入市交易”等新渠道，实现存量资源高效利用。优化教育教学资源，加快市二中城中校区、市七中等改扩建工程，打造“家校社”协同育人（实验）基地。推动“一刻钟便民生活圈”建设，整合社区卫生服务中心（站）、居家养老服务中心（点）等资源阵地，塑造“暨阳客厅”公共服务空间品牌。让社会保障更有力度。拓宽困难群众救助渠道，提高专项救助、急难救助能力，确保严重精神障碍患者监护责任奖补政策全覆盖。深化“‘就’在杨舍”行动，开展职业技能培训、“杨舍学子看区镇”、线上线下专场招聘会等多样活动，建设“家门口”就业服务站，促进充分就业。让文化惠民更有深度。坚持点面结合，完善农村公共文化数字服务，创建一批全国“书香社区”、省五星农家书屋、苏州市最美文化空间。聚焦“家庭美德、移风易俗”等主题，开展多样化群众性文体活动，打响“杨舍故事汇、轻骑文艺益演”等一批公共文化品牌，推动更多本土文艺作品入围省五星工程奖。

（五）加快建立多层次治理模式，在推动社会和谐稳定上实现新突破。高效统筹发展和安全，加快推进基层治理体系和治理能力现代化。全面提升绿色发展水平。推进新一轮生态文明建设三年行动规划，完成经开区规划环评修编报告，探索小微危废处置“绿岛”等试点工作，打造“无废园区”。深入实施农村人居环境整治提升五年行动，完成7条镇级河道水环境整治和34条村组河道疏浚，创成省级生态文明建设示范村1个，创建幸福河湖14条，推动农村生态河道覆盖率提高10个百分点。全面提升安全发展水平。加强安全生产精准化、专业化监管，紧盯重点领域、重点环节，实施企业分级分类监管，确保事故起数、死亡人数“双下降”。坚持“预防为主、防消结合”，持续深化消防安全隐患排查整治，有效减少火灾事故总数，坚决遏制预防重特大火灾事故发生。加强国有资本和集体资产监管，完善内控机制，确保隐性债务风险等级保持在“绿色”区间。全面提升基层管理水平。建立健全矛盾纠纷多元化解机制，狠抓初信初访，持续推进信访积案攻坚。深化“暨情通”社会治理品牌，强化“城警联动”，完善“大数据+网格化+铁脚板”机制，构建立体化网格巡查管理体系。深入实施“八五”普法，建设法治示范区，塑树一批省级以上法治示范村（社区）典型。常态化开展扫黑除恶斗争，严厉打击电信网络诈骗、非法集资等违法犯罪行为，确保群众安全感满意度保持在99%以上。

三、加强政府自身建设，激扬干事创业精气神

新形势、新任务对政府工作提出了更高要求。我们将以严而又严的作风、实而又实的态度，加快转变政府职能，提高行政效

能，不断增强政府服务力、执行力、公信力和凝聚力，努力建设人民满意的政府。

一是永葆对党忠诚的政治本色。坚持不懈用习近平新时代中国特色社会主义思想凝心铸魂，贯彻落实党的二十大精神，筑牢信仰之基、补足精神之钙、把稳思想之舵，坚定拥护“两个确立”、坚决做到“两个维护”。把党的领导落实到政府工作各领域、全过程，确保上级各项决策部署落地生根。

二是强化高度自觉的法治意识。深入践行习近平法治思想，自觉运用法治思维和方式开展工作，科学民主决策、严格规范执法，全力压降行政诉讼案件数量。深化政务公开，自觉接受党内监督、人大监督、民主监督、社会监督，认真办理人大代表建议和政协委员提案，让权力在阳光下运行。

三是锤炼为民实干的过硬作风。牢固树立和践行正确政绩观，大兴调查研究之风，以更大力度、更实举措解决好群众的身边事、心头事。树牢赏罚分明干事创业导向，大胆容错纠错，推动政府各部门履职尽责、担当作为，以干部的“辛苦指数”，换取群众的“幸福指数”和杨舍的“发展指数”。

四是营造清正廉洁的干事氛围。政府机关要习惯“过紧日子”，严控和压减一般性支出，多做雪中送炭的事。坚持把纪律规矩挺在前面，严格履行“一岗双责”，落实中央八项规定及其实施细则精神，坚决反对形式主义、官僚主义，擦亮“暨阳清风”品牌，让廉洁用权、干净干事在杨舍大地蔚然成风。

各位代表，星光不问赶路人，岁月不负奋斗者。让我们更加紧密地团结在以习近平同志为核心的党中央周围，以习近平新时代中国特色社会主义思想为指导，全面贯彻落实党的二十大精神，在经开区党工委、管委会和镇党委的坚强领导下，在镇人大、政协工委和社会各界的监督支持下，与时俱进大力弘扬张家港精神，踔厉奋发、笃行不怠，埋头苦干、勇毅前行，奋力谱写幸福杨舍现代化建设新篇章！

组织机构及其负责人名录

中共张家港经济技术开发区工作委员会

书　　记　张志明
委　　员　张　雷（1月免）
　　　　　赵志凯
　　　　　陆忠理（10月免）
　　　　　吴卫中（3月免）
　　　　　袁政国
　　　　　杨立清
　　　　　潘　健（3月任）

张家港经济技术开发区管理委员会

主　　任　张志明
副 主 任　张　雷（1月免）
　　　　　赵志凯
　　　　　陆忠理（10月免）
　　　　　袁政国
　　　　　杨立清

张家港经济技术开发区纪律检查工作委员会

书　　记　吴卫中（3月免）
　　　　　潘　健（3月任）
副 书 记　周国忠（9月免）
　　　　　陈　强（9月任）

中共杨舍镇委员会

书　　记　张志明
副 书 记　卞春生
　　　　　施　律
　　　　　徐　科
　　　　　殷沪飞（兼）
委　　员　丁国秋（7月任）
　　　　　陈　强（9月免）
　　　　　苏　斌（2月免）
　　　　　宋永乾（9月任）
　　　　　邓衍子
　　　　　袁　琦（女）
　　　　　王文华（女）
　　　　　王　伟（5月任）
　　　　　季　刚
　　　　　张　徐（女，5月免）
纪委书记　陈　强（9月免）
　　　　　宋永乾（9月任）

杨舍镇人民代表大会

主　　席　赵琦萍（女）
副 主 席　卢丹清（2月任）

杨舍镇人民政府

镇　　长　卞春生
副 镇 长　许志贤
　　　　　陶文华
　　　　　展亚东（5月免）
　　　　　马　洁（女，7月免）
　　　　　陈　忠
　　　　　虞宁漪（女）
　　　　　周小超（兼，9月任）

市政协杨舍镇工作委员会

主　　任　施　律
副 主 任　王文华（女）

张家港经济技术开发区（杨舍镇）机关党委

书　　记　陈海文（兼，7月免）
　　　　　陈　昕（兼，7月任）
副 书 记　袁　琦（女，兼）

张家港经济技术开发区机关服务中心

主　　任　朱　峰

杨舍镇经济服务中心（招商中心）

主　　任　许文虎

市高新技术创业服务中心

主　　任　尹钰达

张家港经济技术开发区各局、室党政办公室

主　　任　陈　昕（7月免）
副 主 任　朱洪春（5月免）
　　　　　顾　琪（土家族）
　　　　　张　徐（女，5月任）

张家港经济技术开发区招商局

局　　长　卞新峰（7月任）
副 局 长　卞新峰（7月免）
　　　　　苏　斌（2月任）
　　　　　钱　华（女，2月免）
　　　　　马　洁（女，7月任）

张家港经济技术开发区商贸局

局　　长　徐　宏（10月免）
副 局 长　吕　浪（2月免）
　　　　　郭一沁（女）

张家港经济技术开发区发展改革局

局　　长　施林峰（7月免）
　　　　　徐道娟（女，7月任）
副 局 长　张　浩（5月免）
　　　　　钱　莉（女）

张家港经济技术开发区科技人才局

局　　长　邱树立
副 局 长　丁国秋（7月免）
　　　　　徐　徽（女，5月免）

张家港经济技术开发区安全环保局

局　　长　石　勇
副 局 长　魏　立
　　　　　陈银峰
　　　　　沈品忠

张家港经济技术开发区建设局

局　　长　钱　斌
副 局 长　马海兵
　　　　　朱　尧（7月免）
　　　　　马志宇

张家港经济技术开发区财政与资产管理局

局　　长　卢丹清（2月免）
　　　　　许向英（女，2月任）
副 局 长　王丽华（女）
　　　　　沈　兵
　　　　　杨　玺（10月任）

张家港经济技术开发区党群工作局（宣传文明办公室）

局　　长　陈海文（7月免）
　　　　　陈　昕（7月任）
副 局 长　秦建忠

张家港经济技术开发区社会事业局

局　　长　邱晶嘉（女）
副 局 长　陆晓刚

张家港经济技术开发区农业农村局

局　　长　蒋　炜
副 局 长　郭广益
　　　　　郭建锋
　　　　　李迎辉（5月免）

张家港经济技术开发区政法和社会管理办公室

主　　任　殷沪飞
副 主 任　郁　彬
　　　　　成　凯（2月免）
　　　　　魏天明（5月任）

张家港经济技术开发区行政审批局（政务服务管理办公室）

局　　长　施林峰（7月任）
副 局 长　徐松林（10月免）
　　　　　缪俐琳（女）

张家港经济技术开发区监察工作委员会

主　　任　吴卫中（5月免）
　　　　　潘　健（5月任）
副 主 任　周国忠（11月免）
　　　　　陈　强（11月任）

杨舍镇综合行政执法局

负 责 人　石　勇
副负责人　朱　尧（7月免）
　　　　　吕　浪（9月任）
　　　　　陆晓刚

张家港经开区国有资本投资运营集团有限公司

总 经 理　高　彦（2月任）
副总经理　席国平（9月免）
　　　　　李晓峰
　　　　　卢　平
　　　　　王　鹏（2月任）
　　　　　陈　云（5月任）

张家港经济技术开发区自然资源所

所　　长　张峰鹰
副 所 长　朱建军
　　　　　宋伟丰

索 引

庆安村村庄全貌

条目索引

A

B

C

K

L

S

表格索引

B

C

D

F

G

J

K

M

Q

随文图片索引

主审人员

（按姓氏笔画排序）

丁　静	丁亚娟	王玉玺	王幽兰	王雅芳	韦屹芳	支佳天	支益明
卞新峰	邓衍子	石　祥	卢　一	卢向华	田晓燕	匡卫祥	成　劼
吕　浪	朱　磊	朱　霞	朱永安	朱先法	朱健蓉	朱海云	任　丹
任建刚	刘　骁	汤　伟	许　春	许　娟	许向英	许春芳	许品洁
许颂艳	阮文伟	孙　滟	孙陈洁	李　凯	李　星	李　嘉	李文涛
李春燕	李秋菊	李雪东	杨　林	杨金东	杨爱华	杨海燕	肖　贝
吴　坚	吴正诚	吴晓芳	邱树立	邱晶嘉	邹丽萍	沈　敏	宋　涛
张　扬	张　浩	张丽钰	张晓俊	张峰鹰	张旅城	张崇郁	张耀军
陆加欢	陆仲欢	陈　果	陈　昕	陈　亮	陈　强	陈　霞	陈卫佳
陈文晓	陈军伟	陈晓军	陈海江	陈瑞虎	邵　玲	邵建锋	季利本
季浩锋	季海滨	季董磊	金　忠	周　正	周　科	周　峰	周　鹭
周凤亚	周雄伟	承　荣	赵　伟	赵　晓	赵国忠	赵鸣雷	赵建军
赵海萍	赵琦萍	胡　环	施林峰	施金莲	秦晓红	袁新龙	顾欣晨
顾剑平	钱　红	钱　忠	钱　莉	钱向军	钱金伟	钱泽好	钱晓丹
钱晓东	钱海峰	钱雪峰	钱得栋	徐　平	徐　炜	徐　科	徐　敏
徐宇洲	徐岳云	徐金宝	徐益峰	徐道娟	殷沪飞	高　彦	高　瑞
郭建锋	郭新贤	唐　宏	陶　华	黄　越	黄　燕	黄亚敏	黄宇毅
黄海峰	曹　荣	曹　琛	龚丽泉	常　磊	葛　艳	葛亚飞	葛剑锋
葛蒙娜	蒋　炜	惠　扬	惠　荣	曾鑫焱	路　敏	鲍　峰	蔡　健
蔡文娅	潘　黎	潘艳丽	薛　峰	戴　宇	戴晓华	戴德祥	魏　立